Machteliten und Wirtschaftskonjunkturen

Studien zur neueren deutschen Sozial- und Wirtschaftsgeschichte

VON

HANS ROSENBERG

GÖTTINGEN · VANDENHOECK & RUPRECHT · 1978

CIP-Kurztitelaufnahme der Deutschen Bibliothek

Rosenberg, Hans:
[Sammlung]
Machteliten und Wirtschaftskonjunkturen: Studien zur neueren dt. Sozial- u. Wirtschaftsgeschichte / von Hans Rosenberg. – Göttingen: Vandenhoeck und Ruprecht, 1978.
(Kritische Studien zur Geschichtswissenschaft; Bd. 31)
ISBN 3-525-35985-3

 – Satz und Druck: Gulde-Druck, Tübingen. – Bindearbeit: Hubert & Co., Göttingen

Inhalt

Vorwort

Die in diesem Buch vereinigten Aufsätze und kritischen historiographischen Skizzen in Besprechungsform befassen sich vornehmlich mit Problemen der gesellschaftlichen und wirtschaftlichen Entwicklung in „deutschen Landen“ von den strukturellen Umbruchserscheinungen des Spätmittelalters bis zum Durchbruch des Nationalsozialismus, ohne etwa mit dieser Entwicklungszäsur ein zwangsläufiges Ergebnis der deutschen Vergangenheit bezeichnen zu wollen. Mein Sammelband spiegelt spezifische gegenständliche, methodologische und konzeptionelle Erkenntnisinteressen wider, Denkansätze, interpretatorische Bemühungen, Wertvorstellungen, Zielsetzungen, Urteilsmaßstäbe, kurz Kontinuität und Wandel meiner geschichtswissenschaftlichen Grundhaltung und außerwissenschaftlichen, vor dezidierter Stellungnahme häufig nicht zurückscheuenden Standortgebundenheit – eine argumentative Seh- und Arbeitsweise, die sich im Laufe eines halben Jahrhunderts in kritischer Auseinandersetzung mit überkommenen und zeitgenössischen Mustern der Geschichtsbetrachtung sowie in reflektierter Reaktion auf meine Umweltbedingungen und das Zeiterleben herausgebildet hat.

Im Mittelpunkt der hier vorgelegten empirischen Studien stehen im wesentlichen zwei Gegenstands- und Problembereiche. Einerseits wird die Aufmerksamkeit auf bestimmte Entwicklungsphasen der vorindustriellen gesellschaftlichen, politischen und ökonomischen Führungseliten gelenkt. Andererseits geht es anhand von konkreten Beispielen um die Überprüfung der Wirkungskraft der wirtschaftskonjunkturellen Dimension des historischen Prozesses, wobei außerwirtschaftliche, insbesondere soziale, politische, sozialpsychische und ideologische, jedoch leider nur ganz oberflächenhaft auch kulturelle Implikationen herausgehoben werden.

Die Arbeitsschwerpunkte meiner wissenschaftlichen Bestrebungen und deren Antriebe, die mir frühzeitig im Dienste der Ausweitung und Vertiefung des historischen Erkenntnishorizonts die Akzentuierung sozialer und ökonomischer Faktoren, Strukturen und Prozesse in der allgemeinen Geschichte dringlich erscheinen ließen, werden in dem „Rückblick auf ein Historikerleben“ angedeutet, dem ersten der in diesen Band aufgenommenen Aufsätze. Diese Selbstdarstellung wurde am 2. November 1977 als Vortrag an der Universität Bielefeld gehalten und dient für den vorliegenden Zweck als Einführung und Richtungsweiser für Leser, die an der Problematik der überaus vieldeutigen Sozialgeschichte besonders interessiert sind.

Was Sozialgeschichte eigentlich ist, sein soll und sein kann, ist nach wie vor in der internationalen akademischen Welt eine heftig umstrittene Streitfrage. Namentlich in der bundesrepublikanischen Geschichtswissenschaft hat sie seit den 1960er Jahren viel Staub aufgewirbelt und ein Übermaß von Postulaten und Programmen, gelegentlich auch von Animosität, wenn nicht gar Verbissenheit im Gefolge gehabt. In der Hauptsache dreht sich die Debatte darum, ob unter Sozialgeschichte ein einigermaßen sinnvoll abgrenzbarer realer Teilbereich der historischen Entwicklung zu bezeichnen ist, in dessen Brennpunkt ein systematisch verfolgtes Studium sozialer Gruppen, Stände, Klassen, Prozesse und Strukturen steht, die trotz aller Interdependenzen gegenüber Wirtschaft, Staat und Politik eine gewisse Eigenständigkeit besitzen, und zwar, wie ich mit Nachdruck betonen möchte, auch in der Lebenswirklichkeit vorindustrieller Epochen. In der Theorie steht dieser variantenreichen sektorwissenschaftlichen Grundauffassung von Sozialgeschichte eine mehr universalistisch orientierte gegenüber. Deren Anwälte verstehen unter der Rubrik „Sozialgeschichte" oder, wie manche wollen, „Geschichte der Gesellschaft" eine auf gesamtgeschichtliche Synthese abzielende übergreifende Integrationswissenschaft, die die gesellschaftlichen Kräfte, Zustände und Wandlungen zum Strukturierungskern und Schwerpunkt des Bezugsrahmens macht, um unter diesem Aspekt eine pointierte Interpretation der allgemeinen Geschichte in den Griff zu bekommen.

Was grundsätzlich zu dieser verzwickten wissenschaftstheoretisch, heuristisch-praktisch, aber auch politisch und didaktisch engagierten Diskussion zu sagen ist, hat Jürgen Kocka kürzlich in seinem Aufsatzbändchen „Sozialgeschichte" (1977) mit der für ihn charakteristischen Brillianz, Klarheit und Tiefe meisterhaft zum Ausdruck gebracht. Ich selbst möchte es an dieser Stelle bei einer nüchternen persönlichen Feststellung bewenden lassen. Seit den 1930er Jahren bin ich an integraler Geschichtsbetrachtung in sozialökonomischer Erkenntnisperspektive aktiv interessiert. Bei der fachinternen Kontroverse, die sich unter dem ambivalenten Sammeletikett „Sozialgeschichte" auf die Erörterung alternativer Ansatzmöglichkeiten und Zielsetzungen der historischen Erkenntnissuche konzentriert, geht es mir nicht um ein prinzipielles Entweder-Oder, vielmehr um ein Sowohl-Als-Auch in der variablen empirischen Arbeitspraxis mittels sachadäquater experimentierender Vorstöße. Nicht die Spannweite der postulierten Erkenntnisabsichten, geschweige denn die Formulierung von grandiosen oder gar unerfüllbaren Wunschträumen sehe ich als entscheidend an, vielmehr inhaltlich, begrifflich und methodisch verfeinert ausgeführte Bewährungsproben, die demonstrieren müssen, was für die historische Vernunft konkret dabei herauskommt. Zu diesem Aufgabenbereich habe ich im Laufe meines Arbeitslebens im Rahmen meiner Kräfte einige größere und kleinere Beiträge zu liefern versucht.

Die im Inhaltsverzeichnis dieses Sammelbandes unter den Nummern 3–16 gekennzeichneten Stücke, die sich auf weit auseinander liegende Zeitabschnitte beziehen, wurden bereits in den Jahren 1932 bis 1970 an anderer Stelle publiziert. Trotz der ständigen Veränderung der wissenschaftlichen Fragestellungen und Methoden in unserer Zeit und der inzwischen erfolgten Bereicherung des Wissensstandes ist der alte Text aus mancherlei Gründen für den Wiederabdruck unverändert geblieben. Die hier ausgewählten Beiträge sind nicht in der Folge ihrer Entstehung, sondern nach problembezogenen thematischen Gesichtspunkten geordnet. Für wissenschaftsgeschichtlich interessierte Leser sei auf das Verzeichnis der ursprünglichen Druckorte und Erscheinungsjahre hingewiesen. Für derartige Leser ist vielleicht gerade das, was an meinen Ausführungen eindeutig „datiert" ist, beachtenswert.

Bisher unveröffentlicht ist, abgesehen von dem einführenden Kapital, lediglich der unmittelbar folgende Aufsatz über „Die Ausprägung der Junkerherrschaft", der ebenfalls 1977 geschrieben wurde. Diese Untersuchung hat einen weit zurückliegenden, gegenwartsbezogenen Vorläufer in meiner während des Zweiten Weltkrieges verfaßten Studie „The Rise of the Junkers in Brandenburg-Prussia, 1410–1653“ (American Historical Review, Bd. 49, 1943/44, S. 1–22, 228–242). Die Neubearbeitung stellt eine radikal veränderte Fassung dieses wichtigen Themas dar und unterscheidet sich in bezug auf den Sachgehalt, die Problemstellung, Methode, Sinndeutung und den Ton grundlegend von der ursprünglichen Darstellung, die sich, wie ich glaube, im großen und ganzen heute nicht mehr sehen lassen kann.

Für die Initiative zur Aufnahme dieses Bandes in die „Kritischen Studien“, deren Stoßrichtung ich sehr nahe stehe, sowie für Mithilfe bei der Textredaktion und Drucklegung danke ich herzlich Hans-Ulrich Wehler und seinen Mitarbeitern.

Freiburg i. Br., im Februar 1978 — Hans Rosenberg

I. AUFSÄTZE

1. Rückblick auf ein Historikerleben zwischen zwei Kulturen

Vor allem ist es mir ein Bedürfnis, für die besondere Auszeichnung zu danken, die mir die Universität Bielefeld durch Verleihung der Würde eines Doctor philosophiae honoris causa zuteil werden läßt. Die überaus generöse Laudatio, die Hans-Ulrich Wehler im Auftrage der Fakultät für Geschichtswissenschaft mit der ihm eigenen Eloquenz und Gedankenschärfe soeben vorgetragen hat, berührt mich tief, schüchtert mich aber auch etwas ein, da sie hohe Erwartungen erweckt, denen ich schwerlich an diesem Abend werde genügen können. Dennoch kann ich nicht verhehlen, daß Wehlers Würdigung meiner Bemühungen im Spätherbst meines Lebens das tröstliche Gefühl verstärkt, als ein Diener der historischen Erkenntnissuche in einer turbulenten Zeit nicht umsonst gelebt zu haben.

Ich möchte meinen, daß die heutige Feierstunde nicht der passende Moment für die Vorlage eines wissenschaftlichen Fachreferates ist. Statt dessen soll mein Dank in andersartiger Weise zum Ausdruck gebracht werden, einer Weise, die manche der Anwesenden vielleicht deplaciert, wenn nicht gar anmaßend finden mögen. Gleichwohl wage ich es, in den folgenden Betrachtungen die Aufmerksamkeit auf einige Aspekte meines eigenen geistigen Lebensweges zu lenken in der Absicht, über das persönlich Zugespitzte hinaus doch auch ein Blitzlicht auf die Zeitumstände und gewisse Richtungstendenzen der Geschichtswissenschaft des letzten halben Jahrhunderts, namentlich der deutschen Fachhistorie, fallen zu lassen. Deren Gedeihen hat mir immer, auch als Außenseiter in weiter räumlicher Ferne, ganz besonders am Herzen gelegen.

Ein Versuch rückblickender Selbstdarstellung ist stets ein riskantes, gewissermaßen auch ein prätentiöses Unternehmen. Die Suche nach reflektiertem Selbstverständnis und Klärung der eigenen Identität führt oft zu Selbsttäuschungen, Wichtigtuerei und Selbstgefälligkeit, viel seltener zu Selbstvorwürfen und rücksichtsloser Selbstkritik. Wie dem auch sei, ich nehme mir die Freiheit, hier von einem ichbezogenen Orientierungspunkt auszugehen.

Unter Ichbezogenheit soll für den vorliegenden Zweck die Reaktion des Ichs auf seine in mächtige Bewegung geratene Umwelt und, spezifischer, auf zentrale Begleiterscheinungen in seiner Fachdisziplin verstanden werden, ob dieselbe nun im Altgewohnten zu erstarren drohte oder sich neuen, dem Zeitalter der vorgeschrittenen Industriegesellschaft situationsgerechteren Aufgaben zuwandte. Wie jedes wissenschaftliche Fach hat auch das meinige seine gesellschaftlich-politischen und sozialethischen Implikationen, Interessen, Voraussetzungen und Auswirkungen, deren zeitgenössische Problematik mir frühzeitig als Mitlebender einer sturmreichen Krisenepoche grell vor Augen trat. Von jeher hat mir Wissenschaft als Beruf mehr als ein selbstgenügsames gelehrtes Routinearbeitertum bedeutet.

Gestatten Sie mir zunächst eine stark vereinfachte Standortbestimmung. Ihnen gegenüber steht ein engagierter Historiker, ein nichtmarxistischer, liberaldemokratisch und international gesinnter deutschamerikanischer Historiker des Jahrgangs 1904. Seine formativen Lebensjahre reichen in das Wilhelminische Zeitalter, den Ersten Weltkrieg, die Revolution von 1918 und die aufregenden Frühjahre der Weimarer Republik zurück. Seine berufliche Tätigkeit und Wirkungsmöglichkeit sind durch die zwangsweise Vertreibung aus der Universität Köln im Jahre 1933 und die daraus resultierende Verpflanzung in die angloamerikanische Kulturwelt in unerwartete Bahnen gelenkt worden. Seitdem ist er auf der von Irrungen und Wirrungen nicht freien Suche nach weiterführenden Wegen der historischen Erkenntnis im Rahmen seiner Kräfte und begrenzten Kontakt- und Kommunikationschancen mit Beharrlichkeit und gedämpfter Zuversicht auf beiden Seiten des Atlantik darum bemüht geblieben, in kritischer Auseinandersetzung mit den in West und Ost sich abzeichnenden vielfältigen Strömungen der Humanwissenschaften für eine aufklärerisch-humanistischen Werten zugewandte, jedoch die materiellen Dimensionen des Geschichtsprozesses besonders heraushebende Betrachtungsweise in Lehre und Forschung eine Lanze zu brechen.

Zweifellos haben die Emigration und die daraus erwachsene Erweiterung des Beobachtungs-, Erfahrungs- und Erkenntnishorizonts tiefgreifend und nachhaltig auf die Ausprägung meiner Denkweise, Wertvorstellungen und die Stoßrichtung der Arbeitstätigkeit eingewirkt. Gemäß meinem rückblickenden Selbstverständnis ist jedoch der entscheidende Wendepunkt in meiner Entwicklung *als Historiker* nicht die Auswanderung gewesen, 1933 nach England, 1935 nach USA. Das waren vielmehr die elektrisierenden Eindrücke und Einsichten, die in den unmittelbar vorangehenden traumatischen Umbruchsjahren vom Einsetzen der großen Weltwirtschaftskrise bis zur endgültigen Zertrümmerung der Weimarer Demokratie durch die nationalsozialistische Diktatur gewonnen wurden. Das Zeiterleben vermittelte mir einen aufrüttelnden Anstoß zum Überdenken der in meinem alten Heimatlande damals maßgeblichen Geschichtsauffassungen, Forschungsschwerpunkte, Erkenntnisziele und Urteilsmaßstäbe. Klarer denn zuvor wurde ich mir der politischen, gesellschaftlichen und moralischen Verantwortung und Standortbedingtheit des wissenschaftlichen Historikers in einer offensichtlich auf umwälzende Erschütterungen hinsteuernden Welt bewußt.

In meinen Berliner Studentenjahren von 1922–27 beeindruckten mich unter den sich anbietenden Ansatzmöglichkeiten zum Studium der Geschichte der geistesgeschichtliche Blickwinkel und Bezugsrahmen am meisten, zumal ich damals an Philosophie, insbesondere Erkenntnistheorie und Ethik, stark interessiert war. Für die Kristallisierung meiner wissenschaftlichen Bestrebungen sowie meiner grundsätzlichen Werthaltungen und Grundüberzeugungen wurden in jener Zeit besonders bedeutungsvoll die relativ intensive Beschäftigung mit dem Kulturgut und den emanzipatorischen Bestrebungen der europäischen Aufklärung und mit der Philosophie des deutschen Idealismus, vor allem der Hegelschen. Von hier aus und in dem Bemühen, die aus den Fugen geratene Gegenwart, in der ich lebte, in historischer Perspektive besser zu verstehen und zu deuten, fand ich den Zugang zu selbstgewählter Forschungstätigkeit.

Zunächst richtete sich mein konkretisiertes Interesse auf den Versuch einer Klärung der differenzierten Ideenwelt, Prinzipien, Zukunftsvisionen und politischen Aktivität des deutschen Frühliberalismus – des Frühliberalismus bis zum Scheitern der Revolution von 1848, der ersten Revolution von unten in der deutschen Geschichte und zugleich der letzten vorindustriellen Revolution in Europa. Zu diesem Arbeitsprojekt trat dann noch in den Jahren 1928–34 ein zweites, das ich im Auftrage der neugegründeten Historischen Reichskommission noch in England zum Abschluß zu bringen vermochte. Auf breiter Quellengrundlage studierte ich die vielschichtige Auseinandersetzung über die verspätete deutsche Nationalstaatsbildung, soweit dieser Meinungs-, Interessen- und Machtkampf mit geistigen Waffen in der mitteleuropäischen Publizistik 1858–1866, also am Vorabend der Bismarckschen „Revolution von oben", ausgetragen wurde.

Diesen Themenbereichen, die ich als Schüler des „Vernunftrepublikaners" Friedrich Meinecke mittels eines ideengeschichtlichen und personalistischen Denkansatzes in den Griff zu bekommen versuchte, hatte ich mich angesichts der akuten Gefährdungen und historischen Vorbelastungen, mit denen die Weimarer Demokratie zu kämpfen hatte, auf der Suche nach Anknüpfungspunkten und Nahtstellen in der vielfarbigen deutschen Vergangenheit zugewandt. Als ein individuelle und kollektive Freiheitsgrundrechte und demokratische Strukturen in Staat und Gesellschaft entschieden bejahender junger Historiker wollte ich einen von Wissensbegierde und kritischer Sympathie inspirierten Beitrag zur historischen Bilanzprüfung und Stellenwertbestimmung des pluralistischen Denkens, Wollens, Handelns und Könnens früher Pioniere einer freiheitlichen politischen Kultur und deren sozialer Träger liefern. Das schien mir um so mehr eine zeitgemäße und wichtige Aufgabe, als in der deutschen akademischen Fachhistorie nach dem Zusammenbruch des Kaiserreiches eine mich zum geistigen Widerstand herausfordernde demokratiefeindliche konservativnationalistische Grundhaltung tonangebend war, die unter der Maske vorurteilsfreier Objektivität auf die Sanktionierung autoritärer Herrschaftssysteme, die Romantisierung ständisch-hierarchischer Gesellschaftsstrukturen, die Verharmlosung der von oben und die Diffamierung der von unten entfesselten Klassenkonflikte und auf die Verklärung der Bismarckschen Reichsgründung hinauslief.

Bereits meine Jugendaufsätze sowie meine Habilitationsschrift über „Rudolf Haym und die Anfänge des klassischen Liberalismus" lassen erkennen, daß ich seit den späten 1920er Jahren auf dem Wege war, mich von der die historische Lebenswirklichkeit vielfach verschleiernden elitär-esoterischen politischen Ideen- und Doktrinengeschichtsschreibung zu distanzieren, wie sie damals von ihren führenden Köpfen mit den herkömmlichen Mitteln der hermeneutischen Methode und intuitiver historischer Phantasie virtuos gepflegt wurde, freilich auch, wie einschränkend zu bemerken ist, in olympischer Höhenluft und mit dem individualisierenden Blick auf eminente Denker und herausragende, artikulationseifrige Spitzenmitglieder der politischen Machteliten unter Ausblendung der in den gesellschaftlichen Mittelschichten und Niederungen lebenden Vorstellungs-, Wert- und Gefühlswelt.

Gegenüber dieser Betrachtungsweise erregten bisher vernachlässigte oder völlig ignorierte Aspekte und Probleme der politischen Ideengeschichte meine Aufmerksamkeit. Demgemäß verschoben sich in der Verfolgung meines damaligen Arbeitsgebiets die Gesichtspunkte, Erkenntnisziele, Akzentsetzungen und Methodik. Mehr und mehr kam es mir darauf an, ideelle Geschichtsphänomene und ideologische Grundeinstellungen, vor allem *kollektive* politische Mentalitätswandlungen, in möglichst wirklichkeitsnahe Beziehung zu setzen zu ihrer differenzierten sozialen Basis, ihren gesellschaftlichen Rahmenbedingungen, ihrer Situationsbedingtheit, Funktion und Rezeptionsbreite im realen gesellschaftlichen und politischen Kräftefeld des Alltags. Was mir grundsätzlich als erkenntnisfördernde Aufgabe vor Augen schwebte, wenn auch noch tastend, war der mein Wissen und Können überfordernde Versuch eines Brückenschlages zwischen Geistesgeschichts-, Sozialgeschichts- und politischer Gesinnungsgruppen-, Vereins-, Partei- und Interessenverbandsgeschichtsforschung.

Zweifellos standen die schönen, mehr implizit als explizit formulierten Absichten in einem Mißverhältnis zur empirischen Bewährungsprobe, die methodische Unbeholfenheit und Unsicherheit sowie unzureichende theoretische und sozialwissenschaftliche Schulung verriet. Trotz aller Unvollkommenheit handelte es sich dennoch, gemessen an dem damaligen Erkenntnisstand und den vorliegenden Interpretationsmustern, um einen kleinen Schritt vorwärts und somit, wie ich rückschauend für mich in Anspruch nehme, um einen Vorgriff auf ein mit verfeinerten Methoden, pointierteren Fragestellungen, schärferen Begriffen sowie integrativeren Perspektiven gepflegtes Arbeitsfeld, das heutzutage und hierzulande unvergleichbar gründlicher und besser von Historikern, Politikwissenschaftlern und Soziologen beackert wird.

Für mich selbst ist bei diesen frühen Studien vor allem der von nagendem Zweifel beflügelte Antrieb zu bohrendem Weiterdenken herausgekommen, das über das für die große Mehrheit der damaligen Neuhistoriker typische Blickfeld, in dessen wertbetontem Zentrum der Primat der Staatsgewalt stand, hinausdrängte. Kritisches Reflektieren über die historiographische Lage lenkte meine thematischen Präferenzen, methodologischen Überlegungen und Erkenntnisziele noch vor 1933 in eine neue Bahn. Langfristig ist diese Wende für meine Weiterentwicklung bestimmend geworden. In ihr spiegelt sich ein prinzipielles Abrücken von dem Spektrum der etablierten Fachzunft der Weimarer Republik, in deren Arbeitspraxis und Geschichtsbild, abgesehen von ein paar Sonderlingen wie Eckart Kehr und Alfred Vagts, das Studium des Wechselspiels der großen Trias „Staat, Wirtschaft und Gesellschaft“ in der modernen Welt keine nennenswerte Rolle spielte. Denn im Brennpunkt der Betrachtung, Ursachenforschung und Urteilsbildung standen völlig beherrschend die staatliche Aktivität, politische Ereignisse und staatsbezogene ideengeschichtliche Phänomene. Die sozialökonomischen Dimensionen der geschichtlichen Entwicklung, die materiellen Antriebsfaktoren, die realen Zustände und die strukturellen Veränderungen des gesellschaftlichen Schichtungs- und Klassensystems dagegen wurden mehr oder weniger mißachtet, bagatellisiert oder gar völlig ausgeklammert trotz der schon in den Zeiten des Kaiserreiches von Gustav Schmoller, Max Weber, Otto Hintze und der Historischen Schule der Nationalökonomie vollbrachten Pionierarbeit.

Ich selbst bin erst in den frühen 1930er Jahren angesichts des katastrophalen internationalen wirtschaftlichen Niedergangs und des Auflösungsprozesses der ersten deutschen Demokratie auf die ungeheure Wirkungsmächtigkeit der Wirtschaftsentwicklung in der modernen Gesellschafts- und Politikgeschichte aufmerksam geworden und habe daraus radikale Konsequenzen gezogen. Sie haben in der Folge nicht nur kurzfristig in der Thematik und Stoßrichtung meiner Erkenntnisbemühungen konkrete Gestalt gewonnen.

Die erste greifbare Frucht der Umorientierung meiner historischen Interessen und Leitvorstellungen war das noch 1933 abgeschlossene Buch über die erste *Welt*wirtschaftskrise der Menschheitsgeschichte, die Krise von 1857–1859. Die Beschäftigung mit einem so extravaganten Problemkomplex lag völlig außerhalb des Bezugsrahmens und der Wertwelt der zeitgenössischen Geschichtswissenschaft. Namentlich für einen noch wenig erprobten, von idealistischer Philosophie und Ideengeschichte herkommenden Historiker bedeutete die Verfolgung eines derartigen Forschungsprojektes einen Sprung ins Dunkle und in wissenschaftliches Neuland. Unter dem Druck der geistigen „Sachzwänge" reifte in mir der fortan für mich richtungweisende Entschluß, zu den systematischen sozialwissenschaftlichen Nachbardisziplinen, zunächst vor allem zur Konjunkturtheorie, einen engeren Kontakt zu suchen. Das geschah in der hoffnungsvollen Erwartung, mit ihrer Hilfe weiterzukommen und womöglich für nicht bloß deskriptiv orientierte historische Untersuchungszwecke zu klareren Fragestellungen, zu einem begrifflich sachgerechten und theoretisch informierten Betrachtungs- und Erklärungsrahmen vorstoßen zu können.

Das war, in Kürze, der Schnittpunkt in meinem Werdegang als selbständig denkender junger Geschichtsforscher, den ich 1933 erreicht hatte, als ich meinem einstmaligen Heimatlande Valet sagen mußte und nach einem zwar lehrreichen, aber nicht gerade erheiternden zweijährigen Intermezzo in England in meiner zukünftigen Wahlheimat, dem „Lande der unbegrenzten Möglichkeiten", festen Fuß zu fassen suchte, zunächst sozusagen auf der Startbasis eines wissenschaftlichen Gastarbeiters.

Für einen Neuankömmling, der, obwohl er bis zum Jahre 1935 bereits drei Bücher in Deutschland veröffentlicht hatte, erst am Anfang seiner Dozententätigkeit stand, war das allerdings nicht gerade der ideale Zeitpunkt. Denn 1935 war der Rooseveltsche New Deal über die Anlaufphase noch nicht hinausgekommen; die allgemeine Wirtschaftslage war noch immer höchst prekär, die Arbeitslosigkeit weitverbreitet, namentlich auch in Akademikerkreisen; der Kampf um das tägliche Brot war bitter. Das improvisierte Vordringen des kollektivistischen Interventionsstaates im Wirtschafts- und Gesellschaftsleben und die damit verbundene Entwertung alter Werte waren heiß umstritten. Zu alten Vorurteilen traten neue Ressentiments, namentlich unter den bisher privilegierten Schichten des amerikanischen Volkes.

Intellektuelle Immigranten jüdischer oder halbjüdischer Abstammung, auch wenn sie getauft waren und die nötigen Qualifikationen für den Hochschullehrerberuf besaßen, waren zu ihrer traurigen Überraschung mit einer überaus selten übersteigbaren Barriere konfrontiert, die auf lange Zeit hinaus mit bemerkenswerter Solidarität von den Universitäts- und Collegefakultäten der Vereinigten Staaten – lediglich New York City war die große Ausnahme – beharrlich verteidigt wurde. Der amerikanische Antisemitismus, der im Depressionsjahrzehnt der 1930er Jahre seinen Höhepunkt erreichte, war nicht wie der deutsche fanatisierter politisch-ideologischer Natur, war auch nicht auf gewaltsame Unterdrückung oder gar physische Vernichtung ausgerichtet. Er war vielmehr Teilstück einer universaleren soziokulturellen Abwehrbewegung der altetablierten „angelsächsischen" Amerikaner, die sich als „bessere Leute" verstanden. Diese Frontstellung richtete sich gegen zahlenmäßig stark angewachsene, noch unzureichend assimilierte ethnische Minderheitengruppen. In der Lebenspraxis bedeutete das gesellschaftliche Kontaktvermeidung, vorberufliche und berufliche Diskriminierung und Erschwerung bzw. Blockierung von sozialen Aufstiegschancen für diejenigen, die, wie es im amerikanischen Englisch heißt, „lived on the other side of the tracks".

Selbstverständlich sind meine persönlichen Lebensumstände, Berufschancen und Wirkungsmöglichkeiten durch diese objektive Sachlage, die sich erst sehr allmählich auflockerte, stark berührt worden, und zwar keineswegs bloß negativ. Zunächst einmal hatte ich das Glück, nicht aus der Berufslaufbahn heraus-, vielmehr nur zurückgeworfen zu werden. Gleichwohl war der erste Anfang alles andere als verheißungsvoll. Das erste Jahr in USA verbrachte ich als Arbeitsloser, wanderte damals im Osten, Süden und Mittelwesten auf der Suche nach einem Plätzchen in der akademischen Sonne erfolglos herum, obwohl zu meinen unvergeßbaren Förderern, die sich sehr aktiv für mich einsetzten, drei frühere Präsidenten der American Historical Association, Carl Becker, Sidney Fay und Guy Stanton Ford, gehörten. Einem bloßen Zufall war es zu verdanken, daß ich schließlich im Herbst 1936 eine ganz bescheidene Anfangsstellung mit einem königlichen Jahresgehalt von $ 2000 in einem seriösen, sehr kleinen, intimen, daher auch besonders einblicksreichen Liberal Arts College fand, in Jacksonville, Illinois, einem abgeschiedenen Landstädtchen, in dem man noch in das warme Herz altamerikanischen Menschentums zu schauen vermochte. Dort bin ich zwei Jahre verblieben. Darauf folgten 21 Jahre am Brooklyn College der heutigen City University of New York und schließlich 1959 die Berufung nach Berkeley, eine der großen Weltuniversitäten, an der ich die glücklichsten Jahre meines Berufslebens verbracht habe. Was bedeuten diese dürren Daten für meine in mittel- und westeuropäischen Kultur- und Wissenschaftstraditionen tiefverwurzelte Tätigkeit als Geschichtslehrer und -forscher in der neuen Welt und für die Gestaltung meines Verhältnisses zur alten Welt, insbesondere zur Geschichtswissenschaft meines Geburtslandes, dessen gefurchtes historisches Antlitz durch den barbarischen Nationalsozialismus entsetzlich verunstaltet worden war? Hierzu nun ein paar knappe Andeutungen.

Das erste Jahrzehnt jenseits des Atlantik war eine Zeit der Umorientierung und inneren Sammlung. Sie umschloß einen Erlebnis- und Lernprozeß, der, reich an Erfahrungen, widerspruchsvollen Eindrücken und ungleichartigen Impulsen, zunächst einmal einigermaßen verarbeitet werden mußte. Die Umstellung auf eine mir noch wenig vertraute Sprache, eine sehr komplexe politische Kultur, eine vielfach andersartige gesellschaftliche Wertwelt und zwanglosere Lebensart als die gewohnte; die Einordnung in wesensverschiedene, für mich völlig fremdartige Lehrbetriebsverhältnisse; der Aufbau einer neuen Existenz unter schwierigen äußeren Bedingungen sowie ein ungewöhnlich hohes Maß von weitgespannten Lehrverpflichtungen und akademischer Verwaltungsarbeit – all das und noch vieles andere, zu vergleichendem Denken anregende nahmen meine ganze Kraft in Anspruch. 23 Jahre lang betrug meine durchschnittliche Lehrbelastung mit Vorlesungen und Seminaren 15 Stunden pro Woche. Es gab weder sogenannte akademische Assistenten und Hilfskräfte noch Sekretärinnen, auf die ein Teil der Verpflichtungen abgewälzt werden konnte.

Am Brooklyn College, wie in allen amerikanischen Hochschulen, mit Ausnahme der Spitzenuniversitäten, stand die Lehre völlig dominierend im Vordergrund. Diese Situation zwang einen sensiblen, gewissenhaften und zu „deutscher Gründlichkeit“ neigenden Gelehrten, wenn er seinen Studenten etwas von Belang zu bieten versuchte, zu ausgedehnter Lektüre in weitverzweigten Wissensbereichen. Ich habe die Gelegenheit, so gut ich es vermochte, genutzt, um meine Allgemeinbildung zu vervollkommnen und um mit den wichtigsten Werken der internationalen Fachliteratur zur neueren europäischen Geschichte vertraut zu werden. Außerdem, im Einklang mit meinen Neigungen und pädagogischen Bedürfnissen, hielt ich Ausschau auf relevante Anregungen im sozialwissenschaftlichen, insbesondere dem amerikanischen und englischen Schrifttum. So war es durch das Medium der Lehre möglich, auch für die Ausprägung der eigenen geistigen Persönlichkeit etwas zu tun und davor bewahrt zu bleiben, vorzeitig in den intellektuellen Provinzialismus professionalisierter Überspezialisierung hineinzugeraten und dadurch den Blick für die großen historischen Wirkungs- und Sinnzusammenhänge über die Jahrhunderte und enge Landesgrenzen hinweg zu verlieren. Das verdanke ich meinen Lehraufgaben am Brooklyn College, einem großstädtischen Liberal Arts College, wo trotz hoher Studentenzahl und einem künstlich aufgeblähten Verwaltungsapparat der Geist des Studium Generale noch lebendig war. Eine intellektuell sehr bewegliche, anspruchsvolle und individuelle Betreuung erwartende Studentenschaft sorgte dafür, daß ein Dozent, der nicht in der Routine und in bloß schulmäßiger Wissensvermittlung versacken wollte, ständig auf dem Quivive sein und darauf gefaßt sein mußte, von Stunde zu Stunde sich immer wieder erneuter Bewährungsproben zu unterziehen, wenn er sich den Respekt und das Vertrauen seiner Studenten bewahren wollte.

Anders ausgedrückt: Es war eine „Pferdekur“, zumal in den besonders aufreibenden New Yorker Frühjahren – und das waren die interessantesten und befriedigendsten – das Gros meiner Studenten aus blutarmen Familien ostjüdischer, irischer und süditalienischer Herkunft kam, sich aus lernbegierigen, debattenfreudigen, verbal aggressiven, jedoch meist gutmütigen und mir wohlgesinnten jungen Leuten zusammensetzte, die in jenen wirtschaftlichen Notjahren sich noch mit Stolz als Marxisten oder Leninisten, Stalinisten, Trotzkisten oder Sozialisten verschiedenartigster Schattierung bezeichneten. Trotz scharfer Meinungsgegensätze haben wir uns gut vertragen und voneinander gelernt.

Dank der verständnisvollen Großzügigkeit des Leiters der historischen Abteilung am Brooklyn College (Jesse D. Clarkson) konnte meine Lehrtätigkeit auf Sachbereiche konzentriert werden, die zwar umfassend, im Rahmen des bürokratisch reglementierten Lehrprogramms jedoch relativ spezialisiert waren und mir genügend Spielraum gaben. Die mir zugewiesenen Aufgabenkreise entsprachen weitgehend der Verschiebung der Leitideen und empirischen Arbeitsabsichten, die bereits in den Jahren 1929–33 in mir gekeimt waren. Was in Amerika hinzukam war eine Verbreiterung und Vertiefung des Sachwissens, der methodologischen Reflexion und der Erkenntnisziele durch verstärkte Kontaktaufnahme zu den sozialwissenschaftlichen Nachbardisziplinen. Weder in meiner Arbeitsrichtung noch in meiner liberaldemokratischen Grundeinstellung hat das Leben in der neuen Welt für mich einen Kontinuitätsbruch im Gefolge gehabt. Das bedrückende und oft gefahrenreiche Erlebnis der „inneren Emigration", wie es Geistesverwandten im Dritten Reich beschieden war, ist mir erspart geblieben.

Meine Lehrdomäne bestand in der Pflege der europäischen Wirtschafts- und Sozialgeschichte vom Hochmittelalter bis zur Gegenwart und in der Betreuung des Studiums der neueren deutschen Geschichte, das in USA noch in den Anfängen steckte. Lediglich im Bereich der gegenwartsnahen diplomatischen Ereignisgeschichte und rein zeitgeschichtlicher Reportage hatte es ein bemerkenswertes Leistungsniveau erreicht. Kein Wunder daher, daß das in den Vereinigten Staaten damals noch vorherrschende Bild von der weiter zurückliegenden deutschen Vergangenheit primitiv und simplistisch war, wie das umgekehrt ja auch mit dem klischeehaften Amerikabild in Deutschland der Fall war.

Zu jener Zeit hatte die Erforschung wirtschaftshistorischer Phänomene, in geringerem Maße aber auch sozialgeschichtlicher in der amerikanischen, englischen und französischen Geschichtswissenschaft bereits einen Wissens- und Erkenntnisstand erreicht, mit dem die in dieser Beziehung rückläufig gewordene deutsche Fachdisziplin nicht mehr konkurrieren konnte. Umgekehrt war die Lage verständlicherweise in bezug auf die Beschäftigung mit Problemen der allgemeinen deutschen Geschichte in Mittelalter und Neuzeit. Zur Einbürgerung und institutionalisierten Anerkennung dieses Arbeitsfeldes in den amerikanischen Hochschulen haben deutsche Immigranten-Historiker, soweit sie über die nötigen Voraussetzungen, nämlich Sachverstand, wissenschaftlichen Ehrgeiz, Zähigkeit, Takt, Hingabe und didaktische Vermittlungsgaben verfügten, einen sehr wesentlichen Beitrag geliefert. Hierzu habe ich persönlich auch ein Scherflein beisteuern können.

Aber was wurde an meinem Arbeitsplatz neben der Lehre aus der eigenständigen Forschung? Ist sie etwa durch das Übermaß an Unterrichtsverpflichtungen und an meist langweiliger und oft überflüssiger Verwaltungsarbeit, die sich hochbezahlte und häufig pompös auftretende Kultusbürokraten ausgedacht hatten, völlig lahm gelegt worden? Keineswegs.

Angesichts der Umstellungsnöte im Alltagsleben konnte erst in den frühen 1940er Jahren in beschränktem Maße an die Rückkehr zu eigener Forschungstätigkeit gedacht werden. Sie hat sich in der Folge um zwei weite sozial- und wirtschaftsgeschichtliche Problembereiche bewegt, die sich im wesentlichen auf den deutschsprachigen mitteleuropäischen Raum bezogen. Einerseits richtete sich das Interesse auf die empirische Wirklichkeitsgeschichte von Sozialgruppen, Ständen und Klassen und hier insbesondere auf die Führungseliten in Staat, Wirtschaft und Gesellschaft. Andererseits auf das Studium der Dynamik des Wirtschaftsablaufs und hier vor allem auf die allgemeingeschichtliche Bedeutung der langwelligen und mittelfristigen zyklischen Konjunkturschwingungen unter besonderer Betonung ihrer historischen Vorbedingungen, Implikationen und politischen, sozialen, sozialpsychischen, ideologischen und moralischen Auswirkungen.

Nach dem Eintritt der Vereinigten Staaten in den von Hitler entfesselten Weltkrieg, zu einem Zeitpunkt also, als der Ausgang des globalen Ringens noch völlig ungewiß war, reifte in mir der verwegene Entschluß, eine umfassende Sozialgeschichte der vorindustriellen preußisch-deutschen Herrschaftseliten in Angriff zu nehmen. In weitgespannter Sicht und mit dem Blick auf ihre säkularen Konsequenzen sollten Kontinuität und Wandel der kollektiven Wesenszüge, Interessen, Mentalität, funktionalen Rollen und Verhaltensweisen dieser strategisch plazierten Sozialgruppen einer kritischen Überprüfung unterworfen werden.

Eine derartige historiographische Auseinandersetzung war, wie mir schien, eine pressierende Aufgabe. Denn es handelte sich um die Sezierung einer in der alteuropäischen Ständegesellschaft tief verankerten Kräftegruppierung von ungewöhnlicher Zählebigkeit und weit ausstrahlender Wirkungsstärke, die seit dem Spätmittelalter auf die Prägung deutscher Geschichtstraditionen und die Verewigung vorindustrieller Werthaltungen in Gesellschaft, Wirtschaft und Staat auch noch im Industriezeitalter nachhaltig eingewirkt hatte. Es handelte sich um die autoritäre Herrschaftstrias des ostdeutschen Großgrundbesitzertums, der preußischen Staatsbürokratie und des von adligem Standesgeist erfüllten Offizierskorps – um Führungsgruppen, die auch noch in den Zeiten des vorgeschrittenen Industriekapitalismus und der industriellen Massengesellschaft Elitestellungen in der gesellschaftlichen Rang-, Ehre- und Prestigehierarchie, im obrigkeitsstaatlichen Machtgefüge, teilweise auch in dem revolutionierten Wirtschaftssystem zu behaupten und auszunutzen verstanden hatten. Diese Trias konstituierte eine Kombination traditionaler soziopolitischer Kräfte, die, mit Superioritätsbewußtsein erfüllt und die altüberlieferten gesellschaftlichen Standes- und Klassenbarrieren vergottend, zu guter Letzt noch, sozusagen als Inkarnation historischer Vorbelastungen, zum Ruin der Weimarer Republik entscheidend beigetragen und beim Übergang zum nationalsozialistischen Gewaltsystem und seiner Befestigung sich hervorgetan hatte.

Für einen Geschichtsforscher, dessen Arbeitsleben in eine hochdynamische und für die Humanisierung der Welt besonders gefahrenreiche Epoche fällt und der mehr als ein reiner Historist, Positivist oder Behaviorist sein will, gibt es, wie ich glaube, gewisse Knotenpunkte der Entwicklung, die ihn im Dienste der historischen, politischen und moralischen Bewußtseinsklärung dazu berufen und verpflichten, zu den von ihm überprüften realen Sachverhalten und den damit verknüpften Geschichtsbildern und -legenden klar und deutlich Stellung zu nehmen. Trotz verzweifelter Anstrengungen und endloser Diskussionen ist es bisher nicht einmal theoretisch gelungen, eine unanfechtbare Scheidelinie zwischen Objektivität und Parteilichkeit in den Humanwissenschaften zu ziehen. Ich stehe nicht an zu bekennen, daß ich selbst jedenfalls nicht dazu neige, historische Objektivität mit Indifferenz, agnostizistischer Neutralität oder Urteilslosigkeit zu verwechseln.

Der zuvor erwähnte Arbeitsplan hat leider nur bruchstückhaft verwirklicht werden können, da es unter dem Drucke der beruflichen Arbeitsbedingungen an der nötigen Muße fehlte, aber auch der Kräfteverschleiß sich bemerkbar machte. Was trotz weitgediehener Vorarbeiten und immer wieder erneuter Ansätze schließlich in druckreifer Form zustande kam, waren neben einem schmalen Buch eine Reihe von längeren Abhandlungen, die in den Jahren 1943–1977 entstanden. Diese problembezogenen Aufsätze behandeln folgenreiche agrarwirtschaftliche und agrargesellschaftliche Systemveränderungen, insbesondere zentrale Phasen der Früh- sowie der Spätgeschichte des sogenannten ostdeutschen Junkertums. Präziser gesprochen: Sie analysieren einerseits den Formierungsprozeß und die Konsolidierung der politisch-ökonomisch-gesellschaftlichen Herrschaftsstellung des Landadels vom späten 14. bis zur Mitte des 17. Jahrhunderts, andererseits den Struktur- und den Rollenwandel der großagrarischen Rittergutsbesitzerklasse im Industriezeitalter bis zu ihrem endgültigen Untergang im Jahre 1945. Dazu trat dann noch als Mittelstück das in der ersten Hälfte der 1950er Jahre geschriebene, aber erst 1958 veröffentlichte Werk „Bureaucracy, Aristocracy and Autocracy: The Prussian Experience, 1660–1815".

Bei diesem letzteren Unternehmen stand ich vor der folgenden Alternative: Soll ein dickes Buch mit einer Fülle von empirischem Detail vorgelegt werden, das voraussichtlich nur von ein paar Spezialisten der brandenburg-preußischen Landesgeschichte gelesen würde? Oder soll der schwierigere Versuch gewagt werden, in vergleichender Perspektive, mit dem altpreußischen Modell im Mittelpunkt und unter Sichtbarmachung gesamteuropäischer, wenn auch nationalgeschichtlich unterschiedlicher Entwicklungstendenzen, einen analytisch gestrafften Band zu produzieren, der auf eine breitere wissenschaftliche Leserschaft ausgerichtet wäre? Die Entscheidung fiel für die letztere Lösung. Das habe ich nicht zu bereuen gehabt. Denn meine sozialwissenschaftlich orientierte Untersuchung, in der ein Kardinalproblem der frühneuzeitlichen europäischen Geschichte aufgerollt wurde, hat wegen ihrer Thematik, ihres Substanzgehalts, der ihr zugrunde liegenden Konzeption, ihrer methodischen Eigenart und ihrer interpretatorischen Entschiedenheit nicht nur in den Vereinigten Staaten, sondern auch in andern Ländern zu meiner Freude bemerkenswerte Beachtung gefunden. Und zwar nicht nur bei Historikern, vielmehr auch bei Soziologen und Politologen, denen für ihre Zwecke daran gelegen war, über die Herrschaftseliten der vorindustriellen Gesellschaft und vor allem über die Entwicklung der Verwaltungs- und der Justizbürokratie als berufliche Funktions-, soziale Standes- und politische Führungsgruppen im Macht- und Gesellschaftsgefüge absolutistisch regierter monarchischer Staatsgebilde Wissenswertes zu erfahren.

In der jungen Bundesrepublik Deutschland dagegen ist mein Buch zunächst (abgesehen von Wilhelm Berges und Hans Herzfeld) eigentlich nur in der neuetablierten, damals noch abseits stehenden Sonderdisziplin der politikwissenschaftlich geschulten Zeitgeschichtsforschung auf positive Resonanz gestoßen. Die restaurierte alte Historikerzunft dagegen ließ es meist entweder beim Totschweigen oder bei griesgrämigen Kommentaren bewenden. Der Denkansatz und die Ergebnisse meiner Untersuchung erregten Unbehagen und emotionale Beunruhigung. Denn von dem vielen so lieb und verehrungswürdig gewordenen Mythos, den Tugenden und idealen Zwecken des preußischen Ancien régime, war in meiner Darstellung und Beweisführung nicht allzuviel übrig geblieben – einer Legende, die im 19. Jahrhundert unter Führung der borussischen Schule der deutschen Geschichtswissenschaft anachronistischerweise als die historische Wirklichkeit des alten Preußentums ausgegeben worden war, einer Legende zudem, die gegenwärtig, nur leicht qualifiziert, in gewissen Kreisen wieder aufgefrischt wird.

Die 1950er Jahre waren die Zeit, in der der von Meinecke und selbst Gerhard Ritter 1948 und 1949 erhobene Ruf nach durchgreifender Revision des traditionellen deutschen Geschichtsbildes nahezu wirkungslos in der Fachhistorie verpuffte; die Zeit, in der die große geistige und moralische Erneuerung, die so viele, darunter auch ich, nach der deutschen Katastrophe erhofft hatte, im Ansatz stecken blieb; die Zeit, in der es in den tonangebenden Fachkreisen der älteren Generation üblich wurde, den Nationalsozialismus als einen bloßen „Betriebsunfall" in der deutschen Geschichte zu verbuchen und „die guten alten" vorwilhelminischen Zeiten in erneuter Gloriole in Erscheinung treten zu lassen. Gerade gegen diese defensiven Beschönigungstendenzen richteten sich die auf ein nüchternes, unverfälschtes Bild der Realgeschichte abzielenden kämpferisch-polemischen Untertöne meines Buches, wie sie besonders in dem inzwischen überholten, daher auch in den späteren Auflagen weggelassenen Epilog anklangen. Hinter meinem Buche stand die neuralgische Frage: Wie hat es in *säkularer* Sicht zum Durchbruch des Nationalsozialismus überhaupt kommen können? Oder war etwa das Phänomen des Nationalsozialismus noch immer nicht genug, um mit kritisch geschärften Augen, frischem Elan und bohrenden Fragestellungen an die Aufarbeitung der deutschen Vergangenheit, auch der älteren, heranzugehen?

Nun waren freilich die 1950er Jahre aber auch die Zeit, in der eine neue junge Historikergeneration heranreifte und sich zum Wort zu melden begann. Darunter waren nicht wenige erstklassige Talente, die durch das Kokettieren mit dem Nationalsozialismus unbelastet waren und daher auch nichts zu verbergen und zu vertuschen hatten. In den 1960er Jahren gingen sie dazu über, an tradierten Geschichtsversionen, historischen Denkgewohnheiten und bislang sakrosankten Forschungsmethoden zu rütteln. Im Gefolge der großen Expansion des deutschen Universitätswesens gelang es relativ vielen, bald in einflußreiche akademische Stellungen aufzurücken. Dank ihres Vordringens wurde die bundesrepublikanische Geschichtswissenschaft zu meiner großen Befriedigung heterogener und pluralistischer, was zu oft hitzigen, auch heute noch unentschiedenen fachinternen Richtungskämpfen führte, wobei, wie mir scheint, ein Übermaß an theoretischer Programmatik in Erscheinung trat.

Mir selbst war es vergönnt, diesen Neubesinnungs- und Umorientierungsprozeß, der zugleich auch meist von politischen Gesinnungsverlagerungen begleitet war, nicht nur von außen, sondern auch aus nächster Nähe verfolgen zu können. Denn seit 1948, als die Zeit zwangsweiser Abschließung abgelaufen war, habe ich nahezu jedes Jahr mehrere Monate in Europa, vornehmlich in der BRD, verbracht, habe daher auch alte, im Dritten Reich abgebrochene Kontakte wieder anknüpfen und mit zahlreichen Angehörigen der jüngeren Generation in engere persönliche Verbindung treten können. Dem Wanderer zwischen zwei nunmehr gleichartiger werdenden Kulturen und freiheitlich-demokratischen Grundordnungen eröffneten sich mannigfache Gelegenheiten zu intensivem geistig-politischen Gedankenaustausch und wissenschaftlicher Zusammenarbeit, die die Beteiligten wechselseitig bereichert haben.

An diese Vermittlerrolle darf erinnert werden, wenn abschließend noch ganz kurz auf mein Buch „Große Depression und Bismarckzeit. Wirtschaftsablauf, Gesellschaft und Politik in Mitteleuropa" hingewiesen wird. In deutscher Sprache geschrieben, war es in erster Linie für ein gesamtdeutsches Publikum bestimmt, obwohl der Autor im voraus damit rechnete, daß linientreue DDR-Historiker seine Studie als einen Irrweg der historischen Erkenntnis bezeichnen würden. Diese Untersuchung, der Überlegungen und Einsichten zugrunde liegen, die über Jahrzehnte hinweg erarbeitet worden waren, wurde Anfang 1967 veröffentlicht. Im Hinblick auf den damaligen, in erregte Bewegung geratenen, aber noch unausgegorenen Stand der geschichtswissenschaftlichen Diskussion hätte dieser Zeitpunkt für die von mir propagierte Forschungsrichtung kaum günstiger sein können. Denn gerade dazumal waren helle Köpfe der jüngeren Historikerjahrgänge dabei, lange vernachlässigte und ungebührlich unterbewertete materielle Kausalkräfte, Kernfragen und strukturelle Wirkungs- und Sinnzusammenhänge der realen Sozial- und Wirtschaftsentwicklung des Industriezeitalters in den Vordergrund des Blickfeldes und integrativer Bemühungen zu rücken und sich gegenwartsbezogenen, sozialwissenschaftlich informierten Problemstellungen zuzuwenden. Über das Wie der empirisch-konkreten Erprobung bestanden jedoch noch ernste Zweifel und Hemmungen, zumal exemplarische Vorbilder zwar bereits für das Studium der sozialen Begriffs-, jedoch nur ganz vereinzelt (W. Conze, K. Demeter, W. Köllmann) auch für die Analyse der sozialen Realgeschichte Deutschlands im 19. Jahrhundert vorlagen. In Anbetracht dieser Situation und des offenbar gewordenen Nachholbedarfs in dieser Sparte der Historie erfüllte mein Buch die Funktion eines willkommenen Notstopfens und diente als ein vorläufiger Richtungsweiser.

Ohne die in USA gesammelten wissenschaftlichen und pädagogischen Erfahrungen und die mir durch das amerikanische Geistesleben vermittelten Anstöße hätte „Große Depression und Bismarckzeit" nicht einmal konzipiert, geschweige denn geschrieben werden können. „Große Depression" ist das wirtschaftstheoretisch untermauerte Buch eines eigenwilligen und manchmal unbequemen Einzelgängers der älteren Historikergeneration, der hier einen für historische Weichenstellungen hochbedeutsamen Abschnitt der deutschen Geschichte des 19. Jahrhunderts unter die kritische Lupe nahm und als urteilender Interpret vor bewußt provokativen Randbemerkungen nicht zurückschreckte. Zugleich wurde die Gelegenheit wahrgenommen, prinzipielle Grundgedanken über die ihn seit den 1930er Jahren fesselnde geschichtsmächtige Rolle der Konjunkturdynamik in der marktwirtschaftlichen und außerwirtschaftlichen Entwicklung der vorindustriellen und der industriellen Vergangenheit zum Ausdruck zu bringen sowie zugleich deren heuristisches Potential für die Periodisierung des allgemeinen Geschichtsablaufs und für neuartige Ansatzmöglichkeiten zu integraler Geschichtsbetrachtung zur Diskussion zu stellen.

Von dieser kompakten Studie sind, wie wohlbekannt, belebende Anregungen ausgegangen. Sie sind von schöpferischen Köpfen unter den heute zu den Vierzig- und Dreißigjährigen Gehörenden aufgegriffen, rektifiziert und weiterentwickelt, auf ihre persönliche Art und Weise mit beneidenswerter Energie, Gedankenfülle und Gestaltungskraft ihren eigenen thematischen Bedürfnissen und offen reflektierten Interessen angepaßt worden und haben, auf soliderer Materialbasis als der meinigen, zu neuartigen Problemanalysen und das historische Spektrum erweiternden Erkenntnissen geführt. Das heißt natürlich nicht, daß konventionellere, aber altbewährte und nach wie vor unentbehrliche Arten der Geschichtsbetrachtung und -darstellung nunmehr mit dem Rückzug in den Schmollwinkel sich zu begnügen hätten. Denn Clio thront über ein Haus mit vielen Gemächern und ist tolerant, weise und weitsichtig genug, als Hüterin der historischen Vernunft höchst unterschiedlichen Forschungsrichtungen ein Domizil zu gewähren, solange keine unter ihnen mit dem Überlegenheits- oder gar Monopolanspruch hervortritt, nun endlich den Stein der Weisen gefunden zu haben.

Seit dem Generationenwechsel in der Führung der westdeutschen Geschichtswissenschaft – nach langwährender Inkubationsperiode ist er erst in den 1970er Jahren eindeutig zum Durchbruch gelangt – fühle ich mich als Historiker, aber auch als Sozialliberaler in meiner ursprünglichen Heimat mehr denn je zuvor zu Hause. Wäre dem nicht so, so hätte auch aus dem deutschen Emigranten und amerikanischen Immigranten Rosenberg schwerlich vor kurzem ein deutschamerikanischer Remigrant werden können.

Im Gegensatz zur verunglückten Weimarer Republik hat die auf einem breiten Konsens beruhende zweite deutsche Demokratie im Laufe ihrer Entwicklung in der BRD ihren Staatsbürgern trotz schwerfälligem und übersteigertem etatistischem Bürokratismus den freiheitlichsten Lebensraum und ein Maß an materiellem Wohlstand, Sozialfürsorge und Gerechtigkeit beschert, wie sie das deutsche Volk in seiner langen Geschichte mit ihren vielen Gesichtern noch nie zuvor gekannt hatte. Freilich ist noch nicht abzusehen, inwieweit und ob überhaupt diese großartige historische Leistung auf lange Sicht kommende Bewährungsproben wird überstehen können.

Ich danke der Universität Bielefeld für die mir anläßlich meiner Rückkehr in das deutsche akademische Leben erwiesene Ehrung, um so mehr als die Sozialgeschichtsforschung in der Bundesrepublik gerade hier in Bielefeld ruckartig ihren international ausstrahlenden Hauptschwerpunkt gefunden hat. Dem hiesigen Spitzentrio dieses Arbeitskreises fühle ich mich in ganz besonderem Maße verbunden und verpflichtet. In der Verleihung der Würde eines Doctor honoris causa erblicke ich nicht bloß eine mich rein persönlich betreffende und erfreuende Auszeichnung, sondern sehe darin zugleich einen symbolhaften Akt der geistigen Wiedergutmachung. Für diese kollektive Bekundung einer noblen Gesinnung möchte ich Ihnen danken, und zwar nicht nur in meinem eigenen Namen. Denn die Kunde von dieser Bekundung ist jenseits des Atlantik bereits jetzt in interessierten akademischen Kreisen mit Dank und einer gewissen Genugtuung begrüßt worden.

2. Die Ausprägung der Junkerherrschaft in Brandenburg-Preußen, 1410–1618

Unter den vorindustriellen Herrschaftseliten, die seit dem Spätmittelalter eine überaus wandlungs- und folgenreiche Führungsstellung in der deutschen Territorial- und Nationalgeschichte zu erringen und bis vor wenigen Jahrzehnten zu behaupten vermocht haben, ist neben den 1918 „pensionierten" fürstlichen Staatshäuptern die 1945 endgültig depossedierte ostelbische Großgrundbesitzerklasse zweifellos die wichtigste, beharrlichste und einflußreichste. Über ein halbes Jahrtausend hinweg hat sie das Rückgrat jener oft hochgepriesenen, aber auch viel geschmähten mehrschichtigen gesellschaftlichen Machtgruppe gebildet, die den Gang der ostdeutschen Entwicklung entscheidend geprägt und auf das historische Schicksal des deutschen Volkes in der modernen Welt tief eingewirkt hat. Seit dem 19. Jahrhundert wird diese spezifische aristokratische Herrschaftsgruppe häufig unter dem vieldeutigen Namen „Junkertum" rubriziert[1].

Der unmittelbare soziale Vorläufer des Junkertums war die heterogen zusammengesetzte Grundherrenschicht östlich der Elbe-Saale-Linie, die als Mitträger der großen politisch-militärischen, wirtschaftlichen und kulturellen Landesausbaubewegung des Hochmittelalters in den unterentwickelten territorialen Herrschaftsbereichen neu etablierter weltlicher und geistlicher Landesherren deutscher Herkunft und einheimischer slawischer und baltischer Fürsten im mitteleuropäischen Nordosten zur Formierung gelangte. Typisch für die Rekrutierung und institutionalisierte Legitimität dieser Kolonialaristokratie waren vor allem zwei gesellschaftliche Elemente: Einerseits umstellungsfähige Mitglieder des alteingesessenen nichtdeutschen, meist allodialen Grundadels, vornehmlich jedoch mittel- und westdeutsche Immigranten. Auf der Suche nach einer verbesserten Existenz- und Wirkungsbasis gelang es den letzteren, als rittermäßige Dienstmannen und landsässig werdende Lehnsbesitzer von Grundherrschaften, gelegentlich auch als kapitalkräftige Siedlungsunternehmer (locatores), im „wilden Osten" Karriere zu machen. In Urkunden des 12. und 13. Jahrhunderts treten sie entweder unter der geburtsständischen Bezeichnung ministeriales oder der berufsständischen Kennzeichnung milites oder, soweit sie edelfreien Geschlechtern entstammten bzw. diese Herkunft glaubhaft zu machen vermochten, als nobiles in Erscheinung.

Nicht dieser Kolonialadel, sondern sein kollektiver historischer Nachfolger steht im Mittelpunkt des folgenden Interpretationsversuchs, der einige Hauptaspekte des säkularen, wenn auch alles andere als geradlinigen Aufstiegs- und Konsolidierungsprozesses des „Junkertums" zu klären versucht. Unter Junkertum wird hier die in „Ostelbien" allmählich dominierende ländliche Elitegruppe verstanden, deren geschichtlich bedeutsame sowie soziologisch interessante Wesensmerkmale und traditionsprägende Einwirkung auf die Gestaltung der gesellschaftlichen, politischen und wirtschaftlichen Ordnungen trotz gewisser, auf die Kolonialzeit zurückgehender Vorbildungen sich erst im Verlaufe des 15. und 16. Jahrhunderts verfestigt haben. Die Abgrenzung der Sozialkategorie „Junkertum“, mit der in dieser Studie ein spezifischer, zeit- und raumbegrenzter aristokratischer Realtypus etikettiert und auf den Begriff gebracht wird, bedarf der Präzisierung, um für heuristische Zwecke fruchtbar zu sein. Aber zunächst ein kurzer Hinweis auf die Sinnveränderung des Wortes Junker im Wandel der Zeiten[2].

Es ist, wie allgemein bekannt, mittelhochdeutschen Ursprungs und stammt von *junk-herre, junc-herre*. Als Antonym zu *altherre* bezeichnet es ursprünglich einen jungen Adligen. Diese summarische Urbedeutung blieb bis zum 18. Jahrhundert im Sprachgebrauch weit verbreitet, lebte aber auch in neugeprägten, spezifischeren Kennzeichnungen wie Hof-, Kammer-, Fahnenjunker weiter. Wie *jonker* oder *jonkheer* im Holländischen nahm das Wort Junker jedoch seit dem ausgehenden Mittelalter nach und nach, unabhängig von den Altersverhältnissen, eine weitere Sinnbedeutung an und wurde zur Standesbezeichnung für adlige, insbesondere ostdeutsche Gutsbesitzer, vielfach sogar zu einem vagen Synonym für jeden, der eine adelsähnliche gesellschaftliche Rangstellung einnahm. Daß das Stadtpatriziat an der Ostseeküste sich häufig als Junker klassifizierte, wirft ein Schlaglicht auf das Selbstverständnis und die sozialen Aspirationen der städtischen Oberschichten. Bezeichnenderweise hieß die Versammlungshalle der Danziger Großkaufleute Junkerhof.

Erst im 19. Jahrhundert, mit dem Vordringen der liberalen und demokratischen Bewegung in Deutschland, nahm das Wort Junker pejorative Bedeutung an und wurde zu einem ideologischen Kampfbegriff. Bezeichnet wurden damit gewöhnlich lediglich der ostelbische Rittergutsbesitzeradel sowie seine Anverwandten in der preußischen Armee und Bürokratie. Mit dem neugeprägten Pauschaletikett „Junkertum“ wurde entschiedene Opposition gegen die Vormachtstellung, Wertwelt, den Standesdünkel, Interessenegoismus und die Verhaltensweisen dieser vorindustriellen Elitegruppen in Gesellschaft und Staat und gegen die ihnen zugeschriebene fortschrittsfeindliche, als Anachronismus empfundene Grundhaltung angemeldet. Es sei daran erinnert, daß der in der Revolution von 1848 hervorgetretene gegenrevolutionäre konservative „Verein zur Wahrung der Interessen des Großgrundbesitzes und der Förderung des Wohlstandes aller Werksklassen“ in der geschichtlichen Erinnerung unter dem Spottnamen Junkerparlament weiterlebt.

In der Reichsgründungsepoche, namentlich auf der Höhe des preußischen Verfassungskonflikts, wurden das politische Propagandavokabular und die polemische soziopolitische Terminologie durch weitere, nicht weniger emotional geladene Kennworte bereichert. Sprachliche Neuschöpfungen wie die provokativen Kampfbegriffe Junkerstaat, Junkerregiment, Junkerherrschaft, Junkerdiktatur hatten die Funktion, die sozialen Hauptträger und Nutznießer des bestehenden preußischen Machtsystems als hochmütig, reaktionär und verbohrt zu entlarven, klischeehaft auf einen Nenner zu bringen und ihnen den Fehdehandschuh hinzuwerfen[3]. Mit der Polarisierung der gesellschaftlichen, politischen und ideologischen Fronten verbanden sich häufig karikaturhafte Vorstellungen, wie sie etwa, im Grunde recht amüsant, Ludwig Bamberger einmal formuliert hat: „Le véritable junker est avant tout le rejeton d'une famille militaire, mélange de cavalier à la Stuart, de sous-lieutenant prussien, de baron féodal Germanique, et de Don Quichotte espagnol."[4] Auch im Kaiserreich hielten liberale Demokraten und erst recht Sozialdemokraten an pejorativen Abstempelungen fest. In einer Zeit wachsender direkter und indirekter Beteiligung des Rittergutsadels an der industriellen Entwicklung vermehrten sie den Wortschatz mit höhnischen Reizbegriffen wie „Spiritusbarone" und „Schlotjunker".

Wenn in diesem Essay von Junkern, Junkertum und Junkerherrschaft gesprochen wird, handelt es sich dabei nicht um politisierte Schlagworte, vielmehr um objektivierbare historisch-sozialwissenschaftliche Begriffe, die der sachgerechten Entwirrung der komplexen, oft widerspruchsvollen Lebenswirklichkeit in dem hier aufgerollten Zeitraum dienen. Zu diesem Zweck wird eingangs ein begrifflich zugespitztes realtypisches Profil „des" Junkers und somit des aggregaten Junkertums vorgestellt, das von der vorgeschrittenen Entwicklungslage um 1600 abstrahiert ist. Es hat die Funktion eines Richtungsweisers und Bezugsrahmens für das, worauf es innerhalb der Grenzen des hier gewählten Ansatzes bei der empirischen Erkenntnissuche ankommt.

Junker ist zunächst ganz elementar die Bezeichnung für einen ostelbischen *Rittergutsbesitzer*, der in der Regel, keineswegs immer, zum Adel gehört. Rittergutsbesitz umschließt, neben vielem anderen, personelle Mitgliedschaft in einer de jure und erst recht de facto hochprivilegierten agrarischen Führungsgruppe, die nicht bloß ökonomische Herrschaft ausübt. Trotz interner Differenzierung, vielfältiger regionaler Unterschiede und epochenspezifischer kollektiver Veränderungen bildet diese Gruppe innerhalb des frühneuzeitlichen gesellschaftlichen Stratifikationssystems einen realen, also objektiv existenten (nicht etwa bloß einen taxonomisch konstruierten) Herrschafts*stand*, d.h. eine aufgrund von rechtlichen Statusprärogativen nach oben und unten abgegrenzte autoritäre Besitz- und Herrschaftsschicht. Die Grundzüge dieses traditionalen Rechtsklassencharakters des Junkertums sind bis zu der partiellen Modernisierung der sozialen Ungleichheitsstrukturen, anders ausgedrückt: bis zu der variablen Symbiose neuständischer Formationen mit dem modernen System „offener" Besitz-, Erwerbs- und Berufsklassen im 19. Jahrhundert intakt geblieben.

Ein Rittergutsbesitzer ist ein mit privatisierten und patrimonialisierten obrigkeitlichen Rechten ausgerüsteter *Herr* über Land und Leute, der als Monopolist der lokalen Kommandogewalt „Herr im eigenen Hause" ist. Wie die Inhaber der sogenannten „Rittersitze" – die letzteren bildeten in der Kolonialzeit von vornherein einen mit bestimmten Vorrechten ausgestatteten, wenn auch meist noch verhältnismäßig kleinen Landgutskomplex – sind die Rittergutsbesitzer des ausgehenden 16. Jahrhunderts zwar auch Grundherren, freilich Grundherren besonderer Art, die einen wesensverschiedenen Sozialtypus repräsentieren, nämlich den des Junkertums[5]. Denn unverkennbar waren an die Stelle vorwiegend rentengrundherrschaftlicher Personalbeziehungen, Besitz- und Nutzungsverhältnisse, zu denen ein Eigenbetrieb bestenfalls großbäuerlichen Umfangs gehörte, erheblich vergrößerte, andersartig strukturierte und funktionierende *Gutsherrschaften* getreten. Innerhalb ihres Herrschaftsbereichs, der nicht etwa nur den von ihnen in eigener Regie benutzten landwirtschaftlichen Boden umfaßt, haben die Rittergutsbesitzer die aus der überlieferten Personalunion von

Grund- und Gerichtsherrschaft erwachsene, nunmehr jedoch wesentlich erweiterte und verschärfte obrigkeitliche Befehls- und Kontrollgewalt über die inzwischen mehr oder weniger schollenpflichtig und erbuntertänig gewordene Einwohnerschaft des Gutsherrschaftsgebiets errungen – eine patrimoniale öffentliche Gewalt, die Bestandteil privilegierten Privateigentums ist und zudem noch sozialen Standesrechtscharakter angenommen hat. Außerdem sind die Gutsherren funktional professionelle Landwirte, aggressive Wirtschaftsunternehmer und innovative Wirtschaftsführer geworden, die auf eigene Rechnung eine systematisch für den Markt produzierende, profitorientierte expansive Guts*wirtschaft* betrieben, und zwar weitgehend unter Verwendung politischer Machtmittel und obrigkeitlicher Zwangsmethoden.

Der im Zeitalter der sogenannten Preisrevolution und der Reformation sich entwickelnde agrarische „Feudalkapitalismus" und die damit verbundene servile Arbeitsverfassung sind in erster Linie das schöpferische Werk dieser dynamischen Herrenschicht. Die Ausprägung ihrer Wesenszüge und geschichtlichen Rolle ist intraterritorial aufs engste verknüpft mit der wechselseitigen Durchdringung radikaler Veränderungen in der gesellschaftlichen Gliederung und den Kräfteverhältnissen der ländlichen Bevölkerung und in der Organisation und den Marktverhältnissen der Agrarwirtschaft sowie mit der Schwächung der sozialen Gegengewichte: der chronischen Finanzmisere und infolgedessen auch der Erschütterung der politischen Machtstellung des Landesfürstentums, dem steilen wirtschaftlichen und politischen Niedergang der städtischen Oberschichten und der Enteignung der katholischen Kirche, ihres Besitzes und ihrer Autorität.

Zu den gruppenspezifischen Grundmerkmalen des Junkertums um 1600 gehört nicht zuletzt die aggregative Aufwertung der lokalen Selbstherrschaften zu kollektiver Spitzenstellung in der *ökonomischen* Besitz-, Macht- und Einkommenshierarchie, zur Vorrangstellung (nach dem Landesfürsten als primus inter pares) in der *sozialen* Prestigepyramide und zu korporativer Mit- oder gar Vorherrschaft im institutionalisierten *politischen* Macht- und Einflußgefüge auf der Landesebene. Es ist die Kongruenz dieses dreifachen Elitestatus, der historisch ebenso wie soziologisch besonders bemerkenswert ist. Das Junkertum jener Zeit war ein festgefügter „Herrschaftsstand", eine eigenberechtigte Klasse von Herrschaftsträgern, nicht eine „herrschende Klasse" im Sinn des 19. Jahrhunderts[6].

Mit dem erfolgreichen Emporstreben des Junkertums beginnt das Auseinandergehen zentraler säkularer Entwicklungstrends in Ost- und Westdeutschland, die große Scheide in der Genesis der Agrarverfassung, der landwirtschaftlichen Betriebs-, Produktions- und Verteilungsprozesse, im Aufbau und in den Interaktionsmustern der territorialen Bevölkerungsgruppen und damit die Herausbildung eines scharf markierten Dualismus in der Struktur des ostelbischen und des westlichen Wirtschafts-, Herrschafts- und Sozialsystems[7]. Hier liegt, mit dem Blick auf die großen Probleme der deutschen Vergangenheit, der tiefere Sinn der Beschäftigung mit der „Ausprägung der Junkerherrschaft", die in dieser empirischen Untersuchung, wenn auch im Rahmen eines Aufsatzes nur skizzenhaft, kritisch überprüft werden soll.

Der Erkenntnishorizont meiner analytisch orientierten, eine partielle Synthese anstrebenden Fragestellung ist auf einen bestimmten Blickwinkel eingegrenzt. Was hier

„erkannt" und dargestellt werden soll konzentriert sich auf den Brennpunkt: den Durchbruch der Junker*herrschaft*, ihrer vielfältigen Ausdrucksformen und Ausstrahlungen. Die Zementierung dieser spezifischen Adelsherrschaft ist ein von Rückschlägen begleiteter Entwicklungsprozeß, dessen Formierungs- und Konsolidierungsphasen, wie bereits oben bemerkt, trotz gewisser Ansätze, die in die Kolonialzeit zurückreichen, erst im 15. und 16. Jahrhundert ihren Ablauf genommen haben.

Gemäß der Stoßrichtung dieses um den Schlüsselbegriff „Junkerherrschaft" kreisenden Erkenntnisinteresses kommt es methodisch nicht auf das biographische Studium von Einzeljunkern und ihrer Familien an, wenn auch gelegentlich zu Illustrierungszwecken auf manche unter ihnen Bezug genommen werden wird. In sehr bewußter Distanzierung von gewissen, einstmals als sakrosankt angesehenen historistischen Denkgewohnheiten geht es vielmehr um den Versuch typisierender Beschreibung und Analyse von Kontinuität und Wandel in der Kollektivstellung und Kollektivrolle des gutsherrschaftlichen Junkertums unter territorialen Rahmenbedingungen, deren Grundstruktur trotz regionaler Differenzierung durch weitgehende Gemeinsamkeiten der Entwicklungstendenzen gekennzeichnet ist.

Der in dieser Studie herausgehobene historische Raum beschränkt sich auf das Kurfürstentum Brandenburg und das 1525 in ein weltliches Herzogtum, tatsächlich in eine Adelsrepublik mit fürstlicher Spitze umgewandelte Ordensland Preußen. Nur gelegentlich soll am Rande auf vergleichbare Entwicklungslinien in anderen ostelbischen Territorien hingewiesen werden. Überhaupt ist im Auge zu behalten, daß es hier nicht um Landesgeschichte als solche geht. Der von mir gewählte territoriale Betrachtungsrahmen ist bloß ein Mittel zum Zweck; er soll die Aufgabe der Klärung eines übergreifenden sozialhistorischen Themas erleichtern. Heuristisch-funktionell dienen Brandenburg und Preußen lediglich als Folie für die Herausarbeitung eines bestimmten aristokratischen Sozialtypus, dessen Repräsentanten im Laufe der Jahrhunderte eine zentrale Rolle in der deutschen und europäischen Geschichte gespielt haben.

Arbeitspraktische sowie methodische Erwägungen lassen es ratsam erscheinen, das Spektrum auf zwei einigermaßen überschaubare, zu komparativen Beobachtungen herausfordernde Soziallandschaften mit unterschiedlicher Ausgangslage einzuengen. Ein systematischer Vergleich, dem explizite erkenntnisfördernde Zielsetzungen und ein wohldurchdachtes Kriterienschema zugrunde zu legen wären, wird nicht angestrebt. Für den vorliegenden Zweck empfiehlt sich die Option für die Mark Brandenburg und das Preußenland. Die Kurmark ist sozusagen in die große Geschichte eingegangen als das Kerngebiet und ursprüngliche Machtzentrum der späteren Hohenzollernmonarchie, deren Gestaltwandel ohne das ebenso robuste wie lernfähige Junkertum als Mitträger der Herrschaft völlig undenkbar ist. Zugleich jedoch hat Brandenburg für unsere Thematik paradigmatische Bedeutung, weil hier die Emanzipation der Rittergutsbesitzer von der Bevormundung durch das fürstliche Landesherrentum ohne radikalen Legitimitätsbruch mit der Kolonialtradition erfolgt ist. Demgegenüber ist Preußen ein Sonderfall. Denn hier bildet nicht bloß wie sonst im ostdeutschen Kolonialraum der *Verfall* der landesherrlichen Gewalt und die Zerrüttung der wirtschaftlichen Verhältnisse im Gefolge der großen Bevölkerungsschrumpfung und säkularen Agrardepression des 14. und 15. Jahrhunderts, sondern darüber hinaus erst die völlige *Auflösung* der etablierten Landesherrschaft, nämlich der korporativen des Deutschritterordens, die Grundvoraussetzung für den Herrschaftsausbau des Landadels. Zudem nahm dort dessen personelle Zusammensetzung durch den massiven Einbruch adliger Zuwanderer und militärischer Spekulanten in der zweiten Hälfte des 15. Jahrhunderts Sondercharakter an. Pikanterweise war es ausgerechnet das ehemalige Ordensland, das schließlich politisch bedeutsamer lehnsrechtlicher Finessen wegen den Namen für den ,,Gesamtstaat" des Hohenzollernhauses geliefert hat.

I.

In der Kurmark Brandenburg wurde im turbulenten 14. Jahrhundert der steil ansteigende Verfall der landesherrlichen Autorität und Machtmittel durch mehrfachen Dynastiewechsel verstärkt. Das war eine Entwicklung, die im Landesinnern den Rahmen für die Bildung faktisch autonomer, wenn auch höchst unstabiler lokaler und kleinregionaler Machtzentren lieferte. Nach dem Erlöschen der askanischen Dynastie im Jahre 1320 folgten als territoriale Regierungsspitzen 1324 die Wittelsbacher, 1373 die Luxemburger und schließlich 1415 die aus Franken kommenden, noch lange danach zwischen Franken und Brandenburg hin und her pendelnden Hohenzollern. Sie brauchten mehrere Generationen, um in ihrem neuen Wirkungsbereich festen Fuß zu fassen und ihre egoistischen Hausmachtinteressen gegenüber den nicht weniger ehrgeizigen, macht-, geld- und statusgierigen Nachbarfürsten und den konkurrierenden brandenburgischen Herrschaftsträgern mit bescheidenen Erfolgen zur Geltung zu bringen. Kurfürst Johann (1486–1499) war bezeichnenderweise der erste seines Hauses, der dauernd in der Kurmark residierte[8].

Auch noch im 15. Jahrhundert war das Kurfürstentum Brandenburg als dynastisches Herrschaftsgebilde und Bündel umstrittener landesherrlicher Gerechtsame und Domanialgüter im Grunde nicht mehr als ein landeshoheitliches Gebietskonglomerat mit häufig sich erheblich verändernden Grenzlinien. Es war ein Komplex, der sich aus voneinander abgesonderten Territorien zusammensetzte. Die wichtigsten Landesteile waren die altbesiedelte Nord- und Altmark westlich der Elbe sowie die Prignitz, die Mittelmark und die Uckermark zwischen Elbe und Oder und die Neumark östlich der Oder, die 1402 als Pfandbesitz an den Deutschen Orden überging, 1455 durch Rückkauf aber wiedergewonnen wurde. Dieser uneinheitliche Herrschaftsbereich, der von territorialer Konsolidierung, geschweige denn administrativer Zentralisierung noch weit entfernt war, wurde notdürftig durch Mitglieder der Hohenzollernfamilie zusammengehalten: bestenfalls aber nur in der losen Form einer mehrfach durch Landesteilungen, Familienhader und Grenzkriege unterbrochenen Personalunion. Im Innern der einzelnen Landschaften war im Laufe des 14. und 15. Jahrhunderts die reale Herrschaft über Land und Leute auf Mitglieder des eingesessenen weltlichen Grundadels übergegangen, abgesehen von den Immediatstädten, den kirchlichen Stifts-

und städtischen Kammergütern und dem noch nicht verpfändeten Rest des landesfürstlichen Domänenbesitzes.

Nach Absteckung des geographischen Bezugsrahmens rückt nunmehr der mehrdimensionale Transformationsprozeß in den Mittelpunkt der Betrachtung, den die brandenburgische Landaristokratie im Spätmittelalter durchlaufen hat. Zunächst aber ein Hinweis auf den temporalen Ausgangspunkt. Weder in Brandenburg noch sonstwo in „Ostelbien", mit Ausnahme des Ordenslandes Preußen, markiert das Jahr 1410 eine Entwicklungszäsur, die eine tiefgreifende Machtverschiebung und einen Traditionsbruch ankündigt. Nur in Preußen erhält 1410 mit der katastrophalen Niederlage der Deutschritter in der Schlacht von Tannenberg die hier herauszuhebende Revolutionierung des überkommenen Macht-, Rechts- und Loyalitätsverhältnisses zwischen Landesherrschaft und Landadel ihren in der Folge entscheidenden Antrieb.

Im Gegensatz hierzu bezeichnet der Eintritt der Hohenzollern in die Kurmark in den 1410er Jahren zwar einen dauerhaften Wechsel in der Familiendynastie an der Spitze, jedoch auf lange Zeit hinaus keine epochale Wende im System der Herrschaftsverteilung und -ausübung. Vielmehr verstärken und verhärten sich im 15. und 16. Jahrhundert diesbezügliche Entwicklungstendenzen, die bereits im 14. als Vorboten der „Ausprägung der Junkerherrschaft" vielfach richtungweisend geworden waren und daher hier in das Blickfeld mit einbezogen werden müssen. Erst im 17. Jahrhundert, zunächst mit dem Hineingerissenwerden in die große internationale Machtpolitik zur Zeit des Dreißigjährigen Krieges, sodann mit dem hohenzollernscher Eigeninitiative entspringenden energischen Übergang zu aggressiver dynastischer Machtsteigerungspolitik, zum monarchischen Absolutismus und zu bürokratischer Staatsbildung, erwachsen aus der von dem Großen Kurfürsten erfolgreich gesteuerten „Revolution von oben" ebenso neuartige wie folgenreiche Wirkungskräfte. Sie konfrontieren den seit dem 14. Jahrhundert zur hegemonialen Besitzklasse von Herrschenden aufgerückten Vasallenadel des Landesfürsten mit einer auch in der Ursachenverkettung verzwickten langwährenden Krisen- und Konfliktlage. Ihr entspringen die nunmehr von Grund auf veränderten Rahmenbedingungen für die nachhaltige Umgestaltung der überlieferten Herrschaftsstrukturen, eine Wende, die symbolhaft durch den brandenburgischen Landtagsrezeß von 1653 eingeleitet wird.

Chronische Instabilität in den internen Herrschaftsverhältnissen; stark gesteigerte soziale Mobilität in auf- oder absteigender Richtung; ein überaus intensiver Rückgang in dem zuvor so expansiven Wirtschaftsleben; ein langfristiges Absinken der Bevölkerungszahl und des Sozialprodukts im Gefolge von Pestepidemien, Seuchen, zahllosen destruktiven kriegerischen Verwicklungen und zerrütteten Absatzverhältnissen gehören neben anderen Variablen vom zweiten Viertel des 14. bis gegen Ende des 15. Jahrhunderts zu den hervorstechendsten Tendenzen, die nicht nur in Brandenburg individuelles und soziales Handeln und die Bewältigung der Lebenschancen überlagerten. Die hier angedeuteten säkularen Veränderungen waren im Zeitalter des Schwarzen Todes und der langen Agrardepression mehr oder weniger allgemein verbreitete zeittypische Erscheinungen in Mittel- und Westeuropa – Stoßkräfte, die sich sehr verschiedenartig auf das überkommene Gesellschafts- und Herrschaftsgefüge ausgewirkt haben. Wie hat die einheimische brandenburgische Landaristokratie diese lange Krisenzeit überstanden? Was für ein tendenzieller, für die Grundlegung der Junkerherrschaft relevanter Wandel hat sich in ihren Reihen, Verhaltensmustern und ihrem kollektiven Stellenwert vollzogen?

Wie in der Kolonialzeit blieb auch im 14. und 15. Jahrhundert die Gesamtheit der Lehnsinhaber grund- und gerichtsherrschaftlicher Rittersitze in landschaftliche Teilgruppen aufgespalten. Innerhalb dieser Gruppen jedoch verschärften sich die Macht- und Vermögensabstufungen ebenso wie die personellen Spannungen und Interessenkonflikte und führten zu richtungweisenden Veränderungen in der Personal- und Besitzstruktur sowie in den Interaktionsweisen. Die entscheidende Neubildung im 14. Jahrhundert war die Formierung einer parvenühaften, innovativen Oberschicht, des sogenannten „schloßgesessenen Adels". Seine Mitglieder rückten allmählich in das mit dem Verfall der Landesherrschaft entstehende Machtvakuum ein. Sie konnten jedoch die neu errungene Stellung als Großgrundbesitzer und aggressiv-defensive Gewalthaber nur behaupten bzw. verstärken, solange sie im unsteten Wettkampf mit ihren fragmentierten Widersachern unter den Landadligen und städtischen Ratskörperschaften persönlichen Erfolg hatten, die hierzu nötigen Ressourcen wirksam zu mobilisieren und einzusetzen und ihre Gefolgschaft bei der Stange zu halten. Ihre Geschlechter wurden als „schloßgesessener" oder „beschlossener" Adel bezeichnet, weil sie durch Belehnung oder Verpfändung, Kauf, Konnubium, Erpressung, usurpatorische Eroberung, in selteneren Fällen auch als fürstliche Amtsträger (Landvögte oder Landeshauptleute) in den Besitz der landesherrlichen Burgen und den dazu gehörenden militärischen Machtmitteln, nutzbaren Rechten und immobilen Liegenschaften gelangt waren[9].

Über einen langen Zeitraum hinweg war die funktionale Rolle der Burgherren in der Territorialgesellschaft mehr destruktiv als aufbauend. Als Kontrolleure kleinregionaler Willkürherrschaften wirkten sie auf der Jagd nach Ausdehnung und Befestigung ihres Einflußbereichs vornehmlich als Saboteure und Zerstörer von Recht, Ruhe und Ordnung, die die durch das Versagen der Landesherren und die Agrardepression geschaffene objektive Notlage wesentlich verschärften, subjektiv jedoch in der Verfolgung ihrer persönlichen und Familieninteressen mittels brutaler Methoden zu kapitalisieren versuchten. Es war die klassische Zeit des spätmittelalterlichen Raubrittertums, eine weitverbreitete Landplage und soziale Krisenerscheinung, die in der Kurmark jedoch ebenso wie in Mecklenburg und Pommern in besonders barbarischen und abenteuerhaften Aktionsformen und Werthaltungen sich manifestierte. Erst seit dem späten 15. Jahrhundert traten an deren Stelle legitimere, friedlichere und diszipliniertere Herrschaftsmethoden und weniger skrupellose Moralvorstellungen und Motivationen, die positiv vor allem auf den Ausbau von Gutsherrschaft und Gutswirtschaft, die Befestigung *korporativer* politischer Machtstellung auf der Landesebene und auf die sanktionierte Gewinnung sozialer Respektabilität zurückwirkten.

Der zickzackartige Vormarsch der „Schloßgesessenen" beruhte weitgehend auf der Anwendung oder Androhung nackter physischer Gewalt und dem Abgleiten in die Kriminalität. Die Opfer ihrer Untaten waren vielfach ihre eigenen Standesgenossen und deren Hintersassen, aber auch die Reichen in den Städten und auf den Landstraßen sowie die verhältnismäßig zahlreichen rittermäßigen Besitzer von Kleingrundherrschaften, die oft in Untervasallen oder Haustrabanten oder zumindest in freiwillige oder abkommandierte Mitläufer „umfunktioniert" wurden. Das im realen Leben vordringende Recht war das militärische Faustrecht, das usurpierte Recht des Stärkeren auf Selbsthilfe und gewaltsames Vorwärtskommen. Bedeutete das den Durchbruch von Anarchie, d. h. von Herrschaftslosigkeit? Keineswegs, denn die Praxis unrechtmäßiger Gewaltanwendung und der Verbreitung von Terror diente als Mittel für die Gründung und Erweiterung neuer, weitgehend autonomer intra- oder gar interterritorialer Herrschaftsbezirke und Einflußbereiche. Gemäß dem moralischen Selbstverständnis der Kriegergesellschaft jener Zeit waren Rauben, Plündern, Morden keine „Verbrechen", vielmehr ein „standesgemäßer" Standard der Mannhaftigkeit und psychischen Selbstbefriedigung. „Die Freude am Quälen und Töten anderer war groß, und es war eine gesellschaftlich erlaubte Freude."[10]

Von ritterlicher Tugendhaftigkeit, höfischer Vornehmheit und Kultur, „aristokratischem" esprit de corps und dem romantischen Mythos der Ritterehre war in dieser wild bewegten Zeit trotz gelegentlicher Huldigungseide, Loyalitätsversicherungen, Lippenbekenntnissen zu ehrwürdigen Rechtsnormen und Geboten der christlichen Sozialethik nur wenig zu spüren, um so mehr dagegen von dem ichbezogenen modus operandi: Nimm, was du kriegen kannst und sorge dafür, daß du es auch behältst, was auch die benutzten Mittel sein mögen und – in der Sprache der Zeit – für den „gemeynen nutz" dabei herauskommen mag! Gerade die Spitzen der Adelsgesellschaft glaubten, sich alles herausnehmen zu können, da die Erfahrung sie lehrte, daß ihnen weder „von oben" (den Landesherren und deren ebenso sporadischen wie oberflächenhaften Interventionsexperimenten) noch „von unten" (populare Protest- oder Aufstandsbewegungen) ernsthafte Gefahr, geschweige denn – von verschwindend wenigen Individualfällen abgesehen – nachhaltige Bestrafung für ihre Schandtaten drohte. Namentlich in den höheren Regionen der ländlichen Gesellschaft waren Mord und Totschlag, Raubüberfälle, Brandstiftungen, Pferde-, Vieh- und Inventardiebstähle, Folterungen, Erpressungen an der Tagesordnung. Zum Wesen des vorherrschenden, nahezu standesspezifisch werdenden Lebensstils der „Schloßgesessenen" gehörte es, als Organisatoren und Führer größerer terroristischer Räuberbanden in Aktion zu treten. Aber auch als Hehler und Wucherer, als betrügerische Amtsträger, Fälscher von Dokumenten, Usurpatoren von ursprünglich der Kirche zugedachten Schenkungen und als treulose Söldner machten sie von sich reden. Jedoch waren sie meist großzügig genug, die Wegelagerei im kleinen den heruntergekommenen Strauchrittern und Schnapphähnen zu überlassen[11].

Die besonders berüchtigten, durch Heiratsbande miteinander verbundenen Quitzows und Bredows repräsentierten den tonangebenden Zeittypus unter den „Schloßgesessenen". Nur in begrenztem Sinne waren sie ein Sonderfall. Sie betrieben das Raubgeschäft in wahrhaft großem Stil, geradezu systematisch auf breiter regionaler Basis und noch dazu über mehrere Generationen hinweg. Aber auch ihre Methoden, insbesondere die der Quitzows, waren sozusagen durchdachter. Die Quitzows waren nur sekundär an der Erweiterung ihres Landbesitzes interessiert, da sie als Zeitgenossen der großen Agrardepression möglicherweise erkannt hatten, daß in Anbetracht der Überfülle von wüst gewordenem Ackerland und dem Mangel an Arbeitskräften aus den verbleibenden „kleinen Leuten“ in der darniederliegenden Landwirtschaft nicht viel zu holen war. Sie konzentrierten ihre Anstrengungen auf die Erwerbung und Befestigung von zahlreichen, in der ganzen Mark verstreuten Burgen, die sie als Ausfallstore für Gewaltaktionen, Schlupfwinkel und Speicherräume für eroberte Beute benutzten. Vor allem aber vermehrten sie ihr Vermögen durch Menschenraub, indem sie hohe Lösegelder von Standesgenossen und reichen Stadtbürgern erpreßten, die sie gefangengenommen hatten[12].

Die oben gekennzeichneten desolaten Zustände und Praktiken reflektierten die in den damaligen Adelskreisen tonangebenden barbarischen Verhaltensweisen. Von den harmonistisch-organizistischen Idealen und Normen der von Moraltheologen postulierten trialistischen Ständelehre war die soziale Lebenspraxis zweifellos himmelweit entfernt. Zwar kämpften die „Beschlossenen“, die Hauptvertreter des „Wehrstandes“, aber wie und wofür? Gemäß ihrer auf Selbsttäuschung beruhenden Einschätzung ihrer Untaten waren sie keine Verbrecher, vielmehr herausragende Kraftmenschen, die ihren psychischen Halt darin fanden, daß sie ihr Legitimationsdefizit durch stereotype Berufung auf das Fehderecht der Privilegierten notdürftig zu verdecken suchten[13]. Es wäre jedoch unrealistisch, etwa annehmen zu wollen, daß nunmehr in der Mark für „normales“ Leben überhaupt kein Platz mehr gewesen wäre.

Wie die deutschen Wirtschaftskartelle im letzten Viertel des 19. Jahrhunderts als „Kinder der Not“ entstanden, ehe sie sich in macht- und anspruchsvolle, staatlich begünstigte Bastionen des korporativen Industriekapitalismus entwickelten, so sind ähnlicherweise die Raubritter als temporales „Kinder der Not“-Sozialphänomen, nicht zuletzt unter dem Druck der Erschütterung der traditionalen materiellen Existenzgrundlagen des Grundadels, massiv in Erscheinung getreten, ehe sie zu einem konstruktiveren Rollenwechsel und dauerhafterer Stellenwertverbesserung im gesellschaftlichen Gesamtgefüge vorstießen.

Seit dem Einsetzen der langen Agrardepression im zweiten Viertel des 14. Jahrhunderts waren die Grundherren mit einer ramponierten wirtschaftlichen Stellung konfrontiert, deren Auswirkungen sie deutlich zu spüren bekamen, ohne sie natürlich analysieren zu können. Mit dem jähen Bevölkerungsrückgang, der intensiven Zunahme der Orts- und vor allem der Flurwüstungen sowie der durch Landflucht und Versiegen der Immigration noch verstärkten Leutenot, dem Verfall des Binnen- und Exporthandels und der in Silberwerten ausgedrückten Agrarpreise sanken die Herren-, insbesondere die Renteneinkommen. Das war ein Entwicklungstrend, der auf lange Sicht nicht nur die überkommene Siedlungsstruktur wesentlich veränderte, sondern auch das grundherrschaftliche Nutzungs- und Betriebs*system* in Frage stellte[14]. Diese Sachlage muß gebührend in Rechnung gestellt werden, um das Hineinschlittern frustrierter Grundherren in einen auf dem Faustrecht beruhenden Lebensstil plausibel zu machen. Die lang wirksame Option für die Flucht in das adlige Gangstertum war ein Ausweg aus der Sackgasse, obwohl sie in den eigenen Reihen von höchst ungleich verteilten Erfolgen und Mißerfolgen, Gewinnen und Verlusten begleitet war. Entscheidend für die kollektive soziale Kräfteverschiebung innerhalb des Landadels wurde im 15. Jahrhundert die Erringung der herrschaftlichen Vormachtstellung durch die Schloßgesessenen.

Die brandenburgischen Kurfürsten aus dem Hohenzollernhause haben im 15. und frühen 16. Jahrhundert ebensowenig wie die Landesherren des 14. die Umschichtung und Neuorientierung der Adelsgesellschaft in der Mark erfolgreich zu kontrollieren vermocht. Auch für die Hohenzollernfürsten jener Zeit gilt mit geringen Einschränkungen die 1410 formulierte simple, zu Herzen gehende Wehklage eines im Dienst der Kirche stehenden märkischen Juristen: „Die reuber freuen sich, wen die lender zweytrechtig sein. O Gott, wie ist so großer schade und schande der Marcke hieraus entsprossen, das marggraf Jodocus so schlefferich, unfleissig und nachlessig in seiner regierung gewesen, den krafthansen durch die finger gesehen und den Quitzowen die unterdrückung und beschwerung seiner armen unterthanen verstattet hat, dis leret uns wol die erfarung eine meisterin der dinge.“[15]

Die Hohenzollern-„Herrscher“ des 15. Jahrhunderts besaßen weder die erforderlichen Machtmittel noch die nötige beharrliche Willenskraft, um die „Krafthansen“ zur Strecke zu bringen und in loyale und disziplinierte Vasallen zu verwandeln. Sie lavierten zwischen den adligen Faktionen und Familiensippen, schlossen „faule Kompromisse“ und ließen meist Macht vor Recht gehen, wie sie es selber ja auch in den Städten vorexerzierten, wo sie eine bessere Chance hatten, sich als Nachahmer der Gewaltmethoden der adligen Frondeure Geltung zu verschaffen und durchzusetzen. Den „Krafthansen“ gegenüber blieb es bei gelegentlichen, rein episodenhaften Kraftakten und Strafexpeditionen, wie sie gegen einige der schlimmsten Übeltäter unternommen wurden, aber das waren Versuche, die nahezu wirkungslos verpufften[16]. Ein Modellfall: 1414 wurden den Quitzows ein paar Burgen zerstört, aber schon 1416 wurden sie von dem „Lehnsherrn“ wieder in Gnaden angenommen, so daß sie in etwas gedämpften Formen, ohne „von oben“ ernsthaft gestört zu werden, ihr altes Spiel weiter fortsetzen konnten. Anders, als es die von der borussischen Geschichtschreibung – von Johann Gustav Droysen bis Reinhold Koser – entwickelte historische Legende will, lieferte das schwache Hohenzollernregime der Frühzeit einen sehr wesentlichen mittel- und unmittelbaren Beitrag nicht zur Entmachtung, sondern zur Erweiterung und Konsolidierung autoritärer Adelsherrschaft – ein Wirkungszusammenhang, auf den noch mehrfach zurückzukommen sein wird.

An dieser Stelle empfiehlt sich vorerst eine knappe, analytisch ausgerichtete Zwischenbetrachtung. Was ist der tiefere soziopolitische Sinn des Geschehens, der hinter dem oben in pauschaler Vereinfachung skizzierten vordergründigen Erscheinungsbild der Ereignis- und Personengeschichte sich verbirgt? Um was für ein soziales Phänomen handelt es sich eigentlich? Was ist konzeptionell darunter zu verstehen?

Im Hinblick auf das in dieser Studie dominierende Kernproblem und unter Ausblendung andersartiger gesellschaftlicher Gruppenkräfte tritt der angeschnittene Entwicklungsgang im wesentlichen nur als eine säkulare *Adels*krise in Erscheinung, eine Krise, in deren Mittelpunkt ein Status-, Autoritäts-, Macht-, Besitz- und Einkommensverteilungskonflikt und somit ein komplexer sozialer Interaktionsprozeß steht. Was für Umgruppierungen und Schwergewichtsverlagerungen haben sich innerhalb der brandenburgischen Adelshierarchie während des Konfliktablaufs vollzogen, und worin besteht ihre historische Bedeutung? Bleibt auch für die Einzelforschung noch unendlich viel zu tun, so glaube ich doch in der Verfolgung meines Denkansatzes eine gewisse Ordnung in dem vorliegenden, scheinbar chaotischen Gewirr erkennen zu können. Zumindest durch die Identifizierung der kollektiven Hauptfronten und der freilich unstabilen Konfliktparteien, deren personelle soziale Träger sich um so weniger eindeutig festlegen lassen, als an hin und her wechselnden Deserteuren und Überläufern kein Mangel war.

Soziale Konflikte aller Art sind nichts anderes als eine symbiotische Form antagonistischer gesellschaftlicher Interaktion. Die an dem hier zu diskutierenden Adelskonflikt *unmittelbar* Beteiligten setzen sich aus drei Gruppen zusammen: 1. dem Hochadel, repräsentiert durch die Landesfürsten und ihre Familien; 2. dem „schloßgesessenen Adel", der *hier*, ungeachtet besonders „vornehmer" Abstammung, auf die die „Grafen und Herren" sich berufen konnten, als höherer Adel klassifiziert wird; 3. dem niederen Adel, der zahlenmäßig stärksten Gruppe, deren Angehörige nur über kleine „Rittersitze" ohne Burgen verfügten.

Während des 14. und 15. Jahrhunderts liegt die entscheidende Initiative bei den aggressiven „Schloßgesessenen", den realen „Krafthansen", die zum politischen Gravitationszentrum des Gesamtadels aufrücken. Höchst verschiedenartig und strittig sind die genealogischen Antezedentien der dauerhaften Mitglieder-Familien dieser Sozialgruppe. Entsprechend disparat erweist sich auch ihre Rubrizierung gemäß den im Gothaischen Genealogischen Taschenbuch verwandten Kriterien[17]. In der sozialen Wirklichkeit bilden sie aufgrund der von ihnen errungenen überlegenen politisch-militärischen und ökonomischen Machtstellung und ihres gehobenen ständischen Prestiges und Einflusses einen höheren Adel, der als solcher im Laufe der Zeit entsprechende Geltung fand und bis zu einem gewissen Grade sogar standesrechtlich honoriert wurde.

Blickt man auf die Krisenherde und die Stoßrichtung der hin und her schwankenden Konfliktgruppierungen und deren interne personelle Differenzierung sowie fluktuierende Orientierung und Allianzbeziehungen, so lassen sich schematisch drei säkulare Interaktionsprozesse unterscheiden, die teilweise koalieren und teilweise sich durchkreuzen oder gar neutralisieren. Der erste dieser Konflikte überlagert die beiden andern. Er dreht sich um die Umgestaltung des im Kolonialzeitalter vorherrschenden Verhältnisses zwischen starker Fürstengewalt und abhängiger Vasallenmacht. Es geht um die Neuverteilung von Macht, Autorität und Besitz zwischen einerseits dem hochadligen Landesherrn, der viel zu verlieren hat, und andererseits dem höheren *und* dem niederen Territorialadel, der von den fürstlichen obrigkeitlichen Rechten und politisch-ökonomisch bedeutsamen Ressourcen so viel wie möglich zu appropriieren und zu immunisieren sucht und der es in der Tat fertig bringt, den obersten Lehnsherrn zum Punkt auf dem i zu machen.

Der zweite Konflikt betrifft direkt nur den höheren Adel inter se: den langwährenden internen Konkurrenzkampf bis aufs Messer, der trotz fortwährender Verschiebung der relativen Positionen der zugehörigen Familien schließlich zur anfechtbaren Befestigung der erhöhten kollektiven Elitestellung dieser Adelsgruppe führt.

Der dritte Konflikt dreht sich um die Neubestimmung des Verhältnisses zwischen dem höheren und dem niederen Adel. Der Aufstieg und Geltungsdrang der „Schloßgesessenen" bedroht die Freiheitssphäre und Unabhängigkeit der Mitglieder des grundherrlichen Kleinadels, denn die ersteren gehen darauf aus, die letzteren in bloße Satelliten zu verwandeln. Deren Degradierung zu Untervasallen, Hausgenossen und Mitläufern gelingt jedoch nur teilweise und zeitweilig. In der langen Friedenszeit des 16. Jahrhunderts entwickelt sich der niedere Adel vias-à-vis dem höheren zum Herrn im eigenen Hause auf der lokalen Herrschaftsebene, aber auch auf der Landesebene vermag der gemeine Gutsadel eine eigenständige, kraftvolle politische Rolle zu spielen, wie später zu erläutern sein wird. Zudem haben sich die Besitzunterschiede zwischen diesen beiden Adelsgruppen allmählich verwischt. Denn die Magnaten unter den Schloßgesessenen, die über meist weit verstreuten Grundbesitz verfügten, sind vielfach dazu übergegangen, ihre Ländereien aufzuteilen, indem sie für ihre Söhne neue Rittergüter schufen, die damals als Vorwerke bezeichnet wurden. Für keine der drei adligen Kontrahentengruppen gibt es einen endgültigen Sieg, zumal sie als Herrschende aufeinander angewiesen sind, die störrische städtische Bürgerschaft und deren Ratsobrigkeiten in Schach zu halten und die ländliche Bevölkerung sich dauerhaft untertan zu machen.

Die friedliche Lösung der Adelskrise, ein ungeplantes, schleichend voranschreitendes Abebben der internen Konflikte, das bis zu der waghalsigen absolutistischen Politik des Großen Kurfürsten den Entwicklungsgang kennzeichnet, bahnt sich bereits in der zweiten Hälfte des 15. Jahrhunderts an, gewinnt aber erst im 16. an Durchschlagskraft mit dem Rollenwandel des Gutsadels, dem prosaischen Übergang zum prosperierenden Wirtschaftsmenschentum. *Innerhalb* der Adelsgesellschaft wird Leben und Lebenlassen anstelle des Faustrechts das dominierende Prinzip in der Herrschaftsverteilung, und zwar auf der Basis von routiniertem Verhandeln, zivilisiertem Aushandeln von rechtskräftigen Kompromissen und beschränkter Kooperation in der exekutiven Implementierung der gegenseitigen Zugeständnisse, die von Zeit zu Zeit in Landtagsrezessen formal zusammengefaßt werden.

II.

Im Preußenland, dem wir uns nunmehr zuwenden, begann die Formierungsphase des Junkertums mit dem Niedergang der hierarchisch strukturierten Mönchsaristokratie des Deutschen Ritterordens, die als genossenschaftlicher Inhaber der Hoheitsrechte die primäre militärische, politische und ökonomische Machtelite bildete und in ihren Reihen keine einheimischen Notabeln zuließ. In den Händen dieser Oligarchie, deren Mitglieder aus Altdeutschland stammten, befand sich die oberste Gewalt. Die ritterlichen Ordensbrüder (im Unterschied zu den Ordenspriestern) waren die Träger einer für damalige Verhältnisse straff organisierten Beamtenherrschaft und machten ihre Burgen und Komtureien zu Brennpunkten des Kolonisationswerks und der Landesverwaltung. Sie übten militärische, administrative und richterliche Funktionen aus, betätigten sich vielfach aber auch als landwirtschaftliche Organisatoren, Finanzmänner und Kaufleute.

Der Verfall und schließlich der Zusammenbruch des ungewöhnlichen politischen und ökonomischen Herrschaftsapparates, den der Orden im 13. und 14. Jahrhundert errichtet hatte[18], resultierte vor allem aus seiner gewaltsamen Außenpolitik, die 1410 bei Tannenberg zu einer schweren Niederlage führte. Sie gab der mit der Hussitenbewegung wirksam gewordenen slawischen Reaktion des 15. und 16. Jahrhunderts gegen das Vordringen des Deutschtums im Osten zusätzlichen Auftrieb, einer Gegenbewegung, die vor allem in der polnisch-litauischen Personalunion (1386) und im „goldenen Zeitalter“ Polens unter den Jagiellonen zum Ausdruck gelangte. Zudem verstärkten die außenpolitischen Fehlschläge die innere Desintegration des Ordens, die in Fehden unter den Ordensherren und in illoyalen und verräterischen Aktionen manifest wurde und schließlich in einer Serie von „Palastrevolutionen“ in den dreißiger und vierziger Jahren des 15. Jahrhunderts kulminierte. Die voranschreitende Desorganisation und der Prestige- und Autoritätsverlust des Ordens bereiteten aber auch den Boden für die Revolte der sich übervorteilt fühlenden konkurrierenden Elitegruppen im Preußischen Bund des Jahres 1440, durch den die Allianz des verbitterten landsässigen Adels mit den Ratsoligarchien der preußischen Städte gefestigt wurde.

Die organisierten Kräfte der Opposition gegen das als Willkürherrschaft empfundene Regime der Ordensritter beanspruchten das Recht auf Beteiligung an der Regierung und auf Widerstand gegen Unterdrückung und forderten die Verfolgung einer versöhnlichen Politik gegenüber Polen. Eine Folge von Kriegen, Invasionen und Verwüstungen, die 1409 begann und in dem katastrophalen Dreizehnjährigen Krieg 1454 bis 1466 ihren Höhepunkt erreichte, in welchem der Orden gegen den einheimischen Landadel und die eigenen Städte sowie gegen Polen und ihre Söldnertruppen zu kämpfen hatte, führte zum Verlust von Samogitien, dem Kulmerland, dem Ermland und Pomerellen (Westpreußen), damit der bestentwickelten Agrargebiete und der Handelszentren Danzig, Elbing und Thorn. Verlorene Kriege und Aufstände, begleitet und gefolgt von einer lange andauernden ökonomischen Depression und fiskalischer Mißwirtschaft, erschütterten die Herrschaft des Ordens und brachten die Junker schließlich an die Stelle der primären Führungselite.

Seit 1331, als der erste Krieg gegen Polen vorbereitet wurde, hatte der Orden begonnen, in allmählich wachsendem Maße bei seinen Feldzügen auf die Dienste von Söldnern zurückzugreifen. Die Zahlung fixer Gehälter an vertraglich gebundene berufsmäßige militärische Dienstmannen wurde von einer anderen Maßnahme ergänzt, die seit 1382, wiederum einer Zeit der Kriegsvorbereitung, erheblich an Boden gewann. Der Orden ging dazu über, einen Teil seines angesammelten Barvermögens zur Finanzierung prospektiver Verbündeter zu verwenden und den Herzögen von Pommern-Stettin und Pommern-Wolgast sowie anderen militärischen Unternehmern hohe langfristige Darlehen zu gewähren, wofür diese aktive Unterstützung im Kriegsfall versprachen[19]. Solche Darlehen gingen an Landadelige in Pommern und der Neumark, darunter Angehörige von Familien wie Blanckenburg, Bonin, von der Goltz, Manteuffel, Podewils und Wedel, deren Nachkommen in der preußisch-deutschen Geschichte meist bis weit ins 19. Jahrhundert eine bedeutende Rolle spielen sollten. Als sie 1410 aufgefordert wurden, ihre Schuld zu begleichen und sich dabei in Todesgefahr zu begeben, wurden viele gemietete Kämpfer zu politischen Heckenschützen. Zur Zeit der Tannenberger Schlacht, an der ca. 800 Ordensritter aktiv teilnahmen, von denen nachweislich 203 fielen, beruhte die militärische Stärke der Ordensherrschaft in der Hauptsache auf ca. 4000 Soldreitern, die aus den verschiedensten Teilen des Reiches einschließlich Böhmens und Mährens kamen[20].

Der Orden begann den Krieg 1409 mit wenig flüssigen Kapitalreserven. Nach dem Debakel von Tannenberg, geschwächt durch Treulosigkeit und die Zahlungsunwilligkeit vieler Schuldner, begann seine finanzielle Macht zusammenzubrechen. Bis gegen Ende des 14. Jahrhunderts war der Orden nicht nur der Hauptorganisator der Siedlungsbewegung in Preußen, sondern als autoritäre Landesherrschaft auch der finanzielle und kommerzielle Hauptgewinner des Ausbaus der Landeskultur und der Bevölkerungszunahme gewesen. Im 15. Jahrhundert änderte sich die Lage grundlegend im Gefolge des demographischen Niedergangs, des Verfalls der landwirtschaftlichen Produktion und des Exporthandels, der Zunahme der Wüstungen, der Schrumpfung der Zinseinkommen, der Unterhöhlung der ordensinternen Solidarität sowie der wachsenden Unzufriedenheit und der schließlich zum Bürgerkrieg führenden gewaltsamen Rebellion des landsässigen Grundadels und der städtischen Kaufmannschaft. Aber auch die Personalergänzung des Ritterordens geriet noch vor dem Beginn des großen Dreizehnjährigen Krieges in Schwierigkeiten. Die West-Ost-Bewegung wurde abgelöst durch eine Gegenbewegung, die durch den Krieg noch verstärkt wurde, da zahlreiche Ordensbrüder nach Altdeutschland remigrierten[21]. Der Orden in Preußen verlor nunmehr recht schnell seine Attraktion und soziale Funktion als Versorgungsanstalt für den Adelsüberschuß im Westen oder, wie ein Ordensmitglied im ausgehenden 15. Jahrhundert sagte, als „des armen adelss dutscher nation spital vnd vffenthalt"[22].

Ein langfristiger Prozeß der Geldentwertung verschlimmerte die Situation. Weder die kurzlebige Wiederanstiegsphase der 1440er Jahre noch die mit Hilfe polnischer Einwanderer erschlossenen Neusiedlungen in der sogenannten Wildernis, einschließlich des masurischen Seengebiets, waren belangvoll genug, um den säkularen Rückgang der allgemeinen Wirtschaftslage aufzuhalten. Bis gegen Ende des 15. Jahrhunderts blieb der Produktivitätszuwachs zu unbedeutend, um die gewaltigen und unwiderbringlichen Verluste an Gebiet, Wirtschaftskraft und Menschenleben zu ersetzen, welche die Kriege mit sich brachten[23]. Die Ausgaben des Ordens stiegen weiter an, während sein Gesamteinkommen sich verminderte trotz wachsender Besteuerung und fiskalischer Ausbeutung, die einen Hauptgrund für den Aufstand der 1450er und 1460er Jahre darstellte[24].

Für die Entlassung der Ordensritter und Söldnerführer, die durch die Schlacht bei Tannenberg in Kriegsgefangenschaft geraten waren, mußte der Orden ein Lösegeld von viereinhalb Millionen Silbermark zahlen. Die in dem Versuch der Sicherung mächtiger Bundesgenossen und besserer Friedensbedingungen unternommenen diplomatischen und politischen Missionen verschlangen hohe Kosten. Langfristig prekär wurde die Finanzlage vor allem unter dem Druck, über zwei Generationen eine fast ununterbrochene Kriegsbereitschaft aufrechtzuerhalten. Das führte zu einem starken Anstieg der Verschuldung und zur Veräußerung von Kapitalwerten. Unter dem Zwang, sich in erster Linie auf Söldnertruppen stützen zu müssen, sah sich der Orden einer unvermeidlichen Inflation der militärischen Kosten gegenüber, die die Finanzwirtschaft der Landesherrschaft aus den Fugen brachte und durch die Währungsverschlechterung intensiviert wurde[25]. Das Ausmaß und die lange Dauer der Kriegshandlungen, die mit dem kostspieligen und unter den gegebenen Umständen völlig sinnlosen Krieg von 1519 ihr Ende fanden[26], hatten tiefgreifende Rückwirkungen auf die Grundbesitzverteilung und die hier besonders interessierende personelle Neukonstituierung der Adelsherrschaft[27].

Auf verschiedene Weise wurden Land und obrigkeitliche Rechte erworben – gemäß dem Prinzip, daß sich „Krieg bezahlt macht". Der Umverteilungsprozeß hatte nach 1410 eingesetzt, ohne bis zur Jahrhundertmitte große Fortschritte zu machen. Zu dieser Zeit konnte der Orden die Forderungen seiner Söldner meist immer noch mit Teilzahlungen oder manchmal mit Schuldscheinen erfüllen. Seit den fünfziger Jahren jedoch wurden mitunter die Kondottieri und ihre Unterführer mit Landverpfändungen oder -verschreibungen abgefunden[28]. Andere erhielten, wie bisher üblich, vertragsgemäße Geldzahlungen für ihre Dienste und den Verlust oder die Zerstörung ihrer militärischen Ausrüstung. Manche stellten mit Erfolg betrügerische Ansprüche auf Schadensersatz, und diese Summen, vermehrt durch Beute, verstärkten das Kaufkraftpotential für den Erwerb von grundherrschaftlichem Landbesitz. Aus den Reihen dieser Kriegsgewinnler mit flüssigem Kapital kamen in der Tat die wichtigsten Käufer der landesherrlichen Domänen und der mit ihnen verbundenen Hoheitsrechte über einheimische Hörige, deutsche bäuerliche Freisassen und freie stammespreußische Besitzbauern, Vermögensobjekte, die der Orden vor allem in den Jahren 1468 bis 1470 zum Kauf anbot. Er sah sich dazu gezwungen, um die dringendsten Schulden begleichen zu können und die Banden plündernder Söldner loszuwerden, die zur Plage des Landes und der Städte geworden waren und auf eigene Faust Kleinkriege gegeneinander führten. In der Notsituation hatte der Orden sich vielfach nur dann Kredit oder militärische Unterstützung sichern können, wenn er Landgüter, Burgen, Dörfer und Landstädte als Pfänder benutzte. Die Zahlungsunfähigkeit des Ordens führte häufig zum dauernden Verlust seiner Besitzungen an die ursprünglichen Gläubiger oder an Spekulanten, welche die Ansprüche aufgekauft hatten[29].

Die erste große Transaktion dieser Art, die den Ausgang des Dreizehnjährigen Krieges so gut wie vorherbestimmte, ergab sich 1456, als der Orden nicht mehr imstande war, seinen angehäuften Verpflichtungen gegenüber den deutschen und tschechischen Söldnern nachzukommen. In diesem entscheidenden Augenblick schlossen sich die tschechischen Söldnerführer zusammen und verkauften dem König von Polen die strategisch wichtigen befestigten Orte Marienburg, Dirschau, Deutsch-Eylau, Konitz, Friedland und Hammerstein, die sich in ihrer Gewalt befanden[30]. Während im Krieg gewonnene Vermögen auf mehr oder weniger legitime Weise oft in herrschaftlichem Landbesitz investiert wurden, gingen unbefriedigte Gläubiger zu terroristischen Gewaltmethoden über, indem sie die von ihnen kommandierten Streitkräfte dazu benutzten, sich durch nackten Landraub einen Herrschaftskomplex zu verschaffen.

Die Revolutionierung der tradierten kolonialen herrschaftlichen Grundbesitz-, Hoheitsrecht- und realen Machtstruktur im Ordensland war, wie oben angedeutet, im 15. Jahrhundert von einem tiefgreifenden Wandel in der Personalzusammensetzung, kollektiven Position, funktionalen Rolle, Loyalität, den Interessen und Verhaltensweisen der konkurrierenden Adelsgruppen begleitet. Der äußere und innere Macht- und Solidaritätsverfall oder, anders ausgedrückt, die weitgehende wirtschaftliche und politische Depossedierung des auch numerisch absinkenden Ritterordens resultierte in dem Machtfall des im Orden institutionalisierten Landesherrschaftsadels als dominierende soziale Trägerschicht zentralisierter hierarchisch-autoritärer Herrschaft. Die Kehrseite dieses säkularen Niedergangs war der kollektive Aufstieg und die Emanzipation der sekundären, fragmentierten ländlichen Herrschaftselite.

Diese „zweite Adelsgesellschaft" setzte sich aus zwei Hauptgruppen zusammen, einer alteingesessenen und einer erst im 15. Jahrhundert in Erscheinung tretenden. Die erstere bestand, wie wir sahen, aus den landsässigen Inhabern von allodialen oder Lehnsgrundherrschaften, die auf die Kolonial- bzw. Vorkolonialzeit zurückgingen. Aus dieser Gruppe, die seit langem über „relative Deprivation" zu klagen hatte, kamen die Frondeure, die 1454 einen kriegerischen Elitekonflikt entfesselten, indem sie mit bemerkenswertem Erfolg gegen die Ordensherrschaft rebellierten und die Mitbeteiligung an der Landesregierung erzwangen. Langfristig noch wirkungsvoller und richtungweisender wurden jedoch die erst im 15. Jahrhundert zugewanderten, landsässigen militärischen Söldnerführer, die unter rücksichtsloser Ausbeutung der Notlage des Ordens sich faktisch als machtvolle Großgrundbesitzer oder gar Magnaten etablierten und als die Hauptbegründer des als Junkertum bezeichneten Adelstypus im Preußenland anzusehen sind. Hinsichtlich der Entstehungsbedingungen, Personalrekrutierung, Besitzverschiebung und der relativen Rapidität und Intensität des Formierungsprozesses war die Startphase der Entwicklung zur Junkerherrschaft in Preußen jedenfalls nicht paradigmatisch für den ostelbischen Landadel in den Gebietsherrschaften deutscher, slawischer und baltischer Fürsten.

Die adeligen Grundbesitzer in Brandenburg, Mecklenburg und Pommern – zum erheblichen Teil waren sie nichtdeutscher Herkunft – waren im Zuge der Einwanderung deutscher Ritter und der großen Siedlungsbewegung der Kolonialepoche durch friedliche Verschmelzung und rasch fortschreitende Assimilation weitgehend germanisiert worden[31]. In den ausgedehnten Territorien unter der Landesherrschaft des Deutschen Ordens bestand der Kern des landsässigen Grundherrschaftsadels noch während des ganzen 14. Jahrhunderts aus einheimischen slawischen und baltischen Familien. Die aus West- und Süddeutschland stammenden Nichtordensritter, die von der Ordensherrschaft gegen militärischen Roßdienst und zusätzliche Verpflichtungen zu ihrer Existenzsicherung mit Lehngütern ausgestattet wurden, blieben demgegenüber ein Oberflächenphänomen. Nur vorübergehend waren sie besonders begünstigt worden im Gefolge der kurzlebigen Ausrottungspolitik, die der Orden um die Mitte des 13. Jahrhunderts gegen die Träger des Pruzzenaufstandes verfolgte, als alteingesessene Bevölkerungselemente zum aktiven Widerstand gegen die Ausbreitung der deutschen Fremdherrschaft übergegangen waren. Typisch in der Kolonialzeit war vielmehr, daß einheimischen preußischen, litauischen, pommerischen und polnischen

Adeligen sowie „Freien" ihr Landbesitz bestätigt wurde oder daß sie genauso wie deutsche Ritter als erbliche Besitzer von Lehngütern beschränkter Größe eingesetzt wurden, die in der Regel größer als die brandenburgischen Rittersitze, selten aber größer als 800 Hektar waren[32]. Sofern sie auch im Besitz delegierter gerichtsherrschaftlicher Rechte waren, wurden sie gewöhnlich zu Gründern neuer oder zu „Peuplierern" alter Dörfer, die von einheimischen erbuntertänigen Arbeitskräften besiedelt wurden. Die meisten der neu errichteten ländlichen Ansiedlungen, vor allem die von deutschen Einwanderern bewohnten, blieben jedoch unmittelbar dem Orden und den ihm angeschlossenen kirchlichen Institutionen untertan.

Die Mehrheit dieser lokalorientierten Grundherren, die in der Blütezeit der Ordensherrschaft hinsichtlich ihrer geographischen Ausgangsbasis und daher auch ihres ethnisch-kulturell-sprachlichen Hintergrundes sowie ihrer sozialen Herkunft als eine bunt zusammengewürfelte sekundäre Elitegruppe zur Formierung gelangt war, ging in der die Mortalität und soziale Mobilität außerordentlich steigernden Sturmzeit des 15. Jahrhunderts auf dem Schlachtfeld oder bei blutigen Überfällen zugrunde. Das Erlöschen des Mannesstammes zahlreicher Familien des Kolonialadels verbesserte die Bodenerwerbschancen für Überlebende, vor allem jedoch für seßhaft werdende Neuankömmlinge, die meist als kommerzialisierte Soldritter ins Land gekommen waren und hier neue Familien begründeten. Die verbliebenen Nachkommen der Kolonialaristokratie[33] verschmolzen im Laufe der Zeit mit der zahlenmäßig stärkeren und weniger traditionsgebundenen adligen Einwanderergruppe.

Die nouveaux arrivés, die den Kern des auf Kosten des absinkenden Deutschritterordens in der zweiten Hälfte des 15. Jahrhunderts auf radikal veränderten Grundlagen neu konstituierten, seine robusten Eigeninteressen weiterverfolgenden ländlichen Herrschaftsadels bildeten, waren größtenteils deutschen Ursprungs. Ihre ethnischen Wesenszüge wurden allmählich durch Eheschließungen mit polnischen, wendischen und germanisierten stammpreußischen Frauen adeliger Herkunft zwiespältiger. Der für die Prägung der Personalstruktur so bedeutsame Fusionsprozeß wurde durch Einwanderer aus Böhmen, Schlesien und vornehmlich aus Polen noch weiter verstärkt. 1466 gelangte Westpreußen an Polen. Zu den Konsequenzen gehörte eine anhaltende Zuwanderung von Angehörigen des polnischen Landadels, der Szlachta. Einige Immigranten wurden Großgrundherren, die große Mehrheit dagegen mußte sich mit einem bescheidenen Landbesitz begnügen. Außerdem führte die Entwicklung zur raschen Polonisierung deutscher Familien. So wurden beispielsweise aus den Trägern der Namen Oppen, Hutten, Falken, Götzendorf, Damerau, Glauch und Schleinitz die Familien Bronikowski, Chabski, Plachecki, Grabowski, Dombrowski, Gluchawski und Pleminski. Auf sie folgten Angehörige der Familien Blanckenburg, Borck, Kleist, Manteuffel, Sacken und Unruh, die sich dem Wandel ihrer Umwelt anpaßten, indem sie Offiziere in der polnischen Armee wurden[34].

Zur Umschichtung und zum (später zu erörternden) Rollenwandel der preußischen Landaristokratie trugen neben den bereits identifizierten sozialen Elementen noch andere bei. Obwohl zahlenmäßig weniger bedeutsam, haben sie dennoch zur Kristallisierung des Junkertums einen nennenswerten Beitrag geliefert. Neben den Deutschrittern, die nach der Umgestaltung des Ordenslandes in ein weltliches Herzogtum im

Jahre 1525 und nach der Aufhebung des Zölibats im Gefolge der Reformation es verstanden, sich aus abhängigen Domänenverwaltern in faktisch unabhängige private Großgrundbesitzer und Familiengründer zu verwandeln, sind hier vor allem versprengte Nachfahren und Besitznachfolger der sogenannten Lokatoren zu nennen. In der Kolonialzeit hatten die geschäftserfahrenen Lokatoren als unentbehrliche Organisatoren des Landesausbaus eine zentrale Rolle gespielt. Im Ordensland wie in anderen ostelbischen Territorien waren sie als Siedlungsunternehmer tätig; sie hatten die Aufgabe, Pioniere anzuwerben und Dorfgemeinden zu begründen. Im Namen der Landesherren oder des kolonisierenden Grundherrn übten sie auch obrigkeitlich-administrative und gerichtsherrschaftliche Rechte über die örtliche Bevölkerung aus. In der Agrargesellschaft nahmen sie ähnlich wie die meisten Preußischen Freien eine privilegierte Zwitterstellung ein, halb Herr und halb Großbauer. Die Lokatoren entstammten unterschiedlichen Standesgruppen. Es gab unter ihnen Bauern und Stadtbürger, aber auch Ritter. Die letzteren trugen dazu bei, der ganzen Gruppe eine herausragende soziale Position zu verleihen. Aus den Reihen dieser Schicht stiegen wagemutige und anpassungsfähige Einzelne hervor, die im turbulenten 15. Jahrhundert in den abgelegenen Grenzgebieten der „Wildnis" oder in wüst gewordenen Gebieten größere Landkomplexe in Besitz nahmen, oder denen es gelang, durch die Aneignung herrenlos bzw. vakant gewordener Bauernhöfe ihren Eigenbesitz zu einem größeren Gut auszubauen. Bis zu einem gewissen Grade füllten sie die Lücke aus, die durch das teilweise Erlöschen des alteingesessenen Bodenadels entstanden war.

Vor der Mitte des 15. Jahrhunderts hatte sich ein wirklich machtvoller und hochbegüterter Landadel in Preußen noch nicht entwickelt. Zahlenmäßig und in bezug auf vitalen Tatendrang und Umstellungsvermögen ragten unter den „Männern der ersten Generation", die jetzt auf der Bildfläche erschienen, reichgewordene Söldnerführer hervor, die sich in landsässige Großgrundbesitzer verwandelten. Sie traten an die Spitze des weniger begüterten einheimischen Adels und wurden bald die erfolgreichsten Vorkämpfer der Adelsinteressen gegenüber der Landesherrschaft. Sie bildeten eine Avantgarde in der Umgestaltung der überlieferten Herrschafts- und Besitzstruktur, Landnutzung und Arbeitsverfassung.

Zu den prominenteren Familien, die aus dem rittermäßigen Militärunternehmertum hervorgingen und nach den 1450er Jahren ihren Wohnsitz nach Preußen verlegten, gehörten viele mit in der neueren deutschen Geschichte bekannten Namen: Dobeneck, Dohna, Egloffstein, Eulenburg, Falkenhayn, Haugwitz, Kanitz, Kittlitz, Lossow, Polentz, Reibnitz, Sack, Schlieben und Tettau[35]. Eine zweite Welle abenteuerlustiger und gewinnsüchtiger Einwanderer erreichte das Ordensland zwischen 1480 und 1525, angelockt von den niedrigen Landpreisen und der Möglichkeit, im Trüben zu fischen[36]. Einige Neuankömmlinge, so die Familien Dohna, Eulenburg, Kreytzen, Oelsnitz, Polentz, Schlieben, Tettau und Wallenrodt, starteten als Besitzer großer Domanialgüter mit praktisch autonomen Herrschaftsrechten über zahlreiche Dörfer und sogar über Mediatstädte und nahmen somit von vornherein eine außergewöhnliche Position als Machthaber ein. Sie lebten gewöhnlich in großen Burgen, die vorher dem Orden gehört hatten. Im Hinblick auf ihre wirtschaftlichen Ressourcen, ihre gesellschaftliche Rangstellung und ihren politischen Einfluß entsprachen diese neuen Geschlechter dem „schloßgesessenen Adel" im Brandenburg des 15. Jahrhunderts[37].

Das Hervortreten einer kleinen Oberschicht von Großgrundbesitzern in Preußen akzentuierte die gruppeninterne Vermögens- und Einkommensdifferenzierung der Landaristokratie, deren Mehrheit sich wie in der Kolonialzeit aus Lehnsinhabern von Grundherrschaften mittleren und kleinen Umfangs zusammensetzte, wie das ja auch in Brandenburg der Fall war. Neben der unablässig fluktuierenden wirtschaftlichen Scheidungslinie zwischen den „Großen" und „Kleinen" in der Bodenbesitzhierarchie zeichnete sich eine klarer markierte, langfristig stabilere, durch Geburt und soziale Qualität der Ahnenreihe bestimmte Schichtungslinie ab, die in der Folge für die gesellschaftliche Prestigeabstufung und die Ungleichheit der rechtsständischen und politischen Machtstellung erhebliche Bedeutung gewann, für die Erringung und Behauptung einer ökonomischen Spitzenposition zweifellos nützlich, jedoch nicht entscheidend war. Die Familien der Dohna, Eulenburg, Heydeck, Kittlitz, Plotho, Putlitz, Schenk von Tautenburg, Torgau und Truchseß von Waldburg, die Anspruch darauf erhoben, Abkömmlinge edelfreier Geschlechter zu sein, errangen als „Herrenstand" eine exklusive, korporativ besonders privilegierte, geburtsständisch legitimierte Position im politischen Machtgefüge des Herzogtums Preußen, worauf noch zurückzukommen sein wird[38]. Sie nahmen, wie das für Familien dieser Art auch in zahlreichen anderen deutschen Territorien typisch war, als „höherer Adel" eine Mittelstellung ein zwischen den Landesfürsten einerseits und den relativ zahlreichen ritterlichen Grundherren, die meist von den Ministerialen abstammten – ursprünglich unfreien Amtsträgern, Burg- und Dienstmannen fürstlicher und großer Magnatenhäuser, die sich seit dem 13. Jahrhundert zum niederen Adel entwickelt hatten, der in der Folge als politisch organisierte Standesgruppe die große Mehrheit der landsässigen „Ritterschaft" ausmachte.

In Preußen war der Prozeß der radikalen personellen Neurekrutierung, Besitzumschichtung und ständischen Differenzierung des Bodenadels durch den Niedergang und schließlichen Zusammenbruch der Ordensherrschaft ausgelöst, durch die Zerrüttung des Wirtschaftslebens intensiviert und vornehmlich durch neu Zugewanderte kapitalisiert worden. Auf den Traditionsbruch in der Landesregierung und die Umschichtung des Landadels folgte ein kriegsfreies Jahrhundert der Konsolidierung, weitgehender Entmilitarisierung und ökonomischer Expansion, in dessen Verlauf die soziale Zusammensetzung der regenerierten Landaristokratie bis zum Dreißigjährigen Krieg nahezu statisch blieb – ein Jahrhundert, zu dessen Signatur die Zementierung der Junkerherrschaft gehört.

Auch in Brandenburg verlief, wie später ausführlich zu begründen sein wird, die Entwicklung des 16. Jahrhunderts in derselben Richtung und führte zu gleichgearteten strukturellen Veränderungen in der Herrschafts- und Gesellschaftsordnung, jedoch ohne Diskontinuität in der Legitimität der landesherrlichen Spitze und ohne die robusten Anstöße, die von erst kürzlich eingewanderten schwerbewaffneten adligen Glücksrittern ausgingen. Nichtsdestoweniger hat sich die soziale Personalstruktur der ländlichen Elite in Brandenburg vom 14. bis zum 16. Jahrhundert wesentlich gewandelt. Allerdings reflektiert sie ein von Preußen abweichendes Herkunftsgruppen-

und Rekrutierungsmuster, da in der Mark Abkömmlinge von alteingesessenen rittermäßigen Grundherren ihren Besitz ganz oder teilweise an Angehörige der städtischen Geschlechter, Großkaufmannschaft und Kreditwirtschaft abtreten mußten. Zu den Folgeerscheinungen der schweren Agrarkrise und der kausal so eng mit ihr verknüpften ruinösen Fehden des 14. Jahrhunderts gehörte die Verschuldung, die dem Landesfürsten ebenso wie den Schloßgesessenen und dem niederen Adel das Leben erschwerte oder gar völlig ruinierte. Zahlreiche Rittersitze – sie werden fortan in dieser Studie als Rittergüter bezeichnet, obwohl dieser Begriff erst im 18. Jahrhundert gebräuchlich wurde – sind in dieser Zeit mit den dazugehörigen gerichtsherrlichen Rechten sowie den von den Bauern zu leistenden grund- und landesherrlichen Abgaben durch Belehnung, Verpfändung oder Kauf von kapitalkräftigen Stadtbürgern und Gläubigern erworben worden[39]. Wie rapide und extrem dieser Besitzwechselprozeß namentlich in der Altmark verlaufen ist, ersicht man daraus, daß hier im Stichjahr 1375 knapp 41 % der gesamten vom Lande bezogenen Renten an Naturalien und Geld dem Lehnbürgertum zuflossen. Aber das war ein Entwicklungstrend, der in der Folge sich umkehrte[40].

Im 15. und 16. Jahrhundert, zu dessen intraterritorialen Entwicklungstendenzen die unaufhaltsam werdende Verschlechterung der städtischen Wirtschaftslage, der finanzielle Niedergang der auch durch stadtinterne Unruhen bedrohten Ratsherrengeschlechter, der Verfall der kommunalen Selbstverwaltung, der allmähliche Übergang des Gutsadels zu der zunehmend prosperierenden Gutswirtschaft sowie die von den Hohenzollern im Bunde mit dem Landadel verfolgte städtefeindliche Politik gehörten, vermochten sich nur wenige der aus dem Bürgertum gekommenen Rittergutsbesitzer zu halten[41]. Das gelang z. B. der Stendaler Ratsfamilie Bismarck, die 1345 sogar zu den Schloßgesessenen aufgestiegen war, sowie den Blenkenfelde und Wins, Familien, die von dem alteingesessenen Adel rezipiert wurden und mit ihm verschmolzen. Mit dem zweifellos viel typischeren Exodus der zum Lehnbürgertum gehörenden stadtsässigen Gutsbesitzer, deren Landgüter von Mitgliedern des Adels zurückgewonnen wurden, und mit dem säkularen Rückgang des Stadtbürgertums überhaupt als einem wirksamen gesellschaftlichen und politischen Gegengewicht gewann das zum Durchbruch gelangende Junkertum an wirtschaftlicher Stärke, sozialer Homogenität und korporativer politischer Stoßkraft. Es entwickelte sich zu einer prononciert adligen Herrenschicht, abgesehen von ein paar versprengten Einzelgängern. Um 1540 verhielt sich der ratsherrliche Landbesitz zum Adelsbesitz in Brandenburg nur noch wie 1 : 43[42]. Bereits zu Beginn des 16. Jahrhunderts waren Land*adel* und rittergutsbesitzende Landelite nahezu identisch geworden.

Dennoch kam es in der Folge keineswegs zu kastenmäßiger Abschließung gegen Eindringlinge. Im 16. und in den ersten Jahrzehnten des 17. Jahrhunderts waren diese „Erfolgsmenschen" vornehmlich Immigranten, die bis zu der durch den Dreißigjährigen Krieg entfesselten großen Kredit- und Währungsinflationskrise zwar quantitativ nicht ins Gewicht fielen, aufgrund ihrer funktionalen Ausgangslage und hervorragenden Karrierechancen jedoch als neuartige soziale Elemente Bedeutung gewannen. Hier handelte es sich um Landfremde, um von den Hohenzollern importierte Amtsträger der landesherrlichen Hof- und Zentralverwaltung adliger oder bürgerlicher

Herkunft, die als Gläubiger ihres fürstlichen „Arbeitgebers“ und Pfandinhaber landesherrlicher Domänenstücke bzw. durch Schenkung oder Kauf Großgrundbesitzer wurden. Auch wenn sie zunächst nur gegen die Proteste des neidischen einheimischen Adels festen Fuß fassen konnten, so wurden sie doch gewöhnlich rasch assimiliert, nachdem sie mit fürstlicher Hilfe die Promotion zum Rittergutsbesitzer „geschafft“ hatten und dazu übergingen, mitfühlendes Verständnis für die Wertvorstellungen und Verhaltensnormen ihrer neuen Standesgenossen zu entwickeln. Kurz gesagt, sie „verjunkerten“.

Seitdem die Hohenzollern als Kurfürsten von Brandenburg sich häuslich eingerichtet hatten, unternahmen sie mehrfach Versuche, den Einfluß des Gutsadels in der Landespolitik und -verwaltung dadurch zu beschränken, daß sie die Dienste landloser „Ausländer“ in Anspruch nahmen. Wie in ganz Europa galt die Ernennung zu einem prominenten fürstlichen Amt in der Regel sowohl den herumwandernden Abenteurern als auch Mitgliedern des eingesessenen Adels als Glücksfall. Denn üblicherweise diente das Amt nicht zuletzt auch als Sprungbrett zu privatisierter Vermögensbildung und sehr oft zum Erwerb von größerem Landbesitz. So wurden beispielsweise unter Joachim II. (1535–1571) adlige Zuwanderer wie Adam von Trott, Gottfried von Canitz und Wolf von Closter nach vielen Jahren, die sie als fürstliche Günstlinge und besoldete Hofbeamte verbracht hatten, mit umfangreichen Landschenkungen für ihre Dienste entlohnt[43]. Bis zum Aufkommen des stehenden Heeres war es auch keine Seltenheit, berufserfahrenen „Obristen“, gewöhnlich Zugewanderten, Land zu übertragen – als Gegenleistung für schon erbrachte oder noch zu leistende Dienste[44]. Die Errichtung eines ständigen Militärapparats durch den Großen Kurfürsten brachte zahlreiche Adelige ins Land, die in den Feldzügen des Dreißigjährigen Krieges, oft als Angehörige der schwedischen Armee, als Offiziere hochgekommen waren[45]. Die Erfolgreicheren unter den Neuankömmlingen erwarben landesherrliche Domänen oder nutzten das Tief der Wirtschaftskonjunktur aus, indem sie von bankrotten einheimischen Junkern und Stadtbürgern billig Land aufkauften.

Zu den Spitzen der besoldeten Amtsträger der kurfürstlichen Regierung und Verwaltung gehörte auch ein winziges, qualitativ besonders herausragendes und einflußreiches Häuflein von akademisch ausgebildeten, versierten Verwaltungsjuristen und „gemieteten Doktoren“ bürgerlicher Herkunft, die im kurfürstlichen Dienst schon wegen ihres Leistungswissens nicht gerade als arme Schlucker gestartet waren. Für ihre Berufstätigkeit erhielten sie meistens ein festes Gehalt in Geld und Naturalien sowie einen Anteil an den schwankenden Amtssporteln, und noch im Amt oder nach ihrem Ausscheiden erwarben sie Landgüter[46]. Als relativ hochqualifizierte Berufsbeamte und innovative Verwaltungsexperten, die dank ihrer Vorbildung und Erfahrung politisch, materiell und gesellschaftlich vorwärtskamen, repräsentierten sie eine exzeptionelle Untergruppe der an Komplexität gewinnenden Herrschaftseliten. Als „Intelligenzler“ waren sie Eindringlinge besonderer Art. Im historischen Rückblick erscheinen sie als die Begründer einer zukunftsreichen, für den bürokratischen Staatsbildungsprozeß unentbehrlichen bürgerlichen Funktionselite, die bisher zur Rekrutierung und Konsolidierung des Personals des Rittergutsbesitzertums nichts beigetragen hatte und sich namentlich auch im Kulturniveau grundlegend unterschied von den grausamen brandenburgischen Raubrittern des 14. und 15. Jahrhunderts und den rauhen militärischen Haudegen, die in Preußen während der zweiten Hälfte des 15. Jahrhunderts das Feld beherrscht hatten[47].

Die numerische Belanglosigkeit der professionalisierten Geistesarbeiter stand, wie nebenher vermerkt werden mag, in scharfem Kontrast zu dem zeitgenössischen Aufstieg der englischen Gentry, zu deren Mitglieder-Novizen viele reiche Kaufleute und Akademiker, vor allem angesehene Juristen und Geistliche gehörten[48]. Dennoch erwies sich das Hochkommen der strategisch plazierten bürgerlichen Spitzenbeamten in Brandenburg langfristig von erheblicher historischer Bedeutung für die Gestaltung des Verhältnisses zum Junkertum. Denn bereits die frühen Pioniere unterhielten enge gesellschaftliche, geschäftliche und politische Kontakte zu führenden Adelsfamilien, die durch Konnubium gefestigt wurden. Zudem begann mit einigen der reichsten und prominentesten unter ihnen, wie beispielsweise dem Schneidersohn Dr. jur. Lampert Diestelmeier – als brandenburgischer Kanzler brachte er es zuwege, ein großes Vermögen anzusammeln, eine Reihe von Rittergütern aufzukaufen und sein wichtiges Amt seinem Sohn zu vermachen –, Erasmus Seidel und Franz Meinders die Praxis, verdiente bürgerliche Mitglieder der fürstlichen Dienstgruppe in den Briefadel zu erheben[49]. Es ist aber festzuhalten, daß diese sozialen Aufsteiger und ihre Nachkommen, die oft dieselben oder ähnliche Stellen in der fürstlichen Verwaltung besetzten – das entsprach den im damaligen Europa weit verbreiteten patrimonialen und nepotistischen Gebräuchen – nach und nach, auch wenn sie keinen Adelstitel erwarben, von der Junkeroligarchie absorbiert wurden. Auch ohne Adelstitel genossen sie als Besitzer von Rittergütern die gleichen sozialen und politischen Rechte wie der niedere Adel. In den Landtagen traten sie als legitimierte Mitglieder der Ritterschaft auf, obwohl sie allerdings bezeichnenderweise bei den Wahlen in die einflußreichen ständigen Ausschüsse übergangen wurden[50].

Die Verwandlung fürstlicher Amtsträger in unabhängige Gutsbesitzer erfolgte ebenso in Westpreußen, wo nach 1466 Beamte in oft erblichen Positionen den einstmaligen Domänenbesitz des Deutschen Ordens im Auftrag der polnischen Krone verwalteten oder bewirtschafteten[51]. Mit der Zeit wurden viele Verwalter zu allodialen Eigentümern, nachdem sie mit Beträgen zwischen 10000 und 100000 Talern zu Gläubigern der Krone geworden waren[52]. In Ostpreußen dagegen, wie bereits früher beiläufig bemerkt, sorgte die 1525 erfolgende Auflösung des Ritterordens als korporativer Herrscher und Landmagnat dafür, daß seine früheren Mitglieder – 1525 waren es nur noch 56 –, sich endgültig wirtschaftlich und politisch emanzipieren konnten, soweit sie sich nicht nach Altdeutschland zurückzogen, vielleicht um der katholischen Kirche die Treue zu halten. Als Kompensation für ihre Einwilligung zur illegalen Gründung des Herzogtums Preußen wurden ihnen ihre Ämter und das dazugehörige Domänenvermögen samt der privatisierten Gerichts- und Patronatsrechte auf Lebenszeit oder gar erblich zugesichert[53]. Eheschließungen verstärkten in der Folgezeit die schon vorhandenen verwandtschaftlichen Bindungen zu Adelsfamilien, die sich während des 15. und frühen 16. Jahrhunderts in Preußen niedergelassen hatten. Die verbliebenen Deutschritter, gering an Zahl, aber von Gewicht aufgrund ihrer persönlichen Erfahrung in Verwaltung, Politik und Diplomatie und ihrer Vertrautheit mit den örtlichen Verhältnissen, daneben immer noch Herren und Nutznießer von weitverzweigten Rechten über Land und Leute, gliederten sich notgedrungen in die umgemodelte, bunt zusammengesetzte Adelshierarchie ein.

Diese rekonstituierte Herrschaftselite vermochte nach der freilich meist abenteuerhaften Eroberung der Führungspositionen in der territorialen Gesellschaft, Wirtschaft und Politik nur sehr allmählich aus sich heraus einen traditionsprägenden esprit de corps zu entwickeln. Entscheidend wurde dabei die Kristallisierung übergreifend gemeinsamer materieller Standesinteressen, die durch korporative landständische Organisation und kollektives soziales und politisches Handeln gefördert und stabilisiert wurden, wenn auch weiter fortbestehende bzw. neu entstehende interne Rivalitäten und Konflikte, namentlich im Gefolge der unersättlichen Gier und Nepotenherrschaft der führenden Geschlechter, für Abwechslung, gelegentliche Aufregung und Frontenverschiebungen sorgten.

III.

Analytische Überlegungen lassen es ratsam erscheinen, in den ostdeutschen Territorien zwischen der Formierungs- und der Konsolidierungsphase der Adelsherrschaft in den spezifischen Formen der Junkerherrschaft zu unterscheiden. Zweifellos greift in der historischen Wirklichkeit die Dynamik dieser beiden säkularen Entwicklungsstadien ineinander. Scharf fixierbare chronologische Schnittpunkte sind nicht zu erkennen. Zwecks Vermeidung von Mißverständnissen und Fehlurteilen ist dieser Sachverhalt im Auge zu behalten, wenn fortan, unter Konzentration auf das 16. Jahrhundert, die summarische Überprüfung des Konsolidierungsprozesses vorherrschend in das Spektrum gerückt wird, und zwar vornehmlich unter Gesichtswinkeln der politisch-ökonomischen Sozialgeschichte. Naturgemäß kann ein derartig umfassender und komplexer Problembereich im Rahmen eines Aufsatzes nur selektiv angeschnitten werden. Das geschieht hier mit dem Blick auf zwei zentrale Entwicklungstrends, die für Darstellungszwecke künstlich voneinander getrennt werden.

Der erste dieser Hauptaspekte betrifft den kollektiven Aufstieg des lokal-zentrifugal verankerten Junkertums zu wirkungskräftiger *politischer* Mit- oder gar Vorherrschaft auf der regionalen und gesamtterritorialen Ebene. Dieser von episodenhaften Rückschlägen begleitete Aufschwung vollzieht sich durch das Medium ständischer Institutionen und korporativer Interessenverbände und durch den Übergang zu friedfertigen, zweckrationalen, integrativen Methoden, die sich besonders für die Rittergutsbesitzer bezahlt machen und das dysfunktionale Faustrecht und den Mißbrauch des Fehdewesens allmählich ablösen.

Der Aufstieg zu langfristig stabilisierter Einflußprädominanz im politischen Entscheidungs-, Regierungs- und Verwaltungsbereich wird vornehmlich durch das Aushandeln von rechtlich sanktionierten Kompromissen und Vertragsabschlüssen in der Form von fürstlichen Mandaten, Landtagsabschieden und regional-partikularistischen bzw. funktionsspezifischen ständischen Ausschußvereinbarungen implementiert. Je nach den Umständen werden die Machtansprüche des Rittergutsadels in wendiger taktischer Kooperation oder in antagonistischer, aber nicht gewaltsamer Auseinandersetzung mit den konkurrierenden politischen und ökonomischen Gesellschaftseliten vorangetrieben: mit den Landesfürsten und ihren Räten, die mehr oder weniger mit dem Landadel oder mit städtischen Patrizierfamilien verfilzt sind; den oligarchischen städtischen Oberschichten, die das lokale Regiment in der Hand haben; und den weltgeistlichen und klösterlichen Großgrundbesitzern und Würdenträgern, deren eigenständige *kollektive* Position im politischen Gemeinwesen und im Wirtschaftsleben durch die Kirchenreformation dauerhaft geschwächt wird. Der sowohl relative als auch absolute Machtzuwachs des Junkertums ist die Kehrseite des realen Autoritäts-, Kraft-, Besitz- und Einkommensverfalls der koexistierenden Eliten. Jedoch verläuft die meist undramatisch voranschreitende politische Schwergewichtsverlagerung, ohne die vorgegebene, auf die Kolonialzeit zurückgehende feudale und patrimoniale Grundstruktur der intraterritorialen Herrschaftsverteilung und ohne die traditionale Hegemonie lokaler, regionaler und korporativer Bindungen *revolutionär* zu verändern.

Der zweite, erst im vierten Hauptabschnitt dieser Studie zu erörternde Entwicklungsprozeß dreht sich um die „Modernisierung" der *ökonomischen* Machtbasis der Landaristokratie, um die Ausprägung von Gutsherrschaft und Gutswirtschaft im Laufe der langen Wirtschaftskonjunkturepoche der Preisrevolution. Hier geht es um den unlösbar ineinander verschlungenen Ausbau der lokalen Herrschaftsstellung und den tiefgreifenden Wandel in der Struktur des Agrar*systems*, ein Umbruch, aus dem der inzwischen solidarischere Gutsadel nahezu als Alleinherrscher in der Agrargesellschaft hervorgeht, ohne freilich diese unkontrollierte Monopol- und autonome Immunitätsstellung in der Folge, unbeschränkt „von oben", behaupten zu können.

Namentlich in Preußen hatten die Rittergutsbesitzer um 1600 in der Erraffung von Sonderprivilegien und ebenso lukrativen wie einflußreichen Führungspositionen, in der realen politischen und ökonomischen Enteignung des Landesherrn und in der Degradierung der Städtemacht ein Sättigungsstadium erreicht, über das auf Kosten der rivalisierenden Eliten kaum noch hinauszukommen war. Aus lernbereiten, ihre Chancen ausnutzenden Innovatoren, „unruhigen movatores", wie sie gelegentlich bezeichnet wurden; aus Reformations- und Preisinflationsgewinnlern und autoritären Gutsherren von Untertanen, denen mit Hilfe der herrschaftsabhängigen Dorfpastöre Obrigkeitsfrömmigkeit und das Parieren eingeimpft worden war, waren schließlich starrköpfige Konservative geworden. Ihr Gesellschafts- und Autoritätsideal lief auf die ungestörte Bewahrung des status quo hinaus. In der sarkastischen Formulierung König Gustav Adolfs wollten sie im Grunde nichts lieber, als „ihr Bierchen in Ruhe trinken". Kein Wunder, daß sie angesichts des drohenden Übergangs der preußischen Herzogswürde an den erbberechtigten brandenburgischen Kurfürsten scharfen Protest gegen alle Neuerungen anmeldeten, die ihre Privilegien bedrohen könnten. In den denkwürdigen Worten der Sprecher des Herrenstandes und der Ritterschaft im Jahre 1607: „Weill wir aber dennoch woll wissen, daß unsere Privilegia ... mit Darsetzung Guts und Bluts von unsern lieben Vorfahren erworben, alss können wir mit guttem Gewissen dabey standhafftig verharren undt bleiben, wollen uns auch derselben itzo und alle Wege durch Hülff Gottes ... halten ... unss hierzu weder Lust, Freude noch Ubermuth, sondern vielmehr unsere eusserste unvermeidliche Noth und Drancksall reitzen und treiben thutt, das wier solches alles, was wieder gemelte unsere Privilegia, Freiheitten, Gebreuche, Recesse undt alle das andere, wie das immer Nahmen haben mag, in Religion und Prophansachen streittet undt zum Beschwer undt Nachtheill eingeführet, pro irrito, nullo, illegitimo halten undt uns solchem keinesweges unterworfen haben wollen ... dan wier in Religion- und Prophansachen nicht das Allergeringste wieder unsere Privilegia gestatten können, so lieb uns unserer Seelen Heill undt des Vaterlandes Wollfahrdt ist."[54]

Vorblickend sei bereits jetzt darauf aufmerksam gemacht, daß der überlokale Autoritäts- und Machtzuwachs des ständisch organisierten Junkertums im politischen Herrschaftsbereich sich als eine der zentralen Vorbedingungen für das triumphale Vordringen der ökonomischen Herrschaftsintensivierung, zugleich aber auch als eine Folgeerscheinung des Rollen-, Mentalitäts- und Lebensstilwandels der Rittergutsbesitzer erweist. Denn ihre etappenweise Umbildung in expansive Wirtschaftsunternehmer und Träger des ökonomischen Fortschritts durch Ausbau von Gutsherrschaft und Gutswirtschaft wirkte auf territorialer Ebene beflügelnd und verstärkend auf ihre politische Aktivität und Machtstellung als institutionalisierte ständische Interessenverbände zurück.

In den ostdeutschen Territorien hatten die Stände im politischen Sinne einen eindeutig hochherrschaftlichen Sozialcharakter[55]. In dieser Beziehung machten sie als beati possidentes der Grundvorstellung des mittelalterlichen Rechts, dem Privilegium, und der mittelalterlichen Ungeschiedenheit von privilegiertem Eigentum und öffentlicher Gewalt alle Ehre. Denn was *waren* die *politischen* Stände? Im Kern nichts anderes als genossenschaftlich organisierte regionale und territoriale Interessenverbände von privilegierten Besitzgruppen und Gewalthabern, die über eigenberechtigte lokalobrigkeitliche, also funktionell „öffentliche" Herrschaftsprärogativen verfügten, die sie zur Landstandschaft berechtigten. Vereinfacht gesagt: Sie waren die Herrschenden, die „Oberkeiten" vis-à-vis den Beherrschten, den „Untertanen", den politisch Eigentumslosen und zur Passivität Verurteilten, die dennoch in manchen ostdeutschen Städten gelegentlich aufsässig zu werden wagten. Freilich bildeten die letzteren ebensowenig wie die ersteren in dem „politischen Zweiklassensystem" eine homogene gesellschaftliche Ganzheit. Denn gemäß dem *sozial*ständischen Gliederungsprinzip waren sie aufgrund unterschiedlicher Rechtsstatus-, gesellschaftlicher Funktions- und Rang- sowie ökonomischer Besitz- und Einkommensmerkmale vielfältig und widerspruchsvoll abgestuft.

Was hier interessiert ist die Neugestaltung des Herrschaftsverhältnisses zwischen dem Landeshoheitsträger und den ständisch-korporativ organisierten Sozialgruppen der patrimonialen lokalen Herrschaftsträger, die Neugestaltung auf der regionalen und territorialen Ebene. Die damit implizierte Machtverschiebung innerhalb des polykratischen Gefüges ist das Produkt eines über mehrere Jahrhunderte sich erstrekkenden Autoritäts-, Privilegien-, Vermögens- und Einkommenverteilungsprozesses, der in erster Linie, zumindest seit dem 15. Jahrhundert, dem Rittergutsadel zugute kam und im 16. Jahrhundert mit der Konsolidierung seiner kollektiven politischen, administrativen und ökonomischen Vormachtstellung seine Krönung fand. In diesem

Zusammenhang sei wenigstens daran erinnert, daß umgekehrt in zahlreichen Territorien westlich der Elbe die landesherrliche Gewalt, nachdem sie im sogenannten Bauernkrieg triumphiert und den grundherrlichen Rentenadel vor der Verarmung und soziopolitischen Degradierung gerettet hatte, gerade in dieser Zeit der west-östlichen Polarisierung erheblich an Boden gewann.

In der Kurmark Brandenburg gehen organisierte Ständevertretungen auf das 13. Jahrhundert zurück, insbesondere auf die zwischen regionalen Notabelnversammlungen und dem Landesherrn abgeschlossenen Bedeverträge. Im Ordensland Preußen tritt ein allgemeiner Landtag zum ersten Mal 1411 zusammen, bezeichnenderweise ein Jahr nach „Tannenberg". Bereits 1432 war es soweit, daß die preußischen Landstände aus dem Recht auf Widerstand gegen Unterdrückung ein territorialpolitisches Mitbestimmungsrecht und vor allem den Anspruch ableiteten, daß die Auferlegung von Steuerlasten, der Eintritt in Kriege und der Abschluß von Bündnissen von ihrer Zustimmung abhingen.

Für den im 16. Jahrhundert wirtschaftlich erstarkenden Rittergutsadel waren das Steuerbewilligungsrecht und die Steuer- und fürstliche Schuldenverwaltung die politisch wichtigsten Kompetenzen der Landes- bzw. Landesteilvertretungen, die in „Kurien", d. h. in sozialständische Klassenkörperschaften aufgeteilt waren. Nicht nur gelang es dem großen und kleinen Landadel, die Steuerlasten, mit gelegentlichen Einschränkungen, auf ihre eigenen Untertanen und die Stadtbürger abzuwälzen. Sie verstanden es auch häufig, sich ihre zwar unverantwortliche, aber erfreulicherweise auf Knauserei ausgerichtete Verfügungsmacht über Gelder, die nicht aus der eigenen Tasche kamen, vom Landesherrn mit zusätzlichen Freiheiten und Erfüllung von Sonderwünschen teuer bezahlen zu lassen. Die im Namen der allgemeinen Wohlfahrt tatsächlich ausgehandelten „wohlerworbenen Rechte" dienten in der nüchternen Lebenspraxis, wie später zu illustrieren sein wird, vornehmlich der Befestigung von Gutsherrschaft und Gutswirtschaft und somit der wirksameren Wahrnehmung der eigenen wirtschaftlichen und lokalobrigkeitlichen Standesinteressen. Dazu trat noch die beharrliche Verteidigung und privatisierte materielle Nutzbarmachung des heftig umstrittenen Indigenatsrechts, das für die Handhabung der Ämterpatronage und die Zementierung der aristokratischen Günstlings- und Vetternwirtschaft von zentraler Bedeutung war. Denn der Realisierungsgrad dieses Rechts bestimmte weitgehend das Ausmaß der Appropriation landesfürstlicher Machtmittel und Grundbesitzressourcen durch chancenreich plazierte Amtsträger und Pfandschaftsinhaber, die in dieser Zeit sehr häufig zugleich zu den finanziellen Privatgläubigern des Landesherrn gehörten[56].

Das politische Interessen-, Zielsetzungs- und Aktionszentrum der Standesvertretungen des Gutsadels beschränkte sich auf das Landesinnere, wobei gewisse Gemeinsamkeiten der lokalen und regionalen sozioökonomischen und obrigkeitlichen Herrschaftsbelange gegenüber den gruppeninternen Faktionsreibereien und den Zentralisierungsbestrebungen und dem Geltungsdrang der Fürstenmacht das Übergewicht gewannen. Mit der „hohen Politik" im Reich und der rauhen internationalen Wirklichkeit wollten die Ständepolitiker nichts zu tun haben. Aber auch interterritoriale Bindungen lagen ihnen fern, es sei denn, wie das mehrfach im Herzogtum Preußen geschah, daß sie an den obersten Lehnsherrn, den König von Polen, appellierten oder damit drohten, um den eigenen Landesherrn an der Kandare zu halten. Ob Preußen oder Brandenburg, den über die etablierten Landesgrenzen hinausdrängenden gebietsherrschaftlichen Ausdehnungsambitionen der Hohenzollerndynastie standen sie mit Mißtrauen und wohlerwogenen Bedenken gegenüber, Vorbehalte, die sich nach dem Übertritt des brandenburgischen Fürstenhauses zum Kalvinismus noch verstärkten. Sie sind deswegen auch von der späteren borussischen Geschichtschreibung, die im Banne nationalistischer Wertvorstellungen, des Hohenzollernmythos, der Staatsverklärung und ehrfurchtsvoller Idealisierung der fürstlichen Regierungsspitzen stand, als fortschrittsfeindliche Inkarnation der „Lokalborniertheit" auf das schärfste kritisiert worden.

Nicht abstrakte Ideen, sondern praktische Streitfragen und konkrete Anliegen, insbesondere steuer-, wirtschafts-, gesellschafts-, personal- und kirchenpolitische Sachgegenstände dominierten auf den Ständetagen, wobei von den Beteiligten die politische und soziale Funktion von Rechtsnormen und von kirchlich-theologischen Lehren gottgewollter autoritärer Obrigkeit und organismischer Arbeitsteilung sehr wohl erkannt und geltend gemacht wurde. Plenarlandtage waren übrigens selten und meist schlecht besucht. Die entscheidenden Auseinandersetzungen vollzogen sich in der Regel zwischen den die landesherrlichen Forderungen und Vorschläge vertretenden fürstlichen Räten und den mehr oder weniger dauerhaft konstituierten ständischen Ausschüssen und Verwaltungskörperschaften – politischen Herrschaftsverbänden, die in der Praxis als die hauptsächlichen Bastionen der ständischen Libertät und Anwälte ihrer Gravamina fungierten. Auf beiden Seiten stand dabei ein naiver, ungeschminkt bekundeter Materialismus im Vordergrund, der nur oberflächenhaft durch die Form wahrende konventionelle Höflichkeitsbezeigung und in würdevoller Sprache formulierte Loyalitätsversicherung verniedlicht wurde.

In der langen Friedenszeit, deren sich Brandenburg und Preußen im 16. Jahrhundert erfreuten, war für die Gestaltung des realen (im Unterschied vom rechtsformalistischen oder bloß prätendierten) Machtverhältnisses zwischen dem Landesfürstentum „von Gottes Gnaden" und den adligen Herrschaftsständen nichts so entscheidend wie das unentwegte, erbittert umkämpfte Feilschen um Geld und das damit verbundene Tauziehen und Lavieren um Privilegien- und Lastenverteilung. Insbesondere das zunehmende Finanzelend und die Schuldenwirtschaft der über ihre Verhältnisse lebenden Hohenzollernfürsten[57] im Zeitalter der Preisrevolution verstärkten den Hebel, den die durch das politische Ständetum zu kollektiver Aktion zusammengefaßten „Vasallen" nach alter Gewohnheit ansetzten, um, mit dem Strick in der Hand, den obersten Lehnsherrn ihren Spezialwünschen gefügiger und von sich abhängiger zu machen. Das ist freilich nicht immer erfolgreich gewesen, zumal die Berufung von Ständeversammlungen eine landesfürstliche Prärogative blieb, und die Landeshoheitsträger ihre politischen Gegenspieler auch mit leeren Versprechungen hinzuhalten wußten.

Die wichtigste Waffe der Ständevertreter, das Steuerbewilligungsrecht, war ein zweischneidiges Schwert. Namentlich Kurfürst Joachim II. (1535–1571) benutzte es zu seinem Vorteil, indem er mehrfach, als sein Personalkredit erschöpft war und er vor dem Bankerott stand, die Steuermacht der Stände funktionell in ein Mittel der fürstlichen Schuldenverzinsung und -tilgung zu verwandeln vermochte. Seine hemmungslose Prunk- und Verschwendungssucht und üppige Hofhaltung – sie kamen freilich weitgehend dem landsässigen Adel in der Form von Pfründen, Landschenkungen, Verpfändungen und zahlreichen anderen Gunstbezeigungen zugute – hatten eine für die damaligen Verhältnisse exorbitant hohe Verschuldung im Gefolge, von der etwa 5 Millionen Taler schließlich von den Landständen zu Lasten der gewöhnlichen Sterblichen übernommen wurden[58].

Für die politisch- und sozialständische Untermauerung der Machtansprüche und -gewinne des Rittergutsadels; für sein kollektives Durchsetzungsvermögen auf der überlokalen Ebene und die Ausprägung der Junkerherrschaft, so wie sie eingangs abstrakt gekennzeichnet wurde, wurden im Laufe des 16. Jahrhunderts vier ineinandergreifende säkulare Entwicklungsstränge in besonderem Maße mitentscheidend, die nachfolgend in gedrängter Kürze gekennzeichnet werden sollen[59]. 1. Die Abschleifung der internen Spannungen innerhalb der differenzierten Adelsgesellschaft; 2. die aus der Reformation erwachsenden Autoritäts- und Besitzgewinne; 3. die finanzielle Auspowerung und Grundbesitzentfremdung der Landesfürsten durch das Kreditwesen und die privatisierte Appropriation der fragmentierten Domänen – d. h. des historisch relevantesten Teiles der „Landes"-Verwaltung, die faktisch durch die adligen Amtsträger in nahezu autarke lokale Herrschaftseinheiten und nutzbare Eigenrechte transformiert wurde. Hierzu traten 4. noch der Verfall des städtischen Wirtschaftslebens, die Vermögensverluste des Stadtpatriziats, die hochintensive fiskalische Ausbeutung und Verschuldung der städtischen Gemeinwesen und die Bedrohung der Existenzgrundlagen der gemeinen Bürgerschaft durch von den Junkern erzwungene Beschneidung der städtischen kommerziellen und gewerblichen Wirtschaftsmonopole und Einkommensquellen.

Die scharfe Trennungslinie zwischen den Schloßgesessenen und dem niederen Adel, wie sie sich in Brandenburg, seit dem späteren 15. Jahrhundert auch in Ostpreußen herausgebildet hatte, verlor in den friedlichen Zeiten des 16. Jahrhunderts viel von ihrer alten Bedeutung. Mit dem für die hochkommenden Generationen typischen Übergang zu zivilisierten Verhandlungs- und Vermittlungsmethoden der sozialen Interaktion, der allmählichen Entschärfung der internen Konflikte zwischen und innerhalb der Adelsschichten und mit der lokalherrschaftlichen Befestigung und wirtschaftlichen Erstarkung als Gutsherren und Gutswirte gewann der Landadel, auch als landständische Organisation, an politischer Solidarität und kollektiver Stoßkraft gegenüber der Fürsten- und der Städtemacht, wenn auch Konkurrenzneid, Familienfeindschaften, Prestigeanimositäten und Cliquenkämpfe in den eigenen Reihen weiterlebten. Zwar blieb in den politischen Interessenverbänden der „Oberstände", wie die Adelskorporationen nunmehr charakteristischerweise im zeitgenössischen Vokabular der sozialen Stratifikation eingestuft wurden, die förmliche Trennung in die beiden Kurien des Herrenstandes und der Ritterschaft gewahrt – in Brandenburg „Prälaten, Grafen und Herren" versus „Ritterschaft", in Preußen „Herren und Landräte" versus denen „Von Ritterschaft und Adel". Dennoch war es die Ritterschaft, nicht zuletzt aufgrund ihres großen zahlenmäßigen Übergewichts, die schließlich die

Oberhand gewann und für die korporative politische Verteidigung der agrarischen Adelsinteressen maßgebend wurde. Die tradierte Scheidung zwischen Schloßgesessenen und den „gewöhnlichen" Adligen beruhte nicht auf der Verschiedenheit der Abkunft, sondern des materiellen Besitzes, des Ansehens und der Einflußkraft. Hinsichtlich ihrer ständischen Vertretung gehörten die ersteren nicht zur Kurie der Prälaten, Grafen und Herren, sondern zur Ritterschaft, deren Mehrheit sich aus Nichtschloßgesessenen zusammensetzte.

Im Herzogtum Preußen, wo Magnatengrundbesitz häufiger als in der Kurmark anzutreffen war, kam diese Einflußverschiebung sogar verfassungsrechtlich zum Ausdruck. Das geschah dadurch, daß seit dem späteren 16. Jahrhundert die „Landräte" der ersten Kurie, die meist nominell vom Herzog ernannte Amtshauptleute der großen Domänenämter und am landesherrlichen Regierungskollegium, somit an der obersten politischen Entscheidungsgewalt aktiv beteiligt waren, von der Ritterschaft präsentiert wurden. In Brandenburg trat die Schwächung der Herrenstandskurie symbolhaft darin in Erscheinung, daß nach Einführung der Kirchenreformation die stark zusammengeschmolzene Schar der Prälaten-Großgrundbesitzer die Eigenständigkeit aufgab und es taktisch ratsam fand, sich den stärkeren Bataillonen, der Ritterschaft, anzuschließen. Auch der Grafen- und Herrenstand ging allmählich ganz in der Ritterschaft auf, die auf diese Weise verstärkt wurde[60].

Für die politische Führung des gesamten Landadels wurden nicht besonders vornehme Ahnen und der Besitz von exklusiven Ehrentiteln entscheidend, vielmehr der Reichtum und das überkommene überlegene Ansehen bestimmter Geschlechter. Sie stellten das Personal für die Führungskräfte der ständischen, weitgehend auch der fürstlichen Amtshierarchie. So ragten beispielsweise in der Altmark jahrhundertelang die Edlen Schenken, die Schulenburg, Alvensleben und Bartensleben hervor; in der Prignitz die Putlitz, die Rohr und, trotz der Untaten ihrer Vorfahren, auch noch die Quitzow; die Bredow und Arnim in der Mittel- und Uckermark, die Wedel, Borcke, Kalkreuth und Zobeltitz in der Neumark und die Heydeck, Finck v. Finckenstein, Kreytzen, Ostau, Polentz, Schlieben, Tettau und Wallenrodt in Ostpreußen.

In den einzelnen Landesteilen fungierten die führenden Familien des nepotistischen Gutsadels praktisch als meist erbliche Besitzer der gewinnreichen Spitzenpositionen in der fürstlichen Amtshierarchie, der neben der Sorge für Rechts- und Friedensschutz vor allem die Verwaltung der landesherrlichen Domänen und Regalien anvertraut war[61]. Im Einklang mit den Normen und Gebräuchen der Zeit wurde dabei, wie noch genauer zu erläutern sein wird, zwischen „privat" und „amtlich" kaum unterschieden. Die weniger bedeutenden Ämter rotierten üblicherweise unter den versorgungshungrigen Anverwandten der großen Geschlechter sowie Mitgliedern des Kleinadels, die zu ihrem Leidwesen aber auch mit bürgerlichen Wettbewerbern zu rechnen hatten. Alles in allem erwies sich das Indigenatsrecht für die Gestaltung der realen Herrschaftsverteilung zwischen Fürsten- und Adelsklassenmacht als ein kostbares Gut für das in diesem – den eigenen gutsherrschaftlichen Besitz- und Autoritätsbereich so großartig ergänzenden – Aktionsfeld besonders anspruchsvolle Junkertum. Eine hundertprozentige personelle Monopolisierung der Amtsaristokratie hat der eingesessene Rittergutsadel allerdings trotz beharrlichster Anstrengungen nicht durchzusetzen vermocht, nicht einmal im Preußenland.

Denn der fürstliche Hof als Brennpunkt der Ämterpatronage stand funktionell nicht ausschließlich im Dienst der formidablen Junkermacht. Die brandenburgischen Kurfürsten des 16. und frühen 17. Jahrhunderts, obwohl bis zu den Zeiten des Großen Kurfürsten und König Friedrich Wilhelms I. alles andere als Persönlichkeiten von Format, ließen es sich nicht nehmen, wenigstens den Schein landeshoheitlicher Vormachtstellung und kraftvoller Unabhängigkeit zu wahren. In der Personalpolitik taten sie das, indem sie ihre engsten Berater und Mitentscheidungsträger, die führenden Hofbediensteten und die ständigen Räte, die die fürstliche Regierungszentrale bildeten, wenigstens teilweise aus „ausländischen" Adligen und bürgerlichen Juristen rekrutierten. Freilich konnten sie nicht verhindern, daß dieselben meist, wie bereits früher bemerkt, im Laufe ihrer Berufskarriere mehr oder weniger „verjunkerten". Ein diesbezügliches Musterbeispiel war Dr. Lampert Diestelmeier, der als versierter Kanzler Joachims II. in Verwaltungssachen die Schlüsselstellung einnahm und den Junkern wohlgewogen war[62].

In Preußen war die Hegemonie des landsässigen Gutsadels im Ämterwesen noch schärfer ausgeprägt als in Brandenburg. Daher wurden auch die wesentlichen herzoglichen Domänenämter im Landesinneren patrimoniale Pertinenzien der tongebendsten Großgrundbesitzer und ihrer Favoriten. An diesem Tatbestand vermochten die paar ausländischen Hofräte, die Herzog Albrecht (1525–1568) um sich versammelte, nichts von Belang zu ändern, um so weniger, als seit der „Regimentsnotel" von 1542 das Indigenatsvorrecht triumphierte, so daß nunmehr auch die wichtigsten Hofämter und strategischen Positionen in der kollegialischen Zentralregierung der vier „Oberräte" ein Reservat der ständischen Adelsmacht wurden und die wachsende Ohnmacht des Landesfürsten bekundeten. Symptomatisch wurde der Fall der Oberräte Hans und Christoph v. Kreytzen, Hans v. Wittmannsdorf und Hans Truchseß v. Waldburg. Die beiden Kreytzen waren Brüder, Wittmannsdorf war der Schwiegersohn Christophs, alle aber waren neben dem Bankhaus der Loitze die Hauptgläubiger des Landesherrn, die sich ihre Verdienste nicht nur mit der Zusicherung ihrer Amtsbezüge auf Lebenszeit, sondern zudem noch mit großen Landschenkungen bezahlen ließen[63]. Vollends unter dem geisteskranken Nachfolger Herzog Albrechts war das Regierungskollegium nichts anderes als ein Regentschaftsrat der ständischen Adelskorporationen, womit de facto die gesetzgeberische Gewalt, soweit von einer solchen überhaupt die Rede sein konnte, sowie die gesamte Ämterpatronage ein Monopol der Vertrauensmänner des einheimischen Rittergutsadels wurde. Die landesherrliche Autorität war zum leeren Namen geworden. Ihre bescheidene Wiederaufwertung durch Herzog Georg Friedrich (1578–1603) hat den säkularen Machtverschiebungstrend nicht zu brechen und daher auch weder die politisch-administrative noch die sozioökonomische Konsolidierung der Vorherrschaft des Junkertums im territorialen Ständestaat zu blockieren vermocht.

Auch der von ungeheurer Diskrepanz zwischen erhebenden Worten und tristen Taten überschattete Übergang zum religiösen Konfessionswechsel, die Errichtung von lutherischen Landeskirchen und die Säkularisierung des überkommenen Kirchenbesitzes haben angesichts der damals so engen Verknüpfung von Religion, Politik, Wirtschaft und Sozialstruktur auf die Gestaltung der Herrschafts- und Eigentumsverhältnisse und Gesellschaftsgruppenbeziehungen tief eingewirkt, und zwar besonders vorteilhaft für die etablierten Herrschaftseliten mit Ausnahme des alten Prälatenstandes. Jedenfalls waren in den ostdeutschen Territorien die weltlichen „Spitzen der Gesellschaft“ die Hauptgewinner der Reformation. Im Rahmen dieser Studie soll diese Problematik, mit dem Blick auf Brandenburg, wenigstens angeschnitten werden unter summarischer Heraushebung von zwei zentralen Aspekten: der Autoritätssteigerung und der Besitzvermehrung des Landesherrn und des Rittergutsadels.

Die Einführung der Reformation im Jahre 1540 durch die Kirchenverordnung des Kurfürsten Joachim II. – sein Vorgänger, Joachim I., hatte Luther und die ganze evangelische Neuerungsbewegung gehaßt – nahm zwischen dem alten und neuen Glauben durch Beibehaltung des katholischen Kirchenrituals noch eine durchaus vermittelnde Stellung ein, kam jedoch dem vom Adel und einigen Städten geforderten Konfessionswechsel entgegen[64]. Der Übergang zur Reformation wurde sozusagen für einen dicken Sack Geld an die Landstände „verkauft“, wodurch Joachim die zuvor in wenigen Jahren angeschwollene Schuldenlast los wurde und in der Lage war, weiterhin mit Hilfe der enteigneten geistlichen Güter ein standesbewußt flottes Leben zu führen, ohne sich ernsthaft um die „zentrale Landesverwaltung“ zu kümmern, die nicht einmal eine ständige Behörde, vielmehr bloß ein beigeordneter Bestandteil der patrimonialen fürstlichen Haus- und Hofverwaltung war.

Die neue Kirchenordnung schaffte die Ausgangsbasis für die erst unter Joachims Nachfolger sich ausprägende obrigkeitstreue lutherische Landeskirche, deren höchster Autoritätsträger der Landesfürst als Summus Episcopus war. Mehr denn je zuvor wurde damit der Kurfürst auf territorialer Basis de jure das Haupt der „christlichen Obrigkeit“, zumal er sich selbst zum obersten Patronatsherrn der neuen Amtshierarchie des evangelischen Kirchenregiments beförderte, das ein bedeutsamer Bestandteil der Landeshoheit wurde und in späterer Zeit für den monarchischen Absolutismus eine wirkungsvolle Stütze lieferte. Aber auch die weltlichen Lokalobrigkeiten, und das waren in erster Linie die Rittergutsbesitzer, zogen moralischen ebenso wie handfesten institutionellen Herrschaftsgewinn aus der evangelisch-lutherischen Lehre von Obrigkeit, Gehorsam und Widerstand und aus der neuen Kirchenverfassung, auf deren modus operandi sie seit der Konsistorialordnung von 1573 mitbestimmend, auf der Lokalbasis sogar beherrschend einwirkten. Denn sie erwarben die Patronatsrechte der Dorfkirchen und Gemeinden, konnten daher die örtlichen Amtsträger auswählen und unter Druck setzen, zudem auch, wie es oft geschah, zu persönlichen Dienstleistungen heranziehen. Ein Absetzungsrecht über die Geistlichen und Küster haben sie freilich nicht zu erzwingen vermocht. Daß jedoch selbst auf der überlokalen Ebene die oberste Autorität des Fürsten in Glaubens- und Kirchensachen ihre Grenze hatte und wahrlich nicht absolut war, zeigte sich sonnenklar, nachdem Kurfürst Johann Sigismund zum reformierten Bekenntnis übertrat (1613) und den schnell im Sande verlaufenden Versuch unternahm, auf seine Stammlande das cuius regio eius religio-Prinzip anzuwenden und seine obstinaten „Vasallen“ (mit wenigen Ausnahmen), geschweige denn deren Untertanen dem inzwischen fest verankerten orthodoxen Luthertum abtrünnig zu machen[64a]. Er konnte nicht einmal erreichen, daß auf seinen eigenen Domänengütern kalvinistische Geistliche die lutherischen Dorfpastöre ersetzten.

Präzise quantitative Angaben über die Verteilung der im Gefolge der Reformation enteigneten geistlichen Stifter und Besitzrechte sind unmöglich, da eine Spezialuntersuchung über dieses wichtige Thema leider noch fehlt. Die diesbezüglichen Entwicklungstendenzen sind jedoch klar erkennbar. Nominell war zunächst der Landesfürst der bei weitem größte Reformationsgewinnler, da sein Domanialgebiet durch die Säkularisierung des kirchlichen Grundbesitzes sich nahezu verdoppelte. Zu den bereits bestehenden 20 Domänenämtern traten nun noch 17 weitere, die jedoch dem wilden Schuldenmacher Joachim II. an verfügbarem Einkommen unmittelbar wenig oder nichts einbrachten. Für diese Neuerwerbungen gilt im wesentlichen das Wort: Wie gewonnen so zerronnen! Denn der Großteil diente der allmählichen Schuldendekkung oder wurde als Pfandbesitz oder Eigentum den einflußreichsten Privatgläubigern überantwortet, die sich vorwiegend aus den führenden Hofbeamten, kurfürstlichen Räten, persönlichen Günstlingen und Mitgliedern der schloßgesessenen Geschlechter rekrutierten, aristokratischen Geschäftemachern, die in der zweiten Hälfte des 16. Jahrhunderts als Darlehensgeber und Güterspekulanten eine bemerkenswerte Rolle spielten[65]. Auch ausländische Adlige wie der aus Hessen stammende kurfürstliche Hofmarschall Adam v. Trott haben sich auf diese Art und Weise an dem Kirchengut bereichert und mit dessen Hilfe eine große Herrschaft aufzubauen vermocht[66]. Bezeichnend für die Intensität der durch die Reformation ausgelösten Besitzumschichtung war die Tatsache, daß sich bereits um 1550 von den 654 Kirchengütern 286 in den Händen des Adels und einiger weniger ratsfähiger Geschlechter befanden. (Siehe die kurze, aber instruktive Einleitung von G. Heinrich zu der Karte ,,Besitzstand und Säkularisation in Brandenburg um die Mitte des 16. Jahrhunderts", Historischer Atlas von Brandenburg und Berlin, Lfg. 33, o.J.) Kleinadlige Dorfherren, um nicht leer auszugehen, griffen zur Selbsthilfe, usurpierten vielfach einen Teil des örtlichen Pfarrbesitzes und Kircheninventars oder erzwangen Anleihen aus dem Kirchenkasten. Wie es in einem Visitationsabschied 1558 einmal heißt: „Einige Patrone sind gewöhnt, einen Pfr. nur unter der Bedingung anzunehmen oder zu praesentieren, daß er ihnen von der pfarren einkommen, etwan an hufen, wiesen, pachten und diensten zu ihrem brauche überläßt mit dem Versprechen, das er solchs nicht klagen wolle."[67]

Wie in den alten Zeiten des Katholizismus erfüllte der grund- und gutsherrschaftliche Immobilienbesitz des höheren Klerus und der reicheren Klöster, nachdem derselbe durch die Reformation säkularisiert und mobilisiert worden war, weitgehend die soziale Funktion, den Adel materiell zu versorgen, zumal infolge der gewandelten gesellschaftlichen Kräfteverhältnisse der Anteil des Stadtpatriziats an der Beute bescheiden war. Kontinuität manifestierte sich auch im Fortleben des Prälatenstandes, der, wie früher bemerkt, nach dem Konfessions- und Kirchenregimentswechsel keineswegs verschwand, vielmehr auf stark geschmälerter Basis auf dem Lande seine Herrenstellung als korporativer Stiftsbesitzer zu behaupten vermochte, wie es beispielsweise die Domkapitel von Havelberg und Brandenburg und einige Komtureien des Johanniterordens taten, denen begehrenswerte Sinekuren auch weiterhin zur Verfügung standen. In den ständischen politischen Landschaftsverbänden waren die Prälaten durch Deputierte vertreten, nicht etwa als kirchliche Würdenträger, vielmehr in ihrer Eigenschaft als korporative Großgrundbesitzer, die mit der Ritterschaft zusammenhielten. Die vormals bestehende Spannung zwischen dem geistlichen Stifts- und dem weltlichen Rittergutsadel wurde dadurch gemildert oder gar beseitigt, ein Wandel, der der Integration der kollektiven Stoßkraft der „Großagrarier" zugute kam. Aber auch die Nonnenklöster gingen nicht alle im Strudel der Enteignung unter. Manche wurden auf Drängen der Landstände in Damenstifter verwandelt, in denen adlige Töchter, die keinen Ehemann finden konnten und ein sittsames Leben führen wollten, ein standesgemäßes Auskommen fanden. Alles in allem wird man trotz dieser impressionistischen Hinweise wohl doch sagen dürfen, daß die Reformation dem Junkertum einen sehr beträchtlichen wirtschaftlichen, obrigkeitlichen und sozialständischen Macht- und Prestigezuwachs eingebracht hat.

Für die Aushöhlung der finanziellen Unabhängigkeit und die daraus erwachsende Beschränkung der politischen Manövrierfreiheit und durchsetzbaren Entscheidungsgewalt der brandenburgischen und preußischen Landesherren war unter den objektiven Wirkungskräften nichts so unmittelbar folgenreich wie die vornehmlich durch Verschuldung ausgelöste Entfremdung des Grundvermögens der Landeshoheitsträger. Der direkte Verkauf von Domänenstücken und nutzbringenden Regalrechten wurde im 16. und 17. Jahrhundert selten. Dennoch war der in andersartigen Formen zum Ausdruck gelangende Prozeß ihrer Veräußerung, der in Brandenburg schon im 13., in Preußen erst im 15. Jahrhundert eingesetzt hatte, bis zur Spätzeit des Großen Kurfürsten ein für die reale politische und sozioökonomische Machtverteilung überaus wichtiger Trend. Die fürstliche Schuldenwirtschaft, die nur zeitweilig unter Albrecht Achilles und Joachim I. aufgehalten wurde, erreichte ihren quantitativen Höhepunkt unter dem hemmungslosen Verschleuderungsregime Joachims II. Aber auch unter seinen Nachfolgern blieb die chronische Finanzmalaise ein Wahrzeichen der Schwäche der fürstlichen Herrschaftsstruktur, wenn auch eine Variable mit tendenziell verringerter Intensität trotz der weiter voranschreitenden Inflationskrise.

Wie bereits mehrfach angedeutet, war die Verwaltung der landsherrlichen Ressourcen ein unwiderstehliches Ausbeutungsfeld für hochstrebende und kapitalkräftige Amtsanwärter und bereits etablierte Amtsträger, denen sich mittels Kreditgewährung an den Fürsten hervorragende Bereicherungschancen eröffneten. Derartige Darlehensgeschäfte waren eine verschleierte Form der im damaligen Europa so weitverbreiteten Ämterkäuflichkeit und der untrennbar damit verbundenen Privatisierung, Nepotisierung und Kommerzialisierung obrigkeitlicher Gewalt[68]. Wie sich das mittels der vorherrschenden Usancen in der Praxis auf die Besitz- und Herrschaftsverstärkung des Junkertums auswirkte, soll nunmehr kurz erläutert werden.

Der wichtigste Typus der Besitz- und Einkommenstransferierung an adlige Kreditoren war die Verpfändung und Nutznießung der Verwaltung und Bewirtschaftung landesherrlicher Domanial- und säkularisierter geistlicher Güter, aber auch die a conto Überschreibung antizipierter Einkünfte aus dem Zoll-, Flußmauten-, Salz- und Bergwerksregal. Solche Abmachungen wurden meist zunächst nur für eine bestimmte Zahl von Jahren getroffen. Sie führten jedoch, wenn der Schuldner seinen Zahlungsverpflichtungen nicht nachkam, wie es nur zu oft der Fall war, mit oder ohne zusätzliche Darlehensgewährung zur Verlängerung der Kreditverträge auf Lebenszeit oder gar durch erbliche Belehnung des Gläubigers mit dem Pfandobjekt zur permanenten Veräußerung der in Frage stehenden Bodenkapitalwerte und Einkommensquellen. Individuellen Abmachungen dieser Art lagen manchmal Darlehen bis zu einer Höhe von 50000 Talern zugrunde, ein Tatbestand, der auf die Finanzkraft der führenden adligen Geldgeber in jener Zeit ein aufschlußreiches Schlaglicht wirft. Aber auch auf korporativer Basis kamen gelegentlich ähnliche Transaktionen zustande. So hat einmal die Ritterschaft der Alt- und Mittelmark verschiedene Domänenkomplexe gegen Zahlung von 210000 Talern in Besitz genommen[69].

Aber auch ohne Kredithergabe wurden die mit Domänenbewirtschaftung betrauten Amtsinhaber auf Kosten des Dienstherren reichere Leute, die in einer Zeit landwirtschaftlicher Hochkonjunktur ihre Kommandostellungen ihren eigenen Erwerbsinteressen anzupassen wußten. Die Ausnutzung von „amtlichen" Rechten und Pflichten für persönliche Versorgungs-, Macht- und Prestigezwecke mittels legitimer und illegitimer Methoden war traditionell und angesichts der von Grund auf veränderten Marktdynamik besonders verlockend. Sie gehörte zu den altüberlieferten Gepflogenheiten der Herrschenden. Die Auffassung, daß ein Amt als nutzbares Eigentum des Inhabers anzusehen sei, war tief verankert im Privilegienrecht und in der unentwirrbaren Vermengung von funktionell „öffentlichen" und „privaten" Belangen. Faktische Veruntreuung und Unterschlagung von Reinerträgen der Domänenverwaltung galten gemäß dem adligen Selbstverständnis schwerlich als unmoralisch und unehrenhaft, geschweige denn als kriminelles Vergehen. Vielmehr wurden derartige Willkürakte als eine ihnen zustehende, standesgemäße Implementierung des so passioniert verteidigten Indigenatrechts angesehen, ob es sich dabei nun in der Lebenswirklichkeit um die privatisierte Aneignung von bäuerlichen Pachtzinsen, Abgaben, Gebühren und Dienstleistungen handelte, die im Namen des fürstlichen Grund-, Gerichts-, Leib- und Gutsherrn von den Untertanen verlangt und erzwungen wurden, oder um die Verwendung von Gutswirtschaftserträgen in natura für profitable private Handelsgeschäfte. Und das waren Erträge, die zudem durch rationalere Betriebsführung, verstärkten, kostensenkenden Druck auf die Amtsinsassen oder vorübergehend durch Raubbau erheblich gesteigert werden konnten.

Offensichtlich gehörten die an der Domänenbewirtschaftung beteiligten Junkerfamilien nicht zu den Kleinverdienern des Gutsadels. Denn trotz der inflationär ansteigenden Agrar-, besonders der Getreide- und Holzpreise im 16. und frühen 17. Jahrhundert und der starken Zunahme des für den Markt produzierten Umsatzvolumens nahm der Geldertrag der „landesherrlichen" Landgüter ständig ab – jedenfalls der Betrag, der schließlich die fürstliche Kammer erreichte. Selbst der Große Kurfürst stand diesem Niedergang während der ersten Hälfte seiner Regierung machtlos gegenüber[70]. Noch 1688/89 betrug die gesamte Nettoeinnahme aus dem großen Waldbesitz des Kurfürsten nur 7000 Taler. Zusammenfassend wären die hier skizzierten Zustände und aristokratischen Gebräuche als systemimmanente institutionalisierte

Korruption zu bezeichnen, wenn man der Bewertung heutige Idealnormen der bürokratischen Berufsethik zugrunde legen würde.

Noch intensiver als in Brandenburg war der Prozeß der materiellen Bereicherung und obrigkeitlichen Herrschaftsstraffung des Junkertums auf Kosten des Landesfürsten als Grund- und Gutsherr im Herzogtum Preußen verlaufen[71]. 1648 erbrachten 48 534 Hufen, die auf dem Papier das Hauseigentum des Landeshoheitsträgers waren, der herzoglichen Rentkammer den lächerlichen Bagatellbetrag von 5940 Talern. Offensichtlich war der Landesherr im Gegensatz zu seinen Vasallen und Amtsinhabern im Landesinnern alles andere als Herr im eigenen Hause. Bereits 1605 war eine aus brandenburgischen Hofräten zusammengesetzte Untersuchungskommission, die mit der Überprüfung des preußischen Domänenwesens betreut war und für den farb- und energielosen Kurfürsten Johann Sigismund die „Machtübernahme" in Preußen vorbereiten sollte, nach längeren Erhebungen zu der bemerkenswerten Schlußfolgerung gekommen: „In summa es muste uber die Embter eine sonderliche starke Visitation undt Reformation angestelt werden, sonst wehre nicht muglich, das E. Ch. G. einiger Nutz auss dem Lande haben konte; jha es muste alles ubern Hauffen gehen undt muste solche Reformation von Jerusalem wie das Evangelion angefangen werden und hindurchgehen."[72]

Hält man sich die oben aufgerollten geschäftsinternen Funktionszusammenhänge nüchtern vor Augen, so ergibt sich, zumindest in bezug auf die Verteilung der Verfügungsmacht über die ländlichen Produktionsmittel, Grundrenten und Unternehmergewinne, eine klare Antwort auf die Frage: Wer beherrschte wen in dieser Zeit? Der Fürst den Junkeradel oder der Adel den Fürsten, auch wenn er war „von gottes gnaden marggraff zu Brandenburg, des heiligen Römischen reichs erzcammerer und churfürst, zu Stettin, Pommern, der Cassuben, Wenden und in Schlesien, zu Crossen herzog, burggraff zu Nuremberg und fürst zu Rügen". Und überdenkt man, wie es in dieser Hinsicht eigentlich gewesen, wie und warum es dazu gekommen, was daraus geworden ist und uns heutzutage zu sagen hat, so versteht man auch besser die Härte des in der Folge von oben kommenden absolutistischen Gegenstoßes. Insbesondere den Ingrimm, die eiserne Entschlossenheit und den zweckrationalen Radikalismus, mit denen, als seine historische Stunde gekommen war, ein so ingeniöser Verwaltungsreformer wie König Friedrich Wilhelm I. die Restitution und vor dem „Adelslegen" nicht zurückschreckende Erweiterung des fürstlichen Domanialvermögens betrieb. Durch Einführung der Generalpacht, unter grundsätzlichem Ausschluß adliger Interessenten, wurde der bereits seit dem Dreißigjährigen Kriege ins Wanken geratenen Vorherrschaft des Junkertums in diesem spezifischen Sektor der Agrargesellschaft eine schwere Niederlage bereitet.

IV.

Die Etablierung der *wirtschaftlichen* Hegemonie des Rittergutsadels im Gesellschafts- und Machtgefüge der nordostdeutschen Territorien gehört zu den konstituierenden Wesensmerkmalen des Junkertums als konsolidierte Verkörperung einer einen bestimmten Sozialtypus repräsentierenden aristokratischen Herrschaftselite. Der Prozeß der Erringung und Befestigung dieser kollektiven ökonomischen Vormachtstellung hat sich über mehrere Jahrhunderte erstreckt. Er ist erst in der Landesausbau-, Inflations- und landwirtschaftlichen Hochkonjunkturepoche des 16. Jahrhunderts zu durchschlagender Entfaltung gekommen, in Brandenburg und Preußen ebenso wie in Holstein, Mecklenburg und Pommern.

In den Vordergrund des Blickfeldes, das hier auf die Kurmark und das Herzogtum Preußen beschränkt bleibt, rückt daher jetzt der diesbezügliche Haupttrend dieser Periode mit seinen weitgespannten Vorbedingungen und strukturellen Auswirkungen, insoweit dieselben für die Ausprägung der Charakterzüge und für die Aufwertung des sozioökonomischen Stellenwertes der Junkerherrschaft in dieser Zeit letztlich entscheidend wurden: der agrarische Systemwandel im Gefolge der Prärogativenerweiterung und administrativen Intensivierung der Guts*herrschaft*, die aber nunmehr funktionell dem für die Junker zum Interessenmittelpunkt werdenden Ausbau der Guts*wirtschaft* angepaßt wurde. Und das bedeutete die Vergrößerung und Effizienzsteigerung des vornehmlich auf Marktproduktion ausgerichteten Gutsbetriebs und die Reorganisation der Arbeitsverfassung. Dieser Wandel vollzog sich unter der modellprägenden Führung von lern- und umstellungsfähigen Rittergutsbesitzern, die im Laufe mehrerer Generationen in die am Rentabilitätsdenken orientierte Rolle von berufsmäßigen Geschäftsunternehmern hineinwuchsen und vor allem als autoritäre Entscheidungsträger und innovative Organisatoren der Wiederaufnahme der Siedlungstätigkeit bemerkenswerte Leistungserfolge erzielten.

Die Problematik der Entstehung von Gutsherrschaft und Gutswirtschaft hat die historisch-empirische Agrarforschung seit etwa einem Jahrhundert beschäftigt[73]. Je nach den Erkenntnisinteressen der unmittelbar Beteiligten, ihren Fragestellungen, Akzentsetzungen und den von ihnen verwandten Sachkriterien haben jedoch die definitorischen Bemühungen um Begriffsklärung und gegenstandsadäquate Periodisierung zu semantischen Unstimmigkeiten und gegensatzreichen, vielfach unpräzisen Stellungnahmen geführt. Gemäß Georg Friedrich Knapp, einem der Altmeister der deutschen Agrarhistoriographie, bezeichnen die Termini Gutsherrschaft und Gutswirtschaft bedeutungsgleiche und daher austauschbare Begriffe, die erst aufgrund der ökonomischen Tatbestände des 16. Jahrhunderts als wirklichkeitsgerechte Kategorien der Wissenschaftssprache sinnvoll seien. Diese Auffassung gilt heute allgemein als fragwürdig. Dennoch fehlt es nach wie vor nicht an Begriffsverwirrung. Deshalb muß für den vorliegenden Zweck geklärt werden, was für eine geschichtliche Erscheinung, einschließlich ihrer Vorbildungen, mit diesen vieldeutigen Kernbegriffen eigentlich erfaßt werden soll.

Wie oben bemerkt, richtet sich das Interesse fortan erstens auf die Verstärkung der Guts*herrschaft*, ihrer Gerechtsame und realen obrigkeitlichen Wirkungskraft, zweitens auf den intendierten Funktionswandel dieses spezifischen Typus der Herrschaftsgewalt. Die erste Entwicklungsphase verlief stufenweise über mehrere Jahrhunderte hinweg, die letztere dagegen entfaltete sich erst mit dem Durchbruch zur Land- und Arbeitskräftenutzung in der Form der Guts*wirtschaft*. Diese Nutzungsweise erwies sich als der Brennpunkt der Interessen-, Mentalitäts- und Rollenveränderung des Rittergutsadels und der mehrdimensionalen Zementierung der Junkerherrschaft im 16. und frühen 17. Jahrhundert.

Das entscheidende Kennzeichen für die Ausgangsform von Gutsherrschaft ist m. E. die Personalunion von Grund- und Gerichtsherrschaft. Diese Fusion reicht im Nordosten in das Kolonialzeitalter zurück. Ihr Resultat ist in ungebrochener Kontinuität von den danach kommenden Rittergutsbesitzer-Generationen übernommen, während der säkularen Formierungsphase des Junkertums weiter ausgebaut und bereits vor dem 16. Jahrhundert konsolidiert worden – zu einer Zeit also, ehe gutsherrliche Autorität und Befehlsgewalt, über das bereits Errungene hinaus, noch weiter ausgedehnt und schrittweise mit Hilfe der organisierten politisch-korporativen Ständemacht in den Dienst der expandierenden kommerzialisierten Gutswirtschaft gestellt wurden.

In den brandenburgischen Dörfern, falls sich in ihnen überhaupt ein Rittersitz mit einem Adelshof befand, war der „Dorfherr", also der Grundherr, der als solcher das Obereigentum an den zins- und abgabepflichtigen Bauernstellen besaß, bereits in der Kolonialzeit von vornherein der an den Verwaltungsgefällen mitbeteiligte Inhaber der niederen Gerichtsbarkeit[74]. Ausgeübt wurde dieselbe von dem genossenschaftlich organisierten bäuerlichen Schöffengericht unter dem Vorsitz des Schulzen als dem Beauftragten des lokalen Gerichtsherrn. Nachdem die Siedlungsbewegung um 1300 zum Stillstand gekommen war und der große „Ausverkauf" landesherrlicher Gerechtsame einsetzte, erwarben die Grundherren in den wilden Zeiten des 14. und 15. Jahrhunderts, in Einzelfällen bereits früher, durch Verpfändung, Belehnung, Kauf und/oder Gewaltakte, auch die als Macht- ebenso wie als Einkommensquelle wichtige höhere Gerichtsbarkeit, die damit verbundene lokale herrschaftliche Polizei- und Verordnungsgewalt, häufig auch den kirchlichen Zehnten sowie Verfügungsmacht über die Bede und das lokale Kirchenpatronat. Dazu traten noch verschiedenartige landesherrliche Regalrechte, unter denen der Anspruch auf gewisse „öffentlich-rechtliche" Dienstleistungen unter veränderten Marktbedingungen besonders folgenreich wurde.

Die genossenschaftlichen Selbstverwaltungselemente verschwanden keineswegs völlig, insbesondere nicht im Bereiche der sogenannten freiwilligen Gerichtsbarkeit, die es vornehmlich mit bäuerlichen Liegenschaftsangelegenheiten zu tun hatte. Die genossenschaftliche Freiheit der Urteilsfindung wurde jedoch zunehmend überlagert und ausgehöhlt durch Verschmelzung mit den herrschaftlichen Elementen, die durch den allmählichen Übergang der landesherrlichen Gerichtsbarkeit und nutzbarer Prärogativen an die örtlichen Gewalthaber außerordentlich verstärkt wurden. Aus der genossenschaftlichen Ordnung des bäuerlichen Gemeindelebens wurde im Zuge der Zeit durch „Vereinigung von Grundherrschaft, Gerichtshoheit und Polizeigewalt in der gleichen Hand"[75] ein bestenfalls tolerierter Bestandteil der obrigkeitlichen Patrimonialgerichtsbarkeit und aus dem landsässigen adligen Grund- und Gerichtsherrn somit der autonome Besitzer einer Guts*herrschaft*, die je nach den Umständen und Personalverhältnissen in der Praxis patriarchalischen oder tyrannischen Charakter annahm.

Das war, in starker Verkürzung, der institutionalisierte Strukturwandel, wie er zu Beginn des 16. Jahrhunderts in Erscheinung trat. Die Gutsherrschaft war im Sozialgefüge fest verankert, während dementgegen die Gutswirtschaft noch in den ersten Anfängen steckte oder gar, soweit sie in rudimentären Formen überhaupt existiert hatte, während der langen Agrardepression des Spätmittelalters rückläufig geworden war. Im 16. Jahrhundert wuchs unter dem politischen Druck der herrenständischen Interessenvertretungen die landesfürstlich sanktionierte gutsherrliche Autorität etappenweise noch weiter an und wurde immer wieder erneut von dem Landeshoheitsträger bestätigt[76]. Zudem nahm diese Befehlsgewalt, durchschlagend erst in der zweiten Jahrhunderthälfte, funktionell neuartige qualitative Wesenszüge an, indem sie systematisch dem Ausbau des gutswirtschaftlichen Systems und der landwirtschaftlichen Produktionssteigerung untergeordnet wurde. Erst von jenem Zeitpunkt ab mag man, wenn man bei der Verwendung der Begriffe Gutsherrschaft und Gutswirtschaft das Schwergewicht grundsätzlich auf ökonomische Merkmale legen will, diese Begriffe für die Etikettierung des nunmehr vorliegenden Realphänomens wie Synonyme verwenden. In der dezidierten Formulierung von Knapp, der bezeichnenderweise von der Nationalökonomie herkam: „Die allein entscheidende Tatsache ist die, daß sich auf den herrschaftlichen Gütern neben den Bauernwirtschaften eine Gutswirtschaft befindet.“[77]

Die Entwicklung der Gutsherrschaft im Sinne der Union von Grund- und Gerichtsherrschaft in der gleichen Hand, wie sie sich in Brandenburg vollzog, hatte trotz gewisser regionaler Besonderheiten ihre Analogien im Ordensland Preußen, aber auch in den anderen nordostdeutschen Territorien sowie in Schlesien. Bereits in der Frühzeit der Kolonisationsepoche besaßen in den Grundkomplexen, die nicht unmittelbar der Ordensherrschaft unterstanden, die altpreußischen ebenso wie die neu angesiedelten, wenig zahlreichen deutschen rittermäßigen Grundherren von Anfang an die niedere, nicht selten auch wesentliche Bestandteile der hohen Gerichtsbarkeit über ihre Hintersassen, wobei in der Regel wie in Brandenburg die Verwaltung der niederen Rechtspflege den Schulzen überlassen wurde[78]. Jedoch kam es im 14. und frühen 15. Jahrhundert, im Gegensatz zur Kurmark in diesem Zeitabschnitt, nicht etwa zu kumulativer Steigerung dieser erblichen gutsherrlichen Besitz- und Nutzungsrechte. Das geschah erst und zwar ruckartig und tiefgreifend in der zweiten Hälfte des 15. Jahrhunderts. Diese Entwicklung war eine Begleiterscheinung des bereits früher gekennzeichneten radikalen Personalwechsels und der Eigentums- und Einflußverschiebungen innerhalb und zwischen den ländlichen Führungsschichten, der wachsenden Ohnmacht und großen Domänenverluste des Ordens sowie des steilen wirtschaftlichen und politischen Verfalls der Binnenstädte. Die eigentlichen Sieger in diesem internen Elitekonflikt waren die zugewanderten, zu preußischen Großgrundbesitzern aufsteigenden deutschen Adligen, die durch die mit legalen und illegalen Mitteln erzwungene Erwerbung landesherrlicher Jurisdiktions- und Verwaltungsrechte und Herrschaftsmonopole zu Patrimonialherren kleinerer oder größerer Gutsbezirke wurden und, ohne es zu ahnen, die historische Brücke für den Übergang zur Vorherrschaft des Rittergutsadels herstellten.

Die Verschmelzung von Grund- und Gerichtsherrschaft zum autoritären Strukturgebilde der Gutsherrschaft war ein Prozeß, der zu den Wesenszügen der langen Formierungsphase des Junkertums gehörte, ohne damit den Sättigungsgrad seines Entwicklungspotentials erreicht zu haben. Die Fortentwicklung dieser Herrschaftsform und ihrer funktionellen Rolle war überschattet von dem Übergang zu vergrößerten marktwirtschaftlichen Gutsbetrieben in eigener Regie, also von dem Aufstieg der Gutswirtschaft. Diese folgenschwere Wende – um es nochmals zu betonen – gelangte verhältnismäßig spät, erst im Verlaufe der Konsolidierungsphase der Junkerherrschaft im 16. Jahrhundert zur Entfaltung. Sie wurde jedoch in dieser inflatorischen und expansiven ökonomischen Trendperiode zum Hauptmotor der Umgestaltung des Agrarsystems, des sozialen Stratifikationswandels und der (im vorhergehenden Hauptabschnitt herausgehobenen) politischen Machtverlagerungen zwischen den rivalisierenden Elitegruppen. Die voll ausgebildete Gutsherrschaft unterschied sich daher von ihren Frühformen dadurch, daß die obrigkeitliche Autoritätssteigerung und ihr modus operandi in erster Linie von den Bedürfnissen und der Marktabhängigkeit des landwirtschaftlichen Eigenbetriebs bestimmt wurden.

Fortan stand daher die Handhabung öffentlicher Gewalt als Bestandteil privilegierten Privateigentums im Banne fortschreitender Ökonomisierung, wodurch das traditionelle gutsherrlich-bäuerliche Verhältnis grundlegend verändert wurde. Anders ausgedrückt: Mehr denn zuvor wurde obrigkeitliches örtliches Herrschertum zum Instrument von Erwerbswirtschaft, wurden eigenmächtige Kontrolle und Management des Gutsbetriebs zum Bewegungszentrum des gutsherrlichen Systems im Nordosten, und wurde der in einen Wirtschaftsunternehmer verwandelte Gutsbesitzer der faktisch autonome Gewalthaber von „Untertanen“, die in „den guten alten Zeiten“ der Geld- und Naturalrentengrundherrschaft meist noch „Nachbarn“ gewesen waren[79]. Die Symbiose von autokratischer Patrimonialherrschaft und kommerzialisierter feudaler Erwerbswirtschaft in der Form der Gutswirtschaft – *das* ist das Hauptkennzeichen der voll ausgebildeten ostelbischen Gutsherrschaft, der wichtigsten Machtbasis des Junkertums. Wenn hier von voll ausgebildeter Gutsherrschaft[80] gesprochen wird, so soll damit nicht etwa der historische Höhepunkt ihrer wandlungsreichen Entwicklung bezeichnet werden. Dieser Gipfelpunkt wurde erst im 18. Jahrhundert erreicht, und seine späten Ausläufer reichen bis in die Zeiten der Weimarer Republik hinein. Jedenfalls sind die „Reste der *administrativen* Gutsherrschaft durch die Auflösung der Rittergüter als selbständige Kommunal- und Ortspolizeibezirke“[81] erst 1927 liquidiert worden.

Herrschaftliche landwirtschaftliche Eigenbetriebe waren keine soziale Erfindung im nordosteuropäischen Agrarleben des 16. Jahrhunderts. Sie hatten eine bis in die Kolonialzeit zurückgehende Vorgeschichte, wenn auch keine denkwürdige und die wirtschaftliche Entwicklung vorantreibende. Die ritterlichen Grund- und Gerichtsherren, insbesondere die kleinen und das waren die meisten, konnten einigermaßen standesgemäß nicht bloß von den Grundzinsen und Abgaben ihrer wenigen Hintersassen leben, zumal, wenn dieselben persönlich freie Erbzinsbauern waren. Die Rittersitzinhaber besaßen gewöhnlich einen Gutshof, der den Umfang eines großbäuerlichen Betriebes hatte und den naturalwirtschaftlichen Eigenbedarf ihrer Familien und ihres Gesindes deckte. Falls Produktionsüberschüsse an Lebendvieh, Getreide, Holz, Wolle erzielt wurden, die bei günstigen Absatz- und Transportbedingungen für den

Marktverkauf verfügbar waren, wurden auch gelegentliche Handelsgeschäfte getätigt[82].

Namentlich in Preußen waren die adligen Gutsbesitzer, wenn auch vornehmlich Rentengrund- und Gerichtsherren, als Landwirte aktiv, da ihnen andere „Karriere"-Möglichkeiten versperrt waren. Die Ämter in der Landes- und Domänenverwaltung waren ein Monopol der Deutschritter. Die militärischen Reiterdienstverpflichtungen der Lehnsritter waren gering und überdies oft schon lange vor dem 15. Jahrhundert abgelöst worden. Die Landesherrschaft, solange sie finanzkräftig blieb und das war sie im 14. Jahrhundert, bevorzugte „ausländische" Soldritter nicht zuletzt deswegen, weil sie keinen unbequemen inländischen Konkurrenten großziehen wollte, was ihr jedoch nicht gelang, wie die „ständische Revolution" der 1450er Jahre offenbar machte. Bis dahin hatte der preußische Landadel, im Gegensatz zum brandenburgischen, mecklenburgischen und pommerschen, aber auch als Raubritter keine Chancen, da der Orden Fehden und Banditen nicht duldete. So blieb den landsässigen Grundherren, wenn sie weiterkommen wollten, bis zu der langen Wüstungsperiode – in Preußen setzte sie erst verspätet im frühen 15. Jahrhundert ein – neben ihrer meist spärlichen Rentenquelle nichts anderes übrig als die Bewirtschaftung des Eigenbetriebs. Sie wurde mit Hilfe von Gesinde und freien, als Zwergbauern angesiedelten Arbeitern, den sogenannten Gärtnern, betrieben. Seltener waren Herrschaftshöfe, denen unfreie, frondienstpflichtige altpreußische Arbeitskräfte zur Verfügung standen. So fehlte es, in historischer Sicht, keineswegs an Anknüpfungspunkten für die spätere Entwicklung zur Gutswirtschaft. Freilich konnte dieselbe infolge der politisch-militärischen Turbulenz, des rückläufigen Wirtschaftsganges und der wachsenden Leutenot im 15. Jahrhundert erst in der darauffolgenden Wiederaufbauperiode reale Bedeutung gewinnen.

Gesichertere Aussagen können nicht gemacht werden, da die Wirtschaftsgeschichte der frühen Gutshofbetriebe noch nicht geschrieben ist[83]. Das trifft auf Brandenburg noch mehr als auf Preußen zu. Immerhin lassen sich aus dem Zahlenverhältnis zwischen Ritter- und Bauernhufen in der Kurmark und Neumark gewisse Rückschlüsse ziehen. Implizit bezeugt die Besitzverteilung die Existenz von herrschaftlichen Landwirtschaftsbetrieben und somit die Tatsache, daß die Rittergutsbesitzer der Frühzeit Jahrhunderte vor dem Durchbruch der Gutswirtschaft nicht bloße Renten- und Abgabenempfänger waren. Hierzu einige Beispiele, die zugleich auf die regionalen Unterschiede Licht werfen.

In der Altmark belief sich der durchschnittliche Flächenraum des ritterlichen Eigenbesitzes im frühen 14. Jahrhundert nur auf $3^3/_4$ Hufen, in den ostelbischen Teilen Brandenburgs dagegen, und zwar in der Uckermark 1337 auf $6^1/_4$, in der Mittelmark 1375 auf $7^1/_2$ und in der Neumark bereits 1337 auf $8^1/_2$ Hufen[84]. In der Uckermarck stellte sich das Verhältnis zwischen dem bäuerlichen und dem Eigenbesitz der Ritter fast nur wie 5 : 1[85]. In der Neumark betrug 1319 das ritterliche Gutsareal ein Siebtel des besiedelten Grund und Bodens, die ritterlichen Grund- und Gerichtsherrschaften aber umfaßten schon etwa vier Siebtel[86]. Die letzteren waren Herrschaftskomplexe, nicht etwa ökonomische Betriebseinheiten.

Mit Ausnahme der Altmark war die Bewirtschaftung der Herrenhufen durch Verpachtung von Einzelstücken an bäuerliche Nachbarn selten. Die Regel war wie in Preußen die Nutzung als selbständige Wirtschaftseinheit in eigener Regie. Die dabei verwendeten Arbeitskräfte bestanden aus dem ständigen Gesinde und freien Lohnarbeitern, meist Kleinstellenbesitzern, Mitgliedern einer bäuerlichen Unterschicht (Kossäten), die bereits in der Kolonisationszeit anzutreffen war. Die Ausgangsform und Frühentwicklung unterschied sich von der späteren Gutswirtschaft nicht nur durch ihre verhältnismäßig geringe Größe und meist schwach entwickelte Beteiligung am Agrarproduktenhandel, sondern auch in ihrer Arbeitsverfassung; vor allem fehlte nahezu völlig die Fronarbeit.

Eine auf Produktionssteigerung ausgerichtete kontinuierliche Aufwärtsbewegung der herrschaftlichen Eigenbetriebe fand im Spätmittelalter nicht statt. Vielmehr setzte mit der großen internationalen Agrardepression und dem säkularen Bevölkerungsniedergang eine vorwiegend rückläufige Bewegung in der Landwirtschaft ein, die erst gegen Ende des 15. Jahrhunderts durch einen Wiederanstiegstrend abgelöst wurde. In dieser langen, gewalttätigen, sozial undisziplinierten Krisenzeit war der Rittergutsadel mit tiefgreifend veränderten ökonomischen Rahmen- und Existenzbedingungen konfrontiert und geriet tendenziell in materielle Bedrängnis. Wie hat er auf den Druck teilweise unkontrollierbarer Umstände reagiert?

Die in den nordostdeutschen Territorien sich abzeichnenden Entwicklungslinien waren eine regionalspezifische, wenn auch intern differenzierte Variante der überaus gegensatzreichen Reaktions- und Anpassungsweisen, die im damaligen Europa für die Grundherren im Kampf um Selbsterhaltung angesichts der gefahrenreichen Wirtschaftslage typisch wurden[87]. Keineswegs jedoch erwies sich diese Trendperiode für die Ausprägung des herrschaftlichen Kollektivcharakters der ostelbischen Rittergutsbesitzer nur als ungünstig. Im Gegenteil, denn den objektiven wirtschaftlichen Schwierigkeiten und subjektiven materiellen Verlusten, aber auch Gewinnen, namentlich unter den schloßgesessenen Räubern und Erpressern, standen bedeutende rechtliche und politische Statusverbesserungen gegenüber, die der Erhöhung der privilegierten Machtstellung des aggregaten Rittergutsbesitzertums bei zunehmender Dynamik und Komplexität in der Personalzusammensetzung zugute kamen. Wie bereits mehrfach in einem anderen Zusammenhang betont, im 14. und erst recht im 15. Jahrhundert gelang es den „Vasallen“ der Landesherrschaft, ihre lokale obrigkeitliche Herrschaftsstellung ebenso wie ihre ständisch-korporativ-politische auf der regionalen und der Landesebene weitgehend zu verstärken. Mit der adligen Gerichtsherrschaft und ihrem Zubehör sowie mit dem Einfluß der herrenständischen Interessenverbände ging es daher in dieser „time of troubles“ weiter bergauf, und das erwies sich als eine zentrale kausale Vorbedingung für die voll ausgebildete Gutswirtschaft des 16. und 17. Jahrhunderts. Mit der traditionellen Rentengrundherrschaft dagegen ging es im Zeitalter der Agrardepression bergab. Aber auch mit der oft dazu gehörenden herrschaftlichen Eigenwirtschaft, dem Vorläufer der Gutswirtschaft, stand es nicht zum besten. Das bedarf einer kurzen Erläuterung.

Zuerst in Brandenburg, sodann auch in Preußen, den beiden Agrarlandschaften, die für den vorliegenden Zweck als paradigmatisch gelten, schrumpften die Herreneinkommen, soweit sie mit legitimen Mitteln aus der Landwirtschaft gezogen wurden, mittelbar aus den zins- und abgabepflichtigen Bauern, unmittelbar aus den Erträgen der Gutshöfe. Das war eine Folgeerscheinung der zunehmenden Flur- und Dorfwüstungen, sinkenden Agrarpreise, steigenden Arbeitslöhne, des chronischen Leutemangels und Niedergangs des aggregaten in- und ausländischen Bedarfs an Bodenerzeugnissen. Hinsichtlich der Entwicklung der Adelshöfe stößt man auf eine gegensätzliche Tendenz. Individuelle Verschuldung und stückweise Besitzveräußerung durch Verpachtung, Verpfändung oder Verkauf führten zur Verkleinerung oder gar zu völliger Auflösung des Gutsbetriebs und zur Deklassierung des einstmaligen Eigentümers. Dem entgegen lief die vorherrschende und in der Folge unvergleichlich wichtigere Tendenz auf die Vergrößerung der Fläche der Herrenhöfe im Gefolge des Wüstungsprozesses hinaus. Sicherlich sind bei der Besitzverteilung von vakant gewordenem Land manche ortsansässige Bauern nicht leer ausgegangen und haben somit ihre Wirtschaft vergrößern können[88]. Es sind auch, wie das ebenfalls im England jener Zeit der Fall war, Landarbeiter und Kleinstellenbesitzer als Depressionsgewinnler damals mitunter zu Mittel- oder gar Vollbauern aufgestiegen. Der Löwenanteil an den Wüstungen ging jedoch an die Herren und wurde dem Gutsareal zugeschlagen. Die Rittergutsbesitzer als Gesamtgruppe wurden reicher an Land, ohne freilich den Verfall ihrer landwirtschaftlichen Einkommen aufhalten zu können, solange nicht neue bäuerliche Ansiedler oder zusätzliche Arbeitskräfte für die Eigenwirtschaft zu annehmbaren Bedingungen zur Verfügung standen. Das neu gewonnene Land brachte den Herren nichts oder nur wenig ein, denn tendenziell blieb es entweder ungenutzt oder wurde extensiv als Viehweide oder zur Einrichtung von Schäfereien verwandt. Schlüssige Zahlenbeweise fehlen, dürften auch schwer zu erbringen sein. Solange sie nicht vorliegen, wird man mit Hypothesen arbeiten müssen. Wahrscheinlich hat sich im Verlauf der Agrarkrise das Volumen der herrschaftlichen Viehproduktion etwas erhöht, das der Ackererzeugung dagegen erheblich vermindert. Bezeichnenderweise waren die östlichen Teile Preußens in der zweiten Hälfte des 15. Jahrhunderts auf Getreidelieferungen aus Polen angewiesen, trotz des steilen Bevölkerungs- und Nachfrageverfalls der Binnenstädte, von denen die meisten ihren Charakter als Marktzentren der umliegenden Landwirtschaftsgebiete verloren und zu armseligen Ackerstädtchen absanken.

Radikale Veränderungen in der Kontrolle und traditionellen Bewirtschaftung des herrschaftlichen Grundbesitzes erfolgten erst im 16. Jahrhundert, einer großen Umwertungszeit nicht nur in der religiös-kirchlichen Welt. Das zukunftsträchtige Hauptergebnis dieses Wandels war die Herausbildung des gutswirtschaftlichen Systems. Diese Umwälzung der agrarischen Ordnungen und Betriebsstrukturen erfolgte vornehmlich unter der Führung von Junkern, die, wie ihr Handeln bezeugte, Umstellungsbereitschaft mit tatkräftiger Eigeninitiative und Organisationsvermögen verbanden. Was in ihren Köpfen vorgegangen ist und wie sie zu neuartigen Wert- und Zielvorstellungen vorgedrungen sind, entzieht sich unserer Kenntnis. Aber offensichtlich hatten sie eingesehen, daß sich durch Bewahrung von Ruhe und Ordnung und Übergang zu rechtsnormierten Zuständen im Lande eine stabilere Existenzgrundlage und aussichtsreichere Zukunft für ihre Familien und Standesgruppe gewinnen ließen als mit dem adligen Rebellentum, wilden Fehdewesen und blutigen Gewaltakten, wie sie in Brandenburg, Mecklenburg, Pommern, aber auch Holstein (dort spielten Adlige die Rolle von Seepiraten) an der Tagesordnung gewesen waren[89]. Persönliche Leistungserfolge, die zweckgerechten Willensentscheidungen und produktionsfördernder Aktivität entsprangen, wurden richtungweisend für Nachahmer und führten zu einem Multiplikationseffekt, wodurch die personalistische Herrschaftsqualität sowie die Kollektivrolle des Rittergutsadels im Wirtschafts- und Sozialleben sich grundlegend veränderten. Denn im Laufe der Zeit wurde die Verwandlung in fortschrittliche, expandierende Wirtschaftsunternehmer mit stark ausgeprägten kaufmännischen Gewinninteressen ein gruppentypisches Kennzeichen der Mentalität und Lebensweise der ostelbischen Landaristokratie.

Typisch heißt natürlich nicht universal. Leider fehlen bisher über bloße Indizien hinausgehende präzise Detailangaben über die Wirtschaftsführung und Einkommensentwicklung der schloßgesessenen Junkerfamilien. Noch weniger ist über das betriebswirtschaftliche Verhalten des differenzierten, zahlenmäßig so viel größeren Kleinadels in dieser Zeit bekannt, dessen Mitglieder ebenso wie die führenden Geschlechter mit Handlungsalternativen konfrontiert waren. Namentlich unter den dazugehörenden, in primitiven Verhältnissen lebenden „Krautjunkern" dürfte es nicht an unwissenden und ungehobelten Existenzen gefehlt haben, die den Zug der Zeit nicht erkannten, am Altgewohnten festhielten, als Müßiggänger vegetierten und wahrscheinlich manchmal ihren Lebensinhalt im „Fressen und Saufen", Jagen, Huren und Haustyrannentum fanden.

In diesem Zusammenhang sei auf die quantitativen Größenverhältnisse des höheren und niederen Adels und die damit implizierten Besitzunterschiede verwiesen[90]. Im Jahre 1577 gab es in der Kurmark links der Oder im ganzen ca. 66 beschlossene Geschlechter, die, obwohl meist in mehrere Zweige aufgespalten, den Kern des Großgrundbesitzertums repräsentierten[91]. Ihnen standen gegen Jahrhundertende nicht ganz 1000 unbeschlossene Junker gegenüber. Diese bildeten die kleinadlige Masse der Ritterschaft. Wahrscheinlich war die Ungleichheit in den Besitzverhältnissen in Ostpreußen noch schärfer ausgeprägt als in Brandenburg. In Preußen bildete die Spitze der Eigentumspyramide die magnatenähnliche Großgrundbesitzerschicht, die im späten 15. Jahrhundert entstanden war, die Basis dagegen ein überaus dürftig ausgestatteter Kleinadel, der offenbar auch in der Hochkonjunkturperiode des 16. Jahrhunderts auf keinen grünen Zweig kam. Jedenfalls blieben nach der Kopfsteuertabelle von 1701 von insgesamt 1930 Rittergütern 19,6 % unter einem Umfang von rund 100 ha[92].

Der Aufbau des gutswirtschaftlichen Betriebs- und Herrschaftssystems, wie er sich in Brandenburg und Preußen im 16. Jahrhundert vollzog, hatte traditionsbildenden Modellcharakter. Gleichgeartete Tendenzen gelangten in demselben Zeitraum, teilweise sogar noch intensiver, auch in Holstein, Mecklenburg, Pommern sowie in den westlichen und mittleren Agrarlandschaften Polens zum Durchbruch. Eine Vielzahl von strukturellen Vorbedingungen und von wirtschaftlichen, demographischen, politischen, gesellschaftlichen und kulturellen Variablen mußte zusammenkommen und mit umweltadäquaten subjektiven Reaktionsweisen der ökonomischen Entscheidungsträger mehr oder weniger koalieren, um diesen Transformationsprozeß in Gang zu bringen und voranzutreiben. Das Ineinandergreifen dieser komplexen Kausal- und Funktionszusammenhänge kann in diesem Essay nicht ernsthaft analysiert, vielmehr bestenfalls nur am Rande berührt werden. In Weiterverfolgung der eingangs abgegrenzten spezifischen Problematik geht es hier lediglich um die Bestimmung und Einordnung der Grundzüge eines wichtigen Einzelaspekts, in dessen Mittelpunkt die Sinnfrage gerückt wird: Was hat der Entwicklungsumbruch im Agrarleben des ostelbischen Raumes für die Abrundung und Stabilisierung der Junkerherrschaft und die Ausprägung ihres Kollektivcharakters bedeutet? Was ist mit dem Ausbau der Gutsherrschaft zur Gutswirtschaft historisch erreicht bzw. angerichtet worden?

Die Reorganisation und Ausweitung des eigenen unmittelbaren Herrschaftsbereichs durch Übergang zur gutswirtschaftlichen Marktproduktion erfolgte unter langfristig wirkungskräftigen ökonomischen und wirtschaftsgeographischen Rahmenbedingungen, die ostelbischen Gutsherren und Großlandwirten außerordentlich vorteilhafte Absatzmöglichkeiten und verlockende Gewinnchancen eröffneten. Mittelbar erwuchs der entscheidende Anstoß aus dem im späten 15. Jahrhundert einsetzenden langwährenden Wachstumsprozeß der westeuropäischen Wirtschaft und Bevölkerung und der Revolutionierung der intra- und interkontinentalen Handelsbeziehungen. Unmittelbar aus der durch Fernhändler vermittelten starken Steigerung der westeuropäischen, im späteren 16. Jahrhundert auch der südeuropäischen Nachfrage nach den Agrarprodukten des Nordostens mit seiner überaus günstigen Verkehrslage – der Angrenzung an die Ostsee bzw. des leichten und verhältnismäßig billigen Transportzugangs zu den Ausfuhrhäfen dank des Reichtums der schiffbaren Wasserwege. Erst der Aufstiegstrend des ausländischen Bedarfs, verbunden mit der hochintensiven Preisinflation der Agrarprodukte, vor allem des Getreides in der zweiten Jahrhunderthälfte, schufen trotz stark markierter kurzfristiger Mengen- und Wertschwankungen eine langfristig florierende Konjunkturlage. Erst diese machte Bemühungen um gewinnbringende Nutzbarmachung der wirtschaftsgeographischen Vorgegebenheiten und des Produktionspotentials der bisher noch isolierten und während der langen Agrardepressions- und soziopolitischen Turbulenzperiode ins Hintertreffen geratenen Agrargebiete des Nordostens objektiv realisierungsreif.

An sich war der Ostseehandel mit Westeuropa kein neues Phänomen. Bereits in der Kolonisationszeit hatte die Ausfuhr von Agrarprodukten, insbesondere von Getreide, unter der Führung des Deutschritterordens[93] ein für damalige Verhältnisse eindrucksvolles Ausmaß erreicht, war jedoch seit dem späteren 14. Jahrhundert in Verfall geraten und unbedeutend geworden. Um so extremer erscheint im Vergleich damit der Wiederanstieg im 16. Jahrhundert. Das Neue daran war vor allem die Revolutionierung der Größenverhältnisse. Laut Aussage des Sundzollregisters passierten im Jahre 1597 6673 Schiffe (Durchschnittstonnengehalt 120–150) den Sund, hundert Jahre früher dagegen nur 795[94]. Den stärksten Aufschwung nahm die Getreideverschiffung, in zweiter Linie die Ausfuhr von Holz, Flachs, Wolle, Pottasche und Teer. Der höchste Durchschnitt des Exportvolumens wurde im letzten Jahrzehnt des Jahrhunderts erreicht, als Danzig allein jährlich ca. 100000 Tonnen Getreide ausführte[95].

Im Verlaufe der Preisrevolution prägte sich der säkulare Aufwärtstrend des allgemeinen Preisniveaus im Nordosten ebenso wie im Westen Europas erst in der zweiten Jahrhunderthälfte besonders scharf aus[96]. Wichtiger jedoch als die langfristige Erhöhung der Preise insgesamt waren die Verschiebungen in den Preisrelationen – die überaus differenzierten Prozentsteigerungen der Waren- und Dienstleistungspreise, die auf das reale Einkommen und materielle Lebensschicksal, das Vorwärtskommen und Zurückbleiben der mit der Marktwirtschaft verflochtenen Sozialgruppen mehr oder weniger tief einwirkten. Nicht nur im Nordosten stand der stürmische Anstieg der Kaufkraft des Getreides an der Spitze der inflationären Bewegung der Warenpreise. Repräsentativ für Ostelbien waren in dieser Beziehung die in Silberwerte umgerechneten Danziger Jahresdurchschnittspreise. Während der zweiten Jahrhunderthälfte stiegen die Roggenpreise um 247 %, die der Gerste um 187 %, die des Hafers um 185 %. Auch Brennholz stieg wie der Roggen um 247 %. Demgegenüber sank die Kaufkraft der Reallöhne der ungelernten Arbeiter stark ab, da die Nominallöhne nur um 86 % erhöht wurden[97].

Daß die neu sich eröffnenden Absatz- und Gewinnchancen durch Wiederaufnahme des Landesausbaus, durch Rekultivierung von Wüstungen und Neulandgewinnung mittels Rodung und Entsumpfung in bemerkenswertem Maße auch tatsächlich ausgenutzt und die nordöstlichen Agrargebiete unter der Führung von Danzig und Amsterdam mit dem europäischen Handelsnetz eng verbunden wurden, war in erster Linie die organisatorische Leistung hochprivilegierter Gutsbesitzer und ihrer Verwalter. Freilich sollte nicht vergessen werden, daß den Neuerern versierte ausländische Kaufleute als Antreiber, Lockvögel und Lehrmeister aktiven wirtschaftlichen Erfolgsstrebens hilfreich zur Seite standen. In Anbetracht des bisher nicht gerade weitgespannten ökonomischen Erfahrungshorizonts des Rittergutsadels reflektierte die allmählich häufigere Übernahme schöpferischer Unternehmerfunktionen ein eindrucksvolles Lern- und Anpassungsvermögen.

Dieser Rollenwechsel gewann spezifisch „östliches" Gepräge erst dadurch, daß sich der Übergang zu innovativen wirtschaftlichen Verhaltensmustern mit repressiver Verhärtung der sozialen Kontrollmechanismen mittels ebenso beharrlich wie umsichtig betriebenen Einsatzes der gesamten zur Verfügung stehenden Herrschaftsinstrumente verband. Jedenfalls haben es die Junker des 16. Jahrhunderts gegenüber den Landesfürsten und den anderen ständischen Statusgruppen an Anstrengungen nicht fehlen lassen, ihr lokales Herrschaftsmonopol und ihre kollektive politische Vormachtstellung in den intraterritorialen Auseinandersetzungen über die Einkommens- und Vermögensverteilung sowie über die Steuerbelastung erfolgreich zur Geltung zu bringen. Noch stärker als zuvor konzentrierte sich nunmehr ihre politische Tätigkeit auf den Landtagen und in den herrenständischen Ausschüssen auf die hartnäckige Wahrnehmung ihrer sozioökonomischen Eigeninteressen und die institutionelle Befestigung des gutsherrschaftlichen Systems. Auch in den Ständeakten tritt die Priorität materialistischen Denkens und überaus handfester Zielsetzungen mit ungeschminkter Offenheit zutage.

Nach dem Abklingen der spätmittelalterlichen Agrarkrise wurden der Aufbau der Gutswirtschaft und die Herausbildung des Zwangsarbeitersystems die „Lokomotive" strukturellen Wandels im ostelbischen Agrarleben. Unter den binnenwirtschaftlichen und ständerechtlichen Vorbedingungen für diese Entwicklung gewann die den Herren zugefallene Fülle an ungenutztem Land zentrale Bedeutung. Sie war, wie wir sahen, eine Folgeerscheinung des großen Wüstungsprozesses und der schweren Bevölkerungsverluste, die nach dem späten 15. Jahrhundert im ostelbischen Raum und hier vor allem in Ostpreußen viel langsamer und zögernder als in Altdeutschland aufgeholt wurden, zumal bis zur Spätzeit des Großen Kurfürsten Einwanderer aus dem Westen so gut wie ganz ausblieben.

Symptomatisch für die Anlaufphase der Gutswirtschaft wurde die Vergrößerung der auf eigene Rechnung produktiv genutzten Gutsfläche, insbesondere der Ackerflur, und die daraus erwachsende Steigerung der Erzeugung für den Markt. Die mitbeteiligten Gutsherren wurden funktionell zu Trägern landwirtschaftlichen Wachstums, indem sie bereits bestehende Herrenhöfe erweiterten oder zur Errichtung von Vorwerken, also neuen Gutshöfen, übergingen, wie das insbesondere die schloßgesessenen Geschlechter taten, um den jüngeren Söhnen ein Aktionsfeld zu schaffen und deren Lebenschancen zu verbessern.

Bis zur Mitte des 16. Jahrhunderts erfolgte die Vergrößerung des gutswirtschaftlichen Areals sowie die Vermehrung von herrschaftlichen Eigenbetrieben durch Nutzung wüster Feldfluren, aber auch bereits durch Rodungen. Damit verbunden war in der Regel die Förderung des Siedlungsausbaus und die Sicherung eines festen Arbeiterstammes durch Schaffung untertäniger kleinbäuerlicher Gärtner- und Kossäten-, gelegentlich sogar noch von Vollbauernstellen. Das berüchtigte „Bauernlegen" ist für die Zeit vor der zweiten Jahrhunderthälfte nichts als eine Legende. Fortan jedoch wurde das Aufkaufen oder Einziehen von Bauernhöfen durch die Gutsunternehmer, meist unter Einsatz von Druckmitteln, Drohungen und fadenscheinigen Vorwänden, ein gewichtiges Realphänomen, dessen Intensität freilich je nach den wechselvollen konjunkturellen, demographischen und politischen Umständen und der Persönlichkeit des Lokalherrn starken Schwankungen unterworfen blieb. Zweifellos hat sich bereits in der zweiten Jahrhunderthälfte, als die gutswirtschaftlichen Betriebe besonders florierten und die Großlandwirte erhebliche flüssige Vermögen anzusammeln, sich stattliche Herrenhäuser zu bauen und manche ihrer Söhne zur Horizonterweiterung auf die „Kavaliersreise" zu schicken vermochten, das quantitative Größenverhältnis zwischen Herren- und Bauernland recht nennenswert zugunsten der ersteren verschoben. In der Mittelmark wurden beispielsweise in dem halben Jahrhundert vor dem Ausbruch des Dreißighährigen Krieges etwa 5 % der Bauernhöfe und nahezu 2 % der Kossätenstellen aufgekauft, womit die von den Gutsbetrieben eingenommene Fläche sich verdoppelte[98]. In den neumärkischen Kreisen nördlich der Warthe sank die Zahl der bäuerlichen Hufen von 1540 bis 1588 sogar um 22,3 %[99]. Zahlenangaben dieser Art für diese Zeit sind sicherlich ungenau, lassen jedoch den Trend erkennen und lenken den Blick auf beträchtliche regionale Unterschiede, die, soweit technisch bedingt, weitgehend mit den Boden- und Verkehrsverhältnissen zusammenhängen dürften.

Mit dem geänderten Wirtschaftsverhalten der Junker war eine zusätzliche Steigerung der gutsherrlichen Autorität verbunden. Nicht nur verbreiterte und vertiefte sich die überkommene obrigkeitliche Befehlsgewalt noch weiter, die Ausnutzung der Verfügungsrechte nahm auch eine neue Stoßrichtung an, da sie unter den veränderten Marktverhältnissen nunmehr auch auf die wirtschaftliche Beherrschung der Hintersassen abzielte und die Kontrolle der zum unmittelbaren Herrschaftsbereich gehörenden Produktionsmittel dem Eigenbetrieb nutzbar zu machen suchte. Der mit der Entfaltung der Gutswirtschaft untrennbar verbundene Zuwachsbedarf an Betriebsmitteln und Arbeitskräften, dem ein unzulängliches Angebot an landlosen oder nahezu landlosen Arbeitsfreiwilligen gegenüberstand, hatte radikale Rückwirkungen auf die überlieferte Arbeitsverfassung. Die von den Lokalherren den Gutseinwohnern aufgezwungenen Neuerungen, die von den Landesfürsten gegen ständische Geldbewilligungen rechtlich sanktioniert wurden, gehörten, in heutiger Sicht, zu den „sozialen Kosten" der marktwirtschaftlichen Produktionssteigerung. In der Hauptsache kam dieser wirtschaftliche Fortschritt den westeuropäischen Völkern zugute, die ein sehr viel weiter vorgeschrittenes Niveau in der gesamtwirtschaftlichen und kulturellen Entwicklung erreicht hatten. Im ostelbischen Raum, der im System der internationalen Arbeitsteilung jetzt wichtig wurde und für den Westen funktionell den Charakter eines abhängigen kolonialen Lieferanten annahm[100], gewann die Umprägung des gutsherrlich-bäuerlichen Verhältnisses in mannigfacher Art und Weise Gestalt.

Hier soll nur auf die wichtigsten kurz verwiesen werden: die partielle Verwandlung gutsherrlicher Gerichtsuntertanen in gutswirtschaftliche Zwangsarbeiter, wobei die „spannfähigen" Bauernwirte außer Arbeitskraft und Arbeitszeit meist auch noch eigene Betriebsmittel wie Pflüge, Zugtiere und Wagen zur Verfügung zu stellen hatten, die kleinen Zinsbauern dagegen zu „Handdiensten" verpflichtet wurden; die Vernichtung der persönlichen Freizügigkeit durch Einführung der Schollengebundenheit und Erbuntertänigkeit; die Verschlechterung der bäuerlichen Besitz-, Veräußerungs- und Erbrechte; die Beschneidung der individuellen und korporativ-kommunalen Wirtschaftsfreiheit durch regulative Einmischung in die bäuerliche Betriebsführung und das Familienleben (Gesindezwangsdienst, Heiratserlaubnis, Blockierung von Aufstiegschancen) sowie durch Verkümmerung kollektiver Nutzungsrechte an den Allmenden, Wäldern und Gewässern. Dazu kam noch die Verengung des Zugangs zum Markt für bäuerliche Erzeuger und Verbraucher, indem der Gutsherr sich in einen mit Zwangsmethoden arbeitenden eigennützigen Zwischenhändler verwandelte.

Die Junker sicherten sich unter Einsatz der ihnen zur Verfügung stehenden Machtmittel für ihre Zwecke die benötigten Arbeitskräfte, und zwar so billig, wie es die Umstände erlaubten, zumal in ihren Kreisen, wie die Verhaltensweisen erkennen lassen, rationales Rentabilitätsdenken allmählich Wurzel schlug.

Natürlich fehlte es dabei nicht an rücksichtslosem und brutalem Vorgehen, denn allgemeine Menschen-, geschweige denn auf Chancengleichheit ausgerichtete Mitbestimmungsrechte für den „gemeinen Mann" gehörten nicht zu den strukturellen Wesenszügen der aristokratisch dominierten, die soziale, wirtschaftliche und politische Ungleichheit vergottenden Ständeordnung. Zudem waren vormoderne sozialethische Gerechtigkeitsmaximen und auf das Diesseits bezogene Erneuerungsideale, wie sie in altdeutschen Kulturländern damals von religiösen Fanatikern und ideologischen Exzentrikern aus dem Evangelium abgeleitet wurden, in Ostelbien nicht an der Tagesordnung. Jedoch haben bei den unentwegt giftigen Auseinandersetzungen über die ständische Steuerverteilung artikulationsfähige Vertreter des Stadtbürgertums es zumindest nicht an Wehklagen mit moralischen und religiösen Untertönen fehlen lassen, „daß man den armen Lazarus nicht zu hoch beschwere"; „das nichts billicheres dan das der vormogene gebe und der unvermogene vorschont werde"; „und nichts ungleicher, beschwerlicher (dan) da einer fur dem andern in solcher belegung solt vorschonet und nicht besonderlich die reichsten, gewaldigsten und furnempsten ausgeschlossen und allein uff armen geleget werden, welchs gegen Gott nicht leichtlich zu verantworten"[101].

Im Verlaufe des sozialen Entrechtungs- und Degradierungsprozesses, der in der Begriffssprache der marxistisch-leninistischen Geschichtswissenschaft üblicherweise als die Formierungsphase der „zweiten Leibeigenschaft" dramatisiert wird, wurde das Gros der ländlichen Bevölkerung mittels etappenweiser Freiheitsbeschränkungen in Hörige verwandelt, die der Gutsobrigkeit Gehorsam, Ehrfurcht und loyale Pflichterfüllung schuldeten und im Falle von „Mutwillen" oder „schlechter Wirtschaftsführung" mit Repressalien oder Besitzverlust zu rechnen hatten. Zwischen gutsherrlichen Privat- und landesherrlichen Amtsuntertanen bestand hinsichtlich der oben aufgeführten ständerechtlichen und wirtschaftlichen Kräfteverschiebungen kein nennenswerter Unterschied. Dies um so weniger, als ja, wie wir feststellten, die fürstlichen Domänen ebenso wie die säkularisierten geistlichen Güter faktisch von Mitgliedern des Rittergutsadels verwaltet wurden, die offen oder versteckt ungeniert in die eigene Tasche wirtschafteten, soweit sie nicht selber von ihren Betriebsmanagern und Agenten betrogen wurden. Als autoritäre, unternehmerisch aktive Landaristokratie hatte das Junkertum des 16. Jahrhunderts auch rein quantitativ die Entscheidungsgewalt in der Agrarwirtschaft in der Hand, zumal der Landbesitz der städtischen Oberschichten nahezu belanglos geworden war und daher ein soziales Gegengewicht nicht mehr zu bieten vermochte. In Brandenburg war zwar im 14. Jahrhundert das stadtsässige Lehnsbürgertum in seiner Eigenschaft als ländlicher Grund- und Rittergutsbesitzer erheblich erstarkt, konnte aber in der Folge sich nur selten halten. Bereits 1540 verhielt sich der ratsherrliche Landbesitz zum Adelsbesitz nur noch wie 1:43, während zu jenem Zeitpunkt, wenn auch in Anbetracht der realen Verfügungsgewalt nur nominell, der landesherrliche zum adligen Besitz sich noch wie 1:8 verhielt[102].

Bereits im 15. Jahrhundert, also vor der Zunahme der gutsherrlichen Eigenproduktion und der Schwergewichtsverlagerung im Verhältnis von gutswirtschaftlicher und bauernwirtschaftlicher Bodennutzung, waren Methoden der Arbeitskräftekontrolle eingeführt worden, die nach dem um die Jahrhundertwende einsetzenden säkularen Konjunkturumschwung für den Aufstieg der Gutswirtschaft wegweisend und in verschärften institutionalisierten Formen den expansiven Unternehmerinteressen der Junker angepaßt wurden. Die Abwandlung der herkömmlichen Leutenutzung erfolgte zunächst im Ordensland Preußen, und zwar dort unter der Führung der in schwere Bedrängnis geratenen Landesherrschaft, die dem landwirtschaftlichen Produktions- und herrschaftlichen Einkommensverfall und wachsendem Menschenmangel durch regulative Beschränkungen der Verfügungsfreiheit der ländlichen Bevölkerungsgruppen über ihre Arbeitskraft und deren Erlös zu begegnen versuchte. Zu diesen bescheidenen Anfängen ein paar Beispiele[103].

Seit 1417 verordnete der Orden verschiedentlich Maximaltarife für die Gesinde- und Landarbeiterlöhne, um die Produktionskosten zu senken und um das Abspenstigmachen und „Horten" von Arbeitskräften zu erschweren. Außerdem wurden die bisher urkundlich fixierten Zinszahlungen willkürlich erhöht und damit die gewohnheitsrechtlichen Bande durchbrochen. Dazu traten das Anziehen der Steuerschrauben und nach 1427 Maßnahmen zur Verhinderung der Bauernflucht und Beschränkungen der Freizügigkeit. Die der Landesherrschaft als solcher zu leistenden Frondienste wurden erheblich gesteigert, nicht nur für die hörigen Pruzzen, sondern auch für die deutschen Bauern und die Preußischen Freien, die bisher kaum oder überhaupt nicht von dieser „staatlichen" Belastung betroffen gewesen waren.

Auch in Brandenburg wurden seit dem späten 15. Jahrhundert die Zügel straffer angezogen und verstärkte sich der Druck von oben nach unten, wobei die Initiative nicht vom Landesfürsten, sondern vom Rittergutsadel ausging. Bereits auf dem Landtag von 1518 wurden für die einzelnen Landesteile Höchstsätze für die Entlohnung von Ackerknechten und Mägden festgesetzt, den Dorfbewohnern verboten, ihre Dienste zu vermieten, solange der Gutsherr sie benötigte, und den Erbzinsbauern und ihren Familien das Abzugsrecht entzogen, es sei denn, daß sie ihren Besitz mit vollem Inventar und anderem Wirt hinterließen[104].

Die progressive Steigerung der den Untertanen zugemuteten Wirtschaftshilfe beim Ausbau der Gutsbetriebe; die allmähliche Verwandlung von bäuerlichen Arbeitskräften in gutsherrliches Kapital und die daraus resultierenden Beschwerungen und Deklassierungserscheinungen der „kleinen Leute" gehören zu den agrarsozialen Grundtendenzen des 16. Jahrhunderts nicht nur in Ostelbien, sondern in Osteuropa überhaupt[105]. Der in Brandenburg und Preußen sich vollziehende Übergang zum unfreien gutswirtschaftlichen Arbeitssystem hatte exemplarische Bedeutung für den Entwicklungsumbruch in der Agrarverfassung der nordostdeutschen Landschaften. Die autokratischen obrigkeitlichen Lokalrechte und das politische Machtübergewicht des Rittergutsadels waren sozusagen ideale endogene Vorbedingungen für die Befestigung der ökonomischen Herrschaftsstellung. Das galt um so mehr, als die Landesfürsten den aggressiven Wirtschaftsunternehmern „Schutz und Schirm" gewährten und in diesen dünn besiedelten, verhältnismäßig großen Territorien die politische Ohnmacht und das fehlende Zusammenschlußvermögen der weit verstreuten, in verschiedenartige Statusgruppen aufgespaltenen dörflichen Bevölkerung offenbar wurde – das nahezu völlige Ausbleiben solidarischer Selbsthilfe und kollektiven aktiven Widerstandes der Beherrschten gegen Unterdrückung und Entrechtung von oben[106].

Im Hinblick auf bereits früher Gesagtes dürfte es für den vorliegenden Zweck genügen, die Aufmerksamkeit auf eine besonders folgenreiche Dimension des Aufstiegs der Großlandwirte zu konzentrieren, nämlich auf die landesrechtliche Legitimierung der Umwälzung der gutsherrlich-bäuerlichen Beziehungen. Diese Sanktionierung erfolgte durch organisierten Einsatz institutionalisierter politischer und finanzieller Druckmittel in der Form von Landtagsabschieden und einer Fülle von landesfürstlichen Verfügungen. Hierbei ging die Initiative von den „Oberständen" aus, die es verstanden, ihre politischen Vertretungskörperschaften als Vehikel sozioökonomischer Interessengruppenaktion wirksam zu mobilisieren. In der Regel jedoch wurde auf diese Weise lediglich bestätigt und rechtlich normiert, was entweder aufgrund von Eigeninitiative und individuellem Handeln auf der Lokalebene bereits mehr oder weniger Lebenswirklichkeit geworden war oder was in Vorwegnahme betriebswirtschaftlicher Ausbaumöglichkeiten und der hierzu erforderlichen Zwangsarbeiterbeschaffung – unter Beschneidung des Rechtswegs für die negativ davon Betroffenen – den Zukunftserwartungen und Forderungen der adligen Interessenvertreter entgegenkam. Schon 1540, als das „Bauernlegen" in Brandenburg noch in den allerersten Anfängen steckte, ließ sich der Adel von dem geldgierigen Kurfürsten Joachim II. das Recht bestätigen, zur Anlegung von Vorwerken Bauern auskaufen und allgemein „ungehorsame" bäuerliche Besitzer gegen Bezahlung entsetzen zu dürfen. Zudem wurden Gutsuntertanen, die „mutwillig" ihren Herrn verklagten, mit sechs Wochen Gefängnis bedroht[107]. Aber was ließ sich nicht alles unter der Rubrik „ungehorsam" und „mutwillig" rechtfertigen[108]!

Die Grundzüge der Entrechtungsregulative und des Wandels der dörflichen Sozialstruktur sind wohlbekannt. Es erübrigt sich, hier eine Liste der Rechtsstatusveränderungen und der zunehmend bauernfeindlichen Gesetzgebung aufzustellen, die den sozialen und ökonomischen Degradierungsprozeß der Gutsuntertanen im 16. und 17. Jahrhundert „von oben" formalisierten und intensivierten. Die schwer verschuldeten Landesfürsten, die als Großgrundbesitzer nichts anderes als „Superjunker" waren, standen in dieser Beziehung dem Rittergutsadel willig und hilfreich zur Seite, solange ihnen zum Entgelt die verlangte Finanzhilfe von den Ständen bewilligt wurde. Das sozialhistorisch besonders Bemerkenswerte und, in heutiger Perspektive, Provozierende an diesem allmählich chronischen politischen „Kuhhandel" war, daß die Leidtragenden die zwangsweise Entziehung ihrer herkömmlichen Freiheiten und Selbstbestimmungsbefugnisse auch noch mittels zusätzlicher Steuerbelastungen aus der eigenen Tasche mitfinanzieren mußten. Um jedoch ihre Untertanen nicht gar zu sehr zu schwächen und zu verbittern, vermochten es ihre Herren politisch durchzusetzen, daß die indirekte Bezahlung für die neu erworbenen gutsherrlichen Wirtschaftsprivilegien in erster Linie auf die städtische Bevölkerung abgewälzt wurde[109]. Hierbei handelte es sich gewissermaßen um einen „aristokratischen Lastenausgleich", wie er den damaligen soziopolitischen Kräfteverschiebungen und Wertvorstellungen der Herrschenden entsprach, die auf dem Rücken des „gemeinen Mannes" zu Wohlstand und erhöhtem Prestige aufstiegen. Und das hätte wohl noch intensiver, als es tatsächlich geschah, erfolgen können, wenn die Lebenspraxis, von Sonderfällen abgesehen, mit der grundsätzlichen Autoritätssteigerung und Prärogativenvermehrung der gutsherrlichen Landwirte Schritt gehalten hätte, wie es das Junkertum erst später, vor allem nach dem Siebenjährigen Kriege, im Bunde mit der Krone und der preußischen Bürokratie zuwege brachte.

Funktional waren Landtagsrezesse und landesfürstliche Mandate, die normierend in das interne Agrarleben eingriffen, schwerlich mehr als Richtlinien für die lokale Gruppeninteraktion. Die Ausführung der Rechtsbestimmungen blieb den örtlichen Gewalthabern überlassen, schon deswegen, weil keine anderen wirksamen Exekutivorgane vorhanden waren[110]. In der Praxis entscheidend war der herrschaftliche Lokalpartikularismus, und der hatte eine außerordentliche Variationsbreite. Nicht nur in bezug auf den sehr differenzierten Gebrauch, den die Gutsunternehmer tatsächlich von ihren Verfügungsrechten machten, sondern auch hinsichtlich der Anpassungspraktiken und Verhaltensweisen der Gutsuntertanen, auf deren Kooperation die Herren, um als Gutswirte weiterzukommen, um so mehr angewiesen waren, als das ganze 16. Jahrhundert hindurch die Klagen über Arbeitskräftemangel nicht verstummten.

Die Erzwingung von Unterwürfigkeit und Gehorsam ohne Widerrede; die schrittweise Erhöhung der Frondienste – noch im späten 16. Jahrhundert waren sie in Brandenburg, abgesehen von der Erntezeit, selten über 1–2 Tage in der Woche hinausgegangen – und anderer Verpflichtungen; die mannigfachen Freiheitsbeschränkungen der Gutsinsassen waren ein sehr langwieriger Prozeß, der von lokalen Auseinandersetzungen begleitet war, über die wir keine genaue Kenntnis besitzen. Reibungslos ist diese Umorientierung sicherlich nicht verlaufen. Außer der samländischen Aufstandsepisode von 1525 hat es auf überlokaler Basis eine spontane, geschweige denn eine organisierte bäuerliche Protestbewegung gewaltsamer oder gewaltloser Art in den nordostdeutschen Territorien über Jahrhunderte hinweg nicht mehr gegeben. Latenter Widerstand, ein stiller Kleinkrieg über Teilverpflichtungen, Dienstangelegenheiten und Disziplinierungsvorschriften scheint jedoch weitverbreitet gewesen zu sein[111]. Diese Opposition manifestierte sich in verschiedenartigen Formen: Nachlässigkeit in der Ausführung der Arbeit („Bummeln"); Nichtbefolgung von gutsherrlichen Anordnungen; Anstrengungen von Gerichtsprozessen; Ertrotzungen von kleinen Zugeständnissen, aber auch passive Resistenz durch Sabotageakte oder Flucht bei Nacht und Nebel – Alltagserscheinungen, denen die Gutsherren trotz aller Autoritätskonzentration ziemlich machtlos gegenüberstanden.

Nicht einmal die Befestigung der Gesindekontrolle ließ sich von heute auf morgen in die Tat umsetzen, wenn auch der Landadel die hierzu nötigen Rechtsbefugnisse sich frühzeitig gesichert hatte. Die Altmark war der einzige Landesteil Brandenburgs, wo vor dem Dreißigjährigen Kriege lediglich das Recht auf „Vormiete", jedoch noch nicht der Gesindezwangsdienst gesetzliche Norm geworden war. Es ist daher nicht verwunderlich, daß gerade hier noch 1608 die „notleidende" Ritterschaft dem Kurfürsten ihr Leidwesen vor Augen führte über „unsere Unterthanen denn großen Ubersatz des Lohns, Ungehorsamb, Unfleiß, Untrew unnd Muethwillen dess Gesindes, Dienstbotten unnd Tagelohner sonderlich dieser orther". Und wenn sie wegen ihrer „Vergehen" zur Rede gestellt würden, liefen sie, noch dazu angestachelt von ihren Eltern, „stracks davon, und werden ungeschawet vom andern wider angenohmmen, auch durch Vorheissung mehres Lohn offte zu Weglauffen vom andern verursachett unnd abgespenett"[112]. Auch der Wortlaut von Untertaneneiden in späterer Zeit, in denen sich in der Vergangenheit gemachte Erfahrungen widerspiegeln, deutet darauf hin, daß der autoritäre Gutsunternehmer eben doch nicht so absolut, wie er es erträumte, Herr im eigenen Hause war[113].

Trotz aller „Schönheitsfehler" erwies sich in der Praxis die Manipulierung schollengebundener, frondienstpflichtiger Untertanen auf lange Sicht als ein zweckgerechtes Mittel patrimonialobrigkeitlicher Herrschaftsintensivierung und standesgemäßer

Wirtschaftsführung, die mittels Expansion der betriebseigenen Marktproduktion und Sicherung niedriger Erzeugerkosten und möglichst hoher Verkaufspreise das nötige Einkommen für statusbewußte Verbesserung des materiellen und kulturellen Lebensstandards und Steigerung des Ansehens der Adelsfamilien zu garantieren suchte. Tendenziell war der Übergang zum landwirtschaftlichen Unternehmertum von zunehmend aggressiver kaufmännischer Betätigung und marktorientierter Nutzbarmachung industrieller Nebenbetriebsmöglichkeiten begleitet. Die Aktivität in Handel und Gewerbe unter eigenmächtiger Neutralisierung der altüberlieferten stadtbürgerlichen Wirtschaftsprivilegien führte zu einem bitteren Konkurrenzkampf mit den einheimischen Berufskaufleuten und städtischen Gewerbetreibenden. In dessen Gefolge wurden der Wirkungsbereich und die Erwerbschancen der ständischen Funktionsgruppen im Wirtschaftsleben zugunsten des Junkertums grundlegend verschoben. Zur bauernfeindlichen Wirtschafts- und Sozialpolitik des Gutsunternehmertums trat seit der Mitte des 16. Jahrhunderts noch eine scharf markierte städtefeindliche, deren ebenso zäher wie erfolgreicher Verfolgung das hochverschuldete und leicht erpreßbare Landesfürstentum mehr rhetorischen als realen Widerstand entgegenzusetzen vermochte.

Durch neuen Zielen zustrebenden, robusten Gebrauch der lokalen Entscheidungs- und Zwangsgewalt sowie dank ihres überlegenen ständisch-politischen Durchsetzungsvermögens in der kollektiven Verfolgung eigennütziger Interessenbelange unter Führung von Mitgliedern des höheren und reicheren Adels durchbrachen die „modernisierenden" Gutsherren die traditionelle, ständerechtlich abgegrenzte gesellschaftliche Arbeitsteilung. Sie drückten die vormals selbständigen Bauernwirtschaften zu Anhängseln des Gutsbetriebs herunter, unterminierten die kommerziell-gewerblichen Monopole der städtischen Kaufmannsgilden und Handwerkerzünfte und erschütterten somit die herkömmlichen Existenzgrundlagen des Stadtbürgertums. Das entscheidende Ergebnis dieser Neuerungen war die Erringung der Vorrangstellung im Marktgefüge der territorialen Verkehrswirtschaft: die Konversion des Anspruchs auf möglichst unbegrenzte Erwerbs-, Steuer-, Handels-, Gewerbe-, Zoll- und unternehmerische Ellenbogenfreiheit in adlige Standesvorrechte, die die Landesfürsten in ihren finanziellen Nöten mit meist leicht sabotierbaren Einschränkungen sanktionieren bzw. tolerieren mußten. Dieser Privilegienakkumulation standen die städtischen ökonomischen Führungskräfte und Obrigkeiten trotz unentwegter Anmeldung ihrer Gravamina und wortreicher Vertröstungen seitens der um Vermittlung bemühten fürstlichen Räte mit wachsender politischer Impotenz und Wohlstandszerrüttung gegenüber[114].

Es soll nunmehr bruchstückhaft veranschaulicht werden, wie die schöpferisch-zerstörerischen Handlungsträger des vornehmlich auf den Fernhandel, insbesondere auf den Export von Getreide, Holz und Wolle ausgerichteten adligen Unternehmertums in Zusammenarbeit mit fremdländischen, wirtschaftlich-geistige Schulung vermittelnden Großkaufleuten und deren Agenten die überkommene kommerzielle Organisation unterhöhlt und den Lebensnerv der binnenländischen Kaufmannschaft auf das schmerzhafteste berührt haben. Symptomatisch für das händlerische Vordringen der Gutsunternehmer war vor allem die allmähliche Verdrängung der einheimischen Berufskaufleute im Getreidezwischenhandel durch Übergang zum selbständigen Verkauf an landfremde Aufkäufer. Bereits im 15. Jahrhundert waren gelegentlich Kaufleute aus Hamburg und Stettin ins Innere von Brandenburg vorgedrungen und hatten unter Umgehung der eingesessenen Konkurrenten Geschäftsbeziehungen mit Rittergutsbesitzern angeknüpft, wie das in Ostpreußen auch lübecksche, holländische und englische Kaufleute taten[115]. Was in jener Zeit noch Ausnahme gewesen war, wurde im 16. Jahrhundert eine typische Handelsverbindung. Qualitativ war sie aber auch eine rationellere als die tradierte, da durch Niederreißen der internen ständerechtlichen Handelsschranken und den Wegfall der Zwischenhandelskosten die Junker-Produzenten, noch dazu bei steigender Nachfrage, höhere Absatzpreise erzielen konnten. Indem finanzkräftige ausländische Eindringlinge den Gutsherren die Abnahme ihrer Überschußerzeugung garantierten, häufig die Ernte schon vom Halm kauften und bei Termingeschäften Geldvorschüsse leisteten, gaben sie der Ausweitung der kommerziellen Agrarproduktion und der Kreditwirtschaft einen starken Anstoß[116]. Als herumreisende Außenvertreter benutzten sie mitunter an finanzieller Schwindsucht leidende, aber mit den örtlichen Verhältnissen vertraute eingesessene Händler oder „lose Leute", „verdorbene Handwerker und Lediggänger", wie sie in den Städten genannt wurden. Unter dem Ansporn der wendigen Fernhandelsorganisatoren wurde die ökonomische Durchdringung und Mobilisierung der Ressourcen des Binnenlandes im Dienste der internationalen Verkehrswirtschaft weiter vorangetrieben, langfristig aber auch mit der steigenden Wirtschaftsabhängigkeit des Nordostens vom Westen das Geschäftsrisiko des Gutsadels vergrößert.

Aber auch ihrerseits ließen es Landaristokraten keineswegs an kommerzieller Eigeninitiative fehlen. Sie verbesserten ihr Aktionsfeld durch Ausnutzung der marktpolizeilichen Gutsherrschaftsautorität unter Anwendung neuer Methoden: durch autokratische Kontrolle der zum eigenen Einflußbereich gehörenden Dörfmärkte und durch Zurückdrängung der Gutsuntertanen vom Landstadtmarkt. Nach ihrer Auffassung war das Vorkaufs- und Wiederverkaufsrecht ein unanfechtbares Herrenrecht, das in der Lebenswirklichkeit auf unbeschränkte Verfügungsfreiheit über den Absatz der *gesamt*gutsherrschaftlichen Überschußerzeugung hinauslief. Demgemäß kauften sie en détail zum Marktabsatz geeignete Produkte der Gutsbauern auf, um sie en gros mit Gewinn zu verkaufen. Diese Geschäftspraxis war eine verlockende Erwerbsquelle, für die bereits im 13. und 14. Jahrhundert der Deutschritterorden zum Leidwesen der städtischen Kaufleute das Muster geliefert hatte. Und im Bemühen, bessere Preise zu erzielen und die Transportkosten zu senken, verschifften manchmal größere Grundbesitzer auf dem Wasserwege über weite Entfernungen hinweg auf eigenen Flößen und auf eigenes Risiko Getreide, Holz und andere Produkte in die Seehäfen, um dort ihre Waren direkt an Großkaufleute abzusetzen[117].

Mit diesen Hinweisen wird lediglich auf das Optieren für erwerbswirtschaftlich orientierte Handlungsalternativen aufmerksam gemacht, für die sich Gutsherren entschieden, die tatsächlich zu Trägern fortschreitender Ertragssteigerung und Kommerzialisierung wurden. Aber das geschah mit sehr unterschiedlichem Erfolg, wie ja auch in den Zeiten des Dominierens raubritterlicher Verhaltensweisen die adligen Familienschicksale sich sehr verschiedenartig gestaltet hatten. So war es auch trotz grundlegend veränderter objektiver Rahmenbedingungen im 16. Jahrhundert. Es gehörte zur systemimmanenten Marktdynamik dieser an neuartigen Erfahrungen und sozialen Kräfteverschiebungen so bedeutsamen inflatorischen Trendperiode, daß der langfristige Auf- und Hochschwung sich nicht in ungebrochener Kontinuität und ohne Spannungen vollzog. Vielmehr war er von kurzfristigen Auf- und Abwärtsbewegungen der Angebot-, Nachfrage-, Kosten- und Preiselastizität begleitet, deren Intensitätsgrad von zahlreichen Variablen, vornehmlich jedoch von den höchst unterschiedlichen jährlichen Ernteerträgen in Ost und West bestimmt wurde.

Selbstverständlich haben nicht alle Gutsbesitzer auf die wechselvolle Marktlage konstruktiv reagiert. Bei manchen entsprach der Übergang zum Landwirtschaftsunternehmertum nicht den persönlichen Neigungen und Fähigkeiten, wohl aber die Rolle als kleinere oder größere Militärunternehmer (so z. B. die Reiterobersten Reinhold v. Krockow und Heinrich v. Staupitz) in fremden Ländern. Andere hielten an der altgewohnten Wirtschaftsführung fest und zahlten dafür mit dem absoluten oder relativen Niedergang ihrer Familien und führten als verbauernde kleine Krautjunker ein Schattendasein am unteren Rande der Adelsgesellschaft. Aber selbst wenn ein Streben nach Marktintegration vorlag, konnten objektive Umstände, insbesondere die Qualität der zur Verfügung stehenden naturgegebenen Ressourcen, für die Umsetzung des Wollens in Können außerordentlich erschwerend wirken. Auch wirkliche Großgrundbesitzer sahen sich gelegentlich derartigen Hindernissen gegenüber, die den Landesausbau finanziell sicherlich nicht als verlockend erscheinen ließen. So setzte sich beispielsweise der Latifundienbesitz der Familie Wedel in der Neumark noch um die Mitte des 16. Jahrhunderts in der Hauptsache aus Sumpfland und Heide zusammen, Böden, die ohne ebenso langwierige wie kostspielige Meliorationen nicht genutzt werden konnten.

Die hier pauschal identifizierten negativen Verhaltensmuster vis-à-vis der tendenziell so außergewöhnlich günstigen Landwirtschaftskonjunktur in Ostelbien waren Ausnahmeerscheinungen. Typisch und richtungweisend wurde in dieser Zeit das wuchtige Handeln des unternehmerisch aktiven großen und kleinen Gutsadels, „rücksichtslos um sich greifend, den Nahrungsspielraum, die Fortexistenz sich erkämpfend, ganz in die wirtschaftlichen Aufgaben des Tages versenkt. Unter den Händen des Junkertums gedeiht die Landwirtschaft, hebt sich der Ackerbau, steigen die Preise der Güter“[118] und vor allem auch, wie hinzuzufügen ist, die Herreneinkommen.

Der historische Tatbestand zeigt klipp und klar, daß in den ostdeutschen Territorien eine rational-erwerbswirtschaftliche Mentalität und Lebensform mit aristokratischer Standesmoral und Standessitte sehr wohl vereinbar waren. Ein geradezu revolutionärer Wesens- und Gesinnungswandel hatte sich in den Gutsbesitzerkreisen seit dem Ausklang der langen Agrardepression vollzogen. An die Stelle der ungezügelten adligen Kriegergesellschaft jener wirren Zeit war ein entschieden pazifistisch und antimilitaristisch eingestelltes Wirtschaftsjunkertum getreten, das weder von den nackten Formen des Raubens, Plünderns und Mordens im Innern noch von politischer oder gar gewaltsamer militärischer Kraftentfaltung nach außen hin etwas wissen wollte. Allerdings bedeutete die aus der Eingliederung der gutsherrlichen Kommandowirtschaft in die internationale Verkehrswirtschaft resultierende Herausbildung dieses spezifischen Adelsstils, daß die Rittergutsunternehmer trotz hochmütigen Herabsehens auf die andern Stände sich dazu herablassen mußten, die Zementierung und Kapitalisierung ihrer elitären sozialständischen Rang- und Machtstellung mit der unappetitlichen Rolle rücksichtsloser, unersättlicher wirtschaftspolitischer Interessenten zu verbinden – eine Kollektivrolle von staunenswerter historischer Konstanz, die bis zum Untergang der ostdeutschen Großgrundbesitzerklasse im Jahre 1945 als ein Phänomen der „longue durée" sich erwiesen hat.

Bezeichnenderweise beruhte die ostentative Adelskultur, wie sie von den führenden Geschlechtern in der zweiten Jahrhunderthälfte ausgebildet wurde, auf erfolggekrönter Geschäftstätigkeit in untrennbarer Verkettung mit unermüdlichem politischen Lobbyismus. Es war die Zeit des Übergangs zum Luxuskonsum, die Zeit, in der stattliche Herrenhäuser und Schlösser errichtet, mit kostbarem Inventar ausgestattet wurden und die Söhne des höheren und reicheren Gutsadels ihren Erfahrungs-, Vergnügungs- und Bildungshorizont auf langwährenden Kavaliersreisen in west- und südeuropäischen Kulturländern erweiterten. Die eindrucksvolle Zunahme der Finanzkraft der größeren Gutsunternehmer, in grellem Gegensatz zu dem Vermögensverfall der städtischen Oberschichten oder gar dem Geschäftsbankerott mancher ihrer Spitzenvertreter, manifestierte sich auch in der raschen Ansammlung von bedeutenden Barvermögen und in kreditschöpferischer Aktivitätssteigerung auf dem Geld- und Kapitalmarkt.

Zur Verschärfung der Preisinflation in der zweiten Hälfte des 16. Jahrhunderts trat die Intensivierung der Kreditinflation. Sie zog eine Vielzahl von ostelbischen Gutsherren in ihren Sog und ließ sie zu einer Führungsrolle in der Entfaltung der Kreditwirtschaft vor der durch den Dreißigjährigen Krieg ausgelösten großen Deflation und schweren Kapitalverluste aufsteigen. Vorherrschend wurde ein Gewirr von oft weitverzweigten kurz- und langfristigen Geldgeschäften, von Forderungen und Gegenforderungen, Gewinnen und Verlusten, nicht nur untereinander, sondern namentlich auch in enger, oft langjähriger Verbindung mit weithin bekannten Handels- und Finanzhäusern, deren stark steigender Kreditbedarf zunehmend von Mitgliedern des Gutsadels gedeckt wurde[119]. Mehr und mehr verlagerte sich in den nordostdeutschen Territorien das Schwergewicht auf dem Geld- und Kapitalmarkt von den meist an Vermögensschwund leidenden und in Zahlungsschwierigkeiten geratenen städtischen Geschlechtern auf reich gewordene, geldflüssige Gutsunternehmer. Nach wie vor traten zwar Landadlige als Schuldner (unbezahlte Lieferantenrechnungen, Landkäufe, Bürgschaften für Standesgenossen oder bürgerliche Geschäftsfreunde, Spielschulden usw.) in Erscheinung. Historisch viel signifikanter dagegen wurde in dieser finanziellen Blütezeit der ostelbischen Gutswirtschaft das starke Hervortreten der adligen Kreditoren, die sehr stattliche Summen investierten, vornehmlich als Darlehensgeber ihrer Landesfürsten, als Depositengläubiger prominenter Großkaufleute und Finanzmänner sowie als Investoren in den ständischen Kredit-, den Ritterschafts- und Städtekassen, deren festverzinsliche Verbindlichkeiten aus den Steuerzahlungen der ländlichen und städtischen Untertanen gedeckt wurden[120].

Besonders wendige, scharf kalkulierende, Eigeninitiative entfaltende Gutsunternehmer wie der in den Finanzgeschäften jener Zeit eine hervorstechende Rolle spielende märkische Junker Heine v. Brösicke und seine adligen Mitläufer machten die Kreditgewährung an „große Hansen" ihren händlerischen Eigeninteressen als Großlandwirte unmittelbar dienstbar. Sie erzwangen von ihren Schuldnern den gefahrenreichen Einstieg in den Getreidefernhandel. So stellten sie beispielsweise dem vielseitigen Berliner Großspekulanten Joachim Grieben sowie dem führenden Handels- und Bankhaus im gesamten Ostseeraum, der mit dem Landadel eng verfilzten Familienfirma der Loitz – sie hatte ihren Hauptsitz in Stettin –, mehr oder weniger beträchtliche Gelddarlehen zur Verfügung, wobei sie jedoch eine Absatzgarantie für den Fernexport ihrer Agrarprodukte bei hohen Abnahmepreisen zur Bedingung machten. Zusätzlich sicherten sich die Kreditgeber aber auch noch ansehnliche Zinssätze, die in wucherischen Ausnahmefällen bis zu 20 % gesteigert wurden[121]. Geschäftspraktiken dieser Art trugen zu dem finanziellen Zusammenbruch der Schuldner (Grieben 1568, die Loitz 1572) wesentlich bei. Jedoch waren es die Hauptschuldner dieser finanzkapitalistischen Hasardeure, nämlich Landesfürsten – ein Beispiel: Herzog Albrecht von Preußen schuldete den Loitz im Jahre 1566 nicht weniger als 198 000 Taler –, die, weil sie ihren Zahlungsverpflichtungen nicht nachkommen konnten oder wollten, den entscheidenden Anstoß zum Niedergang oder Konkurs ihrer nichtadligen Geldgeber lieferten, wie das ja auch seit der großen internationalen Kreditkrise von 1557–1559 in West- und Südeuropa eine weitverbreitete Erscheinung geworden war[122].

Die Emanzipation der Gutsherren von der Bevormundung durch die einheimischen Kaufleute, wie sie sich im Laufe des 16. Jahrhunderts im intraterritorialen und internationalen landwirtschaftlichen Warenhandel vollzog, wurde ergänzt durch die Ausdehnung der unternehmerischen Aktivität der Landjunker auf lokalmarktumbildende gewerbliche Produktion zum Schaden der um ihre Selbsterhaltung kämpfenden Städte, denen der geschäftliche Lebensraum beschnitten wurde[123]. Die Anfänge kommerzialisierter Rustikalisierung der Kleinindustrie unter aggressiver Durchbrechung der traditionellen stadtwirtschaftlichen Gewerbe- und Vertriebsmonopole gehören zu den Wesenszügen der sozioökonomischen Kräfteverschiebungen in dieser dem Junkertum so holden Zeit.

Durch Errichtung von gewinnbringenden ländlichen Gewerbe- und Handelsbetrieben (Brauereien, Krüge, Mühlen, Sägereien), die auf eigene Rechnung oder durch Verpachtung genutzt wurden, sowie durch Förderung des Landhandwerkertums nahmen die ökonomischen, standesrechtlichen und wirtschaftspolitischen Interessengegensätze zwischen Junkern und Stadtbürgern eine bis dahin unerhörte Schroffheit an. Insbesondere die einträgliche Bierbrauerei auf den Gutshöfen war den negativ davon betroffenen städtischen Interessengruppen ein Dorn im Auge, zumal die adligen Konkurrenten die Konsumfreiheit ihrer Untertanen beschränkten und dieselben zwangen, das Bier, das bei Hochzeiten, Kindtaufen, Begräbnissen, Kirchmessen und in den Dorfschenken getrunken wurde, von der „Herrschaft" zu kaufen. Unermüdliche Anstrengungen der Stadtobrigkeiten, mit Hilfe von zweckgerechten Landesordnungen und fürstlichen Mandaten die Ausübung von Handel und Gewerbe unter

Ausschaltung der stadtbürgerlichen Berufs- und Marktprivilegien zu unterbinden und derartige Verbote, soweit sie angesichts der den Städten abträglichen landesherrlichen Politik überhaupt noch auf dem Papier zustandekamen, in der Praxis auch durchzusetzen, stießen auf die erfolgreiche Abwehr der Gutsunternehmer. Jedenfalls ging das Junkertum, gestützt auf seine überlegene kollektive politische Stoßkraft als organisierte pressure-group, durch die faktische Erringung nahezu unbeschränkter ökonomischer Bewegungs- und Ausbeutungsfreiheit aus dem konfliktreichen Wettbewerb um die marktwirtschaftliche Vormachtstellung und Neuverteilung des Sozialprodukts innerhalb der Landesgrenzen als Sieger hervor. Denn es gelang dem Gutsadel, den defensiven städtischen Widerstandskampf gegen den Steuerverteilungsmodus und gegen „unlautere Adelskonkurrenz" allmählich auf Scharmützel, Rückzugsgefechte und wortreiche, meist wirkungslose Protestanmeldungen einzugrenzen[124]. Die gruppentypisch gewordene Verwandlung der ostelbischen Rittergutsbesitzer in aktive, hochprivilegierte herrschaftliche Wirtschaftsmenschen beschleunigte den Verfall von Gewerbe und Handel in den Landstädten, der im 15. Jahrhundert eingesetzt hatte und in der Folgezeit auf die meisten Seestädte übergriff, zumindest tendenziell in der Form einer Schrumpfung der Umsätze und Realeinkommen, einer überaus intensiven Steigerung der Verschuldung und der Steuerlasten und Verschärfung der stadtinternen sozialen Spannungen und Auseinandersetzungen.

Die hier summarisch gekennzeichnete Frühphase der Umformung in wohlprotektionierte erwerbswirtschaftliche Produzenten und Händler, die sehr viele Freiheiten zum Sonderbesitz von sehr wenigen machten und im Laufe der Zeit Luthers Obrigkeits-, Gehorsams- und Widerstandslehre, so wie sie dieselbe verstanden und von ihren abhängigen Dorfpastören predigen ließen, einen Ehrenplatz in ihrer Glaubens- und Lebenswelt einräumten, bezeichnet den Gipfelpunkt in der Ausprägung der Junkerherrschaft vor dem Durchbruch der monarchisch-bürokratischen Staatsbildung, das heißt, vor der Entwicklung eines neuartigen Herrschaftselitenpluralismus, dessen modus operandi durch tiefgreifende soziopolitische Verschiebungen in der Entscheidungsgewalt und durch systemverändernde Interaktionsweisen bestimmt wurden[125].

Erst in der zweiten Hälfte des 16. Jahrhunderts, die den Junker-Unternehmern, im Gegensatz zu dem weitverbreiteten Wohlstandsverfall der Rentengrundherren im europäischen Westen, ein goldenes, wenn auch keineswegs ein risikoloses Zeitalter der Prosperität bescherte, entwickelte sich die Landaristokratie in den ostelbischen Territorien in die maßgebende *wirtschaftliche* Führungs- und Machtelite im Lande. Der Adel, dem die Zurückdrängung der Landesherren, des gutsbesitzenden Lehnsbürgertums und der städtischen Geschlechter sowie das energische Niederhalten des „gemeinen Mannes" auf dem platten Lande geglückt war, nahm jetzt die entscheidende Stellung in der Landeskultur und im Binnenhandel ein. Mit diesem Positionswandel, der zu den formativen Wesenszügen des als Junkertum bezeichneten aristokratischen Sozialtypus gehört, hatte der lange fluktuierende Konvergenzprozeß von politischer Vormacht-, gesellschaftlicher Vorrang- und ökonomischer Hegemoniestellung im territorialen Gesamtleben seinen Schnittpunkt erreicht. Aber um es abschließend nochmals mit Nachdruck zu betonen: Den Preis für diesen ungewöhnlichen historischen Karriereerfolg zahlte das Gros der einheimischen Bevölkerung mit der rechtlichen und sozialen Degradierung, politischen Entmannung, moralischen Rückgratverkrümmung und Vernichtung der Selbstbestimmungschancen der Gutsuntertanen sowie mit der politischen Entmachtung und wirtschaftlichen Verkümmerung der landstädtischen Gemeinwesen und der Errichtung einer tiefen ständischen Kluft zwischen Stadt und Land, wie sie die vorangehenden Jahrhunderte noch nicht gekannt hatten.

Diese Auswirkungen waren mehr als kurzlebige Begleiterscheinungen der hier behandelten Frühphase des Übergangs zu landwirtschaftlichen Großbetrieben, die die Gutswirtschaft zum Schwerpunkt des Gutsherrschaftsverbandes und seiner weitverzweigten Ausstrahlungen machte. Denn trotz der in der Folge sich vollziehenden Initiative-, Personal- und Kräfteverschiebungen sowohl zwischen den als auch innerhalb der differenzierten alt- und neuetablierten Herrschaftseliten wurde mit dem Aufstieg des herrschaftsrechtlichen aristokratischen Erwerbsunternehmertums die strukturelle Dichotonomie zwischen dem west- und ostdeutschen Sozial- und Autoritätengefüge auf Jahrhunderte hinaus irreversibel.

3. Die Pseudodemokratisierung der Rittergutsbesitzerklasse

Über ein halbes Jahrtausend hindurch ist die zwar nicht physisch, aber als Klasse 1945 vernichtete ostdeutsche Rittergutsbesitzerschicht – das Landjunkertum[1] – das Rückgrat aristokratisch-autoritärer Herrschergruppen „ostelbischen" Gepräges gewesen.

Der Aufstieg zu oligarchischer Herrschaft geht zurück auf die Begründung lokaler Gutsherrschafts-Autokratien, den Ausbau und die Kommerzialisierung der am Fernexport orientierten Gutswirtschaften, den Niedergang städtischer Wirtschaft und bürgerlicher Unabhängigkeit, die Entrechtung und Verarmung des Bauerntums und die Eroberung der politischen Macht des territorialen Ständestaats durch die Bodenaristokratie im Zeitalter der säkularen Agrarkrise des 15. und der Expansion der landwirtschaftlichen Großproduktion Ostdeutschlands während der Preisrevolution des 16. Jahrhunderts[2]. Es ist ein ebenso eindrucksvoller wie merkwürdiger Tatbestand, daß die historischen Erben des Gutsherrenadels bis 1918, also auch noch in der Epoche des modernen Industrialismus, eine rechtlich und politisch privilegierte *Herren*stellung behauptet haben.

Verglichen mit der „westlichen" Entwicklung gehört es zu den Besonderheiten der neueren deutschen Geschichte, daß die „Großagrarier", längst nachdem sie in die politische Defensive gedrängt waren und die wirtschaftliche Vormachtstellung der Schwerindustrie und dem Finanzkapital hatten überlassen müssen, dennoch auf autoritärer, wenn auch demokratisch verkleideter Basis im sozialen und politischen Leben der Nation eine ungewöhnlich einflußreiche Rolle bis zum Zusammenbruch der konservativen Monarchie haben spielen können. Denn auch im Zweiten Reich, nach der Eroberung Deutschlands durch Preußen, blieben die traditionellen Herrschergruppen des Hohenzollernstaates, die Großgrundbesitzerklasse, das Offizierskorps und die höhere Zivilbürokratie, die Spitzen der Gesellschaft und die eigentlichen politischen Machthaber.

Mit der Alleinherrschaft war es freilich längst zu Ende. Bereits unter dem Absolutismus hatte das Junkertum sich aufgespalten in einen sich ständig erneuernden Guts-, Offiziers-, Beamtenadel und eine Reservearmee von adligen Déclassés. Der soziale Hexenkessel des 19. Jahrhunderts sorgte erst recht dafür, daß Einfluß, Macht, Reichtum und Ansehen nicht auf Herkunft und ererbten Besitz, geschweige denn auf privilegierte Talentlosigkeit beschränkt blieben, sondern mit allen möglichen Homines novi geteilt wurden: „frischem Beamtenadel, geadelten oder ungeadelten Plutokraten, getauften oder ungetauften Kleiderjuden, ja, bisweilen selbst mit gekämmten oder ungekämmten Gelehrten."[3] Geburtsaristokratie, Rangaristokratie, Geldaristokratie und Geistesaristokratie zusammen bildeten nunmehr die herrschende Klasse, die Elite der Nation, d. h. die Inhaber der Führungsstellungen in Gesellschaft, Staat, Wirtschaft und Kultur.

Noch im selbstverschuldeten Untergang haben die alten Herrschergruppen eine bedeutsame, wenn auch vorwiegend katastrophale Funktion ausgeübt: in der Weimarer Republik hauptsächlich als Mitdirektoren bei der Zerstörung der parlamentarischen Demokratie, der Restauration autoritärer und der Sanktionierung diktatorialer Staatsformen; im Dritten Reich als Nutznießer, Mitläufer, Werkzeuge, Düpierte, Verfolgte und heroische Widerstandskämpfer.

Offensichtlich hat sich im Gefolge dieser ungewöhnlichen Gruppenkarriere der soziale, wirtschaftliche und politische Klassencharakter des Rittergutsbesitzertums, von dem hier die Rede sein soll, sehr wesentlich verändert. Die „Ostelbier" reagierten auf die Nivellierungs-, Eingliederungs- und Demokratisierungstendenzen der letzten beiden Jahrhunderte keineswegs bloß mit Haß und Widerwillen. Die Auseinandersetzung mit den aufstrebenden Kräften der Gesellschaft bestand daher nicht nur in schroffer Ablehnung, strenger Abschließung und stiernackigem Festhalten an anachronistisch gewordenen Vorrechten und Prätentionen, sondern auch in Kompromißbereitschaft, Ausnutzung neu sich bietender Chancen und schneidiger Parforcejagd auf „moralische Eroberungen" in Konkurrenz mit den „schlappen" Liberalen. Wäre das Landjunkertum in der Epoche der „permanenten Revolution" lediglich reaktionär gewesen, wäre es nicht auch fortschrittlich und modern geworden, so hätte es sich unmöglich als eine privilegierte Herrenschicht bis in das 20. Jahrhundert halten können.

Das Wesen und die Grenzen der demokratisierenden Entwicklungskomponente der widerspruchsvollen Geschichte des agrarischen Junkertums mit ein paar Strichen anzudeuten, ist die Aufgabe dieser Studie. Selbstverständlich erschöpft sich die Problematik dieser nur teilweise geglückten Modernisierung nicht in *subjektiven* Reaktionen auf neue Situationen, die die traditionelle Standesposition bedrohten oder vernichteten und einen Wandel der Mentalität wie des individuellen und kollektiven Verhaltens erzwangen. Die psychische, ideelle und praktische Anpassung an egalisierende Strömungen wird erst verständlich, wenn man sie in Verbindung bringt mit dem *objektiven* Zersetzungs- und Erneuerungsprozeß, der in realen Veränderungen der Klassenfunktion, Klassenstruktur, Klassenattribute und Klassenlage seinen Ausdruck fand.

I.

In dem Ringen um die Selbstbehauptung im Niedergang stellt das Versagen des altpreußischen Systems im Jahre 1806 einen dramatisch zugespitzten Wendepunkt dar. Mit einem Schlage waren die längst in Bewegung geratene aristokratisch-autokratische Herrschaftsstruktur und damit die geburtsständische Klassenhierarchie sowie die Suprematie des Adels höchst problematisch geworden. In der nach vorwärts gewandten Sicht Hardenbergs: „Demokratische Grundsätze in einer monarchischen Regierung: dies scheint mir die angemessene Form für den gegenwärtigen Zeitgeist."[4]

Gemäß dem Glaubensbekenntnis eines mehr typischen Vertreters adliger Standesgesinnung und Klassenherrschaft jedoch: „Daß ein Mann vom Stande auch ein Mann von Extraktion sei, versteht sich endlich von selbst. Was heißt extrahieren? Herausziehen aus dem Haufen; und wer ist mehr extrahiert, als der von Geburt an über alle Menschen erhaben ist, einen Stand hat und Vorrechte genießt, die von andern entweder nur durch die größesten Anstrengungen, durch ausgezeichnete Protektionen oder gar nicht errungen werden können [...]. Weit entfernt also, an eine Änderung zu denken, müssen wir vielmehr alle unsre Kräfte aufbieten, alles in dem alten Zustande zu lassen. Nur Eins möchte ich bei dieser Gelegenheit erinnern. Da der Edelmann der geborene Herr der Bauern ist, und dieser nur das volle Gefühl der Untertänigkeit gegen den *adligen* Gutsbesitzer hat, den er billig als ein höheres und gleichsam übermenschliches Wesen verehrt, so wäre es zur Erhaltung der Ruhe und Ordnung im Staate dringend notwendig, daß alle Konzessionen und Incolate an Nichtadlige von nun an völlig aufhörten und alle bürgerlichen Gutsbesitzer gezwungen würden, ihre Güter an Edelleute zu verkaufen. Was hilft es diesen Leuten auch, sich Besitzer von Rittergütern zu nennen, da sie nie die vollen Rechte erhalten, nicht auf den Kreis- und Landtagen erscheinen, die Gerichte nicht nach ihrem Namen benennen und in der Kirche nicht für sich bitten lassen können! Ihnen bleibt immer noch übrig, bei den Edelleuten in Dienste zu gehen, ein Weg, der diesen doch unbedingt verschlossen ist."[5]

Ein Jahrhundert später betonte Friedrich Naumann mit einiger Genugtuung die Wandlung, die sich seit dem 18. Jahrhundert vollzogen hatte: „Die alte Herrenschicht von 24000 Köpfen ist in Verteidigungszustand geraten und benutzt nun alle möglichen Mittel, um sich in einem demokratisch werdenden Zeitalter über Wasser zu halten. In dem Bestreben, sich Hilfskräfte heranzuziehen, wird sie bauernfreundlich und handwerkerfreundlich, ja, zuzeiten sogar arbeiterfreundlich. Aus demselben Grunde macht sie Bündnisse mit dem industriellen Kapitalismus und mit dem Zentrum [...]. Eine agitierende Aristokratie! Schon dieses ist ein Erfolg der demokratischen Gesamtströmung."[6]

Der Niedergang der Exklusivität des Landjunkertums, seine Auflösung als kastenmäßig abgeschlossener adliger Erbstand, seine Verwandlung in eine offene Berufs-, Besitz- und Erwerbsklasse, in die „Krethi und Plethi" sich einkaufen konnten, begann mit dem Zusammenbruch des Adelsmonopols auf den privaten Großgrundbesitz. Vor der Reformgesetzgebung waren landbesitzendes Junkertum, Grundadel, Bodenaristokratie und privilegiertes Rittergutsbesitzertum im Prinzip identisch gewesen. In der Praxis jedoch war diese Gleichsetzung bereits im Verlaufe des 18. Jahrhunderts in Frage gestellt worden.

Schon in der vorindustriellen ständischen Gesellschaft des Ancien régime hat das Landjunkertum die ihm zugewiesene Aufgabe, den Mitgliedern des Adels eine standesgemäße Existenzbasis zu bieten, nicht mehr erfüllen können. Trotz des adligen Bodenprivilegs, staatlicher Subventionen und Liebesgaben, des Monopols auf billigen Landschaftskredit und der bevorrechtigten adligen Ämterpatronage in Bürokratie und Armee entstand ein zahlreicher landloser und meist armer Kleinadel. In ihren unteren Regionen setzte sich diese Unterschicht des Ersten Standes aus Gutsangestellten, Bauern, heruntergekommenen Existenzen, arbeitslosen Schmarotzern und Vagabunden zusammen.

Ungeachtet dieser Dekadenzerscheinungen innerhalb des Adels blieben die sozialen und wirtschaftlichen Aufstiegschancen für die stark angeschwollene Schar der Begabten, Gebildeten und Ehrgeizigen aus den unteren Ständen eng begrenzt. Vor 1806 erkannten kluge Köpfe das Problem und warnten, „daß über kurz oder lang eine Explosion geschehen muß, wenn man ihm keine Ableitung schaffet. In der Staatspyramide wächst hier ein Höcker aus, der dem Gleichgewichte große Gefahr drohet. Durch immer fester gezogene Grenzen beschränkt, ist es nur ein seltener Fall, daß ein Individuum in den höheren Stand eindringet. Hingegen ist der Zudrang von unten ungeheuer [...]. Im Handel und Manufakturen ist an den meisten Orten nichts zu unternehmen; im Militär keine Aussicht für den Bürgerlichen. Selbst die besseren Stellen im Zivilstande eignet sich der Adel unter ehrenvolleren Titeln immer mehr zu. Wo also hinaus? Gelegenheit, Landwirtschaft zu treiben, würde einen schleunigen Abzug machen“[7].

In Wirklichkeit war bereits am Ende des 18. Jahrhunderts trotz aller rechtlichen und sozialen Barrieren gegen den Druck von unten die wirtschaftliche Machtbasis des alten Landjunkertums ins Wanken geraten. Die für die Jahrzehnte von 1763 bis 1806 so typische Umwandlung der Rittergüter in Handelsobjekte und die damit verbundene Allianz zwischen Bodenverschuldung, häufigem Besitzwechsel und Tanz um das Goldene Kalb waren bis zur Reformgesetzgebung de jure eine interne Angelegenheit und ein Klassenvorrecht des Adelsstandes. Tatsächlich jedoch war vor 1806 der Gutsadel trotz glänzender Agrarkonjunktur nicht nur sehr erheblich an das Bürgertum verschuldet, der Grundbesitz des Adels war in nennenswertem Umfange an bürgerliche und bäuerliche Elemente übergegangen. Die Bodenentfremdung vollzog sich durch offenen Kauf oder durch Kauf mit Hilfe von adligen Strohmännern, durch Erbpacht und langfristige Zeitpacht[8]. Um 1800 hatten, im Durchschnitt gerechnet, noch nicht 10 Prozent der adligen Rittergüter, meist solche kleineren Umfangs, bürgerliche Besitzer[9].

Das Oktober-Edikt von 1807 schuf die Rechtsgrundlage für die allgemeine Mobilisierung des Grundbesitzes und gab damit dem Güterhandel eine breitere soziale Basis. Damit begannen zugleich die Einordnung der Landwirtschaft in das liberalisierte Sozial- und Wirtschaftssystem und die Demokratisierung des Konkurrenzkampfes, der fortan in erster Linie durch die ökonomischen Wechsellagen und durch die persönliche Tüchtigkeit und finanzielle Stärke der Wettbewerber bestimmt wurde. Die Bitterkeit dieses Kampfes führte zu tief einschneidenden Besitzverschiebungen, insbesondere während der beiden großen Agrardepressionen des 19. Jahrhunderts, in den Jahren 1806–1837 und 1875–1898.

Der Einbruch egalitärer Tendenzen in den Lebensbereich der traditionellen Gutsherrenaristokratie manifestierte sich in aller Schärfe in dem massenhaften Aufstieg von „unadligem Geschmeiß“[10] zu Rittergutsbesitzern. Vor 1806 waren Personenwechsel und Qualitätsauslese in der Hauptsache noch auf Edelleute beschränkt geblieben. Manche Güter waren auf diese Weise „aus den Händen von Schwindlern und schlechten Wirten in die Hände von braven und betriebsamen Landwirten“[11] gelangt.

Mit der Revolutionierung der ländlichen Rechtsverhältnisse und den auf feudale Lebensgewohnheiten keine Rücksicht nehmenden ökonomischen Konjunkturschwankungen konsolidierte sich die Verknüpfung der Güterzirkulation mit dem Leistungsprinzip. Im Laufe des 19. Jahrhunderts wurden daher eine Unzahl von überschuldeten adligen Besitzern und Bankrotteuren nicht nur durch zahlungsfähige und oft umsichtigere adlige Käufer, sondern vor allem durch bürgerliche und bäuerliche Parvenüs und gelegentlich sogar durch dem Ghetto entsprungene jüdische Geschäftsleute verdrängt. In weitgehendem Maße hatten die Güter nunmehr die soziale Funktion, kapitalkräftigen, unternehmerisch leistungsfähigen und gesellschaftlich ambitiösen Elementen die nötigen Wirkungs- und Aufstiegsmöglichkeiten zu verschaffen. So intensivierte sich der Niedergang des Bodeneigentums als Quelle der Adelsversorgung, obwohl in den ersten sieben Jahrzehnten des 19. Jahrhunderts das Gesamtareal des Großgrund- und vor allem des Rittergutsbesitzes wie die Produktivität der landwirtschaftlichen Großbetriebe sich sehr erheblich vermehrten.

Die soziale Zusammensetzung und die Klassenstruktur der ländlichen Oberschicht änderten sich grundlegend mit der „Beförderung“ von ehemaligen königlichen Domänenpächtern, Gutsverwaltern, Großbauern, bürgerlichen Verwaltungs- und Justizbeamten, Armeelieferanten, Kaufleuten, Industriellen, Bankiers und studierten Angehörigen der freien Berufe zu Landjunkern. Denn das war ihr objektiver Klassenstatus, solange sie Besitzer von Rittergütern und den damit automatisch verbundenen aristokratischen Standesprivilegien blieben.

Nicht nur die Reform-, selbst die Restaurationsgesetzgebung entwertete den *Geburts*adel und Grund*adel* an sich, indem sie völlige Rechtsgleichheit innerhalb der Rittergutsbesitzerschicht herstellte und damit die vormals ausschließlich adligen Gutsprivilegien demokratisierte. Demgemäß waren sowohl die altüberkommenen patrimonialen herrschaftlichen Rechte als auch die neuerworbenen politischen Prärogativen nicht mehr an die adlige Geburt der Eigentümer oder ihren Eintritt in den Briefadel, sondern ausschließlich an den Besitz des Rittergutes gebunden. Das privilegierte große Immobiliarvermögen wurde zur Quelle mobiler persönlicher Vorrechte und aristokratischer Stellung in der sozialen und politischen Klassenpyramide. In den 1823 neu errichteten Provinziallandtagen bildeten daher die Eigentümer von Rittergütern, ob sie altadlig, neunobilitiert oder nichtadlig waren, zusammen die ständische Korporation der Ritterschaft, d.h. den hochgradig bevorrechteten, aber offen gewordenen Ersten Stand. Erst die mit der Umwandlung der Ersten Kammer in das Herrenhaus verbundene reaktionäre Neuverteilung politischer Privilegien führte zu einer Bevorzugung der altadligen Großgrundbesitzer[12].

Das konnte jedoch die Tatsache nicht rückgängig machen, daß der soziale Klassencharakter des Landjunkertums seit 1807 sich radikal gewandelt hatte. Aus einem Geburtsstand von Landedelleuten war eine reine Aristokratie des beliebig übertragbaren Bodeneigentums, eine mobile *Wirtschaftsklasse* von Kapitalbesitzern, Gutswirtschaftsunternehmern und Arbeitgebern geworden. Freilich unterschied sich dieselbe von den anderen ökonomisch aktiven Oberschichten prinzipiell dadurch, daß sie, obschon modern geworden, gleichzeitig höchst altmodisch blieb. Denn die Rittergutsbesitzer entwickelten sich nicht nur in eine fortschrittsfreudige Besitz- und Erwerbsklasse. Soziologisch gesprochen bildeten sie zugleich einen exklusiven, feudalen *Berufsstand*, der die Sehnsucht nach der ständischen Gesellschaft des Ancien régime oder gar nach der „ständischen Libertät" vorabsolutistischer Zeiten nicht los wurde. Im 19. Jahrhundert gelang es der „demokratisierten" Offiziers- und höheren Beamtenhierarchie, ihren Status als aristokratische Gesellschaftsgruppen und separate, besonders bevorrechtete Berufsstände zu behaupten, obschon grundsätzlich die Personalrekrutierung und Karriere durch das bürgerliche Bildungs- und Leistungsprinzip und nicht mehr durch die Herkunft und Konnexionen bestimmt wurden. Ganz ähnlich blieb auch das erneuerte Rittergutsbesitzertum ein mannigfach privilegierter Herrenstand trotz der Umschmelzung in eine offene, gemischt adlig-bürgerliche Klasse von Großgrundbesitzern und Agrarkapitalisten. Innerhalb dieser Schicht gewannen die bürgerlichen Junker, zumindest zahlenmäßig und als bahnbrechende Betriebswirte, schnell an Gewicht.

Bereits 1856 waren von den insgesamt 12339 im preußischen Staate befindlichen Ritter- und kreistagsfähigen Gütern mit einer Durchschnittsgröße von rund 500 ha nur noch 7023 in den Händen adliger Familien, einschließlich der neunobilitierten[13]. Allerdings hat der Adel die Spitzenstellungen der Grundbesitzhierarchie erheblich besser zu behaupten vermocht. 1885 befanden sich noch 32 % der Gesamtfläche der sieben östlichen Provinzen und von den 6454 Gütern, die zusammen in einer Hand über 1000 ha umfaßten, 4393, also 68 %, im Eigentum des Alt- und Neuadels[14]. Namentlich in den Latifundienbesitz mit einer Größe von 5000 ha und mehr vermochten sich nur sehr wenige Bürgerliche hinaufzuarbeiten. Noch zu Beginn der achtziger Jahre gab es in den sieben Ostprovinzen Preußens unter den 159 Eigentümern von Latifundien, meist altererbtem Hochadelsbesitz, nur 10 Bürgerliche[15]. Zu diesen gehörte der das „von" ablehnende Landesökonomierat Kennemann, der zusammen mit dem neugeadelten Bankier Ferdinand v. Hansemann und dem Major v. Tiedemann das Trio der Agrarmillionäre bildete, die 1894 den *Verein zur Förderung des Deutschtums in den Ostmarken* gründeten[16].

Erheblich langsamer als die Verbürgerung des Landjunkertums ist der für eine echte Demokratisierung entscheidende Prozeß der Entfeudalisierung verlaufen, bei dem es um den Abbau und die Liquidation von aristokratischen Klassenprivilegien schlechthin und damit um die Einreihung in die Nation auf der Basis staatsbürgerlicher Gleichheit ging. Die Patrimonialgerichtsbarkeit und die Jagdrechte konnten sich bekanntlich bis 1848 behaupten. Erst die Agrargesetzgebung von 1850 machte die Bahn endgültig frei für die Ablösung der noch immer sehr bedeutsamen gutsherrlichen Rechte auf Fronen, Dienste, Zinslasten, Holz-, Streu-, Hütungsservitute und andere hörige Leistungen[17]. Die Kreisordnung von 1872 und die Landgemeindeordnung von 1891 beseitigten zwar die Privilegien der patrimonialen Polizeigewalt und persönlichen Kreisstandschaft der Rittergutseigentümer, ließen aber ihre tatsächliche Herrenstellung als Besitzer von Obrigkeitsrechten im wesentlichen unerschüttert. Die ostelbischen Güter blieben daher lokale politische Herrschaftszentren. Die Demokratisierung der Steuerlasten, die 1861 mit der Aufhebung der Grundsteuerfreiheit begann, wurde durch die Miquelschen Finanzreformen praktisch wieder rückgängig gemacht. Die mit dem Dreiklassenwahlrecht und der Beherrschung des Herrenhauses verbundene politische Sonderstellung wurde mit Erfolg bis 1918 verteidigt. Erst 1927 erfolgte die endgültige Zerstörung der Reste der *administrativen* Gutsherrschaft durch die Auflösung der Rittergüter als selbständige Kommunal- und Ortspolizeibezirke.

So wurden erst durch die Weimarer Republik die Großagrarier ihrer aristokratischen Standesvorrechte und exklusiven Herrschaftssymbole beraubt. Dem rechtlichen Status nach wurden sie zu einer „gewöhnlichen" Gesellschaftsklasse degradiert. In der Vermögens-, Einkommens- und Konsumentenhierarchie hatte sich die Stellung des ökonomisch höchst differenzierten Landjunkertums bereits im Kaiserreich zu seinen Ungunsten verschoben. Zwar gelang es den alt- und neuadligen großen Großgrundeigentümern, besonders wenn sie gleichzeitig industrielle Kapitalbesitzer waren, in der Rangordnung der deutschen Millionäre eine führende Stellung zu behaupten[18]. Aber das Gros der Rittergutswirte konnte, im Vergleich mit dem üppigen Lebensstil des Großbürgertums, an eine „herrschaftliche" Lebensführung im Grunde nicht mehr denken und kam über ein glorifiziertes wirtschaftliches Mittelklassendasein nicht mehr hinaus.

Dieser reale Abwertungsprozeß wäre noch erheblich schneller und intensiver verlaufen, wenn nicht im 19. Jahrhundert die heterogen zusammengesetzte Rittergutsbesitzerklasse zu einer homogenen agrarkapitalistischen Interessen-, machtvollen politischen Kampf- und feudalkonservativen Gesinnungsgemeinschaft verschmolzen wäre, die darauf rechnen konnte, auch in materiellen Dingen bevorzugt behandelt zu werden. Es gehörte zur Ironie dieser ganzen Entwicklung, daß mit dem beharrlichen Anspruch auf „standesgemäßen" Wohlstand und der Prätention auf besondere Vornehmheit und Prominenz das Absinken in eine durchaus ordinäre wirtschaftspolitische Interessentengruppe sich verband. Daß der in den plebejischen Existenzkampf hineingerissene „notleidende" Landjunker dabei langsam zum Demagogen wurde – auch das war eine Art Demokratisierung.

II.

Die Abschleifung der internen Klassengegensätze blieb während der Übergangsperiode von 1807–1848 im wesentlichen auf die Rechtslage und landwirtschaftlichen Berufsverhältnisse beschränkt. In bezug auf Standesbewußtsein, „Gesellschaftsfähigkeit" und politische Geltung war die prinzipielle Gleichstellung der bürgerlichen mit den adligen Rittergutsbesitzern bis zur Revolution von 1848 praktisch bedeutungslos. In den ständischen Organisationen behielt der Adel das Heft in der Hand. Politisch waren die bürgerlichen Berufsgenossen vorerst zu einem Attrappen- und Satrapendasein verurteilt, gesellschaftlich wurden sie meist geschnitten. Als Pioniere des landwirtschaftlichen Fortschritts und scharf kalkulierende Gutswirtschaftsunternehmer jedoch lieferten die bürgerlichen Junker zu jener Zeit, wie bereits im 18. Jahrhundert die Domänenpächter, das Vorbild für die Umstellung auf die modernen Marktverhältnisse. Trotz der Rittergutsprivilegien und der ständischen Besserstellung des landwirtschaftlichen Großbetriebs durch ökonomische, kreditpolitische, steuerrechtliche, verkehrspolitische, handelspolitische und verwaltungstechnische Regierungsmaßnahmen gab es auch für die adligen Gutsbesitzer im Konjunkturwandel der Konkurrenzwirtschaft fortan nur noch eine Gewähr für Erfolg: die Rentabilität.

Der radikale Besitz- und Personalwechsel während der Agrardepression von 1806–1837 beschleunigte den Übergang zur „rationellen Landwirtschaft". Der Gutsadel „demokratisierte" sich, indem er sich zu einer Klasse von produktiv arbeitenden Großgrundbesitzern entwickelte, die mehr und mehr nach rein geschäftlichen Gesichtspunkten wirtschafteten. Nicht die Grundrente und herrschaftlichen Rechte, sondern der Unternehmergewinn bildete mehr denn je zuvor die Grundlage des Einkommens. Abgesehen von den größeren standesherrlichen Fideikommissen wurde für den privaten ostdeutschen Gutsbesitz die Selbstbewirtschaftung in der Form von großen Betrieben, nicht die Verpachtung ganzer Güter, geschweige ihre Parzellierung, zur Regel[19]. Bereits um die Mitte des 19. Jahrhunderts bildete die adlig-bürgerliche Gutsaristokratie eine einheitliche Unternehmerschicht, die an Kenntnissen, wirtschaftlicher Tüchtigkeit und Nutzwert für das Allgemeinwohl den alten Landadel weit überragte und, eine Generation später, in ihren Geschäftsmethoden und wesentlichen sozialen Charakterzügen von den meist bürgerlichen Industrieunternehmern sich grundsätzlich nicht mehr unterschied[20]. Auch bei der Anpassung an den „bürgerlichen" Effektenkapitalismus haben insbesondere die reichen adligen Landbesitzer es nicht bei hochmütigen Absonderungstendenzen bewenden lassen, sondern die Segnungen des 19. Jahrhunderts sich dienstbar zu machen verstanden. Als Börsenspekulanten und hochbezahlte Reklameschilder leisteten sie bei der Demokratisierung des Kapitalmarktes entscheidende Führerdienste, wie sie bereits früher mit der baltischen Spiritus- und Landesproduktenspekulation eng verflochten gewesen waren und „in dem plebejischen Tournier der Wechselreiterei eine sehr traurige Gewandtheit"[21] bekundet hatten.

Trotz seines hochentwickelten materiellen Erwerbssinnes verpaßte das Landjunkertum die Gelegenheit, als aktive Organisatoren den Anschluß an die glanzvolle industrielle Entwicklung des Kaiserreichs zu finden. Zwar hatten die über reiche Bodenschätze verfügenden schlesischen Magnaten frühzeitig erkannt, daß Kohle und Eisen für die Einkommenssteigerung förderlicher sind als Getreide und Kartoffeln. Sie blieben jedoch ein Sonderfall. Nicht das Fehlen unternehmerischer Begabung oder etwa die mangelnde Neigung, mehr Geld zu verdienen, sondern der Standesdünkel, die Scheu, als „Koofmich" zu gelten, waren dafür verantwortlich, daß nur wenige Rittergutswirte sich auf den Kontorsessel setzten und an Industrieunternehmungen beteiligten, die mit ihren Landgütern nichts zu tun hatten.

Mit der graduellen Umwandlung der Bodenaristokratie in eine moderne Unternehmerklasse von landwirtschaftlichen Geschäftsleuten war zwangsläufig eine Humanisierung des Arbeitgeber-Arbeitnehmer-Verhältnisses verknüpft. Der gewaltige Abstand zwischen „Herren" und „Knechten" hatte sich bereits im 18. Jahrhundert unter dem Einfluß des Pietismus und der Aufklärung aufzulockern begonnen. Aber erst die Abschaffung der persönlichen Erbuntertänigkeit und des Gesindezwangsdienstes, die Regulierungen und, nach der Mitte des 19. Jahrhunderts, die Arbeiternachfrage der Industrie und das Davonlaufen der grundbesitzlosen Tagelöhner aus den ostelbischen Gutsgebieten schufen die realen Voraussetzungen für das vielgerühmte „patriarchalische Verhältnis“ zwischen Gutswirt und Gutsarbeiter, dessen Verherrlichung und Zurückverlegung in frühere Jahrhunderte zur Geschichte der Agrarromantik und Agrarmystik gehören[22]. Die reorganisierte Gutswirtschaft war ein straff monarchisch-soldatisch zentralisierter Betrieb, dessen Arbeiter vom Gutsherrn persönlich beherrscht wurden. Jedoch erfolgte die Bewirtschaftung des Gutsareals weitgehend auf gemeinsamen Gedeih und Verderb, wobei die materielle Lage der Mehrheit der kontraktlich gebundenen Landarbeiter gesicherter war als die der bestgestellten gewerblichen Arbeiter. Nur sehr allmählich ist diese patriarchalische Interessengemeinschaft aufgelöst und „rationalisiert“ worden durch den Ausbau des Geldlohnsystems, die massenhafte Beschäftigung halbnomadischer Saisonarbeiter, die Abgliederung der Arbeitskräfte vom Gutshaushalt und die Ersetzung der Anteile am Rohertrag durch feste Deputate[23].

Die Gewohnheit des unbedingten Gehorsams, der unbedingten Unterordnung, das Gefühl der Untertänigkeit lebte in den ständischen Landarbeitern, den Insten und dem Gutsgesinde ebenso wie in den Saisontagelöhnern, zunächst auch noch im Zeitalter der persönlichen und wirtschaftlichen Freiheit weiter. Ebenso war die innere Umstellung der Rittergutsbesitzer auf die freie Arbeitsverfassung und eine mehr „demokratische“ Leutebehandlung ein langsamer Prozeß[24]. So wurde aus dem zackigen Gutsherrnautokraten des Ancien régime, dem Furcht einflößenden, gelegentlich zu Stock und Peitsche seine Zuflucht nehmenden Kommandeur von hörigen Untertanen schließlich ein „Herrenmensch mit demokratischen Handschuhen“. Freilich bedeutete die Schwächung des alten Herrschaftsgefühls keineswegs den Verlust autoritärer und militaristischer Denkweise. Denn der modern gewordene Rittergutsbesitzer, auch wenn er nicht hinter „der durchschnittlichen Mischung naiver Brutalität mit Menschenfreundlichkeit“[25] zurückstand, pflegte sich doch meist nicht als einen gewöhnlichen Arbeitgeber, sondern als den „Vorgesetzten“ seiner Arbeiter-„Untergebenen“ zu betrachten, von denen er militärische Disziplin verlangte.

Führten die nahezu gleichartigen ökonomischen Interessen der adligen und bürgerlichen Rittergutsbesitzer frühzeitig zu einer Verschmelzung in eine solidarische agrarkapitalistische Produzentenschicht, so sorgten die Revolution von 1848, die Machtansprüche des aufsteigenden liberalen Bürgertums und schließlich die Angst vor dem Industrieproletariat und dem Sozialismus dafür, daß man sich auch gesellschaftlich und politisch zusammenfand. Der gemeinsame Kampf um die Besitzerhaltung, die Bewahrung und Verstärkung der Klassenprivilegien sowie die Konsolidierung der kollektiven politischen Machtstellung führten zu einer Angleichung auch des Standesbewußtseins, der Lebenssitten und Ehrbegriffe, der politischen Taktik und der politischen Anschauungen.

Innerhalb des Rittergutsbesitzertums vollzog sich eine Nivellierung von unten wie von oben. Die fortschreitende Verbürgerung des Personals und der wirtschaftlichen Klassenaktivität wurde kompensiert durch die gesellschaftliche Rezeption der bürgerlichen Junker durch den Adel und die allmähliche Aristokratisierung der sozialen Standesgesinnung und der politischen Haltung. Das erleichterte Eindringen in die alten Herrscherschichten befriedigte den Geltungsdrang, das Prestigebedürfnis und die

Eitelkeit der bürgerlichen Karrieremacher, deren Frühvertreter oft noch stolz darauf gewesen waren, daß sie es auch als Nichthochwohlgeborene „geschafft" hatten.

Dieser rückläufige Prozeß der „Neufeudalisierung" wurde für die deutsche Sozialgeschichte erst im Kaiserreich bedeutsam. Durch den überragenden Leistungserfolg der Bismarckschen Reichsgründung gelang es dem konservativen Kern der einstmaligen Träger der Feudalherrschaft, die liberal denkende Minorität des Adels und die ursprünglich meist liberal gesinnten bürgerlichen Gutsbesitzer sich geistig und psychisch zu assimilieren, aber auch unter den Industriekapitänen und dem Titelpatriziat beachtliche „moralische Eroberungen" zu machen. Symbolisiert durch die Familiengeschichte der Nathusius, Thaers, Scharnwebers, Wilckens, Hansemanns, Miquels, Kapps und vieler anderer wurden aus bürgerlichen Rittergutsbesitzern stockkonservative Demokratenhasser, die sich oft „junkerlicher" gebärdeten als der altpreußische Landadel. Die Zeit war gekommen, in der die altadligen Mitglieder des agrarischen Junkertums sich von ihren bürgerlichen oder neugeadelten Standesgenossen nur noch durch die soziale Herkunft und den Ahnenstolz unterschieden, häufig allerdings auch durch sichereres Auftreten, geschliffenere Manieren, einflußreichere Beziehungen, „edleres" physisches Aussehen, kostspieligere Lebensgewohnheiten, bessere Detailkenntnis des Gothaischen Genealogischen Taschenbuchs und schlechtere Vorbereitung auf den Landwirtsberuf[26].

Indem die Bodenaristokratie, das Offizierskorps und die höhere Bürokratie ihre Reihen wohlhabenden oder besonders talentierten bürgerlichen Emporkömmlingen öffneten und sich auf diese Weise auffrischten, wurden der liberalen und demokratischen Bewegung potentielle Führer entzogen und ihre Vitalität geschwächt. Aristokratische und hierarchische Standesbegriffe wie autoritäres Denken und Empfinden „demokratisierten" sich durch Absorption der klassenzugehörigen Eindringlinge und durch Übertragung auf die höheren Stände im allgemeinen mit Hilfe des Korpsstudententums, der Universitäten, der Reserveoffiziersinstitution und der freigebigen Ordens- und Titularverleihungen. Damit wurde die generelle Demokratisierung der Gesellschaftsstruktur und des öffentlichen Lebens verlangsamt und blockiert.

Mit der Verstärkung des aristokratischen *esprit de corps* im Landjunkertum verband sich ein auf Uniformierung und Vermassung ausgerichteter interner Nivellierungsprozeß, der, im Gegensatz zu der kulturellen Aufwärtstendenz bürgerlicher und proletarischer Schichten, durch das Absinken der durchschnittlichen Allgemeinbildung auf ein kümmerliches Niveau gekennzeichnet war. Diese Verringerung der sozialen Distanz führte jedoch nicht etwa zu größerer Bescheidenheit in der kollektiven Selbstbewertung. In den ersten zwei Dritteln des 19. Jahrhunderts waren die markanten Charaktere und originellen Persönlichkeiten unter den konservativen und liberalen Vertretern des Gutsadels und den bürgerlichen Junkern noch relativ häufig gewesen. Sie verschwanden allmählich oder wurden zu „Stillen im Lande". An ihre Stelle traten in Schablonen denkende, in standardisierten Standeskonventionen erstarrende, ihren robusten Materialismus idealistisch und „national" drapierende, stur auf ihre bevorzugte Stellung pochende Typenmenschen: „eine anmaßliche Überhebung und eine innere Hohlheit bei geschliffenen Formen, das schlechte Junkertum statt der echten Ritterlichkeit"[27].

III.

Die gesellschaftliche Neufeudalisierung der „besseren Leute“ im kaiserlichen Deutschland hatte ihr politisches Gegenstück in der allmählichen Versteifung antidemokratischer Gesinnung in den alten wie den neuen Führungsschichten. Trotz bedeutsamer Zugeständnisse, wie z. B. die auf dem Herr-im-Hause-Prinzip beruhende paternalistische Sozialgesetzgebung der achtziger Jahre, begegneten die herrschenden Eliten dem Avancieren der Massen, der Zunahme der „Reichsfeinde“, der Verschiebung der relativen Stellung der Klassen zueinander und dem steigenden politischen Realeinfluß der unteren Volksschichten, auch der Industriearbeiterschaft, mit wachsendem *inneren* Widerstand. Darin bestand das Wesen der subjektiven Reaktion auf den unvermeidlich gewordenen objektiven Übergang zu mehr demokratischen Methoden und Organisationsformen. Die äußerliche Demokratisierung und das damit verknüpfte Abgleiten in einen egalisierenden politischen Wettbewerb dienten der Verteidigung oligarchischer Vormachtstellung gegen die von unten andrängenden politischen und ökonomischen *pressure groups*, die eine ihrer kulturellen und wirtschaftlichen Bedeutung entsprechende Mitwirkung am Staat und gesellschaftliche Aufwertung durchzusetzen suchten. „Die oberen Klassen können nicht mehr regieren ohne Einrichtungen, die ihre Tätigkeit offenlegen, diese zu beaufsichtigen gestatten. Denn jeder Staat muß das Vertrauen der großen Majorität des Volkes haben und es sich immer wieder neu erwerben. Er kann nicht mehr bloß durch Gewalt bestehen. Auf diesen großen Veränderungen der letzten zwei Jahrhunderte beruht die Notwendigkeit einer Demokratisierung unserer öffentlichen Institutionen.“[28]

Der erste entscheidende Schritt heraus aus dem Turm und hinein in die neue Arena der öffentlichen Meinungsbeeinflussung erfolgte mit der Opposition des alten Gutsadels gegen die Stein-Hardenbergschen Reformen. Als es um die Erhaltung von Standesprivilegien und die Bewahrung von Standesvorurteilen ging, ließ man sich dazu herbei, „mit den Plebejern einen öffentlichen Streit über öffentliche Zustände anzufangen“[29]. Auch in der Restaurationsära konnte das durch die Agrarkrise bedrohte und in einen radikalen Strukturwandel hineingestoßene Landjunkertum sich nicht mehr damit begnügen, „passionierter Pferde-, Jagd- oder Hundeliebhaber oder, wenn's hoch kam, wissenschaftlicher Landwirt, rationeller Wiesenverbesserer, Schafzuchtsveredler, Branntweinbrenner oder Bräumeister zu sein“[30]. Trotz weitverbreiteten Weiterlebens der alten Adelsprätentionen erhob sich bereits zu jener Zeit die zwingende politische Aufgabe, die Belange des Großgrundbesitzes auch mit publizistischen und propagandistischen Mitteln gegen die eifersüchtige Bürokratie, die bürgerliche Intelligenz und das gewerbliche und kommerzielle Unternehmertum der Städte zu verteidigen und durch konstruktive Taten das Vertrauen der regulierten Bauern und befreiten Landarbeiter zu gewinnen. Diese Aufgabe seinen Standesgenossen nahegebracht zu haben, war insbesondere das Verdienst von Bülow-Cummerow, des bekanntesten Agrarpolitikers und Publizisten des vormärzlichen ostelbischen Gutsadels. Friedrich List hat ihn „den Marschall Vorwärts der pommerschen Landjunker“ genannt. Und das war er in der Tat, auch als Präsident des sogenannten Junkerparlaments, des *Vereins zur Wahrung der Interessen des Großgrundbesitzes und der Förderung des Wohlstandes aller Werksklassen*, dessen lebhafte Agitationstätigkeit auch auf weitere Volksschichten beachtlichen Einfluß ausübte und sozusagen ein Vorläufer des *Bundes der Landwirte* war.

1848 ging es mit den herkömmlichen Methoden des „Herausziehens aus dem Haufen" und mit dem bloßen Kommandieren zu Ende. Dafür begann nun der komplizierte Prozeß der politischen Integration in die Nation. Daher die ständig erneuten Versuche, mit Hilfe von modernen Agitationsmitteln sich populär zu machen und auch bei den „kleinen Leuten" um politische Unterstützung zu werben. Daß auch mit dem Konstitutionalismus und mit parlamentarischen Regierungsformen sich glänzende politische Geschäfte machen ließen, wurde in Rittergutsbesitzerkreisen frühzeitig erkannt. Bereits auf dem Preußischen Vereinigten Landtag im Frühjahr 1848 maskierten sich die Landjunker als Demokraten, indem sie für die Erteilung des Wahlrechts an das Gesinde plädierten. Nur sehr wenige Großgrundbesitzer stimmten gegen das allgemeine Wahlrecht, unter ihnen der plump-treuherzige Thadden-Trieglaff aus Hinterpommern: „Ich bin bekanntlich ein Konservativer, weil geschrieben steht, wer da hat, dem wird gegeben, und als echter Preuße verstehe ich den alten Wahlspruch unseres Hauses ‚Suum cuique' nicht bloß als: behalte, was du hast, sondern nimm, was du kriegen, aber wohlverstanden, was du mit gutem Gewissen bekommen kannst."[31] Linientreue Altkonservative, die es ablehnten, mit der „gott- und rechtlosen Raubgier" einen Pakt einzugehen, ließen sich so leicht nicht einmal durch Bismarck irremachen. „Das allgemeine Stimmrecht ist der politische Bankerott", erklärte Ludwig v. Gerlach 1866[32].

Obwohl die 1848 gegründete Kreuzzeitungspartei die Verteidigung der Privilegien und der politischen, wirtschaftlichen und gesellschaftlichen Machtstellung der Großgrundbesitzer sich zur Hauptaufgabe machte, so verband sie doch damit ein nach vorwärts blickendes Programm. Daher die Ankündigung, „neben dem Kampf gegen die Revolution und ihre verderblichen Grundsätze und Konsequenzen zugleich eine positive Stellung zu der neuen Ordnung der Dinge einzunehmen, denn nur dem gehört die Zukunft, der auf die bewegenden Gedanken der Gegenwart positiv einzugehen vermag"[33].

Der säkulare politische Umstellungsprozeß, der hier angedeutet wurde, begann mit der großen konservativen Gegen*revolution* von 1848 bis 1879, der Entwicklung der doktrinären *Konter*revolution zur schöpferischen *Anti*revolution. Trotz Modernisierung durch Übergang zu politischer Partei- und wirtschaftlicher Interessenverbands-Organisation ist das Großagrariertum jedoch über eine im wesentlichen äußerliche und opportunistische Anpassung der politischen Taktik, Strategie und Mentalität an liberale, demokratische und nationale Entwicklungstendenzen des öffentlichen Lebens im Grunde nie hinausgekommen.

Der Bismarckschen Reichsgründung gelang es zwar, durch die geniale Verbindung von altmodischer Kabinettspolitik mit napoleonischer Demagogie nach langem Kampfe die große Mehrheit der „Ostelbier" zu begrenzter Kompromißbereitschaft mit den bürgerlich-liberalen Vorstellungen von konstitutionellem und parlamentarischem Regieren umzuerziehen. Die schwierige Umstellung auf eine Politik der Konzessionen und der Kooperation wurde dadurch erleichtert, daß in den Jahrzehnten der Reichsgründung die Landjunkerklasse mit ernsten wirtschaftlichen Schwierigkeiten nicht zu kämpfen hatte, einer ungewöhnlich günstigen landwirtschaftlichen Konjunktur sich erfreute und als eine Vermögen schaffende und vermehrende Schicht von Agrarunternehmern, zumindest relativ, den historischen Höhepunkt ihrer ökonomischen Kraft erreichte[34]. Bei dieser Lage der Dinge gelang es auch, die Abneigung des partikularistischen preußischen Gutsadels gegen eine wagemutige Außenpolitik sowie das Grausen vor dem „Nationalitätenschwindel" und „Majoritätenterrorismus" der redefertigen Liberalen zu überwinden und ihn allmählich davon zu überzeugen, daß die Plakatierung des Nationalismus durch Lösung der nationalen Frage auf dem Wege der Revolution von oben auch für die Befestigung der aristokratischen Standesinteressen und der politischen Macht der traditionellen Herrschereliten große Vorteile versprach.

Bismarck repräsentierte das kleine konservative Häuflein revolutionärer Agrararistokraten und Feudalbürokraten. Im Gegensatz zu diesen vermochte bezeichnenderweise die Schar adliger Landjunkerrenegaten, die zur Zeit der Reichsgründung aufgrund ihrer persönlichen Qualitäten und Neigungen, sehr selten wie Leopold v. Hoverbeck und die Sauckens auch als Vertreter ihrer Klasse, in den liberalen Parteien noch eine führende Rolle spielten, sich unter ihren Standesgenossen nicht durchzusetzen. Aus nationalen Liberalen wurden meist sehr bald nationalistische Konservative, und aus den Konservativen keine Demokraten, sondern demokratisierte Reaktionäre. Den Anschluß an die Demokratie haben die von den oberen Klassen, insbesondere vom Bodenadel beherrschten konservativen Kräfte nicht gefunden, nicht im Zweiten Reich, und erst recht nicht danach.

In Großbritannien schuf sich die offen bleibende, vorwiegend nichtbetitelte Aristokratie eine neue Zukunft als Führungsschicht einer liberalen und demokratischen Massenbewegung durch Umwandlung in aristokratische Patrioten und Agenten des Volkswillens. Demgemäß war es im 20. Jahrhundert nicht nur theoretisch auch für ehemalige Industriearbeiter möglich, selbst in den Adel einzudringen. Im deutschen Kaiserreich und in der Weimarer Republik beschränkte sich die politische Demokratisierung der verjüngten Grundaristokratie, von versprengten Einzelgängern abgesehen, auf das Tragen der demokratischen Maske und die Ausbeutung demokratischer Methoden für undemokratische Ziele bei antidemokratischer Gesinnung. Von der Zollallianz zwischen „Roggen und Eisen" im Jahre 1879 bis zum Aufstieg des Nationalsozialismus blieb es in der Tagespolitik bei dem engen Bündnis zwischen dem Großgrundbesitz und den konservativen Parteien. Kam die *Deutsche Reichspartei* über den Charakter einer Notabelnpartei mit standesherrlichem Aroma nicht recht hinaus, so sorgte sie unter Führung „realpolitischer" schlesischer Magnaten doch dafür, daß die Verbindung zur Schwerindustrie und zum süddeutschen Hochadel nicht abriß. Im Gefolge der mit dem Durchbruch der internationalen Konkurrenz in der Getreidewirtschaft verbundenen schweren Agrarkrise des letzten Viertels des 19. Jahrhunderts[35] entwickelte sich die *Deutsch-Konservative Partei* in eine auf breitere Massenwirkung ausgerichtete landwirtschaftliche Interessenvertretung, in der nach 1893 der von adligen und bürgerlichen Rittergutsbesitzern beherrschte *Bund der Landwirte* das Kommando führte.

Im Zeitalter des allgemeinen Wahlrechts und wachsender Bedrohung im wirtschaftlichen Konkurrenzkampf mußte die Bodenaristokratie sich ungeahnter politischer, propagandistischer und organisatorischer Anstrengungen unterziehen, um oben zu bleiben. Damit begann im Ernst die Umschmelzung des „aristokratischen“ in den „plebejischen“ Konservatismus. Mit der Exklusivität des Landjunkertums ging es im grauen Alltag rasch bergab. Die „unpolitischen“ Offiziere und, nach dem Verschwinden der liberalen Geheimräte unter dem Ministerium Puttkamer, die „überparteilichen“ höheren Beamten hatten es leichter, „vornehm“ zu bleiben, da sie an dem Übergang zu agitatorischen Funktionen mit wenigen Ausnahmen nur indirekt beteiligt waren.

Mit der zunehmenden Einschaltung der unteren Volksschichten in die staatliche Willensbildung sah sich der „Herrenmensch mit demokratischen Handschuhen“ gezwungen, Bauern und selbst Landarbeiter als landwirtschaftliche „Kollegen“ zu begrüßen. Im Gegensatz zu den älteren, für die Rittergutsbesitzer reservierten Landschaften mußte man nun auch bäuerliche Eigentümer als Mitglieder zulassen, so daß diese ursprünglich adligen Hypothekeninstitute nach und nach in allgemeine ländliche Kreditverbände sich verwandelten[36]. Auch erschien es nun ratsam, unter dem Visier der „Mittelstandspolitik“ und in engem Bunde mit der seit der Restaurationsepoche politisierten protestantischen Kirche, kleinbürgerlichen Wählern gönnerhaft und anteilnehmend auf die Schulter zu klopfen; in der klassischen Formulierung von Thadden-Trieglaff: „Seinem Nächsten in wahrer Liebe dienen, indem man sich in der siegreichen Gewohnheit des Herrschens behauptet.“[37] Nicht nur im Wirtschaftsleben, auch in der recht robust werdenden ländlichen Lokalpolitik war das im späten 19. Jahrhundert in der Auflösung begriffene patriarchalisch-genossenschaftliche Verhältnis zwischen dem Gutsherrn und seinen Untergebenen in unaufhaltsamem Niedergang. Ein anständiger, sozial denkender Altkonservativer wie der alte Herr v. Kleist-Retzow hat den Geist und die Ethik dieser aussterbenden „feudalen Demokratie“ einmal so umschrieben: „Wir verlangen von unseren Leuten, daß sie uns wählen, dann müssen wir für sie sorgen.“[38] Und er meinte damit erheblich mehr als die Ausgabe von Freibier an die Gutsarbeiter, wenn im Herrenhaus bei besonderen Gelegenheiten die Sektpfropfen knallten.

Obwohl die überaus einflußreiche politische Stellung des Landjunkertums im Hinblick auf die großartigen Beziehungen, die man zum Hofe und zur autokratischen Exekutive hatte, in erster Linie sich nicht auf parlamentarische Machtpositionen gründete und die Großagrarier im Prinzip das parlamentarische System ablehnten, so haben sie es doch an geschickter Ausnutzung parlamentarischer Institutionen und Druckmittel nicht fehlen lassen. Mit dieser elastischen Taktik verband sich ein starres Festhalten am Dreiklassenwahlrecht, das sich seit den 1880er Jahren, wie zuvor zur Reaktionszeit, als Bollwerk des aristokratischen Obrigkeitsstaates in Preußen bewährte und von dort bekanntlich auf die Reichsregierung zurückwirkte. Es wurde daher auch am 5. Dezember 1883 im Abgeordnetenhaus von dem Minister Puttkamer klassifiziert als „ein kostbares Gut, das die Regierung aufzugeben nicht gesonnen ist“[39].

In den Gutsbezirken garantierte die öffentliche Wahl „sichere" Ergebnisse. Aber selbst bei den „geheimen" Reichstagswahlen erwies sich die administrative Gutsherrschaft noch immer als „eine zuverlässige und schwer entbehrliche Stütze für Staat und Gesellschaft gegenüber den Bestrebungen der Umsturzpartei"[40], trotz steigender Beeinflussung der unteren ländlichen Schichten durch die Sozialdemokratie[41]. Wo patriarchalische Verhältnisse fortlebten, da war es nicht selten, daß die Gutsarbeiter als geschlossene Kolonne unter Aufsicht des Inspektors vom Felde weg zum Wahllokal marschierten. Dort wurde ihnen dann der „richtige" Wahlzettel in die Hand gedrückt, den der als Wahlleiter fungierende Gutsherr-Amtsvorsteher gnädig in Empfang nahm, wobei er sich zuweilen einer leeren Zigarrenkiste oder offenen Suppenterrine als Wahlurne bediente[42].

Erheblich mühsamer und aufreibender, zugleich aber auch demoralisierender waren die Versuche, den politischen Einfluß außerhalb der Gutsbezirke zu verstärken, wo es darum ging, weitere Kreise für sich zu erwärmen und unliebsame Konkurrenten aus dem Felde zu schlagen. Den *typischen* Gutsbesitzern widerstrebte die politische Agitation unter den „Massen". Als standesbewußte Aristokraten, die als Reserveoffiziere oder ehemalige aktive Offiziere an das Befehlen, Tadeln und Strafen gewohnt waren, fiel es ihnen schwer, „die durch das allgemeine Wahlrecht nun einmal festgesetzte Gleichheit zwischen Herrn und Knecht auch nur äußerlich anzuerkennen"[43]. Es war ihnen unbehaglich zumute und widersprach ihren Neigungen, wenn sie sich als Kandidaten aufstellen lassen, um die Gunst der Wähler sich bemühen und als „Abgeordnete" von kleinen Leuten sich betätigen mußten. Die meisten glaubten zudem mit Oldenburg-Januschau an die Devise „vox populi, vox Rindvieh" und betrachteten den Reichstag, wenn er nicht Order parierte, als eine lästige „Quasselbude". Jedoch konnte man es sich beim Stimmenfang nicht mehr leisten, reaktionären Ressentiments freien Lauf zu lassen und vor die Öffentlichkeit mit altkonservativen Parolen zu treten: „Autorität, nicht Majorität" und damit basta! „Gegen Demokraten helfen nur Soldaten!" „Freiheit ist aber gleich Recht [d. h. Privileg], und Freiheit und Recht sind Gegensätze mit der Gleichheit."[44] Auch daß man bei der wilden Agrardemagogie der neunziger Jahre[45] neben dem Mystizismus der fortan blühenden „Blubo"-Ideologie und zahlreichen anderen irrationalen Appellen auch den edlen, alten Grundsatz „Gemeinnutz geht vor Eigennutz" als Aushängeschild bei der Jagd nach Subsidienzahlungen benutzte, verdarb die Sitten und den Charakter.

So kam es, daß zu der Massenpropaganda der Rittergutsbesitzer, um mit Nietzsche zu sprechen, „die Lüge als Supplement der Macht" sich gesellte. Die darin liegende Verwirrung und Verwahrlosung der politischen Moralbegriffe führte zu objektiver Verlogenheit, hohler Phrasenhaftigkeit und krassem Zynismus, funktionellen Gruppeneigenschaften, die im wirklichen Leben häufig mit subjektiver Ehrlichkeit und persönlicher Anständigkeit sich als durchaus vereinbar erwiesen.

Den Landjunkern des Kaiserreiches gelang nicht die Überwindung der Antinomie zwischen Fortschrittsgeist und reaktionärer Verkrampfung und Militanz. Sie hielten verbissen und fossilienhaft an ihren spezifischen Klassenprivilegien und Machtpositionen fest. Sie lernten es nicht, ihre unbescheidenen politischen, materiellen und gesellschaftlichen Ansprüche herunterzuschrauben, dem Wandel der sozialen und ökonomischen Struktur wie der Abwertung alter Werte anzugleichen und einzuordnen und sich mit den demütigenden Realitäten erschütterten Herrendaseins innerlich abzufinden. Daß sie eine demokratische politische Technik sich dienstbar machten, indem sie sie unter der Maske des Patriotismus demagogisch mißbrauchten, ideologisch verspotteten und moralisch diskreditierten; daß sie, wie die große Majorität der deutschen Konservativen überhaupt, lediglich als Demokraten posierten und aus demokratischen Spielregeln eine Travestie machten – das beschleunigte ihren Niedergang und endete mit ihrem Untergang. Denn mit den Nationalsozialisten konnten sie in diesen Künsten nicht konkurrieren.

Wie hat das doch Joseph Goebbels in der ihm eigenen zynisch-provokatorischen Art einmal formuliert? „Mit Zylinder und Gehrock stolzieren sie einher. Aber in Wirklichkeit sind sie machthungrige Leute, die nach Beute ausgehen, und da sie zu schwach und zu feige sind, sie vom eigenen Feld zu holen, so halten sie sich hinter der kämpfenden Front zurück [...]. So naiv und dumm sind sie, die die Menschen in zwei Klassen einteilen. Die einen seien dazu geschaffen, zu dienen, und dazu gehören wir und alles Volk, die anderen dazu geschaffen, zu herrschen, und dazu habe ein weises Schicksal sie ausersehen. Sie verwechseln die Herrenreiterei mit der hohen Politik, und sie fühlen sich nur wohl, wenn sie unter ihresgleichen sind. [...] Wir werfen ihnen den Fehdehandschuh vor die Füße und fordern sie auf, mit uns in die Arena des Volkes herunterzusteigen, damit das Volk selbst ein Urteil abgeben kann, wem die Macht gebührt, euch oder uns."[45a]

IV.

Die Kluft zwischen der objektiven Klassensituation und dem rückwärts gewandten Standesbewußtsein, dem illusionären Anklammern an eine verklungene Herrlichkeit sozialer und politischer Ungleichheit und wirtschaftlicher Suprematie führte zu Spannungen und Konflikten, die nach der Revolution von 1918 und erst recht in den Krisenjahren nach 1929 die Einreihung in die Republik und eine positive Beteiligung an der Konsolidierung der improvisierten parlamentarischen Demokratie verhinderten. So verpaßten die „Ostelbier" ihre letzte große Chance, unter endgültiger Preisgabe traditioneller Prätentionen und Vorrechte durch aktives Beispiel beim Aufbau einer zu konstruktiver Mitarbeit bereiten konservativen Massenpartei eine politische Elitestellung innerhalb der liberalisierten und egalisierten Staatsordnung, und nicht gegen sie, sich zu sichern[46].

Nach 1918 setzte sich in steilerer Kurve der Abstieg der Rittergutsbesitzerklasse fort, der in den letzten Jahrzehnten des Kaiserreiches sich deutlich abgezeichnet hatte. Auch die in den Vorkriegsjahrzehnten kursierenden Staatsstreichpläne waren ja ein Zeichen des Machtverfalls wie der wachsenden inneren Unsicherheit der herrschenden Kreise. Jedoch siegte die Vernunft damals über die Verblendung. Die „schneidigen" Scharfmacher begnügten sich mit dem bloßen Kokettieren mit Gewaltmethoden, und auch der zungenfertige Monarch ließ es bei leeren Redensarten bewenden. Nach 1918 manifestierte sich der Niedergang der Großgrundbesitzer zunächst nicht in einer Verschlechterung der finanziellen Klassenlage, sondern in dem Verlust der politischen Privilegien, dem Absinken des fluktuierenden politischen Einflusses, der Schwächung des Gruppenansehens, der Deflation des Herrschergefühls, der Zunahme der Gedankenarmut und der wachsenden Skrupellosigkeit[47].

Als Besitz- und Erwerbsklasse, trotz weitgehender Differenzierung der Eigentumsverteilung, zeigten sich die Großagrarier von erstaunlicher Beharrungskraft. Von „Demokratisierung" durch Verarmung der alten Aristokratie konnte keine Rede sein, auch als der preußische Staat zur Zitadelle der Sozialdemokratie wurde. Die große Agrardepression des späten 19. Jahrhunderts war abgelöst worden durch einen langen, wenn auch keineswegs störungsfreien „Indianersommer", der von 1898 bis 1928 dauerte. In den ersten beiden Jahrzehnten dieses Zeitraumes verdoppelten oder verdreifachten sich die Preise der ostdeutschen Güter über 1000 ha[48]. Auch die Kriegsproduktion und die Kriegslieferungen erwiesen sich als durchaus lukrativ, und durch die Inflation wurde man das Gros der Schulden los[49]. Freilich ging es seit 1914 mit der landwirtschaftlichen Produktivität trotz steigender finanzieller Rentabilität bergab, da die Roherträge sanken, während die Reineinkommen zunahmen[50]. Die Gefahren der nach 1924 rapide anwachsenden Neuverschuldung und Betriebskosten und die sinkende Kaufkraft der Agrarerzeugnisse wurden nur teilweise neutralisiert durch die steigenden Roherträge, die gesetzgeberische Herauslösung aus der freien Verkehrswirtschaft und den ins Maßlose übersteigerten Zollschutz, der schließlich bis 1931 dahin führte, daß die deutschen Getreidepreise bis zu 300 % über dem Weltmarktniveau lagen[51]. Trotz traditionell gewordenen Klagens über „schlechte Zeiten"[52] und dank des höchst wirksamen SOS-Rufes „Väterchen Staat, hilf!" war, infolge der weit vorgeschrittenen Fideikommißbildung[53] und der freigebigen Unterstützungspolitik der Regierung, im Bereiche des Großeigentums die Besitzerhaltung gesicherter und stabiler als im 19. Jahrhundert. Am Vorabend der 1929 einsetzenden internationalen Wirtschaftskrise war es noch immer so, daß im Vergleich zum Reichtum der großagrarischen Plutokratie, deren Spitzenvertreter freilich zugleich Montanindustrielle waren oder zum Finanzadel gehörten[54], die „bloßen" Großindustriellen und Großkaufleute weniger ganz große Vermögen, jedoch eine größere Zahl von großen Vermögen besaßen.

So war das Rittergutsbesitzertum noch immer eine sehr massive wirtschaftliche Machtgruppe, der es trotz unentwegter Jeremiaden im ersten Jahrzehnt der Weimarer Republik materiell besser ging als im ersten Vierteljahrhundert des Kaiserreichs. Auch konnten die Landjunker, meist autoritäre Persönlichkeiten und nicht nur Verehrer und Prediger autoritärer Ideologien und Regierungsmethoden, auf die politische Unterstützung wohlgesinnter Verwandter und Freunde in der Reichswehr wie in der Verwaltungs- und Justizbürokratie rechnen. Aber das konnte in der neuen Massendemokratie, in der die Wähler am längeren Hebelarm saßen, den popularen Vertrauensschwund nicht ausgleichen, dem die Großagrarier sich vorerst nach 1918 selbst in den Agrargebieten gegenübersahen. Im Hinblick auf ihre ungebrochene wirtschaftliche Kraft und ihren traditionellen Herrschdrang war die jäh zur Wirklichkeit gewordene politische Depossedierung eine um so bitterere Pille. Infolge des Übergangs zum parlamentarischen System war aber ein Kampf um die Wiedergewinnung alter oder die Eroberung neuer Positionen ohne erfolgreiche Intensivierung der Massenbeeinflussung zu hoffnungslosem Scheitern verurteilt.

Vertreter des Rittergutsbesitzertums haben es daher auch nicht an Bemühungen fehlen lassen, sich der neuen demokratischen Ordnung anzupassen und „in der Formung und Zielsetzung ihrer Staatsideale und ihrer praktischen politischen Arbeit [...] eigene positive, die Nation und den Staat weitertragende Forderungen zu formulieren“[55]. Jedoch vermochte sich die kleine Minorität nicht durchzusetzen, die es mit dem demokratischen Experiment oder zumindest mit konservativen *Grundsätzen* ehrlich meinte.

Sogar Repräsentanten der überaus dünn gewordenen geistigen und ethischen Elite im Landjunkertum blieben auf der Suche nach neuen Wegen in ausgefahrenen Geleisen stecken. Im Gegensatz zu den rabiat werdenden Elementen unter ihren Standesgenossen, die dazu neigten, mit Hilfe von putschistischen Kampfverbänden „kurzen Prozeß zu machen“, verbanden sie noch einen reflektierenden Glauben an Prinzipien, Ideale und romantisierende Geschichtslegenden mit beruflicher Tüchtigkeit, restaurativer Interessenpolitik und haßerfüllter Verachtung für die „pöbelhaften“ neuen Herrscherelemente und die neuen Minister „ohne Ahr und Halm, die unsere Sonne nicht wärmt und unser Regen nicht näßt“. Aber selbst in den stabilsten und hoffnungsvollsten Jahren der Republik kamen die typischen Sprecher dieser gebildeten, monarchistisch gesinnten Führergruppe über emotionales Denken, selbstgefällige Apologetik und sterile Parolen nicht hinaus: „Der Adel muß beharren auf der durch Jahrhunderte ausgebildeten Herrenart, dem Herrengefühl, dem unbedingten Gefühl, oben zu sein [...]. Daher muß der Adel, um seine lebenswichtigen Aufgaben erfüllen zu können, ein gewisses Maß von Macht erringen und behaupten auf allen mit Politik irgendwie in Berührung stehenden Gebieten [...]. Auf einem Gebiete muß der Adel seine Stellung ganz besonders sorgfältig wahren, nämlich auf dem Lande. In einem großen Landbesitz liegen die Wurzeln seiner Kraft und werden sie immer liegen. Die Führung auf dem Lande darf nie verloren werden. [...] Früher aristokratische Monarchie, jetzt demokratische Republik. Früher durchdrang alle Pflichtgefühl, heute kennt jeder nur Rechte. Früher Selbstlosigkeit, Gemeinsinn, heute Selbstsucht. Früher Einfachheit, Genügsamkeit, Sparsamkeit, Fleiß, heute raffinierte Genußsucht, Vergnügungssucht, Verschwendung, Arbeitsscheu, früher Gehorsam, Autorität, Ehrfurcht, heute Auflehnung, Skepsis, Frivolität, Eigendünkel.“[56]

Unmittelbar nach 1918 in den Schmollwinkel zurückgedrängt, bewerkstelligten die „Ostelbier“ in den zwanziger Jahren ihren parteipolitischen Wiederaufstieg durch Assoziation mit der *Deutschnationalen Volkspartei*, wobei es ihnen gelang, in den ihnen bis dahin so gut wie völlig verschlossenen Gebieten West- und Süddeutschlands, einschließlich großstädtischer Wahlkreise, sich neue Anhänger zu sichern[57]. Obwohl aus der Verschmelzung der Deutschkonservativen und der *Reichspartei* mit kleineren Gruppen hervorgegangen, hatte die *Deutschnationale Partei* eine breitere soziale Basis als ihre Vorgänger. Sie identifizierte sich daher auch keineswegs mit den Interessen und Anschauungen der ostdeutschen Gutsunternehmer. Bezeichnenderweise wurden nach 1928 die Großagrarier in der politischen Führung der Partei von der Schwerindustrie überflügelt.

Nicht einmal in ihrem eigensten Bereich, auf dem Lande und in der Landwirtschaft, konnte die Rittergutsbesitzerschicht ihren Einfluß behaupten. Zwar gelang die „Infiltration der agrarisch-berufsständischen Verbände und Interessenvertretungen mit großagrarischem Geiste“[58] und die kurzfristige Überbrückung der Interessengegensätze innerhalb der Landwirtschaft durch Ausweitung des Landbundes zur *Grünen Front*, deren Politik, nach dem stolzen Wort des Grafen Kalckreuth, zu 90 Prozent Landbundpolitik war. Aber als nach dem Beginn der akuten Agrarkrise der Reichslandbund von dem „sturen Bock“ Hugenberg abrückte und sich damit von der destruktiven Oppositionspolitik der Deutschnationalen gegen „das System“ distanzierte; als er bei der Verfolgung einer kraß opportunistischen materiellen Interessenpolitik gegen den „Agrarbolschewismus“ die gemäßigten Elemente in den eigenen Reihen in den Hintergrund drängte und dabei in das große pseudodemokratische Wettrennen mit den Nationalsozialisten hineingestoßen wurde, wurden nicht nur die Bauern politisch an den Großagrariern, sondern die politisch sich aufspaltenden Großagrarier an sich selbst irre.

Es muß hier genügen, daran zu erinnern, daß die politische Umorientierung der machtgewohnten, machterprobten, machthungrigen und schließlich kopflos werdenden landbesitzenden Führungsschicht in einem gräßlichen Fiasko kulminierte. Blickt man auf die Taten und ihre Früchte und nicht auf die Erwartungen und hochtrabenden Worte, so ergibt sich als Wesen der letzten, historisch entscheidenden Phase des Herabsteigens in das Volk das Abgleiten in die politische Radikalisierung, konspirative Taktik und hemmungslose Demagogie, das Abschwenken zum politischen Abenteuerertum, das Hineinrutschen in das Dritte Reich, die Kapitulation des Reichslandbundes, das Paktieren mit der nackten Gewalt, die moralische Nihilisierung. So wurde vor dem bitteren Ende für ein paar Jahre aus dem aristokratischen Großgrundbesitzer ein „Volksgenosse“ besonderer Art, ein „großer Bauer“ und, kollektiv, der „größere Bruder“ und das „landsässige Führertum“ in einer *Bauernfront*, in der der Rittergutsbesitz zum „Kulturträger der Volkheit“ promoviert wurde[59]. Gelang es auch auf diese Weise dem Gros des Landjunkertums unter den gewandelten Verhältnissen, der „besseren Demokratie“ unter der Ägide der NSDAP, im *Reichsnährstand* als dem „Herzstück der großen deutschen Volksgemeinschaft“ als „Führer eines Unternehmens“ sich zunächst noch häuslich und profitabel einzurichten und die politische Selbstentmannung und Versklavung mit der Realität einer wirtschaftlichen und dem Schein einer gesellschaftlichen Elitestellung zu verbinden, so war der selbstmörderische Preis doch ungeheuerlich, der für diese erbarmungswürdige Finalepisode einer im Wandel der Jahrhunderte so bedeutsamen sozialen Klassengeschichte zu zahlen war: die Helfersdienste bei der Heraufbeschwörung der deutschen Katastrophe und in ihrem Gefolge die historische Vernichtung des ostdeutschen Gutsbesitzertums.

Wer möchte wohl ernsthaft daran glauben, daß im Falle einer deutschen Wiedervereinigung im westlichen Sinne die ostelbische Rittergutsbesitzerklasse wiederauferstehen würde?

4. Zur sozialen Funktion der Agrarpolitik im Zweiten Reich

I.

Die in der Epoche der Industriellen Revolution in Deutschland sich vollziehende Neugestaltung des Verhältnisses von Staat, Politik, Wirtschaft und Gesellschaft durch die Gründung und äußerlich so eindrucksvolle Konsolidierung des Zweiten Reiches auf kleindeutsch-konservativ-agrarisch-schwerindustrieller Grundlage erfolgte unter der politischen Führung wagemutiger Mitglieder der traditionellen preußischen Herrschereliten, die den militärisch-bürokratischen Machtapparat des Hohenzollernstaates fest in der Hand hatten. Die Reichsgründung war eine so einschneidende Wende in der politischen Nationalentwicklung, aber auch in der Manipulierung der Macht und Einfluß suchenden Gesellschaftsgruppen sowie in der Dynamik der Wechselbeziehungen zwischen den Besitz-, Erwerbs- und Berufsklassen, daß auch die historische Erkenntnissuche, die ideologische Grundhaltung der Geschichtswissenschaft und ihre soziale und politische Frontstellung davon berührt wurden. Bezeichnenderweise hat die historische Fachwissenschaft im Kaiserreich meist recht einseitig auf den großen Wandel reagiert.

Seit der Jahrhundertmitte hatte die damals im Vordergrund stehende liberal-nationale Schule der deutschen Geschichtsschreibung ihre Antriebskraft und Zielrichtung durch den Kampf um die nationalstaatliche Einheit, die Steigerung der nationalen Macht und die Sicherung der politischen Freiheit und parlamentarischer Mitentscheidungsrechte erhalten. Die Lösung der deutschen Frage durch „Blut und Eisen" und die konservative Gegenrevolution von oben hatten jedoch, ebenso wie die Beendigung des preußischen Verfassungskonflikts durch den „dilatorischen Formelkompromiß" des Indemnitätsgesetzes, bei den führenden „politischen Historikern" – Droysen, Duncker, Häusser, Sybel, Treitschke – nicht eine Ausweitung, vielmehr eine Verengung ihres historischen Gesichtsfeldes und eine Verkalkung ihrer politischen Urteilsbildung im Gefolge. Das Ergebnis der Umorientierung war die idealistisch begründete freiwillige Gleichschaltung: der Niedergang ihres politischen Liberalismus, der Durchbruch vorwiegend gouvernementaler Denkweisen und die nationalistische Verhärtung und Militarisierung nationalstaatlicher Wertmaßstäbe großpreußischer Prägung.

Es war vor allem die emotionale Hingabe an das Ideal der nationalen Solidarität und den Mythos nationalstaatlicher Herrlichkeit, was dieser Historikergruppe den Blick für die Realitäten der sozialen und wirtschaftlichen Ungleichheit im historischen Leben und für das „unfeine" Gedränge der Interessengruppen bei der Verteilung des Sozialprodukts verdunkelte oder verschloß. Zu einer vertieften, kritischen Einsicht in die gesellschaftlichen und wirtschaftlichen Vorbedingungen und Auswirkungen des national- und verfassungspolitischen Umbruchs und, allgemeiner gesprochen, in das sozioökonomische Kräftespiel in der Geschichte sind damals die „politischen" Historiker ebensowenig vorgedrungen wie ihre Berufskollegen in anderen europäischen Ländern. Sie standen aus diesen Gründen den im Neuen Reich nach dem jähen Umschlag der Marktkonjunktur im Jahre 1873 scharf sich abzeichnenden wirtschaftlichen Schwierigkeiten, materiellen Interessenkonflikten, sozialen und weltanschaulichen Spannungen im Grunde irritiert und verständnislos gegenüber und vermochten diese Gleichgewichtsstörungen trotz zunehmender Liebe für „Realpolitik" in ihr Geschichtsbild nicht einzuordnen.

Die Neubefestigung der politischen und sozialen Vorrangstellung der vorindustriellen grundbesitzenden, militärischen und bürokratischen Führungsgruppen in der sich entfaltenden industriellen Gesellschaft verhinderte, da sie mit dem „Losschlagen" auf die inneren „Reichsfeinde" verbunden war, das Zustandekommen eines Konsensus über die Grundordnungen. Der nationale Integrationsprozeß entwickelte Anzeichen einer permanenten Krise, die durch den traumatischen Alpdruck der „roten Gefahr" außerordentlich verschärft wurde. In Hinblick auf diese unerwartet „schönen Aussichten" lag den maßgeblichen Sprechern der deutschen Geschichtswissenschaft nichts ferner, als an der sozialkonservativen Basis der politischen Machtverteilung im Kaiserstaat rütteln zu wollen. Die hypnotische Kraft, die von dem ingeniös mit modernen Mitteln arbeitenden konservativen Gegenrevolutionär Bismarck ausstrahlte, setzte sich bei den „politischen" Historikern, abgesehen von Theodor Mommsen, in geistig aktives Mitläufertum um. Wissenssoziologisch gesprochen erfüllte es die selbstgesetzte Aufgabe, den gesellschaftlichen und politischen Status quo historiographisch zu legitimieren.

Sicherlich zeichnete sich nach wie vor die wissenschaftliche Produktion dieser hochangesehenen, standes- und missionsbewußten Sondergruppe der beamteten akademischen Bildungselite – ihre Mitglieder spielten bei der Besetzung der historischen Lehrstühle der Universitäten eine entscheidende Rolle – durch Vervollkommnung bewährter Forschungsmethoden, gesteigerte Gründlichkeit und imponierende Gelehrsamkeit aus. Damit verbunden war das Abklingen der alten Kampfesstimmung und des moralisierenden Pathos, symbolisiert durch Erdmannsdörffer, Koser und Max Lenz, die führenden Nachfahren der national-kleindeutschen Schule der Historiographie. Freilich war das blasser gewordene Geschichtsbild der Epigonen von unübersehbaren Dekadenzerscheinungen begleitet: dem Mangel an schöpferischen neuen Impulsen und Gedanken, dem Abebben des Freiheitsbewußtseins, der stereotyp werdenden Verteidigung obrigkeitsstaatlicher, monarchisch-bürokratischer Traditionen und ständisch-hierarchischer Gesellschaftsideale im Namen der wissenschaftlichen Objektivität.

Doch war auch im Kaiserreich die Geschichtswissenschaft keineswegs eine monolithische Disziplin, die durch ungetrübte Gesinnungs- und Interessengemeinschaft gekennzeichnet gewesen wäre. Feinsinnige, phantasievolle, philosophisch engagierte und bei allem Nationalpatriotismus dennoch um universalere Perspektiven bemühte Köpfe wie Wilhelm Dilthey und nach ihm Ernst Troeltsch und Friedrich Meinecke, von sensiblem Unbehagen geplagt, besaßen den inneren Schwung, sich von der tonangebenden Richtung der Universitätshistorik zu distanzieren. Sie gaben sich nicht zufrieden mit dem Studium der politischen Ereignis- und Institutionengeschichte. Sie suchten und fanden Zuflucht in der Beschäftigung mit esoterischeren Phänomenen, indem sie ihre Kraft, unter nahezu völliger Ignorierung der materiellen Welt und sozioökonomischen Lebenswirklichkeit, auf die Erforschung der Ideengeschichte und die Klärung geistesphilosophischer und geschichtstheoretischer Probleme konzentrierten. Andere, nicht weniger eigenwillige Mitglieder der Historikerelite wie Karl Lamprecht, Eberhard Gothein und Carl Justi, sprengten die Ketten des intellektuellen Provinzialismus, indem sie auf dem Gebiet der allgemeinen Kulturgeschichte Pionierarbeit leisteten und, wie das bei Lamprecht geschah, einen denkwürdigen Methodenstreit entfesselten. Selbst einem so ausgesprochen „preußischen" Historiker wie Otto Hintze gelang bereits in der Spätzeit des Zweiten Reiches der Ausbruch aus der historiographischen Sackgasse mit genialen Vorstudien zur vergleichenden Institutionen-, Verfassungs- und sozialen Strukturgeschichte. Bevor die hier angedeuteten Gegenströmungen an Boden gewannen und das Studium der Geschichte in neue Bahnen lenkten, war jedoch die geistige Führung innerhalb der deutschen Geschichtswissenschaft von den „politischen Historikern" auf die Historische Schule der Nationalökonomie übergegangen. Erst durch sie wurde die bisher vernachlässigte oder gar mit Stillschweigen übergangene Erfassung des Sozial- und Wirtschaftslebens in Vergangenheit und Gegenwart eine zentrale Thematik der Geschichtsforschung.

Diese historisch-empirisch eingestellten, aber schon damals um exakte Quantifizierung bemühten Nationalökonomen dachten und schrieben mehr in den Kategorien der „politischen Ökonomie" und der „wirtschaftlichen Staatswissenschaften" als der Wirtschaftstheorie. Meist Mitglieder des 1872 gegründeten *Vereins für Sozialpolitik*, arbeiteten die „Kathedersozialisten" durch Neubestimmung der „sozialen Frage" und kritische Reflexion auf die gewandelten wirtschafts- und gesellschaftspolitischen Bedürfnisse bewußt darauf hin, unter Anknüpfung an gewisse kollektivistische, kameralistisch-beamtenstaatliche Traditionen Mitteleuropas „moderne" Richtlinien für die Bewältigung der so komplex und dynamisch gewordenen Lebensverhältnisse zu gewinnen. Sie beschäftigen sich mit den Problemen, die aus der Revolutionierung der Wirtschafts-, Sozial- und Staatsstruktur durch den Industrialisierungs- und Verstädterungsprozeß, die Bevölkerungsumschichtung, die Reichsgründung und die politische Aktivierung der dem Analphabetentum entwachsenen Massen entstanden waren. Auf der Suche nach einem lebensfähigen sozialen und ökonomischen Gleichgewicht, sahen sie in der Geschichte ein unerschöpfliches Reservoir der Gesellschaftskunde, das ihnen bei der Ortsbestimmung der Gegenwart und dem spekulativen Blick auf das Kommende hilfreiche Dienste leisten könnte. Und da sie verantwortungsbewußte Staatsbürger und Experten waren, die, obwohl in verschiedenen politischen Lagern stehend, ihr Leben sowohl der aktiven Beeinflussung der politischen Willensbildung als auch strenger Forschung gewidmet hatten, betrachteten sie die geschichtliche Erfahrung auch als das große Arsenal, das die Waffen für oder gegen bestimmte ökonomische und soziale Reformen und Regierungsmaßnahmen liefern sollte. Infolgedessen spiegelten sich die heftigen Auseinandersetzungen, welche die allmähliche Schwergewichtsverlagerung vom – in der Terminologie der Zeit – „Agrarstaat" zum

„Industriestaat“ und den Übergang zu einer protektionistischen Wirtschaftspolitik und deren stufenweiser Verschärfung unter der finanziell, moralisch und politisch kostspieligen Devise des „Schutzes der nationalen Arbeit“ im Deutschen Reich begleiteten, deutlich wider in dem wachsenden Interesse am Studium der sozial- und wirtschaftsgeschichtlichen Aspekte vorindustrieller Entwicklungsprozesse. Hierbei lag der Nachdruck meist auf der Geschichte der Landwirtschaft und der Agrarverfassung, vor allem aber auf der riesige Materialmassen erschließenden Erforschung der staatlichen Agrarpolitik. Tatsächlich gab es damals kaum einen von der Wirtschaftswissenschaft herkommenden Historiker von Bedeutung, der nicht während der Kaiserzeit einen mehr oder weniger bemerkenswerten Beitrag zu diesem Forschungsbereich geliefert und sich darum bemüht hätte, zwischen den Staatsinterventionen der Gegenwart und geschichtlichen Überlieferungen gewisse Verbindungslinien zu ziehen. Es muß genügen, in diesem Zusammenhang Schmoller, Wagner, Meitzen, Hanssen, Knapp, Brentano, von der Goltz, Sering, Lotz, Sombart, Ehrenberg und den jungen Max Weber zu erwähnen, der 1892 seinen Ruf mit der Veröffentlichung eines Buches über die Lage der Landarbeiter im ostelbischen Deutschland begründete.

II.

Die Vertrauenskirse, in die nach 1866 zunächst der deutsche politische Liberalismus und sodann, infolge der internationalen Wirtschaftsdepression von 1873-79, auch der ökonomische Liberalismus geriet, erreichte im Kaiserreich einen Schnittpunkt mit der durch den Übergang vom Freihandel zum Schutzzoll im Jahre 1879 unterbauten Annäherung von Großgrundbesitz und Großindustrie. Von den weitverzweigten, folgenreichen Aspekten der wirtschaftspolitischen Schwenkung zu verstärkter Staatshilfe und Staatsintervention soll hier lediglich die protektionistische Agrarpolitik herausgehoben und in größere sozial- und wirtschaftsgeschichtliche Problemzusammenhänge eingegliedert werden.

Das zwiespältig motivierte, von Bismarck für innenpolitische Machtziele manipulierte Hineinschlittern in den Agrarschutz durch Wiedereinführung der Getreidezölle im Jahre 1879 war das Ergebnis der berühmten politischen Allianz zwischen „Roggen und Eisen“, gelegentlich auch als Bündnis zwischen „Rittergut und Hochofen“ bezeichnet. Soweit zu jenem Zeitpunkt agrarökonomische Realfaktoren auf den politischen Entscheidungsprozeß einwirkten, war es die plötzlich labil werdende Marktlage der deutschen Landwirtschaft, die seit den 1849er Jahren ein sprunghaftes Wachstum und einen ungewöhnlich profitablen Aufstieg erlebt hatte. Von etwa 1875 bis zum Jahrhundertende jedoch sah sie sich, insbesondere die Getreidewirtschaft – das war auch in westeuropäischen Ländern, vor allem im hochindustrialisierten England, der Fall – einer Strukturkrise gegenüber, die an die Umsicht und unternehmerische Umstellungsfähigkeit der Landwirte hohe Anforderungen stellte. In diesem Vierteljahrhundert internationaler Unruhe und brodelnder Animositäten in der ländlichen Gesellschaft der westlichen Welt, zu der damals auch Rußland gehörte, ging die Rentabilität der deutschen Landwirtschaft entschieden zurück. Das bedeutete für die vielen Millionen der unmittelbar und mittelbar Beteiligten, d. h. für sämtliche im Inland lebenden deutschen Staatsbürger und unzählige Ausländer in weit auseinander liegenden Teilen der Welt, um so mehr einen auf ihre finanziellen Interessen und Marktbeziehungen negativ oder positiv zurückwirkenden Wandel, als gleichzeitig auch die landwirtschaftliche Produktivität im Deutschen Reich bis gegen Ausgang der 1890er Jahre durch verlangsamtes Wachstum (in der Viehwirtschaft) oder Stagnation (in der Getreidewirtschaft) gekennzeichnet war. Bei zunehmender Bevölkerung und nahezu gleichbleibender Gesamtanbaufläche verblieb in dieser Deflationsepoche, in Jahresdurchschnitten gerechnet, die Ertragssteigerung der wichtigsten Ackerfrüchte in überaus bescheidenen Grenzen.

Namentlich die besonders marktanfälligen, Getreide produzierenden Großlandwirte waren einem doppelten Druck ausgesetzt. Von außen wurde ihre traditionelle Produktionsrichtung und wirtschaftliche Machtstellung durch den Strukturwandel bedroht, den die Revolutionierung der Welternährungswirtschaft nach sich zog. Im Innern wurde ihre Position unterhöhlt durch die fortschreitende Industrialisierung und die Landflucht. Der Trendumschlag auf der Wertseite der Wirtschaft brachte für die Agrarunternehmer eine langfristige Steigerung der Erzeugungskosten, wachsende hypothekarische Belastungen und eine außerordentliche Vermehrung der Zinsrückstände bei den landwirtschaftlichen Kreditinstituten mit sich, während gleichzeitig das Niveau der Erzeugerpreise für Produkte des pflanzlichen Sektors und die Gewinnspannen, jedoch nicht die Güterpreise, erheblich sanken. Da trotz des Übergangs zu Getreidezöllen Kohlehydratprodukte viel stärker als Eiweiß- und Fetterzeugnisse von dem Preisverfall betroffen blieben, liefen die agrargesellschaftlichen Folgen der Deflation der Erzeugerpreise weit mehr auf eine wirtschaftliche Gefährdung der Großagrarier (und das waren vor allem die ostdeutschen Rittergutsbesitzer) als der überwiegenden Mehrheit der mittleren und kleinen Landwirte hinaus. Bei dieser Lage der Dinge war die überkommene Grundbesitzverteilung, geschweige denn der bisher gewohnte „standesgemäße“ Lebensstandard, ohne privilegierte Behandlung oder einschneidende Änderungen in der Bodennutzung und betriebliche Rationalisierungsmaßnahmen nicht mehr zu halten.

Zweifellos erlitt die deutsche Landwirtschaft einen Schock durch das sturmhafte Vordringen des internationalen Wettbewerbs und die Intensivierung zwischenstaatlicher Austauschbeziehungen. Diese Rivalität erwuchs aus einigen grundlegenden Veränderungen des Weltmarktgefüges, die außerhalb der Kontrolle der deutschen Landwirte lagen. Im Weltweizenhandel, der für die internationale Nahrungsmittel-Marktlage damals richtungweisend war, spitzte sich der Konkurrenzdruck in einem langwährenden Kampf um die Vorherrschaft zwischen den Vereinigten Staaten und Rußland zu. Beiläufig sei bemerkt, daß hier zum erstenmal in der modernen Welt die beiden Giganten der Zukunft in einen wirtschafts- und sozialhistorisch überaus bedeutsamen Interessenkonflikt gerieten, wobei sich das industriell „entwickelte“ Amerika, obwohl agrarisch bis zum Jahrhundertende ein „Entwicklungsland“, am längeren Hebelarm befand.

Der Durchbruch zu weltwirtschaftlicher Nahrungsmittelversorgung wurde ermöglicht durch die außerordentliche Vergrößerung der Anbaufläche außerhalb West-

und Westmitteleuropas, eine Expansion mit einer Wachstumsrate, die weit über die der Bevölkerungszunahme hinausging. Zumindest in der Neuen Welt war es der Überfluß an billigem und fruchtbarem Land, der in Verbindung mit dem Mangel an Arbeitskräften eine rasche Mechanisierung der Produktionsmethoden und eine gewaltige Steigerung des Erzeugungsvolumens und der Exportkapazität bewirkte. In Rußland dagegen waren es das Übermaß an landwirtschaftlichen Arbeitskräften, der die Pachtpreise hochhaltende Landhunger der Bauern, die meist rückständig bleibende Landbautechnik, die relative Bedeutungslosigkeit des städtischen Marktes für den Getreideverkauf, die zunehmende Realbelastung durch die Bauernbefreiungsabgaben und die rigorosen Besteuerungsmethoden, welche trotz wachsender Massenarmut und geringer Arbeitsproduktivität das Gros der ländlichen Bevölkerung indirekt dazu zwangen, den Gürtel enger zu schnallen und einen erheblichen Teil ihrer Getreideerzeugung für den Auslandsmarkt zur Verfügung zu stellen. Der Druck von außen, mit dem die west- und westmitteleuropäischen Getreideproduzenten fortan zu rechnen hatten, wurde marktmäßig erst wirksam mit den langfristigen kostenreduzierenden Folgen der internationalen Revolution des Transportwesens. Dieser Wandel kam seit der Mitte der 1870er Jahre besonders klar zum Ausdruck in der radikalen Verbilligung der Frachtsätze im Seeverkehr, namentlich zwischen London und New York, bzw. Odessa.

Was die deutschen Großlandwirte aus dem Gleichgewicht warf, war jedoch nicht so sehr der überseeische und osteuropäische Wettbewerb an sich, als vielmehr die hohen Erzeugungskosten der Getreidewirtschaft und die überhöhten Güterwerte; bei der damaligen internationalen Marktlage drohten sie gegenüber den niedrigen amerikanischen und russischen Getreidepreisen konkurrenzunfähig zu werden. Aus dieser Lage erwuchs nach anfänglichem Zögern die unabsehbare Reihe der Versuche, mit politischen Mitteln und unter Ausnutzung ihrer exquisiten politischen Macht- und gesellschaftlichen Rangstellung soweit wie möglich das Einfrieren und daher die Immobilisierung des *kollektiven* Grundbesitzstandes der Landaristokratie zu erzwingen sowie ihr auf Kosten anderer eine bevorzugte wirtschaftliche Stellung und einträgliche Bodenrente zu sichern. Und eben dies wurde, wenn auch die offiziellen Regierungserklärungen andere Erwägungen in den Vordergrund schoben, die zentrale *soziale* Funktion der Agrarpolitik im kaiserlichen Deutschland.

Die landwirtschaftliche Marktpolitik, die Agrargesetzgebung und die Verwaltungsmaßnahmen der kaiserlichen und der preußischen Regierungen wirkten weitgehend auf die Zeitpunktfixierung, die Zielrichtung und den Intensitätsgrad des agrarischen Anpassungsprozesses ein. Von Anbeginn enthüllte die staatliche Intervention in den Wirtschaftsablauf und in das Wirtschaftsschicksal der Argrarklassen den mächtigen politischen Einfluß der Großgrundbesitzer und ihre Findigkeit, nationale Interessen mit ihren eigenen Sonderbelangen gleichzusetzen. Zweifellos wäre es lächerlich, von einem politischen Machtmonopol der ländlichen Plutokratie im Zweiten Reich sprechen zu wollen. Nichtsdestoweniger wurden die Grundzüge der Agrarpolitik durch die „Großagrarier“ bestimmt, wenngleich nur einige der höchsten Kommandostellungen im Staatsapparat von ihren „Repräsentanten“ besetzt waren und sie selbst gelegentlich, wie unter Reichskanzler Caprivi, etwas in die Enge getrieben wurden.

Es wäre unsinnig, behaupten zu wollen, daß von den amtierenden Regierungen und den Parlamenten nur für die Förderung dieser privilegierten Gruppe öffentlicher Wohlfahrtsempfänger etwas unternommen wurde. Immerhin ist im Laufe der Zeit sehr viel für sie getan worden, und sie hätte zufrieden sein können, war es aber nicht und wurde es nie – ein Tatbestand, der mit nacktem Egoismus nicht hinreichend erklärt werden kann.

Die hier als Landaristokratie bezeichneten Großgrundbesitzer – ob altadlig, neuadlig oder nichtadlig – bildeten eine überaus differenzierte gesellschaftliche Oberschicht, welche Kriterien auch immer einem Versuche realistischer Kennzeichnung der internen Unterschiede zugrunde gelegt werden: Umfang und Art des Kapitalbesitzes, Höhe und Art des Einkommens, wirtschaftliche Funktion, berufliche Betätigung, Rechtsmerkmale, Lebensstil, Bildungsniveau, politische Mentalität und Verhaltensweisen, gesellschaftlicher Rang und Einfluß, kulturelle Stellung und Leistung, persönliche Qualitäten, ideologische Glaubenshaltung, Bewußtsein der sozialen Identität. Die Rolle, die die süd- und westdeutschen Großgrundbesitzer im Landwirtschaftsleben spielten, beschränkte sich häufig auf die des Großrentners. Ihr Kapitaleinkommen diente in erster Linie der Finanzierung von Konsumenten-, gelegentlich auch von Mäzenateninteressen. Sie unterschieden sich in ihren Einkommensquellen und in ihrer ökonomisch unproduktiven Lebensweise grundlegend von den viel zahlreicheren Rittergutsbesitzern im östlichen Deutschland, die von jeher in der Marktwirtschaft produktive Funktionen erfüllt hatten, aber erst seit der Bauernbefreiung sich völlig unzweideutig in eine „offene“ agrarkapitalistische Besitz- und Erwerbsklasse verwandelt hatten. Ihre Mitglieder waren, soweit sie nicht ihre Güter verpachteten, Großproduzenten und Großschuldner, die ihren Lebensunterhalt vornehmlich oder ausschließlich als Gutswirtschaftsunternehmer verdienten.

Es ist *diese* Gruppe der Bodenaristokratie, die in den Brennpunkt des Interesses rückt, wenn, wie das hier geschieht, die Aufmerksamkeit auf den sozialen Sinn der Agrarpolitik im Kaiserreich gelenkt wird. Denn es waren die als „Herren“ kapitalistischer Gutsbetriebe tätigen Großlandwirte, die im Interessenkampf die Schlüsselstellung einnahmen und behaupteten, solange noch etwas zu behaupten war. Daß sie es taten und tun konnten, verdankten sie in beträchtlichem Maße ihrer politischen Organisation. Parteipolitisch fanden die ostdeutschen Gutsunternehmer ihr Schwergewicht in dem von ihnen beherrschten agrarkapitalistischen Flügel der konservativen Parteien, verbandspolitisch in der *Vereinigung* und dem *Bund der Landwirte*, von denen noch zu reden sein wird. Indem sie sich zum Zweck kollektiver Verteidigung ihrer privilegierten ökonomischen und gesellschaftlichen Machtstellung zusammenschlossen und mit neuartigen Organisations- und Agitationsmethoden allmählich befreundeten, verbreiterten sie zugleich die soziale Basis ihrer politischen Stoßkraft. Ohne die zündende und vernebelnde Wirkung, welche die Propaganda mit der Idee einer vertikalen agrarischen Interessen- und Lebensgemeinschaft auf das Fühlen, Denken und Handeln des „Landvolks“ gewann, wäre in Anbetracht der im Bereiche der ostdeutschen Agrargesellschaftshierarchie sich verschärfenden realen Interessengegensätze die Neubefestigung der politischen und ideologischen Führungsstellung der Rittergutsbesitzer auf dem Lande kaum begreiflich zu machen. Jedenfalls gelang es ihnen, das weitverbreitete Unsicherheitsgefühl und die wachsende Unzufriedenheit unter der bäuerlichen Bevölkerung aufzufangen und zu kanalisieren. Damit verbesserte sich auch ihre Chance, aus der paranoiden Angst vor dem „Industriestaat“ und den „unmoralischen“ Städten sowie aus dem vielfach irrationalen Appell an die nationalpatriotische Opferbereitschaft leichtgläubiger Staatsbürger handfesten Nutzen zu ziehen.

Obschon die ostelbischen Gutsunternehmer als wirtschaftliche Leistungselite im neuen Reich von den Großindustriellen und Großbankiers schnell überflügelt wurden, gehörten sie doch nach wie vor nicht nur zur „ersten Gesellschaft“, sie blieben auch das soziale Rückgrat der regierenden politischen Machtelite. Denn sie machten ihren Einfluß nicht zuletzt mit Hilfe nichtparlamentarsicher Institutionen und Machtzentren geltend, auf dem Umweg über die Dynastie, die Armee und die hohe Verwaltungsbürokratie, die in Preußen-Deutschland mit politischen Brosamen und bloßer Managertätigkeit wahrlich nicht vorlieb zu nehmen hatte. Und wenn Not am Mann war, konnte man sich auch auf die Kirche verlassen.

Die Einführung des allgemeinen und (nominell) gleichen Wahlrechts hatte freilich eine das Herrenbewußtsein korrumpierende neue Operationsbasis für den politischen Wettbewerb geschaffen. Ohne gewisse Zugeständnisse – das zeigte sich im Laufe der Zeit auch in den agrarpolitischen Entscheidungen – konnte das Dilemma nicht bewältigt und die altgewohnte Vorrangstellung in das Zeitalter der Industrialisierung, der politischen Mitbeteiligung von unten und der sozialen Egalisierungsbestrebungen nicht hinübergerettet werden. Die Bodenaristokratie sah sich gezwungen, eine demokratische Maske anzulegen, die Groß-, Mittel- und Kleinbauern, gelegentlich sogar die besitzlosen Landarbeiter als Berufskollegen und Schicksalsgenossen zu begrüßen und deren Unterstüzung mit Hilfe von institutionellen und propagandistischen Druckmitteln zu gewinnen und zu erhalten. Der Wechsel der Taktiken und Methoden zeitigte um so befriedigendere Ergebnisse, als es den Bauern damals nicht gelang, Anführer aus ihren eigenen Reihen hervorzubringen, und die vornehmlich in industriekapitalistischen Negationskategorien denkenden Sozialdemokraten erst verhältnismäßig spät ernsthaftes Interesse für das Geschick der Landarbeiter zu entwickeln begannen. Somit wurden die wiedererstarkten konservativen politischen Parteien allmählich zu modenern Massenparteien, die das Hauptreservoir ihrer Wählerschaft unter den von Landwirtschaft lebenden Bevölkerungsschichten fanden. Dieser politische Integrationsprozeß der Agrargesellschaft ist um so bemerkenswerter, als das Grundverhältnis zwischen dem Gros der Landbevölkerung und der insgesamt nicht einmal 20000 Mitglieder zählenden Großgrundbesitzerklasse in früheren Geschichtsperioden nicht gerade den Charakter einer *entente cordiale* gehabt hatte. Zudem lief, worauf noch zurückzukommen sein wird, der Schutz „der“ Landwirtschaft im Deutschen Reich auf den „ostelbischen“ Großagrarierschutz hinaus.

Der machtvolle Einfluß der Großlandwirte auf die Politik zeigte sich auch in der Bildung politisierter wirtschaftlicher Interessenorganisationen. Die Gründung der *Vereinigung der Steuer- und Wirtschaftsreformer* im Jahre 1876 war das Werk einer kleinen, neue Wege suchenden Minderheitsgruppe „praktisch“ und entschieden materialistisch denkender ostdeutscher Landadliger, die wenige Monate später auch die

Initiative bei der Gründung der *Deutschkonservativen Partei* ergriffen. Die numerische Bedeutungslosigkeit dieser stoßkräftigen, über ausgezeichnete Beziehungen verfügenden Führungsgruppe war umgekehrt proportional zu ihrem politischen und propagandistischen Erfolg. Es war dies ein Gutsbesitzer-Gremium, das Parlamentarier und Ministerialbürokraten ebenso wie Industriekapitäne und den „Eisernen Kanzler" zu „bearbeiten" verstand, aber auch seinerseits für gute Ratschläge empfänglich war. Historisch noch bedeutungsvoller war, daß diese agrarkapitalistische Unternehmergruppe das Modell für die Umorientierung ihrer damals meist konservativen Standesgenossen in den östlichen Provinzen lieferte, die trotz der 1870er Krisenjahre an den bisher vertretenen wirtschaftsliberalen Ansichten ebensowenig irre geworden waren wie die politischen Linksliberalen.

Die *Vereinigung* gab vor, sie verteidige auf gesamtnationaler Ebene die kollektiven und gemeinsamen Interessen der landwirtschaftlichen Groß-, Mittel- und Kleinbetriebe gegen Handel, Banken und Industrie. Erst im Jahre 1878, zu einem Zeitpunkt, als die überwältigende Mehrheit der Großagrarier noch immer entschieden freihändlerisch eingestellt war, ging die *Vereinigung* zur Agitation für Getreidezölle über. Die hier zunächst in kleinem Kreise sich vollziehende, oligarchisch gesteuerte Schwenkung wurde richtungweisend für den überraschungsreichen politischen Entscheidungskampf und die daraus resultierende staatliche Agrarpolitik, insbesondere die rasche Verschärfung des Schutzes der Getreidewirtschaft im Dienste der Großproduzenten. Es sei in diesem Zusammenhang nur daran erinnert, daß in der kurzen Spanne von 1879 bis 1887 die Getreidezölle verfünffacht wurden.

Die *Vereinigung* war der Vorläufer eines „moderner" organisierten, erheblich rücksichtloseren und militanteren landwirtschaftlichen Interessenverbandes, des im Jahre 1893 gegründeten *Bundes der Landwirte*. Er hatte den Charakter einer bürokratisierten, undemokratisch und illiberal gesinnten plebejischen agrarischen Massenbewegung unter der Leitung von Landjunker-Demagogen und Berufsfunktionären. Bereits am Ausgangspunkt seiner ebenso berühmten wie berüchtigten historischen Karriere gelang es dem Landbund, auf indirekten Wegen Bismarcks Nachfolger Caprivi zu Fall zu bringen. Und das bedeutete zugleich die Liquidierung der kurzlebigen Politik, im Interesse der Belebung der deutschen Exportindustrie und des städtischen Arbeitsmarkts die Getreidezölle zu senken.

Mit der Rückkehr zur Getreidezollsteigerung war naturgemäß eine Erhöhung der Lebenshaltungskosten der städtischen Verbrauchermassen verbunden. Aber auch die Kleinbauern und Landarbeiter gehörten mit zu den Leidtragenden, da sie auf den Kauf von Brot oder Mehl angewiesen blieben, soweit sie nicht Empfänger von Naturaldeputaten waren oder, wie die Dorfarmen, ihren Ernährungsbedarf an Stärke mit Kartoffeln deckten.

Trotz bemerkenswerter Unterschiede in den Motiven bewegte sich in der Zeit nach 1879 bis zum Ersten Weltkrieg die protektionistische Landwirtschaftspolitik im preußisch-deutschen Klassenstaat, abgesehen von dem Caprivi-Zwischenspiel, im Einklang mit den grundlegenden Forderungen der mehr oder weniger schwer verschuldeten Großagrarier. Sie bildeten eine selbstbewußte, robuste Unternehmerschicht, die angesichts des Struktur- und Konjunkturwandels in den Marktverhältnissen unentwegt Unterstützung durch staatliche Intervention verlangte. Der unmittelbare sozialökonomische Zweck der Agrarpolitik war es, die Indlandspreise bestimmter landwirtschaftlicher Produkte über das Weltmarktpreisniveau zu heben und die hohen inländischen Erzeugungs- und Verteilungskosten mit Hilfe sorgsam differenzierter Maßnahmen zu senken, damit die kollektive Vormachtstellung der „notleidenden" Gutsbesitzer, die als „Stütze der Monarchie" und als „Rückgrat des Staates" sich besonderer Wertschätzung erfreuten, auf dem Lande erhalten blieb. Folglich schützte die Subventionspolitik, soweit sie sich des Zolls bediente, überwiegend die Erzeuger von Brotgetreide, während geringere Einfuhrzölle auf Futtergetreide, Vieh und Holz erhoben wurden. Überdies wurde allmählich die indirekte Preisbeeinflussung, den Wünschen der Großinteressenten entsprechend, auf Zuckerrüben und Kartoffeln ausgedehnt.

Zum Zoll traten noch andere Neuerungen wie z. B. die Branntweinsteuergesetzgebung und das Börsengesetz von 1896 gegen den Terminhandel in landwirtschaftlichen Erzeugnissen sowie Gesundheitsgesetze und veterinärpolizeiliche Maßnahmen, die darauf abzielten, durch Erschwerung der Einfuhr von ausländischem Fleisch auch der bäuerlichen Viehwirtschaft ein paar Vorteile zukommen zu lassen. Unvergleichlich wichtiger aber waren die lukrativen Osthilfe-Geschenke für Roggen exportierende Großlandwirte, die vielfach trotz hoher Kornzölle auf dem westdeutschen Markt mit dem Ausland nicht konkurrieren konnten und auf dem Umwege über das aus dem Getreidetransithandel erwachsene komplizierte System von Exportprämien und Einfuhrscheinen nach Preisgabe des sogenannten „Identitätsnachweises" auf Kosten des Volkes sich schadlos hielten.

Aber auch die staatliche Verkehrs-, Steuer- und Landarbeiterpolitik verschaffte den Eigentümern und Bewirtschaftern großer Güter zusätzliche Sondervorteile. Der Verstaatlichung der Eisenbahnen folgte die Einführung eines hochdifferenzierten Systems von Frachtraten, wodurch vor allem die Transportkosten für im Inland produziertes Getreide gesenkt wurden. Die direkte Besteuerung von Landbesitz und landwirtschaftlichem Einkommen wurde niedrig gehalten, während man die von den breiten Volksmassen gezahlten Verbrauchssteuern beträchtlich erhöhte. Eine ungewöhnlich generöse Liebesgabe wurde den um ihren Wohlstand und ihre Familien besorgten Großagrariern durch die oft gepriesene Miquelsche Stuerreform zuteil. Das Kommunalabgabengesetz von 1893 stellte die 1861 in Preußen beseitigte Grundsteuerfreiheit der Rittergüter praktisch wieder her, denn der Fiskus verzichtete zugunsten der Kommunen auf die Grund- und Gebäudesteuer. Was dieser „Lastenausgleich" von oben auf der Lokalebene unten bedeutete, wird sofort klar, wenn man bedenkt, daß in den Gutsbezirken, deren kommunales Sonderdasein gewahrt blieb, der Rittergutsbesitzer der einzige Vertreter aller Einwohner war.

Die Sorgen und Unwillen hervorrufende Zunahme der Landflucht war nicht bloß eine typische soziale Begleiterscheinung der demographischen Revolution, der Industrialisierung und Verstädterung unter den technologischen Bedingungen des 19. Jahrhunderts. Im Deutschen Reich war sie in weitgehendem Maße auch eine Folge der Landsperre, die durch das subventionierte Fortleben des Getreide bauenden und mit relativ hohen Kosten arbeitenden Großgrundbesitzes in Ostdeutschland verhängt wurde. In der Praxis bekämpfte man die von Agrarinteressenten und -ideologen tief beklagte Massenabwanderung aus den Landbezirken mehr mit Worten als durch tatkräftige Unterstützung der reklamehaft aufgeblähten Regierungspolitik zur Befestigung der bäuerlichen Besitzverhältnisse und zur Schaffung zusätzlicher mittel- und kleinbäuerlicher Stellen durch öffentliche und private Siedlungstätigkeit. Tatsächlich standen, mit Ausnahme der stark polonisierten Provinzen Posen-Westpreußen, die kümmerlichen Resultate der ländlichen Siedlungspolitik, häufig als „innere Kolonisation" bezeichnet, in krassem Widerspruch zu der offiziösen Romantisierung des Bauernlebens als einer sozialethisch besonders wertvollen Daseinsform, zu der mit der Diffamierung des „unzuverlässigen" Industrieproletariats und der „vaterlandslosen Gesellen" Hand in Hand gehenden Verherrlichung der Biedermannsgesinnung und staatsbürgerlichen Qualitätsüberlegenheit des deutschen „Landmanns".

Tat die staatliche Agrarpolitik materiell wenig für die Mittel- und Kleinbauern, so tat sie noch weniger für die ostdeutschen Landarbeiterklassen. Der Abwanderung landwirtschaftlicher Arbeitskräfte wurde nicht mit humanen Vorbeugungs- und Versöhnungsmaßnahmen begegnet, die eine durchgreifende Aufwertung der rechtlichen Stellung der Landarbeiter, ihre aktive Eingliederung in das kommunale Leben, die Errichtung eines wirksamen Dammes gegen „Ausbeutung" und schlechte Behandlung im Arbeitsleben sowie gegen die oft despotische Handhabung der Polizeigewalt und des Dreiklassenwahlrechts auf dem platten Lande notwendig gemacht hätten. Entscheidend war, daß die autoritäre Machtstellung der Rittergutsbesitzer in den Gutsbezirken *de facto* unangetastet blieb und die „Brotgeber" weiterhin als „Herren im Hause" auftreten, „Gehorsam" und Unterwürfigkeit erzwingen konnten. Selbst die *Herrfurthsche Landgemeindeordnung* von 1891 hat trotz der edlen Absichten ihres durch einen klaren Sinn für Recht und Gerechtigkeit sich auszeichnenden Urhebers an diesem Tatbestand nichts Wesentliches zu ändern vermocht. Und daß die salbungsvolle Begeisterung für den Schutz der „nationalen" Arbeit und für die Bewahrung „germanischer" Art im ostdeutschen Volkstum ihre Grenzen hatte, wenn sie mit dem egoistischen, rational kalkulierten Interesse an Kostensenkung und Gewinnsteigerung in Konflikt geriet, zeigte sich unzweideutig seit den 1890er Jahren, als die Arbeitsverfassung der Gutsbetriebe modifiziert und die Abwanderung deutscher Landarbeiter durch die Zuwanderung noch billigerer slawischer Arbeitskräfte wettgemacht wurde. Auch in dieser heftig umstrittenen agrarpolitischen Kampagne, deren staatspolitische, sozial- und wirtschaftsgeschichtliche Konsequenzen Vertretern der Historischen Schule der Nationalökonomie, die damals in die Debatte sich einschalteten, nicht verborgen blieben, erreichten nach längerem Hin und Her die hartnäckigen, unter Arbeitermangel leidenden und auf der Bewahrung ihrer anachronistischen Standesvorrechte bestehenden Großproduzenten von Getreide, Zuckerrüben und Kartoffeln schließlich, was sie verlangten: eine Ausnahmegesetzgebung, die ihnen das Recht einräumte, in großem Umfang ausländische Saisonarbeiter zu importieren, die entweder zaristische oder habsburgische Untertanen waren.

Abgesehen vom Königreich Sachsen und von Oberschlesien, wo die Montanindustrie zentrale Bedeutung gewann, verpaßte der deutsche Osten den Anschluß an die Industrieentwicklung des Kaiserreiches. Die Agrarpolitik verstärkte im Effekt die massenhafte Landflucht, ob die zunächst Entwurzelten überseeische Auswanderer oder – das war ein beharrlicherer Prozeß – von Osten nach Westen ziehende Binnenwanderer und Stadtbewohner, meist Industriearbeiter, häufig aber auch Sozialdemokraten, wurden. Es ist nicht ohne Ironie, daß ausgerechnet die meist industriefeindlich gesinnten ostdeutschen Großlandwirte dadurch, daß ihnen die angesessenen Landarbeiter und die überzähligen, ein Plätzchen an der Sonne suchenden Bauernsöhne davonliefen, eine entscheidende Arbeitskraftreserve für den industriellen Aufstieg West- und Mitteldeutschlands lieferten.

III.

Wie schon betont wurde, lag das Schwergewicht der Staatseingriffe in den Gang der landwirtschaftlichen Produktions- und Marktentwicklung auf dem Zollschutz der heimischen Erzeugung pflanzlicher Nahrungsmittel, soweit sie einen konzentrierten Kohlehydratgehalt hatten (Getreide und Hackfrüchte). Politisch war der den Großgrundbesitzern gewährte Sonderschutz ein Ergebnis rücksichtsloser Ausnutzung ihrer strategischen Machtstellung innerhalb des konstitutionellen monarchisch-bürokratischen Herrschaftssystems, dessen sozialer Charakter durch den preußischen Dreiklassen-Landtag und den an Neurose grenzenden Geltungsdrang der ins Abrutschen geratenen Landaristokraten eine besondere Note erhielt. Denn der außergewöhnliche politische Einfluß, den die Großagrarier noch im „Industriestaat" auszuüben vermochten, stand in krassem Mißverhältnis zu der Verminderung ihrer realen Bedeutung für das Wachstum der Gesamtwirtschaft und das materielle Wohlergehen des Volkes. Und erst recht konnte ihre kollektive politische Unbescheidenheit nicht mit dem negativen Beitrag sanktioniert werden, den sie zur Förderung der sozialen Gerechtigkeit und damit zur Sicherung der nationalen Einheit im Innern lieferten. In sozialgeschichtlicher Perspektive erweist sich die staatliche Agrarpolitik sowohl in ihrem Kern als auch in ihren praktischen Auswirkungen als eine nur oberflächlich getarnte Klassengesetzgebung. Ihre zentrale Funktion bestand, um es nochmals mit Nachdruck zu vermerken, nicht so sehr darin, die landwirtschaftliche Gesamtproduktion zu schützen, als vielmehr darin, durch einseitige Bevorzugung des Getreide- und Hackfruchtbaus und Benachteiligung der Viehwirtschaft und des kleinen Grundbesitzes die festgefahrene, volkswirtschaftlich unrentabel gewordene Produktionsrichtung in den agrarischen Überschußgebieten Ostdeutschlands künstlich zu verewigen, die bestehende Grundbesitzverteilung zu erhalten, die Güterzerschlagung zu verhindern und den zerrütteten Einkommens- und Vermögensverhältnissen der Großgrundbesitzer aufzuhelfen, wobei die hierzu nötigen Mittel vorwiegend aus den Taschen der kleinen Leute kamen, die mit dem Pfennig zu rechnen hatten. Die Verhinderung eines umfassenden Reorganisationsprozesses in der Bodennutzung und Besitzverteilung ist nicht selten als eine „sehr erfolgreiche Anpassung des wirtschaftenden Menschen an die natürlichen Gegebenheiten, ein verhältnismäßig rauhes Klima und weitverbreitete leichte Böden" charakterisiert worden. Diese technische Erklärung ist komfortabel, aber unzureichend. Bereits in den 1890er Jahren hat Max

Weber die Aufmerksamkeit auf „die vernichtende Kritik" gelenkt, „welche die Grundbesitzer selbst an dem Fortbestand ihres Privateigentums üben durch das Verlangen, in Gestalt des Getreidemonopols und einer Kontribution von $^{1}/_{2}$ Milliarde jährlich ihnen das Risiko, die Selbstverantwortlichkeit für ihren Besitz, seinen einzigen Rechtfertigungsgrund, abzunehmen".

An der Schwelle einer säkularen Entwicklung, die in den Industrieländern des Westens auf den demokratischen sozialen Wohlfahrtsstaat des 20. Jahrhunderts und auf die reale Entmachtung der Bodenaristokratie per se lossteuerte, eroberten die ostelbischen Großagrarier die Spitzenstellung in der Hierarchie der materiellen Nutznießer der öffentlichen Wohlfahrtspflege. Unmöglich hätten sie mit dieser Beantwortung der „sozialen Frage" sich befreunden und, abgesehen von den Zynikern in ihren Reihen, in innerem Frieden mit sich selbst leben und den Kopf stolz hochtragen können, wie es geschah, wenn sie nicht auch weiterhin felsenfest an alte, historisch tief verankerte aristokratische Vorurteile und soziale Wertvorstellungen von „oben" und „unten" geglaubt hätten, die ihr Denken und Handeln menschlich verständlich machen und zugleich ein Schlaglicht auf die Logik des konservativen Widerstandes gegen die Demokratisierung der Gesellschaft werfen. Waren sie es nicht, die aufgrund angeborener überlegener Qualitäten dazu auserkoren waren, ein „standesgemäßes" Leben zu führen, das ihrem gottgefälligen gesellschaftlichen und politischen Superioritätsbewußtsein entsprach? War es nicht mehr als recht und billig und sozusagen evident, daß ihre Wünsche bevorzugt behandelt wurden, da ihre historischen Vorfahren über die Jahrhunderte hinweg „mit Gott für König und Vaterland" sich tapfer geschlagen hatten und sie selbst zur Verstärkung der nationalen Nahrungsmittelbasis im Kriegsfall einen wesentlichen Beitrag lieferten?

Die Schutzzollgesetzgebung ebenso wie andere, vornehmlich dem Großgrundbesitz zugute kommenden parlamentarischen Gunstbezeugungen und Regierungsgeschenke, für die die Steuerzahler und Verbraucher aufzukommen hatten, haben den Prozeß der betrieblichen und technischen Modernisierung der Gutswirtschaften, den Übergang zu rationelleren Erzeugungsmethoden und die Anpassung an die grundlegend veränderten Welt- und Binnenmarktbedürfnisse erheblich verlangsamt, ja teilweise verhindert. Den hohen agrar*politischen* Gewinnen standen bis zur Mitte der 1890er Jahre volks*wirtschaftlich* unbedeutende unternehmerische Führungsleistungen der Großlandwirte gegenüber. Die sozialen Träger des landwirtschaftlichen Fortschritts waren damals vorwiegend bäuerliche Unternehmer in der Viehwirtschaft, deren finanzielle Marktlage freilich durchweg eine günstigere war und noch besser gewesen wäre ohne die sie schädigenden Einfuhrzölle auf Futtermittel. Im Experimentieren mit Selbsthilfe und in der Intensivierung der Betriebe blieb der Rittergutsbesitz ebenso wie in der Rentabilität in der Epoche der „Großen Depression" hinter dem auf moderne Genossenschaften und Bodenkreditanstalten gestützten Mittel- und Kleinbesitz zurück, obschon natürlich auch in diesem Sektor nicht alles zum Besten stand, zumal so mancher Bauer starr am alten Trott festhielt.

Überblickt man in großen Zügen die langfristigen Entwicklungstendenzen in der Bodennutzung und in der Bewegung der Produktionskapazitäten der deutschen Landwirtschaft im Zeitraum von 1878 bis 1914, so mag von der Grundtatsache ausgegangen werden, daß der Gesamtumfang der landwirtschaftlichen Nutzfläche sich leicht verringerte, während der des Ackerlands bis kurz vor dem Ersten Weltkrieg unverändert blieb. Im Rahmen dieser *reichs*deutschen Landwirtschaftsentwicklung vollzog sich jedoch eine bemerkenswerte regionale Verschiebung. Denn in *Ost*deutschland, wo der Großgrundbesitz bei der Entscheidung über die zu wählende Produktionsrichtung der Marktwirtschaft das maßgebende Wort sprach, setzte sich die Erweiterung des mit Feldfrüchten bebauten Ackerlandareals, insbesondere der Getreide- und Kartoffelanbaufläche, weiter fort, wenngleich mit verringerter Wachstumsrate. Im Hinblick auf die überlegene Wettbewerbsfähigkeit ausländischer Kornfruchtproduzenten und die Unsicherheit der Absatzlage war die Konservierung und weitere Ausdehnung der Getreide-, besonders der Roggenanbaufläche in Ostdeutschland um so ungewöhnlicher, als vom Beginn der 1870er bis zur Mitte der 1890er Jahre die durchschnittlichen Hektarerträge stagnierten. Ohne den Großagrarierschutz wäre das unternehmerisch phantasielose und routinehafte Ausruhen auf alten Lorbeeren – allerdings fehlte es zu jener Zeit keineswegs völlig an schöpferischen Gutsunternehmern – unmöglich gewesen. Vieles deutet darauf hin – ein sicheres Urteil ist bei dem heutigen Forschungsstand noch nicht möglich –, daß in dieser Periode stillstehender Produktivität der Getreideerzeugung und schrumpfender Nettogewinne der Getreideerzeuger ein wachsender Prozentsatz der Einkommen und Kredite für die Aufrechterhaltung „aristokratischer" Konsumentengewohnheiten ausgegeben wurde, statt in den Betrieben investiert zu werden.

Erst gegen Ende der 1890er Jahre setzte ein erneuter Aufschwung in der Geschichte der Ertragssteigerung der deutschen *Gesamt*landwirtschaft ein, der bis zum Ersten Weltkrieg anhielt. Es war eine Zeit langfristigen internationalen Preisanstiegs, aber auch tiefgreifender Relationsverschiebungen zwischen Angebot und Nachfrage in der Welternährungswirtschaft. Die hierdurch ausgelösten Antriebe wären der deutschen Getreide- und Hackfruchtwirtschaft, nicht zuletzt dank der starken Zunahme des amerikanischen Eigenbedarfs, auch ohne Schutzzölle zugute gekommen, obwohl zweifellos durch sie die Geschäftslage noch weiter verbessert und die vorherrschende Produktionsrichtung erst recht stabilisiert wurde. Daß selbst in Zeiten vorwaltender Hochkonjunktur und stagnierender Reallöhne die Klagen „notleidender" Großlandwirte im wilhelminischen Deutschland nicht ungehört verhallten, wurde mit der nochmaligen Erhöhung der Agrarzölle durch den Bülow-Tarif von 1902 unter Beweis gestellt. Erst unter diesen nahezu idealen Unternehmerbedingungen gelang dem Gros der aristokratischen Geschäftsleute in der Landwirtschaft der Übergang zu einer bedeutenden Leistungssteigerung im Getreide- und Hackfruchtbau. Die Zunahme der Hektarerträge war nicht so sehr eine Folge tiefgreifender Mechanisierung der Landtechnik – die konnte vertagt werden, solange billige ausländische Saisonarbeiter in genügender Zahl verfügbar waren –, als vielmehr der verbesserten Bodennutzung. Diese wurde durch intensiven Fruchtwechsel und starke Verwendung von mineralischen Düngemitteln erzielt. Dank der erfolgreichen Anwendung dieser Methoden erreichte das Erzeugungsvolumen von Getreide, Kartoffeln und Zuckerrüben im Deutschen Reich ein erstaunlich hohes Leistungsnieveau. Auf diese Weise wurde zwar der Getreidebau der Großbetriebe *privat*wirtschaftlich wieder rentabel, *volks*wirtschaftlich dagegen war seine subventionierte Bevorzugung eine unzeitgemäße Belastung, die den strukturellen Umbau der Landwirtschaft und die Anpassung an die gewandelten nationalen Ernährungsbedürfnisse hintanhielt.

Dem Aufschwung folgte nach 1914 ein langwährender Niedergang, der durch den Weltkrieg ausgelöst wurde. Wenngleich die kriegswirtschaftliche Ernährungszwangslage den Agrarproduzenten zunächst eine Zunahme ihrer Reineinkommen brachte und die Inflation, nachdem sie in Schwung gekommen war, ihre Verschuldung praktisch beseitigte, standen den monetären Gewinnen doch schwere Substanzverluste gegenüber, die, zusammen mit den Gebietsverlusten von 1918–19, sich verheerend auf die Erzeugungskapazitäten der Landwirtschaft auswirkten. Die Versorgung mit Betriebsmitteln war ins Stocken geraten, Maschinen, Geräte und Gebäude verkamen und wurden nicht ersetzt, der Viehbestand ging katastrophal zurück, und die Bodenerträge sanken ruckartig ab.

Die Zeiten nationaler Selbstversorgung in der Ernährungswirtschaft waren freilich längst vor Ausbruch des Weltkrieges an ihr Ende gekommen. Obgleich die deutsche Landwirtschaft vor 1914, so wie sie damals strukturiert war, erhebliche Überschüsse an Kartoffeln und Roggen über den Ernährungsbedarf des Inlands hinaus erzielte, produzierte sie andererseits nicht genug Weizen, Fette und Molkereiprodukte, Obst, Gemüse und bis zu einem gewissen Grade Fleisch. Besonders groß war die Auslandsabhängigkeit in bezug auf eiweißhaltige Futtermittel, die für das Gedeihen der Viehwirtschaft zentral geworden waren. Ebensowenig konnte der Bedarf an landwirtschaftlichen Rohstoffen wie Wolle, Pflanzenöle, Häute und Holz aus der Inlanderzeugung gedeckt werden. Mit anderen Worten: die von Industrie, Handel, Verkehr und Dienstleistungen lebende Mehrzahl der Bevölkerung, die zum Teil für das Ausland arbeitete, mußte zu einem erheblichen Teil auch aus dem Ausland ernährt werden. Bezeichnenderweise vervierfachte sich in der Zeit von 1873-77 bis 1909-13 der Gesamtwert der Lebensmitteleinfuhr nach Deutschland.

Die agrarpolitischen Stützungsmaßnahmen machten es den ostdeutschen Großgrundbesitzern relativ leicht, sich nur unzureichend auf die veränderte ernährungswirtschaftliche Versorgungslage auf dem Weltmarkt und die Entwicklung des heimischen Bedarfs umzustellen. Im wilhelminischen Deutschland sank der mengenmäßige Verbrauch an Roggenmehl und Roggenbrot sowie an Kartoffeln per capita, während der an Protein- und Fetterzeugnissen erheblich zunahm. Diese Bedarfs- und Verbrauchsverschiebung war eine der wichtigsten sozialen Errungenschaften des Industrialisierungsprozesses, zu dessen Bestandteilen auch die technische Revolution der landwirtschaftlichen Erzeugung gehört.

Angesichts dieser Sachlage war das verbissene Festhalten der ostdeutschen Großlandwirte am Roggen- und Kartoffelbau ein kostspieliger, gesamtwirtschaftlich unrationeller Anachronismus. Mit der Berufsstruktur und der gewaltigen Zunahme des Nationaleinkommens hatte sich im Deutschen Reich auch die Struktur der Ernährungsverhältnisse verändert. Die Ausdehnung und Intensivierung des Getreide- und Hackfruchtbaus im östlichen Deutschland entsprach den Bedürfnissen und Verbrauchsgewohnheiten der Epoche des Massenpauperismus und der Frühindustrialisierung, jedoch nicht mehr denen der entwickelten Industriegesellschaft. Sie markierte einen sozialreaktionären wirtschaftlichen Fortschritt, der in keinem vernünftigen Verhältnis zu dem historischen Gesamtertrag der agrarischen Wirtschafts-, Steuer- und Sozialpolitik stand.

Die moderner Mittel sich bedienende Konservierung der traditionellen Vormachtstellung der Landaristokratie im östlichen Deutschland wurde mit ungewöhnlich hohen sozialen und politischen Kosten erkauft; sie trug wesentlich zur Verschärfung des sozialen Unfriedens im Nationalleben und zum Verfall des Vertrauens in die Gerechtigkeit des politischen Systems bei. Zudem hatte der Übergang zur Agrardemagogie mit ihrem Appell an Unvernunft und dunkle Triebe verhängnisvolle moralische, sozialpsychische und ideologische Nebenwirkungen, die sich, wie wir heute zu erkennen vermögen, als eine schwere Vorbelastung für spätere Entwicklungen erwiesen haben. Aber auch für die Entwicklung außenpolitischer Konstellationen war der Großagrarierschutz kein ausgesprochener Segen, wenn man z. B. an die Verschlechterung der deutsch-russischen Beziehungen seit den späten 1880er Jahren denkt.

Selbstverständlich bedeutete in einem volkreichen Lande wie Deutschland, in dem an eine nennenswerte Ausdehnung des agrarischen „Lebensraumes" nicht mehr zu denken war, die Industrialisierung einen Niedergang des nationalen Selbstversorgungsgrads, auch des landwirtschaftlichen. Im Hinblick auf die Vertiefung der Außenhandelsbeziehungen und den Stand, den die Eingliederung der deutschen Volkswirtschaft in das Spannungsfeld der europäischen und der Weltwirtschaft im Gefolge der „Entwicklung" der Agrikultur und der industriellen Produktion wie des Handels- und Verkehrswesen erreicht hatte, waren die von agrarideologischen und -politischen Extremisten und von imperialistischen Abenteurern propagierten Autarkie-Ideen und binneneuropäischen Expansionsbestrebungen nichts anderes als Phantastereien und gefährliche Spielereien, die nicht nur dem deutschen Volk teuer zu stehen gekommen sind. Eine Abkapselung von der Weltwirtschaft vermochte auch der durch den Landbund hochgeschraubte Agrarprotektionismus nicht zu bewirken, nicht einmal in bezug auf das landwirtschaftliche Erzeugerpreisniveau. Der letztere Versuch ist den Großagrariern nolens volens erst im Ersten Weltkrieg gelungen. Aber das war nicht mehr als eine historische Episode. Unter radikal veränderten Bedingungen, wenn auch an frühere Bestrebungen anknüpfend, hatte sie freilich ein makabres Nachspiel in den Zeiten der *Grünen Front* und des *Reichsnährstandes*, d. h. in den Ausgangsjahren des Zwischenreiches der Weimarer Republik und in der vom Dritten Reich errichteten „Festung Deutschland", mit deren Zusammenbruch die ostdeutschen Großgrundbesitzer als soziale, ökonomische und politische Machtgruppe von der historischen Bildfläche verschwanden.

5. Deutsche Agrargeschichte in alter und neuer Sicht

I.

„Die Hinwendung der deutschen Geschichtsschreibung zur Sozial- und Wirtschaftsgeschichte in den letzten Jahren ist auch der Agrargeschichte vielfach zugute gekommen und hat eine neue Zusammenfassung nötig gemacht, die die Ergebnisse der Einzelforschung sichtet und in ein neues Gesamtbild eingliedert. Sie soll gleichmäßig die Geschichte der Landwirtschaft, die Geschichte der Agrarverfassung und die Sozialgeschichte des Bauernstandes berücksichtigen und konnte daher nicht mehr von einem einzelnen geschrieben werden." So heißt es in dem Geleitwort, mit dem der Verlag Eugen Ulmer in Stuttgart im Jahre 1962 das Erscheinen der von Günther Franz herausgegebenen *Deutschen Agrargeschichte* in fünf Bänden ankündigte[1]. Wie stark in unserer Zeit intensiver Spezialforschung in der Tat das Bedürfnis nach Bestandsaufnahme der Erkenntnislage ist, kommt in dem hier in Frage stehenden Wissensbereich oberflächenhaft darin zum Ausdruck, daß die von Wilhelm Abel und Friedrich Lütge verfaßten Bände vor kurzem bereits in erweiterter und veränderter Fassung neu aufgelegt worden sind.

Die lang erhoffte Veröffentlichung der für das Jahr 1963 in Aussicht genommenen Beiträge von Herbert Jankuhn und Günther Franz steht leider noch immer aus[2]. Bei dieser Lage der Dinge kann vorerst nur zu der vorliegenden Arbeitsleistung kritisch Stellung genommen werden. Das bisher Erreichte ist jedoch umfassend, ungleichartig und ungleichwertig genug, um einen instruktiven Einblick in die Thematik, die Grundhaltung, die Problemstellungen, die Methoden, die Begriffskategorien, die Denkweisen und den Erkenntnisertrag der Agrargeschichtsforschung und -schreibung in der Bundesrepublik zu vermitteln. Da historisches Sehen und Denken standortbedingt sind, wird nach den Zielsetzungen, Auswahlprinzipien, Wertmaßstäben und methodologischen Richtlinien zu fragen sein, die dem heutigen agrargeschichtlichen Wissensstand zugrunde liegen. Was für ein Wandel hat sich in den letzten Jahrzehnten in dieser Sparte der bundesdeutschen Historiographie vollzogen? Inwieweit bewegt sie sich trotz gewaltiger Erschütterung der sozialen Umwelt in alten Bahnen? Was für neue Perspektiven und Erkenntniswege sind eröffnet worden, die das wissenschaftliche Spektrum erweitern und die Suche nach historischem Selbstverständnis und gesellschaftlicher Existenzerhellung beflügeln und vertiefen? Wie hat die Agrargeschichtsschreibung auf die durch den Zusammenbruch des Dritten Reiches ausgelöste Krise des deutschen Geschichtsbewußtseins reagiert? Pointierter gesprochen: inwieweit sind für ihre Hauptvertreter das herkömmliche germanozentrische deutsche Geschichtsbild und die mit ihm verbundene primär nationalpolitische Blickrichtung problematisch geworden? Auf diese zentralen Fragen wirft die *Deutsche Agrargeschichte* zahlreiche Schlaglichter, die nicht nur die Aufmerksamkeit der Fachleute verdienen. Eine kritische Würdigung dieses Werkes ist, wie mir scheint, ein sinnreiches Vehikel zur Diagnostizierung der gegenwärtigen Erkenntnislage und damit zugleich zur Besinnung auf noch zu lösende agrarsozial- und agrarwirtschaftsgeschichtliche Aufgaben.

Die hier zur Debatte stehenden Darstellungen von Abel, Haushofer und Lütge sind als einander ergänzende Teilstücke einer großangelegten kollektiven Synthese gedacht. Ein kurzes Wort über die Struktur des Gesamtprojektes ist daher am Platze. Liegt dem Aufbau eine klar umrissene, das Ganze zusammenhaltende Konzeption zugrunde? Geht man dieser Frage nach, so wird sofort klar, daß die Planung der Arbeitsteilung und wissenschaftlichen Ressortabgrenzungen sich mit einer Kompromißlösung begnügt. Offensichtlich haben bei der Bestimmung der Aufgabenbereiche nicht nur die Suche nach einer leitenden Idee, sondern naturgemäß auch die subjektiven wissenschaftlichen Sonderinteressen, Erfahrungen und Zielsetzungen der fünf Autoren sowie gegenseitige persönliche Rücksichtnahmen eine Rolle gespielt. Bezeichnenderweise bemühen sich daher Abel, Haushofer und Lütge in ihrem *Vorwort* um eine Erklärung und Rechtfertigung des ihnen zugefallenen Teilabschnittes, seiner Abgrenzung und Funktion im Rahmen der Gesamtaufgabe, die unter dem scheinbar präzisen, tatsächlich jedoch recht vagen Generalnenner „Deutsche Agrargeschichte" die Klärung der Grundzüge einer mehrtausendjährigen Entwicklung in Aussicht stellt. Man will und soll einander nicht ins Gehege kommen, in Wirklichkeit tut man es aber doch und muß es tun, wenn die Einordnung in ein Gesamtbild oder, wie beabsichtigt, gar in ein „neues" Gesamtbild zustande kommen soll.

In der Aufgliederung des riesigen Gesamtthemas sind unter Benutzung von chronologischen und sachlichen Trennungsbegriffen verschiedenartige Ordnungsmöglichkeiten konkretisiert worden. Einerseits liegt der Disposition ein Periodisierungsschema zugrunde, das zwischen drei Hauptepochen unterscheidet. Andererseits jedoch, wenn auch unter Beschränkung auf die zweite und dritte Epoche, werden spezielle Sachbereiche und bestimmte Teilaspekte der agrargeschichtlichen Gesamtentwicklung für die Bearbeitung ausgesondert.

Ein entwicklungstheoretisch durchdachtes, das *Gesamt*werk umspannendes Grundprinzip der Periodisierung ist von dem Herausgeber der *Deutschen Agrargeschichte* offensichtlich nicht ernsthaft in Erwägung gezogen worden. Denn bei der Unterscheidung zwischen drei Hauptepochen handelt es sich lediglich um etwas willkürlich bestimmte, äußerlich aneinander gereihte Zeitabschnitte, die als praktische Notbehelfe bei der Stoff- und Aufgabenverteilung dienen. Die als „Vorgeschichte und Frühgeschichte" bezeichnete Ausgangsperiode wird als „die Zeit vom Neolithikum bis zur Konsolidierung der Verhältnisse im Frankenreich nach dem Abschluß der großen Völkerwanderung" definiert. Die lange Zeitspanne vom Frühmittelalter bis zum Beginn des 19. Jahrhunderts bildet die besonders ausführlich behandelte Mittelepoche. Die dritte Epoche, das Zeitalter der Modernität, von Haushofer „das technische Zeitalter" genannt, wird in der *Deutschen Agrargeschichte* auf den Geschichtsablauf von etwa 1815 bis zum Ende des Zweiten Weltkrieges eingeengt. Daß eine sinnvollere *agrar*geschichtliche, mit dem Frühmittelalter einsetzende Periodisierungs-Trilogie als die vorliegende möglich ist, hat an anderer Stelle (aber auch in seiner *Geschichte der deutschen Landwirtschaft*) Wilhelm Abel überzeugend dargelegt. Indem er bei der zeitlichen Ordnung wirtschaftliche Faktoren, insbesondere die Formen, in denen sich die Menschen um die Güter des Landbaus zusammenfanden, in den Vordergrund rückte, gelangte er zu einer Dreiteilung in „die hauswirtschaftliche, die kommerziell-feudale und die industrielle Epoche“[3].

Für die „Vorgeschichte“ und für die industrielle Epoche steht je ein Einzelband zur Verfügung. Dem breiten Mittelstück dagegen sind drei Bände gewidmet, von denen ein jeder es mit einem Längsschnitt durch einen getrennt behandelten Sachbereich der vorindustriellen Entwicklung zu tun hat. Im Zentrum der Darstellung steht bei Lütge die agrarische Rechts- und Institutionengeschichte, bei Abel die Agrargeschichte als Wirtschaftsgeschichte und bei Franz, der Verlagsankündigung zufolge, die „Geschichte des Bauernstandes“, also ein Kernproblem der ländlichen Sozialgeschichte. Die aus dem Auseinanderreißen von Verbindungslinien und Zusammengehörigkeiten für die historische Erkenntnis erwachsenden Gefahren sind zum Teil dadurch überwunden worden, daß unsere Autoren sich nicht streng an ihr „Ressort“ halten. Insbesondere Abel und Lütge bemühen sich darum, auch die „Nachbargebiete“ im Auge zu behalten. Trotz der ihnen auferlegten Beschränkungen versuchen sie, auf ihre eigene Art und Weise „integrale“ Agrargeschichte zu schreiben. Daraus ergeben sich zahlreiche Überschneidungen, die sich jedoch häufig als anregend und fruchtbar erweisen.

In bezug auf die Absteckung des zu behandelnden historisch-geographischen Raumes und auf das Warum und Wofür der Raumbestimmung fällt die Dürftigkeit an grundsätzlichen Überlegungen auf. So sieht man sich verschwimmenden, oft undefiniert bleibenden Grenzlinien gegenüber, als ob es sich dabei um Selbstverständlichkeiten handelte. Sicherlich hat die alte, zermarternde Frage: „Was ist des Deutschen Vaterland?“ auch den Verfassern der *Deutschen Agrargeschichte* erneutes Kopfzerbrechen verursacht. Einer Präzisierung sind sie aber ausgewichen, wozu unliebsame Erinnerungen an das „Tausendjährige Reich“ mit beigetragen haben mögen. Eine Verständigung über die Kriterien, die für den Gebrauch der Worte und Begriffe „deutsch“ und „Deutschland“ richtungweisend sein sollen, ist nicht zustande gekommen, da von verschiedenartigen, widerspruchsvollen und mitunter etwas merkwürdigen Voraussetzungen ausgegangen wird. Hierauf werden wir noch zurückkommen. Auch wenn nach Lektüre der vorliegenden Bände einigermaßen feststeht, durch welche mitteleuropäischen Gebiete die Reise gegangen ist, so bleibt im Endeffekt doch unklar, was für die Zwecke einer synthetischen Gesamtübersicht unter dem „deutschen Raum“ und unter „deutscher“ Agrargeschichte eigentlich zu verstehen ist. Soll damit bloß ein geographisch abgegrenzter Ausschnitt einer *europäischen* Agrarentwicklung herausgehoben werden, der im ethnisch heterogenen, staatlich zersplitterten mitteleuropäischen Siedlungsraum verlaufen ist und der der Einfachheit halber unter dem nebulosen Sammelnamen „deutsch“ oder Deutschland zusammengefaßt wird? Oder handelt es sich trotz weitgehender regionaler und struktureller Verschiedenheiten innerhalb dieses Raumes um die Betonung einer eigentümlichen nationalhistorischen Entwicklung, die aufgrund qualitativer Sondermerkmale als spezifisch *deutsch* anzusehen und demgemäß zu interpretieren ist?

Hier geht es um eine Kernfrage der historiographischen Bewußtseinsklärung und Standortbestimmung, deren Nichtbeantwortung oder unklare Beantwortung sich verhängnisvoll auf die Problemstellung, Einordnung der Tatbestände und historische Urteilsbildung auswirken würde. Man denke beispielsweise, um die Dinge zu veranschaulichen, an die Kombination von Arbeitszwangsdienst und Prügelstrafe auf dem Lande. Sie war bestimmt weder eine westdeutsche oder westeuropäische noch eine spezifisch ostdeutsche, vielmehr eine typisch ostmittel- und osteuropäische und damit allerdings auch ostdeutsche Erscheinung, die namentlich im 17. und 18. Jahrhundert zu den Wesensmerkmalen der „östlichen" Variante des aristokratischen Gesellschafts- und autokratischen Herrschaftssystems gehörte, aber trotz grundlegenden Wandels in den Rechtsverhältnissen auch noch weit bis in das 19. Jahrhundert hinein eine erhebliche Rolle in der geschichtlichen Wirklichkeit gespielt hat.

II.

Es ist bezeichnend, daß Friedrich Lütge, dessen *Geschichte der deutschen Agrarverfassung vom frühen Mittelalter bis zum 19. Jahrhundert* wir uns nunmehr zuwenden wollen, nicht das Frühmittelalter, sondern die germanische Agrarstruktur und Volksordnung zur Zeit des Tacitus zum Ausgangspunkt gewählt hat. Der Start ist ungewöhnlich, zumal Herbert Jankuhn die Aufgabe übernommen hat, die „Vorgeschichte und Frühgeschichte" zu schildern. Zudem läßt Lütge die „eigentliche deutsche Geschichte" (S. 20) üblicherweise erst etwa tausend Jahre nach Tacitus beginnen. Auch konzediert er ohne weitere Umschweife: „Streng genommen kann man auch von keiner *deutschen* Agrarverfassung im allgemeinen Sinn sprechen. Dies nicht nur, weil es noch kein Deutschland und kein deutsches Volk im heutigen Sinne[4] gibt, sondern auch deswegen, weil es auch sonst keine fester gefügten Einheiten gab, weder größere Stämme noch gar die späteren Großstämme, sondern ein nicht näher greifbares Bündel von zahlreichen Sippen (vielleicht besser: Völkerschaften), die in freundschaftlichen oder auch feindlichen Beziehungen zueinander standen" (S. 18f.). Und da dem in der Tat so war, warum dann überhaupt, so darf man fragen, in einem Werke, das neue Wege zu gehen verspricht, die alten Germanen nochmals aufmarschieren lassen?

Offensichtlich hat die in den Zeiten des Nationalsozialismus erneut aktuell gewordene germanisch-deutsche Kontinuitätstheorie für den Historiker der „deutschen Agrargeschichte, wenn man diese mit der Zeit des Tacitus beginnen läßt" (S. 13), ihren Zauber noch nicht verloren. Jedenfalls bleibt für Lütge bis zu der im V. Kapitel untersuchten Auflösung der Grund- und Gutsherrschaft das Zentralproblem identisch mit dem Problem der „Fortentwicklung" der altgermanischen Verhältnisse.

Über zwei Jahrtausende hinweg glaubt Lütge eine durchgehende, wenn auch gewundene große Linie erkennen zu können, die er mit Hilfe des farblosen Grundbegriffs der „Fortentwicklung", auch als „weitere Entwicklung" bezeichnet, zu erfassen sucht. Auf ihm basiert – bezeichnenderweise unter Benutzung politischer Kriterien und Zäsuren – die Periodisierung der *Geschichte der deutschen Agrarverfassung* und damit zugleich die Inhaltsgliederung. Daher nach dem zwar kurzen, aber für Lütges Agrargeschichtsauffassung grundlegenden Einleitungskapitel über *Die Agrarverfassung zur Zeit des Tacitus* drei weitere Kapitel über die „Fortentwicklung". Zunächst die *Fortentwicklung der Agrarverfassung in der fränkischen Zeit*, sodann *Vom Ausgang der Karolingerzeit bis zur Konsolidierung des Territorialstaates* und schließlich *Die Fortentwicklung der Agrarverfassung vom 15./16. bis zum 18. Jahrhundert.* Lütge charakterisiert diese dritte Epoche als „die Zeit des vollentwickelten Territorialstaates", die er im Rahmen seiner Fragestellung als „eine eigene Epoche" (S. 60) ansieht und behandelt, da sie durch eine erheblich gesteigerte Intensität „staatswirtschaftlicher" Eingriffe in das Landleben gekennzeichnet sei.

Dieser lange Abschnitt der *Agrar*geschichte kann mit Recht und ohne jede Künstelei als eine „eigene Epoche" gedeutet werden, wenn man die Akzente anders setzt. Denn in diesem Zeitraum vollzog sich der säkulare Kontinuitätsbruch in der Strukturentwicklung der Herrschaft über Land und Leute, die sich scharf markierende Scheidung zwischen West und Ost. Während im Westen in der Tat die „Fortentwicklung" der vorausgegangenen Auflösung der Villikationsverfassung und der mittelalterlichen „Bauernbefreiung" als vorherrschende Tendenz sich behauptet und daher die Stabilisierung des Systems der Rentengrundherrschaft im Gefolge hat, kommt es im deutsch-slawischen Osten durch die große Gegenbewegung der „seigneuralen Reaktion" zu einem Umschlag in der Entwicklungsrichtung. Der siegreiche Durchbruch von Gutswirtschaft und Gutsherrschaft führt zu einem radikalen Strukturwandel in der Agrarverfassung, der vor allem in der Ausprägung des gutsherrlich-bäuerlichen Verhältnisses und damit zugleich auch der herrschaftlichen Arbeitsverfassung der „zweiten Leibeigenschaft" zum Ausdruck gelangte. Bei dieser in alle Lebens- und Kulturbereiche übergreifenden Dichotomie der Agrarentwicklung handelt es sich um eine Wasserscheide, die für das Verständnis des Ganges der allgemeinen deutschen Geschichte in der Neuzeit von unzweideutig grundlegender Bedeutung ist. Selbstverständlich ist für einen so kenntnisreichen Historiker wie Lütge „das Auseinandergehen der Entwicklung in Ost und West" auch ein relativ breit und noch dazu besonders eindrucksvoll behandeltes Kernproblem, obwohl er dazu neigt, die Dimensionen und langfristigen historischen Auswirkungen dieser Spaltung einzuschränken und zu verharmlosen.

Überhaupt, so ist festzustellen, läßt Lütges Periodisierungsschema der linearen „Fortentwicklung", mit dem er seine germanisch-deutsche Kontinuitätstheorie zu stützen sucht, innere Geschlossenheit und Überzeugungskraft vermissen. Geradezu frappierend ist in diesem Zusammenhang, daß in seinem Werk auf Tacitus zunächst ein Zeitalter undurchdringlichen Nebels folgt, ein mit Stillschweigen übergangenes historisches Vakuum von vier bis fünf von katastrophenreichem Umbruch und Neubeginn erfüllten Jahrhunderten, die bei ihm in deus-ex-machina-Art in die erste der drei großen Epochen der „Fortentwicklung" übergehen.

Bemerkenswert ist, daß der geographische Horizont in der Neuauflage im Vergleich zur ursprünglichen Fassung sich verbreitert hat. In der Erstauflage wurden ohne Angabe von Gründen bei dem Rückblick auf die „eigentliche deutsche Geschichte" und ihre Agrarentwicklung nur diejenigen Siedlungsgebiete ernsthaft in das

Blickfeld mit einbezogen, die den politischen Grenzen des Bismarckschen Kaiserreiches entsprechen. Für die Neubearbeitung dagegen sind die fließenden historischen Grenzen des Heiligen Römischen Reiches Deutscher Nation maßgebend geworden. So ist implizite innerhalb weniger Jahre die „kleindeutsche“ Perspektive zu einer „großdeutschen“ erweitert worden. Demgemäß werden nunmehr auch die österreichischen Länder im engeren Sinne sowie Böhmen und Mähren relativ ausführlich untersucht, und zwar, wie es heißt, weil sie „ja doch damals zum Reiche gehörten“ (S. 9 und 21).

Eine auf die Erfassung des mitteleuropäischen Raumes ausgerichtete Gesamtbearbeitung der Geschichte der Agrarverfassung *per se* in der vorindustriellen Zeit ist zum erstenmal von Lütge durchgeführt worden. Das ist eine ungewöhnliche Leistung. Zu dieser schwierigen Aufgabe war er wie kein zweiter berufen, denn er hat sich jahrzehntelang intensiv mit der Materie beschäftigt und die außerordentlich umfangreiche Spezialliteratur systematisch weiter verfolgt[5]. Handelt es sich doch hier um sein eigenstes Arbeitsgebiet, in dem er aufgrund gewichtiger früherer Beiträge[6] gegenwärtig unter seinen engeren Fachkollegen die unbestrittene Führung hat. Freilich dreht es sich hier um einen Sachgegenstand, der viele Jahrzehnte hindurch mit der traditionellen Agrargeschichtsforschung nahezu identisch war, nunmehr jedoch im Geruche verstaubter Gelehrsamkeit steht, da inzwischen der alte *élan vital* verlorengegangen ist und die Problemstellungen sich verlagert haben.

So erhebt sich sogleich die im Auge zu behaltende Frage, ob es Lütge in seiner kritischen Überprüfung des gegenwärtigen Forschungs- und Wissensstandes gelungen ist, nicht nur Bekanntes zusammenzufassen, gelegentliche Richtigstellungen vorzunehmen, Einzelzüge deutlicher zu machen und sekundäre Wissenslücken auszufüllen. Hat der Autor darüber hinaus konventionelle Perspektiven und starr gewordene Methoden nennenswert zu erweitern vermocht?

Agrarische Verfassungsgeschichte à la Lütge bedeutet in erster Linie Begriffsgeschichte und die Erfassung des Rechtsgehalts der ländlichen Grundordnungen, wobei naturgemäß die Umgestaltung der Grundherrschaft als der tragenden Organisation den Brennpunkt bildet. Es geht daher vor allem um die Herausarbeitung der rechtlich-formalen Seite der Agrarstruktur, um den Wandel in den Rechtsnormen, Rechtsgewohnheiten und Rechtsbesonderheiten. Den Vorrang behauptet immer das rechtliche Schema, nicht die Verfassungswirklichkeit und ihr tatsächliches Funktionieren. Bei dieser trockenen und vordergründigen Betrachtungsweise wird trotz gelegentlicher Seitenblicke auf den politischen Systemwandel im allgemeinen die Geschichte der *politischen* Agrarverfassung reduziert auf die Klärung der juristischen Aspekte der ländlichen Herrschaftsordnungen und autoritärer Institutionen wie insbesondere der Gerichtsherrschaft. Die dahinter stehenden politischen Triebkräfte, Machtkämpfe und Verschiebungen in den realen Machtverhältnissen werden nur peripherisch berührt oder einfach übergangen.

Die *wirtschaftliche* Agrarverfassung wird unter dem Gesichtswinkel der langfristigen Veränderungen in den herrschaftlichen und genossenschaftlichen *Rechts*grundlagen der Eigentums- und Besitzverteilung der Produktionsmittel, in den Boden- und Arbeitsnutzungsrechten und in der rechtlichen Regulierung der Einkommens- und

Marktchancen behandelt. Wiederum jedoch bleibt das wechselvolle Verhältnis zwischen der Rechtslage und der Praxis des Alltagslebens häufig im dunkeln. Man gewinnt daher keine ausreichende Vorstellung von der realen Verfassungsdynamik und davon, wie im Rahmen der vorwiegend juristisch definierten agrarwirtschaftlichen Grundordnungen die ökonomischen Lebensformen, Versorgungschancen, Spielregeln, Institutionen und Interessenfronten sich gewandelt haben. Dürftig bleibt trotz detaillierter und lehrreicher Kennzeichnung der Rechtsgeschichte der bäuerlichen Lasten die konkrete Antwort auf die zentrale, im historischen Leben immer wieder erneut gestellte Frage: Wer bekommt was, wo, wann, wieviel, wie und warum?

Unter der *sozialen* Agrarverfassung und ihrer Umgestaltung versteht Lütge vornehmlich den *rechts*ständischen Aufbau der Gesellschaftsgliederung. Aber mit dieser standesrechtlichen Fragestellung wird lediglich *eine* Komponente der pluralistischen Struktur des sozialen Schichtungssystems in den Vordergrund gerückt. Dem Bild der ländlichen Sozialverfassung fehlen die bohrende Tiefensicht und die Lebensnähe. Klar und greifbar werden die Verschärfungen oder Milderungen oder das Stagnieren in der inegalitären Rechtsstellung und den Rechtseigenschaften der Bevölkerungsgruppen. Freilich erkennt Lütge sehr wohl, daß die Geschichte der Rechtsklassen nur in bedingtem Maße die wirtschaftlichen und sozialen Zustände und die reale Differenzierung des Landvolks widerspiegelt.

Lütge ist Realist genug, um selbst verschiedentlich mit Nachdruck darauf hinzuweisen (so z.B. S. 80f., 94ff., 183ff.), daß die Stagnation bzw. eine Verbesserung oder Verschlechterung des individuellen oder kollektiven Rechtsstatus keineswegs mit einer entsprechenden Immobilität oder Veränderung in der faktischen wirtschaftlichen Lage oder in der sozialen Bewertung, Rangstellung und Selbsteinschätzung verbunden zu sein brauchte. So wird beispielsweise an die viel debattierte historische Parvenü-Karriere des Berufsstandes der Dienstmannen erinnert und insbesondere an die Tatsache, daß in der hochmittelalterlichen Gesellschafts- und Kulturentwicklung über Jahrhunderte hinweg die Bewahrung unfreier persönlicher Rechtsstellung der Ministerialen de facto häufig mit der Zugehörigkeit zum Gesellschaftskreis des Rittertums und dem Aufstieg zum Grundherrentum verknüpft war. Erscheint damit auch hie und da die komplexe Problematik der sozialen Mobilität unter dem Blickwinkel der „Statusdiskrepanz" am Horizont, so vermißt man doch im allgemeinen eine analytische Erklärung der Trennungs- und Überkreuzungslinien. Infolgedessen kommt es zur Verschleierung der strukturellen Grundtatsache, daß bereits in den Zeiten der feudalen und nachfeudalen Ständeordnung und Ständelehre die Dynamik der realen Sozialverfassung durch das Neben- und Durcheinander wesensverschiedener Schichtungssysteme gekennzeichnet war. Lütge vereinfacht und harmonisiert diese widerspruchsvollen und spannungsreichen Zusammenhänge.

Zweifellos ist durch die Heraushebung juristischer Kriterien und der institutionalisierten Rechtsungleichheit der Agrargesellschaftsgruppen ein einheitliches Integrationsprinzip für Darstellungszwecke gewonnen worden. Zudem heißt zeichnen weglassen, wie Friedrich Theodor Vischer einmal bemerkt hat. Und vor allem: kein vernünftiger Verfassungs- oder Sozialhistoriker würde leugnen wollen, daß ohne starke Berücksichtigung der hierarchischen Rechtsabstufungen die vorindustrielle Agrarentwicklung überhaupt verstanden werden kann. Dennoch bleibt es unbefriedigend, daß Lütge, der in der begrifflichen Präzisierung der Rechtsbeziehungen zum Grund und Boden und der auf und von ihm lebenden Menschen, in der Beschreibung der historischen Veränderungen in der Differenzierung der Standes-, Besitz-, Nutzungs- und Verfügungsrechte und in der meisterhaften Behandlung rechtlicher Subtilitäten des Guten gar zu viel bietet, den hinter den Rechtsnormen und -formen sich verbergenden Realitäten des Lebens nur unzureichende Aufmerksamkeit schenkt. Kurz, Lütge ist, um mit Lassalle zu sprechen, nicht so sehr mit der „wirklichen" als vielmehr mit der „geschriebenen" Verfassung beschäftigt, mehr mit dem Schein als dem Sein. Daher auch das von romantischen Vorstellungen beflügelte Festhalten an dem „prinzipiellen Charakter der Grundherrschaft als eines sittlichen Wechselseitigkeitsverhältnisses" (S. 51).

Keineswegs soll damit gesagt sein, daß die in den Hintergrund gerückte soziale und ökonomische Verfassungswirklichkeit in Lütges Werk nur als eine Randerscheinung sichtbar wird. Dem ist nicht so. Freilich kann dabei nicht übersehen werden, daß das, was als Wirklichkeit ausgegeben wird, nicht immer den Tatsachen entspricht. So ist es z. B. eine unhaltbare These, daß der Durchbruch von Gutswirtschaft und Gutsherrschaft in Ostdeutschland bis zum Ausgang des Dreißigjährigen Krieges über bloße „Ansätze" nicht hinausgegangen sei[7]. Nicht weniger irreführend ist die Behauptung, daß für die preußische Agrarverfassung im 18. Jahrhundert „die ständig sich verbessernde wirtschaftliche Lage" (S. 151) der Bauern charakteristisch war.

Mehrfach wird die altmodische Konzentration auf die rechtlichen Aspekte der Agrarentwicklung damit begründet, daß die Schilderung der politischen, wirtschaftlichen und sozialen Wirklichkeit anderen Bänden der *Deutschen Agrargeschichte* vorbehalten ist. Das ist jedoch insofern nicht recht überzeugend, als die Vorliebe für eine rechtsbegriffliche Betrachtungsweise ebenso für Lütges frühere agrarverfassungsgeschichtliche Werke, in deren Gestaltung er völlig freie Hand hatte, typisch ist. Daß jedoch sehr wohl anschauungsreiche und geradezu erregende reale agrarische Rechts- und Institutionsgeschichte geschrieben werden kann, ist von alten Meistern in unvergeßbaren Werken demonstriert worden. Es genügt, in diesem Zusammenhang an Maitland, Vinogradoff, Georg Friedrich Knapp, R. H. Tawney, Marc Bloch und Georges Lefèbvre zu erinnern.

In Lütges Synthese der Geschichte der Agrarverfassungsformen liegt das Schwergewicht auf der Herausarbeitung der regionalen Unterschiede. Durch die Benutzung eines geographischen Klassifizierungs- und Organisationsschemas wird naturgemäß in erster Linie das Verständnis der Landesgeschichte *per se* gefördert. Dem entgegen könnte sehr wohl, wenn man aus eingefahrenen Geleisen herauskommen möchte, die Problematik der agrarischen Verfassungsgeschichte unter andersartigen Gesichtswinkeln aufgerollt werden. So könnte man beispielsweise von den ländlichen Herrschaftsgruppen und dem Epochenwandel in ihrer Struktur und Funktion, ihren Verhaltensweisen und Wechselbeziehungen und dem Auf und Ab ihrer relativen qualitativen und quantitativen Bedeutung ausgehen. Demgemäß würde dann die Differenzierung zwischen landesherrlichen, adligen (Magnaten und Kleinadel), geistlichen (klösterlichen und anderen klerikalen) sowie bürgerlichen (individuellen und korporativen) zeit- und raumbedingten Trägern und Typen der Grund-, Gerichts-, Leib- und Gutsherrschaft den Schwerpunkt bilden.

Lütge läßt auf einen umfassenden, die epochalen Veränderungen beschreibenden und mit Vor- und Rückblicken gewürzten, chronologisch aufgegliederten Längsschnitt eine mehr statisch gesehene Querschnittzusammenfassung folgen. Hier werden unter dem Titel *Ergebnis der Gesamtentwicklung* am Vorabend der großen liberalen Agrarreformen die landschaftlichen Unterschiede in den Wesenszügen der Agrarverfassung auf generalisierende Formeln gebracht. Diese Typisierung erfüllt die schwierige Aufgabe, die verwirrende Mannigfaltigkeit der sachlichen Eigentümlichkeiten, wie sie sich innerhalb der „Deutschland" gemeinsamen herrschaftlichen Gesamtstruktur der Agrarverfassung regional im Laufe der Jahrhunderte herausgebildet haben, deutlicher zu machen bzw. überhaupt erst zu erkennen, sie begrifflich schärfer zu präzisieren und ihren geschichtlichen Einflußbereich abzugrenzen.

In verfeinerter, mehr differenzierender Weise hält Lütge an der bahnbrechenden, seit Knapp üblichen Unterscheidung zwischen ostdeutscher Gutsherrschaft und west- und süddeutscher Grundherrschaft fest[8]. Er macht überzeugend klar, daß die erstere in mannigfach abgewandelten Formen und Intensitätsgraden ihre Ausprägung gefunden und eine absolute Vormachtstellung in „Ostelbien" nie gewonnen hat. In erster Linie ist er jedoch an der Institution der Grundherrschaft interessiert, an der Feststellung und Bestimmung ihrer Haupterscheinungsformen. Mittels beschreibender Charakterisierung der vorherrschenden Zustände und rechtshistorischen Endergebnisse gelangt er zur Aufstellung von fünf empirisch-historischen Modellen (des mitteldeutschen, nordwest-, west-, südwest- und südostdeutschen), wozu noch einige mehr beiläufig behandelte Abarten und Sonderfälle treten.

Die hier angedeutete Typologie des Agrarverfassungsgefüges im mitteleuropäischen Raum geht jedoch über ein Aneinanderreihen isoliert behandelter Haupttypen nicht hinaus. Die in der vergleichenden Methode liegenden Möglichkeiten sind ungenutzt geblieben[9]. Das ist kein Vorwurf, sondern lediglich eine Feststellung. Ein von systematischen Fragestellungen ausgehender, auf die heutigen Bedürfnisse der Sozialwissenschaften ausgerichteter, konsequent durchgeführter analytischer Vergleich ist nicht versucht worden. Er stände auch nicht in Einklang mit dem epigonalen Grundton des Werkes.

Um so dankbarer muß man Lütge für sein Bemühen sein, zur Abrundung des Gesamtbildes und zur Abschirmung der Interpretationsbasis gegen die Gefahren des intellektuellen Provinzialismus gelegentlich auch übernationale Entwicklungstendenzen in sein nationalhistorisches Blickfeld mit einzubeziehen. Das höchst relevante Problem, ob und inwieweit Ähnlichkeiten und Gemeinsamkeiten in der Agrarentwicklung deutscher Länder und nichtdeutscher Nachbarländer festzustellen sind, hat er im Rahmen seines Grundthemas auf die fruchtbare Frage zugespitzt, „inwieweit die in Deutschland festzustellenden Formen der Agrarverfassung über *die deutschen Grenzen hinausreichen* und sich so Einheiten übernationaler Natur ergeben" (S. 187). Leider beschränkt sich jedoch der Vergleich mit west- und osteuropäischen Staatsgebieten und Wirtschaftslandschaften auf ganz allgemeine Andeutungen und teilweise irrige Behauptungen, die bemerkenswerte Wissenslücken sowie Schlagwortdenken und nationale Befangenheit erkennen lassen. Diese kritische Beobachtung kann hier aus Raumgründen im einzelnen nicht näher belegt, soll jedoch an einem flagranten Beispiel kurz verdeutlicht werden.

Auf S. 206 findet sich die merkwürdige These, „daß zwar in Frankreich das Zeitalter des *Feudalismus* bis 1789 reicht, nicht aber in Deutschland, wo die letzten Jahrhunderte vor dem liberalen Umbruch durch eine *ständische* Struktur gekennzeichnet sind". Handelt es sich hier lediglich um ein Spiel mit vieldeutigen Worten und gleißnerischen Etiketten (denn „Feudalismus" und „Feudalsystem" bleiben hier undefiniert, werden jedoch auf S. 268 als „die frühere, auf ständischer Differenzierung beruhende Ordnung" gekennzeichnet), die offenbar die komische Vorstellung erwecken sollen, daß Frankreich ein „unterentwickelteres" Land als Deutschland zu jener Zeit war? War das vorherrschende soziale und politische Schichtungssystem des Ancien Régime in Frankreich etwa nicht durch eine „ständische Struktur" gekennzeichnet, wie kürzlich Mousnier erneut klar gemacht hat[10]? Im Hinblick auf die ungeheure Literatur, die seit de Tocqueville mit der Problematik des „Feudalismus" und der Grundherrschaft (seigneurie) im vorrevolutionären Frankreich sich befaßt hat, muß es als verstiegen, ja als glatter Unsinn bezeichnet werden, wenn Lütge glauben machen möchte, daß im Frankreich von 1789 „das – im Gegensatz zu Deutschland – noch voll bestehende Feudalsystem" (S. 210)[11] den nationalen Entwicklungsstand der Agrarordnungen bezeichnet habe[12].

Gelegentliche Fehlurteile und mißglückte wissenschaftliche Seitensprünge sind menschlich. Man soll sie, wenn man ihnen begegnet, nicht vertuschen, aber auch nicht aufbauschen. Bei einer so profilierten wissenschaftlichen Persönlichkeit wie Lütge muß die Aufmerksamkeit auf den Kern seines Werkes gerichtet bleiben. Und das führt uns zum letzten, bisher mit Stillschweigen übergangenen Drittel der *Geschichte der deutschen Agrarverfassung*, das „die Auflösung der Grund- und Gutsherrschaft: die Bauernbefreiung" (S. 201–290) am Vorabend der Industrialisierung und somit des moderneren Wirtschaftswachstums behandelt. Dieser faszinierende und umstrittene Themenkreis hat Lütge seit einem Vierteljahrhundert in den Bann gezogen, und die hier eingeschlossenen Probleme hat er in mehr sich verfeinernden Ansätzen verfolgt[13]. Zu ihrer Ergründung hat er seit Knapps Meisterwerk den bisher abgerundetsten, wenn auch nicht den am meisten weiterführenden Beitrag geliefert[14]. Jedenfalls liegt hier ein interessanter Versuch vor, die weitgespannte Problematik der sogenannten Bauernbefreiung in die großen historischen Zusammenhänge einzuordnen. Denn Lütge bezeichnet mit diesem Ausdruck nicht bloß ein überaus schwer entwirrbares Gesetzgebungswerk, vielmehr „eine umfassende revolutionierende Reform in der gesamten sozialen und wirtschaftlichen Ordnung" (S. 203).

Trotz dieser vielversprechenden Konzeption sind es tatsächlich wiederum vornehmlich agrarrechtliche Phänomene und Fragestellungen, die auch im V. Kapitel im Zentrum des Interesses stehen. Zwar wird in einer anregenden Einleitung die Aufmerksamkeit auf „die Voraussetzungen und die treibenden Kräfte", die Vielschichtigkeit der Umstände, ideellen und materiellen Wandlungsfaktoren und Motive gerichtet, die seit dem 18. Jahrhundert auf die Rationalisierung der Landwirtschaft und die Modernisierung der Agrargesellschaft hindrängten. Dazu tritt noch eine ebenso knappe wie scharfsinnige systematische Aufschlüsselung der durch die Befreiungsgesetzgebung zu lösenden juristischen und agrarpolitischen Fragen. In erster Linie konzentriert sich die Darstellung jedoch auf die informationsreiche Schilderung der Gesetzgebung und Verwaltungsmaßnahmen in der ersten Hälfte des 19. Jahrhunderts, die es mit der weitgehenden Liquidierung der bisherigen grundherrlich- bzw. gutsherrlich-bäuerlichen Verhältnisse sowie mit der Aufhebung oder doch starken Zurückdrängung der genossenschaftlichen Formen der Landnutzung, insbesondere durch die Flurbereinigung und die Gemeinheitsteilung, die „Separationen", zu tun hatten. Unter diesem Gesichtswinkel fällt der Blick auf ein weites historisches Panorama, denn es sind auch die deutsch-slawischen Länder des Habsburgerreiches sowie zahlreiche der vielfach vernachlässigten deutschen Kleinstaaten in die geographisch aufgegliederte Übersicht über „die Durchführung der Bauernbefreiung" mit einbezogen worden. Erst bei der impressionistischen Skizzierung der „Auswirkungen der Bauernbefreiung" werden neben Ministerialbürokraten, Rechtsnormen und erhabenen Ideen auch andere Faktoren der Neugestaltung der realen Agrarverfassung genauer identifiziert, wenn ihnen auch nur respektable Assistentendienstleistungen zuerkannt werden. Zu diesen ausdrücklich genannten Faktoren gehören die langfristig zerrütteten Marktverhältnisse und die scharf markierten quantitativen Relationsverschiebungen in der Bewegung der Wirtschaftsvariablen, die „Bevölkerungsexplosion", die Dynamik der politischen und sozialen Machtumschichtung innerhalb der (und zwischen den) traditionellen Herrscher- und Bildungseliten, die allgemeine Zuspitzung der gesellschaftlichen, wirtschaftlichen und politischen Interessengegensätze sowie der ideologischen und sozialpsychischen Spannungen, das beharrliche Weiterwirken des Denkens in ständischen Wertkategorien[15].

Aber auch bei der Beschreibung und Deutung agrarverfassungsgeschichtlicher Wirkungszusammenhänge in früheren Zeiten werden demographische, soziale und ökonomische Tatbestände und Triebkräfte oft nicht genügend in Rechnung gestellt, wenn auch die 2. Auflage in dieser Beziehung in der Tat, wie das Titelblatt ankündigt, eine „verbesserte und stark erweiterte" ist. Es ist bemerkenswert, daß bei der Diskussion der „Fortentwicklung" der ländlichen Grundordnungen im Hoch- und Spätmittelalter (S. 83–108) – insbesondere bei dem Bemühen, die agrarrechtlichen Kontinuitäten und Neuerungen des 14. und 15. Jahrhunderts plausibel zu machen – so zentrale soziale und ökonomische Wandlungen, wie sie in jener Zeit der radikale Bevölkerungsniedergang, die außerordentliche Zunahme der Wüstungen, die Umschichtung der agrargesellschaftlichen Kräfte im Gefolge des Umschwungs der Wirtschaftskonjunktur, der Umbruch im Landverteilungs- und Landnutzungsprozeß, die säkulare Strukturkrise der Agrarverfassungsänderungen nur im Vorbeigehen erwähnt oder überhaupt übergangen werden[16]. Demgegenüber wird bei der Schilderung der Ausweitung der Gutswirtschaft im ostdeutschen Kolonisationsgebiet im 16. Jahrhundert (S. 128–135), einem Kardinalproblem in der Frühentwicklung der Gutsherrschaft, ökonomischen Variablen eine sehr erhebliche Kausalbedeutung zugemessen. Und gelegentlich scheut sich Lütge keineswegs, rechtliche Veränderungen auf materielle zurückzuführen, so wenn (S. 95) der Zuwachs an Produktionsmitteln in den Händen oberbayerischer Bauern im 15. Jahrhundert als die Voraussetzung für eine weitere Verbesserung ihrer Besitzrechte gekennzeichnet wird.

Im großen und ganzen gesehen ist aber die oft ambivalente Beantwortung des Wie und erst recht des Warum in der *Geschichte der deutschen Agrarverfassung* die Hauptschwäche dieses in vieler Beziehung so verdienstvollen Werkes. Denn was fehlt, sobald es um ein besseres Verständnis des *Ganzen* geht, sind Klarheit und rationale Geschlossenheit der Linienführung in der Durchdenkung und Gestaltung des zusammengetragenen Materials sowie eine weit genug gehende selbstkritische Distanzierung von antiquierten historiographischen Standpunkten und Sehweisen und damit zugleich von der Vorstellungswelt der deutschen idealistischen Wertphilosophie.

Eine kritische Auseinandersetzung wird freilich dadurch außerordentlich erschwert oder gar blockiert, daß es häufig ungewiß bleibt und mitunter unmöglich ist, festzustellen, was für Thesen und Hypothesen der Autor eigentlich vertritt. Monokausale Erklärungen des Geschichtsablaufs sind für Lütge völlig indiskutabel. Das sind sie aber auch für jeden aufgeschlossenen Geschichtsforscher und Sozialwissenschaftler, der im Laufe seines Arbeitslebens zu der keineswegs trivialen Einsicht vorgestoßen ist, daß gewissermaßen „alles von allem abhängt". Soll der Historiker deswegen etwa auf eine mehr spezifische Stellungnahme überhaupt verzichten, sich mit der Anhäufung unverdaut bleibenden positivistischen Wissens begnügen und dem Aufspüren und Plausibelmachen von Wirkungs- und Sinnzusammenhängen entsagen? Eine derartige Selbstbescheidung liegt Lütge erfreulicherweise völlig fern. Es bleibt jedoch, selbst nach vielem Hin und Her im Urteil, nicht selten in der Schwebe, was er nun eigentlich für richtig und entscheidend hält. In ungewöhnlich weitgehendem Maße arbeitet Lütge mit der altbekannten historisierenden Methode des Einerseits-Andererseits. Was hier behauptet wird, wird dort widerrufen oder so weit eingeschränkt, daß die Ausgangsposition zusammenbricht. So ergeben sich, z.B. bei der relativ breiten, von vorgestriger Fürstenverhimmelung und Staatsvergottung nicht freien Beschreibung und Deutung der Rolle der Landesherrn in der Ausprägung der Agrarverfassung vom 16. bis zum 18. Jahrhundert, zahlreiche Unklarheiten und logische Widersprüche, die die Argumentation unterhöhlen oder in Nebel versinken lassen.

Daß der Autor seine eigenen Stellungnahmen häufig selbst entkräftet, hat aber auch zur Folge, daß der Fülle der bei der Lektüre seines Buches sich regenden Zweifel und Einwände eine Unzahl von Alibis gegenübersteht. Zudem ist Lütge bestrebt, abweichenden Auffassungen sowie der ungeheuren Mannigfaltigkeit der Kontinuitäts- und Wandlungsfaktoren in der Geschichte gerecht zu werden. Das ist zwar grundsätzlich begrüßenswert, bedeutet praktisch jedoch, daß mitunter vor lauter Bäumen der Wald nicht mehr zu erkennen ist. Trotz mancher Verschwommenheiten und gelegentlicher Flatterhaftigkeit des historischen Urteils läßt Lütges Werk nichtsdestoweniger eine subjektive Vorliebe für bestimmte geschichtstheoretische Auffassungen und soziopolitische Wertungen erkennen, die auf tief verankerte Überzeugungen und Konventionen in der Geschichte der deutschen Geschichtsschreibung zurückgehen.

Wie zahlreiche Vertreter der älteren Historikergeneration in der Bundesrepublik neigt Lütge, ein konservativer Nachfahre der Historischen Schule der Nationalökonomie, auch heute noch dazu, das materiale Sein aus dem Bewußtsein abzuleiten und deshalb sozial- und wirtschaftsgeschichtliche Erscheinungen und Wandlungen vornehmlich politisch, juristisch und idealistisch zu erklären, d.h. sie als Widerspiegelung oder Ergebnis politischer Willensakte, revidierter Rechtsordnungen und ideeller Entwicklungen zu betrachten. Gelegentlich geht Lütge sogar so weit, die von ihm im allgemeinen als primär gekennzeichnete Wirkungskraft rechtlicher und politischer Faktoren auf die Ausprägung der sozialen und wirtschaftlichen Agrarverfassung zugunsten einer mehr idealistischen, von ideellem Determinismus nicht mehr allzu entfernten Erklärung abzuschwächen. Die Agrarreform- und Agrarreaktionsgesetzgebung im Zeitalter der Bauernbefreiung erscheint in seiner Darstellung (wie üblich stark verklausuliert) als nahezu zwangsläufige Realisierung der „Konsequenz", also der immanenten Logik, abstrakter Ideen. Hier sind es liberale Ideen, dort Doktrinen der deutschen Romantik, denen, wenn auch in keineswegs unmißverständlichen Formulierungen (S. 205, 208, 212f., 234 und passim) die letztlich entscheidende Wirkung unter den treibenden Kräften zugeschrieben wird. Bezeichnenderweise werden die Ereignisbedingtheit, die politische und ideologische Funktion und die sozialen Träger, Nutznießer, Mitläufer und Opponenten dieser Ideen nur ungenügend honoriert. Tatsächlich dürfte in diesem spezifischen historischen Fall der Primat des Politischen, einschließlich des politischen Cliquenkampfs an „höchster Stelle", die überzeugendste Erklärung für den mannigfach bedingten Umbruch in der Geschichte der agrarischen Rechtssatzungen von oben sein.

Die *Geschichte der deutschen Agrarverfassung* zeichnet sich nicht immer durch „historischen Realismus" aus. Es besteht kein Mangel an behutsam formulierten Anspielungen, die bei gedämpftem Licht ein Festhalten bzw. Wiederanknüpfen an überholte Geschichtsvorstellungen und abgewirtschaftete historische Legenden nahelegen. Lütge überschätzt noch immer, wie das einstmals üblich war, das Ausmaß der effektiven Entmachtung des Grundadels durch die Landesherren, die sozialreformerischen Segnungen absolutistischer Fürstenherrschaft und den Konsensus-Charakter der altständischen Gesellschaftsordnung des Ancien Régime. Liest man zwischen den Zeilen oder horcht man auf die Untertöne, so wird häufig klar, daß die monarchisch-bürokratischen Traditionen des alten Obrigkeitsstaates und das aristokratisch-hierarchische Elitedenken der auf freien Wettbewerb von unten nicht gerade erpichten vorindustriellen Führungsschichten auch heute noch Heimweh nach dem Vorgestrigen zu erwecken vermögen. Nur in Ausnahmefällen jedoch kommt es zu einer geradezu grotesken Verfälschung der historischen Wirklichkeit – so, wenn die wechselvollen Beziehungen zwischen Großgrundbesitzern und Bauern im 19. Jahrhundert zu einer pastoralen Idylle harmonisiert werden, wie sie die Propagandaabteilung des *Bundes der Landwirte* kaum besser hätte verniedlichen können (siehe S. 275).

Diese im Vorbeigehen gemachten kritischen Beobachtungen und Vorbehalte können hier im einzelnen nicht weiter verfolgt und belegt werden. Rückblickend sei darauf hingewiesen, daß „der etwaige Vorwurf einer mangelhaften Einheitlichkeit in der gesamten Konstruktion" von Lütge im voraus mit der Begründung abgewehrt wird, „daß zwar das von dem betrachtenden Menschen in die Geschichte hineinprojizierte Bild rational und logisch-systematisch geschlossen sein kann, während das geschichtliche Geschehen von einer Fülle unrationaler und unlogischer Motive bewegt wird" (S. 7). Das ist eine erkenntnistheoretische Einsicht, die der Ergänzung bedarf. Es sei deshalb an Sir Isaiah Berlins lapidare Feststellung erinnert: „Geschichte ist, was die Historiker tun."

Durch die *Geschichte der deutschen Agrarverfassung* ist die Agrargeschichtsforschung weder durch elektrisierende Fragestellungen noch durch die Erprobung unorthodoxer Methoden in Unruhe versetzt worden. Der Geschichtswissenschaft im allgemeinen sind neue Perspektiven und Aufgabenbereiche nicht eröffnet worden. Zur Revision des deutschen Geschichtsbildes ist ein weiterführender Beitrag nicht geliefert worden. Eine vielfach bewunderswerte Kenntnis der Quellen und Fachliteratur, begriffliche Schärfe (soweit es sich um *juristische* Kategorien handelt) und eindrucksvolle synthetische Darstellungskraft sind einer überalteten Grundkonzeption untergeordnet worden. Das Ergebnis des großen Arbeitsaufwands ist ein umfassender, gelehrter, instruktiver, wenn auch konventioneller Überblick über einen altvertrauten, bisher keineswegs vernachlässigten Themenkreis der Agrargeschichte. Das in Aussicht gestellte „neue" Gesamtbild ist über einige erste schüchterne Pinselstriche nicht hinausgekommen. Hier gilt die erneut akut gewordene Devise: „Reformiert soll werden, aber es darf sich nichts *Wesentliches* ändern." Die eingangs gestellte pikante Frage, ob es sich in der *Geschichte der deutschen Agrarverfassung* um einen bahnbrechenden Wurf handelt, muß daher leider verneint werden.

III.

Im Rahmen der *Deutschen Agrargeschichte* hat Heinz Haushofer die überaus schwierige, seit langem überfällige Aufgabe unternommen, unter dem Titel *Die deutsche Landwirtschaft im technischen Zeitalter* die Revolutionierung der deutschen Agrarwelt in der Epoche der Industrialisierung zusammenfassend darzustellen. Dem ehrgeizigen, hohe Erwartungen erweckenden Bestreben des Autors gemäß soll es dabei nicht nur darum gehen, „die agrarhistorische Entwicklung durch die letzten anderthalb Jahrhunderte weiter zu verfolgen, sondern zugleich eine neue, der technischen Epoche entsprechende Betrachtungsweise einzuführen, welche geeignet wäre, die politischen, wirtschaftlichen und technischen Faktoren in ihrer vielfachen Verflechtung und Wechselwirkung aufzuweisen [...]. Das Ergebnis sollte eine in den Gesamtzusammenhang der politischen, technischen und wirtschaftlichen Entwicklung gestellte Geschichte der Landwirtschaft dieses Zeitraumes sein, aber keine Darstellung des Berufsstandes innerhalb dieser Epoche" (S. 7f.). Dem Buchtitel und Programm nach bildet also, unter Ausklammerung der agrarischen Sozialgeschichte[17], die Land*wirtschaft* den Brennpunkt des Versuchs einer weitgespannten Synthese. Was für Phänomene werden unter dieser Rubrik behandelt?

Für die Bestimmung des Sachinhalts sind nicht so sehr die aus der Zielsetzung erwachsenden objektiven Erfordernisse, sondern vielmehr die persönlichen, durch praktische agronomische Lebenserfahrungen mitbestimmten wissenschaftlichen Interessen und Liebhabereien des Autors maßgebend gewesen. Im Vordergrund stehen daher zwei Sachbereiche: einerseits die technischen und betrieblichen Aspekte der Entwicklung der landwirtschaftlichen Produktion und andererseits die Schilderung des Wandels der Agrarlehre, die mehr zu bieten verspricht als eine Morphologie der Agrarideen.

Ein breiter Raum ist unter Berücksichtigung regionaler Verschiedenheiten der Landtechnik und Praxis der Bodennutzung gewidmet. So kommt es zu einem detaillierten Tatsachenüberblick über die revolutionierenden Neuerungen in den Bewirtschaftungsmethoden, im Pflanzenbau und in der Tierzucht, im landwirtschaftlichen Geräte- und Maschinenwesen, im System der Düngung sowie über die Wirkung dieser Umgestaltungen auf die Erträge der Landwirtschaft. Die mit diesen wirtschaftlichen und technologischen Modernisierungserscheinungen verbundenen Vorbedingungen und Auswirkungen im Bereich der landwirtschaftlichen Betriebsorganisation und -führung, wie sie seit der Gemeinheitsteilung und den Anfängen der Flurbereinigung hervorgetreten waren, werden ebenfalls herausgehoben. Gegenüber der Schilderung des äußeren Geschehens im Produktionsbereich und dessen institutionellen Rahmen wird, trotz des Anspruchs auf Einführung einer „neuen Betrachtungsweise", dem *modus operandi* des landwirtschaftlichen Marktmechanismus und seiner konjunkturellen Dynamik nur beiläufige Aufmerksamkeit geschenkt, worauf noch zurückzukommen sein wird[18]. Auch der Strukturwandel in der Bedeutung des Agrarsektors für die nationalwirtschaftliche Gesamtentwicklung und seine Verflechtung in weltwirtschaftliche Zusammenhänge finden nur sporadische und mitunter leider schlecht informierte Beachtung.

Wie in der heutigen westdeutschen Sozialgeschichtsforschung die Begriffsgeschichte und die soziale Ideengeschichte – sie dient z. Z. als Ersatz bzw. Ergänzung für die früher übermäßig betonte politische Ideengeschichte – vielfach interessiert und den Lehren, Vorstellungen und Wunschbildern über den Aufbau gesellschaftlicher Strukturen mehr Zeit und Kraft gewidmet wird als der Erforschung der tatsächlichen sozialen Verhältnisse, so erscheint bei Haushofer, wenn man auf die Raum-, Stoff- und Akzentverteilung blickt, die Landwirtschaftslehre wichtiger und der Betrachtung würdiger als der bisher wenig erforschte reale historische Prozeß landwirtschaftlichen Wachstums im 19. Jahrhundert. Dessen Analyse gehört m. E. zu den brennendsten agrarhistoriographischen Aufgaben der Gegenwart. Bei dieser Lage der Dinge muß man bedauern, daß Haushofer meist wohlbekannte, intensiv behandelte Aspekte der deutschen Agrarlehre de facto zum zweiten Hauptgegenstand seines Buches gemacht hat, zumal fruchtbare neue Gedanken über den Einfluß der Nationalökonomie und der Naturwissenschaften auf die Landwirtschaftswissenschaft und über die Einwirkung der letzteren auf die Praxis der Agrarwirtschaft, die Interessentengruppen und die staatliche Wirtschaftspolitik nicht entwickelt werden. Zweifellos handelt es sich um einen wichtigen, wenn auch unverhältnismäßig breit behandelten Problemkreis, den in eindrucksvoller Weise bereits Th. v. d. Goltz in seiner *Geschichte der deutschen Landwirtschaft* relativ ausführlich berücksichtigt hatte und der nach ihm von S. v. Frauendorfer in einem übermächtigen Bande mit „deutscher Gründlichkeit" bearbeitet worden ist[19].

Es ist in Haushofers persönlichem Interesse an diesem Studiengebiet, aber auch in seiner generellen Geschichtsauffassung begründet, daß ideellen Tatsachen und den landwirtschaftlichen Erfindern, Forschern und Lehrern eine überragende Bedeutung zuerkannt wird. Denn grundsätzlich bekennt er sich zu der These, daß „fast regelmäßig“ eine „geistige Bewegung den politischen und wirtschaftlichen Ereignissen“ (S. 189) vorausgeht und daß „bedeutende Männer“, auch als „führende Kräfte“ bezeichnet, „die Verhältnisse der Landwirtschaft gestalteten, d.h. also ‚Agrargeschichte machten‘“ (S. 24). Als ob die Unzahl „unbedeutender Männer“ und erst recht die anonymen Wandlungskräfte nicht ebenfalls Agrargeschichte „gemacht“ hätten! Das hier zutage tretende personalgeschichtliche Elitedenken hat auch den methodischen Weg bestimmt, den Haushofer in der zerflatternden Behandlung ideengeschichtlicher Entwicklungen und Einflüsse beschritten hat. Ein sehr erheblicher Teil des zur Verfügung stehenden Druckraumes ist für lose eingestreute biographische Skizzen reserviert worden. Meist im Konversationslexikonstil verfaßt, wenn auch häufig gewürzt mit langen Quellenzitaten und pointierten Verweisen auf die Ergebnisse der Sekundärliteratur, aber auch überladen mit wortreichen, historisch belanglosen, rührseligen antiquarischen Notizen, bleibt die Funktion dieser Kurzbiographien für die Klärung der agrarhistorischen Kernprobleme im großen und ganzen recht fragwürdig. Denn die nötigen analytischen Verbindungslinien zu den zentralen Bezugspunkten der Interpretation und Ordnungsbegriffen, soweit dieselben in diesem merkwürdig konstruierten Werk überhaupt sichtbar werden, sind nur selten gezogen worden.

Außer den oben bezeichneten beiden Sachbereichen wird noch eine Reihe von Nebenthemen berührt. Übergeht man in diesem Zusammenhang die erstaunlich elementaren und unerträglich banalen Randglossen zur politischen Ereignisgeschichte und ihrer Problematik sowie die nebulosen, amateurhaften kulturphilosophischen Betrachtungen, so wären hier vor allem zu nennen die Organisation des Agrarkredits, die Entstehung des ländlichen Versicherungswesens, die Entfaltung des landwirtschaftlichen Vereins- und Genossenschafts- und der Aufbau des fachlichen Bildungswesens. Diese agrarinstitutionellen Entwicklungsphasen werden, ebenso wie die staatliche Landwirtschafts- und ländliche Sozialpolitik, meist in speziellen, mehr oder weniger unvermittelt aneinander gereihten Unterabschnitten erörtert. Hierbei steht einer Fülle von nützlichen Tatsachenangaben und Zitaten aus der Fachliteratur eine übergroße Bescheidenheit in der Verarbeitung des Materials gegenüber, wodurch der kompilatorische und eklektizistische Grundcharakter des Werkes verstärkt wird. Vieles deutet darauf hin, daß es in Hast geschrieben worden ist und daß es sich wahrscheinlich um einen ersten Entwurf handelt, der verfrüht zum Druck gelangt ist, wofür der Herausgeber der *Deutschen Agrargeschichte* mitverantwortlich ist.

Es bedarf ungewöhnlicher geistiger Anstrengungen, um die oben angedeutete Vielzahl und Ungleichartigkeit der Erkenntnisobjekte in Zeit und Raum zueinander in sinnvolle Beziehung zu setzen. Leider fehlt eine klar umrissene Fragestellung, die den roten Faden lieferte, der durch die Darstellung geht und die Tatsachenmassen zusammenhält. Weder ein systematisches Ordnungsschema noch ein theoretisches Erklärungsmodell ist im vorliegenden Falle für das Studium des Wandels der Agrartechnik, -lehre und -wirtschaft richtungweisend geworden. „Ganz bewußt“, und zwar, um den „geschichtlichen Rhythmus“ (S. 7), der übrigens undefiniert bleibt, hervortreten zu lassen, hat sich Haushofer für einen politischen Bezugsrahmen entschieden. Es ist die Chronologie der erzählenden politischen Ereignisgeschichte, der beharrlichsten, aber auch der oberflächenhaftesten unter den traditionellen Arten der Geschichtsbetrachtung, die die Basis für die Einordnung und Periodisierung des Agrargeschichtsablaufs liefert. Denn grundsätzlich werden die Zäsuren „nach den einschneidenden politischen Ereignissen“ (S. 161) gesetzt. Unmöglich kann ein derartiges Vorgehen eine „neue, der technischen Epoche entsprechende Betrachtungsweise“ genannt werden. Dennoch läßt sich mit dieser althergebrachten Fragestellung auch heute noch viel erreichen, wenn sie kompetent, umsichtig und phantasievoll durchmustert wird. Denn ob neu oder alt, entscheidend ist, was für die historische Erkenntnis herausspringt. Leider bleibt die dringlichste *conditio sine qua non* des Gelingens unerfüllt: das Vertrautsein mit den verzwickten Tatsachen und Problemen des politischen Geschehens. Denn abgesehen von dem Zeitraum von 1914–1945, mit dem Haushofer bereits in seinem früheren Werk sich intensiver beschäftigt hat und den er auch in seinem neuen Buch am besten darzustellen vermag, beruht die „Beherrschung“ der deutschen politischen Geschichte des 19. Jahrhunderts auf dem *Kleinen Ploetz* und der Lektüre von Golo Mann, der mehrfach zitiert wird und als die letzte, aber auch einzige Appellationsinstanz in Erscheinung tritt. Das fällt um so mehr auf, als der Autor, sobald es um agrarische Sachbereiche geht, nicht kargt mit bibliographischen Übersichten und, im Text, mit dem Sich-Verschanzen hinter wissenschaftlichen Koryphäen, wenn auch meist nicht jüngsten Datums[20].

In dem der Gliederung des Werkes in vier Kapitel zugrunde gelegten Periodisierungsschema erscheinen der Wiener Kongreß, die Revolution von 1848, die Proklamierung des deutschen Kaiserreiches und der Ausbruch des Ersten Weltkrieges als die „entscheidenden politischen Ereignisse“. In welchem Sinne die politischen Schnittjahre 1815, 1848, 1871 und 1914 auch Wende- oder zumindest verlockende Aussichtspunkte in der Geschichte der Agrartechnik, -produktion und -wissenschaft und der nebenher behandelten agrarinstitutionellen und -politischen Phänomene darstellen und auf einen „geschichtlichen Rhythmus“ hindeuten, wird konkret nirgendwo klar. Und wie gekünstelt und in der Durchführung inkonsequent die politische Zeitraum-Gliederung sich erweist, ersieht man daraus, daß die nach sachlichen und biographischen Gesichtspunkten aufgeteilten Unterabschnitte die chronologischen Trennungslinien vielfach außer acht lassen und daß der Verfasser seine politischen Bezugspunkte oft völlig aus dem Auge verliert. So sieht man sich einem zwar stoffreichen, aber verwirrenden Durcheinander gegenüber. Das hat auch dem Autor Unbehagen bereitet und ihn gelegentlich erkennen lassen (S. 161, 163), daß die von der politischen Ereignisgeschichte abstrahierte Periodisierung der Agrarentwicklung bei der Verfolgung des schönen Zieles, „die politischen, wirtschaftlichen und technischen Faktoren in ihrer vielfachen Verflechtung und Wechselwirkung aufzuweisen“, erhebliche Schwierigkeiten in der Gedankenführung hervorruft.

Es ist daher nicht verwunderlich, daß Haushofer noch zwei weitere zeitliche Ordnungsmöglichkeiten in Erwägung gezogen hat, um „eine dem historischen Ablauf folgende Darstellung“ (S. 7) der „deutschen Landwirtschaft im technischen Zeitalter“ möglich zu machen. Diese Alternativen bzw. Ergänzungen sind jedoch nicht ernsthaft durchdacht und daher nicht methodisch weiterverfolgt worden, so daß der Leser schließlich nicht weiß, an welchem Betrachtungsrahmen er sich orientieren kann, ohne völlig die Richtung und die Sicht auf ein greifbares Erkenntnisziel zu verlieren.

Die erste dieser beiden Periodisierungsmöglichkeiten kreist um den Generationsbegriff, der vor einem halben Jahrhundert in der deutschen Geschichtswissenschaft viel diskutiert wurde und mit dem damals namentlich Literatur- und Kunsthistoriker experimentiert haben. Bei Haushofer tritt der Generationenwandel als ein möglicherweise fruchtbares heuristisches Erkenntnismittel nur im 1. Kapitel in Erscheinung. Es bleibt jedoch höchst ungewiß, ob ein bestimmter Entwicklungsrhythmus damit gemeint ist und was damit überhaupt erreicht werden soll. Denn was ist gewonnen, die Zeit von 1789–1815 das „Menschenalter des Übergangs" zu nennen und die unter politischen Gesichtspunkten abgegrenzte Epoche des Übergangs vom „Wiener Kongreß bis zum Revolutionsjahr 1848" auch als das „Menschenalter von 1815–1848" zu bezeichnen? Ab 1848 verschwinden die „Menschenalter" selbst als semantische Existenzen nahezu ganz in der Versenkung, da Haushofer bei der Suche nach brauchbaren Kriterien für die historische Zeiteinteilung allmählich zu der Einsicht vorgedrungen war: „Eine wirklich haltbare Scheidung zwischen ‚Generationen' im geschichtlichen Leben ist schwer zu treffen" (S. 24). Die „Menschenalter" werden nunmehr endgültig durch „Zeiträume" von ungleicher Länge ersetzt, deren Grenzlinien durch dramatisch zugespitzte politische Ereignisse bestimmt werden. In recht kryptischer Weise wird aber dennoch der Gedanke nicht restlos aufgegeben, daß zumindest der Generationenwechsel „bedeutender Männer" einen anregenden Ansatz zur Ordnung und Erklärung des Geschichtsablaufs liefert. Diesem Gedanken wird durch abstrus-amüsante, zusammenhanglos in den Text eingefügte „Diagramme der Lebensläufe bedeutender Männer" zu den „Zeiträumen" 1848–1871, 1871–1914 und 1914–1945 symbolisch Ausdruck gegeben[21].

Die dritte Periodisierungsmöglichkeit, die Haushofer für seine Zwecke in Erwägung gezogen hat, aber leider über das Embryostadium nicht hat hinausgelangen lassen, ist die nach den langen Wechsellagen der Wirtschaft[22]. Ihre Weiterverfolgung hätte zu einer Aufgliederung nach Konjunkturepochen geführt. Damit wäre ein dem Sachgegenstand angepaßter Betrachtungs- und Integrationsrahmen gewonnen worden, mit dessen Hilfe die Geschichte der „Landwirtschaft im technischen Zeitalter", aber auch der Wandel der Agrarpolitik unvergleichlich überzeugender hätte verständlich gemacht und gedanklich geschlossener dargestellt werden können, als dies tatsächlich geschehen ist. Damit hätte auch dem Wunsche des Autors, den „historischen Rhythmus" herauszuheben, Rechnung getragen werden können, zumal wenn neben den langen Wechsellagen auch den kurzfristigen Schwankungen in der Bewegung der Land- und der Gesamtwirtschaft zureichende Beachtung geschenkt worden wäre[23]. Eine derartige Perspektive würde auch, im Hinblick auf den gegenwärtigen Stand, die Bestrebungen und vervollkommneten Methoden der internationalen Agrargeschichtsforschung und -schreibung heutigen historiographischen Bedürfnissen besser entsprochen haben als das grundsätzlich starre, wenn auch praktisch vom Verfasser desavouierte[24] Festhalten an einem altüberkommenen, für den vorliegenden Zweck jedoch überforderten Typus politischer Geschichtsperiodisierung. Hierzu kommt noch ein weiteres „wäre“ und „hätte“. Wäre die sich bietende Möglichkeit einer „neuen“ Sehweise nicht verpaßt worden, so hätte auch eine Reihe von irrtümlichen „Tatsachen“-Angaben und bedenklichen Fehlurteilen vermieden werden können. Das soll an einem konkreten Beispiel verdeutlicht werden.

Das III. Kapitel, *Von der Reichsgründung 1871 bis zum Ersten Weltkrieg*, geht von der falschen Voraussetzung aus, daß im neuen Kaiserreich der Wachstumsprozeß der deutschen Landwirtschaft, abgesehen von kurzfristigen zyklischen Rückschlägen, über den Gesamtzeitraum hinweg in steiler Anstiegskurve verlaufen sei und durch eine „gewaltige Welle zukunftsfreudigen Optimismus“ (S. 176) gekennzeichnet war. Dementsprechend wird der tatsächlich langwellige Entwicklungsgang verzeichnet. Denn daß die deutsche Landwirtschaft im Gefolge der Revolutionierung der Welternährungswirtschaft und wachsender weltwirtschaftlicher Verflechtung trotz der Einführung der Getreidezölle im Jahre 1879 von der Mitte der 1870er bis gegen Ausgang der 1890er Jahre durch eine schwere Strukturkrise hindurchging und erst in der unmittelbar folgenden Konjunkturepoche erneute Expansionskraft entfaltete, ist ein grundlegender Tatbestand, den Haushofer in seiner Interpretation völlig übersieht. Daher auch, in Verkennung der historischen Umstände und insbesondere der realen Marktverhältnisse, eine so unhaltbare These wie die folgende: „Trotz der einsetzenden sozialen Probleme konnte sich die Landwirtschaft im Strome des nationalen Aufschwungs im Bismarckschen Reich [...] mit ganzer Kraft in den technisch-wirtschaftlichen Fortschritt der zwei Jahrzehnte von 1871–1891 hineinwerfen, bis zu den ersten Krisenerscheinungen der 90er Jahre“ (S. 192; siehe auch S. 176). Die postulierte „sprunghafte Expansion der Landwirtschaft“ in diesem Zeitraum und „der steile Aufschwung der Intensität der Bodenproduktion nach 1870“ (S. 153) sind eine reine Fiktion, und es ist nicht ohne Ironie, daß Haushofer selbst, obwohl unbewußt, sie ad absurdum führt in Abb. 14 und 15 (S. 194 und 197). Hier wird der quantitative Nachweis dafür erbracht, daß in der deflationistischen Trendperiode der „Großen Depression“ die Erträge des Weizen-, Roggen-, Hafer- und Kartoffelbaus stagnierten und der Mineraldüngerverbrauch, d.h. der entscheidende technische Faktor der großen Ertragssteigerung nach dem Ende der 1890er Jahre, bis zu diesem Zeitpunkt völlig bedeutungslos war.

Auch auf die perspektivenarme, unzureichend informierte und stark apologetisch gefärbte Deutung der agrarpolitischen Wandlungen sowie der agrarischen Interessenorganisationen im Kaiserreich wirkt sich die Verfälschung des Bildes der realen Landwirtschaftsentwicklung verhängnisvoll aus. Und das um so mehr, als Haushofer diesen Fragenkomplex in der Hauptsache unter dem Blickwinkel verstaubter agrarromantischer Ideologien und agraragitatorischer Behauptungen sieht, wie sie damals mit Hilfe „bedeutender Männer“ entwickelt wurden, die den Wünschen und Beteuerungen des glänzend organisierten ostdeutschen Großgrundbesitzertums meist verehrungsvoll gegenüberstanden[25]. Daher auch die ungerechte Beurteilung Caprivis, des Kanzlers „ohne Ar und Halm“, und seines agrarpolitischen Beraters, Johannes Conrad (S. 209).

Trotz der hier zum Ausdruck gebrachten Einwände und Meinungsverschiedenheiten ist abschließend mit Genugtuung festzustellen, daß Haushofer, obwohl er kein

Berufshistoriker ist (und vielleicht, *weil* er keiner ist), den wagemutigen Versuch unternommen hat, ein bis vor kurzem von der westdeutschen Geschichtswissenschaft ungebührlich vernachlässigtes Hauptthema der neueren deutschen und europäischen Geschichte, die wirtschaftliche und technische Modernisierung des deutschen Nationallebens, unter Beschränkung auf den Agrarsektor zusammenfassend darzustellen. Grundsätzlich nicht weniger begrüßenswert ist, daß er sich bei dem Bemühen um Synthese, wenn auch mit unzureichenden Mitteln und vermutlich nicht unter idealen Arbeitsbedingungen, ein analytisches Ziel gesetzt hat, nämlich die Entwicklung der deutschen Agrarwelt mit dem Gang der politischen Geschichte in überzeugende innere Verbindung zu bringen und in ihrer Wechselwirkung zu verfolgen. Aus vielerlei Gründen ist die Lösung dieser großartigen Aufgabe leider gescheitert.

Was tatsächlich geschaffen worden ist, ist in der Hauptsache ein materialreiches Handbuch und ein nützliches Nachschlagewerk, dessen Zuverlässigkeit im einzelnen freilich nicht über jeden Zweifel erhaben ist. Neben einer Fülle von wissenswertem, problembezogenem Detail einschließlich zahlreicher, meist unkritisch übernommener Zitate aus dem zeitgenössischen Schrifttum, die zum Nachdenken anregen, steht ein langweiliges, chronikähnliches Registrieren von Namen, Fakten und Kuriositäten, ein exzentrisches Sammelsurium, das für den Antiquar, aber nicht für den Historiker von Interesse ist. Aber daß das ungleichwertige Buch als Ganzes gesehen eine wissenschaftliche Enttäuschung ist, liegt vor allem daran, daß trotz des ansprechenden Inhaltsverzeichnisses[26] und verheißungsvollen Vorworts eine durchgehende Gedankenführung nicht zu erkennen ist und die Interpretationsbemühungen gar zu oft allzu oberflächlich, unausgereift und unschlüssig bleiben, um sich zu einem überblickbaren Gesamtbild zusammenzufügen. Die in Aussicht gestellte „neue Betrachtungsweise" läßt vor allem das vermissen, was Wilhelm Abel, dessen *Geschichte der deutschen Landwirtschaft vom frühen Mittelalter bis zum 19. Jahrhundert* nunmehr in das Blickfeld rücken wird, einmal in dem Satze zusammengefaßt hat: „Zur Wissenschaft gehören System und Ordnung und kritisches Weiterdenken der überkommenen Lehren."

IV.

Abels *Geschichte der deutschen Landwirtschaft* geht „vom Bedarf aus, dem Landwirtschaft zu dienen bestimmt ist. Sie stellt die Bevölkerung voran, deren wechselvolles Schicksal sich in der Entwicklung des Landbaues auf deutschem Boden spiegelt. Sie berichtet von der Überschichtung der frühmittelalterlichen Bauernwirtschaft durch die Strukturen einer feudalen und auch schon merkantilen Gesellschaft, von Preisen, Löhnen, Erträgen des Ackers und der Viehhaltung, von Abgaben und Diensten der Bauern, von Einkommen und Vermögen der Bauern und ihrer Herren. Sie nutzt die historische Statistik, die in einem Umfang, der vielfach noch unterschätzt wird, in die wirtschaftlichen Verflechtungen früherer Jahrhunderte Licht zu bringen geeignet ist. So entfaltet sich vor dem Leser eine Geschichte der Landwirtschaft, die auch die Versorgung mit Nahrungsmitteln einbeschließt, und dies in einem Wechsel, dem dramatische Höhepunkte nicht fehlen. Es zeigt sich, daß die Vorstellung von der ‚tausendjährigen Ruhe' der Landwirtschaft, die von den Zeiten Karls des Großen bis in das 18. Jahrhundert geherrscht haben soll, in den Antiquitätenladen der Geschichtsschreibung gehört. Gegenüber der 1. Auflage dieses Buches wurden die langfristige Entwicklung und die Wechsellagen der deutschen Landwirtschaft seit dem frühen Mittelalter noch stärker herausgearbeitet. Insbesondere gilt dies für den hochmittelalterlichen und frühneuzeitlichen Landesausbau und die Entfaltung der landwirtschaftlichen Produktion im 16. und 18. Jahrhundert. Auch wurden die Nachrichten über die Höhe und die landwirtschaftlichen Unterschiede der bäuerlichen Dienste und Abgaben ergänzt und noch stärker auf gesamtwirtschaftliche Zusammenhänge bezogen".

Diese Charakterisierung auf der Umschlagseite des Abelschen Werkes ist keine reklamehafte Übertreibung. Die hier vorliegende Synthese *und* Analyse ist in der Tat trotz einiger Unvollkommenheiten ein ungewöhnlich material- und gedankenreicher, auch methodisch weiterführender Beitrag zum Verständnis der vorindustriellen Agrargeschichte in neuer Sicht. Und das durfte man erwarten, denn hier spricht einer der Pioniere der internationalen Agrargeschichtsforschung unserer Zeit und der originellste Kopf unter den lebenden Wirtschaftshistorikern im deutschen Sprachgebiet, für den seit seinem eigenwilligen Erstlingswerk[27], einem genialen Entwurf, die historische, theoretische und statistische Klärung der mitteleuropäischen landwirtschaftlichen Entwicklung seit dem Hochmittelalter im Brennpunkt seiner Lebensarbeit gestanden hat. Es mag einleitend darauf hingewiesen werden, daß – wie für Abel so auch für einen Gelehrten mit noch universaleren Interessen und Gaben wie Joseph Schumpeter – die in der ersten größeren Studie entwickelten Grundgedanken (in Schumpeters Fall seine Wiener Doktordissertation zur *Theorie der wirtschaftlichen Entwicklung*) für den späteren wissenschaftlichen Weg bestimmend gewesen sind. Trotz hochgradig verschiedenartiger sachlicher, räumlicher und zeitlicher Arbeitsinteressen haben beide Forscher doch in dem, was sie *als „neue" Historiker* erstrebten, ein ganz zentrales Vorhaben gemeinsam, das in den letzten beiden Jahrzehnten in der amerikanischen, britischen und französischen, jedoch leider nicht in der deutschen Wirtschaftsgeschichtsforschung allmählich Epoche gemacht hat: die Nutzbarmachung der Wirtschaftstheorie und vervollkommneter mathematisch-statistischer Methoden für die Analyse der quantifizierten historischen Dynamik des ökonomischen Wachstumsprozesses.

Abels Landwirtschaftsgeschichte umspannt einen Zeitraum von ungefähr 1300 Jahren. Im Gegensatz zu Lütge, für den bei der Suche nach der Ahnentafel deutschen Agrarlebens das Zurückgehen auf das „Urgermanentum" sich als eine Prinzipienfrage erwies, ist Abel von einleuchtenderen pragmatischen Erwägungen ausgegangen, die in der praktischen Anwendung sich bewährt haben. Hierzu seine Begründung: „Es ist mißlich, einen Zeitpunkt als Anfang zu setzen, da Geschichte, auch die jäh unterbrochene, sich fortsetzt, aber da jede Darstellung einen Anfang fordert und der Plan des Buches die Spielbreite der Wahl begrenzt, sei die Mitte des ersten Jahrtausends n. Chr. gewählt. [...] Der Prozeß der Auflösung des weströmischen Reiches – mit Wanderzügen, Menschenverlusten, Güterzerstörungen und sozialen Umwälzungen größten

Stiles – klang aus. Die germanischen Stämme waren in Mitteleuropa zu leidlicher Ruhe gekommen; die Landnahme war vollzogen, und eine Phase des Wiederauf- und Neubaus begann, die – in zwar vielfach gebrochener Linie – entschieden aufwärts führte."[28]

Auch für die historische Raumbestimmung sind heuristische und nicht etwa doktrinäre oder sentimentale Überlegungen maßgebend gewesen. Dieselben haben allerdings terminologische, hie und da auch begriffliche Unstimmigkeiten nicht ausgeschlossen. Hier stößt man auf meist leicht vermeidbare Unachtsamkeiten und Widersprüche, die manchmal in die Irre führen. Was versteht Abel unter dem „deutschen Raum"? Solange es sich um frühmittelalterliche Zustände und Entwicklungen handelt, wird damit der von „germanischen Stämmen besiedelte Raum" (S. 46) bezeichnet, der bereits zur späteren Merowingerzeit mit dem „deutschen Siedlungsgebiet" (S. 13) identifiziert wird[29]. Andererseits wird, wenn von „Südwestdeutschland", „Nordwestdeutschland" oder „Westdeutschland" im Frühmittelalter die Rede ist, von heutigen geographischen Unterscheidungen ausgegangen, indem rückwärtsschreitend der gegenwärtige Gebietsstand der Bundesrepublik die Richtschnur für die Nomenklatur liefert. Zu diesen En-bloc-Unterscheidungen tritt nach dem großen Landesausbau im Hochmittelalter und dem Abschluß der Kolonisationsperiode noch die zwischen „Westdeutschland" und „Ostdeutschland". Der westdeutsche Raum wird nunmehr mitunter auch als „Altdeutschland" bezeichnet, während der ethnographisch heterogene ostdeutsche Raum stillschweigend mit den von „altdeutschen" Immigranten besiedelten slawischen Gebieten östlich der Elbe gleichgesetzt wird. Denn die deutsch-slawischen Länder der späteren Habsburgermonarchie werden in das Blickfeld nicht miteinbezogen, obwohl Abel hie und da auch von „Mitteleuropa" spricht. Ebenso wird auf „Mitteldeutschland" gelegentlich Bezug genommen. Einmal (S. 159) wird unter diesem vieldeutigen Terminus das Mittelstück Deutschlands in den Reichsgrenzen von 1937 verstanden, ein anderes Mal (S. 51) wird damit gemeint, was heutzutage vielfach in der Bundesrepublik, aber sonst nirgendwo in der Welt so genannt wird, nämlich der gegenwärtige Gebietsstand der DDR.

Ein derartig salopper Sprachgebrauch schafft Verwirrung, der jedoch zu ernsthafteren Komplikationen erst bei der mitunter etwas kavalierhaften Handhabung derjenigen geographischen Begriffe führt, für die Abel die Worte „Deutschland" oder „Gesamtdeutschland" reserviert. Einerseits ist damit der Raum in den deutschen Reichsgrenzen von 1914, andererseits in den Grenzen von 1933 gemeint[30]. Häufig dagegen fehlt jede Spezifizierung. Der hier vorliegende Mangel an Präzision, durchaus untypisch für einen im allgemeinen mit scharfen Begriffen arbeitenden und um exakte Größenbestimmungen bemühten Autor wie Abel, kann für die Argumentation und ihre Überzeugungskraft unangenehme Folgen haben. Das zeigt sich recht deutlich bei den vergleichenden statistischen Angaben (S. 69, 152, 274f., 326) über die „Gesamtbevölkerung Deutschlands" in der Zeit von 1300–1800. Hier handelt es sich nicht etwa um eine Randerscheinung, vielmehr um ein Kernstück der gedanklichen Struktur von Abels Landwirtschaftsgeschichte, da für ihn der quantifizierte Rückgang (bzw. die Zunahme) der Bevölkerung nicht nur ein heuristischer Bezugspunkt, sondern zugleich auch ein zentraler Erklärungsfaktor ist.

Und das führt uns heran an die alles in allem vorzügliche Konstruktion der *Geschichte der deutschen Landwirtschaft*, deren Finesse und Originalität erst nach mehrfacher Lektüre klar hervortritt, obwohl sie nicht den Glanz und die fesselnde Architektonik von *Agrarkrisen und Agrarkonjunktur* hat. Im Hinblick auf die zeitliche und räumliche Spannweite und die Vielgestaltigkeit des Themas und auf die dem Autor aufgezwungene Selbstbescheidung als Mitarbeiter in einem Kollektivunternehmen kann Vollkommenheit nicht erwartet werden.

Abel unterscheidet in seiner *Geschichte* zwischen zwei Grundepochen oder vielmehr Entwicklungsstadien, eine Klassifizierung, die auf die Stufentheorien der Historischen Schule der Nationalökonomie zurückgeht. Selbstverständlich sollen damit nicht etwa präzis abgrenzbare chronologische Trennungslinien markiert werden, da gewisse Merkmale und Praktiken des vorherrschenden Wirtschaftssystems der zweiten „Epoche" bereits in der ersten auftauchen und Wesenszüge der ersten sehr stark in der zweiten weiterleben. Der erste dieser landwirtschaftlichen Entwicklungsabschnitte, den Abel ungefähr mit dem sogenannten Frühmittelalter und den Anfängen des Hochmittelalters zusammenfallen läßt, ist die Zeit der seit langem so bezeichneten „relativ autarken Hauswirtschaft". Die zweite Epoche umfaßt eine ähnlich lange Zeitspanne, da sie von der Ausbildung der Städte bis zum Übergang zum modernen Wirtschaftswachstum reicht; es ist die Epoche der vorindustriellen, arbeitsteilig gegliederten Verkehrswirtschaft. Dem Entwicklungsstadium der relativ autarken Hauswirtschaft, heute auch „Einplanwirtschaft" genannt, sind nur ca. 10 Prozent des verfügbaren Druckraums gewidmet. Die quantitative Dürftigkeit wird wettgemacht durch eine geistvolle Behandlungsweise, wobei, namentlich durch häufige Vergleiche mit späteren Zeitperioden, Größenverhältnissen und Wirtschaftsweisen, sich oft überraschende und anregende Ausblicke ergeben. Der Erfassung dieser Frühentwicklung liegt eine vorwiegend systematische Betrachtungsart zugrunde. Im Vordergrund stehen die Bevölkerungsbewegung, die landwirtschaftliche Aktivität auf dem besiedelten Land, der Ausbau der Siedlungen, der technische Fortschritt und die agrargesellschaftliche Differenzierung. Für die Erklärung der frühmittelalterlichen Entwicklung werden auch Wirtschaftstheoretiker wie Adam Smith und Thünen zu Rate gezogen, worüber manch altmodischer Mediävist – falls er sich dazu aufschwingen sollte, Abel zu lesen – bedenklich den Kopf schütteln wird.

Das eigentliche Thema des Werkes ist die landwirtschaftliche „Entwicklung" in dem halben Jahrtausend von 1300–1800, und das ist der Zeitraum der europäischen, insbesondere der deutschen Agrargeschichte, mit dem sich Abel seit nahezu vierzig Jahren am intensivsten beschäftigt hat und den er gründlich kennt. Die *säkularen* Wechsellagen der Landwirtschaft dienen nicht nur als zentrales Ordnungs- und Periodisierungsschema, sondern auch als Erklärungsrahmen für die Analyse der ökonomischen Funktionszusammenhänge. Die trendartigen langen Schwingungen im Volumen der landwirtschaftlichen Aktivität und das säkulare Auf und Ab in den Größenverhältnissen auf der Wertseite der agrarökonomischen Entwicklung haben für Abel bereits seit den 1930er Jahren im Mittelpunkt seiner wirtschaftsgeschichtlichen Arbeit gestanden. Die Benutzung eines derartigen Entwicklungsmodells war damals neu. Abels Beitrag zur Entdeckung und empirischen Erforschung der landwirtschaftlichen „langen Wellen" im vorindustriellen Europa ist relativ lange Zeit wenig beachtet worden, jedoch seit dem Zusammenbruch des Naziregimes, d. h. seit die geistige Brücke zur Außenwelt wiederhergestellt wurde, allmählich in das internationale Schrifttum eingegangen[31]. Streng genommen kann daher die der *Geschichte der deutschen Landwirtschaft* zugrunde liegende Konzeption nicht mehr als neu bezeichnet werden. Neu und bisher einzigartig ist lediglich die detaillierte und kunstvolle Ausfüllung eines früher aufgestellten Betrachtungsrahmens unter Verarbeitung des gegenwärtigen Wissensstandes. Und das ist viel, zumal wenn man bedenkt, daß Abel mit seinen diesbezüglichen, theoretisch unterbauten Bemühungen innerhalb der heutigen „gesamtdeutschen" Wirtschaftsgeschichtsforschung, wenn man von seiner eigenen Schule absieht, noch immer eine isolierte Stellung einnimmt.

In seiner Landwirtschaftsgeschichte geht Abel von der Bevölkerung und dem besiedelten Land als Grundtatsachen und von der zentralen ökonomischen Frage nach dem Bedarf und seiner Deckung im Wandel der Jahrhunderte aus. Im Mittelpunkt der Darstellung der Epoche von 1300–1800 steht die marktbezogene langfristige Dynamik der „realen" Landwirtschaftsentwicklung, wenn auch die säkularen Auf- und Abschwünge in der Bewegung der Getreidepreise als primärer Ansatzpunkt und demgemäß als Richtungsweiser für die Beschreibung und Analyse der langwelligen Verschiebungen in den agrarökonomischen Größenverhältnissen und den agrarsozialen Tatbeständen dienen. Neben seinem heuristischen Wert mißt Abel dem preishistorischen Geschehen aber auch erhebliche funktionale Wirkungskraft zu. Generalisierend und von monetären Erklärungstheorien sich distanzierend, hat er das einmal thesenartig folgendermaßen formuliert: „Viel wichtiger als das Auf und Ab ‚aller Preise', das doch nur auf Veränderungen des Geldumlaufs zurückführt und dort steckenbleibt, sind die Streuungen der Preise und Einkommen, die sich aus Veränderungen der relativen Knappheit der wirtschaftlichen Güter und Leistungen ergeben. Sie begleiten als Wirkung und Ursache den Anstieg und die Stockung wirtschaftlicher Aktivitäten, seitdem sich die durch den Tausch zusammengehaltene arbeitsteilige Wirtschaft entfaltete" (S. 182).

Aufgrund der oben angedeuteten Fragestellung und ihrer methodischen Weiterverfolgung unter Betonung der materiellen Inhalte treten die säkularen Wechsellagen plastisch in Erscheinung, was hier nur grob vereinfachend skizziert werden kann. An die Stelle von Lütges vieldeutiger „Fortentwicklung" tritt bei Abel eine differenzierende und realistischere Erfassung der Agrardynamik: die Bestimmung und Erklärung korrelativer Entwicklungstendenzen in der rhythmischen Aufeinanderfolge von expansiven und stagnierenden oder retrograden Wirtschaftskonjunkturepochen und damit zugleich auch der Ausblick auf die säkularen Schwankungen in der Geschichte der Massenarmut in der traditionellen ständischen Gesellschaft. Im Mittelpunkt der Aufmerksamkeit steht die Zunahme (bzw. der Rückgang) im Bevölkerungsvolumen, die Ausdehnung oder Schrumpfung der Siedlungen und der landwirtschaftlich genutzten Flächen, die alternierenden mengenmäßigen Entwicklungstendenzen des Ackerbaus und der Viehzucht im Bereich der Produktion und des Verbrauchs; die Aufwärts- und Abwärtsbewegung der Preise, Löhne und Grundrenten und die Relationsverschiebungen in der Bewegung der Getreidepreise, der Preise der animalischen

Erzeugnisse und der Bodenwerte; die langfristige Kostensenkung oder -steigerung des Landbaus und der Erträge, der Niedergang oder Anstieg der Dienste und Abgaben, der bäuerlichen Leistungen und herrschaftlichen Empfängnisse; die gegensätzlichen Rückwirkungen auf die Besitz-, Betriebs- und Herrschaftsverhältnisse in Zeiten ansteigender und absinkender Agrarkonjunktur.

So ist ein geschlossenes, überzeugendes, ungeheuer dynamisches Bild der Aufschwungs- und Abschwungsphasen des Agrarlebens unter Berücksichtigung regionaler und lokaler Differenzierungen, aber auch kurzfristiger Fluktuationen geschaffen worden, das tiefe Einblicke in den Prozeß der landwirtschaftlichen Entwicklung und seiner agrargesellschaftlichen Folgen und Begleiterscheinungen eröffnet. Zugleich ist einem besseren Verständnis der gesamtwirtschaftlichen Entwicklung „Deutschlands" und, durch Aufdeckung ihrer materiellen Grundlagen, auch der sozialen und politischen Kräfteverschiebung der Weg gebahnt worden. Selbst für die Forschung zur allgemeinen deutschen Geschichte ergeben sich dabei vielversprechende neuartige Blickwinkel, so z.B. (S. 133–147) durch die originelle Schilderung der Herren- und der Bauerneinkommen im 14. und 15. Jahrhundert, die indirekt auf den säkularen wirtschaftlichen Hintergrund des Deutschen Bauernkrieges viel Licht wirft[32]. Abel überläßt in diesem Fall den Brückenschlag zwischen Agrargeschichte und „integraler" Geschichte der Phantasie und Sachkenntnis seiner Leser. Aber auch sonst werden die Verbindungslinien zwischen den agrarhistorischen Kontinuitäten und Veränderungen und dem Gange der allgemeinen Geschichte, d.h. hier der deutschen Volksgeschichte als Ganzes gesehen, bestenfalls nur angedeutet – so etwa bei der Schilderung des Rückgangs der Lohneinkommen im 16. Jahrhundert, einem Zentralproblem der wirtschaftlichen Entwicklung in dieser Zeit, das in der Tat bisher „noch zu wenig von der allgemeinen Geschichtsschreibung berücksichtigt wurde"[33] (S. 188).

Trotz seines stark ausgeprägten Sinns für farbenreiche Einzelheiten scheut sich Abel in seinem eigensten Arbeitsbereich keineswegs, zu verallgemeinernder Zusammenfassung seiner Untersuchungsergebnisse und zur Aufstellung von empirisch-statistisch fundierten Regelmäßigkeiten und Korrelationen im säkularen Rhythmus der wirtschaftlichen Entwicklung vorzustoßen, die sowohl für Historiker wie für Theoretiker bedeutsam sind. Das kommt in der Neuauflage von *Agrarkrisen und Agrarkonjunktur* häufiger und pointierter zum Ausdruck als in der *Geschichte der deutschen Landwirtschaft*. Jedoch finden sich auch in dem letzteren Werk instruktive Beispiele, von denen wenigstens eins herausgehoben werden soll: die Konträrbewegung von Löhnen und Getreidepreisen über ein halbes Jahrtausend hinweg. In der vorindustriellen Marktwirtschaft vom späteren Hochmittelalter bis zur Mitte des 19. Jahrhunderts folgten die Preise der gewerblichen Erzeugnisse und die Arbeiterlöhne den Getreidepreisen in allen langfristigen Auf- und Abschwüngen des Gesamtzeitraums nur zögernd oder überhaupt nicht, im Gegensatz zu der unregelmäßigeren späteren Entwicklung, wo diese „Schere" nur noch mitunter in Erscheinung trat[34].

Steht zweifellos in Abels Darstellung der Agrarwelt die dynamische Betrachtungsweise im Vordergrund, so fehlt es doch keineswegs an dem Bemühen, neben den Veränderungen auch das Beharrende zu erfassen. Der Lösung dieser Aufgabe dienen zwei vorwiegend statisch gesehene, systematisch gegliederte Querschnitte (Kap II und V), die für die Zeit um 1300 und für das 17./18. Jahrhundert die Struktur des Landbaus und seiner Institutionen durch typisierende Klassifizierung unter Benutzung zahlreicher lebendiger Einzelbeispiele und Vergleiche mit Zuständen in früheren oder späteren Zeitabschnitten verständlich zu machen suchen. Unter den hier behandelten Phänomenen werden vor allem das Siedlungswesen und die Flurordnungen, die landwirtschaftlichen Betriebstypen, die Bodennutzungssysteme und die Technik des Ackerbaus und der Viehzucht sowie die Arbeitsverfassung herausgehoben. Auch diese beiden Kapitel sind gedankenvoll und faktenreich, haben jedoch mehr lehrbuchartigen Charakter. Und da von dem Fachjargon überreicher Gebrauch gemacht wird, sind sie noch dazu partienweise schwer lesbar.

In bezug auf seinen methodologischen Gehalt erweist sich Abels Werk bei näherer Prüfung als fruchtbar und vielfach richtungweisend, gelegentlich aber auch als rückständig. Besonders bemerkenswert und charakteristisch für seine Arbeitsweise und Auffassung landwirtschaftshistorischer Aufgaben in heutiger Zeit ist sein weitgespanntes aktives Interesse an nichtalltäglichen Wissensgebieten und meist nichthistorischen Forschungsmethoden, die für die Erkenntnissuche mobil gemacht werden und somit die Funktion von „agrarhistorischen Hilfswissenschaften" erfüllen. Um eine „moderne" Geschichte der deutschen Landwirtschaft schreiben zu können, hat der ungewöhnlich belesene Verfasser archäologische Studien, die Siedlungs-, Orts-, Flurnamen- und Wüstungsforschung, die Pflanzen-, Tier- und Bodenkunde, die Pollenanalyse der Botaniker, die Volkskunde und Kulturgeographie mit herangezogen und wichtige Bestandteile der einschlägigen Fachliteratur verarbeitet. Bei der Wüstungsforschung, deren Mitbegründer Abel ist, konnte er allerdings auch auf eigene Arbeiten zurückgreifen. Und erst recht erweisen sich, wenn man den Blick auf den gegenwärtigen internationalen Stand der Wirtschaftsgeschichtsforschung richtet, die durch die *Geschichte der deutschen Landwirtschaft* und vor allem durch *Agrarkrisen und Agrarkonjunktur* repräsentierte Arbeitsrichtung und Betrachtungsweise als modern in dem Sinne, daß hier „Hilfswissenschaften" nutzbar gemacht und nach allen Regeln der Kunst „ausgebeutet" werden, die Abel, da er von den Wirtschaftswissenschaften her zur Agrargeschichte gekommen ist, sozusagen von Haus aus intensiv beschäftigt haben: die allgemeine Wirtschaftstheorie, die Konjunkturtheorie, die Theorie der wirtschaftlichen Entwicklung, die historische und die mathematische Statistik, die bevölkerungs-, preis- und lohngeschichtliche Forschung sowie die Betriebswirtschaftslehre[35]. Hier handelt es sich um Disziplinen und Forschungsmethoden, die für den Begriffsapparat, die Fragestellungen und Arbeitstechnik der „neuen" Wirtschaftshistoriker mehr oder weniger unentbehrlich und selbstverständlich geworden sind.

Dazu tritt der Rückgriff auf das Altbewährte und nach wie vor Notwendige im Dienste land- und ernährungswirtschaftsgeschichtlicher Erkenntnis, nämlich die Mitberücksichtigung von Quellen und Forschungen zur agrarischen Rechts- und Ideengeschichte sowie zur ländlichen Sozialgeschichte und zur Agrarpolitik und allgemeinen Wirtschaftspolitik. Abel hat Nennenswertes dazu zu sagen und verliert sie auch bei seinen Kausalerklärungsversuchen nicht aus dem Auge. Anders ausgedrückt heißt das, daß Abel nicht den Typus des ökonometrischen Extremisten verkörpert, der über den Zahlenreihen, Kurven, Diagrammen und mathematischen Formeln die Menschen und die großen historischen Zusammenhänge vergißt. Leider – oder soll man sagen Gott sei dank? – wird heutzutage von einem historischen Fachspezialisten an intra- und interdisziplinärem Rüstzeug, Wissen und Können sehr viel verlangt, wenn er wissenschaftlichen Bedürfnissen und Erwartungen genügen will, die aus der Unzufriedenheit mit den Arbeitsergebnissen der Macht der Gewohnheit erwachsen sind[36].

Der Wandel in den Rechtsgrundlagen des Agrarlebens, die bei Lütge im Mittelpunkt der Betrachtung stehen und die einstmals das Hauptthema der Agrargeschichtsforschung gewesen sind, wird auch von Abel häufig berührt. Jedoch liegt für seine Untersuchungszwecke der Nachdruck auf der wirtschaftlichen Bedeutung der Rechtsverhältnisse für das reale Leben. Wird auf die Entwicklung der Herrschaftsrechte auf dem Lande Bezug genommen, so interessieren daran nicht die juristischen Subtilitäten und Rechtsformen, sondern deren betriebliche und gesamtwirtschaftliche Folgen und Begleiterscheinungen, einschließlich der Einkommensverteilung. Geht es um Siedel- oder Pachtverträge, so sind es nicht die Rechtsqualitäten, sondern die materiellen Inhalte und das Verhältnis zwischen den rechtlichen Bedingungen und den spezifischen historischen wirtschaftlichen Umständen und Marktverhältnissen, die beachtenswert sind.

Die Bedeutung des ideellen Faktors in der Agrarentwicklung für die *wirtschafts*historische Erkenntnis wird von Abels keineswegs *en bagatelle* behandelt. Gemäß der durch ihn repräsentierten Betrachtungsweise konzentriert sich die Klärung agrarideengeschichtlicher Tatbestände auf die Beantwortung von zwei Kernfragen, die leider nur implizite gestellt und meist indirekt beleuchtet werden. Was für einen Einfluß haben Agrarideen auf die Gestaltung der wirtschaftlichen Lebenswirklichkeit gehabt? Und inwieweit ist das zeitgenössische agrarische Schrifttum ein ideeller Spiegel tatsächlichen Geschehens und realer Zustände und in diesem Sinne „wertvoll" für den Geschichtsforscher? Unter diesen beiden Gesichtspunkten werden der spätmittelalterlichen Literatur zu Problemen des Landlebens, den Anfängen des landwirtschaftlichen Schrifttums im Deutschland des 16. Jahrhunderts, der sogenannten Hausväterliteratur des späten 17. und der ersten Hälfte des 18. Jahrhunderts, vor allem der Frühentwicklung der Landbauwissenschaften im 18. Jahrhundert, gebührende Aufmerksamkeit geschenkt. Wie bereits angedeutet, geht es grundsätzlich dabei um die Doppelaufgabe, die Einwirkung der Agrarlehren auf die Realentwicklung der Landwirtschaft zu bestimmen und den Aussagewert der Angaben und Thesen zeitgenössischer Agrarschriftsteller für das Verständnis des tatsächlichen Wirtschaftsschicksals der ländlichen Bevölkerungsgruppen und ihrer Motive abzuschätzen. In der Erörterung dieser komplexen Probleme hat Abel einen nüchternen Sinn für historische Proportionen, einen klaren Blick für das Wesentliche und ein sicheres und entschiedenes Urteil bekundet, das begriffliche Schärfe mit konkreter Anschaulichkeit, Humor und vitaler Munterkeit verbindet. So werden auch in der Behandlung dieses Themenbereichs Qualitäten sichtbar, die für seinen geistigen Habitus überhaupt charakteristisch sind. Abels gesunder Menschenverstand und kritischer Sinn haben ihn davor bewahrt, die Lehren sittlichen Verhaltens, denen zufolge das grundherrlich-bäuerliche

Verhältnis sich gestalten sollte, etwa mit den Lebensformen des grauen Alltags zu verwechseln. Auch Moralpredigten und die Ideologien der traditionellen Herrschereliten und ihrer Sprecher interessieren den Verfasser, aber er steht ihnen mißtrauisch gegenüber und benutzt sie nicht als Beweismaterial für die Beschreibung der Lebenswirklichkeit (siehe z. B. S. 146, 203, 281). Mit Recht wird gewarnt vor den „bei uns so beliebten naiv-romantischen Schilderungen des Bauernlebens im vorindustriellen Zeitalter" (S. 235).

Auch auf das agrarsoziale Geschehen und seine Problematik fällt unter dem Gesichtswinkel landwirtschafts- und ernährungswirtschaftshistorischer Fragestellungen und Zielsetzungen eine Menge Licht, ob es sich nun dabei um isolierte oder typische Einzelbeispiele, statistische Berechnungen, Einfälle, Hypothesen oder verifizierte Einsichten in geschichtliche Zusammenhänge handelt. Jedoch verrät der Autor in diesem Bereich eine unzureichende Vertrautheit mit der Fachliteratur und ausgesprochene Unsicherheit in bezug auf die Methodik der Sozialgeschichtsforschung und ihr Verhältnis zur heutigen Soziologie, wenn er sich auch dankenswerterweise Gedanken darüber gemacht hat.

Nichtsdestoweniger enthält das vorliegende Werk eine Reihe von zwar waghalsigen und anfechtbaren, aber dennoch brillanten und geradezu erregenden Skizzen, die, zusammengenommen, einen originellen und verheißungsvollen Beitrag zur Klärung sozialgeschichtlicher Aspekte agrarwirtschaftlicher Entwicklungen liefern. Hierher gehören die Kommentare zum Nahrungshaushalt einer frühmittelalterlichen Bauernfamilie (S. 23 ff.) und zur Bilanz eines hochmittelalterlichen Bauernhofs (S. 103 ff.). Noch instruktiver sind die zusammenfassenden Ausführungen zu dem sozialgeschichtlichen Problem der Verflechtung der Bauernwirtschaft über die Steuern, Dienste und Abgaben in die Gesamtgesellschaft. Denn es ist bezeichnend für Abels Weitblick als *Wirtschafts*historiker, daß er es bei Betrachtungen und numerischen Erläuterungen zum ökonomischen Problem der Verflechtung der Bauernwirtschaft durch den Markt in die Gesamtwirtschaft nicht bewenden läßt. Auch im sozialgeschichtlichen Bereich macht er Gebrauch von der quantifizierenden Methode und ist um Bestimmung des Wieviel bemüht. Hierbei dient die Einkommens- und Vermögensverteilung als Aussichtspunkt und integrierender Bezugsrahmen. Unter kunstvoller Benutzung faktischer Mosaikstückchen und nuancenreicher individueller Fälle, die auf die Vielgestaltigkeit der Einzelerscheinungen aufmerksam machen, wird zu einer typisierenden Zusammenfassung der Grundzüge vorgedrungen. So wird ein analytisch scharfsinniges generalisierendes Querschnittbild von der sozialen Verteilung und Verwendung der ländlichen Einkommen im Spätmittelalter (S. 133 ff.), im Zeitalter der „Preisrevolution" des 16. und frühen 17. Jahrhunderts (S. 193 ff.), im 18. Jahrhundert (S. 253 ff.) und um 1800 (S. 330 ff.) geschaffen. Der säkulare Wandel in der allgemeinen Wirtschaftslage „der" Grundherren, Bauern und Landarbeiter und somit *eine* wichtige agrargesellschaftliche Entwicklungskomponente treten dabei klar hervor. Und das um so mehr, als sie zu dem Auf und Ab in der Bevölkerungsbewegung und Preisgestaltung und zu den langfristigen Verschiebungen im Gesamtvolumen der bäuerlichen Arbeitskräfte und der Landarbeiterschaft in funktionalen Bezug gesetzt werden.

Enttäuschend und überaus dürftig sind demgegenüber die über bloße Ansätze, sporadische Angaben „unbewältigter" Tatsachen und gelegentliche Aperçus nicht hinausgehenden Bemerkungen über die qualitativen und quantitativen Auswirkungen der langwelligen Dynamik des Landwirtschaftsablaufs auf die Struktur und das Funktionieren des komplexen ländlichen sozialen Schichtungssystems und seiner kollektiven Bestandteile. „Der Historiker verzichtet ungern auf die Darstellung der menschlich-personalen Seite wirtschaftlicher Veränderungen, doch wie, so muß gefragt werden, sollen die Menschen vorgeführt werden, wenn sich die Vorstellung nicht in einzelne Lebensläufe verzetteln soll? Es müßte eine Gruppierung versucht werden. [...] Aber jede einzelne Gruppe ist wieder so vielfältig zusammengesetzt, daß noch untergliedert werden müßte, und da ist kein Ende abzusehen, da im Grunde doch jeder Mensch nur sich selbst vorstellt" (S. 322). So bekennt Abel, ohne zu grundsätzlicher Klarheit zu kommen, daß er hier in unbeholfenen und schüchternen Vorüberlegungen steckengeblieben ist, die eindeutig erkennen lassen, daß ihm die Bestrebungen und Erkenntniswege der jüngeren Sozialgeschichtsforschung – im deutschen Sprachgebiet wären gegenwärtig vor allem Werner Conze, Otto Brunner, Wolfram Fischer, Heinz Gollwitzer, Wolfgang Köllmann, Reinhart Koselleck, Fritz Martiny und Erich Maschke zu nennen – scheinbar nicht vertraut sind.

Die empirisch-historisch noch wenig erprobte Methodik des Studiums realer gesellschaftlicher Gruppen- und Klassendifferenzierung und sozialer „Kollektivbiographien" verursacht Abel Kopfschmerzen. Und das ist wahrlich nicht verwunderlich, wenn man bedenkt, daß selbst manche unter denjenigen Historikern, die heute Wert darauf legen, als „Sozialhistoriker" klassifiziert zu werden, nicht selten noch wie Halbblinde in der allerersten Morgenröte herumtappen. Ist es doch bisher nicht einmal zu einer prinzipiellen Einigung darüber gekommen, mit was für Phänomenen sie sich eigentlich beschäftigen sollen. Denn ob es sich bei der Sozialgeschichte – oder der sogenannten sozialen Strukturgeschichtsforschung – um eine vage, zur Flucht in die soziale Begriffs- und Ideengeschichte verführende Betrachtungsweise oder um eine spezifische Fachwissenschaft mit einem vernünftig definierbaren „realen" Sachgegenstand handelt, ist noch immer eine viel debattierte Vorfrage. Soweit es dabei um „soziale Strukturen" geht: soll es sich handeln um das historische Studium der Struktur eines spezifischen, zeit- und raumbedingten gesellschaftlichen Gesamtgefüges oder lediglich der Struktur des Klassen- und Gruppen*systems* innerhalb des gesellschaftlichen Gesamtgefüges, oder um die Klärung der Struktur einer bestimmten sozialen Schicht oder „Klasse" zu einer bestimmten Zeit in einem bestimmten Raum? Wie auch die Antwort ausfallen mag, die der Lösung harrenden Aufgaben erfordern ungewöhnliche geistige Anstrengungen, denn Struktur ist ein Ganzes, das aus einander zugeordneten Elementen besteht, die wechselseitig voneinander abhängen derart, daß das eine ohne das andere nicht sein und funktionieren kann[37].

Selbst einem so geistreichen, stark theoretisch interessierten Kopf wie Abel ist die Sicht auf die verschiedenen Arten der agrarischen Klassen- und Gruppendifferenzierung und auf die Dynamik der kollektiven sozialen Zwischenbeziehungen im Gefolge landwirtschaftlicher Veränderungen versperrt geblieben. Daß ein so vielseitiger, hohe Anforderungen an sich stellender Fachspezialist die hier zur Diskussion stehende, selbstgesetzte und für sein Zentralthema in der Tat bedeutsame Nebenaufgabe zu seiner eigenen Zufriedenheit z. Z. nicht in den Griff zu bekommen vermag, liegt einfach daran, daß er bei aller Vielseitigkeit noch nicht vielseitig genug ist. Offensichtlich sind nur versprengte, recht willkürlich ausgewählte Bruchstücke der älteren und der neueren realsozialgeschichtlichen Literatur herangezogen worden. Zudem fehlt die für die Erfassung des pluralistischen Gefüges der multidimensionalen Ungleichheit in der vorindustriellen Gesellschaft nötige theoretisch-soziologische Schulung. Infolgedessen stehen die nötigen taxonomischen Kriterien und analytischen Ordnungsbegriffe und Erkenntniswerkzeuge nicht zur Verfügung. Abel ist selbstkritisch genug, um zu erkennen, daß mit den historisch überlieferten Vorstellungen und juristischen Definitionen der ständischen Rechtsabstufung, den zeitgenössischen normativen Lehren über die hierarchisch-korporative Gesellschaftsgliederung im Dienste einer prästabilierten Harmonie und den eigenen (hochanregenden) Bemühungen um eine notwendigerweise grobschlächtige Schätzung des relativen Kollektivanteils der drei außerordentlich differenzierten Grundgruppen (der Grund- bzw. Gutsherren, der Bauern und der Landarbeiter) am Realprodukt der Gesamtlandwirtschaft *allein* nicht weiterzukommen ist[38]. Hier stößt man auf einen unübersehbaren Schönheitsfehler in dem Werke eines meisterhaften Landwirtschaftshistorikers, der gelegentlich (so S. 309), einer weitverbreiteten Unsitte folgend, sogar den Sinn der Worte „sozial“ und „soziologisch“ miteinander verwechselt.

Abschließend ein kurzes Wort über die Rolle, die politische Kräfte und Entwicklungen, insbesondere „der Staat“, in Abels Geschichtsbild landwirtschaftlichen Wandels in deutschen Territorien spielen. Es bedarf keiner näheren Begründung, wenn mit der allgemeinen Feststellung begonnen wird, daß eine an der Dynamik besonders interessierte agrarische Wirtschaftsgeschichtsanalyse ohne Berücksichtigung der politischen, aber auch der militärischen Ereignisse – man denke z. B. an die Einwirkung der Kriege auf den Landbau und die Besitz- und Betriebsverhältnisse oder an die wechselseitige Durchdringung von Militär- und Agrarsystem im alten Preußen – „irreal“ ist. An sich liegt die Problematik der politischen Geschichte Abel fern. Dennoch ist es merkwürdig, daß ein Forscher, der um „Aufwertung“ der Landwirtschaftsgeschichte in der Achtung der Historiker im allgemeinen bemüht ist, der Einwirkung politischer und militärischer Ereignisse und Institutionen auf die Land- und Ernährungswirtschaft nur geringe Beachtung schenkt. So wird beispielsweise der Deutsche Bauernkrieg, den Ranke einmal „das größte Naturereignis des deutschen Staates“ genannt hat, überhaupt nicht erwähnt.

Nichtsdestoweniger ist Abel m. E. im Recht, wenn er – im Gegensatz zu tiefverankerten historiographischen Traditionen, die in Lütge weiterleben und bei ihm u. a. (trotz gelegentlicher Einschränkungen) zu einer Überbetonung der agrarischen Realbedeutung des von den Landesherren meist usurpierten Rechts der Rechtssatzung geführt haben – vor einer Überschätzung des fördernden oder hemmenden Einflusses warnt, den politische Gewalten, Fürsten und Herrschaftsstände, auf den Gang der Land*wirtschafts*entwicklung in vorindustrieller Zeit ausgeübt haben. Sie tauchen in der *Geschichte der deutschen Landwirtschaft* daher nur selten am Horizont auf und treten erst im 18. Jahrhundert stärker in Erscheinung, insbesondere bei der relativ detaillierten, aber keineswegs tiefgreifenden Beschreibung der landesherrlichen Landwirtschafts-, Siedlungs- und Agrarpolitik in Preußen (S. 290ff.), der ein erheblicher Wirkungseffekt zugeschrieben wird. Ohne in diesem thematischen Randbereich auf eigene Forschungen zurückgreifen zu können[39], bewährt sich erneut, auch in diesem Zusammenhang, Abels sichere Urteilskraft und sein nüchterner, unbestechlicher und hoffnungslos unromantischer Sinn für die Realitäten des historischen Lebens. Ohne es ausdrücklich zu sagen, ist er sich doch klar darüber, daß auch im alten Preußen „Potemkinsche Dörfer" zu finden waren, daß „Schlamperei" kein Sondermerkmal der Österreicher war und daß bei der preußischen Bürokratie des Ancien Régime auch nur mit Wasser gekocht wurde. Trotz unvollständiger Kenntnis der diesbezüglichen Fachliteratur – Vollständigkeit kann im Rahmen einer großangelegten Synthese billigerweise von keinem der fünf Autoren der *Deutschen Agrargeschichte* erwartet werden – ist Abel doch hinreichend mit dem Schrifttum bekannt, um mit Recht sagen zu können: „Über das Siedlungswerk der preußischen Könige gibt es eine umfängliche und in ihren älteren Teilen auch verläßliche, später verflachende und in geschichtsfremde Absichten eingespannte Literatur, die die Erfolge zu vergrößern und die Umstände zu verschönern suchte" (S. 303). Sozusagen anmerkungsweise und unbeabsichtigt gibt Abel hier einen zeitgemäßen, konkreten Ratschlag zur historisch-empirischen Überprüfung des Verhältnisses zwischen realer Agrargeschichte und politischer Geschichte und damit zugleich zu der scheinbar in Vergessenheit geratenen Revision des deutschen Geschichtsbildes in älterer Zeit.

V.

In der vorstehenden Skizze, im Interesse der Bewußtseinsklärung mit spitzer Feder geschrieben, konnte eine allseitige kritische Würdigung nicht angestrebt werden. Unter Beschränkung auf ein paar positive und negative Punkte ist lediglich versucht worden, auf einige historiographisch und methodologisch bedeutsame Aspekte aufmerksam zu machen, die nicht nur für agrarhistorische Facharbeiter von Interesse sein dürften. Denn in den bisher erschienenen drei Bänden der *Deutschen Agrargeschichte* spiegeln sich verschiedenartige Strömungen, Methoden, Interpretationsweisen und Qualitätsniveaus wider, die, in großen Zügen gesehen, für die gegenwärtige Lage der Geschichtswissenschaft, und nicht etwa nur in der Bundesrepublik, charakteristisch sind. Grob vereinfachend, die Dinge überspitzend und die Verbindungslinien und Überschneidungen bewußt außer acht lassend, könnte man vielleicht – unter Ausklammerung der dogmatisch gebundenen kommunistischen Geschichtsschreibung marxistisch-leninistischen Gepräges – zwischen drei „Idealtypen" unterscheiden: konventionelle Geschichte in alter Sicht; positivistische Geschichte ohne Sicht; theoretisch orientierte Geschichte in neuer Sicht.

Es bleibt abzuwarten, was für ein Gesicht die noch ausstehenden Bände der *Deutschen Agrargeschichte* haben werden. Im Hinblick auf die Tatsache, daß in den letzten Jahren die sogenannte Sozialgeschichte für viele ein nebuloser Sammelname für alles, was in der Geschichtswissenschaft der Bundesrepublik als wünschenswert und fortschrittlich angesehen wird, geworden ist und in den Vordergrund des Interesses zu rücken begonnen hat, darf man mit besonderer Spannung der *Geschichte des deutschen Bauernstandes* entgegensehen. Dieser Band verlangt heute erheblich mehr als eine Kombination von umfassender Materialkenntnis, Erzählertalent und ideologischer Sympathiekundgebung. Er erfordert eine intime Vertrautheit mit der modernen Agrarsoziologie und der soziologischen Theorie der gesellschaftlichen Schichtung sowie die Fähigkeit zu sozialgeschichtlicher *Analyse*. Die Lösung dieser bedeutenden Aufgabe liegt in den Händen eines zweifellos hervorragenden Kenners der historischen Quellen und vielschichtigen „alten Kämpfers", des einstmaligen hauptamtlichen SS-Hauptsturmführers im SD des Reichssicherheitshauptamtes Günther Franz, dessen seit 1933 mehrfach aufgelegtem *Bauernkrieg* eine erzählende, ereignisgeschichtliche Betrachtungsweise zugrunde liegt.

6. Die zoll- und handelspolitischen Auswirkungen der Weltwirtschaftskrise von 1857–1859[1]

Das in Europa, den Vereinigten Staaten von Amerika und dem Britischen Empire in den ausgehenden 1840er und in den 1850er Jahren vollbrachte zollpolitische Reformwerk, das auf die Intensivierung alter und die Erschließung neuer Märkte abzielte und demgemäß begleitet war von dem Abschlusse zahlreicher Handels- und Schiffahrtsverträge und von dem Ausbau der völkerrechtlichen Beziehungen und Institutionen, ist ohne die weltpolitischen Wandlungen der Jahrhundertmitte nicht zu denken. Die 1840er und 1850er Jahre haben im Zeichen einer neuen, expansiv imperialistischen Kolonial- und Weltpolitik gestanden, die das alte, innerlich längst unterhöhlte Gleichgewichtssystem der europäischen Großmächtepentarchie zur Auflösung brachte und an seine Stelle ein mit Explosivstoffen geladenes Weltstaatensystem treten ließ[2].

Seitdem im Jahre 1840 Kanada eine eigene Regierung und völlige Selbständigkeit in Gesetzgebung, Verwaltung und Finanzwirtschaft erlangt hatte, ist unter der Herrschaft des Freihandels das alte, auf unmittelbare Ausbeutung eingestellte koloniale Monopolsystem in denjenigen Ländern, in denen die weiße Bevölkerung die Führung in der Hand hatte, immer mehr durch ein System abgelöst worden, das den Kolonien ein Mitbestimmungsrecht einräumte, ihr Verhältnis zum Mutterland auf das Prinzip der Freiwilligkeit und gegenseitigen Interessenverbundenheit gründete und sie „aus grollenden Satrapien in freie Bundesgenossen“[3] verwandelte. Im Geiste dieser neuen Kolonial- und liberalen Reichspolitik, die sich der Manchesterdoktrin nur so weit bediente, als sie sich für die expansiv gerichteten Machtinteressen nützlich erwies, hat der britische Imperialismus seinen neuen Siegeszug angetreten, hat das zweite Napoleonische Kaiserreich durch seinen Aufstieg zu einer großen Kolonialmacht seine alte Weltgeltung wiedererlangt und sich zunächst mit der Eroberung Algiers ein Herrschaftsgebiet gesichert, das politisch wie ökonomisch als eine bloße „Verlängerung Frankreichs“[4] gedacht war.

Die innere Erneuerung des Britischen Empire, die Begründung des französischen Kolonialreiches in Nordafrika, die in jähem Tempo sich vollziehende Ansiedlung in den Vereinigten Staaten und in Australien, die Angliederung Kaliforniens an die nordamerikanische Union im Gefolge des mexikanischen Krieges im Jahre 1848, das Vordringen der Europäer und der Russen in Zentral- und Ostasien, die seit 1848 eintretende Verschärfung des russisch-englischen Weltgegensatzes, die Arrondierung und Erweiterung der sibirischen Besitzungen Rußlands, der Ausbau der englischen Herrschaft in Vorder- und Hinterindien, die seit dem berüchtigten Opiumkriege von 1842 zur Erschließung des Fernen Ostens und zur Eröffnung eines direkten, ungehinderten Verkehrs zwischen Europa und Ostasien führenden Kolonialkriege mit

China – alle diese Vorgänge vereint haben der Weltpolitik ein neues Gesicht gegeben. Aber sie haben weit darüber hinaus mit der Neugestaltung des Güterbedarfs und der Verlegung wirtschaftlicher Mittelpunkte auch den Welthandel in völlig neue Bahnen gelenkt und für die vornehmlich von Westmitteleuropa her bestimmte Weltwirtschaft im modernen Sinne die räumlich-geographischen Grundlagen überhaupt erst geschaffen. Die im Gefolge der industriellen und technischen Revolution sich ergebende Produktions- und Verbrauchsverbundenheit der Völker und Länder, welche die auf überwiegende Selbstgenügsamkeit nationaler Agrarstaaten gerichtete merkantilistische Epoche mit ihrem räumlichen und zeitlichen Durcheinander der verschiedenen, unrhythmisch verlaufenden Teilkonjunkturen[5] zum Ausklingen bringt, die aus den ökonomischen Bedürfnissen und der Schicksalsverbundenheit der Menschheit heraus sich vollziehende Verknüpfung der einzelnen staatlich geordneten Verkehrswirtschaften zu einer weltwirtschaftlichen Einheit als Dauerzustand ist erst um die Mitte des neunzehnten Jahrhunderts zur Entfaltung gekommen[6].

Den ersten großen Rückschlag gegen diese sprunghaft zum Durchbruch gelangende Entwicklung bildet die Krisis von 1857–1859. Von den seit dem napoleonischen Zeitalter in periodischem Wechsel als Reaktion gegen die kapitalistischen Expansionskonjunkturen auftretenden Krisen unterscheidet sich die Krisis von 1857–1859 durch ihr über bloße Reflexbewegungen hinausgehendes universales Gepräge, durch ihren gemäß der in ungeheuerlichem Tempo fortgeschrittenen wirtschaftlich-sozialen Strukturwandlungen außerordentlich gesteigerten Grad der inneren Intensität und durch ihr ebenso gewaltig vergrößertes räumlich-geographisches Geltungsgebiet. Infolge des zu dieser Zeit bereits erreichten internationalen Zusammenhangs der eng miteinander verflochtenen ökonomischen Bewegungsvorgänge handelt es sich hier um die erste eigentliche Weltwirtschaftskrisis der Geschichte. Annähernd gleichzeitig in den Vereinigten Staaten, in England und den nord- und zentraleuropäischen Ländern zum Ausbruch gelangend, ist die Krisis von hier aus in ungeheuren Sätzen über zwei Weltmeere gesprungen und hat nach den Kolonialmärkten und Rohstoffgebieten in Südamerika, Australien, Ostasien und den afrikanischen Randstaaten hinübergewirkt. Da in einer Reihe von Ländern die volkswirtschaftliche Gesamtkonjunktur bis zum Ende des Jahres 1859 im Zeichen des Niedergangs gestanden hat und erst 1860 in die Depression übergegangen ist, und da sich keineswegs allenthalben der Niedergang in Form einer schlagartig einsetzenden Wendung von der Hausse zur Baisse, sondern daneben auch in Gestalt eines allmählichen Abebbens der Hausse vollzogen hat, kann für die Zeit vom Herbst 1857 bis Ende 1859 von einer zusammenhängenden Krisenphase gesprochen werden, die eine scharfe Entwicklungszäsur bildet zwischen der Prosperitätsperiode der 1850er und der Depressionsphase der beginnenden 1860er Jahre.

Wie die Verlagerung der weltpolitischen Kräfte und Ziele und das zoll- und handelspolitische Reformwerk eine zentrale Voraussetzung für den weltwirtschaftlichen Aufschwung der 1850er Jahre gebildet haben, so hat umgekehrt die durch die Krisis von 1857 herbeigeführte Erschütterung des weltwirtschaftlichen Gefüges in einer Reihe von Ländern auf die Gestaltung der äußeren Wirtschaftspolitik entscheidend zurückgewirkt. Es gehört zu den wichtigsten Fernwirkungen, die die Krisis auf

Welthandel und Weltpolitik geübt hat, daß sie die europäischen Wirtschaftsvölker dazu antrieb, nach dem Absturz der Hochkonjunktur zur Offensive überzugehen, den unermeßlichen asiatischen Markt weiter auszubauen und auf dem Wege des Abschlusses von Handels- und Schiffahrtsverträgen zu sichern. Die 1860er Jahre sind daher erfüllt von dem immer weiteren Eindringen der Europäer in Persien, Indien, China, Japan und Siam. England hat sich hierbei auf die Pflege bloßer Handelsbeziehungen nicht beschränkt, sondern ist in Ostindien, gestützt auf seine politische Oberherrschaft und auf seinen in den Dienst der Machtexpansion tretenden Kapitalexport[7], dazu übergegangen, von den Küsten aus in das Landesinnere vorzustoßen um es seinen kapitalistischen Machtzielen dienstbar zu machen.

Wie alle großen, die Weltwirtschaft erschütternden Krisen des neunzehnten und zwanzigsten Jahrhunderts so hat sich auch der Weltwirtschaftskrach von 1857–1859 keineswegs in Störungen des ökonomischen Kreislaufs erschöpft. Nicht minder hat er auf die äußere Wirtschaftspolitik starke Rückwirkungen geübt, um so mehr geübt, als von den Zeitgenossen die Krisis in erster Linie als eine internationale Handelskrisis aufgefaßt wurde. Abgesehen von England, das aufgrund seines hochentwickelten, den Staat beherrschenden Kommerz- und Industriekapitalismus und seines riesigen Nationalreichtums mit seiner eindeutig liberal-manchesterlichen Interessenrichtung eine Sonderstellung behauptete, erscholl auf der ganzen Linie, wenn auch je nach Wirtschaftsgebiet und Brancheninteresse sich mannigfach differenzierend, in den Kreisen der in Bedrängnis geratenen Produzenten der Ruf nach Staatshilfe, nach staatlicher Liebesgabenpolitik, nach interventionistischen, subventionistischen und protektionistischen Eingriffen in das Wirtschaftsleben, nach einer Reform, ja vielfach sogar nach einer völligen Umkehr der bisher verfolgten Wirtschaftspolitik. So widerspruchsvoll und entgegengesetzt die erhobenen Forderungen, ins Konkrete projiziert, in zahlreichen Fällen auch waren, sie alle waren von der Tendenz getragen, die Lasten der rückläufigen Konjunktur möglichst auf die Verbraucher, die Lohnempfänger, die öffentlichen Körperschaften und die ausländischen Konkurrenten abzuwälzen.

Genauso wie später in der schweren Wirtschaftskrisis der 1870er Jahre konzentrierte sich auch in den 1857 anhebenden Notjahren die Suche nach dem Sündenbock auf die Zoll- und Handelspolitik, die von jeher ein beliebtes Feld politischer und wirtschaftlicher Agitation gewesen ist[8]. Aber während von 1873 ab mit der inneren Konsolidierung der großen, auf nationaler Grundlage aufgebauten Reiche, mit dem offenen Übergang zur imperialistisch-militaristischen Machtexpansion, mit den von Grund auf veränderten landwirtschaftlichen Konkurrenzverhältnissen und mit der Krisenlage der Industrie im Verlaufe weniger Jahre die schutzzöllnerische, neomerkantilistische Reaktion in allen Ländern hoher kapitalistischer Intensitätsstufe und enger weltwirtschaftlicher Verflochtenheit, abgesehen von England, Belgien und den Niederlanden, einen durchschlagenden Erfolg erzielte und der freihändlerischen Epoche des europäisch-nordamerikanischen Konkurrenzkapitalismus ein jähes Ende bereitete, währenddem ist in den Depressionsjahren, die der Krisis von 1857 folgten, der Aufmarsch der sich gegenseitig befehdenden, partikularistisch zersplitterten, vielfach in losen Haufen vorstoßenden Interessenten infolge der fundamental verschiedenen geschichtlichen Gesamtsituation und Interessenlagerung und des grundlegend andersartigen Verhältnisses von Staat und Wirtschaft, Politik und Geschäft, Partei und Organisation nur in Nordamerika, in Österreich und im deutschen Zollverein zu folgenreicher historischer Bedeutung gelangt.

Von vornherein zum hoffnungslosen Scheitern verurteilt war die Schutzzollbewegung in *England*, wo das infolge der Krisis notleidende Reedereigewerbe den vergeblichen Versuch machte, seine Zollwünsche gegen die kommerziellen und industriellen Gesamtinteressen des Landes durchzusetzen[9]. Auch in *Frankreich* hat die Forderung nach Schutzzöllen – von kleinen Teilerfolgen abgesehen – keine irgendwie entscheidende Wendung in der von freihändlerischen Tendenzen getragenen Zoll- und Handelspolitik Napoleons III. herbeizuführen vermocht. So ist es 1859 gelungen, die Veranstaltung einer als Auftakt zu weiteren liberalen Tarifreformen gedachten Regierungsenquete über die Lage der Industrie zunächst zu hintertreiben und, nachdem die „Generalräte" in den Departements vielfach schutzzöllnerische Forderungen, insbesondere im Sinne einer Erschwerung der Korneinfuhr, erhoben hatten, unter Berufung auf den niedrigen Getreidepreisstand und geringen Zollschutz die Wiederherstellung der 1853 suspendierten gleitenden Zollskala für die Getreideeinfuhren durchzusetzen[10]. Das waren jedoch bloße Pyrrhussiege. Denn zwei Jahre später ist das Getreideschutzzollsystem in Gestalt gleitender Zollsätze endgültig beseitigt worden, nachdem Napoleon III. bereits durch seinen berühmten Brief an das Staatsministerium vom 5. Januar 1860 das Signal zur Eröffnung der entschieden freihändlerischen Ära in Westmitteleuropa gegeben und, unbeirrt um den Hader und die Anklagen der beteiligten Interessentengruppen, sein Land mit dem Abschluß des Cobdenvertrages, analog den erst nachträglich den gesetzgebenden Körperschaften vorgelegten Zolldekreten der 1850er Jahre, vor vollendete Tatsachen gestellt hatte.

Einen wirklich großen Sieg von wahrhaft weltgeschichtlicher Tragweite hat die durch die Krisis ausgelöste Schutzzollagitation nur in den *Vereinigten Staaten von Amerika* davongetragen. Dieser Sieg, dem innerhalb der Entstehungsgeschichte des Sezessionskrieges zentrale Bedeutung beizumessen ist, erscheint zunächst überraschend. Denn die freihändlerische Grundrichtung des von den Demokraten 1846 durchgedrückten Zolltarifes, der auf die Interessen der Baumwoll-, Tabak- und Getreideexporteure in den Süd- und Weststaaten zugeschnitten war, hatte durch das wenige Monate vor Ausbruch der Panik zur Annahme gelangte Tarifgesetz vom 3. März 1857 noch eine Verschärfung erfahren. In früheren Jahrzehnten hatte der Hader um die Gestaltung der Zollpolitik im Vordergrunde des politischen Kampfes der Union gestanden, und infolge des häufigen Wechsels der Konjunkturen und der unorganischen Systemmischung der volkswirtschaftlichen Struktur hatte er zu erbitterten Auseinandersetzungen zwischen den Sklavenhaltern und Plantagenbesitzern des Südens, den Getreidefarmern des Westens und den Industriellen und Gewerbetreibenden des Nordens geführt. Die auf eine allgemeine Zollreduktion hinauslaufende Tarifreform des Jahres 1857 jedoch, die innerhalb der antiprotektionistischen, auf Zollabbau gerichteten amerikanischen Tarifpolitik des neunzehnten Jahrhunderts den Höhepunkt darstellt[11], war dank des beträchtlichen Einnahmeüberschusses im Staatsbudget und des allgemein verbreiteten Glaubens an die Stabilität der Hochkonjunktur ohne nennenswerten Widerstand Gesetz geworden. Als nun aber im Gefolge von Panik und Krisis die Industrie der Nordstaaten, insbesondere die Textil- und Montanindustrie, auf Jahre hinaus in schwere Bedrängnis geriet, als sie sich dem vermehrten Drucke der ausländischen Konkurrenz ausgesetzt sah und ihr einheimischer Absatz ins Stocken kam, da erhob sich im Nordosten ein wahrer Sturm gegen die freihändlerische Tarifpolitik. Er wurde um so heftiger, als auch das Staatsbudget, dessen Einnahmeseite sich fast ausschließlich auf den Zollerträgen und den Einnahmen aus Landverkäufen aufbaute, mit dem Konjunkturumschlag in Unordnung geriet und zur Krisis der Privatwirtschaft damit nun noch eine Staatsfinanzkrisis trat. Von den ordentlichen Gesamteinnahmen der Vereinigten Staaten in dem mit dem 30. Juni abschließenden Fiskaljahr 1857 in Höhe von 69 Mill. $, denen 65 Mill. $ ordentliche Gesamtausgaben gegenüberstanden, entfielen allein 63,9 Mill. $ auf die Zollerträge. Das Fiskaljahr 1858 brachte infolge der Tarifsenkung und der Außenhandelsschrumpfung nur eine Gesamteinnahme von 46,6 Mill. $, der eine ordentliche Gesamtausgabe von 72,3 Mill. $ gegenüberstand. Das Budget schloß also mit einem Defizit von 25,6 Mill. $[12] ab. Auch in den folgenden Jahren blieben die Staatseinnahmen hinter den Ausgaben erheblich zurück. Das Defizit wurde, da man vor einer einschneidenden Staatsfinanzreform zurückschreckte, durch Aufnahme öffentlicher Anleihen ausgeglichen. Die Staatsschuld, die am 1. Juli 1857 nur 29,1 Mill. $ betragen hatte, erhöhte sich 1858 auf 44,9 Mill. $, 1859 auf 58,8, 1860 auf 64,8 und 1861 auf 90,9 Mill. $[13]. Der Schutzzollagitation war damit vollends Tür und Tor geöffnet. Sahen sich doch die Anhänger einer Tarifreform in protektionistischem Sinne nunmehr in der glücklichen Lage, ihre geschäftlichen Sonderinteressen als volkswirtschaftliche Gesamt- und öffentliche Wohlfahrts- und Fiskalinteressen ausgeben zu können.

Die Propaganda für eine schutzzöllnerische Tarifreform hat einen weiteren mächtigen Auftrieb von der Seite der Politik her erhalten. Es war die 1854 in einem Farmerstaat des Nordens gegründete, das Erbe der alten „Whigs“ antretende Partei der „Republikaner“, die eine Annäherung zwischen den Farmerstaaten des Nordwestens und den Industriestaaten des Nordostens herbeiführte und die Beseitigung des Tarifs von 1857 mit auf ihre Fahne schrieb, weil sie in ihrem Kampfe für Sklavenbefreiung und freie Arbeitsverfassung und für die Durchbringung ihres im Mai 1860 nominierten Kandidaten Abraham Lincoln bei den kommenden Präsidentschaftswahlen auf die Unterstützung der Industriestaaten angewiesen war. Um vor allem die Eisen- und Wollindustriestaaten unter Führung Pennsylvaniens zu gewinnen, brachte der Abgeordnete Morrill am 12. März 1860, also zu einer Zeit, zu der sich der Gegensatz zwischen Nord und Süd bereits ungeheuer verschärft hatte, der Gedanke an den Bürgerkrieg aber noch fernlag, im Repräsentantenhaus einen Gesetzentwurf ein, der im wesentlichen auf eine Wiederherstellung des 1846 beschlossenen Tarifs hinauslief und starke Zollerhöhungen namentlich für Eisen und Wolle in Aussicht nahm. Da die Bill im Senat infolge der Haltung der freihändlerischen Sklavenhalterstaaten nicht angenommen wurde, hat sie erst ein Jahr später, am 2. März 1861, Gesetzeskraft erlangen können, nachdem die Wahl Lincolns den Sieg des Schutzzollsystems unzweifelhaft gemacht, die Südstaaten ihre Abgeordneten vom Kongreß abberufen und ihre Sezession als „konföderative Staaten“ erklärt hatten. Innerhalb der amerikanischen Zoll-

und Handelspolitik nimmt der Morrill-Tarif, obwohl er nur wenige Monate in Geltung blieb, eine epochemachende Stellung ein. Brachte er doch mit seiner aus der wirtschaftlichen Krisenlage geborenen schutzzöllnerischen Grundtendenz den Stein ins Rollen, und führte er doch zur Liquidierung der von den Sklavenhaltern und Großagrariern beherrschten Ära der amerikanischen Handelspolitik. Er hat den Auftakt gebildet nicht allein zu jener bis zur unmittelbaren Gegenwart reichenden protektionistischen Abschließung der Vereinigten Staaten gegenüber der ausländischen Konkurrenz, sondern auch zu der Revolutionierung und Radikalreform der öffentlichen Finanzwirtschaft, die den Bürgerkrieg begleitete, seine Durchführung und den endgültigen Sieg des Nordens überhaupt erst möglich machte. Schlag auf Schlag erfolgten im fiskalischen Einnahme- sowohl wie im politisch-ökonomischen Machtinteresse vom August 1861 bis zum Frühjahr 1865 Zollerhöhungen auf Zollerhöhungen. Dazu traten die Schaffung und der Ausbau eines neuen, ertragreichen, die Papiergeldinflation ablösenden Bundessteuersystems und die Aufnahme großer Kriegsanleihen, die die öffentliche Schuld der Vereinigten Staaten von 90,9 Mill. $ im Jahre 1861 auf 2682,6 Mill. $ im Jahre 1865 anwachsen ließ[14].

Wie in den Vereinigten Staaten so hat auch in *Kanada* die 1857 einsetzende Wirtschaftskrisis auf die Gestaltung der Zoll- und Handelspolitik einen nachhaltigen Einfluß ausgeübt. Das Daniederliegen des Binnenmarktes, der schlechte Ernteausfall der Jahre 1857 und 1858 und der mengenmäßige Rückgang des Außenhandels, der einen entsprechenden Ausfall der Zollerträge, der hauptsächlichsten Quelle der Staatseinnahmen, bewirkte, haben der den Konjunkturumbruch begleitenden schutzzöllnerischen Reaktion zu einem um so rascheren und leichteren Siege verholfen, als durchaus parallel zu der Entwicklung, die sich in den Vereinigten Staaten vollzogen hatte, auch in Kanada eine Staatsfinanzkrisis ausgebrochen war und das Staatsbudget ein Defizit aufwies. Die direkte Staatsschuld war durch die in Ausführung begriffenen großen Kanalbauten fortgesetzt gestiegen, und durch die Zinsgarantie, die die kanadische Regierung für die Eisenbahnanleihen übernommen hatte, war auch die indirekte Staatsschuld seit dem Ausbruch der Krisis zu einer schweren Belastung geworden[15]. Während im staatlichen Interesse die Steigerung der öffentlichen Einnahmen unbedingt notwendig geworden war, drangen die Kaufleute auf eine Erweiterung des Absatzgebietes und die Industriellen auf eine Schließung des kanadischen Marktes gegen die Fabrikate des Auslandes. Da Finanzzoll- und industrielles Schutzzollinteresse sich somit begegneten, kam 1858 der Cayley-Tarif zustande, der eine beträchtliche Erhöhung der Einfuhrzölle auf Fertig- und Halbfabrikate vornahm. Der Galt-Tarif des Jahres 1859 brachte weitere Zollerhöhungen und dehnte das Wertzollsystem auf alle Artikel aus. Lediglich Lebensmittel und Rohstoffe blieben fortan zollfrei[16].

Von wie außerordentlich großer Tragweite für die politische und ökonomische Zukunftsentwicklung Nordamerikas die Schutzzollbewegung der ausgehenden 1850er und der beginnenden 1860er Jahre auch gewesen ist, die Tatsache selbst, den jeweiligen Kurs der Zoll- und Handelspolitik für das Auf und Ab der Konjunktur verantwortlich zu machen, war nicht neu. Die Betonung dieses Kausalzusammenhanges hatte vielmehr seit Jahrzehnten, seit dem stürmischen Wirtschaftsaufstieg der Union, der Expansion der zwischenstaatlichen Wirtschaftsbeziehungen und dem Auftreten konjunkturzyklischer Wellenbewegungen den Schutzzöllnern ebensowohl wie den Freihändlern im Kampfe für die Durchsetzung ihrer Interessen zur Stütze ihrer Argumentation gedient. Auch die wirtschaftspolitische Diskussion des europäischen Kontinents ist längst vor der Durchsetzung des Hochkapitalismus von der Neigung beherrscht gewesen, der Zoll- und Handelspolitik überragende Bedeutung für die Gestaltung der allgemeinen Geschäftslage beizumessen und im Falle einer Verschlechterung dieser Lage in erster Linie die handels- und wirtschaftspolitischen Maßnahmen als die Quelle des Übels anzuprangern. So hat beispielsweise in Österreich in den wirtschaftlichen Depressionsjahren des ausgehenden Josephinismus die allgemeine Meinung die Ursache der Stockungen weniger in den ungünstigen äußeren Ereignissen, in dem unglücklich geführten Türkenkriege, der durch ihn gesteigerten, drükkenden Steuerlast und in den Mißernten als vielmehr in der Wirtschaftspolitik des Kaisers gesehen[17].

Bei dieser Problemlage nimmt es nicht weiter wunder, daß gerade in *Österreich*, einem Lande mit alten Prohibitiv- und Schutzzolltraditionen, die hier bis zum Jahre 1857 noch unbekannte Erscheinung einer allgemeinen kapitalistischen Wirtschaftskrisis eine Schutzzollbewegung auf den Plan rief[18]. Den Herd dieser Bewegung bildeten vornehmlich diejenigen Produktionsgebiete, in denen sich der kapitalistisch organisierte und in kapitalistischem Geiste geleitete Großbetrieb am weitgehendsten durchgesetzt hatte: die Textil- und die Montanindustrie. War bereits seit dem Krimkrieg durch das Einströmen englischer Manufaktur- und französischer Luxuswaren die österreichische Handelsposition in der Levante und den Donaufürstentümern erschüttert worden[19], so waren vollends mit dem Ausbruch der Wirtschaftskrisis und der durch den italienischen Krieg von 1859 herbeigeführten Depressionsverschärfung einzelne Gewerbe- und Industriezweige in Österreich um so mehr in eine schwierige Lage geraten, als das wie ein verstärkter Schutzzoll wirkende hohe Agio zwischen der Silber- und Papiervaluta seit Ende 1856 stark zurückgegangen und 1858 durch die geplante Wiederaufnahme der Barzahlungen der österreichischen Nationalbank fast verschwunden war. Das in krisenhafter Form erfolgende Umkippen der Prosperität in die Depression genügte, um die Industriellen mobil zu machen, so wenig auch bei der regionalen und branchenmäßigen Differenzierung des Konjunkturumschlages von einer Solidarität der Interessen die Rede sein konnte. Jahrzehntelang verwöhnt durch das alte josephinische Prohibitivsystem und das unter Metternich eingeschlagene Hochschutzzollsystem, ließen sie fortan in ihren Handels- und Gewerbekammerberichten sowie in den von ihnen inspirierten Flugschriften Klagen über Klagen über das seit 1851 in liberalem Sinne aufgelockerte Zollsystem laut werden, machten sie in erster Linie die auf Abbau der Zollschranken gerichtete Handelspolitik für die innerhalb der Produktions-, Verteilungs- und Verbrauchssphäre aufgetretenen Stokkungen verantwortlich. Als jedoch das Finanz- und Handelsministerium die Lamentationen unbeachtet ließ, da wandten sich zunächst die Wiener Shawlfabrikanten, die Baumwoll-, Schafwoll- und Seidenzeugweber, dann die Kammgarnspinner und schließlich die zum „Verein für die österreichische Eisenindustrie" sich zusammenfindenden Hochofenbesitzer, Raffinerieeisenproduzenten und Schienenerzeuger Hilfe heischend unmittelbar an den Kaiser, indem sie in Form von Petitionen und

Denkschriften die Regierung anklagten, entgegen den wirtschaftlichen Bedürfnissen des Landes freihändlerische Tendenzen zu nähren. Sie stimmten dabei das in Interessentenkreisen wohlbekannte Lied an, nach dem die Nationalwirtschaft in ihrer Existenz bedroht und dem Ruin nahe sei, wenn der Staat nicht den Unternehmern mit erhöhtem Zollschutz unter die Arme greife[20]. Eine besonders große Rührigkeit entfalteten die Eisenproduzenten, die bereits im September 1858 erklärt hatten, „Österreich würde von der Höhe seiner aufgeklärten volkswirtschaftlichen Ansichten herabsteigen, wenn es die Prinzipien und die Sorgfalt des Schutzes seiner Industrie verleugnete"[21]. Mit Schärfe wandten sich diese Kreise gegen das verschiedenen österreichischen Eisenbahngesellschaften eingeräumte Privileg des Bezuges von verbilligtem ausländischem Eisen. Unter nachdrücklicher Betonung ihrer nationalwirtschaftlichen Schlüsselstellung forderten sie von der Regierung vor allem eine Schutzzollgarantie für eine Reihe von Jahren, die Verbesserung der Transportverhältnisse im Interesse der Eisenindustrie sowie die Ermäßigung der Steuerlasten für Bergbau und Hüttenbetrieb. Und um so mehr schritten die Vorkämpfer des Gedankens der Schutzzollreaktion mit Energie auf dem einmal eingeschlagenen Wege fort, als die handelspolitische Lage dadurch noch eine Komplizierung erfahren hatte, daß die österreichische Regierung den Versuch unternommen hatte, die ins Stocken geratenen Zollunionsverhandlungen mit dem deutschen Zollverein wieder in Gang zu bringen.

Seit dem Februarvertrage von 1853 war die österreichische Regierung ihrem Ziele der vollen Zollunion zwischen der österreichischen Gesamtmonarchie und dem deutschen Zollverein infolge der von Preußen mit großer Geschicklichkeit verfolgten Verschleppungspolitik nur unwesentlich nähergekommen. Als nunmehr im Mai 1858 die österreichische Regierung, die den großen Tarifreformen der 1850er Jahre vornehmlich um ihrer Zollunions-, d. h. um ihrer politischen Hegemoniepläne willen allen inneren Widerständen zum Trotz zum Siege verholfen hatte, die Initiative in der Zollunionsfrage wieder ergriff, da stieß sie auf die Opposition der Großindustriellen, die von einer weiteren Annäherung an den Zollverein und einem bei der Lage der handelspolitischen Machtverhältnisse damit notwendig verbundenen weiteren Abbau des Schutzzollsystems nicht nur nichts wissen, sondern dieses System womöglich noch verschärft haben wollten. Da sich die Opposition bei der wirtschaftlichen Krisenlage auf einen effektiven Notstand berufen konnte, gelang es ihr, über die beteiligten Ministerien hinweg sich bei dem Kaiser zunächst so weit durchzusetzen, daß dieser im November 1858 zur Erforschung des wahren gegenwärtigen Zustandes der Industrie die Einsetzung mehrerer industrieller Enquetekommissionen in den verschiedenen Provinzen der Monarchie anordnete. Durch den ungleichartigen Ausfall dieser Enquete[22], durch die geschickten Gegenzüge der Ministerialbehörden und durch die Wirren des Krieges von 1859, der die handelspolitischen Fragen vorerst in den Hintergrund treten ließ, ist es dem Ansturm der Hochschutzzollinteressenten zwar nicht gelungen, ihr Kampfziel voll zu verwirklichen. Wohl aber wurde ihren Wünschen eine kaiserliche Entschließung vom 20. Dezember 1859 wenigstens zum Teil mit der Bestimmung gerecht, „daß der gegenwärtige Zolltarif bis zum Jahre 1865 in Kraft zu bleiben habe und künftighin von 5 zu 5 Jahren durch eine von den Handelskammern beschickte und aus Fachleuten bestehende Enquete einer Durchsicht unterzogen und den volkswirtschaftlichen Anforderungen gemäß abgeändert werden solle"[23]. Der Regierung waren damit bei ihren weiteren Schritten die Hände gebunden, ihre deutsche Politik war gelähmt und durchkreuzt durch die im Gefolge der Wirtschaftskrisis im eigenen Lande eingetretene Zoll- und handelspolitische Frontenverschiebung. Mit dem unglücklichen Feldzuge gegen Frankreich und Piemont, der die Habsburgermonarchie bis nahe an den Rand des Staatsbankerotts geführt hatte, und dessen plötzliche Beendigung vornehmlich in der nicht mehr zu bewältigenden Schwierigkeit, das Geld zur Fortführung des Krieges zu beschaffen, begründet gewesen sein dürfte, hatte sich die Gesamtlage ungeheuer zugespitzt. Das außenpolitische Ansehen war aufs schwerste erschüttert, die lange niedergehaltenen Nationalitäten- und verfassungspolitischen Reformbewegungen waren zu neuer Triebkraft erwacht, die Valuta war zerrüttet, der Staatskredit vernichtet, das Defizit des ordentlichen Haushalts, das sich in der Zeit von 1848 bis 1858 um 978,5 Mill. Gulden Konventionsmünze vermehrt hatte, im Kriegsjahr 1859 um weitere 253,9 Millionen angewachsen, die Staatsschuld, die von 1848 bis 1858 um 1736,8 Millionen zugenommen hatte, 1859 um weitere 199 Millionen angeschwollen, obwohl in dem gleichen Jahr Staatseigentum im Betrage von 111,8 Millionen veräußert worden war[24]. So war auf der ganzen Linie durch das Zusammenwirken von Staats-, Finanz- und Wirtschaftskrisis die Verhandlungsbasis der Regierung erschüttert, als das Problem der deutsch-österreichischen Zollunion mit der am 29. März 1862 erfolgten Unterzeichnung des nach dem Vorbilde des Cobdenvertrages abgeschlossenen liberalen Meistbegünstigungsvertrages zwischen Preußen und Frankreich akuter denn je zuvor wurde, und als im Anschluß an das Bekanntwerden des Vertragstextes ein mit Leidenschaft und Erbitterung geführter Macht- und Interessenkampf entbrannte, der die Frage der Hegemonie in Deutschland zunächst auf handelspolitischem Felde zugunsten Preußens zur endgültigen Entscheidung brachte.

Daß *Preußen* mit seinem entschlossenen Einlenken in freihändlerische Bahnen diesen Kampf zu seinen Gunsten entscheiden konnte, das war nicht zuletzt darin begründet, daß die Schutzzollbewegung, die im Bereiche des Zollvereins mit dem Eintritt der Wirtschaftskrisis vornehmlich in den Kreisen der süddeutschen Baumwollspinner und sodann bei den westdeutschen und oberschlesischen Eisenhüttenbesitzern einsetzte, keine durchschlagende Kraft besaß. In Preußen selbst bestand trotz der schweren militärpolitischen Konflikte und verfassungspolitischen Machtkämpfe im Innern in den großen Fragen der Handelspolitik, wie gerade der Streit um den preußisch-französischen Handelsvertrag zeigen sollte, weitgehende Einmütigkeit zwischen Regierung und Volk. Gegenüber den mit dem Konsumenteninteresse sich deckenden freihändlerischen Bestrebungen der Getreide exportierenden ostdeutschen Landwirtschaft, des Handels und des weitaus überwiegenden Teiles der verarbeitenden Industrie, insbesondere der westdeutschen Maschinen- und der sächsischen Web- und Wirkwarenindustrie, die bereits damals bemerkenswerte Qualitätsleistungen erzielten und einen schwunghaften Außenhandel betrieben, vermochten die rheinischen, westfälischen und schlesischen Roheisenproduzenten um so weniger durchzudringen, als gerade die Landwirtschaft, die in dem damaligen Deutschland noch durchaus den primären Produktionszweig darstellte, zusammen mit der Maschinenindustrie an dem Bezuge billigen Roheisens auf das lebhafteste interessiert war. Während in Süddeutschland Hand in Hand mit der zunehmenden Verhärtung und Doktrinarisierung der nationalpolitischen Ideen und Ideologien, mit der Verschärfung der politischen Machtgegensätze und Spannungen zwischen dem deutschen Norden und dem deutschen Süden die Schutzzollbewegung an Breite gewann, wobei die lähmenden Auswirkungen der Wirtschaftskrisis der Agitation einen bequemen Anhalt boten, waren im Norden und namentlich in Preußen die freihändlerischen Ideen in unaufhaltsamem Vorschreiten begriffen.

Seitdem die Freihandelsbewegung sich mit der Gründung des „Kongresses deutscher Volkswirte" im Jahre 1858 eine rührige, auch in der Presse sehr wirksame Agitationszentrale geschaffen, seitdem sie sich mit der Bewegung für Gewerbefreiheit verbündet und an dem 1861 ins Leben gerufenen „Deutschen Handelstage" neue Unterstützung gefunden hatte, seitdem der Gedanke einer freihändlerischen Reform des Zolltarifs sich mit dem Gedanken einer Reform der überlebten Zollvereinsverfassung im bundesstaatlichen Sinne verknüpft und der wirtschaftliche Interessengegensatz zwischen Schutzzoll und Freihandel sich zu dem politischen Machtgegensatz zwischen österreichischer und preußischer Hegemonie in Deutschland zugespitzt hatte – seitdem hatte die Freihandelsbewegung trotz der wirtschaftlichen Krisenlage gewaltig an Terrain gewonnen, zumal sich der Nationalverein und der von Preußens „deutscher Mission" erfüllte kleindeutsche Liberalismus um der Verwirklichung ihrer politischen Machtziele willen an sie angeschlossen hatten.

Aus dieser politischen Kräfteverteilung und ökonomischen Interessenlagerung erklärt sich denn auch das Scheitern der mit der Wirtschaftskrisis erneut in Fluß gekommenen Schutzzollpropaganda der zollvereinsländischen Eisenproduzenten, die unter Hinweis auf die unter weitaus günstigeren Bedingungen arbeitende englische Konkurrenz das Verlangen nach „Schutz der nationalen Arbeit" in sehr konkreter Weise mit der Forderung einer Ermäßigung der Bergwerksabgaben und Steuerlasten, einer Verbesserung des Verkehrsnetzes, einer Herabsetzung der Transporttarife, einer Beseitigung des strengen bürokratischen Kontroll- und Bevormundungssystems und der hemmenden arbeitsrechtlichen Bestimmungen verbanden[25]. Jahrelang hatten sie es „an Klageliedern mit dem gewöhnlichen Refrain des völligen Ruins ihrer Werke, der bevorstehenden Brotlosigkeit einer großen Zahl von Arbeitern usw. nicht fehlen lassen"[26]. Auch hatten sie bei der Verfechtung ihrer Interessen nicht unterlassen, die deutsche Eisenindustrie als „ein kostbares nationales Kleinod" anzupreisen, das geschützt und gefördert werden müsse, „damit durch ihre Entwicklung die Möglichkeit gewonnen, erhalten und gesichert werde, mit deutschem Eisen die deutsche Erde zu bearbeiten, mit deutschem Eisen sie zu verteidigen und auf deutschen Eisenschienen den großen Gedanken deutscher Macht und Einheit durch alle Gauen des weiten Vaterlandes zu tragen"[27]. Mit Recht konnte demgegenüber das „Preußische Handelsarchiv", das amtliche Organ des preußischen Handelsministeriums, die Prognose stellen, daß sie mit derartigen Klagen und Argumenten „in den Herzen der Nation, welche ihrerseits die vergangenen 15 Jahre zur Läuterung ihrer wirtschaftlichen Erkenntnis redlich benutzt hat, schwerlich einen Widerhall finden" würden[28]. Bereits im Jahre 1860 setzte der volkswirtschaftliche Kongreß den Bestrebungen auf Beibehaltung oder womöglich Erhöhung der Eisenschutzzölle die Erklärung entgegen, „daß gerade im gegenwärtigen Stadium der deutschen Entwicklung eine Ermäßigung der Eisenzölle den leistungsfähigeren Eisenproduzenten selbst zugute kommen müsse"[29]. Und als mit der Vorlage des dem preußisch-französischen Handelsvertrage zugrunde gelegten Zolltarifes die theoretische Diskussion über die Eisenzollfrage aktuelle Kampfbedeutung gewann, als im Juni 1862 zahlreiche rheinische, westfälische und schlesische Eisenerzeuger nach Berlin eilten, „um die Abgeordneten auf die groben Fehler des projektierten Zolltarifs und die Zustände der Industrie aufmerksam zu machen, damit die Abgeordneten nicht in den gleichen Mißgriff wie die Regierung verfallen, nämlich ohne Gehör der Beteiligten mit einem Federstrich, um einer momentanen politischen Konstellation willen, die Industrie zu vernichten"[30], da hat dies an der Annahme des Vertrages und damit an dem Siege des Freihändlertums und der preußischen Machtpolitik, an der Zunichtemachung des österreichischen Zollunionsplanes nichts mehr ändern können.

7. Political and Social Consequences of the Great Depression of 1873–1896 in Central Europe[1]

I.

Recurrent long-time alternations of prosperity and depression affecting the volume and the rate of growth, or at the least the movement of the value of economic goods and services have been detected throughout the history of modern exchange economies[2]. Empirical observations of this kind are distinctly different from the theoretical claims which have grown out of Kondratieff's study fo 'long waves'[3]. The nature of 'long waves', sometimes called 'secondary trends', 'major cycles' or 'trend cycles', is still as controversial and problematical as the intricate question of their causation[4]. The data at our disposal are still too inadequate to verify the theses advanced by some economists. 'Long waves', we are told, are more than historical episodes of 'accidental' regularity resulting from a unique conjuncture of historical circumstances; they are a permanent, inherent characteristic of the cyclical life process of mature capitalism, produced systematically and rhythmically in accordance with the immanent laws of that economy.

But whatever the status of long-term economic fluctuations in the lofty realm of economic metaphysics, from a pragmatic viewpoint they can be useful descriptive devices of historic periodization which help to establish fairly distinct units for investigation. By 'long waves' we shall mean alternating long-run periods of economic acceleration and retardation superimposed on shorter cyclical and non-cyclical fluctuations, and to illustrate their significance and usefulness attention will be drawn to some of the political and social consequences of the downgrade of the long wave of 1849–96 in central Europe.

In the economic history of England the downswing of 1873–96 is sometimes referred to as 'The Great Depression'[5]. Actually, it was a trend of world-wide scope which, despite sharp national, regional, and local differences, displayed in its fundamental tendencies, and also in many of its particular features, a far-reaching degree of unity[6]. Initiated in some countries, above all in Austria, Germany, and the United States, by a crash, violent panics and dramatic 'crises', in others, as for instance in England and France, by milder and much smoother forms of 'recession', this Great Depression was not accompanied by economic retrogression or by a spectacular breakdown. On the contrary, total output, commercial turnover, and national wealth continued to increase, though at a distinctly lower rate of growth than during the trend prosperities of 1849–73 and 1897–1914. Any textbook on economic history shows that it was this period which witnessed great additions in the efficiency of plant and the productivity of labour, creative innovations in business methods, and a wholesale adoption of improvements in technology and organization.

The quantitative record appears to be less impressive when the increase in population and the resumption of large-scale emigration after 1879 are taken into account. Moreover, quantitative growth of production and the expansion of trade, coupled with relatively little unemployment save in a few particular recession years, may be a symptom either of prosperity or of depression. In certain circumstances the swelling of quantities may, from the entrepreneur's and the investor's angle, appear as a manifestation of economic distress. In this technical sense, the years from 1873 to 1896 do indeed mark a period of 'great depression' in central Europe. The unsteady upward tendency of physical production and of economic services coincided with an unsteady and steep downward tendency of values[7]. The trend of the price level continued to fall throughout the whole period. Interest and discount rates, commodity and stock prices, profit margins and money wages, save again in particular years, failed to recover and to regain the level of 1849–73, or to anticipate the standards of 1897–1914. Vast quantities of capital remained idle or found a refuge in foreign investments in non-capitalist and semi-capitalist countries, or at home in government securities, initiating an era of cheap public borrowing[8].

The behaviour of the 'time series' and the fact that short-term cycles of producers' prosperity between 1873 and 1896 were mild and brief, vanishing again and again into thin air, account for the gloom and the feeling of tension, insecurity, and anxiety prevalent throughout the period. Economic pessimism appeared to be deep-rooted and firmly entrenched. Business men, big and small, voiced their complaints about the short duration of recovery and the long periods of relapse, the 'commercial paralysis', the 'deplorable state of trade', the 'continuous distress', the 'dullness and disheartening monotony' of the general market situation. With tiresome persistence they pointed to unprofitable business, with its detrimental effects on public welfare, and to the great risks they had to face in the struggle for survival.

The search for a determination of the causes of the 'depression of business' produced a voluminous literature which enriched the social sciences, found expression in poetry and fiction[9], and widened the domain of 'crackpot' writing. The explanatory comments ranged from an emphasis on 'overproduction', 'unfair competition', 'the abrupt transformation in the production and circulation of the whole world', 'the inflammable conditions of internatational affairs' and the like, down to 'the excessive expenditures for alcoholic beverages, and the general improvidence of the working classes', 'the low price of German vinegar', and 'the immigration of Polish Jews'. The psychological exaggeration of economic difficulties and antagonisms created an atmosphere in which the economic depression seems to be taken for granted.

Since sinful capitalist Babylon seemed to be faced with collapse, apocalyptic horsemen appeared on the horizon. It was a golden opportunity for prophets of disaster. Most of them followed in the footsteps of Karl Marx who already, in January 1875, had predicted the approach of the 'universal crisis', which, as the crowning point of a series of periodic cycles, 'by the universality of its theatre and the intensity of its action will drum dialectics even into the heads of the mushroom-upstarts of the new, holy Prusso-German empire'[10]. It was left to his fellow-workers and disciples to draw a challenging picture of the 'chronic' and 'permanent' character of the depression, which allegedly reflected the antinomy between productive power increasing in a geometric, and the extension of markets proceeding at best in an arithmetic ratio. It was proclaimed to signify a crisis not in, but of the economic system, with the world revolution already around the corner, 'when the unemployed, losing patience, will take their own fate into their own hands'[11].

In actual fact, the Great Depression produced a redistribution of national incomes which, through alterations in price relationships, proved in the long run to be beneficial to most consumers and employees. It witnessed a remarkable advance in the material conditions and the real wage income of the industrial and agricultural workers. Moreover, it was not marked by an unbroken sequence of 'bad' years, even for the vast majority of entrepreneurs, investors, and independent self-employers. In the case of Germany, annual business measurements reveal[12] three cyclical downswings – 1873–9, 1882–6, 1890–4 – and two intervening rises – 1879–82, 1886–9.

II.

The slump of 1873–9 transformed political parties and ideologies. It was the opening phase of a long-run depression which involved important alterations or innovations in the economic structure, and in part a decisive break with previous trends. Thus, for instance, it first brought to a standstill and then reversed the old secular tendency toward concentration of landownership at the expense of peasant holdings[13], and it helped to establish and to maintain a political alliance between big agrarians and peasants. In Germany and Austria, the direct and indirect response to the economic trend depression consisted of a transition to a kind of 'neomercantilism'. Attempts at political emancipation by uprooted handicraftsmen and by petty traders formed part of the processes of accommodation to the changed economic setting. The survivors of the pre-capitalist era, on the lookout for effective mechanism for self-defence, adopted an attitude of growing belligerency toward the superior strength of 'mobile capital' and to the competition, real and imaginary, of capitalist industry and large-scale retail trading. In the name of the 'protection of the weak', the artisan and shopkeeper class began, as it had done before in the crisis situation of 1848, to assail the principle of economic individualism and to agitate for a curtailment of freedom of trade through the direct intervention of the state. Their demands for a restoration of compulsory gild organizations and for special laws against 'usury' and against peddling trades found at least partial recognition in the German legislation of 1881, 1883, and 1897, and more drastically in the revision of the Austrian trade codes in 1883 and 1885[14]. But the search for economic security through political pressure paved the way also for the formation of new and wider fronts among the peasants and farmers. The vast majority of them manned the bandwagons of the conservatives and clericals in the hope of obtaining under their leadership cheap credit, reduced taxes, higher agricultural prices and protection against the middle-man, and were thus gradually turned into a first line of defence for the big agrarians.

Last but not least, the intensified social and political mobility of the 'common man' manifested itself in the rapid numerical growth of the social-democratic working-class movement, first in Germany and later in Austria. The Gotha Programme of 1875 was formulated in the midst of the storm and stress of the very intense first cyclical slump of our period. The much more challenging Erfurt Programme of 1891 was drafted while the third cyclical depression was in full swing. No wonder that, in accordance with common human inclinations to review present-day developments *sub specie aeternitatis*, it emphasized the increasingly 'universal' and 'devastating' character of recurrent economic 'crises', which seemed to make 'general insecurity' a normal condition of capitalist society. On the other hand when, with the anti-socialist law out of the way, German economy experienced between 1895 and 1900 a boom unprecedented in magnitude since 1854–7 and 1871–3, the time seemed to be ripe for a less pessimistic and a less emotionally distorted diagnosis of the economic situation. The emergence of revisionism signified a more realistic perception of the longterm tendencies and of the actual economic and social results of the Great Depression. Thus we find, for example, recognition of the changing character of the economic process as a whole through a gradual attenuation of cyclical fluctuation; of the reduced danger of violent ruptures and of 'anarchy' in production and distribution in consequence of the more intensive rather than extensive expansion of the world market and of the use of new social machinery of regulation making for more stable market conditions. Acknowledgement was now also made of the sectional character of industrial concentration; of the tenacity of small-scale landownership and cultivation, the handicrafts and retail trades; of the wider diffusion of national wealth and income, passing on some of the material benefits of the depression to the working classes[15].

The struggle for material gains, or at least against material losses, through political activity from below gradually changed the whole character and social significance of the political party system. The liberal parties were made the scapegoats for the slump[16]. They were above all accused of being responsible for the economic policies hitherto pursued, which were now blamed for the 'frustration of the national economy'. *Ressentiments* found concrete expression in the spotlight now thrown on prominent liberal parliamentarians, who were indicted as leading, and often fraudulent, promoters, acting in close alliance with Jewish speculators and paving the way for the collapse of 1873 and its disastrous effects[17]. Dissatisfactions, enmities, jealousies, in competition with the socialist onslaught, gave rise to various Christian-social and anti-Semitic party groupings. They thundered their invectives against the 'immorality' of 'mobile capital' under the control of the Jews, and at the same time denounced them as the brains trust of the liberal parties and the ringleaders of socialist 'anarchism' blocking the road to prosperity.

Jewish emancipation and assimilation had advanced by leaps and bounds in central Europe during the upgrade form 1849 to 1873. Anti-Semitism, while it lasted, had on the whole manifested itself in the mild from of social boycott, defended by its practitioners primarily on religious grounds. After 1873, 'anti-Semitism rose as the stock market fell'[18]. Hand in hand with its growth went its qualitative transformation. It developed more and more into an economic and political mass movement, ideologically founded on the theory of race and blood. In an era loaded with tension, violent competition and nationalistic emotionalism, the new force proved to be such a valuable weapon in the fight for survival or domination that even conservative and clerical parties began to use it on a grand scale[19].

The long-run results of these political processes of adaptation began to be effective by 1878, when the majority over the anti-liberal parties was reversed in the German *Reichstag*, the Prussian *Landtag*, and the Austrian *Reichstag*. Constitutionally and ideologically this meant a strengthening of the power and prerogative of the established monarchical governments. Vested interests of whole groups of producers were becoming directly dependent on government support and intervention, and all attempts aiming at the inauguration of a genuine parliamentary system met with defeat.

The growth of physical production and trade in our period functioned as an instrument of compensation for the continued decline of prices. It proceeded in waves and was made possible by a greatly accelerated 'mass mobilization' of consumers, which reduced the inequalities in consumption habits and had a levelling influence on social distinctions. This had its political counterpart in the broadening of the social base of the political party system. Contrary to the traditions of the prosperous *laissez-faire* age of 1849–73, the political aloofness of the common man was slowly breaking down. Politics in the Great Depression era ceased to be a concern of small groups, privileged by social status, wealth or education. The centre of gravity of political agitation shifted from issues of politicies, from national unification and constitutional reconstruction problems most characteristic of the fifties and sixties, to a crude emphasis on economic objectives. Instead of controversies about political freedom, the fight for economic security became the focus of public discord[20]. Exposed to the pressure of an electorate in a state of uproar, all political parties had, in order to maintain and fortify their position, to become mass parties, to put into motion and get hold of the indifferent non-voter, and to overhaul their leadership, platforms and propaganda techniques. Decades of relative stability in party alignments, with secure and steady majorities, gave way to erratic fluctuations in party strength as well as in party coalitions and combinations[21]. The variations in the composition, duration, vigour and efficiency of these party alliances and counter-alliances remain largely unexplainable unless they are linked up with the changing economic tendencies. To some extent they are to be explained as attempts to turn to advantage the ups and downs of cyclical oscillations.

This long-range process of transformation crystallized first in the fight for tariff protectionism, which brought about the reconciliation of the hitherto antagonistic interests of the big industrialists and agrarians[22]. The new alliance in 1878–9 was facilitated by the fact that some of the traditional grievances of the agrarians against large-scale industry had become pointless. As a result of the shrinkage of industrial production and the steep decline of emigration after 1873, the rural labour supply was no longer depleted. Agricultural money wages, which under the pressure of industrial demand for labour had risen very intensely in the boom years of the early seventies, now ceased to advance. The virtual cessation of industrial investments and the fall in interest rates had cheapened agricultural credit. The political effectiveness of the new coalition was ultimately guaranteed by securing the support of Bismarck and of a parliamentary majority which cut across the established party lines. The connecting link was furnished by the Catholic Centre, which combined in its ranks industrial and agricultural protectionist interests. It was prepared, by virtue of its social philosophy, for a crusade against atomistic *laissez-faire* individualism[23]. Having its geographical base in western and southern Germany and in Silesia (that is, in the strongholds of the iron and textile industries and of medium-scale agricultural production, where agitation for protectionism was, or could be made, most popular) the Centre used the tariff issue as a springboard for political conquests, and above all for the termination of the *Kulturkampf*.

III

The Great Depression marked the decisive turning-point in the nineteenth-century history of the relationship between the state and the economy. The crash of 1873 was a death-blow to that kind of state interventionism which had endeavoured to destroy mercantilist hangovers and to build a new framework of economic life on the 'natural rationality' of the market mechanism. After 1873 governments, on their own initiative or through pressure from below, began to liquidate the short-lived episode of internal and external free trade which, though primarily determined by political power calculations[24], had been conditioned by the upgrade economic trend between 1849 and 1873. The social character of the economic processes of production, distribution and consumption became officially recognized. From this time onwards it tended to be the destiny of the state to function as the supreme agent of economic co-ordination and integration on a national scale. Not natural law but a 'New Deal' was to establish order in the realm of economic society by forcing the government to reassume old functions and usurp new ones.

The reorientation of government policies was not the offspring of far-sighted, long-range planning, but the unforeseen result of haphazard emergency measures inspired by expediency and designed to restore confidence and to overcome short-run dislocation. The Austrian government in 1873 proclaimed its right and duty 'to guard economic activity against enduring disturbances'[25]. The recovery policy and the modest economic reforms which it initiated, however, were based upon the optimistic assumption that prosperity had given way to 'one of those recessions as they usually occur with elementary violence in the economic life of the nations from time to time, due to an overestimation of capital resources and an over-expansion of credit'[26]. Thus government action between 1873 and 1878 remained chiefly confined to the extending of credit facilities to large-scale private enterprises such as railroads and industrial joint-stock companies faced with financial collapse. In addition, a few public work and relief schemes were launched, and the building trade was encouraged through tax exemptions. Laws were passed which curtailed fraudulent promotion and speculation on the stock market and provided for a reconstruction of the *Nationalbank*. On the other hand, the policy of 'restoring confidence' consisted in the dissolution of numerous labour associations and the imprisonment of their leaders. Driven underground, the more uncompromising elements of the young Austrian labour movement gained the upper hand, and, as in Germany, the 'Marxians' gradually ousted the disciples of Lassalle.

More important historically than the emergency schemes were the enduring changes in the structure and functions of the state that grew out of them: the advance of the Leviathan state, the growing dependence of economic agencies on state aid, and the intensification of nationalism. When, for instance, the Austrian government after 1876 began to take over some of the virtually bankrupt private railroad companies in response to the crash of 1873 and its immediate aftermath (which was then interpreted as a protracted cyclical and not yet as a trend-depression) it could not be foreseen that this would lead to a lasting break with tradition and to the displacement of private by public railroads during the eighties and nineties. Nor was it easy to anticipate that after 1879 the new policy of nationalizing the railroads and of providing capital for new construction (chiefly in the economically under-privileged areas, the strongholds of the subject Slav peoples) would accelerate the centrifugal rather than the centripetal effects of rising mass nationalisms. Economically fortified, the subject nationalists used the railroad issue as a political battleground for pushing their claims for administrative and institutional decentralization, or autonomy on national lines[27].

In Germany a policy of vigorous state intervention was not adopted before 1878. This meant a radical reverse in basic attitudes, since the government up to 1877 had adhered to the gospel of automatic adjustments from within the econonmic mechanism, and had watched with Olympian aloofness 'one of those stagnàtions as they periodically recur in course of time'[28]. Some emphasis, however, was at that early date put on the extension of public work projects to be carried out by private enterprise, whereas at the height of the boom the policy of withholding orders had been pursued[29]. This first cyclical slump of the Great Depression touched its bottom by 1876–7. Bismarck had by that time become sufficiently alarmed by the persistence of the industrial and commercial slumps and by the widening discrepancy between productive capacity and effective demand. Moreover, he was strongly impressed by the beginning of agricultural distress, which affected him personally since he had burnt his fingers in speculative land purchases[30]. It sharpened his understanding of the grievances of hard-pressed producers and debtors, of the dangers inherent in the spread of unemployment, labour unrest, socialist agitation and the growing militancy and tension in all party camps. He no longer found consolation in the fact that the downgrade was of world-wide scope[31].

The economic crisis had produced a fiscal crisis which, as in Austria, manifested itself in what in those days were considered to be grave budgetary difficulties. The unbalanced deficit in the *Reich* budget increased from year to year after 1872. In these circumstances the imperial government was forced to demand larger annual subsidies from the states. The financial position of the latter deteriorated steadily between the years 1873–9, as the French war indemnity was spent and the slump reduced the yield from direct taxation and the revenues from state enterprises. State governments grudgingly realized that a solution of their own fiscal troubles presupposed a strengthening of the financial status of the *Reich*. Bismarck began by 1877 to respond actively to the acute fiscal plight by launching a programme which asked for a comprehensive reform of indirect taxation, the introduction of a tobacco monopoly for the *Reich*, and the nationalization of the German railroad system at a time when public credit was cheap and the prices of railroad shares low. He met with defeat, and his attempt to shelter public finance against the disrupting effects of economic oscillations resulted in a growth of political disharmony. The crystallization of a strong protectionist front among industrialists and agrarians in 1878, combined with the weakening power of resistance on the part of the state governments, created a new situation. Grasping the fresh opportunities inherent in the situation, Bismarck, by a series of masterful tactical manœuvres and demagogic tricks, linked up the pressing need for fiscal stabilization in an unbalanced national economy with the new panacea of 'solidarity protectionism' in such a way that both became interdependent.

The imperial government's recovery policy for the 'protection of national labour'[32] promised a renewed advance of business under more favourable conditions by the building of new tariff walls, and by government control of the transport system, which was to accompany the piecemeal nationalization of the Prussian railroads after 1879. Government intervention was not, however, to be identical with a surrender to the pressure of severely hit groups of large-scale producers. On the contrary, it was to be a mere instrument of general policy and was to function as a vehicle for the strengthening of governmental authority and the sovereignty of the *Reich*. The political power vested in the *Reich* executive was to be used to help overcome short-run economic contraction and stagnation, but in exchange for its services the state was to make durable political conquests, which would incidentally also serve Bismarck's own aggrandizement.

Vast schemes loomed before Bismarck's eyes; the establishment, for instance, of the unassailable financial independence of the *Reich* and its military machine, beyond the reach of parliamentary control, by manipulating the producers' demand for tariff protection and by reforming taxation so as to reduce overhead costs. Or the political exploitation of economic and fiscal maladjustments so as to secure a new balance of power between the *Reich* and the states: to destroy the remnants of particularism which had hitherto found their stronghold among south German protectionists, and to complete the national unification by cementing it with unbreakable economic ties. Or the 'cashing in' on the 'red menace'; on big industry's dependence on government support; and on the chronic agricultural distress which grew more severe during the eighties. The harvesting of the crop sown in 1878–9 required patience, skill and time. But the *Kartell Reichstag* of 1887 and the *Sammlungspolitik* inaugurated in 1897 showed an ultimate yield which, in the light of the objectives aimed at, was far from unsatisfactory.

A planned political by-product of the Tariff Law of 1879 was the solidifying of Prussian-German militarism as a state within the state. As almost all the regular expenditure of the Empire was devoted to the army, the grant of tariffs and indirect taxes, voted under the pressure of an economic emergency, practically nullified the *Reichstag's* constitutional right to make annual budget grants. There was to be no repetition of the constitutional conflict of 1862–6, which had grown out of the liberal *Landtag's* unwillingness to back up a costly armament programme at a moment when the country was still suffering from the aftermath of the world's economic crisis of 1857, aggravated by the war of 1859. The new alliance, formed in 1879, between the militarists and protectionists was, from Bismarck's viewpoint, designed to give stability and financial security to the military machine. It greatly facilitated long-term planning of defence as embodied in the renewal of the septennates in 1880 and 1887, each of which accidentally coincided with the shift from cyclical depression to recovery.

State support of large-scale producers had been preceded by, and was up to the Caprivi régime accompanied by, a labour policy which was originally launched as an instrument of the economic recovery policy. But from the very beginning the attempt to turn economic contraction into expansion, and to neutralize the most dangerous social tensions, was merely a subordinate phase of a policy of political power. The ups and downs of the economic curve had to be acted upon in such a way that the 'red menace' was kept under control. The way for the necessary action was paved by the rapid growth and aggressiveness of the social-democratic movement, primarily a consequence of widespread unemployment and slump conditions between 1873 and 1878. The anti-socialist law of 1878 and its successors asked for 'that degree of dictatorship' necessary to fight with success 'a hostile army living in our midst', which was alleged to deepen the depression by undermining confidence, by scaring off investments and by a general atmosphere of disheartening instability and uncertainty[33]. Recovery or an increase in wages and security of employment was, according to the official view, unattainable unless public confidence was restored by a forceful defence of private property; by the encouragement of individual initiative; and by the maintenance of the entrepreneur as 'master' in his own house', unhampered by government intervention into hours, wages and working conditions in general[34].

The alliance between labour and socialism was to be rendered ineffective by a state policy which made political persecution the complement of material protection. Bismarck's insistence on compulsory workers' insurance against illness, accidents, invalidity and the insecurity of old age, with the financial aid of the state, was under Caprivi supplemented by the regulation of working conditions through the Industrial Code of 1891, aimed at the establishment of a manageable social equilibrium. The power of the state was to be made serviceable not only to the vested interests of the government's most useful supporters, but also to its most dangerous and potentially strongest enemies. To strengthen national cohesion and morale the government had to function as an arbiter and guardian of social welfare and a defender of the economic security of those classes which were exposed more immediately and more intensely than others to the pressure of cyclical oscillations, and at the same time were more decisive in determining the balance of power.

IV.

The vibrations of the economic system between 1873 and 1896 had their repercussions not merely in domestic politics and social relations but also in the realm of foreign policy. The sharp contrast between Bismarck's hazardous war policies of the sixties and, after the middle of the nineties, the ambitious pursuit of *Weltpolitk* on the one hand, and on the other the pacific and exceedingly cautious and moderate foreign policy of the seventies, eighties and early nineties is hardly adequately explained in psychological or ideological terms, or by pointing to an inner break in Bismarck's conception of power politics, reaching saturation point with the founding of the Empire. From the seventies onwards, Bismarck adjusted his aims and strategy in the field of international relations to the changing historical conditions, and among them to the strains and irritations, some sporadic and some more permanent in character, which resulted from the downgrade of the long wave.

Bismarck in 1879 summed up the international experiences of 1875–8 by referring to the uncertainty about the stability of European peace, resulting in a continued lack of confidence and in prolonged economic stagnation. The preservation of peace and the restoration of a more lasting belief in the pacific future of Europe were, he considered, prerequisites for a world recovery[35]. Bismarck's persistent emphasis on the vital need for stabilization in an unbalanced world continued to be motivated to a great extent by the imperative desire to solidify the gains of 1866 and 1871. At the same time, however, a moderate and unadventurous foreign policy presented itself as an inescapable political necessity in the light of domestic affairs[36]. With economic dislocation and discontent, social unrest and class conflicts at home; with national unity, the future of authoritarian monarchical government and the position of the propertied and conservative elements in the country jeopardized by the growth of a socialist movement, the risk of foreign war had by all means to be avoided. War, even among other nations, must be prevented, because of 'the inevitable repercussions on our economic interests, and also because we never can foresee to what extent we might become involved in foreign entanglements'[37].

It is, therefore, much more than a coincidence that the year 1879, the decisive turning-point in German and Austrian internal politics and in the domestic balance of power, also involved a reorientation of the foreign policies of both countries. The building of a conservative domestic front found its parallel in the international field in the attempt to lay the foundation of a conservative bloc among the Great Powers. The search for an enduring political and social equilibrium between the classes at home corresponded with the drive for the establishment of a balanced order between the states, by reconciling competitive interests and by strengthening the dynastic solidarity of the monarchical idea against the democratic revolutionary principles of the west and against the rising dangers of 'Slavonic Napoleonism'. The Austro-German defensive alliance was founded as a guarantee of peace against Russian pressure and belligerency. It was signed at a time when the appeasement of the Centre Party through the break with liberalism and the liquidation of the *Kulturkampf* accompanied the overtures to Catholic Austria. To Bismarck it promised to be a safe instrument with which to isolate France, to compromise the conflicting power interests of Austria and Russia, and to defeat the aggressive intentions of the pan-Slav forces in Russia. It was to serve as a basis for a renewal of the Three Emperors' League and for shifting 'the centre of gravity in the Russian Empire back to the conservative and propertied classes'[38].

The Austro-German alliance of 1879 turned out to be the beginning of a new technique in international relations, of a system of alliances, replacing the system of separate states acting individually. The tendency was in line with one of the most outstanding and permanent economic results of the Great Depression, affecting business organization, business methods and the business spirit. The desperate drive to overcome the risks of cut-throat competition and to establish a more even level of business security and stability was in the direction of combination, co-operation and joint action through the formation of trade associations, collective lobbying agencies, cartels, syndicates, amalgamations, co-operative societies, and trade unions. The tendency had already manifested itself to some extent during the upgrade from 1849 to 1873. It receded into the background between 1875 and 1877, when the search for an escape from bankruptcy bred disharmony and disruption, and translated into immediate action rugged individualism of a *sauve qui peut* nature. However, the more general waning of faith in the effectiveness of individual action, accelerated by the emergence of 'solidarity protectionism' in 1878, altered the setting. After years of experimentation, the trend toward cartellization in industry, banking, transport, trade, insurance and the professions was much intensified from the middle of the eighties onwards[39]. As a device aiming at long-time stabilization it began to exert an universal appeal. The method of collective action now found widespread application in both its political and economic aspects. This issue symbolizes the parallelism and the correlationship of economic, social and political trends which mark the unity and inherent synthesis of central European development between 1873 and 1896.

To the student interested in the more general historic impact of business variations, cyclical and non-cyclical, it would be a tempting task to analyse the history of Austro-German-Russian diplomatic manœuvres up to Bismarck's ant-Russian credit prohibition of 1887 and the German-Russian tariff war of 1893, in relation to and in terms of grain prices, harvest cycles, cattle plagues, veterinary police measures, tariff and currency fluctuations and railroad and shipping freight rates[40]. Such a study would not only deepen the understanding of the European alignments and alliances; it would also reveal more clearly the internal contradictions of Bismarck's policy. The predominantly pro-agrarian tendency of his protectionist economic policy, accelerated in 1885 and 1887, accounts largely for his domestic difficulties as well as for the growing alienation of German-Russian relations. It thus undermined the ultimate objectives of his defensive peace policies, which in their final outcome were further endangered by the combination of a policy of national self-sufficiency with one of world-wide expansion.

Up to the Congo Conference, official German colonial policy retained its originally conceived character as a modest instrument of the government's protectionist recovery policy. The subsequent shift from economic to political considerations was facilitated by the meagre economic returns of Germany's colonial possessions. Colonial gains of some sort, even if economically valueless, became a vital concern for the position of the government in its fight to keep its supporters satisfied and to weaken the

Reichstag opposition[41]. However, even short-run insistence on the right to *Weltpolitik* in defiance of England's policy made for international complications. It helped to lay the foundation for the bolder and more aggressive and reckless political and economic imperialism of the Wilhelmian era, eager for expansion, taking its risks and bursting forth in spurts of self-assertion under the impetus of the prosperity of 1897–1914.

V.

The pressures, tensions and energies released and the ruptures caused by the trend depression of 1873–96, which were interrupted but not broken by cyclical rises and random fluctuations, appear to have been compelling enough to upset the traditional balance of political and social forces and ideas. Restless economic mobility, though merely a part in a single cultural whole, carried sufficient weight of its own to enforce numerous political adjustments and legislative and administrative measures. Their express purpose was to develop expedient defence mechanisms, to alleviate adverse business conditions and social frictions, to preserve old and to open up new economic outlets, and, through the use of the power of the state, to build up an institutional setting better able to turn depression into prosperity, confusion into a controllable balance. Here lies the great historical significance of the crisis situation of 1878–9, 'when something had to be done'.

The Great Depression not merely *caused* alterations in the political and social framework, it also *conditioned* shifts in social values and political influence and furnished a general background for institutional innovations and changes in policy by setting new limits to political objectives, tactics and strategy. For individual or group action, whatever its subjective motivation and underlying wishful thinking, there was no promise of success unless it adjusted itself to the changing processes of the economic system, but chance situations were also created for opportunists who felt called upon to capitalize economic disharmony and stringency, real or imaginary, and to use the insecurities of a discouraged citizenry as a springboard for political conquests.

8. Wirtschaftskonjunktur, Gesellschaft und Politik in Mitteleuropa, 1873 bis 1896

I.

Unter den so verschiedenartigen Typen ökonomischer Wechsellagen sind lange Schwingungen der Konjunktur erst in den letzten Jahrzehnten ein Studienobjekt für die empirische Konjunkturforschung, die Statistik, die Theorie der wirtschaftlichen Entwicklung und die Wirtschaftsgeschichte geworden. Für die Verbreiterung und Vertiefung der Erkenntnis der fluktuierenden Entwicklungsstruktur der Wirtschaft im Zeitalter der Industrialisierung eröffneten sich verlockende neue Aufgaben und Ausblicke, als in der ersten Hälfte der unstabilen und daher so auf- und anregenden 1920er Jahre der Direktor des Konjunkturforschungsinstituts in Moskau, Professor N. D. Kondratieff, unabhängig von seinen holländischen Vorgängern J. van Gelderen und S. de Wolff, jedoch wirksamer als sie, als Entdecker der „langen Wellen" hervortrat[1]. Damit wurde die Aufmerksamkeit auf das Problem des rhythmischen Auf und Ab konjunktureller Entwicklungstrends von relativ langer Dauer gelenkt, die die kürzeren, jeweils höchstens ein Jahrzehnt umfassenden Konjunkturzyklen in der Zeit überlagerten und in der Wirkung ergänzten.

Aufgrund kritischen Studiums langer Zahlenreihen war es Kondratieff gelungen, innerhalb der Preissphäre der Wirtschaft, aber auch im Volumen der ökonomischen Aktivität zum mindesten für gewisse Sektoren der Gesamtwirtschaft die Existenz von Wellenkurven mit langen Schwingungsweiten nachzuweisen. So konnte er z. B. für England zeigen, was freilich bereits vor ihm bekannt war, daß die Bewegung der Großhandelspreise durch einen Aufschwung von 1789–1814, einen Abschwung bis 1849, einen Aufschwung bis 1873, einen Abschwung bis 1896, einen Aufschwung bis 1920 charakterisiert war. Verzichtete Kondratieff auch zunächst auf den Versuch einer Kausalerklärung des von ihm untersuchten empirisch-statistischen Tatbestandes, so vertrat er doch die sofort zu Widerspruch herausfordernde These, daß die periodisch wiederkehrenden langen Schwingungsphasen der Konjunktur von jeweils etwa einem Vierteljahrhundert Dauer nicht etwa „zufällige" historische Episoden sind, die von Fall zu Fall aus einer einmaligen Kombination von konkreten politischen, ökonomischen, technologischen und sozialen Umständen sowie psychisch-ideologischen Antriebs- oder Widerstandskräften erwachsen. Kondratieff glaubte vielmehr, in den „langen Wellen" einen der *zyklischen* Entwicklungsdynamik des kapitalistischen Systems seit Ausgang des 18. Jahrhunderts immanenten Wesensbestandteil entdeckt und damit für die Erforschung des wirtschaftlichen Wachstumsprozesses eine neue Perspektive und theoretische Konzeption geschaffen zu haben[2]. Während in der Sowjetunion Kondratieffs Thesen als „irrig und reaktionär" abgelehnt und verdammt wurden – 1929 wurde er nach Sibirien deportiert –, begann in den westlichen Ländern das von ihm aufgerollte Problem der langperiodischen wirtschaftlichen Wechsellagen positives Interesse zu erregen.

Zu jener Zeit vollzog sich unter dem Antrieb der durch den Ersten Weltkrieg und die Weltwirtschaftskrise der 1930er Jahre ausgelösten gewaltigen Erschütterungen eine Verlagerung der wirtschaftswissenschaftlichen Arbeitsinteressen und Fragestellungen. Zum Schwerpunkt der Forschung wurde das Studium der *Dynamik* der Wirtschaft in den entwickelten Ländern. Einerseits kam es nun zu einem raschen, eindrucksvoll organisierten Aufschwung der mit Bienenfleiß arbeitenden empirisch-statistischen Konjunkturforschung[3], der es in erster Linie zunächst einmal um die nüchterne Feststellung der Tatsachen des fluktuierenden modus operandi der modernen Verkehrswirtschaft zu tun war. Auf diese Weise sollte eine solide, realistische Wissensgrundlage für die Wirtschaftstheorie wie für die Planung einer zeitgemäßen Wirtschaftspolitik geschaffen werden. Diese Bemühungen führten zur Erschließung und Aufarbeitung eines ungeheuren statistischen Materials im Dienste präziser Quantifizierung realer Wirtschaftsabläufe in Gegenwart und Vergangenheit. Daneben, und vielfach damit verbunden, trat die Erforschung des systematischen Zusammenhangs zwischen den Wechselstufen der relativ kurzen Konjunkturzyklen und damit die verfeinerte Wiederaufnahme alter Versuche zu theoretischer Analyse und Erklärung der Eigenart der chronischen Unbeständigkeit wirtschaftlichen Wachstums in den entwickelten Ländern[4]. In den letzten 10–15 Jahren, und unter Anpassung an ein weltweites Bedürfnis, hat sich der wissenschaftliche Horizont erneut durch die Formulierung allgemeiner Theorien der wirtschaftlichen Entwicklung erweitert – man denke etwa an Alexander Gerschenkron, W. Arthur Lewis und W. W. Rostow –, die die Aufmerksamkeit auf die globale Problematik der Stadien und jeweiligen Wesenszüge des Wirtschaftswachstums in der industriellen und vorindustriellen Gesellschaft lenkten.

Naturgemäß ist diese Verschiebung der wissenschaftlichen Interessen und Arbeitsziele auch der theoretischen, statistischen und wirtschaftsgeschichtlichen Beschäftigung mit den säkularen Wechsellagen der Wirtschaft zugute gekommen. Seitdem Kondratieff die „langen Zyklen“ als vermeintliches Realphänomen und als Begriff zur Debatte gestellt hatte, ist die Auseinandersetzung über ihre Existenz, ihren Charakter, ihre chronologische Abgrenzung (besonders strittig sind die Umbruchsjahre), ihre Verursachung, ihre Wirkung auf den Gang der wirtschaftlichen Aktivität und damit ihre quantitative und qualitative Bedeutung nicht zur Ruhe, aber auch zu keiner Einigung gekommen[5]. Die hier vorliegenden Unterschiede der Konzeption und disharmonischen, von ungleichartigen theoretischen Voraussetzungen und historisch-statistischen Unterlagen ausgehenden Deutungsversuche spiegeln sich auch in der pluralistischen, den Historikern meist unbekannt gebliebenen Fachterminologie wider. Denn an die Stelle von „langen Zyklen der Konjunktur“ sprechen vorsichtigere Autoren von „langen Wellen“ oder „langen Schwingungen“ bzw. von „Trend-Zyklen“, „sekundären Trends“ oder „Trendperioden“.

In den letzten Jahrzehnten haben Geschichtsforscher, soweit sie am Studium der Wirtschaftskonjunktur besonders interessiert und am Brückenschlag zwischen Wirtschaftsgeschichte und Wirtschaftstheorie aktiv beteiligt waren, nur verhältnismäßig selten sich intensiv mit der konkreten Erforschung kurzfristiger Wechsellagen beschäftigt[6]. Das Problem des Richtungswechsels säkularer ökonomischer Entwicklungstendenzen dagegen wurde bereits ein zentrales Thema für einige führende Historiker, ehe von „langen Wellen“, „Trend-Zyklen“ oder „Trendperioden“ überhaupt die Rede war.

Ideenreiche Gestalter wie Alfons Dopsch und Henri Pirenne waren in diesem Arbeitsbereich bereits vor und in den 1920er Jahren bahnbrechend, indem sie eine weitverzweigte Auseinandersetzung über die wirtschaftliche Entwicklungsrichtung des Frühmittelalters und die Datierung, Verursachung und Intensität des säkularen Schrumpfungsprozesses entfesselten, ob er nun, ehe der lange Neuaufstieg begann, im frühesten Mittelalter oder zu einer späteren Zeit des Frühmittelalters seinen Ablauf nahm. Aber auch für ein besseres Verständnis der ökonomischen wie der allgemeinen Geschichte des Hoch- und Spätmittelalters leistete Pirenne revolutionierende Pionierarbeit, indem er, nach erneuter Durchdenkung meist altbekannter Tatsachen, die Aufmerksamkeit auf den im frühen 14. Jahrhundert einsetzenden Kontinuitätsbruch in der wirtschaftlichen Aufwärtsbewegung West- und Mitteleuropas lenkte. Damit setzte eine große, noch immer in vollem Schwung begriffene internationale Diskussion ein, die vor allem auf die Klärung der Wirtschaftssignatur des Spätmittelalters sich konzentrierte, eine Debatte, an der namentlich auch deutsche Forscher führend beteiligt waren[7].

Jedenfalls ist völlig klar, daß lange „Wellen“, „Schwingungen“, „Trendperioden“ der Konjunktur kein Monopol der Wirtschaftsdynamik des modernen Industriezeitalters sind. Es gehört heute zu den Binsenwahrheiten der Wirtschaftsgeschichtsforschung, daß der ökonomische Entwicklungsprozeß Europas vom Hochmittelalter bis zur Industrierevolution keineswegs ununterbrochen in derselben Richtung sich bewegte und etwa, von kurzfristigen, meist exogen verursachten Rückschlägen und regionalen Katastrophen abgesehen, durch eine geradlinig aufwärtsführende Bewegung gekennzeichnet war. Charakteristisch für den Wirtschaftsablauf vorindustrieller Epochen war vielmehr eine gewisse Periodizität, eine allerdings recht unregelmäßige Aufeinanderfolge von langen Schwingungen, ein in höchst verschiedenen Abständen und Intensitätsgraden sich wiederholendes Auf und Ab von Fortschritt und Rückschritt, von säkularen Prosperitäts- und Depressions-, von Aufschwungs- und Niedergangs- bzw. Stagnationsperioden in bezug auf die Bewegung der Preise und das Volumen der wirtschaftlichen Tätigkeit, der Kapitalbildung und des Sozialprodukts. Hierbei ist freilich zu bedenken, daß der grundsätzlich scharfe Unterschied zwischen den beiden Haupttypen langfristiger wirtschaftlicher Trends, den ununterbrochen in derselben Richtung sich bewegenden strukturellen Entwicklungstendenzen einerseits und oszillierenden Konjunkturtrends von jeweils langer Dauer andererseits in der geschichtlichen Wirklichkeit wie im Denken der Historiker oft verwischt ist. Zudem wird die Quantifizierung der konjunkturellen Trendperioden im Hinblick auf die Quellenlage naturgemäß immer bruchstückhaft bleiben, obwohl durch Verfeinerung der Methoden und Fragestellungen die Forschung hier noch wesentlich wird weiterkommen können[8]. Immerhin ist in den letzten Jahrzehnten das historisch-statistische Studium der langen Schwingungen so weit vorgeschritten, daß die Periodisierung und

Interpretation der Wirtschaftsgeschichte des Mittelalters und der Frühneuzeit auf eine neue, bereits reiche Früchte tragende Grundlage gestellt werden konnte[9].

Bei dieser Lage der Dinge ist es verwunderlich, daß selbst Forscher, die sich gerade an eine chronologisch weitgespannte historische Analyse des ökonomischen Wachstumsprozesses in der industriellen Gesellschaft herangewagt haben, bisher nur ganz vereinzelt die langfristigen Trendperioden der Konjunktur der wirtschaftsgeschichtlichen Epochengliederung zugrunde gelegt und demgemäß als gestaltungsgebende Ordnungs- und Integrationseinheiten systematisch verwandt haben[10].

Noch sporadischer ist bisher ernsthaft das Problem aufgeworfen, geschweige denn näher verfolgt worden, ob und inwieweit die Periodisierung der wirtschaftlichen Entwicklung auf der Basis der langen Schwingungen der Konjunktur fruchtbare Ansatzpunkte und Fragestellungen bei dem Bemühen um vertieftes Verständnis der außerökonomischen Geschichte zu liefern vermag. Im Hinblick auf die strukturelle Verflechtung und gegenseitige Bedingtheit wirtschaftlicher, politischer, gesellschaftlicher und ideeller Epochentendenzen erscheint die Annahme berechtigt, daß die aus der Entdeckung langperiodischer ökonomischer Wechsellagen erwachsenen chronologischen Ordnungsmodelle nicht nur für das historische Studium des Wirtschaftsablaufs und des Wirtschaftsschicksals der Menschen, sondern auch des Wandels in anderen Lebensbereichen einen faszinierenden Gesichtswinkel und Betrachtungsrahmen erschließen. Man darf erwarten, daß eine bewußt starke Betonung der bisher von dem Gros der Fachhistoriker so stiefmütterlich behandelten oder gar völlig ignorierten wirtschaftlichen Konjunkturgeschichte zur Klärung der Problematik der Relationsverschiebungen und damit der strukturellen, kausalen und funktionellen Zusammenhänge zwischen den ökonomischen, sozialen und politischen Kräften nennenswert beizutragen vermag und daher zu einer Überprüfung und Neudurchdenkung traditioneller Interpretationsversuche anregt. Insbesondere die Beschäftigung mit dem 19. Jahrhundert fordert zu einer derartigen Blickrichtung geradezu heraus, war es doch in der westlichen Welt das Jahrhundert der aufsteigenden industriellen Gesellschaft und damit revolutionärer, auf alle Lebensbereiche tief einwirkender ökonomisch-technologischer Strukturveränderungen.

Experimentiert man einmal (um festzustellen, was für die historische Erkenntnis dabei herauskommt) bei der Betrachtung der Wandlungen der geschichtlichen Gesamtlage im 19. Jahrhundert mit den dynamischen Ordnungsbegriffen und Periodisierungskategorien der Wirtschaftskonjunkturforscher, so dürfte sogar für die Geschichtswissenschaft überhaupt vielleicht ein Gewinn daraus erwachsen. Denn hier bietet sich eine konkrete Gelegenheit, den vielfach verlorengegangenen Kontakt zwischen den meist in eine etwas sektenhafte Vereinsamung hineingeratenen Wirtschaftshistoriker-Spezialisten (nicht selten beschränkt sich ihre praktische Funktion heutzutage, namentlich in den Vereinigten Staaten, auf die Rolle einer mit ziselierten Methoden und ausschließlich ökonomischen Begriffen arbeitenden Hilfswissenschaft für Nationalökonomen) und den „normalen“ Fachhistorikern im Interesse gegenseitiger Erkenntnisförderung und der Überwindung des Scheuklappendenkens wieder enger zu knüpfen. Nicht jedermann ist glücklich über den so weit vorgeschrittenen Prozeß der geistigen Entfremdung und Isolierung und des wechselseitigen Ignorierens, der gegenwärtig die mehr oder weniger hochzpezialisierten Historiker-Zunftgruppen, selbst bei gemeinsamen chronologischen und/oder geographisch-regionalen Arbeitsinteressen, oft in verschiedenen Sprachen aneinander vorbeireden oder gar abgekapselt in einer Inselwelt leben läßt.

Die hier vorgelegte Studie ist ein Versuch, an Hand eines spezifischen historischen Beispiels, begrenzt in Zeit, Raum und thematischem Erkenntnisobjekt, die Hypothese zu prüfen, daß die langen Schwingungen, die Trendperioden der Konjunktur, sinnvolle Epochenabschnitte und fruchtbare Untersuchungseinheiten nicht etwa nur für die empirische Erforschung des Wirtschaftswachstums sind, sondern ebenso für die Erforschung der Dynamik des Verhältnisses zwischen Wirtschaft, Politik und Gesellschaft. Um möglichen Mißverständnissen von vornherein die Spitze abzubiegen, ist mit Entschiedenheit zu betonen, daß mit dieser These nicht etwa eine grundsätzliche Sanktionierung der anachronistisch gewordenen Lehre von der Priorität, geschweige denn vom Primat ökonomischer Kausalitäten in der Geschichte verbunden ist. In Anbetracht der in Wirklichkeit so komplizierten Mannigfaltigkeit der verschiedensten, nebeneinander wirksamen, einander gegenseitig bedingenden und durch Wechselwirkungen miteinander verknüpften Antriebskräfte und Entwicklungstendenzen muß vielmehr im Auge behalten werden, daß die in dieser Untersuchung in den Brennpunkt des Blickfeldes gerückte Wirtschaftskonjunkturbedingtheit gewisser Phasen der politischen und sozialen Entwicklung im deutschen Sprachgebiet während der Trendperiode von 1873–1896 nur als *ein* wichtiger Kausalfaktor beim Zusammenwirken vieler Ursachen, sowohl materieller wie ideeller, anzusehen ist.

Demgemäß steht die den langfristigen wirtschaftlichen Wechsellagen zugewiesene zentrale Stellung in weitgehendem Maße im Dienste eines *heuristischen* Pragmatismus. Sie hat die Funktion eines Koordinations- und Integrationsmittels und eines strukturierenden Richtungsweisers für Darstellungszwecke. Andererseits jedoch soll die reale *Kausal*bedeutung der Wirtschaftskonjunktur für die Einordnung und Erklärung politischer und sozialer Entwicklungstrends besonders herausgehoben und zur Diskussion gestellt werden. Damit wird der Nachdruck auf einen Aspekt der Forschungsproblematik gelegt, der m. E. bisher bei dem Studium der politischen und der Sozialgeschichte im mitteleuropäischen Raum des 19. Jahrhunderts viel zuwenig berücksichtigt worden ist.

Es läßt sich darüber streiten, ob es in Anbetracht des derzeitigen Forschungsstandes nicht verfrüht ist, gewisse Tendenzen der politischen und gesellschaftlichen Entwicklung Deutschmitteleuropas in ihrer Bedingtheit durch Konjunkturzyklen und lange Schwingungsphasen der gesamtwirtschaftlichen Marktlage überprüfen zu wollen. Denn mit den wirtschaftsgeschichtlichen und statistischen Wissensgrundlagen für eine derartige Untersuchung ist es noch immer kümmerlich bestellt. Es wirft ein zum Nachdenken anregendes Schlaglicht auf die Geschichte der deutschen Geschichtswissenschaft im 20. Jahrhundert, daß die Industrialisierung, d.h. das im Hinblick auf ihre universalen Ausstrahlungen wichtigste Thema der deutschen Geschichte des 19. Jahrhunderts, erst jetzt von den Historikern der „verspäteten Nation“ systematisch erforscht zu werden beginnt. Bei dieser Lage der Dinge wird man sich, und nicht etwa nur aus Raumgründen, bei der hier gestellten Aufgabe auf die skizzenhafte Andeutung großer Linien und auf einige, die Problematik veranschaulichende Beispiele beschränken müssen.

II.

Im Laufe der letzten Jahrzehnte ist es trotz mancher Vorbehalte üblich geworden, die auf die Aufschwungsperiode von 1849–73 folgende lange Abschwungsphase der Konjunktur von 1873–96 in der wirtschaftlichen Entwicklung Großbritanniens als das Zeitalter der „Great Depression", der „Großen Depression", zu bezeichnen[11]. Mit dieser Epochenbezeichnung soll nicht etwa eine Rückgangstendenz struktureller Art, sondern vielmehr lediglich der Richtungs-, bzw. Tempowechsel in den langfristigen Trends der Wirtschaftskonjunktur sowie der ihn begleitende psychologische Klimaumschlag angedeutet werden. Bei dem langwährenden, kurze Wechselspannen überlagernden Abschwung, der die Trendperiode von 1873–96 charakterisiert, handelt es sich weder um statistische Illusionen noch um theoretische Fiktionen oder bloße Hypothesen, sondern um einen vielfach freilich noch nicht ausreichend verifizierten wirtschaftsgeschichtlichen Tatbestand von internationalem Ausmaß. Denn in der historischen Wirklichkeit hat es eine Jahrzehnte dauernde „Große Depression" der Gesamtwirtschaftslage bei hochgradiger Differenzierung des Ablaufs in den Wirtschaftssektoren in England ebenso wie in den Vereinigten Staaten, im Deutschen Reich, in Österreich-Ungarn, Frankreich, Italien, aber auch in Rußland gegeben, trotz der sehr erheblichen Unterschiede in bezug auf die Datierung der Umbruchsjahre und die Intensität des ungleichmäßigen Preisverfalls und der Wachstumsraten im Volumen der wirtschaftlichen Tätigkeit[12]. Sicherlich würden sich im Gefolge weltwirtschaftlicher Konkunkturverflechtung auch noch in anderen industrialisierten und vorindustriellen Ländern ähnliche Entwicklungstendenzen nachweisen lassen.

Der Terminus „Große Depression" soll hier experimentierend zum erstenmal als Epochenbegriff auf die geschichtliche Entwicklung im mitteleuropäischen Raum unter besonderer Betonung der reichsdeutschen Verhältnisse angewandt werden. Zuvor ist es im Interesse vorläufiger Begriffserklärung jedoch ratsam, ein Blitzlicht auf das Konjunkturbarometer der internationalen Verkehrswirtschaft in der Trendperiode von 1873–1896 fallen zu lassen. In welchem Sinne ist es, wenn auch zunächst grob verallgemeinernd, gerechtfertigt, von ,,Großer Depression", einem beharrlichen Rückschlag in der Wirtschaftslage, überhaupt zu sprechen?

Trotz ungeheurer nationaler, regionaler und lokaler Unterschiede in den ökonomischen Struktur- und Marktverhältnissen und Verhaltensweisen zeigte die Wirtschaftsepoche von 1873–96 in ihren Entwicklungstendenzen, aber auch in manchen ihrer Besonderheiten einen bemerkenswerten Grad von Einheitlichkeit in den mit weltwirtschaftlichen Bewegungsvorgängen eng verflochtenen Volkswirtschaften[13]. Der wellenförmige Umschlag in den langfristigen Konjunkturtrends begann mit schweren Kreislaufstörungen. Ein dramatischer Börsenkrach, stürmische Paniken und höchst akute Produktions- und Absatzkrisen leiteten die „Große Depression" in einigen Ländern ein, so vor allem in Österreich, im deutschen Kaiserreich, in Italien und in den Vereinigten Staaten. Mildere zyklische Stockungs- und Niedergangsspannen eröffneten in England und erst recht in Frankreich den Umbruch. Nirgendwo in der industriellen Gesellschaft hatte die Abschwungsphase der langen Welle, die von ca. 1873–96 auf die lange Aufstiegs- und Hochschwungskurve von 1849–73 folgte, den Charakter einer kontinuierlichen Rückschritts- oder Stagnationstendenz auf der Mengenseite der Wirtschaft, geschweige denn einer Strukturkrise, abgesehen freilich von der europäischen Landwirtschaft.

Mit Ausnahme von ein paar zyklischen Tiefstandsjahren, die von Schrumpfungserscheinungen geplagt waren, gab es in der „Großen Depression" keine Unterbrechung des Wirtschaftswachstums. Vielmehr blieb der Aufwärtstrend im Erzeugungsvolumen, den Handelsumsätzen, dem Güterverbrauch und dem Sozialprodukt ungebrochen. Allerdings verminderte sich im allgemeinen die Wachstumsrate der Gesamtwirtschaft und der Kapitalinvestitionen und erreichte nicht den Jahresdurchschnitt der langen Prosperitätsperioden von 1849–73 und 1897–1914[14]. Lediglich in dem bereits hochindustrialisierten, scheinbar alt werdenden, in Wirklichkeit jedoch durchaus verjüngungsfähig bleibenden England setzte sich auch in dem Zeitraum von 1897–1914 der Niedergang der Wachstumsrate weiter fort.

Jedes anständige Lehrbuch der modernen Wirtschaftsgeschichte zeigt, daß auch in der hier „Große Depression" genannten Trendperiode die Betriebsleistung und Arbeitsproduktivität, namentlich in der Industrie, beachtlich zunahmen, daß schöpferische Neuerungen in den Geschäftsmethoden eingeführt und große technologische und organisatorische Fortschritte erzielt wurden. Blickt man unter rein quantitativen Gesichtspunkten auf die Bewegung der gesamtwirtschaftlichen Aktivität, so bedeutet die „Große Depression" jedenfalls keinen Verfalls- und Schrumpfungsprozeß, meist nicht einmal ein Stagnieren des Wachstums, sondern lediglich eine Verlangsamung der Aufwärtsbewegung.

Damit eröffnet sich der Ausblick auf einen zweiten, weniger präzis faßbaren, jedoch sehr realen Trend, der auf „Große Depression" in der objektiven Wirtschaftslage wie im subjektiven Bewußtsein der Zeit hindeutet. Nicht nur verlangsamte sich in West- und Mitteleuropa der materielle Fortschritt, er erforderte auch erhöhte Anstrengungen und ein besonderes Maß an Umstellungsfähigkeit, Einfallsreichtum und schöpferischer Energie. Im Gegensatz zu den florierenden Hochschwungszeiten von 1849–73 und 1897–1914, in denen das Leben namentlich für Unternehmer und Investoren so viel leichter, aussichtsreicher und gesicherter war, vollzog sich während der langen Abschwungsphase der Konjunktur von 1873–96 der Weiteranstieg unter ungünstigeren Bedingungen, erschwerten Absatzverhältnissen, häufigen Bedrohungen, großen Risiken und angesichts schwerer Hemmungen und Rückschläge. Diesem langfristig wirksamen Tatbestand entsprach ein recht weitgehender Umschwung in der psychischen Bewußtseinslage und den Reaktionsweisen: ein vorwiegend sorgenvoll und pessimistisch gestimmter, zu ständiger Klage neigender Wirtschaftsgeist; eine Steigerung nunmehr chronisch und massenhaft werdender sozialer Unzufriedenheit und Unruhe; eine Zunahme der ideologischen Dynamik und Aggressivität; ein mit der erschwerten Steigerung der nationalen Realeinkommen verknüpfter, unablässiger, oft hitzig werdender und vielfach mit politischen Mitteln ausgefochtener

Streit über ihre Verteilung. Hier stößt man auf einen nicht leicht entwirrbaren Anpassungsprozeß, der, wie es scheint, nicht nur zu den Auswirkungen, sondern auch zu den mannigfachen, in dieser Studie unerörtert bleibenden Ursachen der „Großen Depression" gehört. Vielleicht darf man im Vorbeigehen die Hypothese wagen, daß wenn in jener Zeit weniger Menschen in strategischen Positionen „deprimiert" oder „exaltiert" gewesen wären, so wäre auch der konjunkturelle Abschwungstrend etwas weniger akzentuiert worden.

Daß in der Wirtschaftsepoche von 1873–96, im Gegensatz zu ihrem unmittelbaren Vorgänger und Nachfolger in der Geschichte der langen Schwingungen der Konjunktur, die „mageren Jahre" über die „fetten" die Oberhand gewannen und den Trend kennzeichneten, kam am sichtbarsten in der Abwärtsbewegung auf der Wertseite der Wirtschaft zum Ausdruck. Zweifellos war das Vierteljahrhundert von ca. 1873–96 ein Zeitalter langer Depression in dem Sinne, daß es überschattet wurde von einer radikalen, wenn auch sehr differenzierten internationalen Preisdeflation. Der Verfall des Preisniveaus war viel markierter, kontinuierlicher und intensiver als etwa die auf wenige akute zyklische Niedergangsjahre beschränkte Senkung im Erzeugungsvolumen und Realeinkommen pro Kopf der Bevölkerung. Namentlich im Industriesektor war die Entwicklung durch eine Scherenbewegung gekennzeichnet. Während in bezug auf die Menge der Industrieerzeugung der Trend völlig unzweideutig, wenn auch häufig verbunden mit einer Verminderung der Zuwachsrate weiter nach aufwärts ging, fiel gleichzeitig der „Wert", d. h. der Preis der hergestellten Waren. Besonders der Preisdruck und die im Jahresdurchschnitt stark reduzierte Rentabilität der Unternehmungen gaben der Trendperiode von 1873–96 den Stempel einer „Großen Depression".

Auch die Entwicklung Deutschlands, der wir uns nunmehr zuwenden wollen, stand in dieser Epoche im Schatten der langen Abschwungsphase der Konjunktur. Im Deutschen Reich bestand die qualitative wirtschaftsgeschichtliche Bedeutung der Großen Depression vor allem in der Konsolidierung und Vertiefung der industriellen Revolution, die trotz der seit Ende des 18. Jahrhunderts sichtbar werdenden Ansätze zur Industrialisierung erst in der Zeit von 1849–73, also während der stürmischen Aufschwungsphase der zweiten langen Konjunkturwelle des 19. Jahrhunderts, zum Durchbruch gekommen war. Erst in jenem Zeitraum gelang es der deutschen Nation, die entscheidende, die wirklich revolutionierende Epochenwende in der Strukturgeschichte des Wirtschaftswachstums (Übergang zu permanenter „Entwicklung" und Steigerung des Realeinkommens per capita) zu erreichen, während gleichzeitig bezeichnenderweise die so viel weniger dauerhafte, so viel oberflächlichere, wenn auch dramatischere Revolutionierung der politischen Ordnungen und Herrschaftsverhältnisse durch die Bismarcksche Reichsgründung ihren Ablauf nahm, ehe sie während der Großen Depression einem Erstarrungsprozeß Platz machte.

Nicht nur für die Konjunktur-, gerade auch für die Strukturentwicklung der deutschen Volkswirtschaft erweist sich das Vierteljahrhundert der Großen Depression als eine historisch wichtige Epocheneinheit. Darin liegt ja überhaupt der zentrale Unterschied in der historischen Funktion und Bedeutung der langen Schwingungen der Konjunktur, daß sie in der ökonomisch unterentwickelten, vorindustriellen, im Gegensatz zu der entwickelten, industriellen Gesellschaft auf den Wachstumsprozeß und die Struktur der Wirtschaft noch nicht *revolutionierend* einzuwirken vermochten. Im Deutschen Reich hatte in der Zeit von 1873–96 der quantitativ so differenzierte Prozeß der Verlangsamung des Wirtschaftswachstums, namentlich im Bereich der Sachgütererzeugung, dauerhafte qualitative Schwergewichtsverlagerungen und damit strukturelle Relationsverschiebungen im Gefolge, die das Gefüge des Gesamtwirtschaft grundlegend veränderten. Im Vergleich mit dem Aufwärtstrend in der Industrieerzeugung ging es mit der Landwirtschaft im Zeitalter der Großen Depression relativ bergab. Weder Schrumpfung noch reales Wachstum, sondern Stagnation war in dieser Zeit die zentrale Entwicklungstendenz in der Agrarwirtschaft. Insbesondere das Volumen der Bodenproduktion blieb pro Kopf der Bevölkerung, die im Verlaufe der Trendperiode von 1873–96 von 41,5 auf 52,7 Millionen anstieg, so gut wie unverändert[15]. Aber auch wertmäßig geriet die landwirtschaftliche Produktion gegenüber der Industrie ins Hintertreffen, von der sie im Verlauf der 1880er Jahre rasch überflügelt wurde. Bereits 1890 betrug der Wert der Industrieerzeugung (ohne Handwerk) 6,9 Milliarden Mark, der der Landwirtschaft 5,1 Milliarden[16]. Für die Entwicklung der Agrarwirtschaft bedeutete daher die Große Depression nicht nur vorübergehenden Wachstumsstillstand, sondern den dauernden Verlust der Primatstellung in der Gesamtwirtschaft.

Vergleichsweise wirkte sich der lange Abschwung der Konjunktur für die fortschreitende Industrialisierung viel weniger lähmend aus. Jedoch sank nach den Berechnungen von R. Wagenführ, die auf Genauigkeit keinen Anspruch machen können, wohl aber den Trend erkennen lassen, in der Zeit von 1872–90 die jährliche Zuwachsrate der Gesamtindustrieerzeugung auf 3 % (1866–72 und 1890–1913 war sie 4–5 %)[17]. Im Verhältnis zu der stark beschleunigten Bevölkerungsbewegung war die Expansion der Industriewirtschaft weniger befriedigend und erwies sich die Trendperiode von 1873–96 in der Tat als eine lange Depression. Auf der Basis des Gebietsstandes des Deutschen Reiches von 1913 wuchs während des langen Konjunkturaufschwungs von 1851–73 die Bevölkerung um 17 %, während des Abschwungs von 1873–96 dagegen um 27 % und erhöhte sich um den gleichen Prozentsatz im Verlaufe der kürzeren Hochschwungsperiode von 1897–1914[18]. Hierbei ist noch zu berücksichtigen, daß die überseeische deutsche Auswanderung, die während der schweren zyklischen Stockungs- und Niedergangsjahre von 1874–79 radikal abgesunken war, in der kurzen Zeitspanne von 1880–93 eine Höhe von 1,9 Millionen Menschen erreichte[19]. Charakteristisch für die Hochkonjunkturperiode von 1897–1914 dagegen war der tiefe Abschwung in der Auswanderungsbewegung und das starke Anschwellen der Ost-West-Binnenwanderung.

Bezeichnenderweise vollzog sich die Steigerung der Verbrauchsgütererzeugung im Schatten der Großen Depression langsamer als die der Produktionsgüterindustrien[20]. Trotz höherer Wachstumsrate erreichte jedoch der Erzeugungsumfang der letzteren erst im Verlaufe der Aufschwungsphase von 1897–1914 die den Übergang zur Hochindustrialisierung ankündigende strategische Spitzenstellung in der Struktur der deutschen Volkswirtschaft.

Von der relativen Bedeutung der langen wirtschaftlichen Wechsellagen für die deutsche Entwicklung im 19. Jahrhundert und insbesondere von den mengenmäßigen

Dimensionen des Konjunkturrückschlags von 1873–96 läßt sich eine klare Vorstellung gewinnen, wenn man einen Blick auf die langen Schwingungen der Kapitalbildung wirft. Das stark verlangsamte Wachstum der nominalen und der realen Investitionen in der Privatwirtschaft (pro Kopf der Bevölkerung) war eines der Wesensmerkmale der Großen Depression.

Allein in den drei „Gründerjahren" 1871–73 wurde im Deutschen Reich ein Kapital von 2,9 Milliarden Mark in neugegründeten Aktiengesellschaften investiert, d. h. eine halbe Milliarde mehr als in den zwanzig Jahren von 1851–70. Somit ergibt sich für die Trendperiode von 1849–73, das Zeitalter der Industrierevolution in Deutschland, ein Gesamtbetrag von etwa 5,5 Milliarden. Nahezu die gleiche Kapitalmenge, nämlich 5,2 Milliarden, wurde in neugegründeten Unternehmungen dieser Art während der langen Aufschwungsperiode von 1897–1914 investiert, die in der deutschen Wirtschaftsgeschichte durch den Sieg der Hochindustrialisierung besonders bedeutsam ist. Demgegenüber stand ein Gesamtbetrag von nur 2,9 Milliarden, der während des langen Konjunkturabschwungs von 1874–96 in Aktienkapital verwandelt wurde, eine nicht sehr eindrucksvolle Summe, wenn man bedenkt, daß allein die preußische Staatsschuld in dem Jahrzehnt von 1880–90 um 3,9 Milliarden anstieg[21]. Selbst wenn man den langfristigen Preisrückgang berücksichtigt, bleibt ein recht weitgehendes Absinken der Zuwachsrate der Kapitalvermehrung in der Privatwirtschaft ein bezeichnendes Merkmal der Großen Depression. Unter den vielfach ängstlich, vorsichtig und spekulationsscheu gewordenen Spargeldbesitzern, den großen und den kleinen, war in dieser Zeit des Abflauens der Unternehmungslust im Inland kein Mangel an Elementen, die es vorzogen, ihre flüssigen Mittel in festverzinslichen heimischen Staatspapieren oder Auslandseffekten anzulegen.

Der Trendrichtung nach gleich, aber verschieden im Intensitätsgrad verlief der lange Aufschwung in der Bewegung der unverteilten, wohl meist zu Investitionszwecken verwandten Einkommen der Kapitalgesellschaften. Sie betrugen 1870–73 (eine diesbezügliche Zahlenreihe für die Trendperiode von 1849–73 liegt nicht vor) 426 Millionen Mark, 1874–96 2746 und 1897–1913 6917 Millionen, also im Jahresdurchschnitt dieser in der Länge wie im Gesamtumfang der Kapitalausstattung so ungleichen Schwingungsphasen 142, 125 und 432 Millionen Mark[22].

Während auf der Mengenseite der Gesamtwirtschaft die Konjunkturlage der Großen Depression durch eine moderierte Aufwärtsbewegung, durch verlangsamten und vielfach erschwerten Fortschritt gekennzeichnet war, stand die Bewegung der Werte unzweideutig im Zeichen eines langwährenden Preisrückgangs. Der deflationistische Preistrend, der von sehr differenzierten Verschiebungen im Preisgefüge begleitet war, wirkte sich im großen und ganzen finanziell nachteilig für Marktproduzenten, Effektenbesitzer, langfristig Verschuldete und Arbeitgeber, hingegen vorteilhaft für Verbraucher, zahlreiche Gläubiger und das Gros der Arbeitnehmer aus. So war z. B. für die Beamtenschaft und die Offiziere wie für alle gegen Arbeitslosigkeit und Kurzarbeit gesicherten Empfänger von festen Bezügen die Große Depression überhaupt keine Depression, sondern vielmehr ein Zeitalter steigender Prosperität. Denn mit der Kaufkraft ihrer Einkommen ging es nach oben, da die Lebenshaltungskosten, wenn auch bei weitem nicht in dem Maße wie die Großhandelspreise, sanken. Gerade durch ihre gesellschaftlich so ungleich verteilten Auswirkungen, auch der den Geldbeutel berührenden, wird das Studium der Wirtschaftsschwankungen für den Sozialhistoriker überhaupt erst interessant, gewissermaßen aber auch tröstlich für den Sozialethiker, liegt doch eine Art von ausgleichender Gerechtigkeit in dem rhythmischen Auf und Ab der kurzen Wechsellagen und in den langen Schwingungen der Konjunktur. Im Laufe eines normalen menschlichen Lebens kommt sozusagen jeder „mal daran", im positiven wie im negativen Sinne.

Die Senkung des allgemeinen Warenpreisniveaus um etwa ein Drittel und die Festlegung langfristiger monetärer Konjunkturtendenzen vollzog sich in geradezu explosiver Weise innerhalb weniger Jahre. Der Abstieg begann 1874 in einem bis 1879 ununterbrochenen, steilen Verfall, dem von 1880–96 ein in mäßigen Grenzen sich hin und her bewegendes Schwanken auf niedrigem Niveau folgte. Der Index der Großhandelspreise (1913 = 100), der 1873 118 betragen hatte, ging bis 1879 auf 79 hinunter und fluktuierte in der Zeit von 1880–96 zwischen 87 als Höhe- und 70 als Tiefpunkt. Für die gesamte Trendperiode von 1873–96 und insbesondere für die Umbruchsjahre von 1873–79, die auch für die politische Umgruppierung und Verschiebung der sozialen Fronten so entscheidend waren, erwies sich der sinkende Preistrend als ein freilich sehr differenzierter Entwicklungsfaktor. So fielen z.B. die Großhandelspreise der landwirtschaftlichen Erzeugnisse in diesen Jahren des Richtungswechsels von 95 auf 77, die der Industriestoffe im allgemeinen von 136 auf 77. Am katastrophalsten war der Preissturz der Steinkohle und des Eisens, die von 116 auf 49, bzw. von 181 auf 76 hinuntergingen und damit noch weiter in die Tiefe glitten, als sie in den vorangegangenen Haussejahren gestiegen waren[23].

Die für die Depressionsperiode von 1873–96 charakteristische Senkung des Warenpreisniveaus wurde von einer langfristigen Abwärtsbewegung der Kapitalverzinsung und der verteilten Gewinne der Aktiengesellschaften begleitet. Typisch für den Konjunkturtrend waren mäßige Dividenden und relativ bescheidene Aktienrenditen. Der durchschnittliche Prozentsatz der ausgeschütteten Dividenden per annum, der in den hektischen Gründerjahren 1870–72 eine Höhe von 12,49 erreicht hatte, belief sich auf 7,08 während des langen Abschwungs von 1873–96, stieg jedoch auf ein Durchschnittsniveau von 9,83 in der langen Hochkonjunkturperiode von 1897–1913 an. Weniger weit in der Schwingung, jedoch unzweideutig im Trend war das Auf und Ab in der Bewegung der Rendite der Aktien, deren Höhe durch das jeweilige Kursniveau v.H. und die p.a. gezahlte Dividende bestimmt wurde. Die Rendite betrug im Durchschnitt der Jahre 1870–72 8,64 %, 1873–96 5,03 % und 1897–1913 5,97 %[24].

Der Rückgang im Volumen und in der Rentabilität der Kapitalinvestitionen war ein unzweideutiger Indikator, daß für die Großbetriebe der Privatwirtschaft der lange Abschwung von 1873–96 eine Kette meist magerer Jahre bedeutete[25]. Das Gegenstück zur langfristigen Flaute auf dem Aktienmarkt war die Belebung des Obligationenmarktes, das stark beschleunigte mengenmäßige Wachstum, die Kursaufwertung und Realzinsabwertung der festverzinslichen Wertpapiere, eine Entwicklung, die eine allmähliche Senkung auch des Nominalzinssatzes im Gefolge hatte[26]. Die Große Depression war eine Trendperiode sinkenden Zinsfußes und insbesondere für die öffentliche Hand eine Ära billiger, leicht placierbarer Anleihen, was den Staatskapitalismus verstärkte, das autoritäre Regieren leichter machte und den Einfluß der Parlamente schwächte. Aber auch für die Privatwirtschaft waren nach der großen Reinigungs- und Wachstumskrise von 1873–79 die auf dem Geld- und Kapitalmarkt vorherrschenden Tendenzen, das sich ansammelnde, risikoscheue Sparkapital, die stark gesteigerte Geldflüssigkeit der Banken und die mit ihr einsetzende Zinssenkung, nicht ohne Gewinn. Der Marktdiskontsatz, der im Jahresdurchschnitt der beiden Prosperitätsperioden beschleunigter Wirtschaftsexpansion von 1849–73 und 1897–1913 4,8 bzw. 4,5 % betrug, belief sich auf 3,9 % in dem Zwischenzeitalter verlangsamten und erschwerten Wirtschaftswachstums[27]. Die Verbilligung des Kredits, des kurz- wie des langfristigen, verstärkte, namentlich in der Industrie, den auf Rentabilitätssteigerung durch Kostensenkung und Rationalisierungsmaßnahmen ausgerichteten Trend.

Für die Einkommensverhältnisse der Lohnarbeiterschaft bedeutete das Depressionszeitalter von 1873–96 eine vorwiegend günstige Konjunkturlage, zugleich aber auch eine große Strukturwende. Denn seit Beginn der 1880er Jahre war die Entwicklung der Löhne im Vergleich mit den anderen wichtigen Variablen, deren oszillierende Bewegung nach wie vor das rhythmische Auf und Ab zyklischer Wechsellagen von relativ kurzer Dauer sowie die langen Schwingungen der Konjunktur widerspiegelte, durch eine dauerhafte Sonderstellung im Preisgefüge der Wirtschaft gekennzeichnet. Seit der für die deutsche Sozial- und Wirtschaftsgeschichte so bedeutsamen Konjunkturepoche von 1873–96 folgte die Bewegung der Nominal- wie der Reallöhne (und der aus der Sozialgesetzgebung erwachsenden materiellen Zugaben) einem säkularen, beharrlich nach aufwärts gerichteten *Struktur*trend, der nicht nur die kurzen Wirtschaftskreisläufe, sondern auch die in der Richtung wechselnden langfristigen Konjunkturtrends überlagerte.

Lediglich während der zyklischen Stockungs- und Niedergangsjahre nach 1873, als die Großhandelspreise um ein Drittel sanken und die Aktienwerte der Kapitalgesellschaften, soweit dieselben in den akuten Krisenjahren der Liquidation zu entgehen vermochten, halbiert wurden, fielen auch die Löhne erheblich, und zwar „nur" um etwa 20 %. Die in der Industrie gezahlten durchschnittlichen Wochengeldlöhne, die bis 1874 zunächst noch weiter anstiegen, sanken in den Jahren 1874–79 von 65 auf 53 (1913 = 100). 1880 begann der ununterbrochen bleibende Wiederanstieg, der 1896 ein Durchschnittsniveau von 68 erreichte. Die Realwochenlöhne (1913= 100), die im Durchschnitt der Haussejahre 1871–73 77 betrugen, schnellten im zyklischen Niedergangsjahr 1875 auf 84 empor, sanken und stiegen erratisch in den unmittelbar folgenden Jahren, bis sie 1880 und 1881 ihren Tiefpunkt mit 70 erreichten[28]. Während der Umbruchsspanne vom langen Aufschwung zum langen Abschwung war mit den Lohnschwankungen ein starkes Anschwellen der Arbeitslosigkeit verbunden, die seitdem jedoch, abgesehen von ein paar vereinzelten zyklischen Tiefstandsjahren wie 1891–92 und 1901, kein drückendes Problem im Kaiserreich gewesen zu sein scheint.

Sozialgeschichtlich gesehen gehört es zweifellos zu den bedeutendsten Errungenschaften der Großen Depression, daß sie von einer geradezu revolutionierenden Erhöhung des Reallohnniveaus begleitet war. Keine Trendperiode des 19. Jahrhunderts hat in bezug auf die Zuwachsrate des Realeinkommens für die Arbeiterklassen einen so eindrucksvollen Fortschritt bedeutet wie die sogenannte Große Depression. (Im

Gegensatz zum wissenschaftlichen Sprachgebrauch verbindet sich in der Popularliteratur und im Volksbewußtsein mit dem Ausdruck „Depression" per se die meist irrige Vorstellung eines absoluten Niedergangs des Volkseinkommens und einer wesentlichen Verschlechterung des materiellen Lebensstandards der großen Masse.) Während die Warenpreise, die Unternehmergewinne und die Kapitalverzinsung sanken, stiegen die Nominallöhne und erst recht die Reallöhne. In England bescherten die 1870er und 1880er Jahre der Arbeiterschaft ihren großen Gewinn, im deutschen Kaiserreich waren es die 1880er und 1890er Jahre[29]. Hinkte in Deutschland während der akuten Wirtschaftskrise der 1870er Jahre die Abwärtsbewegung der Reallöhne ein wenig hinter den Nominallöhnen einher, so drehte sich zu Beginn der 1880er Jahre das Verhältnis um. Nunmehr ging es mit den Reallöhnen schnell und steil nach oben, denn in dem Zeitraum 1881–96 stiegen sie von 70 auf 94, also um etwa 35 %. Demgegenüber zeigte in der durch steigende Warenpreise und Unternehmergewinne und beschleunigtes Wachstum der Gütererzeugung und produktiven Investitionen gekennzeichneten Prosperitätsperiode von 1897–1913 die Bewegung der Reallöhne ein nur geringen Schwankungen unterworfenes Stagnieren, mit einer schwachen Aufwärtstendenz, im Gegensatz zu den mehr dynamischen Nominallöhnen, die von 1897–1904 um 13 % und von 1905–10 um 25 % zunahmen.

Die nahezu frappierende Steigerung des Niveaus der Realwochenlöhne verliert etwas an historischer Bedeutsamkeit, wenn man eine Reihe von Faktoren berücksichtigt. Die bisher angestellten Untersuchungen über die Kaufkraft der Nominallöhne beruhen auf fragwürdigen Kalkulationsmethoden, da über die Bewegung der Kleinhandelspreise und der Wohnungsmieten wenig bekannt ist und die Indexzahlen der Lebenshaltungskosten meist an Hand der Großhandelspreise errechnet worden sind. Aber selbst wenn die vorliegenden Meßziffern der Realwochenlöhne einigermaßen dem historischen Tatbestand entsprechen sollten, so sagen sie doch nichts über das durchschnittliche Realjahreseinkommen aus. Die Geschichte der Arbeitslosigkeit und der Kurzarbeit im deutschen Kaiserreich ist noch völlig unerforscht. Zudem bedeutet die zweifellose, wenn auch im Ausmaß ungewisse Steigerung des durchschnittlichen Realeinkommens der sehr differenzierten Lohnarbeiterklasse noch nicht, daß bereits mit der Trendperiode von 1873–96 das Zeitalter der Massenarmut (wohl aber das des „Pauperismus") sein Ende fand. Nach den Schätzungen von W. G. Hoffmann betrug das Nominaleinkommen pro Kopf der Bevölkerung im Durchschnitt der Jahre 1871/75 364 Mark, 1891/95 445 Mark und 1896/1900 497 Mark und das wahrscheinlich zu hoch angesetzte Realeinkommen (auf der Basis des Preisindex 1913 = 100) in den gleichen Zeitabschnitten 352, bzw. 555 und 626 Mark[30].

Wie es auch mit der Zuverlässigkeit dieser für die Bestimmung des Trends immerhin ausreichenden Schätzungen im einzelnen stehen mag, sicherlich haben sich in der Großen Depression die Reallohnsätze, geschweige denn das durchschnittliche Jahreseinkommen des Industrieproletariats, nicht im Verhältnis zur Zunahme der Arbeitsproduktivität erhöht. Nach den Berechnungen von R. Wagenführ ist im Gefolge der steigenden Qualifikation der Arbeitskräfte, der Intensivierung des Arbeitsprozesses und der verbesserten technischen Ausrüstung der Betriebe die Erzeugung je Arbeiter von 1875–96 um 54 % gestiegen[31]. Anders lagen die Dinge in der Landwirtschaft, wo in dieser Trendperiode trotz stagnierender Produktivität der Bodenerzeugung das Realeinkommen der Geldlohnempfänger, wohl kaum das der Insten, sich sehr wesentlich gehoben hat[32]. In bezug auf die absolute Höhe des Einkommens blieben die Landarbeiter hinter den Industriearbeitern zurück. Zu Beginn der 1890er Jahre wurde das durchschnittliche Nominaljahreseinkommen der letzteren auf 600 M., das der ersteren auf 500 M. geschätzt. Im Verhältnis zur Bewegung der Arbeitsproduktivität jedoch ging die Reallohnerhöhung der Landarbeiter viel weiter als die der Industriearbeiter. Dementsprechend war im Zeitalter der Großen Depression der Trend in der Entwicklung der Betriebskosten und Reineinkommen für die meist hoch verschuldeten landwirtschaftlichen Unternehmer drückender und bedrohlicher als für die Industrieunternehmer.

Wie nun auch das Verhältnis von Geldlohn-, Reallohn- und relativem Lohneinkommen (relativ zur Arbeitsproduktivität) sich gestaltet haben mag, im Alltagsleben wurden die materielle Selbsteinschätzung und ihr Vergleichsmaßstab nicht durch die Real-, sondern die Nominaleinkünfte bestimmt. Für die Arbeiterpsychologie in jener Zeit waren der tatsächliche Inhalt der Lohntüte, die lokalen Kleinhandelspreise und das Meckern der Hausfrauen, nicht ein generalisierender, abstrakter Lebenshaltungs- und Reallohnindex entscheidend. Im Hinblick auf den objektiven wirtschaftlichen Tatbestand, die Aufwärtsbewegung des durchschnittlichen Nominal- und erst recht des Realeinkommens, gehörte das Gros des Proletariats, zumindestens nach 1880, zweifellos nicht zu den Leidtragenden, sondern zu den Nutznießern der langen Abwärtsschwingung der Konjunktur und der für sie charakteristischen Relationsverschiebung in der Klassenverteilung des Nationaleinkommens.

Der Befestigung der ökonomischen Lebenschancen entsprach, wie noch näher auszuführen sein wird, ein stark sich regender Drang nach Verbesserung auch der politischen und gesellschaftlichen Stellung in der Nation. Die Unzufriedenheit und das Verlangen nach Aufwertung wuchsen in den „unteren" Schichten, nicht weil es den Leuten materiell schlechter, sondern weil es ihnen besser und mit ihnen nach oben ging. Die endgültige Lösung der Magenfrage, der um die Mitte des 19. Jahrhunderts zum Durchbruch gelangende Rückgang der Unterernährung und ihr allmähliches Verschwinden als Massenphänomen in Stadt und Land im Zeitalter der Großen Depression schuf die elementaren physiologischen Voraussetzungen für das Ansammeln von physischen, geistigen und psychischen Energiereserven, so daß die Arbeiterschaft sich nunmehr den Luxus aktiver Beteiligung am öffentlichen Leben als Dauerzustand erlauben konnte.

Der lange Konjunkturabschwung von 1873–96 war nicht nur ein ökonomisches, sondern auch ein psychologisches Phänomen. Es ist bezeichnend für das wirtschaftliche Zeitbewußtsein dieser Depressionsepoche und für die vorwiegend mißtrauische, pessimistische oder gar angsterfüllte Einschätzung der Marktentwicklung durch die Mitlebenden, daß auch nach dem Abflauen ausgesprochener Panik- und Krisenstimmung, wie sie in den Jahren 1873–79 vorgeherrscht hatte, vor allem in Produzenten-, Investoren- und Kaufmannskreisen bis gegen Ende des Jahrhunderts das Gefühl vorherrschte, „in einer Flaute", im Ungewissen, in ständiger Spannung und Bedrohung, in einer Großen Depression zu leben. Ein nahezu chronisches, zu starken Übertreibungen neigendes Klagen und Stöhnen über die kurzen Aufschwünge und die langen Stockungs- und Niedergangsspannen, die „geschäftliche Lähmung“, den „jämmerlichen Zustand des Handels“, die „ewige Notlage“, die „Flaute und entmutigende Eintönigkeit“ und die „unverschämten Arbeiter“ war nicht nur für die Kleingewerbetreibenden und die Landwirte, die großen wie die kleinen, typisch, sondern vielfach auch für die zu Selbstmitleid neigenden industriellen Großproduzenten, die sich selbst in zyklischen Aufschwungsjahren über die „gewinnlose Prosperität“ beschwerten. Zahlreiche Unternehmer und Investoren fanden in der fortschreitenden Erhöhung des Erzeugungsumfangs nur einen schwachen Trost. In der Tat ist das bloße Anwachsen des Produktions- und Handelsvolumens noch kein Barometer günstiger Konjunktur. Vielmehr kann je nach der Marktlage die Steigerung von Erzeugung und Umsatz auch ein Zeichen der Depression sein. Eine Erweiterung des Geschäftsumfangs kann die Reaktion auf einen Wettbewerb sein, der den Charakter der Schleuderkonkurrenz angenommen hat. Sie kann ein Mittel sein, um das Fallen der Preise und den Niedergang der Unternehmergewinnspannen zu kompensieren oder um dem Bankerott zu entgehen. In diesem Sinne ist im Zeitalter der Großen Depression das Wachstum von Erzeugung und Umsatz vielfach von der unzufriedenen und enttäuschten Geschäftswelt als ein Anzeichen wirtschaftlicher Notlage interpretiert worden, eine Diagnose, die von „mitfühlenden“ Wirtschaftsjournalisten, Nationalökonomen und Verwaltungsbürokraten bestätigt wurde. Darüber hinaus jedoch konnte der lange Abschwung der Konjunktur im Denken und Empfinden und in den Verhaltensweisen der Menschen auch zum Phantom, zu einem Schreckgespenst, zu einem „Komplex“ werden, der in der Tat zahlreiche Zeitgenossen hypnotisierte und verwirrte und in ihren Köpfen die Große Depression eine axiomatische Eigenexistenz annehmen ließ, die mit den ökonomischen Realitäten und ihren tatsächlichen gesellschaftlichen Auswirkungen nur noch wenig oder nichts zu tun hatte.

Mit der Charakterisierung der Entwicklung von 1873–96 als einer Depressionsepoche werden lediglich die langfristigen Konjunktur*trends* erfaßt. Hierbei ist im Auge zu behalten, daß in Wirklichkeit der lange Abschwung von 1873–96 zwei Phasen durchlief, die den zyklischen modus operandi des Wirtschaftsablaufs, das rhythmische Auf und Ab der kürzeren Wechsellagen, in der Zeit überlagerten und in der Wirkung ergänzten. Wie in Deutschland die konjunkturelle Trendperiode von 1815–17 bis zu den Revolutionsjahren 1848–49, einer Depressionsepoche, zwei Hauptphasen hatte: eine Preissturz-, Niedergangs- und Stagnationsphase bis etwa 1833–34 (die gleichzeitige, für den Wandel der Marktstruktur so wichtige Gründung des Zollvereins wird in ihrer Kausalbedeutung für die Prägung der Wirtschaftskonjunkturtendenzen von 1834–49 meist überschätzt) und danach eine relativ lange Erholungs- und Anstiegsphase, so war es auch mit der Großen Depression von 1873–96. Bis zur Mitte der 1880er Jahre stand der lange Abschwung im Zeichen der Krise und der Stockung. Danach setzte der von kurzen zyklischen Rückschlägen gestörte lange Wiederanstieg ein, wie er z.B. deutlich in der Erholung der Warenpreise und Aktienkurse und der Wiederbelebung der produktiven Kapitalinvestitionen zum Ausdruck kam, ohne freilich das Durchschnittsniveau der vorangegangenen langen Prosperitätsperiode von 1849–73 zu erreichen. Berücksichtigt man bei der Bestimmung der Konjunktur der Trendperiode von 1873–96 die kurzen Wirtschaftskreisläufe, so ergeben sich für das Deutsche Reich drei zyklische Depressionen (1873–79, 1882–86, 1890–94), zwei eingeschobene Anstiege (1879–82, 1886–1889) und seit Ende 1894 der Beginn eines dritten Aufschwungs[33]. Nach den Berechnungen von Spiethoff gab es während der Großen Depression insgesamt nur zwei zyklische Hochschwungsjahre (1889 und 1896), während der langen Prosperitätsepochen von 1849–73 und 1897–1913 dagegen jeweils zehn[34].

III.

Seit der Mitte des 19. Jahrhunderts entwickelte sich in Mitteleuropa ein wechselseitiger, hochinteressanter Kausal-, Funktions- und Sinnzusammenhang zwischen den langen Wechsellagen der Wirtschaft und den langfristigen Trends der politischen Struktur- und Konjunkturentwicklung[35]. Die Problematik dieser trotz der ungeheuren Literatur über „Das Zeitalter Bismarcks" noch wenig geklärten Korrelation war naturgemäß mit den gleichzeitig verlaufenden Wandlungen in der numerischen Stärke und Personalzusammensetzung, den Charakter- und Statusmerkmalen, Interessen und der Mentalität der Gesellschaftsklassen, ihrer Aktionsrolle im öffentlichen Leben und der daraus resultierenden Verlagerung ihrer Wechselbeziehungen verkettet.

Dieses große Thema soll hier unter Ausrichtung auf einen Teilaspekt zur Diskussion gestellt werden, indem die Aufmerksamkeit auf die Einwirkung der Wirtschaftskonjunktur auf die Wesensveränderung in der Struktur und Funktion des Parteiwesens, auf die Einfluß- und Lautstärkeverschiebung der politischen Parteien und auf die Neuorientierung der Regierungspolitik gelenkt wird. Gewisse verallgemeinernde Beobachtungen und Thesen, die sich aus dem Studium dieses begrenzten Erkenntnisobjektes ergeben haben, sollen durch Konzentration auf die für die historische Tendenzgestaltung so entscheidende politische Krise von 1878/79 und ihre sozialpolitischen Auswirkungen etwas ausführlicher behandelt und konkret veranschaulicht werden.

Im Zeitalter der Großen Depression lieferte das zyklischen Schwankungen unterworfene Weiterwachsen der industriellen Gütererzeugung und Handelsumsätze eine Art von Ausgleich für den Preisverfall und Rückgang der Gewinnspannen. Der Zusammenbruch des hohen Preisniveaus, die Verschiebung der Preisrelationen, die Neuverteilung des Nationaleinkommens und der Kaufkraft unter die Erwerbsklassen, die Instabilität der Konjunktur und der sich verschärfende Unterbietungswettbewerb auf dem Binnen- und Exportmarkt dienten als Antriebsmomente für umsichtige Unternehmer, die die positiven technisch-ökonomischen Möglichkeiten der Zeit erkannten, indem sie die Devise „Großer Umsatz, kleiner Nutzen" zum praktischen Geschäftsprinzip zu erheben vermochten. Die Steigerung des Massenverbrauchs, der fortab zu einem maßgebenden Faktor für die Kalkulation von Erzeugung, Absatz und Rentabilität wurde, markierte den Durchbruch eines säkularen, strukturellen Entwicklungstrends in der Marktwirtschaft. Ihr entsprach im öffentlichen Leben der Eintritt „der Masse" in die Politik, ein Prozeß, der allmählich für die politische Kalkulation und Buchführung zentrale Bedeutung gewann.

Es gehört mit zu der sozialgeschichtlichen Bedeutsamkeit der qualitativen und quantitativen Veränderung der Struktur des Absatzmarktes, daß damit die Ungleichheiten in den Verbrauchergewohnheiten verringert wurden, was einen nivellierenden Einfluß auf die gesellschaftlichen Klassenunterschiede im Gefolge hatte. Ansätze zu dieser graduellen Entwicklung waren selbstverständlich zu einem früheren Zeitpunkt sichtbar geworden. Blieb auch die dem preußischen Dreiklassenwahlrecht entsprechende Unterteilung der Konsumentengesellschaft in Lackstiefel-, Schnürstiefel- und Schmierstiefelbesitzer noch lange unüberwunden, so war doch beispielsweise schon im Verlaufe der Frühindustrialisierung die altständische Schicht der Barfüßer verschwunden, eine Tatsache, die auch die Ledererzeuger und die Schuhindustrie nicht geschädigt hat. Ferner brauchten sich nach der Jahrhundertmitte, dank des Aufstiegs der Baumwollindustrie und der beginnenden Mechanisierung der Wollindustrie, arme Leute in ostelbischen Dörfern nicht mehr damit zufriedenzugeben, auch im Winter in dünnen Zwillichleinjacken herumlaufen zu müssen.

Das politische Gegenstück zur Demokratisierung des Verbrauchs bildete die Demokratisierung der gesellschaftlichen Fundamente des Parteiwesens. Im Gegensatz zu den politischen Verhaltensweisen, die noch typisch waren für das Zeitalter der großen mitteleuropäischen Wirtschaftsexpansion, des Umbaus des preußischen und österreichischen Regierungssystems und der Bundesreform- und Reichsgründungskämpfe in den 1850er und 1860er Jahren, brach der politische Absentismus des kleinen Mannes im Verlaufe der Großen Depression langsam zusammen. Dieser fluktierende Umstellungsprozeß nahm einen wuchtartigen Anlauf in den 70er Jahren. Er durchlief eine erste Konsolidierungsphase im Jahrzehnt von 1878–87, symbolisiert durch das Stagnieren des Prozentsatzes der Beteiligung an den Reichstagswahlen. Ein nahezu dramatischer neuer Auftrieb begann 1887. Die Konsolidierung der Neuexpansion erfolgte, wiederum bei fast stationärer Wahlbeteiligung, im Jahrzehnt von 1887–89, was den definitiven Durchbruch der „Vermassung“ der Politik bedeutete[36].

Der große Wesensunterschied zur vorindustriellen Gesellschaft war, daß diesmal die bisher amorphen Volksmassen nicht bloß vorübergehend, sozusagen nur bei besonderen unfeierlichen Gelegenheiten wie 1525 und 1848, auf die politische Bühne traten, sondern nunmehr auf ihr aktiv blieben. Nicht die bloße Tatsache des politischen Wiedererwachens, sondern die dauerhafte Politisierung eines sehr erheblichen Teils der sogenannten kleinen Mittelstands- und der zahlenmäßig groß gewordenen Unterschichten – das war ja gerade die revolutionierende historische Wende. Und das bedeutete, daß aufgescheuchte, ihres marktanfälligen Wirtschaftsschicksals sich bewußte, mit ihren Lebensbedingungen unzufrieden gewordene, von der Depressionspsychose ergriffene Bauern und erst recht städtische Kleingewerbetreibende und Industriearbeiter, die mit stabiler Vollbeschäftigung und krisenfestem Einkommen nicht rechnen konnten, nachdem sie einmal spontan in Bewegung geraten waren, nunmehr auch meist in Bewegung blieben und allmählich in partei-, wirtschafts- und sozialpolitischen Interessenverbänden organisiert wurden.

Den auf Veränderung drängenden Kräften standen jedoch Kräfte der Beharrung gegenüber. Blickt man zunächst auf die Oberfläche, so ist in der Tat festzustellen, daß bis zum Ausgang der 80er Jahre sich nur wenig in der sozialen Zusammensetzung der

Führungsschichten und den Organisationsformen und Werbemethoden der traditionellen bürgerlichen und aristokratischen Parteien änderte[37]. Diese Sachlage stand in einem offensichtlichen Mißverhältnis zu der Tatsache, daß inzwischen die Politik bereits aufgehört hatte, ein monopolartiger Prinzipien- und Machtstreit und gesellschaftlicher Rivalitätenkampf zwischen kleinen, durch ihren sozialen Status, Reichtum oder Bildung privilegierten Honoratiorengruppen mit zahlenmäßig bescheidenem Gefolge zu sein, die die Muße und das Interesse hatten, sich mit den Problemen des öffentlichen Lebens ernsthaft zu beschäftigen. Das Gros der altetablierten Parteipolitiker, in ihrer Eigenschaft als Organisatoren und Propagandisten, paßte sich nur langsam und zögernd den Verhältnissen und Möglichkeiten des in der Entstehung begriffenen „politischen Massenmarktes" an. Schneller ging es mit der Neubesinnung auf politische Wünsche und Forderungen, die aus der unbefriedigenden Wirtschaftslage und dem gestörten sozialen Gleichgewicht erwuchsen.

Zu der Strukturveränderung in den gesellschaftlichen Unterregionen des politischen Lebens trat somit noch ein zweiter Trend, eine lange Wechsellage in den Zielsetzungen und Inhalten der Partei-, aber auch der Regierungspolitik. Gemäß dem hier benutzten Betrachtungsrahmen – nach dem bekannten Diktum Sir Isaiah Berlins ist „Geschichte, was die Historiker tun" – ist nach dem Verhältnis zu fragen, in dem diese Entwicklungstendenz zu dem langen Abschwung der Wirtschaftskonjunktur stand, ohne mit der Ausklammerung anderer Antriebsfaktoren etwa eine monokausale Abhängigkeit vorschlagen zu wollen.

Blickt man einmal unter dem Gesichtswinkel der langen Schwingungen des Wirtschaftswachstums von 1849 bis 1914 auf die großen Linien der innenpolitischen Entwicklung und läßt sich die Sicht durch den Tatsachenwust nicht vernebeln, so stößt man auf ein Zugehörigkeitsverhältnis, das, wie auch immer kausal und funktional miteinander verknüpft, zumindest auf sinnvolle historische Zusammenhänge hindeutet. Im Prosperitätszeitalter von 1849–73 lag der Schwerpunkt der politischen Auseinandersetzungen und Kämpfe auf den verfassungs- und nationalpolitischen Prinzipien-, Rechts- und Machtfragen und dem mit ihnen unlöslich verbundenen Problem der politischen Freiheit. Der wirtschaftlichen Hochschwungbewegung entsprach die politische Hausse der Einigungs- und Freiheitsbewegung. Diese politische Problematik, die nach der schweren Niederlage von 1848 in den 50er und 60er Jahren die Mehrheit der Staatsbürger noch ziemlich kalt gelassen hatte, rückte im Depressionszeitalter von 1873–96 in den Hintergrund oder wurde neu konzipiert und formuliert, indem sie in unmittelbare Verbindung mit wirtschafts- und sozialpolitischen Forderungen, Entschlüssen und Maßnahmen gebracht wurde.

In den Vordergrund des öffentlichen Lebens trat jetzt eine unverhülltere und prosaischere Verfechtung wirtschaftlicher Interessen und gesellschaftlicher Klassenziele oder Gruppenbelange. Anstelle der Kontroversen über politische Freiheit, das Verhältnis von Macht, Recht und Moral, und die Durchsetzung oder Verhinderung der Parlamentarisierung wurde der Kampf um wirtschaftliche und soziale Sicherheit und die infolge der Verschärfung des Klassenkampfes und nationalen Unfriedens nach den sogenannten Einigungskrisen zur Fiktion gewordene nationale Einheit im Innern zum Brennpunkt der öffentlichen Auseinandersetzung[38]. Im Hinblick auf die Zusammensetzung und Zahl der Mitspieler und den Problembereich der Neuorientierung ging die Wechselwirkung zwischen sozialer, ökonomischer, politischer und ideologischer Mobilität nicht nur mehr in die Breite, sondern auch mehr in die Tiefe, denn was zur Debatte stand, war „die soziale Frage". Und dabei ging es um erheblich mehr als „bloß" um die Arbeiterfrage oder die Handwerkerfrage oder die Großagrarierfrage oder gar die Judenfrage. Das große Problem, das in der Großen Depression, und nicht zuletzt durch sie, erneut ins Rollen kam, war das Problem des Umbaus der Gesellschafts- und Wirtschaftsordnung überhaupt, des Umbaus durch Reform oder Revolution mit politischen Mitteln. Demgegenüber waren für die politische Signatur der Prosperitätsperiode von 1896–1914 die Wiederaufnahme des Kampfes um Parlamentarisierung des Regierungssystems und die Tendenz (trotz verheißungsvoller Ansätze noch nicht ihre Verwirklichung) zur sozialen Entspannung besonders bezeichnend, insbesondere zur Versöhnung der Industriearbeiterklasse und ihrer Integration in die Lebensgemeinschaft der Nation.

Im Zeitalter der Großen Depression wurden die pluralistischen politischen Parteien Mitteleuropas in einen Wettkampf hineingestoßen, der unter der Ägide monarchisch-konservativ-bürokratisch-aristokratischer Regierungen ungewöhnlich erschwert wurde durch unvereinbar gewordene weltanschauliche Gegensätze und politische Ziele und Ideale, ebenso wie durch höchst labile Wirtschaftsverhältnisse und den Zusammenprall materieller Interessenten, die nach staatlicher Hilfe riefen und manchmal zu denken schienen: „Erst kommt das Fressen und dann die Moral."

Wie in den Tagen Martin Luthers in der Sprache der Zeit der „Pofel" mit der „Oberkait" in Konflikt gekommen war, so fehlte es jetzt erst recht nicht an Leuten, die sich ein Plätzchen an der Sonne sichern wollten. Aber wie es in den Sturmjahren der Reformation keine geschlossenen ständischen Klassenfronten, sondern nur ein außerordentlich buntes, höchst unstabiles, schwer entwirrbares Durcheinander von religiösen, sozialen, wirtschaftlichen und politischen Strömungen, Gruppen- und Partisanenkämpfen gab, so war auch in der dynamischen Industriegesellschaft des letzten Viertels des 19. Jahrhunderts, die zudem von einer schleichenden Agrardepression schwer geplagt war, die öffentliche Meinung zerklüftet. Waren es doch die Jahrzehnte, in denen im Habsburgerreich die gerade auch mit dem intensivierten wirtschaftlichen Konkurrenzkampf innig verketteten hitzigen Nationalitätenkämpfe erst recht in Schwung kamen, während es im Bismarckschen Deutschland von „Reichsverdrossenen", „inneren Feinden", Kirchen- und Katholikenverfolgern, Sozialdemokraten-, Polen-, Welfen- und Judenhassern nur so zu wimmeln begann.

Angesichts einer solchen Lage mußten alle politischen Parteien, um ihrer Selbsterhaltung willen, sich darum bemühen, wenigstens dem Scheine nach Volksparteien zu werden. Es mußte auf die Stimmungen, Instinkte, Interessen, Wünsche und Erwartungen der Wahlberechtigten Rücksicht genommen und nicht einmal die politisch Deklassierten konnten einfach ignoriert werden. Namentlich in Österreich und in Preußen eröffneten die bestehenden politischen Institutionen eine Gelegenheit, diesen Prozeß durch Verhinderung oder Erzwingung von Wahlrechtsreformen oder, anders ausgedrückt, durch die Erhaltung oder Zerstörung der Farce der staatsbürgerlichen Gleichheit zu verlangsamen oder zu beschleunigen. Demgemäß sahen sich die alten politischen Parteien der historischen Aufgabe gegenüber, früher oder später ihre überkommene Parteiführung, Programme, Propagandamethoden und politische Taktik der gewandelten Umwelt und ihren Bedürfnissen anzupassen. Auf Jahrzehnte des relativen Gleichgewichts im Verhältnis der Parteigruppierungen zueinander, der sicheren und stetigen Mehrheiten in den Parlamenten, folgten, nicht zuletzt unter dem Einfluß der wirtschaftlichen Wechsellagen, kürzere und mehr regellose Schwankungen der numerischen Parteistärke und Wirkungskraft wie der Zusammensetzung und Dauer der Parteikombinationen und -gegenverbindungen[39]. Offensichtlich waren diese Fluktuationen, einschließlich der politischen Berechnungen und Entscheidungen der parlamentarischen Führer und Fraktionen, mitbedingt durch das Auf und Ab der kurzen, zyklischen Phasen der Wirtschaftskonjunktur. Aber das ist z. Z. nicht mehr als eine Hypothese, und das Ob, Wann, Warum und Inwieweit dieser Beziehung sollte einmal systematisch geprüft werden. Jedenfalls jedoch kam der hier angedeutete langfristige Umstellungsprozeß des Parteiwesens zum erstenmal deutlich im Kampf um die Reform der Außenwirtschaftspolitik zum Durchbruch.

Die strukturellen Ausstrahlungen des langen Abschwungs der Wirtschaftskonjunktur auf die Innenpolitik begannen um 1878 wirksam zu werden, als die Mehrheitsposition der liberalen und nicht-liberalen Parteien im Deutschen Reichstag, Preußischen Landtag und Österreichischen Reichsrat umgekehrt wurde. Die Wahlniederlage der Liberalen, der politischen Pechvögel der akuten Wirtschaftskrise, bedeutete um so mehr eine Stärkung der Bewegungsfreiheit, Initiative, Führungsrolle und Machtchancen der bürokratischen Regierungen, als mit der Verschlechterung der Konjunktur für eine lange Zeit die Eigeninteressen ganzer Gruppen von Produzenten von der Unterstützung und dem ordnenden Eingreifen der Regierung unmittelbarer abhängig geworden waren. Im Hinblick auf die Vertrauenskrise, in die der traditionelle Liberalismus hineingeraten war, und auf die Blößen, die er sich gegeben hatte, wurde nun in weiten Kreisen erwartet, daß die politischen Direktoren der Verwaltungsbürokratie, nach Entlassung der liberalen Geheimräte in den Ministerien, mit Erfolg als Dompteure der Wirtschaftsdynamik fungieren würden. Diese neugeschaffene Lage machte es Bismarck und dem Grafen Taaffe, dem österreichischen Ministerpräsidenten von 1879–1893, leichter, bei der Abnutzung der politischen Parteien das Präsidium zu führen und alle Versuche, die auf die Parlamentarisierung der Regierung abzielten, zum Scheitern zu bringen.

Der folgenreichen Bildung antiliberaler Mehrheiten in den parlamentarischen Körperschaften Deutschlands und Österreichs nach 1878/79 war eine Verschiebung der wirtschaftlichen Klassen- und Gruppenfronten beim Unternehmertum vorausgegangen. Unter dem Druck der alarmierenden zyklischen Stockungs- und Niedergangsspanne, die 1873 den Kapital- und Kreditmarkt zu erschüttern begann, sehr schnell auf die Industrie übergriff und nach 1875 auch in der Landwirtschaft sich auszuwirken begann, kam es trotz starken gegenseitigen Mißtrauens über der Zollfrage zu einer losen Verständigung zwischen Vertretern der bisher vielfach gegensätzlichen handels-, steuer-, kredit- und arbeiterpolitischen Interessen der Großindustriellen und der noch immer vom Bodenadel geführten Rittergutsbesitzerklasse[40].

Die Forderung nach Schutzzöllen und nach Liquidierung der Freihandelspolitik wurde zunächst von den Eisenindustriellen und Baumwollfabrikanten gestellt, die sich zwischen 1873 und 1879 einem der einschneidendsten Konjunkturrückgänge in der Geschichte des Industriekapitalismus gegenübersahen[41]. Die deutsche Marktlage wurde vorübergehend noch besonders kompliziert durch die Annexion von Elsaß-Lothringen, wodurch die Erzeugungskapazität beider Industrien stark vergrößert worden war. Am Ende des Jahres 1872 hatten die Industrien von Elsaß-Lothringen ihre privilegierte Stellung auf dem französischen Markt verloren, wie sie, um eine allmähliche Anpassung zu erleichtern, im Friedensvertrage von Frankfurt vorgesehen, aber in Erwartung anhaltenden industriellen Hochschwungs auf zwei Jahre begrenzt worden war. Ein verschärfter Wettbewerb auf dem deutschen Markt begann sich daher zu einer Zeit auszuwirken, als beide Industrien sich plötzlich einem konjunkturellen Tiefstand gegenübersahen. Überdies stand die Eisen- und Stahlindustrie vor zwei zusätzlichen Hindernissen. Ihre Wettbewerbschance wurde durch den Übergang zum Bessemerprozeß geschwächt, der große technologische Schwierigkeiten und höhere Erzeugungskosten verursachte, bis das Thomas-Gilchrist-Verfahren nach 1879 Abhilfe schuf. Sodann hatte der Reichstag auf Empfehlung der Regierung, und unter jubelnder Zustimmung der Großagrarier, im Mai 1873, zur Zeit des großen Krachs in Wien, ein Gesetz verabschiedet, das zwischen 1874 und 1876 Gültigkeit erlangte und die letzten Überreste des Schutzzolls auf Eisen beseitigte.

Diese besonderen Umstände machen die Energie und methodische Rücksichtslosigkeit besser verständlich, die die Eisenhüttenbesitzer in ihrer Kampagne für die wirtschaftliche Selbsterhaltung entfalteten, die ihrer Auffassung nach eine Umkehr in der Handelspolitik nötig machte[42]. Manchem unter ihnen mag es bei diesem Nahziel trotz salbungsvoller Redensarten in erster Linie darum zu tun gewesen sein, sich selbst und ihren Familien die Mitgliedschaft in dem so mobil gewordenen Plutokratenklub der oberen Zehntausend zu erhalten, indem sie ihre Betriebe und Belegschaften vor dem Schlimmsten bewahrten. Viel wichtiger jedoch als die Motive, über die sich streiten läßt, waren die Taten und ihre Ergebnisse, die Tatsache, daß unter dem Antrieb wirtschaftlicher Not an sich und die Ihren denkende Menschen neue Wege suchten und zu historischen Pionieren wurden. Denn mit der zielbewußten wirtschaftspolitischen Agitation der Eisen- und Stahlindustriellen begann eine neue Phase im Aufmarsch der wirtschaftlichen Interessenverbände. Ihr Wesen bestand darin, daß die Großunternehmer, in schöpferischer Anpassung an die großdimensionalen und daher auch mit wachsendem sozialem Risiko verbundenen Verhältnisse der fortschreitenden Industrialisierung und enger weltwirtschaftlicher Verflochtenheit, die Notwendigkeit erkannten, nicht nur sich besser und „moderner" als zuvor zu *organisieren*, sondern auch in verstärktem Maße zu *politisieren*.

Was in dem großen politischen, gesellschaftlichen und wirtschaftlichen Krisen- und ideologisch so produktiven Schöpferjahr 1848 noch recht bescheiden mit dem Rittergutsbesitzer-„Verein zur Wahrung der Interessen des Großgrundbesitzes und der Förderung des Wohlstandes aller Werksklassen" begonnen hatte und eine Art Nachfolger in den von liberalen Wirtschaftsunternehmern und federgewandten Wirtschaftsjournalisten beherrschten, jedoch noch lose zusammengefügten Interessenverbänden, dem 1859 gegründeten „Kongreß Deutscher Volkswirte" und 1861 in dem „Deutschen Handelstag", gefunden hatte, steuerte nunmehr auf die Tendenz los, strategisch wichtige Produzentengruppen in festgefügten, zentralisierten Dauerorganisationen zu kollektiver Regelung des Wettbewerbs mit Hilfe politischer Mittel – die Kartellbildung kam erst später – zusammenzuschließen. Bereits 1856 hatte ein so bedeutender Unternehmer und gedankenvoller Wirtschaftsvisionär wie Gustav Mevissen die Aufmerksamkeit auf das Problem der „Vereinigung von Kapital und geistigen Kräften auf dem Gebiete der Industrie" gelenkt. „Sie springt gleichzeitig als Resultat der Zustände in Europa und Amerika in allen Staaten, welche dem großen Werke des materiellen Fortschritts huldigen, hervor, sie etabliert gewissermaßen die Genossenschaft neu auf den Trümmern einer untergegangenen Periode."[43]

Die in den 70er Jahren gegründeten wirtschaftspolitischen Interessenverbände blieben zunächst noch auf besonders einflußreiche, über glänzende Beziehungen verfügende Arbeitgebergruppen beschränkt, die es verstanden, sich Sonderprivilegien zu verschaffen. Auf lange Sicht jedoch konnte in Ländern, die sich rühmten, Rechtsstaaten zu sein und die Parlamente zwar nicht zum Zentrum der politischen Macht, wohl aber zur zentralen Arena der öffentlichen Meinung hatten aufsteigen sehen, auch den Arbeitnehmergruppen ein nicht bloß formalistisches Recht auf schikanenfreie, von administrativer Duldung unabhängige Koalition und die Ausübung von politischem Druck durch konzentrierte, zentralbürokratisch verwaltete Interessenorganisationen nicht verweigert werden.

In Verbindung mit den Baumwollspinnern gründeten die Eisenindustriellen im Januar 1876 den „Zentralverband deutscher Industrieller", eine Organisation, die die aktive Unterstützung anderer Unternehmergruppen, insbesondere der Soda-, Zukker-, Leinen-, Woll-, Leder- und Papierindustriellen, gewann. Da die liberale Reichstagsmehrheit recht frostig auf die Wünsche der Unternehmer in den Rohstoff- und Halbfertigfabrikatenindustrien reagierte, versuchten die Schwerindustriellen, die im Verein dominierten, ihr Glück bei den Landwirten. Zu dieser Zeit gingen preußische Landadlige und Agrarproduzenten auch zu gemeinsamer Aktion über, indem sie im Januar 1876 die „Vereinigung der Steuer- und Wirtschaftsreformer" gründeten, die dazu dienen sollte, die gemeinsamen materiellen Belange der landwirtschaftlichen Groß- und Mittelbetriebe gegen die Handels-, Bank-, Börsen- und Industrieinteressen zu verteidigen. Die ursprünglichen Forderungen enthielten keinen Angriff auf den Freihandel, legten vielmehr den Nachdruck auf die Einführung neuer indirekter Steuern und die Senkung der alten direkten Abgaben, um die laufenden Betriebskosten der Landwirtschaft zu vermindern[44]. Eine allmählich steigende Anzahl von Gutsbesitzern und Landwirten bekehrte sich als Reaktion auf die in der Tat höchst neuartigen Geschäftserfahrungen zwischen 1876 und 1878, die weitgehend ein Ergebnis der weltwirtschatlichen Verflechtung waren, zum Evangelium des nationalen Protektionismus. Mit den schlechten Ernten von 1875 und 1876 waren nicht etwa, wie man das seit alten Zeiten in Mißwachsjahren gewohnt war und womit man sich auf Kosten der Verbraucher hätte trösten können, die Preise gestiegen, sondern vielmehr gesunken, da sie inzwischen in erster Linie von den Notierungen auf den Weltmarkt-Getreidebörsen abhängig geworden waren.

Die deutsche Getreideeinfuhr, einschließlich des Weizens, der Halmfrucht der Luxus-Bäckerwaren, des Weißbrots, der knusprigen Brötchen und des Kuchens, überstieg Jahr für Jahr die Exporte, da der heimische Verbrauch im Gefolge der Industrialisierung erheblich zugenommen hatte. Die billigere amerikanische Konkurrenz eroberte den englischen Markt, der sich seit der Preisrevolution des 16. Jahrhunderts, aber auch noch im modernen Industriezeitalter für die „Ostelbier" oft als eine gastliche Zufluchtsstätte erwiesen hatte. Das starke Anwachsen der deutschen Getreideeinfuhr aus Rußland und Österreich-Ungarn, d. h. aus Ländern mit labilen Währungen, die sich wie Exportprämien auswirkten, beschleunigte den Verfall des einheimischen Preisniveaus. Erzeugungs- und Verteilungskosten, Frachtraten und Steuern blieben hoch. Die Last der Schulden und Zinsen wurde für diejenigen Produzenten besonders drückend, die in den vergangenen Jahren der Prosperität, verlockt durch die hohen Preise und in der Hoffnung auf eine fortdauernde, zusätzliche Spekulationsgewinne versprechende Aufwärtsbewegung, neue Kredite aufgenommen hatten[45]. Die Zeit war gekommen, wo schwer arbeitende amerikanische Farmer, die auch der Schuh drückte, und russische Bauern sich zu erdreisten begannen, preußischen Landjunkern das Leben schwer und den deutschen Massenverbrauchern leichter zu machen. Denn das Brotessen wurde nun, solange man den „natürlichen" Preisen der liberalen Wirtschaft freien Lauf ließ, billiger und gewissermaßen „demokratischer".

Unter diesen Umständen schlossen sich zahlreiche Großagrarier und Industrielle unter dem Banner des Schutzzolls zusammen. Dieses Interessengemeinschaftskartell, das 1879 im wesentlichen auf dem Bündnis von „Roggen und Eisen" beruhte, wurde allmählich durch die inniger werdenden gesellschaftlichen und politischen Wechselbeziehungen zwischen Großgrundbesitzern und Industriekapitänen vertieft; es behielt seine Wirksamkeit bis 1891. Es kam zu erneuter, wenn auch kurzlebiger Entfremdung und zu einer scharf zugespitzten Wiederaufnahme des Kampfes um die Macht im Reich zwischen Industrie- und Agrarkapitalismus, als in den Jahren 1890–94, der dritten zyklischen Tiefkonjunktur innerhalb der Großen Depression, das Gros der Industriellen, um ihre Ausfuhrchancen zu verbessern und um ihren Arbeiterstamm durchhalten zu können, eine Senkung der Getreidezölle verlangten, was sie gegen den erbitterten Widerstand der Agrarkonservativen und des damals gegründeten „Bundes der Landwirte" in bescheidenem Umfange durch die Caprivischen Handelsverträge auch durchzusetzen vermochten[46]. Gerade darin unterschied sich die Wirtschaftspolitik des den Landjunkern so verhaßten Generals Caprivi, des Reichskanzlers „ohne Ar und Halm", sehr wesentlich von der seines großagrarischen Vorgängers, daß er mittels Zollabbaus, nicht der Zollsteigerung den „Schutz der nationalen Arbeit", insbesondere die Belebung des Kapital- und Arbeitsmarktes, die Steigerung der Warenausfuhr, die Verbilligung der Lebenshaltungskosten und die Senkung des Menschenexports, der Überseeauswanderung, zu erreichen suchte. Es gehört zu den sozialgeschichtlich wie machtpolitisch beachtlichen Ergebnissen der sogenannten Sammlungspolitik, daß Rittergutsbesitzer und Großindustrielle wieder zueinander fanden und auf der Basis des Bülow-Tarifs von 1902 einen wirtschaftlichen Rückversicherungsvertrag abschlossen, der seine Vorgänger in den Schatten stellte[47].

Daß einige ihrer traditionellen Beschwerden gegen das industrielle Großgewerbe wenigstens vorübergehend gegenstandslos geworden waren, hatte das Bündnis zwischen „Roggen und Eisen“ in den Jahren 1878 und 1879 wesentlich erleichtert. Da nach 1873 vor allem in der Produktionsgüterindustrie die Aktivität abnahm, die Bautätigkeit sehr stark nachließ und die Auswanderung jäh abfiel, wurden ländliche Arbeitskräfte nicht länger abgezogen. Die Plage der Landflucht schien nun bewältigt zu sein, und außerdem hörten die landwirtschaftlichen Geldlöhne zu steigen auf, die unter dem Druck der großen Arbeiternachfrage der Industrie während des Hochschwungs zu Beginn der 70er Jahre sehr stark in die Höhe gegangen waren. Und da während der zyklischen Tiefkonjunktur Kapital in Gewerbe, Handel und Transportwesen kaum noch investiert worden war und die Zinssätze fielen, verbilligte sich der landwirtschaftliche Kredit.

Im Rahmen des bestehenden Systems wurde die politische Wirksamkeit des neuen Bündnisses zwischen den Großlandwirten und den Großindustriellen freilich erst dadurch sichergestellt, daß die Unterstützung Bismarcks und einer bunt zusammengesetzten, konservativ-liberal-katholischen parlamentarischen Mehrheit gewonnen werden konnte, die die bestehenden Parteilinien durchkreuzte, die starr gewordenen Fronten auflockerte und den Grundstein zu neuartigen, interfraktionellen Kombinationen, andererseits aber auch zur Verschärfung der Differenzen innerhalb der Parteien legte. Bereits nach den Reichstagswahlen vom 10. Januar 1877 hatten die liberalen Parteien, Nationalliberale und Fortschritt, die parlamentarische Mehrheit verloren. Noch im gleichen Jahr schlossen sich etwa 60 Abgeordnete verschiedener Parteien zu einer „freien wirtschaftlichen Vereinigung“ zusammen, die die Wiedereinführung von Schutzzöllen verlangte. Nach der Reichstagsauflösung von 1878 wuchs diese Interessengemeinschaft auf 204 Mitglieder. Damit war eine schutzzöllnerisch gesinnte Mehrheit entstanden, die sich aus den beiden konservativen Fraktionen, dem Zentrum und 25 Nationalliberalen zusammensetzte[48]. Bei dem Übergang zur „Dreiparteienpolitik“ bildete das Zentrum, das in seinen Reihen industrielle und landwirtschaftliche Schutzzollinteressen vereinigte, das entscheidende Bindeglied.

Seiner Gesellschaftslehre nach war der politische Katholizismus auf einen wirtschaftspolitischen Kreuzzug gegen den individualistischen Liberalismus, dessen Vordringen auch in Österreich seit den 1850er Jahren der Kirche schlecht bekommen war, gut vorbereitet. Das Zentrum verstand es, sein bemerkenswertes Produktionspotential zur Deckung der steigenden öffentlichen Nachfrage nach Bußpredigten voll auszunutzen, und die Wirtschaftsnöte und soziale Unruhe der 70er Jahre in politisches Kapital zu verwandeln[49]. Obwohl die Parteiführung damals noch durchaus oligarchisch-autoritären Honoratiorencharakter hatte, so war dennoch das Zentrum eine wirkliche Volkspartei im Hinblick auf die Masse und Zusammensetzung seiner durch religiös-kirchliche Gemeinschaftsbande verknüpften Wählerschaft, die über alle Berufsklassen und gesellschaftlichen Standesgruppen sich erstreckte. Durch die wirtschaftliche Tiefkonjunktur eröffnete sich für die Parteiführung im Reichstag (d. h. für Windthorst, der mit Recht von sich sagen konnte: „Wer mich düpieren will, der muß ein bißchen früh aufstehen.“) eine glänzende politische Hochkonjunktur, eine geradezu beneidenswerte taktische Schlüsselstellung, die in den gewandelten wirtschaftspolitischen Realinteressen der Wählerschaft bzw. in den geänderten Ansichten über diese Interessen fest fundiert war.

Diese verwickelten Zusammenhänge werden plausibler, wenn man bedenkt, daß der geographische Schwerpunkt des Zentrums in West- und Süddeutschland und in Schlesien lag, in Gebieten also, wo die Eisen- und Textilindustrie sowie zahlreiche landwirtschaftliche Betriebe mittlerer Größe stark vertreten waren, wo also die Schutzzollagitation schon sehr populär war oder doch schnell sich verbreitern konnte[50]. Ein großer Teil der Wähler bestand aus „kleinen Leuten", meist Bauern und Kleingewerbetreibenden, deren berechtigte Zweifel an dem Allheilmittel der individuellen Selbsthilfe im Wirtschaftskampf sich in die keineswegs nur utopische Hoffnung verwandelten, auf dem Umwege über die Partei und unter ihrer klugen Führung durch das Eingreifen des „christlichen Staates" billige Kredite, niedrigere Steuern, bessere Preise und Schutz gegen die Zwischenhändler, den „unlauteren Wettbewerb" und „die kapitalistische Ausbeutung" erlangen zu können. Für die Zentrumsfraktionen in den Parlamenten eröffnete das durch die Depression akut gewordene Verlangen nach kollektivistischem Protektionismus eine großartige Gelegenheit, ihre Energie, beflügelt durch den Glauben an die Überlegenheit und siegende Kraft ihrer Ideen, auf die verlockende Aufgabe der kollektiven politischen Stellungsverbesserung im Machtgefüge des Kaiserreiches und des Abbaus des „Kulturkampfs" zu konzentrieren.

9. Honoratiorenpolitiker und Großdeutsche Sammlungsbestrebungen im Reichsgründungsjahrzehnt

I.

Seit der Zerschlagung des Dritten Reiches hat die Forschung zur Geschichte der deutschen staatlichen Einigung in der Trendperiode der Industriellen Revolution und der verfassungsstaatlichen Neugestaltung Mitteleuropas vom Ausgang der 1840er bis zu Beginn der 1870er Jahre, in deren Verlauf der Deutsche Bund zertrümmert, der großpreußische Norddeutsche Bund und das ethnisch heterogene Deutsche Reich gegründet, das habsburgische Vielvölkerreich in die österreichisch-ungarische Doppelmonarchie verwandelt und die politische Aufspaltung des deutschen Volkes in zwei Kaiserreiche staats- und völkerrechtlich sanktioniert wurde, zu neuen Fragestellungen, Betrachtungsweisen und Deutungen vorzustoßen begonnen[1]. Man darf erwarten, daß die Diskussion über das für das historische Selbstverständnis so zentrale Problem des deutschen Nationalstaats anläßlich des bevorstehenden Zentenniums der Bismarckschen Reichsgründung von oben weiter vorangetrieben werden wird. Jedenfalls wäre es erstaunlich, wenn im heutigen, staatlich viergeteilten deutschen Sprach- und Kulturraum (Bundesrepublik Deutschland, Deutsche Demokratische Republik, Republik Österreich und Schweizerische Eidgenossenschaft) dieser Gedenktag nicht die Geschichtswissenschaft zu Säkularbetrachtungen und post-mortem Analysen sowie zur Erschließung bisher unbekannter Primärquellen zwecks Klärung bestimmter Probleme anregen würde.

Zu der letztgenannten Aufgabe liefern die nachfolgend veröffentlichten Briefe aus den spannungsreichen Jahren vom österreichisch-italienischen Krieg bis zu Bismarcks Ernennung zum preußischen Ministerpräsidenten einen kleinen Beitrag. Mit dem Abdruck dieser Quellenzeugnisse wird ein Forschungsprojekt abgeschlossen, das am Vorabend der nationalsozialistischen Machtergreifung in Angriff genommen wurde, jedoch unter dem Drucke der damaligen Verhältnisse in den Anfängen stecken blieb[2].

II.

Der Ausschnitt, der nunmehr vorgelegt werden kann, lenkt die Aufmerksamkeit auf eine profilierte Personengruppe „großdeutsch" orientierter Honoratiorenpolitiker. Sie gewinnt an geschichtlicher Relevanz, wenn man sie als einen Spiegel betrachtet, der einen Teilaspekt der nationalpolitischen Meinungs-, Willens-, Gruppen- und Organisationsbildung reflektiert. Beleuchtet werden das Denken, Wollen und Handeln von politischen „Verlierern“, die in J. Heyderhoffs wertvoller Briefsammlung „Die Sturmjahre der preußisch-deutschen Einigung 1859–1870“[3] zu kurz gekommen sind, denn sie treten dort lediglich in der Perspektive des „kleindeutschen“ liberalen Nationalismus in Erscheinung, soweit sie nicht überhaupt mit Stillschweigen übergangen werden.

Im Mittelpunkt des Blickfeldes unserer problembezogenen Briefedition stehen die teilweise konvergierenden, teilweise divergierenden Ansichten, Absichten, Entscheidungen und Verhaltensweisen einer über das deutschsprachige Mitteleuropa verstreuten Schar politisch aktiver Notabeln, die angesichts der „großdeutschen“ Sammlungsaktionen von 1862 Stellung zu beziehen und Farbe zu bekennen hatten. Das konkrete Kernproblem der internen Auseinandersetzung war die Frage einer aktiven Mitbeteiligung bei der Bildung einer *nationalen*, zur großdeutschen Reichsidee sich bekennenden, zentral geleiteten politischen Agitationsorganisation und bei der Durchdenkung, Präzisierung und kollektiven Förderung eines verfassungspolitischen Sofortprogramms zur deutschen Bundesreform. Denn die zunächst von allgemeinen Erwägungen ausgehende Diskussion der Bundesreformfrage konzentrierte sich sehr bald auf das spezifische Problem, den von den österreichisch-mittelstaatlichen Regierungen am 14. August 1862 gestellten Minimalantrag auf Einberufung einer aus Vertretern der einzelstaatlichen Landtage zusammengesetzten Delegiertenversammlung zu unterstützen, deren Funktion sich auf die beratende Mitbeteiligung an der Bundesgesetzgebung beschränken sollte. War auch die Reaktion unserer Diskussionspartner auf diesen Plan zwiespältig, so bestand doch Einmütigkeit darüber, daß es sich dabei bestenfalls um den Ansatz einer Weiterentwicklung handle.

Noch im Frühjahr 1862 waren die damals mit dem Etikett „großdeutsche Partei“[4] bezeichneten heterogenen politischen Kräfte nichts anderes als eine nebulose, aus politisierenden Angehörigen der Bildungs- und Besitzschichten sich rekrutierende Gesinnungsgruppe von weit versprengten Einzelgängern und isolierten Lokalvereinen, deren Zusammengehörigkeitsgefühl auf der Heraushebung ihrer besonderen Einstellung zu einem partikularen politischen Problem, nämlich der nationalen Einigungsfrage, beruhte. Das sie lose miteinander verknüpfende Band war ideeller und emotioneller Natur; es war das politische Glaubens- oder zumindest Lippenbekenntnis zum großdeutschen nationalen Einheitsgedanken, der in Wirklichkeit eine Welt von Gegensätzen in sich schloß.

Das greifbare Hauptergebnis der Kampagne, die realen und ostensiblen Anhäger der großdeutschen Idee unter einer Fahne zu sammeln und zu einem wirkungsvollen „gesamtdeutschen“ Propagandaverband zusammenzuschweißen, war die im Oktober 1862 erfolgende Gründung des „Deutschen Reformvereins“, mit dem die sogenannte „großdeutsche Partei“ den Charakter einer über die Einzelstaaten hinausgreifenden organisierten Bewegung gewann. In ihr waren reaktionäre, konservative, klerikale und altliberale politische Elemente stark vertreten, liberaldemokratische dagegen überaus schwach und radikaldemokratische überhaupt nicht. Wie der 1859 gegründete „Deutsche Nationalverein“ war der zu seinem Gegenpol sich entwickelnde „Reformverein“ alles andere als eine moderne politische Partei, denn „sein Feld war nicht der Staat, sondern nur die Öffentlichkeit, es ging nicht auch um Anteil an Macht und Entscheidung, sondern allein um die Bildung von Stimmung und Meinung"[5]. Vom „Reformverein" gilt erst recht, was der preußische Innenminister als das Wesen des „Nationalvereins" bezeichnet hatte: „Seine Zwecke liegen auf geistigem Gebiete; er will nur Überzeugungen hervorrufen und verbreiten; das Handeln nach Maßgabe dieser Überzeugungen, die Herbeiführung des angestrebten Endzieles, bleibt den dazu gesetzlich berufenen Organen des Staatslebens überlassen."[6]

Unsere politischen Briefe aus den Sommermonaten 1862 führen mitten hinein in die unmittelbare Vorgeschichte der Gründung des „Reformvereins", soweit sie noch nicht die Phase der öffentlichen Diskussion und Verbandsbildung erreicht hatte[7]. Beherrschend steht im Vordergrund der fragmentarischen Äußerungen und Impressionen die grundsätzliche und taktische Stellungnahme zu der auf gemeinsames Auftreten und organisatorischen Zusammenschluß der disparaten „großdeutschen" Bestrebungen und Bewegungskräfte abzielenden Sammlungsaktion – einer *ad hoc* Reaktion auf eine bestimmte, zu kollektivem Vorgehen verlockende historisch-politische Konstellation (Österreichs Übergang zu konstitutionellen Regierungsformen, die positive Wiederaufnahme der österreichisch-mittelstaatlichen Bundesreformbestrebungen, Preußens Lossteuern auf den offenen Verfassungskonflikt, das Fehlen einer politischen Konkurrenzorganisation zum „Nationalverein", der Ruf der sogenannten Frankfurter Pfingstversammlung nach einem „Vorparlament"). Die Planung dieser Aktion lag, wie noch genauer auszuführen sein wird, in den Händen von Julius Fröbel.

Im Hintergrund dieser Episode, wie sie sich in unserem mit dem Nächstliegenden beschäftigten Briefwechsel spiegelt, begegnet man den Grundzügen einer vagen Konzeption einer Deutschlandpolitik mit vorwiegend außenpolitischen Fernzielen. Diese den großpreußischen Hegemonialbestrebungen und der „kleindeutschen" Agitation des „Nationalvereins" entgegengesetzte Konzeption tritt in unserem Briefwechsel am unzweideutigsten bei Fröbel und Rodbertus hervor. Wie ihre seit 1859 veröffentlichten publizistischen Beiträge[8] klar erkennen lassen, war für ihr politisches Denken die moderne Idee der Staatsnation bestimmend und damit „Deutschland" vornehmlich ein staatsrechtlicher Begriff geworden. Demgemäß sahen sie in der Anwendung des Nationalitätsprinzips auf die Bestimmung der Grenzen der deutschen Reichsnation und in dem Streben nach ethnischer Homogenität, das Rodbertus einmal als „Wahnsinn der Selbstverstümmelung" bezeichnete[9], den Übergang zu einem national-masochistischen Katastrophenkurs. Fröbel und Rodbertus waren Gegner eines deutschen Nationalstaates, weil er ihnen zu „kleindeutsch", und das hieß für sie: nicht machtvoll genug war. Die Zukunftsvision, die ihnen vorschwebte und zu der Zeit, als ihre politischen Lebenswege sich schnitten, als eine realpolitsiche Möglichkeit erschien, war die Bildung einer förderalistisch organisierten germanozentrischen Großmacht, eines von deutschen Volkselementen und Kulturkräften beherrschten Vielvölkerreichs[10].

Von dem Glauben an die Reformfähigkeit des Deutschen Bundes ausgehend, stimmten Fröbel und Rodbertus trotz tiefgreifender Wesensverschiedenheiten und trotz grundsätzlicher und taktischer Differenzen doch hinsichtlich der Leitlinien weitgehend überein. Ihrer Deutschland-Konzeption lagen drei Postulate zugrunde: 1. eine Reichsbildung, die „großdeutsch", d.h. mitteleuropäisch in den territorialen

Dimensionen war und daher eine dualistische politische Teilung, sei es an der Mainlinie oder an der deutsch-österreichischen Grenze, ausschloß (ob gegebenenfalls an der Leitha, blieb eine offene Frage); 2. ein Einigungswerk mittels friedlich-reformerischer Vereinbarungsmethoden, also kein „Bruderkrieg“ und keine Revolution von oben oder unten; 3. eine aktionsfähige politische Vereinigung, die förderativstaatlich in den Organisationsformen sein sollte und möglicherweise an die Reichstriasidee als *Binde*mittel anknüpfte.

Der gesellschaftliche Aktionsradius der pluralistischen deutschen Einigungsbewegung war zu Beginn der 1860er Jahre eng begrenzt. Trotz der viel besuchten Schillerfeiern von 1859, der Phrasendrescherei auf den Sänger-, Turner- und Schützenfesten und der sich regenden nationalrevolutionär-demokratischen Strömungen innerhalb der noch unterentwickelten Arbeiterbewegung war die Einheitsbewegung alles andere als eine Angelegenheit der Volksmassen. Ernshaft interessiert an der namentlich in der Publizistik unablässig diskutierten nationalpolitischen Problematik waren zu jener Zeit fast nur politisch aktive Mitglieder von Elitegruppen[11]. Auch die ambivalenten, auf festeren Zusammenschluß der Bundesländer ausgerichteten „großdeutschen“ Sammlungsbestrebungen von 1862, vielfach noch – wie auch unser Briefwechsel erkennen läßt – um Verständigung mit den „kleindeutschen“ Gegenkräften bemüht, waren ohne breitere gesellschaftliche Basis. Ihre Träger waren, wie das ja auch beim „Deutschen Nationalverein,“ der Fall war, Repräsentanten der Honoratiorenschichten, vor allem Akademiker und Intellektuelle.

Paradigmatisch kommt dieser Sachverhalt in der Zusammensetzung der Personengruppe zum Ausdruck, die weiter unten Revue passieren wird. Zu ihr gehörte weder ein Wirtschaftsführer aus dem in mächtige Bewegung geratenen Industrie-, Finanz- und Handelssektor noch ein Vertreter der traditionellen politischen Machteliten, der hohen Regierungsbürokratie, der Militäraristokratie und des grundsässigen Adels. Vielmehr rekrutierte sich der Kreis, der in der nachfolgenden brieflichen Aussprache über die Ziele, Formen und Wege einer gewaltlosen Modernisierung der zwischenstaatlichen Ordnungen im Territorialbereich des Deutschen Bundes den nur teilweise geglückten Versuch unternahm, zu interner Verständigung über die Strategie und Taktik, die Organisation und Funktion kollektiver politischer Wirksamkeit zu gelangen, aus einer sozialschichtlich homogenen Untergruppe des Bildungsbürgertums.

Die Korrespondenten waren Persönlichkeiten, die alle der auf Universitäten geschulten Intelligenz, nahezu ausnahmslos der in Großstädten lebenden[12], „gesellschaftsfähigen“, materiell wohlsituierten[13], nichtbeamteten[14] Intelligenz angehörten und die als damalige oder ehemalige Parlamentsabgeordnete zur politischen Prominenz gerechnet wurden. Ihr Prestige beruhte durchweg auf dem Ansehen und Einfluß, die sie im lokalen Bereich erlangt hatten. Nur die aus der Bahn geschleuderten Emigranten Bucher und Fröbel, die wie die meisten der Mitglieder dieses Personenkreises in den Jahren 1848 und 1849 eine revolutionäre politische Führungsrolle gespielt hatten, waren politisch weniger lokalgebunden und daher auch intensiv an Alternativen der Einflußgewinnung interessiert.

Als richtungweisende Schlüsselfiguren treten zwei hochinteressante Köpfe hervor, wobei die Vielschichtigkeit ihres bisherigen geistigen und politischen Lebenslaufs nahezu verhüllt bleibt: die beiden einstmaligen nationaldemokratischen Revolutionäre Julius Fröbel und Karl Rodbertus. Von ihnen führen alte oder neu geknüpfte Verbindungsfäden zu einer Reihe von Randfiguren, deren Namen teilweise wohlbekannt, teilweise der geschichtlichen Vergessenheit anheimgefallen sind. Wie es der Zufall will, setzt sich der um Fröbel und Rodbertus gescharte Diskussionskreis, soweit er aufgrund des vorliegenden lückenhaften Quellenbestandes sichtbar wird, aus drei winzigen Untergruppen zusammen, zu denen jeweils drei Preußen (v. Berg, Bloem, Bucher), drei deutsche Österreicher (Berger, Brinz, Rechbauer) und, sozusagen als symbolische Vertreter des „Dritten Deutschland", drei Württemberger (Moritz Mohl, Probst, Schott) gehören.

III.

Um dem heutigen Leser die Einordnung und Auswertung der hier publizierten Quellenzeugnisse zu erleichtern, dürften einige biographische Tatsachenangaben und interpretierende Kommentare dazu von Nutzen sein. Aber zunächst ein kurzes Wort über die Anordnung des Materials.

Die Diskussionsbeiträge sind, jeweils in chronologischer Reihenfolge, in drei Unterabschnitte aufgegliedert worden. Auf diese Weise treten bestimmte Entwicklungsphasen oder zumindest Aspekte des Prozesses der nationalpolitischen Bewußtseins- und Willensklärung klarer hervor. Die erste dieser Phasen (Nr. 1–4), die Phase der Reaktivierung der nach 1849 zu „Stillen im Lande" Gewordenen beginnt in der Ausgangssituation von 1859 mit einem Rodbertus-Monolog, der in ein intimes Zwiegespräch mit v. Berg übergeht, wobei blitzartig das Problem neuer politischer Aufgaben, der Polarisierung der Meinungen und der Neuformierung politischer Gruppenfronten aufleuchtet. Dieser Auftakt – auf ihn wird noch zurückzukommen sein – bildet gewissermaßen den Prolog zu dem denkwürdigen, auf einen bestimmten historischen Moment ausgerichteten Briefdialog zwischen Fröbel und Rodbertus (Nr. 5–17), dem Kernstück unserer Sammlung. Hier wird das zentrale Thema der Debatte aufgerollt und abgegrenzt, hier werden, wie oben bemerkt, die reformerischen Leitgedanken und unmittelbaren Zielsetzungen angedeutet sowie Richtlinien für das praktische politische Handeln und organisatorische Vorgehen erörtert. Im dritten Abschnitt (Nr. 18–28) werden, nachdem im zweiten eine durchgehende Entwicklungslinie erkennbar geworden ist, die immanenten Spannungen, Widersprüche und Loyalitätskonflikte der heterogenen großdeutschen Reformbestrebungen und ihrer einzelstaatlichen Interessen deutlicher sichtbar. Der Personenkreis der an der Auseinandersetzung Beteiligten verbreitert und differenziert sich, die kritischen Vorbehalte und Befürchtungen mehren sich, denn die Zwiespältigkeit der motivierenden Antriebe und der in den Köpfen lebenden Rangordnung der Werte und Prioritäten kompliziert die Suche nach Verständigung und Zusammenschluß. Damit kommt es zu dissonanzreichen Variationen des Hauptthemas und zur Beleuchtung von internen ideologischen und interessenbedingten Richtungsgegensätzen, die das politisch enttäuschende Ergebnis der schließlich zerflatternden Debatte plausibel machen: das Nichtzustandekommen eines Konsensus und infolgedessen die Aufspaltung in aktive Förderer (Fröbel, Brinz), zaudernde und mißtrauische Sekundanten (Mohl, Schott) und zum „ohne mich" sich bekennende „Saboteure" (Rodbertus, Bloem, Bucher, Berger, Rechbauer, Probst) der Sammlungsaktion von 1862.

Der *spiritus rector*, Hauptorganisator und wirkliche politische Generalissimus dieses Unternehmens war erstaunlicherweise ein erst kürzlich aus dem „Lande der unbegrenzten Möglichkeiten" zurückgewanderter, in Kontinenten denkender unsteter Emigrant, der ein bewegtes Leben hinter sich, aber auch noch vor sich hatte: Dr. Julius Fröbel (1805–1893). Zweifellos war Fröbel ein vielseitig begabter und einfallsreicher, komplexer und daher auch psychologisch faszinierender Charakterkopf mit weitgespannten Wissens- und Aktionsinteressen und praktischen Erfahrungen. Auf der Höhe seines Lebens erschien Fröbel, ebenso wie der gleichaltrige Rodbertus – sie wurden 1862 57 Jahre alt –, als ein Mann kühner Entwürfe, aber auch als ein seiner Zeit vorauseilender „Träumer", dessen hochanregende Zukunftsvisionen und -prognosen ebenso wie seine wohlbegründeten Bedenken gegen das europäozentrische Geschichtsbild in beachtenswertem Maße in unserer eigenen Zeit Aktualität erlangt haben[15].

Ein Vierteljahrhundert war verflossen, seitdem Fröbel, Sohn eines thüringischen Kleinstadtpfarrers und als junger Gelehrter vornehmlich an naturwissenschaftlich-geographischen Studien interessiert, 1834 kümmerlich bezahlter a. o. Professor der Mineralogie an der Universität Zürich, 1838 auch Schweizer Bürger geworden war[16]. Ungefähr gleichzeitig begann er, als Sprecher der radikalen Parteigruppe in Zürich an der Tagespolitik aktiven Anteil zu nehmen und für die „Wiedervereinigung" der als deutsche Kulturprovinz angesehenen alemannischen Schweiz Propaganda zu machen, eine „Nebenbeschäftigung", die der Befestigung seiner akademischen Stellung schlecht bekam. Um so aktiver wurde Fröbel nunmehr als politischer Journalist, sehr bald auch als neu etablierter Verlagsunternehmer, dessen Spezialität die unrentable, zum Geschäftsbankrott führende Veröffentlichung radikaler und sozialrevolutionärer Schriften war, die damals in den deutschen Bundesländern nicht gedruckt werden konnten. 1848, ehe das scheinbar so verheißungsvolle goldene Tor der Frankfurter Nationalversammlung sich für ihn öffnete – erst im September wurde Fröbel im Fürstentum Reuss zum Abgeordneten gewählt[17] –, war er Präsident des Ersten Demokratischen Kongresses, der etwas verfrüht den deutschen Fürsten zu verstehen gab, daß nunmehr die Zeit für ihre politische Pensionierung gekommen sei. Ein paar Monate später wurde Fröbel wegen aktiver Teilnahme am Wiener Oktoberaufstand zum Tode verurteilt, im Gegensatz zu seinem Kollegen Robert Blum jedoch begnadigt. Fröbels Laufbahn als revolutionärer Aktivist endete 1849 mit seiner Unterstützung des badischen Aufstands. Noch im gleichen Jahr tauchte er als mittelloser Einwanderer in den Vereinigten Staaten auf, wo er fünf Jahre später die Staatsbürgerschaft erwarb[18].

In den Jahren 1849–1857, in denen dynamischen Unternehmernaturen und Projektmachern ungeahnte Möglichkeiten, aber auch Enttäuschungen sich eröffneten, führte Fröbel ein selbst für die damalige Zeit nicht gerade alltägliches Abenteurerleben in Nord- und Mittelamerika: als Seifensieder in New York, als ein riesige Prärieгеbiete durchquerender Karawanenführer von Waren- und Geldtransporten, als Gelegenheitsgeschäftsmann, als Teilhaber einer kalifornischen Goldraffinerie zur Zeit des Goldfiebers, nicht zuletzt aber auch als Journalist und Reiseschriftsteller. Bereichert an Lebens- und Weltkenntnis, offensichtlich auch an materiellen Mitteln, insbesondere nachdem er sich mit einer nach Amerika verschlagenen bayerischen Gräfin und Erbschaftsanwärterin verheiratet hatte, unternahm Fröbel als unabhängiger Privatmann in den Jahren 1857–1861 ausgedehnte Orientierungsreisen durch England und die deutschen Länder, ohne dabei zunächst an Rückkehr oder politische Aktivität zu denken. Erst die intensive Beschäftigung mit den im Gefolge des aufrüttelnden sardinisch-französischen Angriffskriegs gegen Österreich akut gewordenen internationalen Machtproblemen gab für Fröbels Entscheidung den Ausschlag, doch den Versuch zu unternehmen, sich im Schatten der modernisierungsbedürftigen autoritären Herrschaftssysteme Mitteleuropas eine seinen Erkenntnissen, Lebenserfahrungen und gewandelten Überzeugungen sowie seinem Unternehmensdrang, Selbstvertrauen und Geltungsbedürfnis entsprechenden politischen Wirkungskreis zu schaffen. Wie brachte es dieser im Grunde kosmopolitisch denkende „vaterlandslose Geselle", der 1848 als extremer Linksrepublikaner und Aufstandskämpfer haarscharf am Galgen vorbeigekommen war, in erstaunlich kurzer Zeit zuwege, nicht nur zum „politischen Gründer" und Einpeitscher der großdeutschen Bewegung, sondern auch vorübergehend zum einflußreichen Protégé und Vertrauensmann der österreichischen Regierung zu werden?

Die Wege, die Fröbel einschlug, und die Mittel, die er gebrauchte, um der Verwirklichung seiner Ziele näher zu kommen, haben nicht bloß biographisches Interesse. Denn in den Jahrzehnten des aggressiven wirtschaftlichen und politischen Gründertums, der stürmischen Entfaltung der Frühindustrialisierung und der Revolutionierung der sozialen Mobilität fehlte es nicht an waghalsigen, ehrgeizigen und wendigen Persönlichkeiten, deren geistige Lebendigkeit, Berufsschicksale, politische Stellungnahmen und Assoziationen sich zwischen Extremen bewegten und die es verstanden, unter Benutzung spitzer Ellenbogen und gewandter Umgangsformen nicht nur im Wirtschaftsleben außergewöhnliche Aufstiegschancen zu nutzen, die mit der damals dominierenden liberal-individualistischen Gesellschaftsideologie des „unbeschränkten Wettbewerbs" harmonierten. Zu diesem Typus, der in der turbulenten Geschichtsperiode vom Ausgang der 1840er bis zu Beginn der 1870er Jahre in mannigfachen Varianten in Erscheinung trat, gehörten namentlich auch Männer mit radikaler politischer Vergangenheit – man denke etwa an Bamberger, Bucher, Hammacher, Kapp, Löwe-Calbe und Miquel. Trotzdem bleibt Fröbel innerhalb dieser Untergruppe doch in mancher Beziehung ein ungewöhnlicher Einzelfall, da es sich bei ihm um einen nicht nur als Berufsmensch *mehrfach* entwurzelten und gescheiterten Intellektuellen handelt.

Die ephemere Führungsrolle, die Fröbel als großdeutscher Sammlungspolitiker[19] während des Frühstadiums der Reichsgründungskämpfe bis zu Bismarcks eklatähnlichem Eintritt in das historische Spektrum und bis zum Fiasko des Frankfurter Fürstentages auf verschiedenen politischen Ebenen zu spielen vermochte, wäre unmöglich gewesen, wenn sich nicht ruckartig sein persönliches Renommee aufgrund eindrucksvoller intellektueller und gesellschaftlicher Leistungserfolge befestigt hätte. In der kurzen Zeitspanne von 1859 bis 1861 begründete Fröbel seinen nationalen Ruf als ein politischer Schriftsteller von Format und schuf sich damit eine anerkannte Notabelnstellung im öffentlichen Leben, die er mit großem Geschick zur Herstellung glänzender gesellschaftlicher und politischer Konnexionen zu benutzen wußte. Denn die Distinktion, die Fröbel durch die Veröffentlichung gedankenreicher, Aufsehen erregender Flugschriften und Werke[20] zur tagespolitischen Diskussion der internationalen Machtverschiebungen und Gefahren und zur Klärung der nationalpolitischen Reformpläne im mitteleuropäischen Raum gewann, öffnete ihm den Zugang zu sozialen Regionen, die ihm bisher verschlossen geblieben waren. Zur Erneuerung alter Kontakte, die auf Jugendfreundschaften und auf Fröbels literarische und politische Wirksamkeit in den 1830er und 1840er Jahren zurückgingen – unter unsern Briefkorrespondenten waren Berger, Mohl, Probst, Schott, wahrscheinlich auch Bucher alte Bekannte –, traten nunmehr unzählige neue Verbindungen zu sozial angesehenen, oft auch politisch einflußreichen Persönlichkeiten, unter denen sich namhafte Honoratiorenpolitiker, hohe Staatsbeamte und aristokratische Diplomaten in Schlüsselstellungen befanden. Zu den letzteren gehörte auch der österreichische Bundespräsidialgesandte in Frankfurt, der Freiherr von Kübeck, sowie der Freiherr Max von Gagern, Ministerialrat im österreichischen Außenministerium, die dazu beitrugen, die Aufmerksamkeit der Regierung Schmerling-Rechberg auf Fröbel zu lenken.

Bereits im Juli 1860 berichtete Kübeck seinem Chef: „Ich meine, es würde sich lohnen, die tüchtige Kraft dieses in jeder Beziehung unabhängig gestellten Mannes zu gewinnen und nach Möglichkeit zu verwenden, eines Mannes, dem neben seiner geistigen Begabung nicht allein die kontinentalen Verhältnisse geläufig sind, sondern der gleich genau mit den englischen und amerikanischen Zuständen vertraut ist und die demokratische und Flüchtlingsagitation kennt wie wenige. Fröbels offene und entschiedene Haltung in den letzten Jahren scheint hinreichende Garantien dafür zu bieten, daß seine gegenwärtigen Überzeugungen mit seiner Vergangenheit nichts mehr gemein haben“[21]. „Julius Fröbel ist eine so bedeutende geistige und literarische Kraft und seine Hinneigung zu den österreichischen Interessen so erprobt, daß er in jeder Beziehung Aufmunterung und Unterstützung verdient“[22].

Als „politischer Gründer“ zunächst ganz auf sich selbst gestellt, hatte Fröbel seit 1859 mit der ihm eigenen rastlosen Energie und Hellhörigkeit für seine nationalpolitische Grundidee, die friedliche Lösung der Deutschlandfrage durch föderative Vereinigung der mitteleuropäischen Regierungen und Völker in einer machtvollen staatlichen Gesamtorganisation, nicht nur publizistisch zu agitieren, sondern vor allem auch hinter den Kulissen unter Ausspielung seiner ausgezeichneten Beziehungen zu werben begonnen. Das unmittelbare praktische Aktionsziel, das Fröbel dabei vorschwebte, war „die Organisation einer disziplinierten großdeutschen Partei und Presse“, eines die Einzelstaaten überbrückenden, integrierenden politischen Willenszentrums und Propagandaverbandes[23].

Es zeugt für Fröbels politisches Missionsbewußtsein, seinen persönlichen und politischen Ehrgeiz und seine diplomatische Geschicklichkeit, daß er es fertigbrachte, seine als politischer Privatunternehmer mit Enthusiasmus betriebene „großdeutsche“

Sammlungskampagne zu amtlichen Aktionen der Regierung Schmerling-Rechberg in enge Verbindung zu bringen. Es zeigt sich darin aber auch die Ideenarmut der Spitzen des Wiener Beamtenadels, deren staatsmännische Fähigkeiten angesichts einer so zentralen Vorentscheidung, wie sie gerade zu jenem Zeitpunkt die Zollvereinskrise und der Abschluß des preußisch-französischen Handelsvertrags darstellten, zu einer Bewährungsprobe herausgefordert wurden.

Der Rückendeckung durch Kübeck und Gagern sicher, war Fröbel schon im Jahr 1860 direkt an den österreichischen Außenminister mit vorerst recht allgemeinen, wenn auch die Grundhaltung kennzeichnenden Zusicherungen seiner politischen Zuverlässigkeit herangetreten: „Meine nähere Absicht ist eine dreifache: vor revolutionären Richtungen abzumahnen, vor dem Versuche einer Vertauschung des Deutschen Bundes gegen einen Einheitsstaat zu warnen und die demokratischen Volkselemente für die großdeutsche Idee zu gewinnen."[24] Und wenige Monate bevor Fröbels Spiel mit verdeckten Karten als reisefreudiger Sammlungspolitiker im geheimen Auftrag der Regierung des Vielnationenstaats im September 1861 begann, hatte er Rechberg eine wechselseitig wirksame Beruhigungspille zukommen lassen, indem er seine Dienstwürdigkeit mit der „glücklichen Lage" begründete, „daß meine tiefsten Überzeugungen in keinem Widerstreite mit den Gefühlen stehen, welche mich innerlich verpflichten, überall wo ich dazu Gelegenheit finde, meine schwachen Kräfte mit denen zu vereinigen, welche am wahren Wohle Österreichs arbeiten, da nach meiner Erkenntnis dieses mit dem Wohle Deutschlands und mit allen großen Weltinteressen übereinstimmt"[25].

Bereits 1862 wurde aus dem bezahlten politischen Geheimagenten der österreichischen Regierung nicht etwa nur ein zunächst für drei Jahre auf Privatvertrag angestellter, zur Mitarbeit am Wiener „Botschafter" verpflichteter offiziöser publizistischer Verteidiger der österreichischen Außenpolitik, sondern zugleich auch ein von seinen hochgestellten „Arbeitgebern" mit Respekt behandelter einflußreicher politischer Ratgeber, der, nicht immer zur hellen Freude augenzwinkernder Ministerialbürokraten, unter Umgehung des Instanzenzuges bei den Ministern Schmerling und Rechberg aus- und einging und sich als eine Art von grauer Eminenz auf dem glatten Wiener Parkett bis zu dem Debakel des von ihm mitgeplanten Frankfurter Fürstentages zu behaupten vermochte.

Man mache sich einmal die hier vorliegende Situation klar! Ein vielfach mit scheelen Augen angesehener Eindringling – wahrscheinlich war er zudem zu diesem Zeitpunkt noch immer amerikanischer Bürger! – hatte die „Unverschämtheit", am Ballhausplatz und womöglich in der Hofburg hohe Politik machen zu wollen. Ein Mann, zu dessen beruflichen Funktionen es noch vor wenigen Jahren mit gehört hatte, als Karawanenführer im „Wilden Westen" mit Indianern zu verhandeln und an der mexikanischen Grenze die Zollbeamten zu bestechen, erscheint nunmehr als seriöser Berater der aristokratischen Regierungsspitzen des liberal angestrichenen, konservativ-bürokratischen kaiserlichen Obrigkeitsstaats, entwickelt offiziell sanktionierte Richtlinien für die Umgestaltung der Bundesverfassung und den einzuschlagenden Regierungskurs in der Deutschlandfrage[26] und gewinnt damit wirksamen Einfluß auf zentrale politische Entscheidungen, ohne freilich rechtzeitig zu erkennen, daß seine „großdeutschen" Sammlungsbestrebungen in den Dienst großösterreichischer Machtpolitik gestellt wurden[27]. Mit Recht konstatierte Fröbel Jahrzehnte später, nachdem er sich mit Bismarcks großpreußischer Gewaltlösung der Deutschlandfrage ausgesöhnt und als einfacher Konsul des Deutschen Reiches[28] sein Berufsleben abgeschlossen hatte, in seiner für sein Selbstverständnis wie für die Ereignisgeschichte aufschlußreichen Autobiographie, wie „merkwürdig" es war, „daß zwei österreichische Minister sich von einem unberufenen Fremden, wie ich es war, die Grundideen und Pläne zu einem großen politischen Unternehmen liefern ließen, bei welchem die Zukunft des Kaiserreiches auf dem Spiel stand"[29].

In unseren Briefen tritt Fröbels Doppelrolle als nationalpolitischer Souffleur von Schmerling und Rechberg und als Initiator der großdeutschen Sammlungsaktion von 1861/62 nicht klar hervor. Im Vordergrund steht lediglich Fröbel in seiner zweiten Rolle als reale Schlüsselfigur innerhalb der vorberatenden Gründergruppe des „Deutschen Reformvereins", der ebenso wie der „Deutsche Nationalverein" über den Charakter einer propagandistischen Honoratiorenvereinigung nie hinauskam, denn beiden Verbänden lag die Politisierung der gesellschaftlich Machtlosen völlig fern. (Man beachte in diesem Zusammenhang in Nr. 7 und 17 die pessimistischen Erwartungen, die der einstmalige Radikaldemokrat Fröbel im Gegensatz zu Rodbertus mit der Entfesselung des „elementarischen Volksgeistes" verband.) Im Dunkel bleibt Fröbels Einfluß auf die politischen Entscheidungen der Wiener Regierung in der Bundesreformfrage. Immerhin wird im Hintergrund wenigstens seine verharmloste Tätigkeit als ein über vertrauliche Informationsquellen verfügender journalistischer Mitarbeiter des „Botschafters" greifbar, eine halbamtliche Stellung, die ihrem Inhaber offensichtlich Spielraum für die Entfaltung von politischer Privatinitiative gewährte, wobei besonders Fröbels Bemühen hervortritt, „die demokratischen Volkselemente für die großdeutsche Idee zu gewinnen".

Als Hauptsymbol der von Fröbel mobil gemachten „Volkselemente" erscheint ein gesellschaftlich hochgestellter Exzentriker, der 1848 zum „Klassenverräter" geworden war, als er für das Volkssouveränitätsprinzip und die Abschaffung des Adels eintrat: der „Talmi-Junker" Dr. Karl Rodbertus (1805–1875). Als Mitglied des großdeutsch gesinnten Flügels der demokratischen Führungselite hatte dieser „rosarote" Großgrundbesitzer, der einer beamteten und begüterten Gelehrtenfamilie entstammte, damals Aufsehen erregt. Es gehörte mit zu seiner geschichtlichen Rolle, als Führer des Linken Zentrums in der preußischen Nationalversammlung und als kurzlebiger Revolutionsminister – er blieb nur zwei Wochen im Amt – im Frühstadium des Übergangs zur industriellen Gesellschaft und der Aufspaltung der liberalen Bewegung in „Konstitutionelle" (antidemokratische Liberale) und „Demokraten" (politische Radikalliberale) die Ideale der gemäßigten politischen Demokratie und des sozialen Königtums salonfähig gemacht zu haben.

Als geistige Persönlichkeit nimmt Rodbertus unter unseren Korrespondenten zweifellos eine Sonderstellung ein, denn er war ein schöpferischer Denker mit tiefen, aber auch manchen abstrusen Ideen, der leider einen der ebenso schwierigen wie verlockenden Aufgabe gewachsenen Biographen bisher noch nicht gefunden hat[30]. Rodbertus, der bereits im Vormärz als Provinziallandtagsabgeordneter und Generallandschaftsrat der pommerschen „Ritterschaft" und als Mitglied des Vereinigten Landtags im öffentlichen Leben hervorgetreten war, ist einer der verschwindend wenigen unter den Rittergutsbesitzern und Großlandwirten, die in der deutschen Geistes- und Wissenschaftsgeschichte des 19. Jahrhunderts eine führende Stellung einnehmen. In ländlicher Stille als einsamer Forscher und Grübler auf seinem Gut Jagetzow lebend, ist Rodbertus in verschiedenen Wissenbereichen nicht mit voluminösen, dafür aber mit um so originelleren Werken hervorgetreten: als Wirtschaftshistoriker, als Sozialphilosph, als Agrarpolitiker und vor allem als ein ökonomischer und sozialpolitischer Theoretiker, für den bereits seit den 1830er Jahren „die soziale Frage" – er verstand darunter im wesentlichen den am Horizont sich abzeichnenden modernen Konflikt zwischen Kapital und Arbeit im Gefolge des Industrialisierungsprozesses – zum Kernproblem der zu bewältigenden historischen Zukunftsaufgaben geworden war.

Im Brennpunkt von Rodbertus' intellektuellen Interessen und sozialpessimistischen Überlegungen stand seitdem, mit dem Blick auf die Macht der Zeitumstände und das Spannungsfeld der säkularen ökonomischen und technologischen Grundtendenzen und gesellschaftlichen Triebkräfte, die kritische Auseinandersetzung mit der Moderne. Rodbertus begrüßte die neue Maschinentechnik, die revolutionäre Steigerung der Arbeitsproduktivität, das Wachstum der Industriewirtschaft und die Zunahme des Nationaleinkommens *per capita* trotz beschleunigter Bevölkerungsvermehrung als entwicklungsnotwendige Voraussetzungen der allgemeinen Wohlstandssteigerung und der Hebung des allgemeinen Kulturniveaus. Zugleich jedoch protestierte er aus sozialen und moralischen Gründen gegen die mit der Entfaltung der freien Markt- und privatkapitalistischen Erwerbswirtschaft verbundene Verteilung des Gesamteinkommens, da „bei steigender Produktivität der gesellschaftlichen Arbeit der Lohn der arbeitenden Klasse ein immer kleinerer Teil des Nationalprodukts wird"[31] und „das Resultat der heutigen Produktion und Verteilung der Pauperismus ist"[32]. Aus dieser monistischen Vereinfachungsthese („Gesetz der fallenden Lohnquote") erwuchs die beharrliche Suche nach theoretischer Rechtfertigung des Übergangs zu einer wirtschaftlich produktiveren, zugleich aber auch gesellschaftlich gerechteren und stabileren Grundordnung als die des ökonomischen Liberalismus.

Was Rodbertus als Anwalt radikaler Sozialreform mit friedlichen Mitteln anstrebte, war ein *organisiertes* System zentralisierter Lohn- und Preisregulierung unter der Ägide des kollektivistischen Interventionsstaats, dessen Machteinsatz die materielle Hebung und gesellschaftliche Aufwertung, schließlich auch die politische Gleichberechtigung der Arbeiterklassen und deren Integration in das deutsche Kulturleben sichern, zugleich aber auch die expandierende Wirtschaft krisenfester und gegen intensive zyklische Rückschläge schützen sollte, um sozialrevolutionäre Erschütterungen zu verhüten. Die Zukunft, die ihm vorschwebte, war, in heutiger Terminologie ausgedrückt, die staatsautoritäre Lenkung (nicht Planung) des nationalwirtschaftlichen Wachstums und der Verteilung des Sozialprodukts mit dem Ziel, die Massenarmut zu beseitigen und die *Gesellschaft* zu demokratisieren; das sollte durch eine dem Wirtschaftspotential entsprechende sozial-imperialistische Expansion unterstützt werden, die er als „großdeutsch" empfand. Bereits 1863 gestand Rodbertus seinem wissenschaftlichen Freunde Lassalle: „Auf dem Einverleibungsprozeß zurückgebliebener

Nationalitäten beruht meine ganze Geschichtsanschauung und ich hoffe noch die Zeit zu erleben, nicht bloß, wo das Verhältnis zwischen Kapital und Arbeit *reguliert*, sondern auch wo die türkische Erbschaft an *Deutschland* gefallen sein wird und deutsche Soldaten- oder Arbeiterregimenter am Bosporus stehen."[33]

Tief beeindruckt von dem Aufstieg des Bonapartismus und der demokratisch garnierten plebiszitären Autokratie, erhoffte Rodbertus die Verwirklichung seiner sozialökonomischen Reformideen von dem siegreichen Vordringen autoritärer politischer Herrschaftsmethoden und Ordnungsprinzipien unter „überparteilicher", über den Klassen thronender cäsaristisch-charismatischer Führung[34]. Nach den erschütternden Erfahrungen von 1848/49 hatte Rodbertus ebenso wie sein Freund Bucher den Glauben an die Regierungsfähigkeit und Gestaltungskraft gewalttätiger Volkserhebungen, aber auch an die Überlegenheit der repräsentativen parlamentarischen Demokratie sowie des parlamentarischen Systems überhaupt verloren[35]. Damit war die politische Freiheitsfrage für Rodbertus zu einem sekundären Problem geworden[36], während es bei alten Schwaben wie Mohl, Probst und Schott, die mit Stolz auf das „vierhundertjährige Verfassungsleben" ihres Württemberger Landes erfüllt waren, nach wir vor den Primat behauptete.

Rodbertus' wirtschafts- und konjunkturtheoretische Arbeiten, die hier nicht diskutiert werden können, dienten der analytischen Klärung der oben angedeuteten sozialreformatorischen Leitidee, die weitgehend auch sein politisches Richtungsbewußtsein und Verhalten geprägt hat. Im Vorbeigehen sei nur noch bemerkt, daß Rodbertus neben List, Thünen und Marx der bedeutendste nationalökonomische „Amateur" ist, den die deutsche Kulturnation im 19. Jahrhundert hervorgebracht hat.

Die unten veröffentlichten Dokumente eröffnen den Zugang zu der nationalpolitischen Komponente von Rodbertus' Entwicklungsgang und Wirkungskreis in den Jahren 1859–1862, als er wie zahlreiche andere Mitglieder der einstmals revolutionären Intelligenz aus der politischen Versenkung wieder auftauchte. Denn nach der Auflösung der Zweiten Kammer und der Oktroyierung des Dreiklassenwahlrechts in Preußen im Frühjahr 1849 oder, anders ausgedrückt, in negativer Reaktion auf die Konsolidierung der konservativen militärisch-bürokratisch-großagrarischen Gegenrevolution von oben im Bunde mit dem industrie- und finanzkapitalistischen Großbürgertum hatte sich Rodbertus für ein volles Jahrzehnt – das war typisch für die Taktik der passiven Resistenz, zu der die Führer der demokratischen Bewegung im Hohenzollernstaat damals übergingen – von aktiver Beteiligung am politischen Leben zurückgezogen.

Wie nachhaltig jedoch im Jahre 1848 geknüpfte persönliche und ideologische Gemeinschaftsbande und politische Erkenntnisse und Erinnerungen trotz anschließender, jahrzehntlanger politischer Passivität und räumlicher Trennung auf die politische Standortsuche und die Neuformierung der Gesinnungs- und Aktionsgruppierungen in Honoratiorenkreisen einzuwirken vermochten, zeigt sich unzweideutig bei Rodbertus und dem sich um ihn scharenden „preußischen Trio", das in unserer Briefsammlung in Erscheinung tritt. Es setzt sich aus alten Freunden und Kampfgenossen zusammen, die sich als Fraktionskollegen im Linken Zentrum der preußischen Nationalversammlung nahe gekommen waren. Zwei von ihnen sind heute völlig Unbekannte: der Neugierde erregende katholische Geistliche Philipp v. Berg, offensichtlich eine markante Figur, obwohl in der Kirchenhierarchie nur ein „kleiner Mann", der es scheinbar über den Kaplan nie hinausgebracht hat; und der Düsseldorfer Rechtsanwalt Dr. Anton Bloem (1814–1885), von dessen Tätigkeit im Schatten der „Neuen Ära" man kaum mehr weiß, als daß er Lassalle persönlich nahe trat und in dessen letzten, prozeßreichen Lebensjahren als sein Rechtsbeistand fungierte[37].

Zu diesen beiden Rheinländern gesellt sich noch der als diplomatischer Mitarbeiter Bismarcks bekannt gewordene pommersche Amtsgerichtsassesor a. D. Lothar Bucher (1817–1892). 1849 im Steuerverweigerungsprozeß zu längerer Gefängnisstrafe verurteilt, steckbrieflich verfolgt und, wie das die siegreiche Gegenrevolution manchmal mit sich brachte, seiner „wohlerworbenen Rechte" als preußischer Beamter beraubt, lebte er von 1849 bis 1861 als politischer Flüchtling in London, wo er sich seinen Lebensunterhalt als Journalist und freier Schriftsteller verdiente. Auch nach seiner durch die preußische Amnestie von 1861 möglich gewordenen Übersiedlung nach Berlin – er trat damals zu Lassalle in enge Beziehungen, der ihn zu seinem Testamentsvollstrecker ernannte und ihm eine Lebensrente vermachte –, eröffnete sich keine berufliche Alternative, bis ihn überraschenderweise Bismarck, der 1849 als Abgeordneter der Zweiten Kammer Bucher persönlich kennen und als einen hellen Kopf einzuschätzen gelernt hatte, Ende 1864 als „Hilfsarbeiter" im Außenministerium anstellte, wenn auch schwerlich der „Wiedergutmachung" wegen. Im beamteten Staatsdienst ist Bucher allmählich bis zum „Wirklichen Geheimen" Legationsrat aufgerückt – ein etwas pompöser Amtstitel und im Kaiserreich hochbewertetes Prestigesymbol, deren Verschwinden auch heute noch manche bundesrepublikanische Diplomaten nachtrauern.

Erst die durch die „Neue Ära", d. h. die Bildung eines liberalkonservativen Kabinetts in Preußen, erweckten Hoffnungen sowie die Befürchtungen, die das völlige Versagen des militärischen Verteidigungssystems des Deutschen Bundes und die Erschütterung der habsburgischen Machtstellung in Europa im Verlauf und nach Ausgang des italienischen Krieges ausgelöst wurde, führten einen politischen Klimaumschlag herbei. Zu dessen Manifestationen gehörten die Neuorientierung des Nationalbewußtseins und nationalen Geltungsdranges, die ungestüme Suche nach neuen Organisationsformen für das politische Zusammenleben des deutschen Volkes, aber auch ein Wiederaufflackern xenophobisch-nationalistischer Leidenschaften – Impulse, die auch einstmalige Mitglieder der parlamentarischen Führungselite der preußischen demokratischen Opposition von 1848 dazu bestimmten, sich wieder als Akteure in das öffentliche Leben einzuschalten. Soweit diese Reaktivierung sich im Lichte der Öffentlichkeit vollzog, handelte es sich um in individueller Isolierung oder in Gemeinschaft mit ein paar alten Gesinnungsgenossen unternommene Versuche, durch persönliches Hervortreten in der Tagespresse und Publizistik, in improvisierten politischen Honoratiorenversammlungen und auf Konferenzen auf die Meinungs- und Willensbildung einzuwirken[38].

Weniger greifbar als diese leicht identifizierbare Art der Mitarbeit innerhalb der „politischen Wiedererweckungsbewegung", jedoch für die Formen des in Fluß geratenen ideologisch-politischen Umdenkungs-, Kommunikations- und Umgruppierungsprozesses nicht weniger bezeichnend war die hinter den Kulissen sich abspielende Kontaktsuche *inter se*: die kritische politische Bestandsaufnahme und Bewußtseinsklärung durch Wiederaufnahme des Gedankenaustausches auf dem Korrespondenzwege oder auch, soweit es die äußeren Umstände erlaubten, in persönlicher Begegnung und Aussprache. Oft noch tastend und unsicher in bezug auf die nunmehr zu lösenden politischen Aufgaben, die Präzisierung der Zielsetzungen, die einzuschlagenden Wege und die persönliche Rolle als aktiv Beteiligte bei der Mitgestaltung des Zeitgeschehens – sollte man z. B. versuchen oder es lassen, wieder Parlamentsabgeordneter zu werden –, suchte man Rat und Bestätigung des eigenen Wollens und Verhaltens bei vormaligen politischen Weggenossen. Man sondierte in der Hoffnung, daß man trotz aller persönlichen Wandlungen und historischen Veränderungen, die seit 1849 erfolgt waren, noch immer ähnliche Ideale habe und sich womöglich zu kollektiver Verfolgung gemeinsamer politischer Bestrebungen aneinander anschließen könne.

Dieser Aspekt tritt beispielhaft und plastisch in dem brieflichen Meinungsaustausch zwischen v. Berg und Rodbertus zutage (Nr. 2–4)[39]. Nebenher wird erkennbar, was für ungewöhnliche soziale Konstellationen im Rahmen des Dreiklassenwahlrechts auf der Wahlmännerebene bereits Ende 1858 gelegentlich zustande kommen konnten: ein der rheinischen Wählerschaft als Demokrat sich präsentierender Kaplan wird Landtagsabgeordneter mit den Stimmen der Geistlichen und der nicht zur privilegierten „Ritterschaft" gehörenden Gutsbesitzer. Vor allem aber wird klar, wie schon im Anlaufstudium der Neubildung politischer Fronten unter den einstmaligen Vorkämpfern des demokratischen Prinzips und demokratischer Strukturen in Staat und Gesellschaft sich tiefgreifende Trennungslinien abzeichneten, die auf gegensätzliche gesellschafts-, verfassungs- und nationalpolitische Konzeptionen und Stellungnahmen hinausliefen und interne Richtungskämpfe unvermeidbar machten.

Rodbertus und seine drei preußischen Sekundanten bewahrten in den für die Wiedermobilmachung und Umgruppierung politischer Eliteelemente so entscheidenden Jahren 1859–1862 den Charakter von Sonderlingen. Trotz mehrfacher Werbungen waren sie zu eigenwillig, um sich irgendeiner politischen Parteigruppe oder Verbandsorganisation aktiv anzuschließen. Abgesehen von Philipp v. Berg fehlte ihnen aber auch jegliche parlamentarische Einflußbasis[40]. Ihr damaliger politischer Außenseiterstatus war in dieser Beziehung wesensverschieden von dem mehr typischen anderer einstmaliger Demokraten-Akademiker in der preußischen Nationalversammlung. Man denke an den Arzt Dr. Johann Jacobi, den Gerichtspräsidenten Julius v. Kirchmann, den Juristen und Genossenschaftsorganisator Hermann Schulze-Delitzsch, den Großindustriellen und vormaligen Regierungs- und Baurat Hans Viktor v. Unruh und den Obertribunalsrat Benedikt Waldeck, die in den frühen 1860er Jahren im preußischen Abgeordnetenhaus ihr politisches Hauptforum und in der Deutschen Fortschrittspartei ihr Organisationszentrum fanden.

Bei den preußischen Großdeutschen Rodbertus, v. Berg, Bloem und Bucher handelte es sich trotz der Verschiedenartigkeit der Lebensumstände und beruflichen Betätigung um eine kongeniale Freundesgruppe und politische Clique, die damals nirgendwo festen Anschluß fand. Dem entgegen hatten die zu den politischen Führern des liberalen Deutschtums in Österreich gehörenden Lokalgrößen und regionalen Ständevertreter, die in unseren Briefen das Wort ergreifen, einen mehr repräsentativen Charakter, da sie „organisiert“ waren und daher nicht nur für sich selbst sprachen.

Unter den drei nahezu gleichaltrigen Juristen und deutschliberalen Parlamentariern Berger, Rechbauer und Brinz, die hier als Advokaten der nationalpolitischen Ideale und Interessen der städtischen Honorartiorenintelligenz in der habsburgischen Monarchie in das Blickfeld rücken werden, ragte in bezug auf Originalität des politischen Denkens und langfristig wirksamen Einfluß auf die politische Willensbildung der aus Mähren stammende Wiener Rechtsanwalt Dr. Johann Nepomuk Berger (1816–1870) hervor. Berger, der sein akademisches Leben als armer Werkstudent begonnen hatte, war ein Kollege Fröbels in der Frankfurter Nationalversammlung gewesen, wo er gleichfalls zur extremen republikanisch-demokratischen Linken gehört hatte, was ihn jedoch nicht daran hinderte, zwanzig Jahre später österreichischer Staatsminister (1868–70) im sogenannten „Bürgerministerium“ zu werden. Am Stuttgarter „Rumpfparlament“ hatte Berger sich nicht beteiligt, er war vielmehr nach Wien zurückgekehrt, wo er im Laufe der 50er Jahre, begünstigt durch die glänzende Wirtschaftskonjunktur von 1854 bis 1857, ein überaus erfolgreicher, hochangesehener Rechtsanwalt und vermögender Mann wurde. 1861 wurde Berger, „zweifellos der klügste politische Kopf der Verfassungspartei“, wie ihn Josef Redlich genannt hat[41], in den niederösterreichischen Landtag gewählt, von diesem jedoch erst 1864 in das Abgeordnetenhaus des Reichsrats delegiert.

Im Gegensatz zu Berger war die politische Karriere des Grazer Rechtsanwalts Karl Rechbauer (1815–1889) sowie des erst 1857 aus Bayern zugewanderten Rechtsgelehrten Alois Brinz (1820–1887) frei von extremen Pendelschwingungen. Ihre Wirksamkeit im überlokalen öffentlichen Leben begann erst im Gefolge der nach Magenta und Solferino von der österreichischen Regierung unternommenen politischen Modernisierungsexperimente, mit dem Übergang zum „Scheinkonstitutionalismus“ durch die oktroyierten Verfassungsgesetze (Oktoberdiplom von 1860 und Februarpatent von 1861). Rechbauer, der 1848 als Delegierter der Universität Graz in den kurzlebigen provisorischen steiermärkischen Landtag gekommen war und bis 1850 auch dem Grazer Gemeinderat angehört hatte, wurde 1861 in den neukonstituierten Landtag seines Heimatlandes gewählt. Zur selben Zeit wurde Rechbauers Freund und späterer Duzbruder Brinz[42], seit 1857 Professor des römischen Rechts an der Universität Prag, als Vertreter seiner akademischen Körperschaft Mitglied des böhmischen Landtags. Im gleichen Jahr wurden Rechbauer und Brinz von ihren Länderparlamenten, die, in Kurien eingeteilt, institutionell und sozial den Charakter von korporativ-neuständischen Notabelninteressenvertretungen hatten, in den Reichsrat delegiert. Das Abgeordnetenhaus des Reichsrats – daneben stand das gesellschaftlich noch erheblich exklusivere Herrenhaus – war kein modernes Volksparlament, vielmehr lediglich eine von den zisleithanischen Landtagen mit absoluter Stimmenmehrheit gewählte Delegiertenversammlung. Zudem war der Reichsrat eine zum Torsodasein verurteilte „Reichsvertretung“, da die Abgeordneten Ungarns und seiner Nebenländer (mit Ausnahme von Siebenbürgen nach 1863) die Rechtsgültigkeit der Februarverfassung nicht anerkannten und dem Reichsrat daher fernblieben.

In der sich mit der inneren Entwicklung „Deutschlands“ im 19. Jahrhundert beschäftigenden historischen Forschung, sei es in der Bundesrepublik und der DDR oder in den nichtdeutschen Ländern, ist auch heute noch immer eine meist als selbstverständlich betrachtete preußisch-kleindeutsche Absteckung des geographischen Blickfeldes und der Wissensinteressen vorherrschend[43]. In Anbetracht dieser Sachlage ist es selbst im Rahmen dieser Einführung ratsam, zum besseren Verständnis der von Berger, Brinz und Rechbauer gegenüber der großdeutschen Sammlungsaktion von 1862 eingenommenen Haltung die von diesen Persönlichkeiten symbolisierten politischen Gesinnungs- und Interessengruppen zu deren parlamentarischer Organisation in Beziehung zu setzen.

In dem aus ca. 200 Mitgliedern sich zusammensetzenden Abgeordnetenhaus des Reichsrats gehörten Brinz und Rechbauer zur deutschliberalen Mehrheit, die in der Geschichte unter dem Namen „Verfassungspartei“ fortlebt, da sie die Februarverfassung als Rechtsgrundlage und politischen Ausgangspunkt für den Ausbau eines freisinnigen Regierungssystems anerkannte. Der Kern der gesellschaftlichen Träger der „Verfassungspartei“ und damit der deutschliberalen Reformbewegung, die nach dem Abwirtschaften des Neoabsolutismus und der rückwärts gewandten Verfassungsprojekte der Landmagnatenaristokratie von der hohen Staatsbürokratie als willkommener Bundesgenosse begrüßt wurde, war im wesentlichen mit der politischen Führungselite des städtischen Bildungs- und Besitzbürgertums identisch. Es waren Erfolgsmenschen, die dank fachlicher Begabung, persönlicher Tüchtigkeit und günstiger Zeitumstände in bezug auf politischen Status, Einkommen und Sozialprestige eine privilegierte Stellung einnahmen. Kollektiv bildeten sie als funktions- und standesbewußte Reichsratsabgeordnete den sichtbaren Mittelpunkt der politischen Prominenz der „zweiten Gesellschaft“, der die liberale Ideologie der individuellen Bewegungsfreiheit, des bürgerlichen Leistungsprinzips und Persönlichkeitskults auf den Leib zugeschnitten war.

Organisatorisch war die „Verfassungspartei“, die „Partei des kaiserlichen Österreichertums deutscher Nation“[44], nicht einmal eine parlamentarische, d. h. eine nur im Parlament bestehende „Partei“; sie war lediglich ein Konglomerat von in ständiger Umbildung begriffenen klubartigen Fraktionsgruppen und hin- und herpendelnder „Wilden“, wobei landsmannschaftliche Cliquenbildung und regionale Interessen eine sehr wesentliche Rolle spielten. Immerhin formierten sich in den Jahren 1861 und 1862 innerhalb der liberal-deutschösterreichischen Reichsratsmehrheit, die die Minderheit der Völker Österreichs „repräsentierte“, drei lose zusammenhängende Gesinnungsgruppierungen, wenn auch mit recht verschwommenen programmatischen Zielsetzungen und fließenden Grenzlinien: die sogenannten „Großösterreicher“, die nach ihrem Versammlungslokal „Union“ sich nennenden „Unionisten“ sowie die „deutschen Autonomisten“[45].

Die ausgesprochen gouvernemental eingestellten, von hohen Beamten und Großgrundbesitzern geführten „Großösterreicher“ bildeten den liberalkonservativen rechten Flügel. Die zahlenmäßig stärkere Gruppe der „Unionisten“, zu deren einflußreichsten Mitgliedern der völlig in Vergessenheit geratene Professor Brinz gehörte[46], setzte sich aus wohltemperierten antidemokratischen Altliberalen zusammen, deren konstitutionelle Mitentscheidungsansprüche hinter denen der preußischen Abgeordnetenmehrheit weit zurückblieben. Die dritte, zwar zahlenmäßig kleinste, jedoch innerlich geschlossenste, zugleich aber auch politisch weitsichtigste Gruppe war die der „Autonomisten", die gegenüber dem Ministerium Schmerling eine entschieden kritische Stellung einnahmen und für demokratische Bestrebungen Verständnis hatten. Zu ihnen, der Linken der „Verfassungspartei", gehörte Rechbauer, ideologisch aber auch Berger, wenn auch damals noch kein Reichsratspolitiker[47].

Nur zwischen den „Großösterreichern" und „Unionisten" einerseits und den „Autonomisten" andererseits gab es verhältnismäßig scharf sich abzeichnende politische Trennungslinien grundsätzlicher Art. Die „Autonomisten" waren nicht nur durch eine viel weniger kompromißbereite Haltung in der Verfolgung verfassungspolitischer Erneuerungsbestrebungen gekennzeichnet: durch die unzweideutige Ablehnung der absolutistischen und ständisch-hierarchischen Strukturelemente des „unvollendeten Verfassungsstaats" und die Forderung nach Kompetenzerweiterung der kommunalen Selbstverwaltung und der Landtage sowie nach Verbreiterung der gesellschaftlichen Basis der politischen Repräsentation. Vor allem nahmen die „Autonomisten" eine Sonderstellung aufgrund ihrer Haltung in der ungarischen Frage ein, die in das Zentrum der nach 1859 erneut akut gewordenen inneren Staatskrise der Habsburgermonarchie gerückt war. In bezug auf dieses Kernproblem führten die „Autonomisten" einen Zweifrontenkrieg gegen den intransigenten Reichszentralismus der „Großösterreicher" und der „Unionisten" wie gegen den pluralistischen Föderalismus der Reichsratsminderheit, die sich aus den Slawischnationalen, den konservativen Klerikalen der deutschen Alpenländer und der altkonservativen Fraktion des adligen Großgrundbesitzes zusammensetzte – eine recht disparate Koalition, jedoch einmütig in dem Verlangen nach einer ausgesprochen föderalistischen Verfassungsordnung für die Gesamtmonarchie. Die „Großösterreicher" und die „Unionisten" dagegen wollten an der politischen, wirtschaftlichen und kulturellen Hegemonie der deutschen Nationalität im Habsburgerreich nicht rütteln lassen und identifizierten sich daher mit der Schmerlingschen Idee vom zentralistischen Einheitsstaat.

Auch die „Autonomisten" waren alles andere als Vorkämpfer einer auf dem Gleichberechtigungsprinzip beruhenden demokratischen Nationalitätenpolitik. Sie waren jedoch realistisch genug, um zu erkennen, daß ohne Lösung des österreichischen Reichsproblems durch Aufbau eines dualistischen Gesamtstaats nicht einmal in der zisleithanischen Reichshälfte die Vormachtstellung der Deutschen einigermaßen stabilisiert werden könne. Sie propagierten eine Erneuerung auf der Grundlage des historischen und staatsrechtlichen Dualismus der deutsch-slawischen Erblande und Ungarns. Sie vertraten das für den politischen Entscheidungsprozeß so zukunftsreiche Programm des friedlichen Ausgleichs mit Ungarn auf dem Vereinbarungswege und entwickelten daher auch in der deutschen Frage eine eigene Auffassung[48].

Diesen zeitgeschichtlichen Hintergrund muß man im Auge behalten, um die feinen Schattierungen gebührend einzuschätzen, wie sie in der brieflichen Reaktion von Berger und Rechbauer im Kontrast zu Brinz (Nr. 19, 25, 26) auf Fröbels großdeutschen Sammlungsruf zum Ausdruck kommen. Im Gegensatz zu dem bayrischen Neuösterreicher Brinz, der einen konservativ-altliberalen Landsmann wie den Freiherrn Gustav v. Lerchenfeld, den künftigen Vorsitzenden des „Deutschen Reformvereins", „liberal genug" fand (Nr. 19), zogen sich Berger und Rechbauer, wenn auch schweren Herzens, von aktiver Unterstützung zurück, und zwar nicht nur deshalb, weil ihnen der zur Diskussion stehende dürftige Bundesreformplan als unvereinbar mit ihren politischen Freiheitsbestrebungen erschien. Nicht weniger entscheidend war ein zweites, nur verschwommen angedeutetes Moment, nämlich die Tatsache, daß ihr deutsches Volks- und Kulturgemeinschaftsempfinden mit ihrem österreichischen Staats- und Reichsbewußtsein und ihre Sympathien für die großdeutsche Idee mit ihrem deutsch-österreichischen Nationalitätsinteresse in Konflikt gerieten. Ihr großdeutscher politischer Nationalismus war mehr mit der Deutschenfrage im Vielnationenstaat als mit der Deutschlandfrage beschäftigt. Demgemäß waren sie mehr an dem dualistischen Ausgleich mit Ungarn und der Verfolgung deutsch-österreichischer Nationalitätenpolitik als an nationaler deutscher Politik interessiert, weil, wie Rechbauer einmal bekannte, „nur dann, wenn jenseits der Leitha die Magyaren die maßgebende Nation sind, diesseits die Deutschen ihre hervorragende Stellung sich wahren können"[49].

Das „Dritte Deutschland" ist in dem nachfolgenden Briefwechsel durch drei mittelstaatliche Landespolitiker und passionierte württembergische Territorialpatrioten vertreten, die seit langem in der gegen die herrschenden Gewalten ihres Heimatlandes gerichteten politischen Freiheitsbewegung eine Führungsrolle gespielt hatten. Diese Personengruppe setzte sich aus den Stuttgarter Rechtsanwälten Rudolf Probst (1817–1899) und Siegmund Schott (1818–1895) – sie gehörten zum demokratischen Flügel der liberalen Regierungsopposition – sowie dem mehr eigensinnigen, aber auch interessanteren Privatgelehrten, Wirtschaftspublizisten und ehemaligen Obersteuerrat Moritz Mohl (1802–1888) zusammen. Mitglieder des akademisch gebildeten Besitzbürgertums, die – im Einklang mit den damals vorherrschenden sozialen Rekrutierungsnormen der parlamentarischen Führungsauslese – der alteingesessenen schwäbischen „Ehrbarkeit" entstammten, waren sie bereits seit 1849/50 „permanente" Abgeordnete der aufgrund des exklusiven Klassenwahlrechts von 1819 gewählten zweiten Kammer des württembergischen Landtags[50].

In ungebrochener Kontinuität und in enger persönlicher Berührung hatten Mohl, Probst und Schott über einen relativ langen Zeitraum hinweg praktische politische Erfahrungen in ihrem Heimatstaat sammeln und als Wortführer liberaler Freiheits- und parlamentarischer Mitentscheidungs- und Kontrollrechte ihren politischen Ruf fester begründen können, ehe sie zu Beginn der 1860er Jahre als aktive Interessenten großdeutscher Sammlungsbestrebungen auf nationaler Ebene in das Licht der Öffentlichkeit rückten.

Das geschah vornehmlich durch das Medium der Abgeordnetentage, die damals eine beliebte Form der politischen Kundgebung und Koordination für Landespolitiker wurden, denen daran gelegen war, über ihre einzelstaatliche Operationsbasis hinaus Einfluß auf die politische Willensbildung zu gewinnen. Gehörte es doch zu den Charaktermerkmalen der politisierten Minorität des Honoratiorentums, daß ihre Vertreter an würdevollen Werbemethoden interessiert waren – ein Agitieren unter den „Massen" kam überhaupt nicht in Frage – und möglichst unter ihresgleichen tagen wollten, um sich persönlich genauer kennen zu lernen und mit rationalen Argumenten im rhetorischen Florettkampf gegenseitig zu belehren und zu überzeugen. Zur Lebenswirklichkeit der politischen Prominenz gehörte dabei auch nicht selten ein von Eitelkeit nicht freier persönlicher Ehrgeiz und gesellschaftlicher Geltungsdrang. So mancher, der wenig oder nichts von Belang zur Sache zu sagen hatte, aber das Schwadronieren gelernt hatte, wollte durchaus mit „dabei sein", nicht „übergangen", womöglich „konsultiert" werden, sich auf dem Podium bemerkbar machen und seinen Namen in der Zeitung lesen.

Die profilierteste und spannungsreichste, aber auch angesehenste Persönlichkeit des „Stuttgarter Trios" ist zweifellos Mohl, ein knorriger, rechthaberischer Kämpfer, in eingeweihten Kreisen als „unbequemer Kollege" bekannt[51]. Auch in unserer Briefsammlung tritt er bezeichnenderweise unter den teilweise blassen Randfiguren als ein Mann von Format hervor. Mohl war ein alter „1848er", der sowohl dem Vorparlament wie der Paulskirche angehört hatte, wo er im allgemeinen mit der gemäßigten Linken stimmte und für die Idee der „Vereinigten Staaten von Deutschland" unter Führung des österreichischen Kaisertums sich einsetzte. Des Bürokratendaseins satt geworden, die persönliche Unabhängigkeit und politische Freiheit liebend und bis zu seinem Lebensende für sie kämpfend – ein Erfolgsanbeter ist er nie geworden –, quittierte Mohl im Jahre 1848 den Staatsdienst. Seitdem war er ein von „unverdientem" Einkommen lebender Rentner, in Wirklichkeit ein für seine politischen Ideale lebender, unermüdlich aktiver „Berufspolitiker" *sui generis*, der als parlamentarischer Kommissionsberichterstatter sich abrackerte und publizistische Waffen für den politischen Tageskampf schmiedete.

Klassenbewußter Adelsfeind, der die Furcht nich los wurde, daß „der Adel schon dafür sorgen wird, daß er Deutschland für immer in seine Krallen bekommt" (Nr. 28); Hasser des Borussentums, der der Möglichkeit einer Verpreußung Deutschlands mit Horror gegenüberstand; Schutzzollfanatiker, jedoch gleichzeitig kompromißloser Verteidiger des freien Spiels der Erwerbsinteressen und Bekämpfer der politischen Mitbeteiligungs- und sozialen Gleichberechtigungsansprüche der Lohnarbeiterschaft –, das war die soziale und politische Grundeinstellung des charaktervollen Mannes, dessen Wirksamkeit und Ruf auf *nationaler* Ebene in seiner militanten Rolle als national- und wirtschaftspolitischer Propagandist und in seinen hervorragende Sachkenntnis verratenden zahlreichen Veröffentlichungen zu Problemen der zeitgenössischen Zoll-, Handels-, Gewerbe- und Finanzpolitik verankert war. In einer Zeit, die bürokratische Großorganisationen im Bereiche des politischen Partei- und Verbandswesens noch nicht kannte und in der es noch zu den Wesensmerkmalen des Notabelnpolitikertums gehörte, daß die Ausübung von Elitefunktionen im öffentlichen Leben als ehrenamtlicher Nebenberuf betrieben wurde, nahm Mohl insofern eine Ausnahmestellung ein, als für ihn *de facto* seit 1848 das Leben *für* die Politik zum unbezahlten, mit chronischer Überstundenarbeit belasteten Hauptberuf geworden war.

IV.

Die vorstehenden einführenden Bemerkungen verfolgten nicht den Zweck, den begriffs- und realgeschichtlichen, geschweige denn den angeschnittenen politologischen und soziologischen Problemen nachzugehen, die ein heute lebender Forscher, je nach seinen Erkenntnisinteressen, in dem nachfolgenden Briefwechsel beachtenswert finden mag. Würde es doch z. B. eine größere Untersuchung erfordern, um auch nur, unter Bezugnahme auf das vorliegende Material und unter Heranziehung zusätzlicher Quellenzeugnisse und Berücksichtigung der Lebens- und Zeitumstände, einigermaßen präzis die semantische Vorfrage zu klären, was unsere Korrespondenten unter den vieldeutigen Begriffen „Deutschland", „großdeutsch", „kleindeutsch", „deutsche Nation", „staatliche Einigung der Nation", „Volk", „Partei", „Demokratie" sich eigentlich vorgestellt bzw. nicht gemeint haben.

Es sollte in der „Einführung" lediglich der historisch-politische Situationshintergrund des von Fröbel in Gang gebrachten großdeutschen Sammlungsunternehmens von 1862 angedeutet werden, dessen unmittelbarer Zweck die Bildung und Organisation einer überregionalen nationalpolitischen *pressure-group* und die kollektive Propagierung eines akut gewordenen Aktionsprogramms zur Bundesreform war. Denn es war die Konfrontation mit dieser spezifischen Streitfrage praktischer Politik, die die in wenigen Augenblicken endlich selbst zu Worte kommenden Diskussionspartner zur Überdenkung ihrer politischen Grundhaltung, zu zwiespältigen politischen Wert- und Willensentscheidungen und infolgedessen zu ungleichartigem politischen Verhalten veranlaßte.

Vor allem aber ging es mir bei dem politischen Elitekreis, der hier zu einer internen Auseinandersetzung sich zusammen gefunden hat, darum, die Mitbeteiligten vorzustellen. Es sollte in personen- und sozialgeschichtlicher Sicht der Blick vornehmlich auf die Vielfalt des *Honoratiorenpolitikertums*, erst in zweiter Linie auf die divergierenden großdeutschen Sammlungsbestrebungen *per se* gelenkt werden. Und da keine Schablonenmenschen, sondern ausgeprägte Persönlichkeiten an der Debatte teilnahmen, so mußten ihr politischer Werdegang und Wirkungsrahmen und somit auch ihre einzelstaatlichen Bindungen veranschaulicht und erläutert, auf Unterscheidungsmerkmale und Richtungsgegensätze aufmerksam gemacht und die Frage der kollektiven gesellschaftlichen Zugehörigkeit aufgerollt werden. Bietet doch gerade die bunte Vielfalt und der Nuancenreichtum ihrer politischen Gedanken- und Gefühls-, Wert- und Interessenwelt ein Spiegelbild, das nicht nur für *diese* Stimmführer der Schicht der akademisch gebildeten Honoratioren charakteristisch ist. Denn die hier sichtbare Aufspaltung ist erst recht bezeichnend für die Differenzierung des in allen möglichen Farben schillernden Freiheits- und Autoritäts-, Sozial- und Nationalbewußtseins der aus dem nichtbürokratischen Bildungsbürgertum, dem höheren Beamtentum, den städtischen Unternehmer- und Kapitalistengruppen sowie aus Teilen des Großgrundbesitzertums sich rekrutierenden politischen Elite des in pluralistischen *liberalen* Gesinnungs- und Interessentraditionen verwurzelten Flügels der nationalpolitischen Reformbewegung überhaupt, ob er nun „großdeutsch" oder „kleindeutsch" orientiert war – Kategorien, die sich in Anbetracht der Labilität der Übergänge in der politischen Lebenswirklichkeit oft als unzureichend oder gar irreführend erweisen.

Widersetzen sich auch, wie gesagt, die „störrischen" Mitglieder der um Fröbel und Rodbertus gescharten Personengruppe schematischer Eingliederung, so erweisen sie sich dennoch bei näherer Prüfung, ohne daß ihrer individuellen Eigenart Gewalt angetan wird, als Repräsentanten gewisser Typen innerhalb eines bestimmten Segments des Honoratiorenpolitikertums. Denn es handelt sich um Vertreter der abseits von den herrschenden Regierungen (mit Ausnahme von Fröbel) und von den Eliten der Wirtschaft[52], der Verwaltungs- und Justizbürokratie, des Militärs und der Kirche, aber auch abseits von den „Ungebildeten" und „Halbgebildeten" stehenden, auf humanistischen Gymnasien und Universitäten wissenschaftlich geschulten, nichtbeamteten, meist in den sogenannten freien Berufen tätigen und in behäbigem Wohlstand lebenden *reformerischen* Intelligenz, die in der turbulenten revolutionären Bewährungsprobe von 1848 einen traumatischen Schock erlitten hatte und seitdem von „Rebellion" oder Gewaltakten von oben nichts mehr wissen wollte.

Es waren Notabeln, die aufgrund ihrer Bildung, ihres persönlichen Rufes, ihrer wirtschaftlichen Unabhängigkeit, angesehenen gesellschaftlichen Rangstellung und ihrer gewandelten politischen Neigungen, Ideale, Interessen und Verhaltensnormen sich besonders dazu berufen und verpflichtet fühlten, im Schatten der machtbesitzenden konservativ-autoritären Regierungen und im Einklang mit dem nach 1849 wieder vorherrschenden obrigkeitsstaatlichen und elitären Politikbegriff des „von oben nach unten" eine vermittelnde Haltung einzunehmen und ihre Führungsansprüche im Prozeß der politischen Arbeitsteilung mittels „moralischer Eroberungen" zur Geltung zu bringen. Bei aller Verschiedenartigkeit der politischen Anschauungen im einzelnen, hatten sie als Wortführer der Neugestaltung des *nationalen* politischen Lebens doch ein gemeinsames Rollenbewußtsein. Sie betrachteten es als die ihnen angemessene Wirkungssphäre, vornehmlich durch intellektuelle Aufklärungsarbeit sowie anstands- und niveauvolle Agitation, mit dem Blick auf die politisch relevanten gesellschaftlichen Kräfte – und das waren damals in der Hauptsache die Bildungs- und Besitzschichten –, bei der Formierung und Artikulierung der öffentlichen Meinung und der nationalpolitischen Willens- und Urteilsbildung, die *hier* im Mittelpunkt der Diskussion steht, richtungweisend einzuwirken in der hoffnungsvollen Erwartung, ihre Ansichten über „das, was uns noch retten kann", zu den herrschenden Meinungen machen zu können. In der politische „Anmaßung" mit Bescheidenheit verbindenden, geradezu klassischen Fomulierung des sozialradikalen Rodbertus: „*Wir* haben ja nur die *Grundzüge* des großdeutschen *Zieles selbst* zu zeichnen und festzustellen, und dann durch die Vehikel der öffentlichen Meinung dem Volke plausibel zu machen. Wir können hiebei selbst bis zur Verarbeitung derselben zu einem ausführlichen Entwurf gehen, allein den Operationsplan zu dessen Verwirklichung ... stellen wir, wie mir scheint, am besten den Regierungen anheim. Und auch diese werden sich doch wahrscheinlich erst unter der Hand einigen und schließlich den Bundestag dazu gebrauchen, um gleichsam das nationale und internationale Siegel unter das bereits Vereinbarte zu setzen."

Die Bedeutung der nachfolgenden, ungleichwertigen Briefe beschränkt sich nicht auf den unser Wissen bereichernden biographischen und ereignisgeschichtlichen Informationsgehalt. Sie besitzen, ohne sie überfordern zu wollen, einen über das Vordergründige und Episodenhafte hinausgehenden Aussagewert. Fehlt es doch neben belanglosen Randbemerkungen und zeitgebundenen Höflichkeitsfloskeln nicht an Streiflichtern, die die Aufmerksamkeit des Lesers, der noch in Ruhe zu lesen vermag und die Handhabung der philologisch-kritischen Methode noch nicht verlernt hat, auf unübersehbare Nahtstellen, Richtungsanzeiger und umfassende Sinnzusammenhänge lenken. Bei genauerer Bekanntschaft werden in unseren Korrespondenten in ihrer Eigenschaft als ideelle Bannerträger und politisch engagierte Exponenten zeit- und raumbedingter Strömungen, Kräfte und Interessen kaleidoskopische Qualitäten sichtbar. Je nach dem Gesichtswinkel, der Fragestellung und dem Erkenntniszweck, die ein Historiker oder Sozialwissenschaftler im Auge hat, wenn er die Toten wieder zum Sprechen zu bringen und zu Erläuterungen ihres schriftlich niedergelegten Selbstverständnisses zu animieren versucht, verändern sich die Relevanz und der Sinn ihrer Seh- und Denkweise, ihrer Argumente, Bekenntnisse, Urteile, Forderungen, Warnungen, Erwartungen und Handlungen, aber auch der Begriffe und Worte, deren sie sich bedienen.

Die Quellen

1. Unbetitelte Denkschrift von Rodbertus, datiert „1859"

Man hat die Frage gestellt: „Was hätte die gouvernementale Presse gegenüber der jetzigen Sachlage zu tun gehabt und weshalb hat sie dieser Aufgabe nicht entsprochen oder vielmehr nicht entsprechen können?"

Wenn ich die Beantwortung dieser Frage versuche, so will ich allenthalben nur den Maßstab der *praktischen* Erfahrungen versuchen, wie ich sie unter zwei sich folgenden Ministerien Arnim und Bodelschwingh machen konnte, und gehe zu gleicher Zeit von der Überzeugung aus: daß jeder Organisationsversuch mißlingen und mehr Schaden als Nutzen herbeiführen muß, wenn man sich nicht endlich in Berlin die *volle Wahrheit*[53] über die Presse ungeschminkt sagt und energisch danach handelt.

Bei der Vorfrage, ob eine Organisation der gouvernementalen Presse auch jetzt noch notwendig sei, will ich mich nicht aufhalten, weil die maßgebenden Staatsmänner darüber einig sind. Zudem hat sich diese Notwendigkeit erst neulich wieder recht deutlich in Frankfurt herausgestellt, wo das österreichische Gouvernement in bestimmter nachgewiesener Art durch die wohldirigierte Presse eine öffentliche Meinung wenn nicht erzeugt, doch auf seine Zwecke hindirigiert und geleitet hat. Preußen aber hat, weil es ohne richtige Vertretung war, seinen Staatsinteressen in Süddeutschland geschadet und Terrain verloren.

Das Bedürfnis nach einer Organisation ist vorhanden; was ist dafür geschehen, seit die Verhältnisse sich geändert haben? Man hat das ganze frühere System als unnütz und schädlich fallen lassen. Man hat aber auch – allzuschnell – die nach jahrelangen Kämpfen endlich eroberte etatsmäßige Fundierung der Presse zurückgestellt.

Damit fehlen die Mittel zu einer neuen Organisation; es fehlt aber noch mehr; es fehlen die rechten Anschauungen und die rechten Leute; denn daß die Zeit gefehlt, wird sich nicht dauernd als Entschuldigung brauchen lassen. Man hat neue Absichten; ich zweifle aber an ihrem Erfolg, weil man keine neuen Ansichten hat, oder vielmehr weil überhaupt die *Unbefangenheit* fehlt, die zu einer Organisation der Art absolut notwendig ist.

I.

Vor allen Dingen (und das ist nicht geschehen und wird erst nach langen anderweitigen Versuchen geschehen müssen), vor allen Dingen muß eine gouvernementale Presse, die wirksam sein soll, *jedem Einfluß und noch mehr jeder Abhängigkeit von der Bürokratie entzogen werden und bleiben.*

Unsre preußische Bürokratie hat seit 1842 ernstlicher gefühlt, daß sie sich der Einwirkung der Presse nicht mehr ganz entziehen konnte. Sie hat deshalb zu gleicher Zeit Krieg gegen diese Erscheinungen geführt und zu gleicher Zeit versucht, die Presse zu einem bürokratischen Institut umzuformen und der Polizei dienstbar zu machen. Sie hat die Presse gehaßt und doch damit geliebäugelt; sie war feige vor ihr und insolent gegen sie; sie ließ sich wohl selbst überraschen und wagte einen Angriff; aber sie ließ sich immer schlagen, weil sie nicht wagte, den Angriff zu verdoppeln; die Bürokratie liberalisierte ja selbst zum Schein und mußte erst 1848 geheilt werden. Im großen und ganzen zwang die Bürokratie, welche ihrer Natur nach immer in der Defensive stehen wird, *ihre eigene Presse verkehrter-, wenn auch natürlicherweise auch zur Defensive* und damit zur Untätigkeit ihrer bessern, und zur Scheintätigkeit ihrer oft sehr unbrauchbaren Kräfte. Gewohnt sich ums Detail zu kümmern, sollte auch ihre Presse nach jedem Quark schlagen und wurde zum abgeschmackten Berichtigungsbüro[54]. Das Resultat war endlich ein Zeitungsbüro (!)[55] mit winzigen Formen, winzigen Mitteln, winzigen Geistern; und eine leblose Zeitung[56], welche dem Ansehen der Regierung durch Langeweile schadet; wie alles Unnütze fortwährend Verlegenheiten bereitete und *das Gouvernement selbst in den Verdacht der Improduktivität gebracht hat.*

Dazu kommt ein zweiter Mangel. Sobald die Presse dem Einfluß der Bürokratie unterworfen wird, muß auch die Frage entstehen, *zu welchem Ressort sie gehört*. Damit entsteht aber ein heftiger und geheimer Kampf der Ressortminister, eine allgemeine Zusammenhanglosigkeit, ein Minenkrieg im eigenen Rayon, und die Möglichkeit, daß in derselben Sache, wo eine Taktlosigkeit oder ein Versehen leicht zu beseitigen wäre, gerade so viel Torheiten gemacht werden, als Ministerien da sind. Das Odium fällt aber immer auf das Gouvernement als Ganzes, da sich das Publikum durchaus nur eine gouvernementale Presse denken kann. Dieser Mißstand ließe sich durch eine Geschichte der Kämpfe zwischen dem nüchternen Ministerium des Innern und dem ideenüberreichen Ministerium des Geistlichen unter Arnim und Eichhorn reizend illustrieren.

Dazu ein dritter Mangel. Eine gouvernementale Presse muß unterrichtet sein, wenn sie wirksam sein soll. Bei einer bürokratischen Beeinflussung (deren Wesen das Geheimnis und deren Mode die Geheimtuerei ist), *ist aber ein Unterrichtetsein unmöglich*, schon weil jedes Ressort vor dem andern geheimtut. Es ist ein Faktum, daß in den vierziger Jahren das Ministerium des Innern gezwungen war, nur um notdürftige Nachrichten aus andern Ministerien zu erhalten, den betreffenden Subalternbeamten dafür Geldbelohnungen zu zahlen. – Dieses Unterrichtetsein ist aber von der äußersten Wichtigkeit. Denn z. B. die einst so wichtige Augsburger Allgemeine Zeitung nahm von Oestreich *alles* auf, weil man ihr hundert verlaßbare Einzelnachrichten zukommen ließ, ehe man ihr einen Leitartikel aufnötigte, der ihr nicht schmeckte. Wir konnten nie so verfahren und mußten schließlich in plumper Weise verbieten. So ist es heute noch.

Dazu ein vierter Mangel. *Wegen des Einflusses der Bürokratie auf die Presse geht kein Schriftsteller von Talent heran* oder er wendet sich in kurzem ab. Das Gouvernement hat über keine Kräfte in dieser Beziehung zu verfügen. Die Bürokratie betrachtet den Publizisten noch als Bönhasen und halben Tunichtgut, und ist ängstlich bemüht, statt ihm Tor und Riegel zu öffnen, beides zuzuschließen. Er soll unter der Fuchtel bleiben und tägliche Pensa abarbeiten. Gewöhnliche Köpfe sind die gesuchtesten, denn sie arbeiten fürs Brot und machen keine Ansprüche. Seltsame Logik! Man ruft einen Schriftsteller her, weil er das Geheimnis des Stils kennt, und er muß sich von denen kontrollieren und korrigieren lassen, welche ihn herrufen, weil sie das Geheimnis nicht kennen. Statt ihm die Motive anzugeben und die Tatsachen mitzuteilen, läßt man ihn Motive und Tatsachen erraten, korrigiert ihm aber gerade das, was der Bürokrat nicht versteht –, den Stil. Dazu ist die Bürokratie für Preßzwecke geizig und sorgt für die nicht, die sich ihr hingeben. Z. B. die Art, wie das Zentralbüro aufgelöst wurde, rechtfertigt sich nicht.

II.

Man ist, abgesehen von dem Einfluß der Bürokratie, in Preußen unklar über das Verhältnis der gouvernementalen Presse zur Politik. Noch ist die Täuschung fast allgemein, daß die Politik des Gouvernements und die gouvernementale Presse zwei sich deckende Flächen sein müssen. Damit hat diese Presse zu enge Grenzen und ist zur Unfruchtbarkeit verdammt. – Die Politik wirkt durch Tatsachen auf einen viel verschlungenen Komplex von Tatsachen; die Presse wirkt selten durch Tatsachen, sondern durch Ideen und Phrasen auf die Leidenschaften der Menschen. Die Politik muß alle Motive, die in einer Tatsache liegen, ergründen und alle berücksichtigen; die Presse ist, richtig geleitet, meist nur durch *ein*, die Gemüter zu rechter Zeit treffendes Motiv wirksam. Die Politik arbeitet mit der vollendeten Tatsache; sie stellt etwas Festes, Praktisches in die Mitte; die gouvernementale Presse hat die Pflicht, die dieser Tatsache (vor ihrer Vollendung) zugrunde liegende Idee in den Menschen vorzubereiten. Die Idee aber, die weniger enge Grenzen hat als die Tatsache, muß ganz anders, lebhafter, unbefangener und unkontrollierter auftreten. Die Politik schweigt und handelt; die Presse plaudert aus, was aber keine Indiskretion einschließt, da sie redet, bevor die Idee zur Tatsache geworden ist. Die Presse bedeutet das Werdende, was man jeden Augenblick noch zurückstellen oder fallen lassen kann. Die Presse *wiederholt*, das ist das Geheimnis ihrer Wirkung.

III.

Die Behandlung der preußischen gouvernementalen Presse leidet ferner daran, daß die sie bestimmenden Staatsmänner nicht unterscheiden, wie ganz anders die gouvernementale Presse für innere und wie ganz anders sie für äußere politische Fragen verwendet werden muß. Man hat seither ein Hauptgewicht darauf gelegt, daß die gouvernementale Presse auf *innere* politische Fragen wirken sollte. Damit kam es zu den größten Mißständen, denn bei den engen Grenzen, welche die bürokratische Behandlungsweise der Presse steckte, wurde das Gouvernement viel zu sehr für verantwortlich für seine Presse gehalten; man hielt die gouvernementale Presse im Innern für *Partei*, und da diese Parteistellung vom Gouvernement vermieden werden mußte, sank seine Presse immer tiefer zum Berichtigungsbüro. Man wird gewiß keinen Fortschritt machen, wenn man nicht als Maxime aufstellt: *daß sich die gouvernementale Presse hauptsächlich nur mit* äußerer Politik zu befassen hat. Denn jede Presse ist ihrem Wesen nach *Partei* und trägt den Stempel der Partei. Nach außen ist aber auch jeder Staat und jede Regierung Partei; deshalb kann ihre Presse tätig sein. Nach innen aber ist die Regierung nicht Partei, kann also auch ihre Presse (die stets Partei ist) nicht durchweg benützen, als zur Vorbereitung, zum Auswerfen, von ballons d'essai oder zum Dazwischenwerfen von ableitenden Fragen oder Phrasen. Zur Diskussion innerer Fragen ist die gouvernementale Presse ungeeignet; das besorgen schon die Parteien; die Regierung hat sich nur durch die Tatsache und vor den Kammern zu verteidigen. Namentlich müssen systematische Berichtigungen vermieden werden, denn sonst ist das Gouvernement in der Hand jedes unnützen Skriblers, der eine unnütze Behauptung aufzustellen für gut findet. Wirksame Berichtigungen können nur von der betreffenden technischen Behörde ausgehen.

Aus allem dem Gesagten schließe ich:

1. Die preußische gouvernementale Presse braucht eine ganz neue Organisation.
2. Diese Organisation kann weder in einer bürokratisierten Preßzentralstelle noch in einer zum voraus totgeborenen offiziellen oder offiziösen Zeitung bestehen. Es muß eine Organisation der besten publizistischen Kräfte sein, die ihre Hände in allen wichtigen Zeitungen haben und auf jeden gerade wichtigen Punkt dirigiert werden können. Die Einrichtungen Louis Philipps waren darin musterhaft.
3. Diese Organisation kann sich nur unmittelbar an das Kabinett des Ministerpräsidenten, höchstens an den Minister des Auswärtigen knüpfen und darf hauptsächlich nur auf auswärtige Politik gerichtet werden.
4. Diese Organisation kann nur von einem Manne ausgehen, der direkt und niemand sonst untergeordnet ist als dem Ministerpräsidenten oder Minister des Auswärtigen.
5. Die Ressortminister dürfen gar keinen Einfluß auf diese Organisation haben. Sie mögen ihre Berichtigungen auf eigene Gefahr ergehen lassen.

6. Es muß im Staatsministerium selbst vorgesehen werden, daß die gouvernementale Presse regelmäßig Mitteilung wichtiger Tatsachen erhält und daß die Gesandtschaften, die sich nicht genug um die Presse bekümmern, zu gleichförmiger Wirkung in der Presse instruiert werden.
7. Vor allen Dingen ist jeder Dogmatismus ein für allemal von dieser Organisation auszuschließen, somit besonders alle Gelehrten von Fach.

2. Philipp v. Berg an Rodbertus

Köln, 16. Oktober 1859

Mit der herzlichsten Freude habe ich diesen Morgen eine kleine Notiz in der „Kölnischen Zeitung" begrüßt, die, der Spenerschen entnommen, andeutete, daß auch Sie mit dem Eisenacher Programm[57] nicht einverstanden sind. Ich habe so viel Abgleiten von politischen Überzeugungen gesehn, daß ich in der Tat jeden Tag zitterte, einen neuen Namen aus der Zahl der mir Befreundeten unter denen zu finden, die heute durch Agitation zu erreichen suchen, was sie vor zehn Jahren aus den Händen der Regierung anzunehmen sich weigerten und dessen Erreichung sie für unmöglich erklärten. Gezittert habe ich besonders Ihretwegen, da Sie kurz vor der Frankfurter Versammlung[58] in Süddeutschland waren, daß der Enthusiasmus so vieler trefflicher Männer Ihre kühlere Besinnung überwinden möchte, besonders weil ich wiederholt gesehn, wie Sie eine wohlbegründete bessere Überzeugung zu opfern imstande waren, um einer guten Absicht das fair play einer Probe zu erleichtern. Mit schwerem Herzen sah ich deshalb meinem Wiedereintritt in die politische Laufbahn entgegen; denn der Grund, warum ich diesen versucht, und die Losung, wodurch ich ihn erreicht habe, ist gerade meine Antipathie gegen die ganze Richtung, die sich in den nationalen Programmen ausspricht. Gerade weil die Gärung ganz Deutschland durchzieht, gerade weil die Stunde der Not eine harte Prüfung mit demselben angestellt und die Unzulänglichkeit seiner Zustände dem Blindesten aufgedrängt hat, glaube ich ein Einwirken fürchten zu müssen, das den größten Teil der Nation der Bewegung entfremdet und den Gegnern willkommene und mächtige Stützen zuführt. Besonders aber hielt ich eine solche Richtung, die unsere Regierung zu einseitigem Vorgehen drängt, für eine wesentliche Gefährdung unserer eignen innern Zustände. Unter diesen Umständen war es mir ganz besonders unangenehm, Männer von parlamentarischer Bedeutung, wie Unruh, Schulze, Grabow, bei einer Agitation beteiligt zu sehn, die durch diesen Umstand eine größere praktische Bedeutung zu erhalten schien, als ihrer Natur entspricht und als wünschenswert erscheint. Jetzt weiß ich, daß ich nicht allein stehe unter meinen politischen Genossen, und gestehe Ihnen gern, daß ich mit Ihrer Billigung gern die aller Übrigen entbehre. Das Entbehren einer solchen würde mich nicht wankend gemacht haben; aber meine Pflichterfüllung würde mir vielfach eine schmerzliche gewesen sein.

Meine Wahl[59], zu deren Annahme mich der Glaube gebracht, daß jetzt die rechte Zeit gekommen, und daß wir besser tun, als Einzelne einzutreten, hat durch die Art und Weise, wie sie zustande gekommen, eine große Bedeutung für die Provinz, wenn nicht für den Staat. Meine Wähler waren die größeren Gutsbesitzer (nicht der Ritterschaft) und die Geistlichen, und meine letzten Worte unmittelbar vor der Wahl:

„Ich wiederhole, daß ich es nicht als ein Merkmal guter katholischer Gesinnung erkenne, der Fraktion Reichensperger anzugehören, und daß ich derselben unter keiner Bedingung beitreten würde, und bitte Sie wohl zu erwägen, daß Sie Ihre Stimme demselben Manne geben oder versagen, der ich vor zehn Jahren gewesen. Eine Änderung meiner Ansichten und Bestrebungen ist nicht eingetreten, und habe ich in meiner politischen Tätigkeit nichts zu widerrufen, nichts zu bereuen."

Bei der Gegenkandidatur Kühlwetters[60], die erst bei Beginn der Wahl fallen gelassen wurde, halte ich nun den Erfolg für ein entschiedenes Zeugnis des Gelangens zu bessern Ansichten über unsere Vergangenheit von seiten derjenigen, die *ich* wenigstens früher als unsere entschiedensten Gegner gekannt ...

3. Rodbertus an Philipp v. Berg

Jagetzow, 18. Oktober 1859

[Dankt für den Brief und richtet Grüße aus von den Breslauer „Parteifreunden".] Niemand von uns hat daran gedacht, daß Sie zur Reichenspergerschen Fraktion gehen könnten, und als ich von Ihrer Wahl las, stand es fest in mir, daß die *deutsche Bewegung* Sie vermocht hätte, wieder ein Mandat anzunehmen. Hätte ich diese vor einem Jahr vorausgesehen, so würde ich damals gleichfalls keine Kandidatur abgelehnt haben, was nur deshalb von mir geschah, weil nach meinen Mitteilungen der liberalere Teil des Ministeriums auf so schwachen Füßen stand, daß einige Demokraten in der Kammer ihn gefährden konnten.

Eisenach ist nicht bloß Untreue, sondern auch Unsinn. Die Volkszeitung widmet meinem Briefe drei Leitartikel – mit persönlichen Komplimenten für mich –, die die logische Schwäche des Eisenacher Gebahrens sehr deutlich machen. Es läßt sich ganz kurz darauf erwidern: Eisenach - Frankfurt ist kein noch so kleiner Wiederanfang eines *Fortschritts* zur deutschen Einheit, nicht einmal ein *Umweg* dahin, sondern ein *Abweg*, der nie dahin führen kann. Ich bin noch zweifelhaft, ob ich in einem „Offenen Brief", den ich in den Buchhandel geben würde, antworten werde. Lediglich die Erwägung, daß ein Bruch in der Partei, der früh oder spät eintreten wird, heute noch *zu* früh kommen würde, kann mich davon abhalten. Sie müssen nämlich wissen, daß es in der Tat direkte Fäden gibt, die aus dem preußischen Ministerium nach Eisenach führen und daß ein paar der Unsrigen sich dazu hergegeben haben, deren Träger zu sein. Kirchmann und Hildenhagen[61] meinen nun geradezu, Nationalzeitung und Volkszeitung seien ebenfalls *gewonnen* worden; von der letzteren glaube ich es kaum, obgleich sie am passioniertesten eisenachisch ist, aber jedenfalls war der ziemlich zahlreiche Anschluß der Demokratie in den östlichen Provinzen eine *Überrumpelung*, der – als solcher wenigstens – durch meinen Brief, dessen Veröffentlichung ich *sehr gern* gesehen habe, jetzt Einhalt getan worden. Übrigens stehen wir beide nicht allein. Mir liegen Briefe von Waldeck, Kirchmann und Hildenhagen vor, die sich mehr oder weniger *indigniert* aussprechen. Die Breslauer haben zwar unterschrieben, aber Elsner schreibt mir einen langen Brief von Entschuldigungen und fügt hinzu, „die Bewegung versande". Philipps ist leider übereisenachisch, er will einen Krieg zwischen Nord- und *Süddeutschland* (sic!). Genug, die Eisenacher Bewegung zeigt, wie wenig politische Köpfe es in der Demokratie gibt, denn bei den Meisten ist sie doch nur ein Fehler des Kopfes und nicht des Herzens.

Ihre Wahl hat nun den Entschluß in uns festgestellt, zur Zeit der Session auf 4 Wochen nach Berlin zu kommen. Sie glauben nicht, wie wir uns alle freuen, Sie wiederzusehen. Niemals ist Ihnen im Leben jemand mit aufrichtigerer Herzlichkeit entgegengekommen, als ich es dann werde ... [Persönliches und Familiäres.]

In Berlin müssen wir eine Angelegenheit gründlich besprechen und ich möchte schon jetzt Ihre Aufmerksamkeit darauf lenken: die Gründung nämlich eines neuen Blatts, mit einem Ausschuß von Partei- oder Gesinnungsgenossen zur Seite, der über die Innehaltung des Programms wacht. So etwas wie Eisenach darf nicht wieder vorkommen ... [Nachschrift:]

Nach meiner Überzeugung ist es auch der Preußischen Regierung gar nicht mit Eisenach ernst. Nicht wegen der Schwerinschen Erklärung, – sie würde unter allen Umständen anders sprechen als sie denkt. Aber sie benutzt die Demokratie als Knecht Ruprecht; die Demokraten sollen die kleinen Kabinette treiben, damit diese zu Gunsten Preußens *und Östreichs* etwas an Bundesrechten aufgeben. Nun wäre ich mit diesem Zweck, faute de mieux, ganz einverstanden, aber ich will mich nicht als Werkzeug benutzen lassen und zugleich die Partei und mich ruinieren. Es wird Ihnen auch aufgefallen sein, daß die Führer der ehemaligen Gotaerschen Konstitutionellen, die doch heute der Regierung nahe stehen, sich von der Eisenacher Bewegung fern halten.

4. Rodbertus an Philipp v. Berg

Jagetzow, 19. Januar 1860

... Die alten Parteien sind doch alle in furchtbarer Auflösung begriffen, die Demokratie eingeschlossen! Der letzteren hat Eisenach den Rest gegeben. Es war auch ein starkes Stück, den *bis dahin festgehaltenen deutschen* Gesichtspunkt plötzlich zu verrücken und eine Vereinigung der demokratischen und konstitutionellen Partei durch Bildung eines neuen Fraktiönchens anstreben zu wollen. Als ob eine solche Vereinigung überhaupt möglich wäre! Die historische Demokratie von 1848 besteht allerdings nicht mehr, aber so wenig wie die konstitutionelle und selbst reaktionäre Partei aus jener Zeit; es mögen auch einzelne Elemente dieser alten Parteien sich nach dem Gesetz der Wahlverwandtschaften anders zu einander gezogen fühlen; dennoch wird eine demokratische Partei immer neu erstehen, denn sie bildet nicht einen bloßen vorgeschobenen Posten der Konstitutionellen, sondern ist ein eignes in der Natur des modernen Staats liegendes Partei*genus*, weil sie *sozial* tiefer greift als die Konstitutionellen. Freilich von dem, was sich heute als demokratisch breit macht, ist vieles nur freihändlerischer Kapitalist und selbst die, welche sich zu dem höheren Blödsinn des „Anarchie, nicht Panarchie" versteigen, sind nur graduell, nicht spezifisch von diesem verschieden. Weil aber dem so ist, ist es auch leicht möglich, wenn auch nicht in dieser

Session, doch in der nächsten Wahlperiode, daß sich zu der *rekon*solidierten Demokratie Elemente der früheren konservativen Partei gesellen. Nur müssen diese eben Neu*demokraten* werden. Ob Lehndorff und Renard[62] innerlich das Zeug hiezu haben, weiß ich nicht. Es gäbe aber ein Mittel, sie darin zu probieren. Sie, lieber Freund, werden nämlich der Meinung mit mir sein, daß die Manteuffelsche Partei noch heute den Staat verwalten könnte, wenn sie nicht, auch nachdem die „Revolution" bereits niedergeschlagen, im Großen und Kleinen immerfort das *Recht* gebrochen hätte. Ausgenommen auf dem Gipfel, sitzen aber noch alle Rechtsbrecher in ihren Stellen. Der Probierstein jenes sich demokratisch neigenden konservativen Grüßens hieße also: Purifikation der Verwaltung! Ob uns wohl jene Herrn um den Preis ihrer Vettern und Freunde neudemokratisch werden würden?

Sie schreiben, Sie wären *allein*. Das ist ja gut! Allein *fühlen* werden Sie sich nicht. Daß Sie zu keiner der bestehenden Fraktionen, auch zu der Vinckeschen nicht, getreten sind, hat mich unendlich gefreut. Sie sind dadurch in der glücklichen Lage, dem Ministerium Wahrheiten sagen zu können, ohne seinen Bestand zu gefährden, denn gestürzt darf auf keinen Fall werden. – Auch National- und Volkszeitung werden Sie hoffentlich keinen Einfluß auf sich gestatten. Beide sind nicht mehr, was sie waren. Sie scheinen, wie Demosthenes von den Athenern sagte, Alraune gegessen zu haben. Die eine läuft jetzt ohne alle Umstände Napoleon in den Rachen [?], die andre verfolgt im Grund dieselbe Richtung, nur mit der Geschwindigkeit gewisser Büßenden, drei Schritte vorwärts und dann wieder zwei zurück.

Sehr begierig bin ich auf Ihr erstes Auftreten und dann auch auf die Adreßdebatte, die diesmal wohl interessant werden wird. Sie sollten sich den Antrag auf Volksvertretung *beim Bunde* nicht entgehen lassen! Unterstützung finden Sie bei vielen Mitgliedern der jetzigen Rechten und der katholischen Partei. Schon mit dem bloßen Antrage, auch wenn er nicht durchginge, träfen Sie Eisenach ins Herz und stellten die Verbindung zwischen der nord- und süddeutschen Demokratie wieder her. Von dem bischen Ruhm, den Sie dadurch ernten würden, will ich gar nicht sprechen. – Zu erfahren, daß man in Ottweiler an mich gedacht hat[63], ist mir sehr interessant. Ich erhalte öfter vom alten Simon aus Trier[64] Mitteilungen. Hiervon schrieb er mir nichts. Er ist aber durch seinen Sohn Ludwig in Paris ebenfalls eisenachisch gefärbt. Denn Vogt-Simon begünstigen Eisenach, ohne selbst Eisenacher sein zu wollen, und zwar nicht um Preußen zu nützen, sondern lediglich, um Österreich zu schaden. Mir mißfällt dies Spiel im höchsten Grade und ich habe daher die Mitarbeiterschaft an einem Blatt, die mir aus Paris angeboten wurde, abgelehnt. – Der Wunsch, in der Kammer zu sein, ist mir jetzt schon oft gekommen. Ich liebe aber das „Drängeln" nicht.

5. Fröbel an Rodbertus

Kissingen, 23. Juni 1862

[Dankt für Rodbertus' Brief vom 16. d. M.[65]]

Mein hiesiger Aufenthalt ist schuld, daß ich im Moment außerhalb der Bewegung stehe, und erst schreiben muß, um Ihren Brief zu beantworten. Doch stimme ich mit

Ihrer Ansicht überein, daß die großdeutsche Partei entweder zahlreich oder nicht erscheinen muß, und daß sie vorher sich in sich selbst zu verständigen hat[66]. Ich selbst bin auch für das *Erscheinen*, in dem obigen „Entweder"–„Oder". *Zahlreich* zu erscheinen, steht in unserer Macht, wenn es ernstlich gewünscht wird. In Wien scheint man sich für jetzt noch abwartend und beobachtend zu verhalten, aber man wird *nicht* gegen die Bewegung sein, vielleicht sogar *sehr für* dieselbe.

Was die Verständigung innerhalb der großdeutschen Partei betrifft, so beruhen meine individuellen Anschauungen auf zwei Sätzen: 1. keine Revolution, sondern Reform; also 2. Umgestaltung in der Form einer Revision der Bundesverfassung.

Das ist mir das wesentliche. Je *weiter* man dann auf diesen Wegen kommen kann, um so lieber ist mirs. Ich bringe aber einen ganzen Teil meiner Wünsche den obigen beiden methodischen Forderungen, wenn es sein muß, zum Opfer. Mehr vermag ich für den Augenblick nicht zu sagen.

Wie lange werden Sie sich in Dresden aufhalten? Ich kenne gerade *dort* keinen Vertreter der großdeutschen Idee, ich müßte Ihnen denn den Herrn von Beust nennen. Es muß aber dort andere Leute geben, und sie müssen durch die Leute von der Redaktion des Adlers in Leipzig zu erfahren sein. Wenn Sie sich dort aufhalten, würde es doch gut sein, daß Sie außer dem Professor Wuttke[67] auch den Dr. Karl Reclam[68] sprächen, trotz einer ungünstigen Meinung, welche unser Freund Bucher über diesen Mann zu hegen scheint. Großdeutsch ist auch Dr. (Karl) Andres (der chilenische Konsul). Auch dieser kennt die Dresdener Elemente gut.

In Stuttgart habe ich nicht nur an Varnbüler[69], sondern auch an die beiden Männer geschrieben, welche in Frankfurt anwesend waren, Schott und Probst, welche in der Partei[70], als Demokraten, Varnbüler ergänzen. Mit diesen drei Namen ist die schwäbische großdeutsche Partei, soweit sie *liberal* ist, ganz zusammengefaßt.

6. Rodbertus an Fröbel

Jagetzow, 2. Juli 1862

Haben Sie Dank für Ihre Antwort vom 23. v. M. und erlauben Sie mir, gleich in die Sache selbst einzugehen, damit wir uns in der Verständigung, die Sie ebenfalls *vor* dem Besuch der Versammlung innerhalb der großdeutschen Partei für notwendig halten, schon näher treten können.

Ich knüpfe an Ihr Nr. 1 und 2 an.

Mit Nr. 1 bin ich ganz einverstanden. Dies charakterisiert ja aber die großdeutsche Partei, daß sie überhaupt nur oder doch wenigstens versuchsweise die Bundesreform auf legalem Wege anstrebt. Daraus fließen denn auch die materiellen Beschlüsse, die wir auf der Versammlung durchzusetzen versuchen müßten. Die ihnen zum Grunde liegenden näheren Gedanken, von Redaktion ist noch nicht die Rede, würden m. E. folgende sein: a) daß die Bestrebungen der Versammlung jedes Ziel verwürfen, das, bei dem gegenwärtigen eigentümlichen Staatenbestande Deutschlands, voraussichtlich nur durch Revolution oder Bürgerkrieg erreichbar sei, daß sich dieselben vielmehr auf das Maß solcher Reformen beschränkten, die im Wege friedlicher Verständigung *aller* Einzelstaaten ausführbar erschienen.

Vielleicht wäre hier noch folgender Zusatz zweckmäßig: b) daß, soziale Erschütterungen oder eine mit Machtvollkommenheit ausgestattete konstituierende Nationalversammlung vorausgesetzt, die gegebenen Umstände auch die Mitglieder der gegenwärtigen Versammlung bewegen könnten, nach einem anderen und höheren Ziele zu greifen.

Dieser Zusatz hat an sich kein Bedenken. Es widerspricht sich nicht, unter den gegenwärtigen Verhältnissen eine gemäßigte Reform, unter anderen eine viel weitergehende und durchgreifende Veränderung anzustreben, denn es kommt einem ja wesentlich nur auf die größere innere Vereinigung der Nation an, den *Grad* und die *Form* derselben *kann* man aber nur aus den *Umständen* schöpfen. Zudem würden manche stürmischere Gemüter, die sich sonst schwer zu a) entschließen dürften, mit diesem Zusatz ihr politisches Gewissen salvieren, indem sie sich für andre Umstände „freie Hand" vorbehielten. Wir würden also durch b) die Zahl der Zustimmenden zu a) vergrößern.

c) Daß es zu den unerläßlichen Grundbedingungen der angestrebten Reform gehöre, daß dieselbe *alle* deutschen Bundesstaaten *gleichmäßig*, nur mit gerechter Berücksichtigung der Verschiedenheit ihrer Machtverhältnisse, umfasse und einschließe.

Zu solchen unerläßlichen Vorbedingungen würde freilich noch mehreres gehören als das eben Angedeutete, aber die Frage wäre, ob wir uns in dieser ersten Versammlung nicht hiemit zu begnügen hätten. Wir haben zunächst noch mehr damit zu tun, die kleindeutschen Pläne abzuwehren, als die großdeutschen positiv zu fördern und müssen uns vor allem bemühen, die Schwankenden, die sich leicht beim Allgemeinen beruhigen, zu gewinnen. Namentlich verdient *ein* Punkt besondere Erwägung. In Hinblick auf die kürzlich abgehaltenen Nationalvereinsversammlungen in Hamburg und Gera möchte ich glauben, daß es Absicht der Kleindeutschen ist, von vornherein der Idee einer nationalen Delegiertenversammlung entgegenzutreten. Ich halte es nun nicht für klug, daß, wenn dies nicht der Fall wäre, umgekehrt *wir* eine Motion *für* solche bloße Delegation einbrächten. Hätten wir freilich eine kompakte Majorität, so könnten wir tun, was wir wollten; da dies aber nicht der Fall sein dürfte, so werden wir vorsichtig auftreten müssen. Dagegen müßten wir, wenn die Kleindeutschen mit jener Absicht wirklich herausrückten, allerdings derselben positiv entgegentreten, und dann – aber auch nur dann – durchzusetzen suchen: d) daß bei dem freien Geist, der sich in den meisten deutschen Landesversammlungen übereinstimmend äußere, und bei der Gleichheit der legislativen Grundsätze, die sich in ihnen Bahn brechen, eine aus diesen Landesversammlungen hervorgehende Nationalversammlung mehr Garantien für eine konforme und gedeihliche Wirksamkeit *beider*, der Landesversammlungen und der Nationalversammlung, böte, als wenn letztere unmittelbar aus Urwahlen hervorginge und damit der Gefahr von Eifersucht und Kollision zwischen beiden Teilen Vorschub leistete.

Wir haben nun entweder die Majorität auf der Versammlung oder doch eine *sehr* ansehnliche Minorität – denn sonst dürfen wir nicht kommen. Wäre letztres, so wäre wenigstens die Gelegenheit geboten (denn von Unterwerfen unter solche mandatlose

Versammlungen kann ja nicht die Rede sein), uns in uns selbst zu konstituieren, um fortan wenigstens kräftiger den kleindeutschen Bestrebungen entgegentreten zu können als jetzt, wo wir zerstreut wirken. Hätten wir jedoch die Majorität erlangt, auch nur in so allgemeiner und vorsichtiger Weise wie ich angedeutet, so meine ich, dürfen wir es bei den obigen Beschlüssen nicht bewenden lassen, sondern müssen, *formell* weiter vorgehend, noch folgendes hinzufügen:

e) Um zur Anbahnung solcher Reform an ihrem Teil mitzuwirken, erwählt die gegenwärtige Versammlung eine aus drei Österreichern, drei Preußen und drei Mitgliedern der übrigen Bundesländer bestehende Kommission, welche einen Entwurf solcher Bundesverfassung zu bearbeiten und demnächst eine neue Versammlung zur Beschlußnahme zu berufen hat.

Mehr allgemeine *materielle* Beschlüsse als die oben vorgeschlagenen würden die Majorität gefährden, die Fassung *bloß* allgemeiner Beschlüsse die Sache nicht fördern. Durch e) käme diese aber dennoch praktisch in Fluß und zugleich würde ein solches Vorgehen sowohl zum Impulse wie zur Unterstützung derjenigen Regierungen dienen, die heute ernstlich an der Bundesreform arbeiten.

Ich komme nun zu Nr. 2.

Wenn ich recht verstehe, so haben Sie dabei die Form, den *Weg* im Auge, auf dem die Regierungen aus den gegenwärtigen Bundesverhältnissen hinaus und in die neuen hineinzukommen hätten. Ihr Vorschlag ist: Der Bundestag als solcher soll sich reformieren. – Ich erlaube mir, hierauf näher einzugehen.

Sie kennen den feinen Unterschied der Gothaer, daß zwar der Bundestag nicht rechtlich existiere, aber doch der Bund. Obgleich ich nun meinerseits mich niemals habe davon überzeugen können, daß etwas, das ein Lebendiges sein soll, wenn man ihm seine Organisation nimmt, doch noch existieren könne, ich vielmehr glaube, daß man in jenem Unterschiede einen wirklichen Bund mit seinem bloßen Postulat, das freilich durch übernationale Akte garantiert ist, verwechselt, und also meinerseits, da ich die Überzeugung habe, daß der Bundes*tag* nicht mehr zu Recht besteht, auch die andre hegen muß, daß Deutschland in dieser Beziehung durch die Bewegung von 1848/49 auf seinen Ausgangspunkt von *1814* zurückgeworfen ist, – so unterwerfe ich mich doch jenem *Unterschiede*, weil er auch in der Demokratie der geläufige ist. Aber wir dürfen nicht weiter gehen. Wir müssen, wenn wir norddeutsche Demokraten zu uns herüberziehen wollen, es in unsern Anträgen und Beschlüssen mit der Anerkennung des *Bundes* bewenden lassen, dürfen aber nichts hineinbringen, was einer Anerkennung des Bundes*tages* involvierte. Diese Partei zu gewinnen, wenigstens so weit zu gewinnen, daß sie sich gegen das gothaische Kleindeutschland erklärt, scheint mir aber, wenn wir überhaupt eine nennenswerte Wirksamkeit ausüben wollen, durchaus notwendig. Unter ihnen gibt es Männer, die in der Fortschrittspartei viel Einfluß haben, die aber einesteils zu deutsch sind, um kleindeutsch zu sein, andernteils einsichtsvoll genug, um nicht in dem gothaischen Bundesstaat den organisierten Bürgerkrieg und die verewigte Zwietracht zwischen Haupt und Gliedern zu erkennen, die aber freilich noch ein revolutionäreres Ziel im Auge haben, indem sie tabula rasa unter den Fürsten bis höchstens auf einen zu machen wünschten. Je deutlicher sie aber zugleich erkennen, wie entfernt zum mindesten dieses ihr eignes Ziel ist – ich halte es, wie heute die Sachen liegen, für ein Phantom und kann mir zwar die Republik als das Resultat einer Reihe von Fehlern der Regierungen vorstellen, aber nicht *jenen* Einheitsstaat – desto mehr wünschen sie die immer mehr demokratisierten *Landes*versammlungen festzuhalten und diesen *keine* überlegene Konkurrenz durch eine Nationalversammlung zu machen. Diese Männer würden sich daher wahrscheinlich für eine Delegiertenversammlung mit beschränkter Kompetenz bereit finden lassen. Aber die conditio sine qua non bliebe immer, sie in unsrer Versammlung nicht zu zwingen, den Bundes*tag* anzuerkennen. Man muß sich nur in den Gedankenkreis dieser Männer versetzen, um zu verstehen, daß sie hiervon nicht abgehen werden. Als die Bewegung von 1848 schon gescheitert war, glaubte in Norddeutschland niemand noch an die Wiederherstellung des Bundestages. Dennoch trat er faktisch wieder ein und erging sich auch sofort in Handlungen, die das Nationalgefühl verletzender getroffen als alles, was er bis 1848 begangen. Den Gefahren dieser Zähigkeit und Unverbesserlichkeit gegenüber hält es die norddeutsche Demokratie, ich möchte sagen, wenigstens für einen individuellen Gewinn für sie selbst, daß der Bundestag nicht *zu Recht* besteht, und sie ist entschlossen, diesen Gewinn *unter Umständen* auszunutzen. Sie wird ihn also auch als das einzige, was ihr aus dem Schiffbruch von 1848 geblieben ist, *nicht* preisgeben. Sie wird also auch den Bundestag *nicht* um diesen Preis mehr befestigen, aus dem einfachen Grunde, weil sie glaubt, daß sie ihn grade um so viel schwerer loswird. Alles dies mag abstrakt, theoretisch, genug unpraktisch erscheinen, aber es *ist*, und – on ne marche qu'avec les hommes.

Nach meiner Meinung könnten wir auch, ohne der großdeutschen Idee etwas zu vergeben, den Bundes*tag* auf sich beruhen lassen. Denn nicht wir, die wir die Versammlung bilden, haben die Reform *praktisch* einzuleiten und durchzuführen, wobei man allerdings nicht um die Anknüpfung an die gegenwärtige Bundesorganisation wird herumkommen können, sondern die Regierungen. *Wir* haben ja nur die *Grundzüge* des großdeutschen *Zieles selbst* zu zeichnen und festzustellen, und dann durch die Vehikel der öffentlichen Meinung dem Volke plausibel zu machen. Wir können hiebei selbst bis zur Verarbeitung derselben zu einem ausführlichen Entwurf gehen, allein den Operationsplan zu dessen Verwirklichung – und dabei würde doch erst die Frage der Revision der Bundesverfassung ins Gewicht fallen – stellen wir, wie mir scheint, am besten den Regierungen anheim. Und auch diese werden sich doch wahrscheinlich erst unter der Hand einigen und schließlich den Bundestag nur dazu gebrauchen, um gleichsam das nationale und internationale Siegel unter das bereits Vereinbarte zu setzen.

Ich weiß, verehrter Herr, was Sie p. 44 und 52 in Ihrer Schrift „Östreich und die Umgestaltung des deutschen Bundes" sagen[71], aber *wir hier* glauben, daß das Nationalgefühl, an das denn doch in Krisen zu appellieren wäre, *ohne* Bundestag stärker ist als *mit* demselben. Aber ich bitte, mich nicht mißverstehen zu wollen: ich meine, wir sollten die Frage des Bestandes ganz vermeiden und weder für noch wider beschließen …

7. *Fröbel an Rodbertus*

Wien, 22. Juli 1862

Ich muß Ihnen *endlich* schreiben, auch wenn ich noch nichts entscheidendes zu berichten habe. Die Sache gärt hier und in Süddeutschland noch ohne bestimmtes Ergebnis. Die herrschende Ansicht war, *nicht* zu gehen; aber die *nicht unbedingt*. Man wird unter *allen Umständen* wenigstens zu einer großdeutschen Parteiversammlung kommen; aber vielleicht geschieht dies doch so, daß damit die Teilnahme an einer allgemeinen Zusammenkunft, wie sie in Frankfurt vorgeschlagen wurde, nicht verneint ist, sondern vielmehr vorbereitet wird. Ich schreibe Ihnen *nächster Tage* mehr, sowie die Dinge hier zur Reife gekommen. Einstweilen durfte ich Sie nicht länger ohne Antwort lassen.

Ihrem Briefe stimme ich fast ganz bei. Was aber den Bund betrifft, so handelt es sich, wie mir scheint, weder um die bloße Idee des Bundes, noch um die Frankfurter „Bundesversammlung", – sondern um die *Bundesverfassung*, welche gelten soll, bis eine bessere da ist. So habe ich wenigstens die Sache verstanden in den Äußerungen, auf welche Sie sich beziehen. Ob diese Geltung dann eine *de jure* oder bloß *de facto* ist, scheint mir unwichtig. *Reform* oder *Revolution* bleibt immer die Frage, und ich zittre für Deutschland, wenn ich an die letzere denke. Bisher sind unsere revolutionären Bewegungen – ich meine 1848 – von Hofparteien, und sogar vom Auslande, bezahlt worden, ohne daß die Demokratie – ich meine die ehrlichen Menschen darunter – es geahnt haben. Was folgt daraus, als daß wir mit unserem Blute und unseren heiligsten Gefühlen unseren Feinden gedient haben? – In noch viel höherem Grade würde sich das wiederholen, wenn wir es jetzt zu unruhigen Bewegungen kommen ließen.

Das ist eigentlich die Summe meiner Weisheit. Vieles läßt sich nicht schreiben, sonst würde ich *bestimmter* sprechen.

Für mich also: *Reform;* und *Vermeidung der Revolution um jeden Preis,* – aus *nationalen* und patriotischen Gründen! Daraus folgt alles andere.

Ich vermute, daß Sie übereinstimmen, und hoffe, wir finden bald Gelegenheit, uns mündlich besser auszusprechen. Einstweilen schlagen Sie den Volksgeist nicht zu hoch an! Ich weiß, daß ohne die Triebkraft dieses Volksgeistes nichts geschieht. Ich weiß aber auch, daß der Geist im Norden sich so sehr in einer uns (im *ganzen* Süden) fremden Richtung bewegt, daß seine Triebkraft *zerreißt*, statt zu *einen*. Und ich weiß auch, daß der Volksgeist zum nationalen Selbstmord getrieben werden kann. Demarkationslinie, Maingrenze! Das ist noch der *glücklichste* Ausgang einer Bewegung, in welcher die Volkstriebe zu große Macht erhalten würden.

Ich lasse mich fortreißen und wollte nicht so weit mich äußern; doch ich bin von diesem Gedankengange erfüllt.

8. Fröbel an Rodbertus

Redaktion des Botschafters,
Wien, 28. Juli 1862

Sie werden meine Zeilen vom 22. erhalten haben. Seitdem hat sich einiges bestimmter gestaltet. Eine Antwort der Herren Brinz und Rechbauer an Professor Bluntschli ist abgegangen und wird nächster Tage publiziert werden[72]. Ich schicke Ihnen dieselbe sogleich zu. Die beiden Herren schlagen eine vorhergehende engere Versammlung von 50 Personen – 25 großdeutsche und 25 kleindeutsche – vor, als Versuch einer Verständigung. Wird dies nicht angenommen, wie vorauszusetzen, so ist von keiner weiteren Beteiligung die Rede.

Unterdessen ist hier und im Südwesten der Plan einer großdeutschen Zusammenkunft verabredet, zu der ich beauftragt bin, *Sie* einzuladen. Dieselbe soll aus nicht mehr als 20 bis 30 Personen bestehen, die sich anfangs Septembers irgendwo in den bayrischen Alpen, z. B. in Tegernsee, zusammenfinden würden[73]. Die Mitteilung ist bisher nur an einige wenige Personen gelangt. Man erbittet sich die Antwort, ob Sie kommen wollen, bis zum 10. August. Wir wissen nicht, ob Bucher wieder in Deutschland ist. Er wird gewünscht. Im übrigen soll die Zusammenkunft mit aller Vorsicht in der Auswahl betrieben werden. Wissen Sie Männer, deren Teilnahme Sie als *wesentlich* wünschen und empfehlen können, – zwei oder drei?

Aus Österreich werden kommen: Brinz, Rechbauer, Graf Auersperg (Anastasius Grün), Wildauer (der vom Schützenfest bekannte Innsbrucker Professor)[74] und ich.

Aus Bayern rechnen wir auf Lerchenfeld, Pötzel[75], Badhauser und Graf Hegnenberg (den Kammerpräsidenten).

Aus Württemberg auf Probst, Göriz (Ulm) und Baron Varnbüler. Andere Männer, welche eingeladen werden, sind: Professor Wuttke, Wydenbrugk, Christ (Heidelberg)[76], Professor Fr. Schulz in Weilburg und einige Personen in Hannover, Kurhessen etc.

Ich bitte Sie um möglichst baldige Antwort und um Vorsicht in weiteren Mitteilungen der Angelegenheit.

9. Rodbertus an Fröbel

Jagetzow bei Jarmen, 4. August 1862

Ich bin Ihnen bereits für zwei Briefe Dank schuldig, ebenso für die Zusendung des Botschafters, aus dem ich die Antwort der Herren Brinz und Rechbauer ersehe. – Wenn in Süddeutschland die Abneigung gegen die beabsichtigte Versammlung groß war, so blieb allerdings, namentlich auch nach dem Stillschweigen, das Bluntschli allen Beleuchtungen seiner Erklärung[77] entgegensetzt, nichts übrig, als ein Antwortschreiben zu erlassen, in dem wenigstens den Großdeutschen das Recht der Unterhaltung auf gleichem Fuß mit den Kleindeutschen gewährt wird. Ich bin aber nicht sicher, ob nicht der Nationalverein, wenn ihm auf der nächsten Generalversammlung das Verlangen vorgelegt wird, doch darauf eingeht. Einstweilen werden wir denn nichts beßres tun können, als eine Verständigung unter uns anzubahnen, und ich habe daher Ihre Einladung zu einer engern großdeutschen Versammlung mit Freuden begrüßt und sage Ihnen meinen verbindlichsten Dank dafür. Wenn es mir irgend möglich ist, werde ich kommen, und um so gewisser, je weiter dieselbe in den September hinein verlegt wird, da ich ausgangs dieses Septembermonats doch nach Süddeutschland gekommen wäre. Bucher ist noch in England; ich werde aber in diesen Tagen an ihn schreiben. Sonst noch jemand aufzufordern, trage ich einstweilen Bedenken; jedenfalls werde ich die Erlaubnis nicht mißbrauchen. Es kämen viele, und nicht unbedeutende Personen gern, wenn nicht das süße Gift der Popularität wäre. Und doch ist zehn gegen eins zu wetten, daß noch binnen Jahresfrist ein großdeutscher Umschlag hier im Norden erfolgt, und um so gewisser und tiefer, als Preußen dazu gezwungen wird, in den *europäischen* Konflikten eine entschiedne Parteistellung zu wählen.

Verzeihen Sie die Eile dieses Briefes; ich werde mir in der nächsten Zeit erlauben, Ihnen ausführlicher über unsre Zustände zu schreiben.

10. Rodbertus an Fröbel

Jagetzow bei Jarmen, 18. August 1862

Ich fürchte, daß die Art, wie die süddeutschen Regierungen soeben ihre Reformvorschläge eingeleitet haben[78], die seit kurzem in Norddeutschland keimenden großdeutschen Sympathien wieder unterdrücken wird. Man hatte eben organische Bundesreformvorschläge erwartet. Aber diese behalten die Regierungen in petto, in „Absicht und Wunsch". Zutage tritt nur der Vorschlag einer singulären, auf einen einzelnen Fall berechneten Maßregel, die vor 1848 den höchsten Anklang gefunden haben würde, den seitdem erregten Erwartungen gegenüber aber dürftig zu nennen ist. In der Tat, die Antragsteller dürften nicht gut operiert haben. Sie schlagen eine *unbefriedigende* Maßregel vor, die dennoch bei Preußen auf denselben Widerstand stößt, den es *wirklichen* Bundesreformvorschlägen entgegengesetzt haben würde, und, was das übelste ist, versetzen es in die günstige Lage, dieselbe aus *nationalen* Gründen ablehnen zu können. Dies scheinen mir drei Fehler auf ein Mal zu ein, von denen der letzte der größte ist. Denn im allgemeinen wird man den Satz aufstellen können, daß alle großdeutschen Vorschläge, welche Preußen aus großpreußischen Gründen abzulehnen gezwungen ist, der kleindeutschen Idee, alle, welche es aus nationalen Gründen abzulehnen in den Stand gesetzt wird, der großdeutschen Idee Schaden bringen. Deshalb fand die Bernstorffsche Note, die seinerzeit auf die Beustschen Vorschläge erfolgte[79] und den identischen Noten[80] vorausging, auch in Norddeutschland so wenig Anklang, und deshalb dürfte die jetzige preußische Ablehnung der Bundesanträge[81] den kleindeutschen Gedanken wieder in etwas retablieren. Man wird, wie es schon geschieht, in den jetzigen Vorschlägen eine absichtliche Ablenkung von einer wirklichen Bundesreform erblicken wollen, und das kaum geschwundene Mißtrauen gegen Österreich und die „Würzburger" wird aufs neue wachgerufen werden. Deshalb sollte nach meiner Meinung die großdeutsche Presse, anstatt die Bedeutung des gemachten Vorschlags hervorzuheben, vielmehr fortgesetzt darauf aufmerksam machen, daß dieser Vorschlag noch gar nicht beanspruche, der Bundesreformvorschlag zu sein.

Möchte doch dieser so bald wie möglich erfolgen! Allerdings sind diese weiteren Anträge „vorbehalten", aber wenn die organische Einfügung der Delegiertenversammlung in die deutsche Bundesverfassung mit Notwendigkeit zugleich eine entsprechende Veränderung der Bundesexekutive bedingt, so würden dieselben doch auf sehr lange vertagt werden, wenn, wie es verlautet, die Vorschläge über die Exekutive erst im *Verein* mit Preußen gestellt werden sollen. Vielleicht käme es dann niemals dazu. Dagegen gibt Preußen durch die *nationale* Motivierung seiner Ablehnung des gemachten Vorschlags jetzt selbst eine vortreffliche Veranlassung, mit den „weiteren Anträgen" schleunigst vorzugehen: – man würde ja nur den jetzt selbst von ihm ausgesprochenen Wünschen entgegenkommen.

Bei uns ziehen sich die Wolken immer mehr zum Ausbruch des Gewitters zusammen. Bis jetzt scheinen noch beide Teile ihre verfassungsmäßigen Grenzen in der Militärfrage überschreiten zu wollen. Die Regierung: indem sie über die neue zur Einschulung des gestiegenen Volkszuwachses erforderliche Regimenterzahl auch noch die einseitig getroffene Veränderung der bisherigen Reservejahre und Landwehreinrichtung beibehalten will; das Abgeordnetenhaus: indem es über die Beibehaltung dieser letzteren Einrichtungen hinaus auch jene neuen Regimenter wieder aufheben will, die doch zur Verwirklichung des Verfassungsartikels: „Alle Preußen sind wehrpflichtig. Die Pflicht wird durch das *Gesetz* geregelt" (Gesetz vom 2. September 1814) notwendig und unter Voraussetzung selbst der dreijährigen Dienstzeit gesetzlich sind. Welche Partei sich zuerst auf diese ihre verfassungsmäßigen Grenzen zurückziehen wird, wird schließlich das Land für sich haben. Aber glauben Sie unter keinen Umständen an Revolution oder nur bedeutendere Volksbewegungen. Das laute Wesen in der Fortschrittspartei rührt von der freihändlerischen Klique her. Von den Freihändlern gilt aber noch immer das alte Wort: Quot mercatores, tot traditores! – und sie würden ihre eigene Partei am ersten verlassen, wenn es zu störenden Exzessen käme.

11. Fröbel an Rodbertus

Wien, Redaktion des Botschafters, 29. August 1862

Ohne meine Schuld mußte ich Sie bis heute auf Antwort warten lassen, und nach dieser Zögerung muß ich mit einer Einladung zu der Ihnen bekannten Zusammenkunft schon auf den 7. und 8. September kommen! Bei der Entfernung Ihres Wohnortes bedarf dies der Entschuldigung. Aber erst *gestern* sind die Verhältnisse zur klaren Entscheidung gekommen. Die von Brinz und Rechbauer, hauptsächlich auf meine Anregung, zwischengeschobene engere Besprechung, mit deren Ausführung bei dem Juristentage Brinz nachher nicht zufrieden war, und zu der auch ich nicht zugezogen worden bin, hat ihren Zweck vollkommen erreicht[82]. Das Eis ist seit gestern gebrochen, und wenn die beabsichtigte große Versammlung (das sogenannte Vorparlament) nicht in Weimar, sondern in Frankfurt zusammenkommt, was man noch durchzusetzen hofft, wird die großdeutsche Partei sich mit aller Macht daran beteiligen. Das ist seit gestern die Sachlage. Da man dieses sogenannte Vorparlament schon Ende Septembers zusammenrufen will, so haben wir keinen Weg zu verlieren. Daher die Eile.

Die Einladung, welche durch mich an Sie ergeht, am 7. und 8. September zu Rosenheim (in der Mitte zwischen München und Salzburg, am Orte der Abzweigung der Innsbrucker Bahn) zu sein, geschieht unter anderen Männern, auch im Namen wie Graf Anton Auersperg (Anastasius Grün) und Professor Brinz. Sie werden, wie ich hoffe, 20 bis 30 Männer verschiedener Farbe, aber alle großdeutsch, zur Beratung vaterländischer Interessen vereinigt finden. Könnten Sie bewirken, daß Lothar Bucher käme, so würden Sie sich um die Sache ein großes Verdienst erwerben ...

12. Rodbertus an Fröbel

Jagetzow bei Jarmen, 2. September 1862

[Bedauert, infolge eines Magenkatarrhs an der Rosenheimer Versammlung nicht teilnehmen zu können. Auch Lothar Bucher könne nicht kommen, da er durch eine Badekur und seine Berichtstätigkeit angelegentlich der Londoner Ausstellung zur Zeit in England festgehalten werde.] Mitte September kehrt er nach Deutschland zurück und wird mich sofort davon benachrichtigen. Ich hoffe, ihn dann wenigstens zum Besuch der größeren Versammlung zu bewegen.

Von der Wiener Konferenz und ihrem erfreulichen Resultat hatte ich schon in der Nationalzeitung gelesen. Wenn selbst Fries[83] sich schon zu dem Satz bekennt: „Eine Bundesreform ist mit preußischer Spitze unmöglich“, – was doch wohl nicht koburgisch, sondern generell, „eine Bundesreform ist mit einheitlicher Spitze unmöglich“, zu verstehen ist –, so muß die Wandlung zum Besseren im Nationalverein groß geworden sein ...

13. Fröbel an Rodbertus

Wien, 18. September 1862

[Entschuldigt sein langes Schweigen.] Das Hauptergebnis der Rosenheimer Versammlung, mit deren Charakter ich im wesentlichen sehr zufrieden bin, ist die beigeschlossene Einladung[84]. Die ganze Parteistellung ist damit theoretisch und praktisch entschieden. Österreicher gehen nicht nach Weimar; Südwestdeutsche nur einige wenige, wie die schon bei der Pfingstversammlung Beteiligten. Auch diese werden zum Teil nachher nach Frankfurt kommen.

Die in Rosenheim anwesenden Männer haben es unter sich verteilt, für die Einladung Unterschriften zu sammeln, in ganz Deutschland 80 bis 100. Ich habe es unternommen, mich deshalb an Sie zu wenden. Wir rechnen darauf, daß *Sie* die Einladung nicht nur unterzeichnen, sondern derselben auch noch die Namen politischer Freunde in Preußen beifügen. An Bucher schreibe ich soeben zum Überfluß. Ich rechne dabei mehr auf Sie als auf meinen Brief. Sein hier lebender Bruder sagt mir, er sei wieder in Berlin. Außerdem schreibe ich für *Preußen* nur an ein ehemaliges deutsches Parlamentsmitglied in Westfalen, den Kreisrichter Dhom in Brilon, den ich neulich zufällig in Bayern traf.

Bei dem Juristentage war Martini, von der preußischen Kammer, bei mir, und ich fand ihn für meine Anschauungen nicht unzugänglich. Er scheint Waldeck nahezustehen. Vielleicht wagt er es, sich der Frankfurter Einladung anzuschließen. Wie bei Ihnen die Dinge stehen, mag allerdings einiger Mut dazu gehören.

Die Unterschriften werden an den Grafen Hegnenberg-Dux, Präsidenten der zweiten bayrischen Kammer, eingesandt, der, nachdem er sie zusammengestellt, die Einladung veröffentlichen wird ...

Ich lege Ihnen einige Exemplare der Einladung bei, die ich zu vernichten bitten würde, sofern Sie Gründe hätten, sich der Sache zu entziehen. Aber ich setze dies nicht voraus. Es wäre damit die östliche Hälfte von Preußen geradezu aufgegeben, und nur Rheinländer und Westfalen würden sich beteiligen. Hannover wird sein Kontingent stellen ...

14. Rodbertus an Fröbel

Berlin, 30. September 1862

Aus Gründen, die ich anerkennen muß, die aber nichts mit der beabsichtigten Versammlung zu tun haben, will Bucher sich vorläufig von der Tagespolitik zurückziehen und kann deshalb die Einladung nicht unterschreiben. Ich habe mit ihm die Angelegenheit durchgesprochen, und wir sind bald zu folgenden Resultaten gekommen, die ich Ihnen noch vorzulegen mir erlaube, ob sie in bezug auf die Einladung vielleicht noch eine Veränderung bewirken können, die wir unsrer gemeinsamen Sache für sehr förderlich halten würden.

1. Ist es noch möglich, daß die Einladung nur von wenigen ausgeht und unterschrieben wird? Etwa von *zwei* Österreichern, *zwei* Bayern, *zwei* Württembergern, von einigen wenigen Männern aus den Kleinstaaten? – Es würden dann auch *zwei* Preußen hinzutreten; nämlich ich und, da Bucher ablehnt, ein Freund von mir, der Advokat-Anwalt Bloem aus Düsseldorf, einer der angesehensten Advokaten am Niederrhein, früher Mitglied der preußischen Nationalversammlung und einer der Führer der gemäßigten Demokratie von damals, der zur Wahl der aufgelösten Kammer durch Minister Heydt mit einer Stimme Majorität geschlagen wurde und seitdem nicht mehr öffentlich vortrat. Er steht mit der Niederrheinischen Volkszeitung[85] in Verbindung und hat, wie gesagt, viel Einfluß. Er hat mich autorisiert, seinen Namen zu unterzeichnen, wünscht aber die gleich unter 2 zu berührende Änderung in der Einladungsformel. – Freilich ist jetzt ein Ministerium Bismarck[86] da, aber die Einladung nach Frankfurt kommt noch etwas zu früh, und die großdeutsch gesinnten Freunde, an die ich mich wegen Unterschriften gewandt, zögern damit aus Besorgnis, daß sich die großdeutsche Partei die gegenwärtige innere Lage Preußens zu sehr zunutzen machen könnte. Unter diesen Umständen zweifle ich, daß außer mir und

Bloem diesen Augenblick noch andre Preußen der Einladung beitreten werden, und aus diesem Grunde, glaube ich, würde dieselbe wenigstens für Norddeutschland ein beßres Aussehen gewinnen, wenn sie von wenigen ausginge.

2. Die Worte in der Einladungsformel, „daß eine Neugestaltung Deutschlands mit Ausschluß Östreichs *unter keiner Bedingung* zulässig ist", haben unter den hiesigen Großdeutschen Bedenken erregt. Wir würden sie durch die folgende zu ersetzen vorschlagen: „daß die deutsche Verfassungsreform *alle* Bundesländer einschließen und *gleichmäßig* erfassen muß". Ich führe das nicht weiter aus, aber der Eventualitäten gibt es zu viele, als daß man in einem politischen Dokument sich so absolut die Hände für alle Zukunft binden könnte.

3. Ich höre erst von Bucher, daß Klopp zur Unterzeichnung der Einladung aufgefordert ist. Damit machen Sie – mögen immerhin diesseits Vorurteile im Spiel sein – eine Verständigung mit der sogenannten Nationalpartei *in Preußen unmöglich*, während, wenn sich die zu fassenden Frankfurter Beschlüsse nur *deutsch* halten, ohne spezifisch östreichisch oder antipreußisch zu sein, eine solche sich mit ziemlicher Gewißheit voraussehen läßt. – Das Ministerium Bismarck wird in dieser Beziehung in der Tat seine Früchte tragen. Würde die Zahl der Einladenden in der oben vorgeschlagenen Weise beschränkt, so würde vielleicht Klopps Name fortfallen können. Hier meint man, daß Klopp Mitglied des großdeutschen Vereins in Hannover ist, und dieser wird mit der Kreuzzeitungspartei auf gleiche Linie gestellt. Ich habe es aber von vornherein für ausgemacht angesehen, daß die großdeutsche Partei sich aus der entschiedenen Reaktion nicht verstärken würde.

Ich bitte Sie dringend, diese drei Bedenken mit Ihren Freunden zu erwägen, sollte deshalb auch die Versammlung auf acht Tage verschoben werden müssen.

Zugleich erlaube ich mir, Sie um Benachrichtigung (post. rest. nach Zürich) zu bitten, ob in Rosenheim von Ihren Freunden schon irgend welche Anträge formuliert sind, und mir dies gefälligst mitteilen zu wollen. Mir scheint, daß wenigstens die Männer, welche die Einladung unterzeichnen, sich keinesfalls auf der Versammlung entgegentreten dürfen. Nun würden wir Preußen aber, *gegenwärtig*, um so peinlicher jedem Beschluß widersprechen müssen, der irgendwie auf eine Herabsetzung Preußens abzielen könnte. In dieser Lage erblicke ich für meine Person freilich eine *Gunst* der Umstände, welche meine Landsleute um so eher hätte geneigt machen sollen, nach Frankfurt zu gehen, denn wenn die süddeutsche Partei nicht die Spannung mit Norddeutschland vergrößern will, so müßte sie grade den wenigen Preußen, die erscheinen werden, *nachgeben*. Indessen glaube ich doch die Verpflichtung zu haben, Ihnen dies zu sagen: Sie könnten es vielleicht vorziehen, deshalb meinen Namen *nicht* unter die Einladung zu setzen. –

Von Waldeck hoffen Sie *vorläufig* noch nichts! Er liebt Popularität über alles und wird erst dann offen großdeutsch werden, wenn es die ganze preußische Demokratie geworden ist ...

15. Fröbel an Rodbertus

Wien, 3. Oktober 1862

Ihr Brief von Berlin vom 30. vor. Mon. kommt erst soeben, zu spät sogar für meine Antwort, mit heutiger Mittagspost in meine Hände. Ich *glaube*, Sie können in den von Ihnen bezeichneten Punkten beruhigt sein. Ich finde, Sie haben recht, und *hoffe*, die Sache noch so, wie Sie raten, lenken zu können. Aber man irrt draußen in der Annahme, daß die Sache *hier* ihr Zentrum habe. Dieses liegt in *München*, wo ich am 7. sein werde. Kämen Sie dahin, so könnten Sie mich im Bayrischen Hofe erfragen.

Zwei oder drei Tage vor der Versammlung werden einige Männer (die, welche in Rosenheim zusammen waren) in Frankfurt vorberatend zusammenkommen. Sie würden dort mich und die anderen durch Herrn Dr. Löning, einen in Frankfurt bekannten Mann, erfragen können. Da Sie nach Rosenheim geladen waren, gehören Sie zu diesem vorberatenden Komitee, sowie Sie erscheinen.

Anträge werden erst dann *definitiv* zur Sprache kommen. Preußen wird *nicht* zunahe getreten werden; das fällt niemandem ein. Überhaupt werden manche Besorgnisse schwinden. Die Delegiertenversammlung ad hoc ist ja auch nur aus Rücksicht gegen Preußen ausgedacht worden. Ohne *diese* Rücksicht würde man von hier viel radikaler zu reformieren gesucht haben. Daß man *hier* der *gründlicheren* Reform abgeneigt sei, ist eine reine Fabel. Aber *allerdings* will man die Dinge nicht in einer Richtung sich fortbilden lassen, welche zur Verwirklichung des kleindeutschen Gedankens führen könnte.

Onno Klopp mag in Preußen wohl verhaßt sein, und darin liegt Beweggrund genug. Auch *Vorurteile* muß man schonen lernen, wenn es auch von kleindeutscher Seite in *gar* keiner Beziehung gegen uns geschieht. *Unsere* Vorurteile sind Verbrechen, die *preußisch-kleindeutschen* sind Tugend! – Aber gleichviel! – Es fragt sich hier nicht, wer recht hat, sondern was zweckmäßig ist. Ich stimme Ihnen bei. Ich *hoffe*, daß wir die Namenliste einschränken können, obschon es schwer ist, *so* eigenmächtig zu handeln. Am Ende bleiben die Männer, deren Namen wir streichen, auch von der Versammlung weg. Aber die Sache soll ernsthaft beraten werden.

Übrigens hat Onno Klopp mit der Kreuzzeitungspartei *nicht das geringste* zu tun. Diese Partei, soweit sie in Hannover existiert, hat ihn sogar befeindet. Borries hat ihm sogar die Herausgabe Leibnizscher Manuskripte nicht erlauben wollen. Onno Klopp ist protestantisch großdeutsch im Sinne von Leibniz. Er arbeitet für eine Verschmelzung der Konfessionen. Seine Ansicht von Friedrich II. teile ich. Für mich gibt es kaum einen hassenswerteren Charakter als den Friedrichs II. Seine Darstellung Tillys maße ich mir nicht an zu beurteilen; nur scheint es mir, daß er sich streng an historische Quellen hält. Ich habe soviel Verläumdung, Fälschung der Wahrheit und absurde Beurteilung in der Gegenwart erlebt, daß ich in dieser Beziehung an kein historisches Bild mehr glaube. Doch das sind Nebendinge in unserer Angelegenheit, die ich nur zum Verständnis von uns beiden anführe. Dem großdeutschen Verein in Hannover lagen sehr verschiedene Anstöße zum Grunde, und Klopp selbst hat es gegen mich beklagt, daß derselbe nicht unter die rechten Einflüsse gekommen sei ...

16. Rodbertus an Fröbel

Zürich, 7. Oktober 1862

Möchten in München[87] gute Beschlüsse gefaßt werden! Sonst arbeiten *wir auch* für die Mainlinie. Nord- und Süddeutschland sind auf dem besten Wege, sich einstweilen in den Gemütern vorzubereiten und die Frankfurter Versammlung gegen die Weimarer wird den entscheidenden Schritt dahin tun – wenn sie nicht der letztern die Hand entgegenstreckt. Das kann bei voller Festhaltung des großdeutschen Prinzips und ernster Zurückweisung alles jenen dummen Geschwätzes vom unfertigen Östreich und fertigen Preußen und vom Abwarten des Eintritts Östreichs in die Neugestaltung, während man wahrscheinlich auf Preußen wird länger zu warten haben – geschehen, nur zweierlei dürfte nötig sein: zu erklären, 1. daß man die beim Bundestag gestellten Anträge ebenfalls noch nicht als die zu einer gedeihlichen Verfassungsreform führenden Schritte betrachten könne, 2. daß man Bundestag möglichst Bundestag sein läßt, nichts beschließt, was einer ausdrücklichen Anerkennung desselben ähnlich sieht. – Weder die Herren in Wien, noch in München kennen das Mißtrauen, daß bei uns gegen mögliche großdeutsche Hintergedanken besteht. Ich könnte Ihnen mehrere Antworten auf meine Briefe, die Einladung zu unterschreiben, mitteilen, in denen unverhohlen und mit Verachtung von dem „kleindeutschen Schwindel mit preußischer Spitze" gesprochen wird. – Antworten von früheren preußischen Abgeordneten – in denen aber jenes Mißtrauen nicht minder groß ist – und, wie ich schon früher gegen Sie erwähnt, dies Mißtrauen hat durch jene Bundesanträge neue Nahrung bekommen. Seien wir also nicht so großdeutsch, daß wir zuletzt noch kleindeutscher werden als die Kleindeutschen selbst, indem wir auch die letzten Verbindungsfäden mit *allen liberalen Norddeutschen* zerreißen! Die illiberalen Norddeutschen nützen uns nicht, sind sogar negative Größen für unsre Partei. Man glaubt es *bei uns nun einmal den großdeutschen Regierungen nicht*, daß die Delegiertenversammlung ad hoc aus Rücksicht für Preußen ausgedacht sei, und – mögen auch die Regierungen ausdenken, was sie wollen – von der großdeutschen *Partei* wäre es töricht, aus Rücksicht gegen Preußen dem deutschen Volke zunahezutreten. – Haben Sie daher die Güte, verehrter Freund, und teilen Sie mir in Ihrem nächsten gefälligen Schreiben zugleich auch mit, wie die Mitglieder des Komitees sich über die sub 1 und 2 berührten Punkte in Frankfurt vernehmen zu lassen denken, denn das wird doch gewiß schon unter ihnen feststehen.

17. Fröbel an Rodbertus

Wien, 13. Oktober 1862

Ehe Sie diese Zeilen erreichen, sind jedenfalls die öffentlichen Einladungen nach Frankfurt erfolgt. Sie werden aus denselben ersehen, daß die gewünschten Abänderungen nicht mehr möglich waren. *Alle* erklärten sich dagegen, Onno Klopp auch nur andeutungsweise die Zumutung des Rückzuges seines Namens zu machen, und ich muß gestehen, daß, einem Manne gegenüber, dessen patriotische Bestrebungen so sehr verkannt und von Gegnern mißgedeutet werden, es von unserer Seite nicht ehrenhaft gewesen wäre, ihn auch nur wissen zu lassen, wie groß das Vorurteil gegen ihn ist.

Das ganze Verhältnis der großdeutschen Elemente, welche ja naturgemäß von der verschiedensten Art sein müssen, wird mit der Frankfurter Versammlung klar werden. Zunächst sind wir, welche den Anstoß gegeben haben:

1. Großdeutsch: – reine Territorialfrage.
2. Föderalistisch: – Ziel der inneren Entwicklung eine konstitutionell monarchische Eidgenossenschaft, aktionsfähig organisiert.
3. Reformatorisch: – Methode der Entwicklung durch das bestehende öffentliche Recht Deutschlands bedingt[88].

Aber daran werden sich allerdings links und rechts weitergehende Bestrebungen und rückhaltende Bemühungen anknüpfen. Mit diesen müssen wir eben suchen fertig zu werden, und geht es nicht anders, so mögen sie sich sondern. Nach meiner Ansicht müssen wir darauf verzichten, Nation zu spielen, und uns darauf beschränken, ein parteibildendes Meeting zu sein. Eine formelle Organisation der föderalistisch-großdeutschen Reformpartei wird aus der Versammlung unter allen Umständen hervorgehen.

Was die beantragte Bundesreform betrifft, so liegt doch die Sache einfach wie folgt:

1. Um mit der Stimmenmehrheit vorwärts gehen zu können, durfte nur von Delegierten ad hoc die Rede sein[89]. Aber damit wird die Bundesreform in die Kammern geworfen[90], und *diese* haben die Aufgabe, die Sache weiter zu führen. Damit ist der große Zweck erreicht, daß die Reform in den Händen des *organisierten*, nicht des *elementarischen Volksgeistes*[91] bleibt. Das scheint mir die Hauptbedingung jedes sicheren Fortschrittes zu sein[92].
2. Die Delegiertenversammlung[93] wird als eine Art Mißgeburt verschrien von den Anhängern der Reichsverfassung von 1849. Aber in dieser Verfassung ist ja das *Oberhaus* des sogenannten deutschen Parlamentes *auch* eine Delegiertenversammlung, und zwar eine *nur zur Hälfte* aus den Kammern ernannte, zur Hälfte durch die Regierungen! – *Hier* hat man geglaubt, mit der Delegiertenversammlung[94] gegen das Staatenhaus von 1849 einen demokratischen *Fortschritt* zu machen.

Wenn man nun hier einräumt, daß die Delegiertenversammlung nur ein erster Stein zum Bau einer Reichsverfassung sein soll, so sollte man doch meinen, es handele sich darum, das gewährte *eine* Haus in Besitz zu nehmen, um zur Frage überzugehen, wie im Interesse der Nation das *andere* beschaffen sein solle![95].

Die Demokraten – oder vielmehr *die Bundesstaatler von strenger Observanz* – müssen die Delegiertenversammlung, als Staatenhaus, für das Oberhaus erklärt wissen wollen, und dazu ein Volkshaus als Unterhaus fordern[96].

Ich halte diese Anschauung für eine unzweckmäßige schon darum, weil sie unausführbar ist. Was Deutschland in diesem Augenblick schaffen kann, ist nach *meiner* Ansicht nur eine Eidgenossenschaft, die die Mitte zwischen Bundesstaat und Staatenbund hält. Den Staatenbund haben wir jetzt[97]. Die Staatenbundler von strenger Observanz sind die Preußen, welche keine Reform durch den Bund zulassen.

Die Delegiertenversammlung muß das *Unterhaus* des deutschen Parlamentes werden, und die Fürsten selbst müssen das *Oberhaus* bilden. So sehe ich die Sache an. Ein dreifaches Direktorium muß die Exekutive bilden, und das *Direktorium, Fürstenhaus* und *Landbotenversammlung* zusammen müssen unsern Reichstag bilden, wie Krone, Oberhaus und Unterhaus the imperial parliament des Britischen Reiches[98].

Ich spreche Ihnen nur *meine* Ansicht aus, damit Sie mich richtig beurteilen. Diese Ansicht hat hier mächtige Anhänger, aber vielleicht doch nicht die entscheidenden.

Überhaupt ist die beantragte Bundesreform am Ende mehr der bayrisch-darmstädtisch-württembergisch-hannöversche Gedanke als der österreichische, – wenigstens dem Ursprunge nach. In Frankfurt jedenfalls wird *Bayern* den Kern bilden.

Eine gegen Preußen feindliche oder auch nur der Rücksicht ermangelnde Haltung hat niemand von Frankfurt zu befürchten. Weder hier noch in Bayern und Württemberg fällt so etwas irgend jemandem ein. Man möchte nur Preußen *genötigt (moralisch genötigt)* sehen, sich der föderalistischen Bundesreform anzuschließen.

Ich muß hier abbrechen, – wenn Sie Ihren und Bloems Namen nicht direkt an den Grafen Hegnenberg eingesandt haben, so erscheinen beide *nicht* unter der Einladung. Ich habe mich *nicht* für berechtigt gehalten, nach dem bloßen Briefe an mich, den ich übrigens an Hegnenberg geschickt, Ihre Namen der Öffentlichkeit zu übergeben.

In Frankfurt treffen Sie am 26. schon die zur Vorberatung kommenden. Am 28. ist die Versammlung, wie die Einladung sagt. Diese zeigt auch das Meldungsbüro an.

18. Siegmund Schott an Fröbel

Stuttgart, 28. Juni 1862

Probst hat Ihnen bereits geschrieben und wird auch meine Absichten richtig gegeben haben. Ich kann nicht begreifen, wie die deutschgesinnten Österreicher sich auch nur einen Augenblick besinnen mögen, die unerwartete Wendung, welche der Frankfurter Tag[99] genommen hat, zu benutzen, um das vom Nationalverein oder vielmehr von den großpreußischen Umtrieben abgewonnene Terrain wieder für die deutsche Idee zu besetzen. Unverkennbar hat der Umstand, daß Österreich so vollauf und anhaltend durch seine Valuta und durch die ungarisch-italienischen Händel in Anspruch genommen wird und deshalb von seinem deutschen Berufe zur Zeit so wenige sichtbare Notiz nehmen konnte, der Berliner Agitation großen Vorschub auch in Süddeutschland getan, die Männer von großdeutscher Gesinnung entmutigt, und hätte man in Berlin nur ein bischen von dem politischen Verstande des alten Fritz übrig behalten, so konnte es an moralischen Eroberungen in der Tat nicht fehlen. Man hungert in Deutschland, man weiß, daß Brot besser nährt als Kleie, aber wenn uns Österreich eben fort und fort jenes voreinhält, so nehmen wir endlich auch mit Kleie vorlieb.

Statt nun die Frankfurter Gelegenheit zu benutzen und das Publikum zu orientieren, statt die unverhoffte Wandlung als einen Vorteil zu begrüßen, dessen Bedeutung schon aus dem schlecht oder gar nicht verhüllten Unmute der reinen Gothaer sich entnehmen läßt: was tut die Mehrzahl der großdeutschen Blätter? Die Allgemeine Zeitung, die ich sofort privatim aufs Laufende setzte und um Mitwirkung bat, beobachtet eine ganz zweideutige Haltung (soeben finde ich wieder in der Beilage vom 27. einen ebenso dummen als gehässigen Artikel aus Norddeutschland)[100]; Kuranda, dem ich auch privatim den Stand der Dinge auseinandersetzte, verhält sich ebenfalls ablehnend[101]; überhaupt zeigt die Mehrheit der liberalen Presse einen ganz traurigen Mangel an Takt und Verstand, nörgelt an Einzelheiten herum und verleidet durch Tadel und Besserwissen dem Publikum den Glauben, bringt den ganzen Plan um den ihm notwendigen Kredit und arbeitet nach Herzenslust im Sinn der unfähigen Diplomatie, welche das konkurrierende Neue nicht will, um der Mühe des Denkens und Schaffens überhoben zu sein. Gott bessers!

In unserm liberalen Klub, der auch ehrlich meinende Mitglieder des Nationalvereins zählt, brachte ich den Gegenstand gestern ausführlich zur Sprache. Darüber, daß die Versammlung so reichlich, als es sein kann, von Österreich beschickt werden müsse, war auch nicht der geringste Zwiespalt. Ebensowenig darüber, daß die Frage von der Zentralgewalt beruhen zu bleiben habe, weil daran die Einheitsbewegung scheitern würde und weil die Beantwortung dieser Frage ohnehin erst nach Ereignissen sich richtet, die außerhalb unsrer Sphäre liegen. Auch darin sind wir einig, daß Delegierte aus Ständeversammlungen nicht annehmbar sind. Letzteres auszusprechen dürfte die Hauptaufgabe und der Hauptnutzen der Versammlung werden, neben dem, daß es von unberechenbarer Wichtigkeit ist, wenn redliche Patrioten die Unterschiede in ihren Zweckmäßigkeitsansichten in persönlicher Begegnung kennen und ausgleichen lernen. Denn gerade in dieser Verschiedenheit liegt eines der größten Hindernisse einer besseren Zukunft. Alles will deutsche Einheit, und die meisten denken sich die Sache wieder anders.

19. Alois Brinz an Fröbel

Edelstetten, 17. August 1862

[Bedauert, zum Juristentag nicht nach Wien kommen zu können.]

Laut eines vorgestern an mich gelangten Briefes nämlich hat wenigstens Bluntschli die Absicht, die von uns vorgeschlagene kleinere Versammlung[102] *gelegentlich* des Juristentages und nur zwischen den Leuten von seiner Seite einer- und Deutschösterreichern anderseits zu veranstalten; bayrische, württembergische u. a. Großdeutsche sollen demnach umgangen werden. Es ist dies aber, wenn man jenseits anders auf der kleindeutschen Basis beharren will, ganz und gar gegen meine Absicht, der ich hauptsächlich die Lerchenfeld usw. gegen sie ins Treffen führen und unseren Leuten überhaupt einen Begriff von den Großdeutschen auswärts beibringen wollte. Zu dem Zweck habe ich denn auch vor einigen Tagen an Lerchenfeld geschrieben und Hegnenberg bereist. Letzterer betont mit aller Macht die Notwendigkeit das Offert der österreichischen Regierung, und wenn es noch so gering wäre, mit beiden Händen zu ergreifen; anstatt selbst ein Programm und dadurch neuerdings Spaltung und Parteiung zu schaffen, das der Regierung zu akzeptieren und darauf fortzubauen. Ich fand an ihm überhaupt einen klaren und entschiedenen, aber in bezug auf Personen äußerst behutsamen Menschen. An der durch A. Auersperg zu veranstaltenden Besprechung will er, die rechten Personen und volle gegenseitige Verläßlichkeit vorausgesetzt, teilnehmen. *Sie* sind ihm – kurz gesagt – recht; bezüglich Auerspergs selbst hatte er einiges, jedoch nicht tieferes Bedenken. Wünschenswert schiene ihm, daß mit der Folge die österreichische Aristokratie des mehreren herbeigezogen, daneben aber das populäre Element durchaus nicht versäumt würde. – In welches Stadium ist nun aber diese vorher beregte Zusammenkunft überhaupt getreten?

Der Zweck dieses Briefes ist aber hauptsächlich die Bitte, gegen jenes Beginnen Bluntschlis, wenn es in Augsburg sanktioniert werden sollte, mit mir zu wirken und allenfalls zu protestieren[103].

Rechbauer habe ich bereits angegangen; Wiser[104] u. a. werde ich noch schreiben; an Bluntschli selbst und die Augsburger überhaupt werde ich mich noch rechtzeitig wo nicht persönlich, so schriftlich wenden. Die Lerchenfeld usw. scheint man durch das Beiwort „liberal" ausscheiden zu wollen; mir kommt es aber geradezu töricht vor, in dieser Frage nicht alle vertreten haben zu wollen, und zudem sind *mir* Leute wie Lerchenfeld liberal genug ...

20. Anton Bloem an Rodbertus

Düsseldorf, 27. September 1862

Haben Sie Dank für Ihre freundlichen Zeilen und lassen Sie mich aufrichtig, wie immer, dieselben erwidern. Die nach Frankfurt zu berufende Versammlung[105] tritt, wenn dies auch nicht offen ausgesprochen wird, zweifellos in Opposition gegen die nach Weimar berufene. Es läßt sich nicht verkennen, daß die letztere von den Sympathien Norddeutschlands getragen wird und daß sie ganz besonders in dem freisinnigen Teile des preußischen Volkes ihre kräftigste Stütze findet und von vielen uns teueren Männern mitgebildet wird, mit welchen auch Sie in vielen, ja in fast allen Dingen gern Hand in Hand gehen werden. In der deutschen Frage mag es auch weniger das Endziel, als der zu demselben einzuschlagende Weg sein, der uns momentan von ihnen trennt. Der Weg ist aber jedenfalls noch ein weiter, fast unabsehbarer, und gar leicht kann die momentane Trennung zu einer die uns gegebene Wirkungszeit noch lange überdauernden Spaltung führen, zu einer Spaltung, bei der nachher gar zu rasch vergessen werden dürfte, daß unser Ziel ein gemeinsames war und nur verschiedene Ansichten über die anzuwendenden Mittel das Auseinandergehen veranlaßten. – Das Bedenken ist für mich ein höchst peinliches, zentnerschweres, und ebenso gewiß für viele, viele andere. Nun sollen zwar die Schwierigkeiten und Bedenklichkeiten, welche dem Handeln entgegentreten, von diesem selbst nicht abhalten, indessen mahnen sie, die ersten Schritte recht zu überlegen, welche entschieden eine bestimmte Bahn verfolgen und ein wenn auch scheinbar vielleicht nur zeitweiliges Lossagen von anderen mit allen seinen notwendigen Folgen enthalten. Ich bedaure, daß gleich im Anfange die jetzigen Einigungsbestrebungen bei den freisinnigen Männern selbst zu Hader und Zwist führen und so in dem Anfange selbst schon der Todeskeim für dieselben einmal wieder zu liegen scheint, ich bedaure für uns insbesondere, daß die Versammlung zu Weimar in eine Zeit fällt, in welcher unsere inneren preußischen Zustände möglichst verworren sind und unsere Stellung zum Auslande eine durchaus unklare ist; ich bedaure, daß Süd- und Mitteldeutschland grade jetzt sich aussprechen sollen, wo bei aller Achtung und Sympathie für das preußische Volk unsere Regierung jedes Vertrauen etc. notwendig eingebüßt haben muß und wo Äußerungen fallen, Beschlüsse gefaßt werden können, welche die verschiedenen Nord- und Süddeutschland spaltenden, glücklicherweise im deutschen *Volke* bis dahin sehr geminderten Differenzen und Neigungen, statt zu beseitigen oder doch zu mindern, aufs neue und so lebhaft wie je anfachen und verstärken, wenn nicht verewigen werden.

Die Versammlung in Weimar ist nicht mehr zu inhibieren, wollten wir auch dahin zielende Schritte tun, es wäre zu spät, aber nicht zu spät ist es, dort zu wirken und Unheil nach Kräften zu verhüten, nicht zu spät, um abzuwarten, was dort geschieht, – und darnach zu handeln. Leider kann ich meiner persönlichen Verhältnisse wegen nicht hingehn, ich würde es sonst getan haben, um mit meinen schwachen Kräften mittätig zu sein, Schädliches zu verhüten und Nützliches zu fördern. – In der nächsten Zeit muß sich auch das jetzt über unseren preußischen Verhältnissen lagernde Dunkel einigermaßen mindestens aufhellen. Ist es nicht besser, mit den Schritten, die getan werden sollen, noch etwas zu zögern? Werden wir nicht bald klarer sehen und richtiger handeln können? Vermögen Sie ein wenn auch nur kurzes Abwarten zu erzielen, so rate ich, solches anzustreben und herbeizuführen. Wir können demnächst, weil um so besser unterrichtet, um so günstiger situiert, auch um so *entschiedener* handeln. Sie wissen, wie gern ich mit Ihnen gehe, und so will ich mich auch jetzt nicht von Ihnen sondern. Unterschreiben Sie die Aufforderung in meinem Namen mit, ich gebe trotz aller Bedenken dazu die unbedingte Befugnis. Lassen Sie mich nun aber noch eins erwähnen und Ihrer und unserer Freunde Erwägung anheimgeben.

Der Kernpunkt der Einladung ist der Satz, daß eine Neugestaltung Deutschlands mit Ausschluß Österreichs unter keiner Bedingung zulässig sei. Ich halte diesen Satz für nicht glücklich gewählt. Eine Neugestaltung Deutschlands, – wenn auch nicht eine glückliche, – ist in vielen Beziehungen möglich und darum „zulässig" mit Ausschließung Österreichs, die Geschichte möchte vielleicht in ganz naher Zeit dies lehren. Nehmen Sie nur an, Preußen sage sich einseitig vom deutschen Bunde los. Es wird bei einem solchen Schritte viele hinter sich haben, wir selbst würden denselben als eine Fortsetzung eines früheren Rechtsverhältnisses, als ein Wiederaufnehmen früher gescheiterter Bestrebungen, als den ersten notwendigen Schritt zu einer Verbesserung, zu einer Umgestaltung Deutschlands begrüßen, und mit diesem Schritt wäre dann durch *einen* Schlag die Situation Deutschlands eine ganz andre ohne die Zuziehung Österreichs geworden usw. usw. Dann sehe ich aber auch in der Tat nicht ein, wie eine Neugestaltung Deutschlands mit Einschluß Österreichs, – und dies muß doch wohl als der Sinn angenommen werden, wenn man von der Neugestaltung Deutschlands mit Ausschluß Österreichs ...[106] ja nur erstrebt werden soll. Wir können Österreich doch nur nehmen, wie es jetzt ist, als einen Staat *mit* allen seinen verschiedenen nichtdeutschen Teilen. Sollen diese auch in Deutschland aufgehen? Werden sie, werden wir dies wollen? Wird dies nicht zu neuem, ewigem Hader, zu neuer Schwächung usw. führen?

Der beabsichtigte Aufruf ist ein gewichtiger, die einzelnen Persönlichkeiten stark bindender Schritt, möge er so getan werden, daß er nach allen Seiten hin der Kritik standhalten kann; hüten wir uns vor einer wenn auch versteckten Unrichtigkeit, hüten wir uns vor dem Zuwenig, aber auch vor dem Zuviel.

Können Sie eine Änderung der Einladung noch herbeiführen, so gebe ich anheim zu bedenken, ob es nicht besser ist, die Überzeugung der Einladenden dahin auszusprechen: „daß eine Neugestaltung Deutschlands mit Ausschluß Deutschösterreichs nicht anzustreben ist", oder noch besser dahin: „daß eine Neugestaltung Deutschlands nur mit Einschluß Deutschösterreichs anzustreben ist". Können Sie die Einladung und den Tag der Zusammenkunft noch etwas hinausschieben, so überlegen Sie, ob dies nicht ratsam.

Noch auf eins will ich schließlich aufmerksam machen: es sollen alle eingeladen werden, welche die ausgesprochene Überzeugung teilen. Diese Einladung scheint mir zu weit, weil sie gar keine Grenze zieht und das Komitee gar keine Macht hat, irgendjemanden davon auszuschließen, was zu sehr üblen Konsequenzen führt, zu enge, weil wir damit den Vorwurf der Einseitigkeit auf uns laden, weil wir es jedem Gegner unserer Ansicht moralisch unmöglich machen, der Versammlung beizuwohnen, weil wir damit jede Debatte, jedes Geltendmachen einer anderen Ansicht ausschließen etc. Endlich ist die Einladung auch nur auf einen Tag erlassen, wird ein Tag genügen? ...[107].

21. Lothar Bucher an Fröbel

Berlin, 1. Oktober 1862

Verzeihen Sie, daß ich nicht früher geantwortet habe; ich wollte zuvor über den Hauptpunkt, die Unterzeichnung der Einladung, mit Rodbertus sprechen. Das ist heute geschehen. Er wird Ihnen die persönlichen, mit meiner künftigen Beschäftigung zusammenhängenden Gründe mitteilen, die mich abhalten, die Einladung zu unterschreiben. Ich würde damit, um einen kleinen Gewinn in der Gegenwart, die Gelegenheit verderben, der Sache größere und dauernde Dienste zu leisten. Zum Glück fällt übrigens das Resultat dieser persönlichen Erwägungen ganz mit meiner objektiven Auffassung zusammen. Ich könnte in Preußen nicht eine einzige Unterschrift beschaffen, Rodbertus vielleicht einige wenige. Ich würde deshalb, auch wenn mich keine Rücksichten bänden, dafür stimmen, daß Rodbertus allein unterschreibt, als Parteichef, hinter dem man sich ein X von Anhängern denken kann. Stehen noch mehr preußische Namen darunter, eins, zwei, vielleicht sechs, die höchste erreichbare Zahl, so wird man sagen: das sind die Großdeutschen in Preußen! Ich würde es deswegen auch für zweckmäßig halten, wenn aus jedem der übrigen Länder nur *einer* vollzöge. In den betreffenden Ländern genügt das eine; auf den preußischen Philister, mit dem wir doch einmal rechnen müssen, werden 80 nichtpreußische Namen nicht mehr Eindruck machen als 8. Um aber dieses Philisters willen muß ich auch dringend dazu raten, den Namen Klopp aus dem Spiele zu lassen. Wenn Klopp der Patriot ist, für den ich ihn ansehe, und wenn er die hiesigen Verhältnisse kennte, würde er selbst zurücktreten. Es kommt ja hier nicht drauf an, was er *ist*, sondern wofür er gehalten wird.

Rodbertus wird Ihnen die Fassung mitteilen, über die wir uns verständigt haben; daß die deutsche Verfassungsreform alle Bundesländer einschließen und gleichmäßig erfassen muß.

Er wird Ihnen schreiben, was wir an der Rosenheimer Formel auszusetzen haben. Bei den Versuchen eine neue zu finden, muß man m. E. darauf absehen, das räumliche Umfassen und das, ich möchte sagen, chronische Affizieren auszudrücken. Ihre Fassung läßt es den Preußen offen, zu sagen: Wir haben nichts gegen eine künftige Reorganisation ganz Deutschlands, wollen aber innerhalb derselben einstweilen annektieren ...

22. Rudolf Probst an Fröbel

Stuttgart, 4. Oktober 1862

Wir beide können nicht so im Dunkel der Zeitungsnachrichten gegeneinander Stellung nehmen. Ich weiß, daß Sie mir böse sind, aber ich weiß auch, daß Sie meinen Brief lesen.

Ich habe seinerzeit[108] die Gelegenheit am Schopfe ergriffen, aus einer kleindeutschen Abgeordnetenversammlung eine großdeutsche zu machen, wozu die Östreicher ausdrücklich geladen würden. Ihr Blatt[109] hat den Gedanken gutgeheißen. Noch in Wien hat Herr von Schmerling sich nicht dagegen ausgesprochen, nur verlangt, daß die Großdeutschen ihr Programm zuvor fester stellen möchten. Sie gingen nach Rosenheim und *dort wurde beschlossen, Weimar nicht zu besuchen* und in *Frankfurt eine großdeutsche Versammlung* zu halten. So geschah es, die ostensibeln Gründe von Berger und Rechbauer[110] sind nicht richtig – ich habe den wahren in Weimar auf der Tribüne gesagt, wovon die Zeitungen natürlich nichts sagen: die Österreicher hatten darin einen richtigen Grund, daß in Preußen inzwischen der Handelsvertrag[111] mit Bitterkeit diskutiert war, daß in Weimar sodann die Österreicher in offenbarer Minderheit bleiben mußten[112]. Das ist nicht die Stellung, welche die Abgeordneten eines großen Staats einzunehmen sich besonders animiert finden konnten. Allein das wußten Berger, Rechbauer, Kuranda zum voraus, und Berger sagte, *er komme unter allen Umständen*. Darauf bauend unterschrieb ich und folgeweise ging ich auch hin, wenn ich mich auch als den ganz Vereinzelten wußte – denn Schott selbst ließ sich durch die Einstimmigkeit hinreißen.

Ich habe in Weimar getan, was ich konnte und mußte. Ich habe ganz offen die Schimäre des engeren Bundesstaats enthüllt, die faktisch unmöglich und wenn als Übergangssituation zustandegekommen, unhaltbar und nur ein vergrößertes Preußen bedeutet. Ich habe gezeigt, daß „das Beginnen mit dem Bundesstaat, solange Deutschösterreich nicht kann“, nichts anderes als der völlige Ausschluß Österreichs ist, denn wenn begonnen wird, geschieht es unter preußischer Spitze und dann kann vom Eintritt Österreichs natürlich gar keine Rede mehr sein. Ich habe beinahe allein gegen die Resolution gestimmt und keinerlei Bestürmung meiner Freunde machte mich im geringsten wankend. Die Zeitungen machen das mit ein paar Worten ab und bringen in ganzen Sätzen, was ich andererseits gegen gewisse Großdeutsche sagte, denn das taugt in ihren Kram. Ich entschuldige es nicht, daß ich sagte: Ich habe nicht die Ansicht derjenigen, die in Frankfurt sich als die allein Großdeutschen breit zu machen sich anschicken. NB. Das mir soeben zukommende stenographische Protokoll sagt: „Mein Großdeutschtum ist nicht das, welches in nächster Zeit in Frankfurt sich auftun wird." Ich könnte sagen, es geschah im Eifer der Rede, aber ich brauche Ihnen nicht zu verhehlen, weil Sie es selbst wissen, daß mir dabei auch eine Reihe dieser Großdeutschen vor Augen war, die sich jetzt voranstellen. Da sind diejenigen, welche mich fetierten, als ich für den Inhalt des Konkordats sprach, und aus der Liste der Katholiken strichen, als ich sagte, daß das später gegebene Kirchengesetz wegen der großen Grundsätze, die es im Interesse der Kirche sanktionierte, akzeptabel sei. Verzeihen Sie, daß ich die in meiner Person gemachte Erfahrung anführe, sie ist eben zu bezeichnend. Es sind dieselben Personen, denen die Konstitutionen in kleineren Staaten ein Ekel sind, die keine Freiheit kennen als die sogenannte Freiheit der Kirche. Es ist der kleinstaatliche Adel und sein Anhang. Hier kommt Herr v. Varnbüler, es ist wahr, daß ich Ihnen vor zwei Jahren vorschlug, ihn zu besuchen, Sie mußten ihn kennenlernen, wie ich Ihnen letztmals vorschlug, Direktor Geßler[113] und den Redakteur Uhl[114] zu besuchen. Ich habe Ihnen aber nie verhehlt, was wir gegen Varnbüler haben, ich glaube Ihnen sogar manche Details gesagt zu haben, die Ihnen darüber keinen Zweifel übrig lassen konnten, daß es gefährlich sei, ihn gleichsam an die Spitze zu stellen. In dieser Hinsicht trifft mich also kein Vorwurf. Herr v. Varnbüler nimmt dann ein paar Leute mit, denen es schmeichelt, ihre Namen neben seinen zu setzen. Genug – wir haben einen sogenannten großdeutschen Verein, dessen Programm, wie ich Ihnen schon sagte, die gesamte Reaktion unterschreiben kann. – Nun aber handelt es sich nicht bloß von [!] der abstrakten Frage: groß- oder kleindeutsch, sondern von Delegierten und Bundesgericht, wo grad diese Leute, in letzterer Frage speziell, uns gefährlich sind. Und darin sehen Sie klar, was ich gegen die Frankfurter Versammlung habe.

Ich weiß zu gut; in welcher kritischen Lage wir sind, ich kenne die Preußen, ich kenne die hannoverschen, kasselschen, württembergischen und badischen Anhänger Preußens aus dem Fundament. Wer unter ihnen nicht geradezu Preußen bloß vergrößern will, der täuscht sich doch mit dem Gedanken, einen Anfang damit zu machen, einen Kern ...[115] und mit diesem dann ganz Deutschland zu ...[116]. Aber auf der andern Seite kenne ich Ultramontane und Aristokraten genug, die aus Preußenfeindschaft und Katholizismus den Gedanken hegen, daß Deutschland in zwei Teile sich spalten müsse. Ich weiß, wie die Mainlinie in den Köpfen spukt.

Was wir tun können, die wir mit unserem ganzen Sein in den Riß treten möchten, ist wenig; der einzelne kann fast nichts. Ich hatte die Idee, daß die persönliche Begegnung den Zwiespalt nicht zu heilen, aber aufzuhalten, rasche unheilvolle Entschlüsse zurückzudrängen vermöge. Ich bin noch heute nach der Weimarer Versammlung überzeugt, daß die Anwesenheit der Österreicher, die man mit Jubel empfangen hätte, nicht anders gewirkt haben würde als beim Schützen- und Sängerfest und als in Wien bei der kleinen politischen Versammlung[117] selbst schon sich kundgab. Ich bin kein Schwärmer, ich habe den Beweis an meinem eigenen Auftreten und dem meiner

Freunde. Die Beschlüsse wurden durch uns entschieden gemildert, wenngleich der Hauptfehler nicht ausgemerzt wurde. Als Schulze-Delitzsch Samstag Nachmittag ankam, zog er einen Antrag über das Verhältnis zu Österreich aus der Tasche, worüber sonst vielleicht gar nichts gesagt worden wäre. Die Motive und der Zusammenhang machten die Sache zur Unverschämtheit. Ich wurde aufgeregt, wie ichs an mir selbst nicht gewöhnt bin, und schleuderte ihm seinen kleindeutschen Bundesstaat an den Kopf, die Leute sprachen noch anderntags von meiner Leidenschaftlichkeit. Aber statt daß es zur Erbitterung kam, wurden die Anträge sofort milder, das Gift resorbierte sich, und wir hatten zwar nicht gesiegt, aber einen heilsamen Schrecken verbreitet, der zum Rückzuge führte.

Glauben Sie, daß es besser gewesen wäre, wenn wir nicht nach Weimar gingen? Gewiß nicht. Und jetzt, wo wir nicht das wirken konnten, was die Österreicher hätten tun können – glauben Sie, daß eine gegensätzliche Versammlung in Frankfurt den Waffenstillstand herbeiführen werde, den wir bei den ungelösten Verhältnissen in Österreich und dem drohenden preußischen Angriff unter Bismarck mit den preußischen Abgeordneten notwendig schließen müßten? Ich bin kein Prophet, aber ich sage, eine Versammlung der Abgeordneten aus ganz Deutschland hätte einen ganz außergewöhnlichen Wert gehabt. Zwei Sonderversammlungen können den Frieden nicht erhalten, nicht fördern, sie werden den Bruch beschleunigen.

Nun noch zur unmittelbaren Gegenwart. Heute kommt Mohl zu mir und bestürmt mich, nach Frankfurt zu gehen. Er und Oesterlen[118] wollen hingehen, wenn sie nicht allein sind, sondern einige württembergische Großdeutsche liberaler Natur mitgehen. Ohne mich wollen sie nicht. Das ist mir zwar sehr schmeichelhaft, Sie werden aber zugeben, daß ich nicht kommen kann und werden mich selbst nicht dabei haben wollen. Ich denke aber, Mohl, Oesterlen und vielleicht einige weitere werden sich doch dazu bestimmen, teilzunehmen. Wenn denn diese Frankfurter Versammlung doch einmal sein soll, so könnten auch ein paar schwäbische Demokraten nichts schaden. Da es mir immer nur um den Zweck zu tun ist, so wissen Sie wohl, daß ich nirgends entgegentrete, wo etwas zu wirken ist, wenn ich auch selbst nicht dabei bin. Ich habe mich ausgesprochen, wie es mir Bedürfnis war. Urteilen Sie!

Noch muß [ich] Ihnen schließlich, um Sie über nichts im Unklaren zu lassen, bemerken, daß ich auf einen Brief Rechbauers geantwortet habe: wir württembergischen Liberalen gedenken nicht nach Frankfurt zu kommen. Wenn Mohl und einige andere sich entschließen sollten, werde ich ungesäumt Herrn Rechbauer Nachricht davon geben.

23. Lothar Bucher an Fröbel

Berlin, 8. Oktober [1862]

Es ist Hoffnung, hiesige Abgeordnete, namentlich solche, die in Weimar gewesen, nach Frankfurt zu bringen. Die Nichteingeweihten fangen an, die bonapartistische Intrige zu wittern, sind geneigt zu hören. Es wäre daher sehr wünschenswert, daß in der Einladung, oder falls das nicht mehr geht, in den Verhandlungen der Gedanke sehr deutlich und derb ausgesprochen würde, daß übrigens das Verfassungswerk in diesem Augenblick zurücktreten müsse gegen die Aufgabe, eine *kleindeutsch-bonapartistische Intrige zu zerreißen, einen Zwist unter den Deutschen, einen Verlust an deutschem Geiste zu verhüten;* daß das Verfassungswerk für jetzt nur Mittel zu diesem Zwecke sein müsse.

Die kleindeutschen Politiker von Profession haben sich mit der Abtretung des Rheinufers befreundet; das Volk noch nicht; die nahe Gefahr und der brennende Schimpf müßten ihm grell vor Augen gestellt werden.

Es tut mir sehr leid, daß ich nicht nach Frankfurt gehen kann, um der Sache und um meiner willen; ich hätte meinen ehemaligen Freunden hier gern gezeigt, daß ich nicht so „ausgeputzt" bin, wie sie meinen. Doch, after all, ist es so am besten gewesen; ich kann gerade jetzt hier mehr wirken, indem ich meine Wirksamkeit ganz verberge.

24. Rodbertus an Moritz Mohl

Heidelberg, 18. Oktober 1862

Ohne die Ehre Ihrer persönlichen Bekanntschaft zu haben, erlaube ich mir, mich an Sie mit der Frage zu wenden, ob die großdeutsch gesinnte Demokratie Württembergs oder ein Teil davon die am 28. anstehende Versammlung in Frankfurt besuchen wird?

Aufgefordert, mit andern Preußen die Einladung zu unterzeichnen, wovor uns indessen die Mitunterzeichnung gewisser Namen und die von einem Teil der Einladenden zu gewärtigenden Anträge abgehalten, halte ich es doch für wünschenswert, daß auch eine Anzahl solcher Großdeutschen erscheint, die den bundestägigen Entwicklungsgang für den heillosesten in Deutschland halten, – sei es auch nur, um Zeugnis abzulegen, daß großdeutsch auch noch in anderm Sinne zu verstehen sei. Mich dünkt, dieser Begriff darf nicht in die Hände des Bundestages fallen, – denn die jüngste Erklärung des von Programm zu Programm taumelnden Nationalvereins für die Reichsverfassung von 1849[119] ist doch, abgesehen von allen andern Bedenken, auch nichts weiter, als eine – schlecht berechnete – strategische Diversion ...

25. Johann Nepomuk Berger an Moritz Mohl

Wien, 20. Oktober 1862

Ich bin erst heute in der Lage, dem Schmerzensschrei Ihrer drei Briefe zu antworten, leider nicht so, wie Sie es wünschen und wie ich selbst wünsche, daß ich könnte. Was ich Ihnen schreibe, ist nicht bloß meine individuelle Auffassung, sondern das Ergebnis der Besprechung mit gleichgesinnten politischen Freunden, obgleich ich, soweit es bloß meine Person betrifft, mir vor allem Anfang an darüber klar war, daß ich nicht nach Frankfurt gehen würde. Ich habe dies auch wiederholt öffentlich erklärt.

Wir sind vor allem der Überzeugung, daß die liberale Partei nur dann nach Frankfurt gehen und dort den Kampf aufnehmen könnte, wenn sie von vornherein des Sieges gewiß wäre. Als unterliegende Minorität würde sie immer nur dazu beitragen, die dort versammelte großdeutsche Fraktionsklique zu illustrieren. Ist der Sieg nicht gewiß, dann spricht das gänzliche Wegbleiben der liberalen Partei weit beredter als die unterlegene Diskussion. Auf die Gewißheit des Sieges aber wäre bei der Kürze der Zeit, die zu einer Organisierung noch übrig bliebe, kaum und um so weniger zu rechnen, da auch die Gegner noch in der Lage wären, Verstärkungen zu rekrutieren, indem zur Teilnahme an der Versammlung keine besondere berechtigende Eigenschaft gefordert wird. Dabei müßte man sich selbst auf liberaler Seite noch zuvor über das aufzustellende Programm einigen, denn starke Differenzen verschiedener Schattierungen sind leider auch hier vorhanden. Daß die liberalen Österreicher dem Frankfurter Programm nicht zustimmen, daß sie den Akzent vor allem auf das aus direkten Volkswahlen hervorgehende Parlament legen, haben sie wiederholt und so entschieden und bestimmt ausgesprochen, daß diese Tatsache auch trotz ihres Wegbleibens von Frankfurt nicht ignoriert werden kann. Wenn sie aber, nebst andern Gründen, von Weimar ausdrücklich auch deshalb wegbleiben, weil sie sich an keiner fraktionellen Versammlung beteiligen wollen, so ist dieser Grund auch für das Verhalten bezüglich der Frankfurter Zusammenkunft maßgebend.

Zu allen diesen Gründen kommt aber noch ein anderer, der das Verhalten der liberalen Österreicher bestimmt, und er ist nicht der unwichtigste.

Sie kennen ohne Zweifel bereits die Erklärungen, welche der Staatsminister Schmerling letzthin im Finanzausschusse des Abgeordnetenhauses bezüglich Ungarns abgab[120], Sie kennen vielleicht auch schon seine Äußerungen über die deutsche Frage im Privatgespräche. Nach beiden Richtungen betonte er das Festhalten an der Februarverfassung, wie sie ist, also den österreichischen Einheitsstaat. Wenn und solange aber die österreichische Politik nach diesem Ziele im Innern steuert, kann kein liberaler und ehrlicher Deutschösterreicher einen praktischen Anteil an der deutschen Politik nehmen, er muß es hingehen lassen, daß die Regierung in ihrer Art deutsche Politik treibe, aber er kann sich nicht dazu hergeben, diese Politik auch nur indirekt zu fördern, dadurch, daß er selbst sich an der deutschen Reformbewegung beteiligt. Zur Zeit des Juristentages war der Staatsminister mit seiner Sprache nicht ganz herausgerückt; Personen, von denen man Vertrautheit mit seinen Intentionen voraussetzen durfte, sprachen „von den notwendigen Abänderungen der Februarverfassung" und selbst die Toaste und Reden des Ministers schlossen die Gedanken hieran, als Bedingung des deutschen Reformwerks, nicht aus. Jetzt, nach den letzten Auslassungen Schmerlings sehen die liberalen Deutschösterreicher Passivität in der deutschen Frage augenblicklich und bis zur Änderung der Situation als ein Gebot der Ehrlichkeit an.

Natürlich erscheint uns nun auch das Streben nach der Delegiertenversammlung noch in einem ganz andern Lichte. Wir sind des Scheiterns dieses von dem deutschen Volke abgelehnten Projekts gewiß, wenn sich auch die Frankfurter Versammlung für dasselbe, wie zu erwarten, mit großer Einmütigkeit aussprechen wird. Wir können selbst das Projekt der Delegiertenversammlung ohne Verletzung der Februarverfassung nicht begreifen, und die Erklärungen des Staatsministers, die kein Geheimnis sind, werden das ihrige beitragen, um die Ablehnung des Schmerling-Rechbergschen Geschenkes zu garantieren. Übrigens beginnt, wenn wir recht berichtet sind, die

Frankfurter Klique bereits, in sich selbst zu zerbröckeln, wenigstens lichten sich die österreichischen Reihen derselben.

Und nun, verehrter Freund, werden Sie unsere Haltung nicht nur entschuldigen, sondern wie wir fest überzeugt sind, auch billigen. Gerne wäre ich, wenn mir dies möglich gewesen wäre, sogleich zu Ihnen nach Stuttgart geeilt, um Ihnen mündlich die vollständigsten Aufklärungen zu geben, die schriftlich doch immer einen allzu lapidaren Charakter annehmen, besonders bei jener Kürze, deren ich mich gern befleiße.

26. Karl Rechbauer an Moritz Mohl

Wien, 20. Oktober 1862

[Aus den gleichen Gründen wie Berger müsse er auch mitsamt seiner politischen Freunde in Österreich eine Mitbeteiligung an der Frankfurter Versammlung ablehnen.]

Ich habe bisher den deutschen Reformbestrebungen nicht bloß die lebhafteste Sympathie zugewendet, sondern soweit es mir in meiner Stellung und mit meinen geringen Kräften möglich war, auch werktätig zur Förderung derselben beizutragen mich bemüht. Ich habe als das Ziel dieser Bestrebungen die Schaffung einer kräftigen Zentralgewalt nach außen und einer aus der freien Wahl der ganzen deutschen Nation hervorgegangenen Volksvertretung vor Augen gehabt, wobei es mir als selbstverständlich erschien, daß die Deutschösterreicher gleich verpflichtet mit allen übrigen deutschen Bundesstämmen an der Neugestaltung des ganzen Deutschlands teilzunehmen haben.

Ich ging hiebei weiters von der Voraussetzung aus, daß man, – da unsere dermalige Verfassung, die derzeit noch nicht vollständig ausgeführt ist, bei deren durchgreifender Ausführung den Deutschösterreichern die Erfüllung ihrer Bundespflichten und Übung ihrer Bundesrechte kaum zulässig erscheinen läßt, – eine solche Modifikation dieser Verfassung im legalen Wege zu erstreben in der Lage sein werde, – daß es den Deutschösterreichern ohne Zerreißung des Kaiserstaates möglich werde, an der Einigung und freiheitlichen Neugestaltung Deutschlands Anteil zu nehmen. – Nach den neuesten Erfahrungen scheint nun aber dieser Voraussetzung *für den Augenblick* jeder reale Boden entzogen. Nach einer vor kurzem von maßgebender Seite, wenn auch nur privatim, erhaltenen Erklärung muß ich annehmen, daß das Ministerium von einer derlei im Sinne jener liberalen Deutschösterreicher, denen eine Einigung, freiheitliche und kräftige Neugestaltung des *ganzen* Deutschlands wahrhaftig am Herzen liegt, anzustrebenden Modifikation unserer Verfassung nichts wissen, sondern dieselbe in ihrer dermaligen Gestalt ungeändert durchführen will. Bei einer ungeänderten Festhaltung dieser Verfassung erscheint mir aber eine Teilnahme der Deutschösterreicher an einer gesetzgebenden Versammlung in Frankfurt geradezu unausführbar und untunlich.

Es wäre sonach im gegenwärtigen Augenblick, wo wir keine Hoffnung haben, unsere Wünsche über die Lösung der deutschen Reformfrage hier zur Geltung zu bringen, von uns ein wenig ehrliches Vorgehen, wollten wir jetzt eine werktätige Mitwirkung an einer auf Schaffung einer deutschen Gesamtvolksvertretung mit gesetzgebender Gewalt vorspiegeln, während wir uns doch selbst sagen mußten, daß uns gegenwärtig die legale Möglichkeit zur Realisierung zu derlei Bestrebungen mangelt.

Sie werden es daher begreiflich finden, wenn wir unter solchen Umständen im gegenwärtigen Augenblicke auch von einer Versammlung, wie jene zu Frankfurt, uns ferne halten, da wir derzeit noch keine Hoffnung haben, mit unsren Anschauungen über die anzustrebenden Reformen, wie wir sie zum Heile Deutschlands und Österreichs für wünschenswert und notwendig halten, durchzudringen; eine Mitwirkung zu solchen Reformen aber, die in nichts anderem bestehen, als in Schaffung eines freiheitsgefährlichen Bundesgerichts und einer konsultativen Delegiertenversammlung, unserer politischen Überzeugung widerspricht, indem dies nur zur Aufrechterhaltung der Bundestagsmisere dienen würde.

Wenn aber auch *gegenwärtig* die Macht der Verhältnisse uns von der praktischen unmittelbaren Mitwirkung an dem deutschen Einigungswerke mehr oder weniger fernhält, so geben wir die Hoffnung durchaus nicht auf, daß die derzeitigen Hindernisse früher oder später *im legalen Wege* beseitigt und es uns so ermöglicht werde, jenen Platz in der deutschen Völkerfamilie einzunehmen, der uns nach Recht, unserer tausendjährigen Geschichte und nach dem durch so viele Jahrhunderte in guten und schlimmen Tagen treu bewahrten Verband mit unseren deutschen Brüdern – gebührt und auf den wir *nie* freiwillig verzichten werden, so wie das deutsche Volksbewußtsein in uns nie und nimmer erlöschen wird.

27. Rodbertus an Moritz Mohl

Heidelberg, 22. Oktober 1862

Ich danke Ihnen verbindlichst für Ihre beiden Briefe[121] und die Zusendung Ihrer Anträge. Schon vor dem Empfang Ihres ersten Schreibens hatte auch ich in Wien angefragt, habe aber noch keine Antwort erhalten. Einstweilen lese ich aber den Grazer Beschluß[122] und wir dürfen daher wohl kaum mehr hoffen. Wenn die Württemberger und Östreicher nicht zahlreich kommen, so bin ich noch zweifelhaft, was besser ist: Hingehen oder fortbleiben?

Um Sie aber nicht in Zweifel zu lassen, wie ich mich eventuell dort verhalten würde, so habe ich soeben, bessere Fassung vorbehalten, meine Ansichten in einem Antrage formuliert. Sie werden ihn einen Vermittlungsantrag nennen können. Er drückt vieles von dem aus, was Sie wollen, tritt aber, ohne prinzipiell etwas aufzugeben, den großdeutschen Regierungen nicht so scharf entgegen, sondern gönnt ihnen freie Bahn. Den Versuch ad 3 zu machen, halte ich aber vor allem wichtig.

Komme ich nach Frankfurt, so wird mein Erstes sein, Sie aufzusuchen, und dazu bitte ich freundlichst und ergebenst um Ihre dortige Adresse. Übrigens darf ich schon jetzt meine Freude ausdrücken, mit Ihnen in politischen Verkehr getreten zu sein, und ich bitte Sie einstweilen, schriftlich die Versicherung der aufrichtigen und freundschaftlichen Hochachtung genehmigen zu wollen, mit denen ich Ihnen ergeben bleibe.

[Die in der Anlage beigefügte Erklärung lautet:]

Die Versammlung erklärt:

1. Wenn auch eine Bundesreform nicht um deswillen abzulehnen ist, weil sie ohne konstituierende Mitwirkung des Volks allein durch die Regierungen geboten und eingeleitet wird, so kann doch die vorgeschlagene Delegiertenversammlung ad hoc nur als eine nützliche, im Interesse des vorgelegten Beratungsgegenstandes entworfene Maßregel zu Annahme empfohlen, aber nicht einmal als ein erster Schritt zu einer den nationalen Bedürfnissen entsprechenden Reform angesehen werden. Sie darf daher die gegenwärtige Versammlung in ihrem Streben nach einer alle Teile Deutschlands gleichmäßig und gleichzeitig einschließenden Reichsverfassung mit Zentralgewalt und Parlament nicht beirren.

2. Die Einsetzung eines Bundesgerichts darf nur erst mit Zustimmung des deutschen Parlaments erfolgen.

3. Aber alle auf eine größere Verfassungseinheit abzielenden Bestrebungen können zu keinem gedeihlichen Resultate, sondern höchstens nur zu einem leeren Formwerk führen, solange keine Einigung zwischen den beiden großen Parteien erfolgt ist, die in der Weimarer und der gegenwärtigen Versammlung vertreten sind. Beseelt von dem Verlangen nach dieser Einigung, angesichts der Gefahren, welche die äußere Selbständigkeit des Vaterlandes und die innere Freiheit einzelner seiner Teile bedrohen, im Hinblick auf die Übereinstimmung der dortigen[123] und der hiesigen Beschlüsse in wesentlichen Punkten, und mit Vertrauen auf die deutsche Gesinnung auch der Gegenpartei, glaubt die Frankfurter Versammlung hiermit öffentlich die Hand zum Frieden bieten zu sollen. Zu diesem Zwecke beschließt sie, einen Ausschuß von sechs Männern mit dem Auftrage zu wählen, den Versuch zur Einleitung einer solchen Einigung zu machen, dazu der Gegenpartei die Wahl eines gleichen Ausschusses vorzuschlagen, damit diese zwölf deutschen Vertrauensmänner zuvörderst unter sich das Werk der Verständigung versuchen, um demnächst gemeinsame Vorschläge zu[r] Einigung der Parteien vorzulegen.

28. Moritz Mohl an Rodbertus

Stuttgart, 23. [?] Oktober 1862

Ich habe soeben die Ehre, Ihre geneigteste Mitteilung vom 22. zu erhalten und darf bitten, den innigsten Ausdruck meines herzlichsten Dankes dafür genehmigen zu wollen.

Ich habe heute ein Schreiben Bergers vom 20. d. erhalten, wonach er und seine Freunde *nicht* nach Frankfurt kommen, und zwar in erster Linie des reaktionären Charakters dieser Versammlung wegen nicht, wie er allerdings mehr als wahrscheinlich sein dürfte. Ich darf übrigens diese Mitteilung Bergers als eine vertrauliche, bitten, gütigst ebenso aufnehmen zu wollen. Oesterlen und Becher[124] gehen deshalb auch nicht nach Frankfurt.

Dieser reaktionäre Charakter der Frankfurter Versammlung einerseits und der spezifisch nationalvereinliche der Weimarer (wenn diese den ihrigen auch etwas eingewickelt hat) scheinen mir auch einen Antrag nicht zu empfehlen, welcher diesen beiden Versammlungen eine weitere Einleitung auftragen würde. Ich möchte vielmehr *beiden* wünschen, daß sie in Vergessenheit kämen. Auch kann ich mir nur eine Unterhandlung nach allen mir bekannten Elementen und Tendenzen beider zwischen ihnen denken, wie zwischen Hund und Katze, und ein Erfolg scheint mir geradezu unmöglich und ein guter viel unmöglicher.

Ich gehe nach Frankfurt sehr ungerne und bloß, um zu sehen, ob und welche Opposition sich gegen dieses reaktionäre Treiben machen läßt, und um meinem Gewissen ein Genüge zu leisten, da ich überzeugt bin, daß, wenn es zu *einer* Delegiertenversammlung kommt, der Adel schon dafür sorgen wird, daß er Deutschland *für immer* in seine Krallen bekommt. Sie in Preußen und wir in Württemberg kennen sein Treiben aus bitterster Erfahrung.

Es wird mich ganz unendlich freuen, wenn mir das Glück Ihrer persönlichen Bekanntschaft zuteil werden sollte, hochverehrtester Herr ...[125].

II. KRITISCHE SKIZZEN ZUR HISTORIOGRAPHIE GESELLSCHFTLICHEN UND WIRTSCHAFTLICHEN WANDELS

10. Zur Gründung des Ersten Reiches

R. Holtzmann, Geschichte der sächsischen Kaiserzeit (900–1024), München 1955.

This work, a reprint of the second edition, which appeared in 1943, will be of interest to the general historian, the history teacher, and the vanishing general reader of cultivated tastes and catholic intellectual interests. It constitutes the first comprehensive attempt since Giesebrecht's romantic *Geschichte der deutschen Kaiserzeit* to portray, on the basis of the primary sources and the vast secondary literature, the formation of the German monarchy in the tenth century and the origins of the First Reich. The author, who died in 1946, was one of the foremost specialists in this field of study. His efforts at synthesis are focused on developments which established, though for a few generations only, Germany, then the least civilized part of the Frankish inheritance, as the most powerful polity among the succession states of the Carolingian empire. Germany's short-lived pre-eminence in medieval Europe was associated with the revival of the imperial traditions by the monarchs of the Saxon house. Heretofore, the duchy of Saxony, situated west of the Elbe-Saale line, had been, both economically and culturally, the most backward region of Germany itself.

Professor Holtzmann's account is essentially a personalized chronicle of dynastic politics. Such a conventional treatment of a fascinating theme has its place. Especially in this instance, for the ephemeral political and administrative system which sustained Otto the Great and his immediate successors was founded, above all, on personal power, personal distinction, and the arts of royal nepotism. Unfortunately, the author is not always in command of his material. Since he does not discriminate enough between the essential and the insignificant, his lengthy tale tends to be a little dull and pointless.

The most concise and, also, the most rewarding parts deal with the social, economic, and cultural aspects of the Saxon period. The author throws light upon the evolution of the governing class and of administrative, ecclesiastical, military, and economic organization. No less suggestive, despite its brevity, is his discussion of the problems of land tenure, internal colonization, the eastern agricultural frontier, urban development, and other manifestations of economic growth. More original is the exceptionally well-informed appraisal of the impact of the monastic reform movement of that period. The regional response to this movement is traced in the different duchies–Saxony, Thuringia, Franconia, Bavaria, Swabia, and Lorraine–which then made up "Germany." Holtzmann draws a vivid picture of contemporary historiography and literature and of the work of the episcopal and monastic schools. Numerous pictorial illustrations adorn the book. These help greatly to bring into bold relief the remarkable accomplishments of this "dark" age in the realm of architecture and the decorative arts.

Holtzmann has devoted much energy and zeal to the old question as to whether the whole course of German history took "the wrong turn" with the adoption of an imperial policy a millennium ago. This has been an endlessly debated problem of historiography ever since the famous Ficker-Sybel controversy of 1859–1862, which was precipitated by Austria's defeat in Italy in 1859 and the ensuing struggle between Austria and Prussia over the political reconstruction of Germany. When the issue was reopened under the Nazi regime, Holtzmann stood his ground, as he does in the present book, as the proponent of a critical but old-fashioned and obsolete apologia of medieval *Kaiserpolitik* and its influence upon German history. He argues his case with emotional undercurrents which find expression primarily in nationalistic valuations and moralizing comments. Though he does not identify his professional companions and contenders, it is clear that his "pro-imperial" views are akin to those of Haller, Hampe, and Brackmann. In other words, he rejects the interpretations of that generation of "anti-imperial" medievalists which included such strange bedfellows as the Prussian Junker Georg von Below and the Austrian socialist Ludo Moritz Hartmann.

11. Rechts- und Sozialverfassung der bayerischen Grundherrschaft in Mittelalter und in der Frühen Neuzeit

Ph. Dollinger, L'évolution des classes rurales en Bavière depuis la fin de l'époque carolingienne jusqu'au milieu du XIII. siècle, Paris 1949.
F. Lütge, Die bayerische Grundherrschaft: Untersuchungen über die Agrarverfassung Altbayerns im 16.–18. Jahrhundert, Stuttgart 1949.

More than a thousand years of regional rural history flare up in these two authoritative books. Strikingly similar in their lines of approach and method of inquiry, they complement each other almost perfectly. Both Dollinger and Lütge, who is professor of economic history in the University of Munich, concentrate on a descriptive analysis of the agrarian social structure of Old Bavaria, as conditioned by the many and often profound transformations of the economic, political, and administrative character of manorial organization. From the late Carolingian period to the liberal reforms of the nineteenth century, social class distinctions and economic life in rural Bavaria continued to be dominated by the *Grundherrschaft*, the German counterpart to the French institution of the *seigneurie* and to the manorial system in England.

Dollinger's superbly documented study, begun in 1932, is mainly based on a painstaking and unusually comprehensive examination of primary sources, including many unpublished monastic records. Lütge synthesizes a vast body of specialized work; a synthesis which is strongly reinforced by diligent research, independent thinking, and sober judgment. Both authors know how to relate a huge mass of detailed technical evidence, presented with gratifying clarity and precision, to general problems and to a broadly conceived comparative frame of reference over which they keep control. What is typical and what is peculiar in the evolution of the rural social strata of Bavaria, Dollinger brings into bold relief by comparison with the highly diversified parallel developments in other sections of western Germany. But he also methodically contrasts Bavaria with the far less differentiated pattern of social regrouping in France and, sporadically, with the trends of social mobility in eastern Germany and Slavic Europe. Unlike Dollinger, Lütge makes no attempt to integrate his regional investigation into the legal and economic history of the countryside of western continental Europe. His superior knowledge of German agrarian history as a whole enables him, however, to place his sectional study at least into national perspective. The extent to which Bavaria remained a case *sui generis* he makes clear by pungent comments on the rich disparity of modes of estate management, of bundles of different rights over land and over people living on the land, of greatly varying combinations of distinctive types of lordship *(Grundherrschaft, Gerichtsherrschaft, Vogtherrschaft, Leibherrschaft, Gutsherrschaft, Landesherrschaft)* and of dependent cultivation in the major agricultural regions of southwestern, northwestern, central, and eastern Germany.

Dollinger portrays rural society in a state of constant flux. Conversely, Lütge deals with a relatively unchanging fabric of agrarian relations. As an operating social and economic system, the Bavarian *Grundherrschaft* of the eighteenth century was essentially the same as in the sixteenth century. It was more stagnant than elsewhere in Germany although its governmental functions were readjusted under the impact of the "absolutist" authority of the dynastic-bureaucratic state of the Wittelsbacher. By force of circumstances Lütge stresses continuity and Dollinger innovation.

It is impossible to spell out here the content of these two weighty volumes. (For a summary of Dollinger's findings see his own account in *Annales*, IV, 331–339.) What stands out, bewildering cross-currents of social reclassification notwithstanding, is the checkered process of disintegration of a rural population, which in the late Carolingian period was subdivided into various distinct free and servile legal status groups. Thereafter the old lines of demarcation become blurred because of the rise of novel standards and group attributes. A new social hierarchy emerges, made up of classes and strata which are marked off from one another primarily by virtue of property holdings and forms of tenure, occupational activity, actual social condition, and a specific way of life. The old-established, peculiarly Bavarian peasant aristocracy of the *Barschalken*, for instance, who are regarded as personally free in the ninth, as servile in the tenth and eleventh and again as free in the twelfth centuries, lose their identity as a special socio-economic group in the twelfth and thirteenth centuries, in the course of the economic revolution which entailed a radical reorganization of the use of land and labor. It was this age which witnessed the adoption of a system of fixed-term leaseholds in the place of the direct exploitation of the demesne and of the diminution ot disappearance of predial labor services, functioning both as a cause and an effect of the alienation of the lord's home farm and of interclass mobility as well. Now the *Barschalken* amalgamated with the *censuales*, who as a privileged group of free tenants had come into being in the tenth century on ecclesiastical estates, and with the former customary villein serfs, the *servi manentes*. The latter, despite widespread subdivision of their holdings, had passed through a process of social upgrading by getting rid of some of the earmarks of their personal servility. By the thirteenth century, these three categories of people formed the new economic class of *coloni*, that is, of peasant-producers, free, unfree, or semi-free by personal status but servile by tenure. On the other hand, the once numerous legal class of mostly landless household serfs was, as such, almost completely obliterated. In consequence of the decline of demesne farming many members of this class were converted into dependent tenants or urban immigrants. The remainder split up into a whole string of more or less fluid vocational groups and subgroups, widely differing in social function, legal characteristics, rank, prestige, and amount and sources of income. In this connection Dollinger throws new light on the much debated question of the complex origin and the stages of development of the *ministeriales*. This new hereditary social class, which was destined to furnish the main spring for the recruitment of the lesser nobility, had not crystallized in Bavaria before the eleventh century. Its initial core, though composite even then, consisted of privileged bondsmen, serving as knights and seigniorial officials.

Dollinger and Lütge emphasize, and rightly so, the attenuation of the historical importance of legal distinctions between the rural classes and the mounting significance of non-juridic criteria as regulators of social position and restratification. Yet, in their concrete application, conditioned by the nature of their sources but also, it seems, by the heritage of the history of agrarian historiography, they devote most of their energy to an exhaustive description of the legal aspects of the institutional framework of economic and social class relations rather than to an analysis of the actual material conditions which sustained alterations in these relations. Both authors, moreover, are unduly shy in venturing causal explanations. Nevertheless, the work here accomplished constitutes a major contribution to the knowledge and understanding of German social history. It is good to know that in spite of the enormous disorder wrought by the world crisis of our time some historians in western European lands are moving forward again with vigorous strides.

12. Aspekte des Finanzkapitalismus im 16. und 17. Jahrhundert

R. Ehrenberg, Le siècle des Fugger, Paris 1955.

This massive work originally appeared in 1896–1897 in two volumes. In 1928, six years after the issue of the fourth German edition, an incomplete British version was published under the title *Capital and Finance in the Age of the Renaissance: A Study of the Fuggers and Their Connections*. It testifies to the vitality of this classic that, in abridged form, it is now presented in an excellent French translation. The editors deserve praise for having tightened up Ehrenberg's study without damaging its structure and balance. Hence due weight is given to the instructive chapters that had been omitted altogether in the British edition. These are concerned with the Genoese, Spanish, and Flemish financiers, the international financial crises from 1557 to 1575, and the generalized explanation (Chapter V of Part One) of the organizational patterns, economic role, public repute, and political importance of *haute-finance* entrepreneurship in the sixteenth century.

Every serious student of European economic history is familiar with Ehrenberg's masterpiece. It is superfluous, therefore, to summarize the content of a book so widely acclaimed over such a long period of time for its extraordinary erudition and the wide vistas it opened up.

Since the days when Ehrenberg courageously stepped into an almost unknown land and began to plow up a vast, virgin field, the scrutiny of the personnel, organization, and function of the international traffic in money and credit in the era of the final collapse of the old *corpus Christianum* has kept many economic historians occupied. How much has been accomplished is indicated by the comprehensive, yet select, ten-page bibliography that, appended to *Le siècle des Fugger*, lists the most relevant books and articles that have appeared since 1896. Yet despite the trail-blazing explorations of R. de Roover, A. Sapori, and A. P. Usher in the financial history of the later Middle Ages; despite Alois Schulte, Jakob Strieder, Götz Freiherr von Pölnitz, Henri Hauser, Fernand Braudel, and other scholars who have thrown light upon the money and capital markets and the problems of entrepreneurship during the Price Revolution, Ehrenberg's searching inquiry, though outmoded in some respects, still is an indispensable standard work. Moreover, it is a milestone in the history of economic historiography.

Richard Ehrenberg (1857–1921) was one of the principal founders of the methodical study of entrepreneurial and business history. His creative interest in this field did not spend itself with the completion of *Das Zeitalter der Fugger*. His major subsequent contributions are, however, not so solid and cogent as his magnum opus. *Grosse Vermögen: ihre Entstehung und Bedeutung* (2 vols.; Jena, 1903–1905), which is focused on the business careers of the Fuggers, Rothschilds, Krupps, and the house of Parish in Hamburg, is based on spotty research and written in a more popular vein. Of more enduring value because of the quality of the primary sources used and some incisive questions raised is Ehrenberg's study of the origins and early growth of the Siemens enterprises (*Die Unternehmungen der Brüder Siemens* [Jena, 1906]).

Ehrenberg belonged to the "younger" historical school of economics, which regarded the classical theory as a "premature generalization." As did Gustav Schmoller, Georg Friedrich Knapp, Lujo Brentano, and Karl Bücher, the other outstanding representatives of this school, Ehrenberg sought to provide an empirical foundation for economic theory through the meticulous investigation of significant special phases and areas of economic development. *All* economic theories, by virtue of being conditioned by a distinctive set of fleeting historical circumstances and by what the philosopher Georg Simmel was to term the "subjective a priori" of the theorist, were held to be without absolute validity. In accord with this relativist view, expounded as a matter of course by the historical school, Ehrenberg felt certain that *for the time being* economic analysis would gain most from the application of the inductive historical method. This accounts, and not only in his case, for the great emphasis placed upon the accumulation of meaningful factual material and the evaluation of the original sources. This monographic historical and statistical research was to pave the way eventually for the construction of "realistic" theoretical models.

Under the impact of growing state intervention in economic and social life toward the end of the nineteenth century, Ehrenberg, again in harmony with the tendencies of the historical school, was more interested in economic policy than in economic theory. But as an economic historian he did not confound, as particularly Schmoller and his disciples were inclined to do, economic legislation and government regulation with economic reality, nor the description of the legal, political, institutional, and administrative aspects of economic change with economic history itself.

As exemplified by the work under review, the impressive combination of three main factors distinguished Ehrenberg's approach to economic history from that of the other contemporary leaders in the field. Ehrenberg had a thorough knowledge and keen understanding of practical economics and business administration. He devoted much energy, patience, and ingenuity to the collection and intensive study not only of government documents but also of the accounts and other substantive records of large business enterprises. Finally, while Schmoller "discovered" the bureaucratic public administrator and glorified his mission in "political economy"; while Knapp unmasked the legal framework of agrarian developments and pointed up sharply the political and social implications; while Bücher distilled his imposing detailed knowledge of the historical modes of production, distribution, and consumption into "ideal types" and "invented" dubious stages of economic evolution–Ehrenberg concentrated on the job of stressing, unpretentiously but insistently and imaginatively, the significance of the financial, commercial, and industrial big-business entrepreneur in economic as well as in general history.

For many years prior to becoming, at the age of forty, a university teacher, Ehrenberg had been an executive agent of the business world. He had worked in a bank and a publishing house, and he wrote *Das Zeitalter der Fugger* while serving, from 1888 to 1897, as secretary of the Altona chamber of commerce. In the course of his academic life economic history ceased to be Ehrenberg's primary professional interest. He detached himself from the historical school, turned to Thünen for guidance in economic theory, got embroiled in a long, mortifying feud with the touchy "socialists of the chair," and wasted valuable time by thundering against the "terrorism" of his colleagues (*Gegen den Katheder-Sozialismus! Zweites und Drittes Heft. Terrorismus in der Wirtschafts-Wissenschaft* [Berlin, 1910]). His unorthodox background, now underpinned by "eccentric" ideas and activities, caused much raising of eyebrows in the closely knit guild of economics professors. In consequence, he never gained in the German university community the recognition he deserved.

Whatever the shortcomings of its analytical structure, *Le siècle des Fugger* bears eloquent witness to the pioneering part that Richard Ehrenberg, the former bank clerk, has played in deepening and broadening the manifold tasks of economic historiography.

A. Ernstberger, Hans de Witte, Finanzmann Wallensteins, Wiesbaden 1954.

This overlong biography is concerned with the story of the sensational rise and fall of a forgotten international merchant banker. Its glorified "hero" is Hans de Witte, a Flemish Calvinist who as a young factor emigrated to Prague where he became, in the course of the turbulent 1610's and 1620's, the entrepreneurial builder and director of a far-flung commercial and financial "empire." At the height of his life, during the first decade of the Thirty Years' War, de Witte, now a member of the hereditary nobility of Bohemia and the richest man of Prague, was the biggest professional financier of central Europe. Thus, in a manner of speaking, he functioned as the historic heir of Jakob Fugger. But unlike his cautious predecessor he failed to consolidate his gains. Ruthlessly exploited and, toward the bitter end, left in the lurch by his chief debtors, the imperial crown and Generalissimo Wallenstein, de Witte met, in 1630, bankruptcy with suicide.

In loosely integrated fashion the present book deals with the external environment, the private life and personal characteristics, the social "arrival," the political leanings and, above all, the diversified business activities and economic accomplishments of this formidable parvenu-entrepreneur. The value of Professor Ernstberger's narrative lies in the supply of new facts. With indefatigable zeal a mass of data has been gathered from widely scattered sources, among them the archives of Prague and Vienna. This material touches on various phases of central European history and international affairs in the early seventeenth century. Art historians as well as students of political, administrative, military, and religious history may extract from it valuable bits of information. More rewarding is the harvest for the economic and social historian. He profits by the concrete detail pertaining to monetary developments, the silver trade, land speculation, the mining industry, commercial organization, the network of credit and war finance, the wholesale trade in army materiel, foodstuffs, and luxury goods, the social relations and business contacts between merchants, high nobles, and government officials, and other important topics.

Little is to be gained from Mr. Ernstberger's interpretive efforts and his naîve exercises in psychological speculation. Lacking the necessary insights and conceptual tools, he often does not know how to sift, arrange, and appraise his data or to define and clarify significant historical problems. Sadly enough, the antiquarian and flowery narrator scored a victory over the historian and social scientist in this biography, which is rich in relevant and irrelevant facts, shallow in thought, weak or pointless in analysis, and exasperatingly wordy in style. These shortcomings notwithstanding, the author deserves credit for the suggestive material he has put on display.

H. Kellenbenz, Sephardim an der unteren Elbe. Ihre wirtschaftliche und politische Bedeutung vom Ende des 16. bis zum Beginn des 18. Jahrhunderts, Wiesbaden 1958.

A stupendous amount of labor, over a period of almost twenty years, has gone into the writing of this fascinating story which focuses on the ramified economic, social, and political role of the "Portuguese" in Hamburg and its hinterland. For his purpose, seemingly narrow yet full of international vistas, the author has plowed through the pertinent printed sources and the huge secondary literature. His indefatigable zeal has also led him to uncover and to piece together a rich body of hitherto unknown material, extracted from the archives of Austria, Belgium, Denmark, England, France, Germany, Holland, Italy, Norway, Portugal, Spain, and Sweden. This is research in the grand old manner which is getting out of fashion nowadays, paid assistants, IBM machines, and foundation grants notwithstanding. It is, above all, this methodical digging up of new evidence, approached with broad historical perspective and a deft touch, that makes the present volume a distinguished contribution to the history of the Sephardic Jews and of Hamburg's rise to commercial and financial eminence as well as providing a better understanding of phases of general economic and social history, particularly in the seventeenth century.

The "Portuguese," as Kellenbenz calls them, appeared as immigrants in the lower Elbe region from the late sixteenth century onwards. They belonged to the stream of uprooted, alert and restless Iberian Jews and baptized "non-Jewish Jews" who poured into the leading seaports of the European world in the course of the sixteenth and seventeenth centuries, in search of greater religious security and in dynamic response to the shifts in material chances. Many of these people were well-educated merchants, some of whom were university graduates. Others, aside from holding academic degrees, were renowned professional men and scholars. Others were craftsmen and "small people." A few were pedigree-conscious scions of noble families. But whatever their social background, occupation and, often, impressive level of cosmopolitan culture, among all of them were numerous neo- and pseudo-Christians. Inside Europe, Hamburg became one of the most important settlements and stepping stones for the "Portuguese" who, as indicated, defy neat classifications. A second wave of these enterprising newcomers, made up mainly of wealthy families and social notables with international connections, reached Hamburg during the Thirty Years' War. At this time, this Lutheran city, opening its gates to diverse groups of aliens, was on its way to becoming one of the biggest European money markets by linking northwestern Germany, the whole Scandinavian North, and the Baltic East to international finance, trade, and politics. Kellenbenz describes, with a wealth of colorful detail, the process of "Portuguese" settlement in the North. He also clarifies the formation and transformation of the Sephardic community in Hamburg, the legal and social status of its members, its relationships to the local powers, and its internal life. It was not a harmonious and stable community, for it was disrupted from within by economic inequalities and animosities, religious factionalism, and informers, spies, and renegades, attracted and repelled by Judaism, Catholicism, and Lutheranism.

The core of the book gives a painstaking account of the economic activities and accomplishments of the "Portuguese." After modest beginnings, they grew increasingly important as overseas dealers in commodities, as wholesale importers of spices, sugar, and other colonial products and as exporters of grain, timber, textiles, metals, and war supplies. Far-flung markets were involved: the Iberian peninsula, the Mediterranean including northern Africa, America, and Asia as well as the Baltic, Scandinavia, northwestern Germany, the Netherlands, Flanders, and France. Because of their advanced skills and their international experiences and ties, the "Portuguese" entrepreneurs made a substantial contribution to the modernization of commercial techniques in the whole Hamburg area. Near the middle of the seventeenth century, however, they began to contract as buyers and sellers of commodities (except jewelry) and to expand as dealers in money and bullion. Their activities were not confined to marine insurance and the handling of bills of exchange and promissory notes. They also became prominent in the transfer and discounting of Spanish, French, and Dutch government subsidies to northern satellite states. They vastly gained in importance as money lenders to kings, princes, and nobles and also as mint masters, coin clippers, and currency speculators. Here they worked hand in hand with high-ranking government officials who, as compared to their "Portuguese" business associates, sometimes also their personal friends, usually were in a stronger position "to make their pile" in this age of thorougly commercialized and patrimonialized state service. The Sephardim played but a minor part in the handicrafts and in the organization and control of industrial production. Significantly, however, some of the rich "Portuguese" developed into big landowners, partly to distribute risks, partly because they were forced by their princely debtors to buy crown lands far above the market price.

This fine book, essentially a narrative, is a gold mine of information also with regard to the occupational mobility and professional diversity of the "Portuguese." Some remained or became physicians and scholars. Others made a place for themselves in official society as princely employees functioning, full- or part-time, as intelligence agents, diplomats, and political liaison officers. Manuel Teixeira, the wealthiest of all, who lived in great style and entertained royalty in his sumptuous home, was not only a big creditor of the Kings of Denmark and the Dukes of Holstein-Gottorf and the banker of Queen Christina, he also was the diplomatic representative of the Swedish government in Hamburg. Others were foreign service officers of the Spanish, Portuguese, Danish, and Polish governments. Unique was the case of the Hamburg broker Juan d'Acosta who acquired quite a reputation as a court jester and intriguing personality in the entourage of Peter the Great. Except for the Hinrichsen and Mussaphia, the Sephardim were too proud and too independent to seek appointments as "court Jews" (*"Hoffaktoren"*), a title and function then eagerly sought by the most ambitious among the German Jews. For a long time, an enormous cultural gulf separated the refined, clannish Sephardic families from the German, let alone the eastern, Jews (Ashkenazism).

The chief weakness of this erudite, sensitive, and judicious study is that the author is not always in control of his material. Now and then it is even impossible to distinguish between the forest and the trees. But whenever Kellenbenz rises to the occasion, he comes forward with perceptive points, analytical acumen, and interpretive gusto. His imaginative summary at the end makes up for some of the opportunities lost previously. His conclusions are firm, penetrating, and moving.

13. Die Hohenzollernlegende und das Alte Preußen

S. Isaacsohn, Geschichte des preußischen Beamtentums vom Anfang des 15. Jahrhunderts bis auf die Gegenwart. Bd. 1–3 (1874/78/84), Aalen, 1962.

Es handelt sich hier um das bekannte, unvollendet gebliebene Hauptwerk des 1882 im Alter von nur 37 Jahren verstorbenen jüdischen Realgymnasiallehrers S. Isaacsohn, dem trotz seines Bienenfleißes und zahlreicher wissenschaftlicher Publikationen unter dem Druck der damaligen Verhältnisse eine akademische Laufbahn versperrt geblieben war. Neben Droysen, bei dem er promovierte, wurde I. in seiner Arbeitsrichtung, die zu jener Zeit noch recht unentwickelt war, nachhaltig beeinflußt durch Schmoller, namentlich durch dessen 1870 in den „Preußischen Jahrbüchern" erschienene bahnbrechende Untersuchung über den preußischen Beamtenstand unter Friedrich Wilhelm I. Obwohl nur mäßig begabt, hat I. dank der ihn beflügelnden Kombination von staunenswerter Energie, enthusiastischem Forschungsdrang und ungebrochener Vaterlandsliebe um die Erschließung der inneren Geschichte des Hohenzollernschen Territorialstaates sich erhebliche Verdienste zu erwerben vermocht.

Das zur Diskussion stehende Werk beruht auf institutionen- und rechtsgeschichtlichen Problemstellungen, und inhaltlich läuft es hinaus auf einen stoffreichen, vom 15. Jh. bis 1748 reichenden Überblick über die Verwaltungsgeschichte des brandenburgisch-preußischen Staatswesens. Der Titel ist irreführend. Soweit von einer „Geschichte des Beamtentums" *per se* überhaupt gesprochen werden kann, stehen im Vordergrund die Rechtsstellung, die organisatorischen Aspekte, Verwaltungsnormen und offiziellen Funktionen der Amtsträger, einschließlich der ständischen. Der am besten gelungene 2. Bd., der das 17. Jh. untersucht, behandelt freilich darüber hinaus auch die materielle und soziale Stellung und Geistesverfassung der Beamtenschichten, eine Darstellung, die trotz impressionistischer Skizzenhaftigkeit und mangelnder analytischer Schärfe auch heute noch lesenswert ist. Im ganzen jedoch ist das Werk im Hinblick auf Fragestellung, Methode und Interpretation veraltet. Selbst der substantielle Materialgehalt ist durch spätere Aktenveröffentlichungen, monographische Studien und eindrucksvolle neue Synthesen und Analysen vielfach überholt, wenn auch keineswegs nunmehr lediglich von Interesse für die Geschichte der Historiographie. Trotz stramm monarchischer Gesinnung und einer ununterdrückbaren Neigung, die historischen Realverhältnisse zu idealisieren und die Segnungen des dynastisch-bürokratischen Absolutismus für das Volkswohl und die soziale Gerechtigkeit zu übertreiben, ist I. durch seinen gesunden Menschenverstand sowie durch seine Nüchternheit und Sachkenntnis vor Verstiegenheiten – von gelegentlichen Entgleisungen abgesehen – bewahrt geblieben. So darf und soll man seiner mit Dankbarkeit und in Ehren gedenken. Im Interesse der Wissenschaft ist jedoch festzustellen, daß der Verlag sich verdienter gemacht hätte durch eine Neuherausgabe von Hintzes großartigem Darstellungsbd. in den Acta Borussica, Behördenorganisation (Bd. VI, 1. Hälfte), der, ursprünglich in kleiner Aufl. erschienen, seit Jahrzehnten vergriffen ist.

F. Schevill, The Great Elector, Chicago 1947.

In virtually all his writings, including the colorful and learned *History of Florence*, his most notable contribution to historical knowledge and understanding, Ferdinand Schevill has endeavored to popularize scholarship. From *Siena: The Story of a Medieval Commune* (written forty years ago) to *The Great Elector*, he has envisaged a prospective audience composed, not of a small group of professional fellow workers, "but of that larger body of men and women who constitute a spiritual brotherhood by reason of their common interest in the treasure of the past."

Does such a "broad community of cultivated men and and women" still exist in our age of streamlined and bureaucratized assembly-line education? Whatever the answer, it seems doubtful that "the general reader" will have the patience to plow through this somewhat stilted and inanimate biography of the first of the so-called Three Great Hohenzollerns, the first in the order of historic appearance but the last in finding a tempered apologist among Anglo-American historians. "The occasional professional reader into whose hands this book may come" will find in Schevill's narrative a substantial body of rather mechanically integrated factual information hitherto unavailable in English. Neither Philippson's and Waddington's voluminous biographies nor the shorter and more incisive characterizations of Erdmannsdörffer, Spahn, Hintze, and Küntzel have ever been translated. Unfortunately, the brief but extremely suggestive sketch in Tuttle's *History of Prussia*, intellectually boycotted by the German academic world, has fallen into oblivion in English-speaking lands.

No fresh interpretation is here advanced. It is astounding, if not distressing, to note that an American historian of Schevill's prestige and wide scholarly experience endorses, in effect, the harmful casuistry of the old Borussian school of historiography. Schevill rejcts, of course, the unmitigated partisanship of Droysen, who was the most ingenious and penetrating crusader of the national mission of the Prussian state as Treitschke was the most emotional and turgid. The sad fact remains, however, that in his protracted encounter with the highly talented but treacherous elector of Brandenburg, Schevill has come unter the spell of the equally glamorous, although more studiedly cautious and more subtle version of the Hohenzollern legend, as expounded by the pale *epigoni* from Koser to Küntzel. Without sharing their valuations of social ethics or political desires and loyalties he uses their arguments and accepts their conclusions. Unwittingly, he thus sanctions, for the practical purpose in hand, their "realistic," that is, romanticizing conception of *Realpolitik* and the nationalist and militarist premises underlying their postulates as to what is to be regarded as vital, progressive, inevitable, meritorious, and admirable in modern German history. Little wonder, therefore, that Frederick William emerges from Schevill's book as a towering hero who ist to be praised for his "magnificent audacity" and "superhuman energy and sacrifice,"blended with "spiritual quality." Frederick William's artful pursuit of self-interest at all costs, his truly amazing political elasticity and cunning, even if measured by the standards of his crafty age, both fascinate and bewilder his generous biographer.

Schevill does not hide the fact that the founder of a standing army in East Elbia was a persistent breaker of the law, written and unwritten. He proves a conscientious reporter of the shifty conduct of this first-rate political chess player, formidable adventurer and ambitious land grabber who, after having crushed local autonomy and parliamentary rights, acquired the stature of a constructive statesman by beginning to consolidate a heterogeneous string of territories, scattered across northern Europe from Poland to the Rhine, into a modern polity, the military-bureaucratic parvenu state of Brandenburg-Prussia. Schevill traces his hero's attainments with obvious relish and a strong undercurrent of aesthetic satisfaction. And as for the moral aspect of the case, he makes a plea of not guilty. However, he excuses rather than defends his client by invoking the pressures of expediency and the pragmatic maxim that the victor is always right. Schevill joins Frederick William in his successful and, as it were, ignoble fight against the domestic opposition, bent on protecting, if necessary in collaboration with foreign powers, the core of its time-honored constitutional privileges against the illegal schemes and political appetites of centralized despotism on the march. Schevill shows no mercy for the lost cause and the historical alternative which it entails. Injecting notions of nineteenth century nationalism into the seventeenth century scene, he classifies as "shameless" and "undebatable treason" the extended struggle of the territorial diets for upholding the traditional right of opposition and the good, old principle "no taxation without representation."

That accomplishments, while brilliant, at the same time may be deplorable, escapes the attention of Frederick William's biographer. But the strangest spectacle of all is a Christian humanist like Schevill castigating his hero whenever he comes out of a military or diplomatic venture with empty hands. The elector's armed thrust at Jülich was a "mistake," for it ended in a "fiasco," the restoration of the *status quo*. His five-year alignment with Louis XIV is labeled an "unhappy interlude" and "fatal aberration," because it turned out to be an "unprofitable association," and because it spoils Schevill's image of the elector as a brave champion of religious liberty and a "German patriot" who, we are told, was "secretly conscience-stricken over the French connection."

In striking harmony with the whitewashing tendencies, the low level of political thinking, and the intellectual stagnancy and spiritual hollowness that prevailed among the lesser luminaries of the so-called "political historians" of the Second Reich, Schevill's anachronistic appraisal of Frederick William and his historical mission rests on an intolerable and dangerous confusion of faces and, in the final analysis, on the sentimental idealization of brute force and power aggrandizement. Hence, in the end, it comes to the revival of the old, fossilized Koser-Küntzel compromise: the mere jumble of expedients that constituted the elector's policies and measures is elevated to the level of a "political system." The means are justified, if not by the short-run, at least by the unplanned distant ends and results. Frederick William is worthy of the ornament "Great Elecor," for he was "the unconscious projector of a renovated Germany," "the founder of a self-sustained state in Germany and, through the distant consequences of his act, the restorer of Germany istself."

Obviously, the spectacular career and the devious personality of Frederick William pose many baffling questions of broad human and social significane. Professor Schevill comes to grips with some ot these problems. But there are more than just a few others which he either ignores or tries to resolve by means of "let us agree at once," "we may confidently declare," "there can be no doubt," "it will at once be conceded," "it requires no comment," "the issue ... settles itself without further debate."

Although lacking in depth and insight, conceptual clarity and analytical precision, this political biography contains much that will interest the critical professional reader. The genial author of this book and this impatient reviewer belong to different generations. This accounts, in good part, for the disparity of their views. Ferdinand Schevill, knowing that the historian's work is "dated," clearly realizes "that the most detached and single-minded effort of which he is capable will result at best in nothing more permanent than an interpretation appropriate to the generation to which he belongs and that the succeeding generation will unerringly replace his version with one in closer agreement with its altered outlook."

H. Weill, Frederick the Great and Samuel von Cocceji: A study in the reform of the Prussian judicial administration, 1740–1755, Madison 1961.

This conscientious but undistinguished study focuses on the practical aspects of the administration of justice in early Frederickian Prussia and, more particularly, on the recasting of judicial institutions by Cocceji. Cocceji's objectives and achievements certainly should not be minimized, but they also should not be glamorized as they are in this monograph. Weill recites once more the well-known: the reorganization of the courts of law, the improvement of trial procedure and the standardization of the appellate system, the personnel reforms, the reduction of corruption, the abolition of the venality of officeholding, the removal of incompetent judges, and the introduction of novel, "modern" standards fot the recruitment, training, promotion, and financial remuneration of the judiciary. Weill has read rather widely, though not deeply in the pertinent literature. By means of well-chosen references to the *Acta Borussica*, he gives some personal color to his essentially technical story. Yet, he has contributed nothing to better understanding. He fails to look below the surface, and almost all his points are derived from the old authorities. Thus, upon close scrutiny, this account proves to be unoriginal and, often, uncritical. It is antiquated in approach and in interpretation. Lacking the necessary insight into the political system and the social structure of Frederickian Prussia, Weill does not come to grips with the thorny political, social, economic, and psychological problems that provided the historic setting for Cocceji's reforms. And the appraisal of the significance of these innovations, both in the short and in the long run, is blurred by narrow vision and by serious misconceptions as to the fundamental difference in the function of law in a *Polizeistaat* and in a

Rechtsstaat. Weill's exposition is useful only to readers who are unfamiliar with the older but far superior works of Hintze, Holtze, Loening, Stölzel, and, perhaps, even Bornhak, the leading German experts in this field, who wrote more than half a century ago. It is a little distressing to see a diligent, well-meaning young American scholar specializing in German history preoccupied with catching up, so late and, moreover, in diluted form, with the dated views of the contemporaries of Bismarck and William II.

14. Liberalismus und Bismarckmythos

H.-G. Schroth, Welt- und Staatsideen des deutschen Liberalismus in der Zeit der Einheits- und Freiheitskämpfe 1859–1866. Ein Beitrag zur Soziologie des deutschen politischen Denkens, Berlin 1931.

Weniger durch die vielfach fragwürdigen und unhaltbaren Problemlösungen, als vielmehr durch die fruchtbare und perspektivenreiche Problemstellung, die wirklich großzügige Anlage und die aus dieser Anlage und ihrer mangelhaften Durchführung erwachsenen prinzipiell-methodischen Bedenken verdient das weit ausholende, um knappste Form der Darstellung bemühte Buch von Schr. ein allgemeineres Interesse. Es war dem Vf. offenbar darum zu tun, an der Geschichte des deutschen Liberalismus in den über unsere nationale Zukunft entscheidenden Jahren von 1859–1866 den Zusammenhang von Politik, Weltanschauung und sozialer Struktur aufzuweisen, diesen Zusammenhang aus der historischen Gesamtkonstellation und dem Gestaltwandel der historischen Kräfte des 19. Jahrhunderts verständlich und für die Beurteilung der geistig-politischen Lage der Gegenwart fruchtbar zu machen. Daß unsere Wissenschaft, sofern sie den Zusammenhang mit dem Leben wahren bzw. wiedergewinnen und die aus Weltkrieg und Revolution gewonnenen Erfahrungen für die historische Erkenntnis nutzbar machen will – sich hier vor eine zentrale, verschiedentlich bereits in Angriff genommene Aufgabe gestellt sieht und das Problem der Reichsgründung neu aufrollen, von den mannigfaltigsten Seiten und Blickrichtungen her beleuchten, den historischen und systematischen Zusammenhang der nationalpolitischen Bewegung mit den geistig-sittlichen Ideen und den wirtschaftlich-sozialen Interessenkämpfen bis in die feinen Verzweigungen hinein aufspüren und allmählich dazu vorstoßen muß, den Kampf der Nation um ihre Einheit und ihre Freiheit von innen heraus und zugleich in engster Verbindung mit der Entwicklung des österreichischen Staats- und Reichsproblems zu einem Gesamtgemälde zu gestalten –, bedarf keiner näheren Begründung. So einfach wie Schr. sich die Lösung dieser Aufgabe denkt, ist sie allerdings nicht zu bewerkstelligen. Lediglich unter Zugrundelegung der gangbaren, mit mancherlei revisionsbedürftigen Vorurteilen belasteten historischen Darstellungen, bei fast völliger Unkenntnis der Quellen und der Spezialliteratur das gesteckte Thema zu behandeln, erscheint in der Art der Durchführung zwar als ein mutiges, aber gar zu verwegenes Beginnen. Hiergegen energischen Protest einzulegen, haben wir im Interesse unserer historischen Wissenschaft um so mehr Veranlassung, als der Vf. offenbar glaubt, durch seine „kultursoziologische Methode“ und durch das Jonglieren mit dem „geschichtssoziologischen“ Begriffsapparat Alfred Webers der Pflicht des näheren Eindringens in das historische Material enthoben zu sein. Dabei ist aus den Kreisen der Soziologie selbst jüngst durch Hans Freyer die Mahnung ergangen, daß jede Soziologie, die mit ihrer Aufgabe Ernst macht, „konkrete Wissenschaft von der gesellschaftlichen Wirklichkeit zu sein", von Anfang an sich bewußt sein muß, „daß ihre Begriffe dieser Wirklichkeit auf den Leib geschrieben, also historisch gesättigt zu sein haben". A. Webers soziologische Kategorien, deren wissenschaftliche Produktivität in seinen eigenen Arbeiten deutlich hervortritt, erscheinen bei Schroth vielfach nur als leere Hülsen, die ihrer historischen Substanz beraubt sind. Hieraus und aus der Unkenntnis des Quellenmaterials erklären sich seine zahlreichen Konstruktionen, unhaltbaren Vergröberungen und subjektiven Willkürlichkeiten, die mit der historischen Wirklichkeit so gut wie nichts mehr zu tun haben. Um nur drei besonders bezeichnende Beispiele zu nenen: Die geradezu unglaubliche Reduzierung des Sinngehaltes des 19. Jahrhunderts auf die geistig-politische Polarität von „Liberalismus" und „Legitimismus", die nicht minder seltsame Ableitung der Entstehung des Liberalismus und der bürgerlichen Gesellschaft aus der Nationalidee und schließlich die Verfälschung des Begriffes der „Neuen Ära", die zeitlich bis zum Jahre 1866 und räumlich von ihrer Begrenzung auf Preußen zu ganz Deutschland erweitert wird. Daß der Vf. trotz dieser hier angedeuteten Irrwege dank seiner besonderen Begabung mit intuitivem Blick und treffsicherem Instinkt an zahlreichen Stellen seines immer anregenden, wenn auch zu starkem Widerspruch herausfordernden Buches zu fruchtbaren Untersuchungsergebnissen und glücklichen Formulierungen vorgestoßen ist, die zwar nicht unsere Kenntnisse, aber dafür unsere Gesichtspunkte bereichern, das soll hier zum Abschluß mit ausdrücklichem Dank hervorgehoben werden.

W. Goetz (Hg.), Propyläen-Weltgeschichte, Bd. VIII: Liberalismus und Nationalismus 1848–1890, Berlin 1933.

Wie die bisher erschienenen Bände des Gesamtwerkes, so zeigt auch der vorliegende die Vorzüge und Mängel, die die Aufteilung des Stoffes unter verschiedene Bearbeiter mit sich zu bringen pflegt. In Blickrichtung, geistiger Spannweite, wissenschaftlicher Qualität und Darstellungsweise stark voneinander abweichend, sind es im Grunde nur die Beiträge von Goetz und Herkner, die ein tieferes Interesse zu erwecken vermögen. Aus der Feder von Goetz stammt neben den feinsinnigen, den Rahmen für den Gesamtband absteckenden Einleitungsbetrachtungen, die von universaler Perspektive aus die allgemeinen Bezüge und strukturellen Tendenzen des Zeitalters herausarbeiten, die Darstellung der vornehmlich im Zeichen der bürgerlichen Gesellschaft stehenden „Geistigen Bewegung im 19. Jahrhundert". Bei aller Knappheit in den Formulierungen ist es doch das Gesamtsystem der geistigen Kultur, wie es sich in der zweiten Hälfte des 19. Jahrhunderts in Wissenschaft, Kunst, Literatur und im religiösen Leben entfaltet hat, das hier dem Leser zur Anschauung gebracht und zugleich in seinen soziologischen Voraussetzungen verständlich gemacht wird. G. beschränkt sich daher auch nicht auf eine synthetische Zusammenschau der geistig schöpferischen Spitzenleistungen, er wird auch der vor allem mittels Buchdruck und Presse sich vollziehenden allmählichen „Demokratisierung" der Bildung gerecht. – Als eine Darstellung von geradezu klassischer Abgewogenheit darf der auf souveräner Stoffbeherrschung fußende Beitrag Herkners über „Volkswirtschaft und

Arbeiterbewegung von 1850 bis 1890" bezeichnet werden. Es ist der Siegeszug der freien Erwerbswirtschaft, die Ausbreitung und Durchsetzung des Hochkapitalismus in England, Frankreich, Deutschland und der Aufstieg der Vereinigten Staaten zur ersten Wirtschaftsmacht der Welt, die hier in engstem Zusammenhang mit den wirtschaftlich-sozialen Strukturveränderungen, mit dem Auftreten der Arbeiterklasse, der Entwicklung der ökonomischen und sozialen Ideen und den Wandlungen der Wirtschafts- und Sozialpolitik mit bildhafter Anschaulichkeit und einem scharfen Blick für das Wesentliche zu einem Gesamtbilde vereinigt werden, wie es die deutsche Fachliteratur bisher noch nicht besitzt. – Weniger befriedigend sind die Beiträge von Stern und Luckwaldt, die es mit den eigentlich politisch-historischen Problemkomplexen zu tun haben. Stern, der die „Vorgeschichte und Geschichte der Revolutionsjahre 1848 und 1849" zur Darstellung bringt, kommt letzten Endes, trotz beachtenswerter Ansätze zu einer tieferdringenden Stoffbearbeitung, über ein an der Oberfläche der Erscheinungen haftenbleibendes Erzählen längst bekannter Vorgänge und Ereignisse ebensowenig hinaus wie Luckwaldt, dessen Darstellung über „Das europäische Staatensystem von 1850 bis 1890" zirka die Hälfte des Bandes einnimmt. Während Stern die außenpolitischen Hintergründe des innenpolitischen Macht- und sozialen Klassenkampfes völlig peripherisch behandelt, treten in der in ausgefahrenen Geleisen sich bewegenden Schilderung Luckwaldts mehr die außenpolitischen Konstellationen in den Vordergrund, die jedoch weniger unter weltgeschichtlicher als vielmehr unter westmitteleuropäischer Blickrichtung betrachtet werden. Zu neuartigen Forschungs- und Wertgesichtspunkten sind weder Stern noch Luckwaldt vorgedrungen.

L. Reiners, Bismarck gründet das Reich 1864–1871, München 1957.

This lively but shallow narrative focuses on Bismarck's foreign policy during the years 1864–71. It is the work of an amateur historian and biographer who seeks to entertain while arousing enthusiasm for his hero. In recent years, and in negative response to the standing invitation to take an "agonizing new look" at German history, Reiners has made a name for himself in western Germany as a eulogizer of Frederick the Great and Bismarck. His widely circulated books, written for popular consumption, entail a rather lonely revival of so-called "*historische Belletristik*," which was in vogue in the days of the Weimar Republic and, to the annoyance of the professional historians, found a large receptive audience then. The most notable representatives of this genre were Herbert Eulenberg, Egon Friedell, Werner Hegemann, Emil Ludwig, Valeriu Marcu and, in a sense, Stefan Zweig. Reiners does not measure up to his predecessors in literary polish, critical acumen, imagination, and analytical skill, aside from being fundamentally different in his political preferences. He is a moderate conservative who in the present book has set himself the professed task "to disseminate the picture of the real Bismarck among the German people."

The work under review forms the second part of a trilogy devoted to the founder of imperial Germany. In this volume Reiners gives a romanticized chronological account of the surface aspects of Bismarck's diplomacy and of military events in 1864, 1866, and 1870–71. Except for occasional references to the changing temper of public opinion, this old story is treated in complete isolation and, moreover, diluted with a string of anecdotes and sentimental biographical episodes. Throughout, Reiners confuses simplicity with an insufferable oversimplification of the historical process. He has read rather widely but not deeply in the pertinent German secondary literature and printed primary sources. His presentation is studded with lengthy citations from the sources. Many of these are well-known but others are not. Save for the latter, this study adds nothing to our knowledge and better understanding. It merely repeats what was said before, on a more sophisticated intellectual level, for hundreds of times by inveterate glorifiers of Bismarck's "*Realpolitik*." To draw attention in a scholarly journal to such a book is justified only in the light of the sentiments, views, and standards of value expounded by the author. What makes his interpretaion interesting is not its novelty but the surprising fact that such a hoary and dusty apologia seems to have become fashionable again.

Everbody knows that Bismarck was no Hitler. For trained historians in particular it is not exactly a startling discovery to be told time and again that Bismarck, as a maker of foreign policy, was a statesman of great moderation who, unlike certain Prussian army generals and liberal nationalists, did not lose his head in the hours of supreme external success. Reiners, in his glowing praise of Bismarck's statecraft, does not rest content, however, with fighting windmills. The "real Bismarck," as portrayed by the author, was a unique genius, a titan, a virtual pinnacle of political and moral perfection, a dedicated servant of humanity, who almost never made a mistake, almost invariably used the right means for the right ends, was inspired by high ideas and lofty ideals and, besides, was a simply wonderful human being. Conversely, his contenders and opponents at home and abroad are characterized as pygmies, political imbeciles, hypocrites or irresponsible adventurers, unless they learned to see the light by turning into admirers. Clearly, whatever the scholarly and interpretive shortcomings of Erich Eyck's biography of Bismarck, it is a masterpiece compared to this crude attempt.

15. Aristokratischer Agrarianismus in Österreich und Preußen

O. Brunner, Adeliges Landleben u. Europäischer Geist: Leben und Werk Wolf Helmhards von Hohberg 1612–1688, Salzburg, 1949.

The new study by Otto Brunner, the learned and distinguished historian of the University of Vienna, is a very thoughtful and, on the whole, fascinating book. Brunner is an imaginative and sparkling scholar who has much to give, and he knows it. There are many things, including some pet ideas and bizarre notions, that he wants to get off his chest on this occasion, and he does it without being hampered by conventions or pedantry. And, although he wanders through two thousend years of European history, he never loses his sense of direction. His digressions, even if sometimes far-fetched, almost always prove highly suggestive. At any rate, this study, as its main title indicates, ist far more than just another ordinary biographical monograph written for the purpose of salvaging another more or less obscure figure from historical oblivion.

The "hero" of this book, Wolf Helmhard von Hohberg, a self-taught, Protestant, Lower Austrian nobleman, was not a "common man." Ex-soldier, rustic country squire, gentleman farmer, epic and religious poet, reflective writer on agronomy and the ways of noble rural life, during the last third of his life he resided as a moderately well-to-do *rentier* in the town of Regensburg. To Brunner, Hohberg epitomizes all the major problems connected with the waning of what de Tocqueville termed "aristocratic ages."

Hohberg, therefore, serves as a medium that furnishes his recreator with the opportunity of commenting on the general history of the ethos, of the beliefs and the intellectual culture of the European nobility since antiquity. Brunner portrays in glowing colors the image, as he sees it, of the total way of life of the landed aristocracy prior to its dilution and gradual obliteration in the wake of the social disorders that accompanied the unfolding of modern industrialism. When the course of history, so to speak, took the "wrong" turn, as Brunner seems to imply, "the good society" was shattered. Hohberg, the representative of a rather exceptional, distinctive, regional period type, is converted by his biographer into the incarnation of a more universal social type. The lofty ideals of the latter, we are told, have persisted in virtually unbroken historic continuity over two millenniums. In expounding his questionable thesis and in mustering a too one-sided and spotty body of evidence in support of his ambitious contention, Brunner frequently keeps his head far up in the clouds. Thus, he is in congenial company, as those who are familiar with the German brand of *Geistesgeschichte* from Dilthey to Meinecke will readily understand. One wonders whether a little more common sense would not have yielded a greater profit. To be sure, the pragmatic attitude does not appeal to Brunner. It is not sophisticated enough. However, while Brunner stresses the enchanting beauty of ideas and their intrinsic worth, as a good historian he does not overlook their actual social function. Moreover, he realizes, of course, that words and deeds only too often do not match. Unlike many writers in the field of the history of ideas, Brunner reveals, on occasions, wonderful insights into material reality and he comes down to earthly things such as clover and potatoes. Throughout, he dismisses the idealization of the more distant past by the Romanticists and their fellow-travelers as hopelessly antiquated. Yet, in his own peculiar manner, he romanticizes the grandeur and well-balanced social orderliness of "aristocratic ages." In effect, therefore, his book turns out to be another version, though a brilliant and subtle one, of "Conservatism revisited."

Of more enduring valute than this dubious "message" are Brunner's penetrating comments and vivid concrete illustrations that call for conceptual rethinking and the retooling of historical analysis. Time and again he warns against the crude, hasty, and uncritical imposition of concepts and terms that have been worked out by the modern social sciences and, especially, modern economics and that do not really fit all those historic economic and social phenomena belonging to an essentially different pattern of culture and social organization. Like Walter Eucken (in his *Grundlagen der Nationalökonomie*), whom, incidentally, I regard as the most outstanding economist produced by Germany since the days of the Weimar Republic, Brunner in his important book entitled *Land und Herrschaft* (Baden, 1939), has demonstrated how better and deeper historical understanding can be attained by means of a drastic reconsideration of currently used social categories. In *Adeliges Landleben* he proves himself a master in blending broad synthesis with introspective analysis, in combining the description of minute and seemingly trifling detail with original theoretical reflection, not brought to the primary sources but springing from the sources.

Scattered throughout this volume there is a wealth of eminently worthwhile factual information and interpretative remarks that are of direct concern to students of economic history. First of all, we get a comprehensive and clear picture of Hohberg himself, deeply immersed, as he was, in seventeenth-century agrarianism as a way of life. In addition, we become acquainted with the major phases of the formation and transformation of the landed nobility of Lower Austria since the Middle Ages. We learn about the rise and decline of specific families, about the modes of class recruitment, fortune-making, and estate management, about the inequalities of wealth, of political function, social standing, cultural level, intellectual interests, and spiritual aspirations among the members of this group of noble *Grundherren*. Turning to agriculture as such, Brunner casually illustrates the regional differentiation in the methods of cultivation. But, above all, he analyzes the content and the social and moral purpose of agronomical knowledge in seventeenth-century Austria as well as the peculiar assumptions underlying this approach to scientific knowledge which he traces back to Hesiod, Xenophon, and Aristotle. In conclusion, this is an odd but a most stimulating book.

J. Blum, Noble Landowners and Agriculture in Austria, 1815–1848: A Study in the Origins of the Peasant Emancipation of 1848, Baltimore 1948.

This well-documented and sober study substantially extends and deepens our knowledge of a particularly interesting chapter in the history of agricultural entrepreneurship and of capitalist farming in Europe. For Mr. Blum has demonstrated beyond doubt that the last great flowering of the landed aristocracy, functioning as a pioneering economic elite and thereby as the chief organizer of the "agricultural revolution," was not confined to Great Britain and eastern Germany. There, as early as the 1770's, the brilliant Indian summer of the gentleman farmer and improving landlord had begun to run its course which, intermittent setbacks notwithstanding, was to last a full century.

Noble landowners in Bohemia, Moravia-Silesia, Lower Austria, Hungary, and Galicia, that is, the holders of large estates in the chief agricultural production centers of the Habsburg monarchy, were much slower than the British squires and the Prussian *Junkers* in reasserting and solidifying, amidst the emerging forces of modern industrialism, by means of creative leadership and superior performance, their time-honored claim to a pre-eminent position in economic society. In the Habsburg Empire the transformation of an "artificial" into a "natural" landed aristocrarcy, sustained by constructive deeds that greatly enhanced the level of economic productivity, did not make any serious headway until the so-called *Vormärz*, the generation from 1815 to 1848.

Blum has explored in detail and in detachment only the initial phase and, moreover, chiefly the economic aspects of this regional process of transition which forms but a tiny part of a great transcontinental, if not intercontinental, movement of agricultural reorganization and agrarian reform. Unhappily enough, like most authors of historical monographs, Blum deals with his subject in an atmosphere of "splendid isolation." The difficult and necessary task, therefore, of differentiating between the typical and the peculiar characteristics of the specific case in hand is left to the knowledge and imagination of the reader, whether he is a specialist in the economic history of modern Europe or a student with a historical bent, interested in fundamental problems of economic and political behavior, social organization, group psychology, and changing ways of life.

Blum's erudite, though prosaic, study is thoughtfully organized. In application there is, however, an unwarranted amount of repetition because of the somewhat mechanical handling of economic analysis. Yet within the limits of his mainly descriptive treatment he has done a very good job. It is based on a critical evaluation of varied sources and a neat clarification of technical terms and concepts. Blum has assembled an impressive body of valuable evidence. Thus we learn something about the physical, political, and economic structure of the Austrian monarchy and plenty about the intricacies of the development of noble land tenure and peasant tenures. The manifold measures taken by progressive noble landowners in "rationalizing" estate management and methods of production and marketing are analyzed at considerable length. In the place of the usual glib generalities we get specific data concerning the introduction of new crops, the improvement of the techniques of cultivation, the reclamation of arable and pasture, the growth of the food industries, of agricultural education, and of societies for the promotion of agriculture. Particularly stimulating are the chapters dealing with the supply and quality of labor and with the efforts of numerous noble landowners to liquidate the formidable remnants of the hereditary servitude of the peasantry. Significantly enough, the noble program of "liberation," which Blum ascribes primarily to the growing awareness of the inefficiency of robot labor, was implemented by the Constitutional *Reichstag* convenend in Vienna during the Revolution of 1848.

Throughout, the economic rather than the legal aspect of agricultural adjustment and agrarian reconstruction are emphasized, in contrast to Grünberg's old standard work, the Austrian counterpart of Knapp's more rewarding classic on peasant emancipation in Prussia.

Blum has not only a well-defined unifying theme: the role played by noble landowners, individually and collectively, in pushing the cause of profitable large-scale business transactions and of agrarian reform. He also has a thesis. Without committing himself, as a matter of principle, to any distinct theory of social causation, in this historical case study he offers, in fact, an unconvincing lesson in the economic interpretation of economic history and its social consequences. The explanation of the development of a new interest in capitalistic agricultural production among landed noblemen during the years 1815–1848 he finds, almost exclusively, in the changes that took place in the Austrian economy during this period, in the soaring commercial demand for farm goods, resulting from the expansion of population, urban centers, industry, and means of transportation. He takes for granted that these ingenious innovators wanted to make more money for the simple reason that novel opportunities for making more had crystallized or were in the making. The question is not raised why they were eager to avail themselves of these opportunities and to turn away from their traditional, economically unenterprising mode of life. In reality, the complex secular process of transforming old-style noble landowners into modern capitalist businessmen entailed drastic changes in individual and in group motivation and outlook as well as in social standing, political power, and in the relations to, and contacts with, the other social and economic groups of the community. To slide over these concurrent factors or to reduce them to mere derivatives of the "natural" adjustment of these men to the creation of enlarged or entirely new markets for the products of agriculture clearly reveals too narrow a perspective.

Even if one follows, for the sake of the argument, Blum's line of strictly economic reasoning with regard to the delicate problem of pressure and response, one encounters certain flaws that spring from a lack of refinement in the use of tools and concepts of economic analysis. To illustrate: It is misleading to equate, as the author does, any growth of economic productivity in a given case with a corresponding increase in pecuniary profitability. In various instances Blum pays attention to the importance of business fluctuations for the purposes of his study. Yet he fails to follow up the consequences by dividing up his period into smaller time units and by trying to assess the fleeting relationship between prices and costs. In consequence, he does not ask, for example, whether the prevalence of low prices and meager profit margins, down to the early eighteen thirties, may not largely account for the increase in output and a good deal of experimentation on noble estates. To this proposition and some others of similar relevance we do not get an answer from this, on the whole, solid and suggestive book.

A. Gerschenkron, Bread and Democracy in Germany, Berkeley 1943.

The bulk of this monograph, written by a professional economist, deals with the crucial role played by one specific factor, agricultural protectionism, in the economic, social, and political developments of modern Germany. There exists already a substantial literature on the subject. The most noteworthy contributions hitherto made are those by Lotz, Sering, Brandt, and Jasny. Dr. Gerschenkron does not pretend to enter upon untrodden ground. Yet, being acquainted witch an impressive body of economic and statistical source material, he has a good deal to add to what has been said before. He gives a detailed and thoroughly competent survey of the various stages in the protection of bread grains from the early 1890's to 1933, treated in close conjunction with the international fluctuations of food prices and food markets. The German solution in contrast to the English, Danish, and Dutch adjustments to competitive conditions on the world market, ruled out the abandonment of a high-cost area in agriculture and the transition from production of agricultural staples to production of high-grade foodstuffs. The peculiarities of the German situation, largely due to the powerful influence of the Junker agrarians, are convincingly explained.

Dr. Gerschenkron is at his best when he confines himself to the analysis of functional and causal economic relationships and to a description of economic policies in operation. Unfortunately, however, he has set himself far wider and more ambitious objectives without having at his disposal either the knowledge or the tools to accomplish his task. He persistently attempts to link the historical ascendancy of wheat over rye consumption with the progress of democracy and with "democratic post-war reconstruction." To make facts fit into his touching faith in the coming "Farm-Labor Front," the author is compelled to classify rye, the major crop of the Junker economy, as a "reactionary" grain. The argument finally leads up to the thesis that a third world war can be prevented only by reversing German agricultural policy: "the keystone in the structure of peaceful international order." And as to the domestic developments of postwar Germany, the author predicts: "If the grain of the Junkers grows, the grain of German democracy will wither and perish from the earth."

Dr. Gerschenkron's knowledge of political and social history is distinctly spotty and, on the whole, quite shallow. This accounts for many misleading oversimplifications, fatal misunderstandings, and factual inaccuracies. Carried away by honorable emotions, he preaches a sentimental sermon in political religion, based on postulated catchwords, axiomatic platitudes, and exasperating generalizations. Throughout the book social and political terms and concepts are applied in a highly uncritical and hazardous fashion. Emotional bias plus muddled thinking is responsible for the alarming use of the word democracy and of undefined clichés such as "immature democracies," "semicoma democracies," "complete democracy," "democracy without democrats," "democratic strategy," etc. The realities behind the words hardly ever crystallize. Two fundamental things, however, do become perfectly clear. First, in time of war impartial thought is as desirable as it appears to be rare. Secondly, in our time an economist, who is dissatisfied with syllogistic exercises and eager to analyze the complex processes of a moving "political economy," is simply anachronistic unless he is also a well-rounded historian and political scientist.

Dr. Gerschenkron has overshot his mark and may have defeated his purpose. Nevertheless, if disentangled, there is much that is sound and solid in his book.

W. Görlitz, Die Junker. Adel u. Bauer im deutschen Osten. Geschichtliche Bilanz von 7 Jahrhunderten, Glücksburg 1957[2]

Aus positiven wie negativen Gründen verdient das hier vorliegende, auf einen relativ breiten Leserkreis ausgerichtete Buch Beachtung. Es behandelt ein zentrales und für die Klärung des historischen Bewußtseins besonders wichtiges Thema der deutschen Geschichte. Es ist der erste tatsächlich durchgeführte Versuch einer Überschau der Kollektivgeschichte der „Junker" vom Zeitalter der ostdeutschen Kolonisation bis zum Zusammenbruch des Nationalsozialismus. Ein derartig umfassendes und ungewöhnlich schwieriges Unternehmen erweckt um so mehr Erwartungen, als es zum Aufgabenkreis der bis vor kurzem so stark vernachlässigten deutschen Sozialgeschichte gehört. Zweifellos zeichnet sich das von Görlitz produzierte Werk aus durch interessantes Tatsachendetail, mancherlei feine Beobachtungen, plastische Schilderung und gelegentlich sogar durch weite, zum Nachdenken anregende Ausblicke. Jedoch entsprechen dem Wagemut, schriftstellerischen Geschick, der geistigen Beweglichkeit und dem Potential des Verf.s weder die Solidität und Breite des Wissens noch die Zuverlässigkeit der Arbeitsmethoden, die Originalität der Gedanken, die Tiefe der Einsichten und die Reife und Sicherheit des historischen Urteils. Zu diesen Unvollkommenheiten gesellt sich noch eine unzeitgemäße, etwas sektenhafte, aber dennoch nicht ganz ungefährliche Neigung, unter Anschlagen von weihevollen „borussischen" und „deutschnationalen" Tönen das deutsche Geschichtsbild nach rückwärts zu revidieren. Ohne hier etwa den Nase rümpfenden „Fachmann" gegenüber dem „Amateur" spielen zu wollen, so muß im Interesse der Sache doch im Auge behalten werden, daß der Autor kein akademischer Zunfthistoriker und gründlich geschulter Sozialwissenschaftler, sondern ein sehr begabter und überaus aktiver Berufsjournalist ist, der als Verf. zahlreicher Geschichtswerke und Biographien sich einen bekannten Namen geschaffen hat. Im Gegensatz zu historisch interessierten journalistischen Tiefenbetrachtern wie etwa Fritz René Allemann ist G. daran gewöhnt, munter drauflos zu erzählen, aus wenigem schnell viel zu machen und mit den Schlüssen und dem Urteil entsprechend eilig bei der Hand zu sein.

Im Zentrum des zu diskutierenden Buches stehen die landbesitzenden Herrenschichten Ostelbiens, insbesondere die „preußischen Junker". Mehr nebenher behandelt werden der mecklenburgische und baltische Landadel und, innerhalb der Hohenzollernmonarchie, die Beamten- und Offiziersaristokratie sowie die bürgerlichen Rittergutsbesitzer. Im Untertitel wird mehr versprochen als gehalten, denn die Bauern und Gutsarbeiter dienen im wesentlichen nur als Kulisse. Trotz aller Abneigung gegen eine theoretisch beschwingte Erörterung von Grundbegriffen und eine grundsätzliche Stellungnahme zu methodologischen Problemen hat G. doch einen guten Blick für die Koexistenz verschiedenartiger sozialer Typen innerhalb des (in diesem Buche niemals klar umrissenen) Junkertums und damit zugleich für territoriale und intraterritoriale Besonderheiten wie für genetische Eigentümlichkeiten der Standes- und Klassendifferenzierung. Die eigentliche Leistung des Verf.s besteht in der Schaffung eines sehr lebendigen, farbenreichen Geschichts*bildes*, oft mittels loser Aneinanderreihung von impressionistischen Skizzen und Kurzbiographien. Allerdings kann von einer „geschichtlichen Bilanz von sieben Jahrhunderten" wohl schwerlich gesprochen werden. Die hierzu nötige extensive wie intensive Forscher- und Gedankenarbeit ist von dem Autor nicht geleistet worden. Die Stärke von G. liegt in der erzählenden Beschreibung, in der freudigen Ausbreitung von anschaulichen Beispielen und unterhaltsamen Anekdoten, in der Stoffülle, aber auch in der Begeisterungsfähigkeit und Wärme der inneren Anteilnahme. Diesen Qualitäten stehen jedoch sehr ernste Schwächen gegenüber. Es gehört zu der Arbeitsweise des Verf.s, daß es zu einer freilich viel Zeit, Mühe, Scharfsinn und Geduld erfordernden nüchternen kritischen Analyse und sozialwissenschaftlich präzisen gedanklichen Durchdringung des benutzten Materials nicht kommt, geschweige denn zu einer die Erkenntnis fördernden Klärung der komplizierten, mit dem Thema unlöslich verknüpften historischen Struktur-, Funktions- und Kausalzusammenhänge. Es wäre daher auch unbescheiden und unrealistisch, von G. erwarten zu wollen, daß er methodisch neue oder zumindest nachahmenswerte Wege geht oder etwa durch neuartige Konzeptionen, Fragestellungen und Interpretationen irgendwie hervorragt. Schwerer noch als Vorbehalte dieser Art wiegen die Zweifel, die sich gegen die Fundamente und den Wahrheitsgehalt seiner Darstellung richten. Am besten informiert zeigt sich G. auf dem Gebiet der Familiengeschichte. Abgesehen aber von der relativ weitgespannten Benutzung genealogischer und familiengeschichtlicher Werke, der recht sporadisch herangezogenen Memoirenliteratur und ein paar völlig isolierten, zufällig herausgegriffenen zeitgenössischen Veröffentlichungen zum Adelsproblem und zur Agrarkonjunktur, hat G. das gesamte gedruckte Quellenmaterial ignoriert. Ausgedehnter ist seine Bekanntschaft mit der Sekundärliteratur. Aber auch hier stößt man auf frappierende Lücken und eine ausgesprochen willkürliche Auswahl. So erweist sich z.B. gleich Null des Verf.s Kenntnis der gesamten in der DDR und in nichtdeutschen Ländern auf seinem Arbeitsgebiet erschienenen Aufsätze und Werke, einschließlich der seriösen Bücher von H. Brunschwig, F. L. Carsten, E. Kohn-Bramstedt, L. Muncy, A. Vagts. Verwunderlicher ist, daß G. selbst die diesbezüglichen Studien einer Reihe von führenden deutschen Gelehrten, die wertvolle Beiträge zur Erhellung der historischen Problematik des Junkertums geliefert haben, entweder ganz außer acht gelassen hat (so z.B. H. Aubin, J. Conrad, G. Franz, F. Hartung, C. Jany, E. Kehr, F. Lütge, G. Schmoller, M. Weber) oder nur unzureichend mit ihren Arbeiten vertraut ist (wie beispielsweise mit W. Abel und Th. v. d. Goltz). Am besten unterbaut und daher auch am eindrucksvollsten ist der Teil, der sich mit der Umschichtung von der Mitte des 18. bis zur Mitte des 19. Jh.s beschäftigt unter besonderer Betonung der säkularen Agrarrevolution, die sich damals in Ostdeutschland vollzog. Überhaupt ist anzuerkennen, daß G. als ein erzählender Sozialhistoriker bei der Stoffauswahl häufig Fingerspitzengefühl zeigt für das, worauf es ankommt. So fallen Streiflichter auf den Wandel in der Personalstruktur ostdeutscher Adelsgruppen, ihrer gesellschaftlichen, wirtschaftlichen, politischen und kulturellen Stellung, ihrer Verhaltensweisen, Gesinnung, Ideologie, Lebensformen und Relationen zu anderen sozialen Schichten. G. gibt auch einen geschickt zusammenfassenden, wenn auch etwas elementaren und nicht immer zuverlässigen Überblick über die Entstehung und Entwicklung der Gutswirtschaft und die Geschichte der landwirtschaftlichen Wechsellagen und Produktionsmethoden. Damit verbindet sich jedoch eine reichlich naive, an Wunschbildern, Fiktionen und Ritterromantik sich berauschende Schilderung des gutsherrlich-bäuerlichen Verhältnisses im Laufe der Jahrhunderte. Nur an wenigen Stellen dringt G. zu Stoffbeherrschung vor. Demgemäß begnügt er sich auch im allgemeinen mit einer oberflächlichen Einordnung in die großen historischen Zusammenhänge. Als besonders enttäuschend erweisen sich in dieser Beziehung die trivialen, anachronistischen Kommentare über das Wesen und den Gang der politischen Entwicklung in Preußen und Deutschland, die dem Niveau und der Tendenz nach an ein Primanerlehrbuch aus dem wilhelminischen Zeitalter erinnern. Erst recht verunglückt ist trotz löblicher Absichten der Versuch, die Eigentümlichkeiten der ostdeutschen Agrargeschichte besser zu verstehen durch Kontrastierung mit vergleichbaren Entwicklungsvorgängen in Westdeutschland und in anderen europäischen Ländern. Da G. für diese verlockende Aufgabe das nötige Wissen nicht besitzt, kommt es zu grotesken Verfälschungen der historischen Wirklichkeit. So stößt man beispielsweise auf die unhaltbare These, daß es im turbulenten 15. Jh. zwar in Süddeutschland, nicht aber in Ostdeutschland schwere soziale Spannungen zwischen Bauern und Adligen gegeben habe, oder auf ein ganz törichtes Sammelsurium von Irrtümern über die Agrarreformen Alexanders II. und die Grundbesitzverteilung in Rußland vor 1914. Überhaupt gehen in diesem höchst ungleichwertigen Buche die Dinge manchmal kunterbunt durcheinander, und es kommt zu keiner Bereinigung des historischen Denkens und der Urteilsbildung. Zwar versucht G. keineswegs den Eindruck zu erwecken – und gerade das gehört zu den verführerischen Zügen seines stark retuschierten Geschichtsbildes –, daß in der Vergangenheit des Junkertums alles bewunderungswürdig war. Aber so weit geht dennoch die Verehrung für seine Helden, daß der Verf. immer wieder zu Kritiklosigkeit und zu ausgesprochen schmalziger Verklärung sich hinreißen läßt. Nicht gerade selten verwickelt sich G. daher in schwere logische und sachliche Widersprüche, verliert sich in verschwommener, theatralischer Rhetorik und konfuser Argumentation und gelangt zu Fehlschlüssen und Urteilen, die den Tatbestand mißverstehen oder idealisieren oder vernebeln oder geradezu auf den Kopf stellen. All das kann im Rahmen einer Besprechung hier leider nicht konkretisiert und näher begründet werden. Abschließend ist in aller Offenheit noch ausdrücklich festzustellen, daß die dem G.schen Gesamtbilde zugrunde liegende Interpretation hinausläuft auf die Wiederbelebung vulgärkonservativer Wertungen und Geschichtslegenden aus der Spätzeit des Kaiserreiches. Hierzu treten dann freilich noch subtilere geistige Antriebe, Gefühlsdispositionen und Parolen, die dem einfallsreichen Gedankenarsenal der erstaunlich beharrlichen konservativen Agrarromantik entstammen, deren zeitgenössische Phase vornehmlich durch Mitglieder des sogenannten Göttinger Arbeitskreises unter Führung von literarisch betriebsamen Repräsentanten des depossedierten ostdeutschen Gutsadels – an erster Stelle sind hier Henning Graf von Borcke-Stargordt und Joachim Freiherr von Braun zu nennen – geprägt worden ist.

Historische Objektivität bedeutet nicht Standpunkt- oder Urteilslosigkeit. Selbstverständlich kann im Dienste der Wahrheitssuche und der historischen Gerechtigkeit die Geschichte der alten ostelbischen Oberschichten von völlig verschiedenartigen Gesichtspunkten und Problemstellungen aus wissenschaftlich fruchtbar untersucht werden. Es wäre daher in der Tat höchst begrüßenswert, auch eine auf konservativer Sicht beruhende Darstellung zu erhalten. Sie müßte freilich das nötige Niveau erreichen und in der Ausführung gediegen genug sein, um als Grundlage für eine ernste Auseinandersetzung zu dienen und um die historische und sozialwissenschaftliche Erkenntnis nennenswert weiterzubringen. Trotz ein paar dankenswerter Ansätze kann bei G. davon jedoch nicht die Rede sein. Gewiß ist sein unausgereiftes Buch alles andere als langweilig und alltäglich und besitzt, wie angedeutet, durchaus seine Meriten. Nichtsdestoweniger fordert es zu entschiedener Kritik geradezu heraus durch die unzureichende Fundierung sowie durch die oft saloppe oder gar ausgesprochen unsolide und mitunter in reine Phantastereien und Geschichtsklitterung ausartende Implementierung der gesteckten Ziele.

A. v. Vietinghoff-Riesch, Letzter Herr auf Neschwitz, Limburg 1958.

Vor dem Zusammenbruch von 1945 war Neschwitz eine der schönsten und gepflegtesten herrschaftlichen Besitzungen in der Lausitz. Mit einem Gesamtareal von, wie es scheint, 1987 Hektar, gehörten zu ihr das 1721 erbaute „Alte Palais“, das 1766–1775 errichtete „Neue Schloß“, ein großer und imposanter Park, 5 Rittergüter und 1 Vorwerk. In dem hier vorliegenden Buch wendet sich der letzte Majoratsherr von Neschwitz, ein Mann von Format mit sehr viel Haltung, nicht nur an ehem. Standesgenossen, sondern zugleich an einen weiteren, recht heterogenen Leserkreis. Der aus dem Baltikum stammende Verf., der auch als Romanschreiber hervorgetreten ist, hat seit 1955 den Lehrstuhl für Forstgeschichte, Forstschutz und Naturschutz an der Universität Göttingen inne.

Darstellerisch sind Vietinghoff am besten gelungen die einen breiten Raum einnehmenden ziselierten Naturschilderungen. Sie haben Wald-, Feld-, Wiesen-, Blumen- und Tier-, insbesondere Pferde-, Wild- und Vogelliebhabern in der Tat sehr viel zu sagen. Der Kern des Buches jedoch befaßt sich nicht mit Naturpoesie, sondern mit der Prosa menschlichen Daseins im Schatten sozialer Krisen und politischer Katastrophen. Die skizzenhafte Darstellung des eigenen Schicksalsweges und persönlichen Erlebnisbereiches wird eingerahmt von lose zusammengefügten sporadischen Milieuschilderungen, Anekdoten, Plaudereien, Reiseerinnerungen, philosophierenden Betrachtungen und persönlichen Glaubensbekenntnissen. Wirklichkeit und Fiktion, objektiver Sachverhalt und phantasievolles Wunschbild, kritische Selbstbesinnung und wehmütige Verklärung, belanglose Trivialitäten und anregende Beobachtungen und Reflexionen gehen dabei kunterbunt durcheinander. Trotzdem fehlt es keineswegs an Leitmotiven. Offensichtlich wollte V. in diesem Rechenschaftsbericht sich eine innere Last vom Herzen schreiben. Damit verbindet sich das menschlich sympathische Bemühen, dem depossedierten ostdeutschen Landadel Trost zu spenden, ihm den „unverschuldeten" Untergang alter Herrlichkeit ein wenig plausibler und es seinen vormaligen Vertretern damit leichter zu machen, sich als „Junker ohne Reue", zu fühlen. Hierzu tritt noch die auf eine breitere Öffentlichkeit ausgerichtete apologetische Tendenz: der ehrlich gemeinte, aber für einen so sensiblen und kultivierten Autor erstaunlich naive und kümmerlich fundierte Versuch, die sehr erheblichen und politisch gefährlichen Überreste der alten Sozialstruktur der herrenständischen Ordnung und Denkweise zu verniedlichen und verharmlosen und die historischen Irrwege des Junkertums durch sentimentale Verhimmelung des „liebenswert Seigneuralen" zu vernebeln. Wie dem auch sei, in einer geschichtswissenschaftlichen Publikation geht es um die Frage: Was hat der „letzte Herr auf Neschwitz" als Verf. einer Quelle zur Zeitgeschichte dem Historiker zu bieten? Dem politischen und dem Wirtschaftshistoriker leider sehr wenig, dem Sozialhistoriker nennenswert mehr.

Der Geschichtsforscher ist naturgemäß an intimen Einzelheiten ebenso sehr interessiert wie an Werturteilen, die ihm etwas darüber sagen, wie V. und andere ihm persönlich bekannte „Großagrarier" auf den Wandel der Zeiten reagiert haben. Bis zu dem Jahre 1933 fehlt es so gut wie völlig an diesbezüglichen Kommentaren. Die Revolution von 1918 wird zwar beiläufig als eine historische Tatsache erwähnt, aber das ist alles. Die Erinnerung an die Revolutionsmonate beschränkt sich auf Jagderlebnisse und banale Kasinogeschichten. Nun, der Verf. war damals noch ein sehr junger Mann, der stolz darauf war, daß er kurz vor Toresschluß – von Kriegsausbruch bis Anfang 1918 lebte er als Zivilinternierter in Rußland – es gerade noch bis zum Rekruten beim sächsischen Gardekavallerieregiment gebracht hatte. Aufschlußreicher ist die zuweilen theatralische und, wie mir scheint, romanhaft ausgeschmückte Schilderung der Teilnahme am Baltikum-Kampf i. J. 1919. Dabei ergeben sich Untertöne, die einen aufhorchen lassen. Denn hier ist die Rede von „Rittertum", dem „glückhaften Traumzustand" im Gefecht, dem „Heldischen im Kampf", womit sich das bezeichnende Bekenntnis verbindet: „Ich machte ergeben allen üblen Aufwasch mit, den eine Säuberungsaktion in ihrem Gefolge hat, sofern sie gesetzmäßig war; aber ich weigerte mich, dann auf diesen menschlichen Richtstätten noch Parademarsch zu üben."

Über den politischen, sozialen und psychologischen Anpassungsprozeß in der Weimarer Republik, die mit ein paar nichtssagenden Randbemerkungen abgetan wird, erfährt man so gut wie nichts. Lediglich die pikierten Seitenhiebe auf die Abschaffung der Gutsbezirke und Fideikommisse lassen die Windrichtung erkennen. Überhaupt geht der Verf. einer ernsthaften Auseinandersetzung mit politischen Problemen und historisch-soziologischen Fragestellungen aus dem Wege. Eine Ausnahme bilden lediglich die großen Wendejahre 1933 und 1934. Gegen Ende des demokratischen Experiments entpuppt sich V. der eigenen Schilderung zufolge als ein im Grunde unpolitischer Deutschnationaler, der sich mit dem Nachbeten von stereotypen, affektgeladenen Parteischlagworten begnügte, bis ihn die Begeisterung für Hitlers „Deutschland erwache" packte. Aber bereits nach dem 30. Juni 1934 war es mit dem Rausch zu Ende. Nunmehr begann der Katzenjammer. Aus dem enthusiastischen Anhänger wurde zunächst ein Mitläufer und Nutznießer mit Vorbehalten, aber sehr schnell danach ein zu metaphysischen Grübeleien neigender Gegner, der, erschüttert über die Verletzung der Menschenrechte und den Durchbruch des moralischen Nihilismus, in Hitler den Antichristen erkannte. Die Zeit von 1935–1939 wird mit Stillschweigen übergangen. Detailliert dagegen ist der Bericht über die Kriegsjahre. In der Hauptsache handelt es sich dabei jedoch um eine Beschreibung des Wechsels in den persönlichen Lebensumständen und um die Rechtfertigung der „inneren Emigration", die hier als ein individuell isoliertes, rein psychisch-moralisches Erlebnis erscheint. Die deutsche Katastrophe von 1945 bedeutete nicht nur in dem äußeren Leben V.s eine scharfe Zäsur, denn er, der ehem. evangelische Kirchenpatron von Neschwitz, trat auf der Suche nach innerem Halt damals zum Katholizismus über.

Besonders enttäuschend ist der Ertrag des Buches für den Wirtschaftshistoriker. Es wird zwar einiges vermerkt über die Besitzgeschichte von Neschwitz und die Besitzverhältnisse auf anderen Gütern, aber die verstreuten Angaben über die Bewirtschaftung, Marktverhältnisse, Finanzgebarung und Arbeitsverfassung sind ebenso dürftig wie widerspruchsvoll und unpräzise. Inflation, Entschuldung, Neuverschuldung, Osthilfe, Kriegskonjunktur, Landwirtschaftspolitik, Steuer- und Arbeiterprobleme, die Angst vor der Urbanisierung und Industrialisierung, das Mißbehagen über die Eingriffe der NSDAP in die Betriebsführung erscheinen zwar am Horizont, aber dabei bleibt es. Der Appetit wird angeregt, aber es gibt nichts zum Essen. Eins jedoch ist klar: Herr v. V.-R. gehörte zu den feinsinnigen „Stillen im Lande", nicht zu den schöpferischen Unternehmer-Organisatoren und erst recht nicht zu den robusten Interessenpolitikern, hartgesottenen Schlaubergern und Leuteschindern unter den Rittergutsbesitzern.

Erheblich aufschlußreicher ist die Porträtierung herrschaftlichen Landlebens, die als eine von „liebenswerten Anachronismen" erfüllte Idylle erscheint. Interessante Streiflichter fallen insbesondere auf die Mentalität, den Lebensstil und die geselligen Verhältnisse des sächsischen und baltischen Gutsadels. Es wurde durchweg distanzbewußt, flott und „standesgemäß", d. h. tüchtig über die Verhältnisse gelebt. Obwohl es von herrlichen Schlössern, gnädigen Fürsten, vornehmen Grafen, gütigen Gräfinnen, famosen Freiherren, ergebenen Dienern, schönen Diners und eleganten Jagdgesellschaften nur so wimmelt, so gibt es neben dem strahlenden Licht doch auch ein wenig Schatten. V. ist sich gewisser Schwächen im eigenen Lager durchaus bewußt. Menschliche Unzulänglichkeiten, wie sie in allen Schichten vorkommen, werden humorvoll und mit subtiler Ironie gekennzeichnet. Und trotz unbewußten Festhaltens an sozialen Größenwahnvorstellungen fehlt es auch nicht an bemerkenswerten sozialkritischen Beobachtungen. Entscheidender jedoch erweist sich die von versüßenden Geschichtslegenden beschwingte Sehweise des Verf.s. Folgt man dem „Junker ohne Reue" auf seiner von historischem Wissen und soziologischer Schulung unbeschwerten Flucht in die Illusionen, so stößt man häufig auf wohlbekannte Wahrzeichen, wie etwa das „patriarchalische Verhältnis". In der geschichtlichen Traumwelt des Herrn v. V. handelt es sich dabei um einen etliche Jahrhunderte alten Idealzustand. Aber wie es z. B. in der grauen Wirklichkeit des 18. Jahrhunderts aussah, wissen wir durch die detaillierten Untersuchungen, die kürzlich Willi Boelcke und Rudolf Lehmann über die Entwicklung der gutsherrlich-bäuerlichen Verhältnisse in der Lausitz durchgeführt haben. Alles in allem muß man abschließend mit Bedauern feststellen, daß ein menschlich und ästhetisch so ansprechendes, psychologisch so interessantes, aber inhaltlich und gedanklich so unausgeglichenes Buch wie das hier vorliegende zur Klärung der Problematik der historischen Kollektivrolle des deutschen Gutsadels seit dem Ersten Weltkriege nur einen sehr bescheidenen Beitrag liefert.

16. Zur Dynamik der modernen Wirtschaftsentwicklung

F. Lütge, Studien zur Sozial- und Wirtschaftsgeschichte: Gesammelte Abhandlungen, Stuttgart 1963.

Friedrich Lütge, professor of economics in the University of Munich, is, next to Wilhelm Abel, Germany's most notable agrarian historian of our time. Massive achievement, both as a specialist and as an erudite producer of major works of synthesis, characterizes Lütge's lifework. Some of the ten pieces that, in revised form, are republished in the present volume deal with large historical problems. Others are concerned with seemingly narrow topics. None, however, waste time and energy on trivial or pointless questions. All are of high scholarly quality and testify to the author's vast knowledge, interpretive acumen, and skill in exposition. The temporal range, too, is impressive; it extends from the days of Tacitus to the nineteenth century. Most of these articles are by-products of Lütge's principal works and, accordingly, reflect, thematically as well as methodologically, his primary, lifelong interest in the study of the transformation of the legal and institutional foundations of preindustrial agrarian estate society in German lands.

A somewhat archaic and nostalgic atmosphere emanates from the essays falling into that category, for their conceptual framework, methods of probing, and normative value scheme are deeply rooted in the German Historical School of Economics and in certain modes of thought of German Romanticism. It is gratifying to note, however, that this book, written by one of the most distinguished members of the tightly knit "old guard" of West German historians, contains two articles of rather recent vintage that are much less timeworn in their lines of approach. In fact, they mark a feeble yet promising departure from cherished historiographical traditions.

The imaginative essay on the secular trends of economic growth and of social change in the fourteenth and fifteenth centuries and the seminal discussion of the long-term dynamics of the German economy before the Thirty Years' War clearly demonstrate that Lütge has begun to pay constructive attention to alien new ways. More particularly, he is now attempting to come to grips with the theoretically oriented efforts of the "new economic historians" in the West, without falling, as many of them have done, into the trap of quantitative scientism. Aside from these two articles, American readers will find equally profitable and thought provoking Lütge's lucid essay on "The Repercussions of Peasant Emancipation in Germany," published originally in 1943. Though not the last word on the subject, it nevertheless offers a masterful reassessment of the dimensions and ramifications of this enormously complex problem and constitutes, in my judgment, the best that has been said about it by anyone since Knapp's great work on *Bauernbefreiung* in 1887.

H. Bechtel, Wirtschaftsgeschichte Deutschlands im 19. und 20. Jahrhundert, München 1956.

This is the concluding volume of a trilogy which seeks to throw light on the fundamentals of German economic development from prehistoric times to the twentieth century. The present book ends abruptly with the early 1930's; Professor Bechtel alludes to the Nazi regime but claims that "a reasoned discussion" of developments since 1933 "is not yet possible."

The impressive table of contents raises high ecpectations that are not borne out by actual performance. This *Wirtschaftsgeschichte* is not concerned with a historical analysis of the process of material progress. Instead, the author gives a thin narrative account of major economic events and innovations, which he tries to link to the course of general German history. There is much vague talk about *Geist* and *Stil* but little information about savings, investments, capital formation, or the fluctuations in prices, interest rates, costs, profits, output, employment, and consumption. The salient problems posed by the interrelations of these variables are not pointed up, let alone clarified. Unfortunately, the author does not seriously come to grips with the central theme of German economic history since the late 1830's–the revolutionary changeover to self-reinforcing economic growth per capita, the transformation of an "underdeveloped country" into a mighty industrial economy. In intellectual lucidity, command of the facts, and soundness of judgment, Bechtel's study does not stand up well in comparison with the less pretentious earlier work of Sombart, Sartorius von Waltershausen, and Clapham. And the more recent *Deutsche Sozial- und Wirtschaftsgeschichte* by Friedrich Lütge, its dearth of concrete detail notwithstanding, proves superior in analytical skill and conceptual precision.

As the record stands, Bechtel deals primarily not with economic history but with the description of its conditioning general milieu. The bulk of the book consists of a rather trite survey of the changing legal, institutional, and political setting. Particular emphasis is placed on governmental policy and activity both in the domestic and the foreign field. The author is more original and more suggestive when he discusses the impact of the currents of thought in social philosophy, the social sciences, literature, and the fine arts and the shifts in group attitudes toward things material. Stimulated by some of the art historians, Bechtel's interpretive ambitions, as in his earlier works, are focused on the attempt to make his data more meaningful by asserting that they reflect a sequence of distinctive economic styles. These "styles," as presented, however, are too mystifying and too fanciful to serve effectively as keys to better understanding.

All indications are that the author is completely out of touch with the work done in the social sciences, including history, outside of Germany, Austria, and Switzerland. Significantly, his bibliography and his useful notes do not list, except for a single random item, any book or article that appeared in a non-German language during the past hundred years. Bechtel seems to be unfamiliar even with the studies of Benaerts, Bruck, and Clapham. Such a self-imposed boycott of the outside world, indicative of excessive national pride, is intellectual provincialism, pure and simple.

A. Schumpeter, Business Cycles: A Theoretical, Historical, and Statistical Analysis of the Capitalist Process, 2 Bde., New York 1939.

To all students interested in the theoretical and historical impact of economic fluctuations this monumental publication, written by one of the most eminent economists of our generation, is of outstanding importance. Several decades ago, Wesley C. Mitchell made a strong plea for the mutual penetration and permanent, harmonious cooperation of theory, statistics, and history to be applied to a realistic, nonspeculative analysis of the cyclical *modus operandi* of the economic life process of capitalist society. More effectively and on a wider historical scale than any of his predecessors in this particular field of research, Schumpeter has approached the ideal of superior synthesis and integration of scattered partial endeavors. He has written a book of great and lasting value.

This work cannot be merely read; it must be studied. Hardly a page makes sense unless the reader masters the abstract pattern as well as the concrete contents of both volumes and treats them as an inseparable whole. The book lives up to its title. Displaying unusual intellectual vigor and breadth of vision, Schumpeter actually gives a theory and history of business cycles, viewed not as incidents but as the very life blood of the economic processes of the capitalist era. Among the multiplicity of economic fluctuations the allegedly continuous sequence of several kinds of rhythmical business cycles presents merely one class of wavelike economic movement. These business cycles are singled out for a penetrating analysis because, in the opinion o the author, they operate from within the economic system and, by following its inherent logic, make for incessant, discontinuous, and disharmonious change. They constitute "what is specifically capitalistic in economic life" and manifest the nature of its "growth", "progress", and "evolution".

Schumpeter does admit the significance of "external factors" (political occurrences, "chance events", social processes, changes in the institutional framework, and the like) as generators of historic "economic evolution". Throughout, he stresses their importance, and, at times, their dominance, demonstrated specifically in regard to the eras of the Napoleonic wars, of the World War, and of the German inflation period from 1918 to 1923, when they played a "supernormally" important role and "distorted" the "autonomous" movement of the economic mechanism. Schumpeter conceives the possibility–tempting to the historian–of dissecting the history and theory of capitalist dynamics exclusively in terms of externals as a series of distinct historic individualities, each one a particular entity of its own in regard to causation, course, and effects. His own methodological creed he makes perfectly clear by pointing out that statistical and theoretical methods and materials should be "subservient" to historical studies and are "worse than useless without them."

Schumpeter's treatment, however, of the history and theory of the capitalist way of doing things is not concerned with the impact of external factors but with the system's "creative" accommodation to altering data operating from within. The history student will deeply regret this self-imposed limitation and the narrower setting which reflects the author's theoretical objectives and prevents him from revealing more fully his profound insight into the making of modern capitalism as a total social process.

From the vantage point of a single simple generating principle, which can be only inadequately discussed here, Schumpeter reviews and explains the *raison d'être* of capitalist economy. To him it is the force of "innovation" which sets into motion a definite economic mechanism which systematically produces a cyclical rhythm of alternating phases of prosperity and depression. Innovation, coming in waves and in bunches, is declared to be the common cause of all "internal" changes, to which he subordinates all other explanatory principles. He makes it all-inclusive and all-comprehensive without losing sight, however, of the immense complexity of historical causation. From the standpoint of logic it is quite a remarkable achievement to combine successfully a monistic diagnosis with an acknowledgment of the plurality of causes and effects. The theory of innovations, in Schumpeter's opinion, is fully confirmed by the historic facts of capitalist evolution. To the historian it will not be more than a stimulating working hypothesis.

The same is true of the three-cycle schema which Schumpeter adopts as "a convenient descriptive device". He endeavors to ascertain historically and statistically the periodical recurrence of three main types of coexisting cycles of long, medium, and short duration and to study their interference with each other. To him these cycles are established facts. In honor of their discoverers he labels them "Kondratieffs," "Juglars," and "Kitchins"–the "Kondratieffs" or "long waves" having a duration of somewhat less than sixty years and making their definite appearance in the 1780's; the "Juglars" of an approximate average length of nine to ten years; and, finally, the "Kitchins" running their course within a period of about forty months.

The three-cycle schema furnishes the basis of organization for a conceptually clarified descriptive and explanatory analysis of the history of the supernational unity of the cyclical process of capitalist development as reflected in the complex network of innovations underlying the making of the national economies of Great Britain, Germany, and the United States during the past 150 years. More than a full half of the work is devoted to this extraordinary task. Here we find brilliant flashes touching on fundamental institutional changes and shifts in the social and political setting of the period. The history of whole industries is outlined, and a bewildering wealth of data is presented which illustrates statistically the behavior and interaction of systematic time series like output, employment, prices, interest rates, distribution of national incomes, ups and downs of profits and wage rates, banking developments, stock speculation, etc. The story–fascinating even in its isolation and one-sidedness–makes the antiquated endeavors of M. Wirth, H. H. Hyndman, M. Tugan-Baranowsky, and Th. E. Burton and even the more recent and scientifically more up-to-date attempts of A. Spiethoff and F. Pinner appear pitifully inadequate and completely obsolete. Yet, in the light of the magnitude of the undertaking, it can of necessity be no more than a fragmentary sketch. A more comprehensive and most impressive picture is given throughout the 358 pages dealing with the period of 1919 to 1938, chapters which, probably for a long time, will prove indispensable to any sincere student of postwar history.

Apart from an amazingly vast amount of primary and secondary statistical material Schumpeter has made extensive use of the standard works on economic history and also of many lesser-known monographs. It is to be regretted, however, that throughout the historical survey he has not systematically utilized the unfortunately limited and widely scattered historical literature which deals specifically with different patterns of particular economic fluctuations in modern times. In regard to the possibly cyclical character of economic evolution under early capitalism Schumpeter, guided by proper scholarly reserve, has offered merely a few tentative remarks. On the basis of some of the publications of the International Committee on Price History, for instance, it seems possible to support his expectation that "long waves" or "trend cycles", somewhat corresponding to the later "Kondratieffs", could be traced back several centuries, at least with reference to a description of price data. On the other hand, a merely hypothetical guess that the responsive adaptation processes circling around the South Sea Bubble might have been preceded by parallel phenomena of a similar type could be verified by mobilizing the information furnished by H. Hauser, R. Doucet, and A. E. Sayous in regard to the inter-European collapse of the credit structure after 1557.

Since the historical account of the past 150 years as given by Schumpeter is overshadowed by, and infiltrated with, theoretical considerations, its main value, apart from opening up new statistical material and regrouping historically significant factual data, is of an interpretative nature. Its value stands and falls with the theory expounded. Whoever accepts its premises will be inclined to look upon the historical outlines as a verification of the theory of innovations. Those, however, who think primarily in historical categories will retain a more skeptical attitude toward the presuppositions and norms of the equilibrium schema of the closed domain of a *civitas oeconomica*, without denying their usefulness for theoretical purposes. It is beyond human possibility to isolate or to measure accurately the quantitative and qualitative significance of the direct and indirect transforming influence of interdependent functional economic reactions as revealed in history. The mutual cause-effect relationships of the "irregular regularities" of economic fluctuations as historical realities from the historian's viewpoint are generated by the inseparable interplay of external and internal factors and, consequently, cannot be treated realistically as "purely economic" phenomena. This does not detract from the great value of Schumpeter's work for the historian or the admirable service he has rendered to all concerned. It merely indicates a difference in approach, method, emphasis, and objectives. Nor does it imply that the historian is without working hypotheses or preconceived ideas though they may appear unconscious to him and "naive" to others. Even he urgently needs in advance tools of analysis and methods of description and measurement if he is to write reasoned history out of raw facts which, as such, are indeed, as Professor Schumpeter puts it, "a meaningless jumble".

17. Zur Sozial- und Wirtschaftsgeschichtsforschung in der DDR

H. Schlechte, Die Staatsreform in Kursachsen, 1762–1763: Quellen zum kursächsischen Rétablissement nach dem Siebenjährigen Kriege, Berlin 1958.

This impressive collection of primary sources, extracted from various archives, illuminates the remaking of the political economic order and the regrouping and ideological reorientation of the upper classes in Electoral Saxony at the close of the Seven Years' War. Reform was precipitated by war dislocation, an ill-fated foreign policy, and the acceleration of social mobility. The present publication focuses on the interconnections between three major aspects: the restaffing of the personnel of the central administration, the economic and fiscal policies inaugurated by the bureaucratic leaders, and the recasting of the administrative institutions. Most of the "new men" who after 1762 occupied the most influential positions in the political power hierarchy came from the business elite and the intellectually creative elements of the third estate. Some of them acquired noble status in the course of their official careers. Their political and social "arrival" ushered in a basic change in the system of government, the transition from whimsical monarchical despotism to enlightened bureaucratic absolutism which continued to be limited, however, by the traditional powers of the landed nobility. But the top bureaucrats also managed to give a new direction to governmental policy. Their efforts at comprehensive domestic reconstruction were concentrated on the improvement of efficiency in public administration, the retrenchment of the armed forces, the promotion of economic growth especially through the encouragement of "*laissez faire, laissez passer,*" and the downgrading of privilege. The views and deeds of these enterprising innovators bear eloquent witness to the transformation of the theory and practice of Central European cameralism under the impact of the Western European Enlightenment and of German Pietism as a sociopolitical reform movement. The value of this interesting book is greatly enhanced by Schlechte's long, thoughtful, extremely informative, and well-balanced introduction, which is but slightly marred by lip service to Marxian clichés. It is good to know that in exceptional instances there is room for high-caliber historical scholarship in the German Democratic Republic.

G. Bondi, Deutschlands Außenhandel 1815–1870, Berlin 1958.

There is a real need for a solid scholarly study of the history of German foreign trade, even if confined to the period from 1815 to 1870. Politically and economically, this is one of the most crucial eras of German history. During these years Germany developed not only the preconditions for modern industrialism, but also effected the transition to sustained per capita economic growth.

The present book, cast in an obsolete conceptual framework, fails to meet basic standards of Western scholarship. The author has applied old Marxian clichés and dogmas to his subject. Though antiquated and biased, such a treatment might nevertheless be profitable if it were well informed and skilfully executed. In fact, however, Bondi adds nothing to knowledge and little to better understanding. His book is published under the auspices of the German Academy of Sciences and, hence, is supposedly a show piece of east German learning today. Upon close scrutiny, however, his inquiry proves to be a boomerang. Bondi, now at the Martin Luther University of Halle-Wittenberg, convincingly, though unwittingly, demonstrates the disastrous effect which the forceful conversion of a predominantly Western country into a Communist satellite state can have upon the study and writing of history and, more particularly, upon the development and state of mind of a gifted young scholar, seriously interested in vital phases of economic development.

Bondi has devoted much space, time, and energy to a tedious, shallow and irrelevant recital of the doctrines of Marx and Engels and to paying his respects to "the" economic historian of the German Democratic Republic: *Nationalpreisträger* Jürgen Kuczynski, well-known for his mass production of notoriously superficial, unreliable and opinionated works. More serious than this waste is the author's simply amazing unfamiliarity with almost all pertinent studies that have appeared since the late nineteenth century. It is not clear whether this tragic intellectual parochialism stems from the inadequacies of the library facilities in eastern Germany today or from a methodical boycott of "bourgeois scholarship."

A sizable part of this book deals not with foreign trade as such, but with the changes in its political setting. A lengthy narrative traces the history of commercial policy and diplomacy and, more specifically, the evolution of the *Zollverein*. Informed readers will be bored as well as annoyed by this pretentious, yet commonplace rehash of the well-explored and widely known. Besides, Bondi's comments are almost exclusively based on outdated secondary works such as those by H. Festenberg-Packisch (published in 1869) and A. Zimmermann (1892). Significantly, the author is unfamilar even with the leaders in this field of study (W. von Eisenhart, E. Franz, W. O. Henderson, H. von Srbik), not to mention other authors who have worked in this area.

The core of the book is a quantitative and qualitative appraisal of the movement of commodity imports and exports. The movements of capital are completely ignored. Bondi's survey focuses on the rather arbitrarily chosen years 1828, 1837, 1850, 1864, and 1869. While substantive with regard to trade figures, the analysis lacks continuity and is often vague or hasty and misleading in its conclusions. The statistical material is primarily derived from the old contemporaneous works of C. F. W. Dieterici. A laudable effort is made to relate the changes in the volume and structure of Germany's foreign trade to the problems of internal economic growth and to point up the historical significance of these changes for the transformation of the national economy as a whole. In this connection Bondi makes some good points and raises a few suggestive questions, but he treats as nonexistent indispensable aspects, such as those pertaining to entrepreneurship, the investment process, and the economic impact of the extraordinary demographic developments of this period. Moreover, what is promising in his line of attack is called into doubt by slogan thinking, intolerable misconceptions, empty verbiage, and a truly pathetic trailing behind up-to-date factual knowledge of both German and general economic history. Thus, in conclusion, one must note with sadness and compassion that the misguided author, trapped by his environment, has failed to accomplish his task.

J. Kuczynski, Zur politökonomischen Ideologie in Deutschland vor 1850 und andere Studien, Berlin 1960.

It is a painful task to have to comment on this flimsy and brazen concoction intended as ideological ammunition against Western capitalism which, we are told, "can develop only, even more so than any other society of exploiters, like a Moloch at the expense of the happiness, nay, the life of millions of people. Sweat, tears and blood prompt its progress, and nourish its growth" (p. 68). In the present book, the prolific, careless and dogmatic, yet informative and stimulating doyen of the economic historians of the "German Democratic Republic" has undoubtedly established a new record in the prostitution of scholarship for prescribed political ends. In a learned journal, to accord the dignity of even dishonorable mention to such a reckless and primitive tirade is justified, however, for two reasons. First, it would be erroneous to assume that Kuczynski's performance is typical of the quality of German economic historiography under Communist rule. In fact, a number of significant works have appeared in eastern Germany in recent years. Western scholars interested in German economic history can learn a good deal with regard to both factual knowledge and better understanding from the publications, more or less slanted though they are, of Willy Boelcke, Horst Blumberg, Rudolf Forberger, Horst Krüger, Erich Neuss, Horst Schlechte, Rudolf Strauss, and others. In the second place, the five unrelated articles which comprise the volume under review are by no means altogether useless. They contain some interesting old and new facts, suggestive excerpts from printed sources, and contemporary evidence extracted from the East German archives. These data have a certain intrinsic value of their own, Kuczynski's misleading labels and interpretive manipulations and distortions notwithstanding. The longest article seeks to sketch the development of German economic thought from the Cameralists, classified as "feudal thinkers," via the Physiocrats, the preachers of a "bourgeois anti-feudal doctrine in feudal dress,", to Roscher, Gossen, and Knies. While Roscher is pictured as "the most representative German bourgeois economist of the nineteenth century," Gossen and Knies are singled out to demonstrate the "decomposition" of "bourgeois economics." The material presented in the sections that follow concerns the diverse resistance to the introduction of mechanized production methods in Prussian industry, the Silesian weaver's strike of 1844, and the attitudes of leading spokesmen of German literature, such as Goethe and Immermann, toward economic innovation. In his final "study" Kuczynski glorifies the aid given to German political émigré-patriots by the Russian government prior to the war of 1813–1815. It is a fitting finale to this shoddy work to see Baron von Stein and Ernst Moritz Arndt portrayed as the forerunners of the "Free Germany" National Committee, formed, in 1943, in the Soviet Union.

Abkürzungsverzeichnis

AB	Acta Borussica
ABr	Acta Brandenburgica
ADB	Allgemeine Deutsche Biographie
AHR	American Historical Review
APG	Archiv für Politik u. Geschichte
ARG	Archiv für Reformationsgeschichte
ASS	Archiv für Sozialwissenschaft u. Sozialpolitik
BSt	Baltische Studien
BBPG	Beiträge zur brandenburgischen u. preußischen Geschichte
CEHE	Cambridge Economic History of Europe
EEH	Explorations in Entrepreneurial History
EHR	Economic History Review
ESS	Encyclopaedia of the Social Sciences
FBPG	Forschungen zur Brandenburgisch-Preußischen Geschichte
GG	Geschichte u. Gesellschaft
HAr	Handelsarchiv (bis 1880: Preußisches, seither: Deutsches)
HSW	Handwörterbuch der Sozialwissenschaften
HStW	Handwörterbuch der Staatswissenschaften
HGBl	Hansische Geschichtsblätter
HJb	Historisches Jahrbuch
HJbG	Historisches Jahrbuch der Görres-Gesellschaft
HT	History and Theory
HZ	Historische Zeitschrift
JEBH	Journal of Economic and Business History
JEH	Journal of Economic History
JGMO	Jahrbuch für die Geschichte Mittel- u. Ostdeutschlands
JMH	Journal of Modern History
JNS	Jahrbücher für Nationalökonomie u. Statistik
JbBLG	Jahrbuch für Brandenburgische Landesgeschichte
JbW	Jahrbuch für Wirtschaftsgeschichte
NDR	Neue Deutsche Rundschau
NF	Neue Folge
QJE	The Quarterly Journal of Economics
RES	Review of Economic Statistics
RSH	Revue de Synthèse Historique
RH	Revue Historique
Sch.Jb.	Schmollers Jahrbuch
SchVfS	Schriften des Vereins für Sozialpolitik

SdM	Süddeutsche Monatshefte
StJbDR	Statistisches Jahrbuch für das Deutsche Reich
VzK	Vierteljahrshefte zur Konjunkturforschung
VSWG	Vierteljahrschrift für Sozial- u. Wirtschaftsgeschichte
WA	Weltwirtschaftliches Archiv
ZAA	Zeitschrift für Agrargeschichte u. Agrarsoziologie
ZfG	Zeitschrift für Geschichtswissenschaft

Anmerkungen

Die Ausprägung der Junkerherrschaft in Brandenburg-Preußen

1 Eine problembezogene, die Entwicklung bis 1914 kurz zusammenfassende Deutung in O. Hintze, Die Hohenzollern und der Adel, in: Ders., Regierung und Verwaltung, hg. v. G. Oestreich, Göttingen 1967², S. 30–55. Populärer und oft unkritisch der Versuch einer Gesamtdarstellung in W. Görlitz, Die Junker. Adel und Bauern im deutschen Osten. Geschichtliche Bilanz von 7 Jahrhunderten, Glücksburg 1957². Siehe auch die auf die Frühneuzeit zurückgreifende interpretatorische Skizze von J. J. Sheehan, Conflict and Cohesion among German Elites in the Nineteenth Century, in: Ders. (Hg.), Imperial Germany, New York 1976, S. 62–92.

2 Zur Wortgeschichte J. u. W. Grimm, Deutsches Wörterbuch, Bd. 4, 2. Teil, Leipzig 1877, S. 2399–2402; O. Ladendorf, Historisches Schlagwörterbuch, Straßburg 1906, S. 152f.

3 Beispiele in H. Rosenberg, Die nationalpolitische Publizistik Deutschlands vom Eintritt der Neuen Ära in Preußen bis zum Ausbruch des Deutschen Krieges, München 1935, Bd. 2, S. 506, 510, 543, 548, 646, 864, 879, 970–72 und passim.

4 M. de Bismarck, Paris 1868, S. 15f.

5 Je nach dem Zusammenhang bezeichnet in der Folge das Wort Junkertum entweder das Aggregat der Junker oder aber bestimmte kollektive Wesenszüge bzw. Statusmerkmale.

6 Zu dieser wichtigen begrifflichen Unterscheidung O. Brunner, „Feudalismus". Ein Beitrag zur Begriffsgeschichte, in: Akademie der Wissenschaften u. der Literatur, Abhandlungen der Geistes- und Sozialwiss. Klasse, Jg. 1958, Nr. 10, S. 604; Ders., Adeliges Landleben und europäischer Geist, Salzburg 1949, S. 313–339.

7 Hierzu vgl. jetzt auch die gedankenreichen Betrachtungen von G. Schulz, Deutschland und der preußische Osten. Heterologie und Hegemonie, in: H.-U. Wehler (Hg.), Sozialgeschichte heute, Göttingen 1974, S. 86–103.

8 Vgl. J. Schultze, Die Mark Brandenburg, Bd. 3, Berlin 1963, S. 31, 150ff., 159. Die historisch bekanntesten Persönlichkeiten unter Johanns Vorgängern, der durch kaiserlichen Gnadenakt mit der Kurwürde ausgestattete Markgraf Friedrich I. (1415–1440) und Albrecht Achilles (1470–1486), blieben nur vorübergehend im Lande. Friedrich hielt sich während seiner 25jährigen „Herrschaft" insgesamt nur 3 Jahre 2 Monate 19 Tage in Brandenburg auf. 1426 zog er sich endgültig nach Süddeutschland zurück und ließ sich seitdem in der Kurmark überhaupt nicht mehr blicken. Aber auch Albrecht, der seinen Hauptsitz in Ansbach-Bayreuth hatte und in der Reichspolitik eine prominente Rolle spielte, strengte sich in der Ausübung seiner „Landesvater"-Pflichten nicht besonders an. Jedenfalls verbrachte er von den 16 Lebensjahren als brandenburgischer Kurfürst nur 35 Monate in der Mark, und mit der Wahrnehmung von „Schutz und Schirm" gegen die Gewalttaten seiner adligen Vasallen war es nicht weit her, wenn er auch 1472 erklärt hatte, daß er alles so gründlich zu ordnen vorhabe, „das unser kinder sanft sitzen und ob Got wil wir auch biss in unser gruben" (F. Priebatsch (Hg.), Politische Correspondenz des Kurfürsten Albrecht Achilles, Bd. 1 (1470–1474), Leipzig 1894, Publikationen a. d. K. Preuß. Staatsarchiven, Bd. 59, S. 385).

9 Die Namen der wichtigsten Familiensippen in den verschiedenen Landesteilen Brandenburgs in Schultze, Mark Brandenburg, Bd. 2, 1961, S. 164, und in G. Heinrich, Der Adel in Brandenburg-Preußen, in: H. Rössler (Hg.), Deutscher Adel 1555–1740, Darmstadt 1965, S. 268f.

10 N. Elias, Über den Prozeß der Zivilisation, Bd. 1, Basel 1939, S. 268.

11 Instruktive Einzelheiten in T. Fontane, Wanderungen durch die Mark Brandenburg, 2 Bde., Berlin 1865²; Ders., Fünf Schlösser, Stuttgart 1905²; F. Priebatsch, Die Hohenzollern und

der Adel, in: HZ, Bd. 88, 1902, S. 193–246; W. Ribbe, Die Aufzeichnungen des Engelbert Wusterwitz, Berlin 1973, S. 177–213.

[12] Um das gegensatzreiche Bild zu vervollständigen: Nicht alle Quitzows machten Karriere als räuberische Kriegerpolitiker, brutale Banditen und Bildungsverächter. Henning v. Quitzow studierte in Paris, und der gelehrte Dietrich v. Bülow, Sohn einer Sophia v. Quitzow, promovierte in Bologna zum Doktor der Rechte und wurde Bischof von Lebus (1490–1523). Auch unter den Domkapitularen und Stiftsherren fanden sich brandenburgische Adlige, die studiert hatten, und unter den Bischöfen neben Bülow die Doktoren v. Schlabrendorff, Schlieben, Königsmark, Alvensleben. (Vgl. F. Priebatsch, Geistiges Leben in der Mark Brandenburg am Ende des Mittelalters, in: FBPG, Bd. 12, 1899, S. 325–409.) Daß im 15. Jahrhundert trotz der in brandenburgischen Adelskreisen vorherrschenden Roheit und weitverbreiteten Analphabetentums – wie hoch mag wohl der Prozentsatz der Illiteraten gewesen sein? – Verständnis für die aufkommende Bildung und ihre Verwertbarkeit im kirchlichen und „öffentlichen" Leben an Boden gewann, zeigt die anwachsende Schar der Junker (im ursprünglichen Sinne des Wortes), die zumindest als Universitätsstudenten immatrikuliert wurden. Andererseits ist nicht weniger bemerkenswert, daß unter den Hochmeistern des Deutschritterordens in Preußen Heinrich Reuss von Plauen (1467–1470) nicht einmal lesen, geschweige denn Latein konnte, obwohl er aus gräflichem Hause stammte.

[13] Der wahrscheinlich größte Teil der unzähligen Fehden in jener Zeit hatte mit „ritterlichen" Kampfhandlungen so gut wie nichts zu tun. Diese „Fehden" richteten sich vielfach gegen benachbarte Standesgenossen, deren Machtstellung durch Vermögens-, Einkommens- und Arbeitskräfteverluste untergraben werden sollte. In der grauen Wirklichkeit handelte es sich dabei um nackte Gewaltakte, wobei zahlenmäßig die unmittelbar Hauptleidtragenden die Hintersassen der adligen Nachbarn waren. An diesen Zuständen haben die wenigen fränkischen Adligen, die von den Hohenzollern nach Brandenburg verpflanzt wurden – ihr veredelnder Einfluß wird in der älteren Literatur gewaltig überschätzt – nichts Nennenswertes zu ändern vermocht. Sie kamen aus einer Landschaft, wo das Raubrittertum, namentlich in der Nürnberger Gegend, ebenfalls an der Tagesordnung war. Hierzu umfangreiches Belegmaterial in E. Reicke (Hg.), Willibald Pirckheimers Briefwechsel, 2 Bde., München 1940 u. 1956.

[14] Ein paar Beispiele zu diesem Verödungsprozeß: Nach dem Landbuch von 1375 waren in der Uckermarck zu jener Zeit 28,6 % der aufgeführten Dörfer wüst gegenüber 47,9 % der Bauernhufen, zu denen noch wüst gewordene, bisher in Eigenwirtschaft betriebene Ritterhufen zu rechnen sind. In der nördlichen Neumark, ähnlich in der Mittelmark, lagen bereits im Jahre 1337 36,5 % der Hufen wüst. Vgl. A. Krenzlin, Das Wüstungsproblem im Lichte ostdeutscher Siedlungsforschung, in: ZAA, Bd. 7, 1959, S. 158f. Zum Rückgang der Herreneinkommen und zum Problem der Vermögensverluste adliger Grundherren durch Verkauf oder Verpfändung von Landbesitz und finanziell nutzbaren Rechten E. Engel u. B. Zientara, Feudalstruktur, Lehnbürgertum und Fernhandel im spätmittelalterlichen Brandenburg, Abhandlungen zur Handels- und Sozialgeschichte, Bd. 7, Weimar 1967, S. 112–35, 376–84. Für den spätmittelalterlichen Wüstungsprozeß als überregionales Phänomen nach wie vor grundlegend W. Abel, Die Wüstungen des ausgehenden Mittelalters, Stuttgart 1955².

[15] Ribbe, Aufzeichnungen, S. 125.

[16] Ereignisgeschichtliche Beispiele in Schultze, Mark Brandenburg, Bd. 3, S. 14ff., 23, 25f., 104f., 150ff., 180–86.

[17] Zur verzwickten Rangklasseneinteilung des deutschen Adels, wie sie dem „Gotha" zugrunde liegt, siehe den geistvollen Kommentar in J. von Dissow, Adel im Übergang, Stuttgart 1961, S. 115–35.

[18] Vgl. A. Klein, Die zentrale Finanzverwaltung im Deutschordensstaate Preußen am Anfang des XV. Jahrhunderts, Leipzig 1904; Chr. Krollmann, Politische Geschichte des Deutschen Ordens in Preußen, Königsberg 1932; K. Górski, The Monastic States on the Coast of the Baltic, in: Baltic and Scandinavian Countries, Bd. 3, Gydnia 1937, S. 43–50.

[19] E. Kutowski, Zur Geschichte der Söldner in den Heeren des Deutschordensstaates in Preußen, Osterrode 1912, S. 14–29.

[20] Ebd., S. 64–70.

[21] R. ten Haaf, Deutschordensstaat u. Deutschordensballeien, Göttingen 1954², S. 43f.

[22] M. Hellmann, Bemerkungen zur sozialgeschichtlichen Erforschung des Deutschen Ordens, in: HJb, Bd. 80, 1961, S. 137.

[23] Statistische Belege in G. Aubin, Zur Geschichte des gutsherrlich-bäuerlichen Verhältnisses in Ostpreußen, Leipzig 1910, S. 69–75; K. Riel, Die Siedlungstätigkeit des Deutschen Ordens in Preußen, 1410–1466, in: Altpreußische Forschungen, Bd. 14, 1937, S. 224–67.

[24] K. Forstreuter, Vom Ordensstaat zum Fürstentum (1498–1525), Kitzingen o. J., S. 21, hat den Aufstand als „ständische Revolution" bezeichnet, was sich rechtfertigen läßt; vgl. auch S. 99.

[25] Zahlte der Orden 1410 noch 10–12 Mark pro „Lanze" (die kleinste militärische Einheit: drei Berittene und Gepanzerte), mußte er 1450 16 Mark zahlen; vgl. J. B. Voigt, Namen-Codex der Deutschen Ordens-Beamten ..., Kreuzfahrer u. Söldner-Hauptleute in Preußen, Königsberg 1843, S. XXI, XXIV. Der Silberwert der Preußischen Mark sank von 12 Mk 1410 auf 8,50 Mk im Jahre 1450. Er fiel ständig weiter bis 1489, als er auf nur noch 2,50 Mk stand; Aubin, S. 118.

[26] M. Toeppen (Hg.), Akten der Ständetage Preußens unter der Herrschaft des Deutschen Ordens, Bd. 5, Leipzig 1886, S. 802.

[27] Die Zahl der Mitglieder des Deutschen Ordens schrumpfte allmählich von ungefähr 1000 auf etwa 300 Ritter zur Zeit des Dreizehnjährigen Krieges; M. Toeppen, Der Deutsche Ritterorden und die Stände Preußens, in: HZ, Bd. 46, 1881, S. 433.

[28] Für die Zeit von 1410 bis 1466 ihre Namen bei Voigt, S. 119–32.

[29] Konkrete Belege ebd., S. XXII–XXVI, und in Krollmann, S. 161f.

[30] Akten der Ständetage, Bd. 4, 1884, S. 619–31; Die Chroniken der deutschen Städte vom 14. bis ins 16. Jahrhundert, Bd. 30, Leipzig 1910, S. 207; Krollmann, S. 150ff.

[31] F. L. Carsten, Slavs in North-Eastern Germany, in: EHR, Bd. 11, 1941, S. 64ff.

[32] In neu besetzten Grenzgebieten übertrug der Orden oft erheblich größere Landkomplexe an einzelne ritterliche oder stadtbürgerliche Kapitalisten und Siedlungsunternehmer; vgl. H. Plehn, Zur Geschichte der Agrarverfassung von Ost- u. Westpreußen, in: FBPG, Bd. 17, 1904, S. 391f.; E. Brunner, Schlochau. Entstehung u. Entwicklung einer Verwaltungs- und Wirtschaftseinheit, Leipzig 1939, S. 4ff.; H. Aubin in: CEHE, Bd. 1, Cambridge 1942, S. 373.

[33] Das allmähliche Erlöschen vieler dieser einheimischen Familien wird, falls sie in den folgenden Jahrhunderten ein Wappen führten, verfolgt in J. Silbmacher, Großes u. Allgemeines Wappenbuch, Bd. 6, Teil 4: Abgestorbener preußischer Adel, Nürnberg 1874; vgl. auch Teil 5: Der abgestorbene Adel der Provinz und Mark Brandenburg, 1880.

[34] Eine vollständige Liste der deutschen und polnischen Angehörigen des westpreußischen Adels im Jahre 1775 mit Angaben über ihren Landbesitz und ihre öffentlichen Ämter, in: Publikationen aus den K. Preuß. Staatsarchiven, Bd. 84, 1909, S. 737–78. Die deutsche kulturelle Reaktion auf die Polonisierung begann mit der Annexion Westpreußens durch Friedrich d. Gr. Als besonders wirksame Mittel der Akkulturation erwiesen sich die Ausbildung an der Kulmer Militärakademie und der Dienst in der preußischen Armee; Publikationen, Bd. 83, S. 375.

[35] Eine viel längere Liste in G. A. v. Mülverstedt (Hg.), Diplomatarium Ileburgense, Bd. 2, Magdeburg 1879, S. 850.

[36] Ihre Namen ebd., S. 851f.

[37] G. A. v. Mülverstedt (Hg.), Codex Diplomaticus Alvenslebianus, Bd. 1, 1879, S. 630f.; S. Isaacsohn, Geschichte des preußischen Beamtentums, Bd. 1, Berlin 1874, S. 172ff.; R. Stein, Die Umwandlung der Agrarverfassung Ostpreußens, Bd. 1, Jena 1918, S. 217–21.

[38] Diplomatarium Ileburgense, Bd. 2, S. 839f.; H. Rachel, Der Große Kurfürst und die ostpreuß. Stände, 1640–1688, Leipzig 1905, S. 69.

[39] Engel u. Zientara, Feudalstruktur, S. 137–87; H. Helbig, Gesellschaft u. Wirtschaft der Mark Brandenburg im Mittelalter, Berlin 1973, S. 20ff.

[40] Hierzu H. Helbig, Die brandenburgischen Städte des 15. Jahrhunderts zwischen Landesherrschaft u. adligen Ständen, in: W. Rausch, Die Stadt am Ausgang des Mittelalters, Linz 1974.

[41] Hierzu reichhaltiges Material in H. Rachel, J. Papritz, P. Wallich, Berliner Großkaufleute und Kapitalisten, Bd. 1, Berlin 1934. Siehe jetzt auch die interessanten Ausführungen von W. Mleczkowski, Zum politischen und sozialen Wandel städtischer Führungsschichten in Brandenburg im 15. und 16. Jahrhundert, in: JbBLG, Bd. 26, 1975, S. 89–118.

[42] G. Heinrich, Adel, S. 267.

[43] Aufschlußreiche Einzelheiten über das Eindringen akademisch ausgebildeter kurfürstlicher Räte und Kammersekretäre in den Rittergutsbesitz und ihre Verschmelzung mit den Landjunkern in M. Hass, Die Hofordnung Kurfürst Joachims II. von Brandenburg, Berlin 1910, S. 152–56, 186f., 202–16.

[44] Beispiele in Isaacsohn, Bd. 1, S. 278f.

[45] K. Breysig u. F. Wolters, Geschichte der brandenburgischen Finanzen, 1640–1697, Bd. 2, München 1915, S. 8.

[46] Einzelheiten bei Hass, Hofordnung, S. 202–16.

[47] In Preußen kam in dem hier behandelten Zeitraum das Hervortreten importierter bürgerlicher Akademiker unter den herzoglichen Räten über einen ersten Ansatz nicht hinaus. Seit den 1540er Jahren basierte die Ämterpatronage der Landesherrschaft de jure und, von kurzlebigen Ausnahmen abgesehen, auch de facto auf dem Indigenatsrecht des eingesessenen Adels, einem Standesprivileg, das in der „Regiments-Notel" von 1542 sanktioniert wurde. Vgl. W. Hubatsch, Albrecht von Brandenburg-Ansbach. Deutschordens-Hochmeister und Herzog in Preußen 1490–1568, Heidelberg 1960, S. 111f., 152, 193ff.

[48] R. H. Tawney, The Rise of the Gentry, 1558–1640, in: EHR, Bd. 11, 1941, S. 4, 18; J. U. Nef, The Rise of the British Coal Industry, Bd. 2, London 1932, S. 1–43.

[49] Sehr informative Einzelheiten in Rachel u. a., Großkaufleute, Bd. 1, S. 298–304; Bd. 2, S. 106f.

[50] Siehe die Mitgliederlisten in W. Friedensburg (Hg.), Kurmärkische Ständeakten aus der Regierungszeit Kurfürst Joachims II., Bd. 1, München 1913, S. 112f., 137ff., 383, 523f.; Bd. 2, 1916, S. 341ff.; M. Klinkenborg (Hg.), ABr, Bd. 1, Berlin 1927, S. 349; H. Croon, Die kurmärkischen Landstände 1571–1616, Berlin 1938, S. 209–13.

[51] S. Kutrzeba, Grundriß der polnischen Verfassungsgeschichte, Berlin 1912, S. 113, 116.

[52] Als Friedrich II. die „Verstaatlichung" von Teilen der früheren westpreußischen Krongüter anordnete, wurden die bis dahin getätigten privaten Investitionen zu einem gewissen Ausmaß anerkannt. Dabei erhielt die Familie von der Goltz 1773/74 den größten Betrag, nämlich 94000 Taler; vgl. M. Bär, Westpreußen unter Friedrich d. Gr., Leipzig 1909, Bd. 1, S. 268ff.; Bd. 2, S. 265.

[53] AB, Behördenorganisation, Bd. 1, S. 50; G. Aubin, Zur Geschichte, S. 111; H. Schweichler, Das Domänenwesen unter Herzog Albrecht in Preußen, 1525–1568, 1911, S. 12ff.

[54] Klinkenborg, ABr, Bd. 3, Berlin 1930, S. 116f. Zu den oben erörterten Problemen vgl. die detaillierten beschreibenden Darstellungen der landständischen Entwicklung in: G. Küntzel, Über Ständetum u. Fürstentum, vornehmlich Preußens, im 17. Jahrhundert, in: BBPG, Bd. 21, 1908, S. 101–52; W. Schotte, Fürstentum u. Stände in der Mark Brandenburg unter der Regierung Joachims I., Leipzig 1911; Hass, Die kurmärkischen Stände; Croon, Landstände; Rachel, Großer Kurfürst; J. Petersohn, Fürstenmacht u. Ständetum in Preußen während der Regierung Herzog Georg Friedrichs 1578–1603, Würzburg 1963; P. Baumgart, Zur Geschichte der kurmärkischen Stände im 17. u. 18. Jahrhundert, in: D. Gerhard (Hg.), Ständische Vertretungen in Europa im 17. u. 18. Jahrhundert, Göttingen 1969, S. 131–61.

[55] Im Gegensatz zu einigen der west- und süddeutschen Gebietsherrschaften, deren landständische Verfassungsverhältnisse auf relativ breiter gesellschaftlicher Basis beruhten, wodurch

auch dem „gemeinen Mann", selbst nach dem Bauernkrieg von 1525, ein Plätzchen an der Sonne gesichert wurde. Hierzu P. Blickle, Landschaften im Alten Reich. Die staatliche Funktion des gemeinen Mannes in Oberdeutschland, München 1973; Ders., Die Revolution von 1525, München 1975, S. 234–42.

[56] Siehe die aufschlußreichen Gläubigerlisten in Friedensburg, Ständeakten, Bd. 1, S. 463–68, 755–60; Bd. 2, S. 164–67.

[57] Die einzige Ausnahme war im 15. Jahrhundert Kurfürst Albrecht Achilles und im 16. der Bruder des Kurfürsten Joachim II., Markgraf Hans von Küstrin, 1535–1571 unabhängiger Landesherr der erneut von der Kurmark abgetrennten Neumark, ein Mann, der hervorragenden Geschäftssinn bekundete, als scharf kalkulierender Verwaltungsexperte und Finanzspekulant hervortrat und ein großes Privatvermögen ansammelte. Siehe L. Mollwo, Markgraf Hans von Küstrin, Hildesheim 1926.

[58] Nach den Berechnungen des kurfürstlichen Rates Thomas Matthias (Friedensburg, Ständeakten, Bd. 2, S. 308) entsprach dieser Betrag dem gesamten Kapitalvermögen der Mittel- und Uckermark.

[59] Abgesehen von dem vierten, der in einem anderen Zusammenhang erst später zu beleuchten sein wird.

[60] M. Hass, Die kurmärkischen Stände im letzten Drittel des 16. Jahrhunderts, München 1913, S. 16–20.

[61] Details in Isaacsohn, Bd. 1, S. 96, 115f., 173; Bd. 2, S. 13; Rachel, Großer Kurfürst, S. 75; Codex Diplomaticus Alvenslebianus, Bd. 2, S. 562ff.; Bd. 3, S. 557ff.; G. Schmoller in: AB, Behördenorganisation, Bd. 1, Berlin 1894, S. 48–50.

[62] Rachel, Großkaufleute, Bd. 1, S. 298–304.

[63] Urkunden u. Aktenstücke zur Geschichte des Kurfürsten Friedrich Wilhelm von Brandenburg, Bd. 15, 1892, S. 47.

[64] Hierzu der prosaische, über wohltemperierte Anspielungen nicht hinausgehende Kommentar O. Hintzes, Die Hohenzollern und ihr Werk, Berlin 1916[8], S. 125: „Diese Übereinstimmung in der religiösen Frage hat wohl auch dazu beigetragen, daß der Kurfürst sich auf dem Landtage von 1540 mit den Ständen leichter, als es sonst wohl geschehen wäre, darüber verständigte, daß sie die landesherrlichen Schulden im Betrage von mehr als einer Million Gulden übernahmen und die nötigen Steuern zu deren Verzinsung und Tilgung bewilligten; freilich mußte er diese ganze Steuer- und Schuldenverwaltung, aus der das kurmärkische ‚Kreditwerk' erwuchs, landständischen Organen überlassen." Siehe auch Hintzes die großen Linien herausarbeitenden Überblick über Die Epochen des evangelischen Kirchenregiments in Preußen, in: Regierung und Verwaltung, S. 56–96, sowie H. Holborn, Machtpolitik u. lutherische Sozialethik, in: ARG, Bd. 57, 1966, S. 23–32.

[64a] Siehe Schultze, Mark Brandenburg, Bd. 4, 1964, S. 190ff.

[65] Vgl. Hass, Hofordnung, S. 130–34, 155–68; Breysig u. Wolters, Finanzen, Bd. 1, S. 234f.; Bd. 2, S. 328f.; Isaacsohn, Bd. 1, S. 58f., 124.

[66] Vgl. Hass, Hofordnung, S. 152–56 und G. Heinrich, in: G. Zimmermann (Hg.), Die brandenburgischen Kirchenvisitations-Abschiede und -Register des XVI. und XVII. Jahrhunderts, Bd. 2, Berlin 1963, S. 413.

[67] Ebd., S. 82f. Nicht weniger aufschlußreich (S. 406) die im Entwurf der Konsistorialordnung von 1561 enthaltene Bestimmung: „Es sollen auch die Edelleuthe und andere Collatores ... Kirchendiener ... auss unser universitet Franckfurdt an der Oder, und do aldo keine vorhanden, auss andern Christlichen universiteten suchen und vocirn, und nicht allenthalben ungelernte gesellen oder verdorbene handtwercksleuthe auffraffen, oder ire ungeübte schreiber, Reutter oder staljungen, auf die pfarren stecken, auf das dieselbigen sich bei inen dester bass erhalten und den Junckern etwan mit schreiben, Register halten und Kinder leren, zu hoffe dienen mussen, oder aber das die Junckern etwas am pfarguthe, so inen gelegen, abzwacken konnen." Demgegenüber die Forderung der Ritterschaft im Jahre 1565: „Pfarhern auf den dorfern belangend, das ir keiner

zur unbilligkeit wider seinen patronen, collatorn und junkern geschutzt, sondern dahin gewiesen dahin sie gehoren"; Friedensburg, Ständeakten, Bd. 2, S. 457.

[68] Allgemein hierzu K. W. Swart, Sale of Offices in the Seventeenth Century, The Hague 1949.

[69] G. Schmoller, Umrisse u. Untersuchungen zur Verfassungs-, Verwaltungs- und Wirtschaftsgeschichte, Leipzig 1898, S. 140; Breysig u. Wolters, Finanzen, Bd. 1, S. 234ff.; K. Breysig, Der brandenburgische Staatshaushalt in der zweiten Hälfte des 17. Jahrhunderts, in: Sch.Jb., Bd. 16, 1892, S. 11.

[70] Urkunden u. Aktenstücke z. Gesch. d. Gr. Kurfürsten, Bd. 15, 1892, S. 52; Breysig u. Wolters, Bd. 1, S. 239–43; Schmoller, Umrisse, S. 124–39; Rachel, Großer Kurfürst, S. 194.

[71] Hierzu K. Breysig (in: Urkunden u. Aktenstücke, Bd. 15, S. 47, 52), der freilich vorzügliche Tatsachenkenntnis mit sachwidrigen politischen Typusbegriffen verbindet: „Es mag selten eine Aristokratie gegeben haben, die die unlautersten Kulissengeheimnisse ihres Regimentes mit so viel Behagen vor aller Welt ausgebreitet hat und die ganze sittliche Korruption dieses in materiellen Gelüsten aufgehenden Zeitalters der deutschen Geschichte hat sich nirgends deutlicher offenbart als in diesen Saturnalien des preußischen Ständetums ... Die Domänen, die Haupteinnahmequelle des Staats, wurden vom Adel wie eine gute Beute angesehen und in die Beraubung des Fiskus System gebracht ... Es kam vor, daß ein Kammergut, das in der Regel 12000 Mk eingebracht hatte, 700 abwarf, daß andere nicht nur keinen Pfennig ablieferten, sondern noch Zuschüsse aus der Rentkammer verlangten und erhielten." In diesem Zusammenhang sei an das gegen die idealistische Fiktion der Rittertugend gerichtete Pauschalurteil J. Huizingas (Herbst des Mittelalters, München 1924, S. 85) erinnert: „Die wirkliche Geschichte der Aristokratie zeigt uns überall ein Bild, bei dem der Hochmut mit unverschämtem Eigennutz sehr gut zusammengeht."

[72] Klinkenborg, ABr, Bd. 1, S. 386f.

[73] G. F. Knapp, Die Bauernbefreiung u. der Ursprung der Landarbeiter in den älteren Teilen Preußens, Bd. 1, Leipzig 1887, S. 28–49; Ders., Die Landarbeiter in Knechtschaft u. Freiheit, Leipzig 1891; Ders., Grundherrschaft u. Rittergut, Leipzig 1897; F. Grossmann, Über die gutsherrlich-bäuerlichen Rechtsverhältnisse in der Mark Brandenburg, Leipzig 1890; S. Korth, Entstehung u. Entwicklung des ostdeutschen Grundbesitzes, Jahrbuch der Albertus-Magnus-Universität Königsberg, Bd. 3, 1953; H. Harnisch, Die Gutsherrschaft in Brandenburg, in: JbW 1969, Teil IV, S. 117–47; A. Kern, Beiträge zur Agrargeschichte Ostpreußens, FBPG, Bd. 14, 1901, S. 151–258; Plehn, FBPG, Bd. 17, 1904, S. 383–466; Bd. 18, 1905, S. 61–122; G. Aubin, Zur Geschichte; C. J. Fuchs, Der Untergang des Bauernstandes u. das Aufkommen der Gutsherrschaften, Straßburg 1888; M. Spahn, Verfassungs- u. Wirtschaftsgeschichte des Herzogtums Pommern 1478–1625, Leipzig 1896; G. Dessmann, Geschichte der schlesischen Agrarverfassung, Straßburg 1904; H. Aubin (Hg.), Geschichte Schlesiens, Breslau 1938, S. 335–71, bes. 351ff., 367ff.; H. Maybaum, Die Entstehung der Gutsherrschaft im nordwestlichen Mecklenburg, Stuttgart 1926; F. Mager, Geschichte des Bauerntums u. der Bodenkultur im Lande Mecklenburg, Berlin-Ost 1955, S. 62–134; V. v. Arnim, Krisen u. Konjunkturen in Schleswig-Holstein vom 16. bis zum 18. Jahrhundert, Neumünster 1957, S. 11–34; H. Kellenbenz, German aristocratic entrepreneurship: Economic activities of the Holstein nobility in the sixteenth and seventeenth centuries, in: EEH, Bd. 6, 1953, S. 103–114. Allgemeiner, begrifflich schärfer und die spätere Forschung heranziehend H. von zur Mühlen, Kolonisation u. Gutsherrschaft in Ostdeutschland, in: Geschichtliche Landeskunde u. Universalgeschichte. Festgabe für H. Aubin, Hamburg 1951, S. 83–95; W. Kuhn, Geschichte der deutschen Ostsiedlung in der Neuzeit, Bd. 1, Köln 1955, S. 142–59; F. L. Carsten, The Origins of Prussia, Oxford 1954; F. Lütge, Geschichte der deutschen Agrarverfassung vom frühen Mittelalter bis zum 19. Jahrhundert, Stuttgart 1967², S. 116–45; G. Heitz, Die Differenzierung der Agrarstruktur am Vorabend der bürgerlichen Agrarreform, in: ZfG, Bd. 25, 1977, S. 910–27.

[74] Vgl. zum folgenden B. Hinz, Die Schöppenbücher der Mark Brandenburg, Berlin 1964, S.

4f., 7, 15f., 23f.; Helbig, Gesellschaft u. Wirtschaft, S. 10ff.; K. H. Quirin, Herrschaft u. Gemeinde nach mittelalterlichen Quellen des 12. bis 18. Jahrhunderts, Göttingen 1952, S. 72, 80.

75 W. Kuhn, in: G. Rhode (Hg.), Die Ostgebiete des Deutschen Reiches, Würzburg 1956, S. 47.

76 Das tat auch noch der Große Kurfürst in dem berühmten Landtagsrezeß vom 26. Juli 1653, in dem er den brandenburgischen Rittergutsbesitzern die herrschaftlichen Privilegien bestätigte, „so Ihnen hiebevorn von Unsern Hochgeehrten Churfstl. Herren Vorfahren ... in Reversen und Landtagsrezessen gudst vollenzogen und versiegelt, hinwiederum von neuem zu *konfirmieren*, sondern auch ihren gravaminibus in Gnaden zu *remedieren*". Zu diesen Zusicherungen gehörten neben zahlreichen anderen die folgenden: „Die Wiederspenstige ob grave und enorme delictum zu relegieren, kann der Obrigkeit, so die Gerichte und ius primae Instantiae hat, auch nicht gewehret werden ... Die Leibeigenschaft tuet deren orten, da sie introduciret und gebräuchlich, allerdinge verbleiben ... Wollen wir keinem Fiscali gestatten, denen von Adel in ihre Gerichte zugreifen, auch ihre Untertanen gefangen zunehmen." Corpus Constitutionum Marchicarum, Bd. 6, Berlin 1751, S. 427, 437f., 440.

77 Knapp, Bauernbefreiung, Bd. 1, S. 2. Dem entgegen F. Lütge, Die mitteldeutsche Grundherrschaft, Jena 1934, S. 198, der nicht den wirtschaftlichen, sondern den soziopolitischen Tatbestand der *Herrschaft* als entscheidend ansah: „Obereigentum über die gesamte Flur und Gerichtsherrlichkeit über den gesamten Bezirk verbunden mit anderen obrigkeitlichen Befugnissen, das sind die Elemente dieser Gutsherrschaft, die bis ins ausgehende Mittelalter zurückgeht." Zuletzt hierzu Lütge, Grundherrschaft u. Gutsherrschaft, in: HSW, Bd. IV, S. 682–88.

78 G. Aubin, Zur Geschichte, S. 10ff.

79 In diesem Zusammenhang sei an das böse Wort hinterpommerscher Rittergutsbesitzer aus dem Jahre 1811 erinnert: „Unsere Güter werden für uns eine Hölle werden, wenn unabhängige bäuerliche Eigentümer unsere Nachbarn sind." Knapp, Bauernbefreiung, Bd. 2, S. 274.

80 Einschränkend ist hierzu zu bemerken, daß die Gutsherrschaft keineswegs überall im Osten eine fest verankerte Institution wurde. Im Ermland, einem geistlichen Territorium, das bis 1772 unabhängig blieb, machte sie z. B. überhaupt keine Fortschritte. Allgemeiner gesprochen: In Dörfern und Dorfweilern, in denen sich kein gutsherrlicher Eigenbetrieb befand und in der hier behandelten Zeitspanne auch nicht errichtet wurde, lebte die Rentengrundherrschaft unbekümmert weiter. *Groß*grundbesitz konstituierte selten eine einzige kompakte Herrschaftseinheit, war vielmehr Streubesitz, der sich aus Teilstücken höchst unterschiedlicher Größe, Nutzungsweise und geographischer Lage zusammensetzte, wenn auch im 16. Jahrhundert Arrondierungstendenzen an Boden gewannen.

81 H. Rosenberg, Die Pseudodemokratisierung der Rittergutsbesitzerklasse, in diesem Bande, S. 83–101.

82 Für die Frühentwicklung der adligen Wirtschaftsbetriebe in Preußen noch immer nicht nennenswert überholt G. Aubin, Zur Geschichte, S. 10ff.; summarischer Kuhn, Ostsiedlung, Bd. 1, S. 143ff. Zur Lage in Brandenburg Engel u. Zientara, Feudalstruktur, S. 267, 274ff., 302.

83 Die ebenso gründliche wie aufschlußreiche Einzeluntersuchung von H. H. Wächter, Ostpreußische Domänenvorwerke im 16. u. 17. Jahrhundert, Beihefte zum Jahrbuch der Albertus-Universität Königsberg, Bd. 19, Würzburg 1958, bietet leider sehr wenig für die Zeit vor dem 16. Jahrhundert.

84 L. Brentano, Alte u. neue Feudalität, Leipzig 1924, S. 227.

85 Grossmann, Rechtsverhältnisse, S. 6.

86 A. Skalweit, Gutsherrschaft u. Landarbeiter in Ostdeutschland, in: Sch.Jb., Bd. 35, 1911, S. 1342.

87 Siehe hierzu den glänzenden Gesamtüberblick von L. Genicot, Crisis: From the Middle Ages to Modern Times, in: CEHE, Bd. 1, Cambridge 1966^2, S. 660–741.

88 Zumindest zeitweilig. Ein kündbares Provisorium erstrebten jedenfalls die adligen Stände, die 1550 die erboste Erklärung abgaben: „Nachdem die prelaten und ritterschaft etzliche wuste

felder, die sie den umbligenden paurn umb hurekorn jerlich gebrauchen lassen; nhun understehen sich die paurn und wollen sich derselbigen erblich anmassen, vorkeufen und iren kindern mitgeben, und sollen also prelaten und ritterschaft ires eigenen guts nich mechtig sein." Bereits 1540 hatte sich der Adel darüber beschwert, „das sie nicht sollen macht haben, einen mutwilligen bauern auszukaufen, der denn ein ganz dorf in unlust und verderf bringet". Friedensburg, Ständeakten, Bd. 1, S. 95, 686.

[89] Bereits in jener Zeit hatte es in diesen Landschaften Adlige gegeben, die sich auf die Seite der Landesherren schlugen, um mit deren Hilfe dem aristokratischen Verbrechertum ein Ende zu bereiten.

[90] Ein optisch sehr aufschlußreiches Bild der scharf ausgeprägten Ungleichheit in den Grundbesitzverhältnissen vermittelt B. Schulze, Brandenburgische Besitzstandskarte des 16. Jahrhunderts, Historischer Atlas von Brandenburg, NF, Lieferung 1, Berlin 1962. Die interessanten Zahlenangaben in G. Heinrich, Adel, S. 266f., besagen leider nichts über die ökonomische Differenzierung des Rittergutsadels.

[91] Nach den Berechnungen von Hass, Kurmärkische Stände, S. 35ff.

[92] G. Aubin, Zur Geschichte, S. 153.

[93] AB, Getreidehandelspolitik, Bd. 1, S. 207–312; L. Koczy, The Baltic Policy of the Teutonic Order, Torun 1936, S. 72f.; K. E. Murawski, Zwischen Tannenberg u. Thorn, Göttingen 1953, S. 203ff.

[94] F. Lütge, Strukturelle u. konjunkturelle Wandlungen in der deutschen Wirtschaft vor Ausbruch des Dreißigjährigen Krieges, in: Bayerische Akademie der Wissenschaften, Philos.-Histor. Klasse, Sitzungsberichte, 1958, Heft 5, S. 15.

[95] W. Vogel, Handelskonjunkturen u. Wirtschaftskrisen in ihrer Auswirkung auf den Seehandel der Hansestädte 1560–1806, in: HGBl, Bd. 74, 1956, S. 50–64, und W. Abel, in: ZAA, Bd. 9, 1961, S. 46. Zum brandenburgischen Getreideexport über Stettin siehe H. Harnisch, in: JbW 1969, Teil IV, S. 122. Zusammenfassend: P. Dollinger, Die Hanse, Stuttgart 1966, S. 448ff., 556f.

[96] Siehe J. Pelc, Ceny W Gdánsku W XVI i XVII Wieku (Die Preise in Danzig im 16. u. 17. Jahrhundert), Lwów 1937, S. 136; S. Hoszowski, Ceny W XVI i XVII Wieku (Preise in Lemberg), Lwów 1928, S. 283, 320f.; vgl. auch W. Abel, Geschichte der deutschen Landwirtschaft vom frühen Mittelalter bis zum 19. Jahrhundert, Stuttgart 1967², S. 182ff.

[97] Pelc, S. 169f. Für diese Zeit sind die Danziger Preise das beste Barometer für die Messung des Trends, weil die größten Mengen des aus allen östlichen Überschußgebieten exportierten Getreides (in erster Linie aus Polen) hier gespeichert und verkauft wurden.

[98] Grossmann, Rechtsverhältnisse, S. 28. [99] Kuhn, Ostsiedlung, Bd. 1, S. 157.

[100] Hierzu der anregende Kommentar in I. Wallerstein, The Modern World-System. Capitalist Agriculture and the Origins of the European World-Economy in the Sixteenth Century, New York 1974, S. 94ff., J. de Vries, The Economy of Europe in an Age of Crisis, 1600–1750, Cambridge 1976, S. 55ff., 72.

[101] Friedensburg, Ständeakten, Bd. 2, S. 296, 405, 436.

[102] Heinrich, Adel, S. 267.

[103] G. Aubin, Zur Geschichte, S. 77ff., 97ff.; A. Kern, Beiträge, FBPG, Bd. 14, 1901, S. 152.

[104] Schultze, Mark Brandenburg, Bd. 3, S. 192f.

[105] Zusammenfassend hierzu J. Blum, The Rise of Serfdom in Eastern Europe, in: AHR, Bd. 62, 1957, S. 807–36.

[106] Die einzige Ausnahme ist der in den Anfängen stecken gebliebene samländische gewaltsame Aufstand im September 1525. Hierzu jetzt die gedankenreiche Studie von H. Wunder, Zur Mentalität aufständischer Bauern, in: H.-U. Wehler (Hg.), Der Deutsche Bauernkrieg 1524–1526, GG, Sonderheft 1, Göttingen 1975, S. 9–37.

[107] Kuhn, Ostsiedlung, Bd. 1, S. 156.

[108] 1550 hatten die Oberstände ihren Anspruch auf unanfechtbare Gewalt über ihre Arbeits-

kräfte noch damit begründet, „dan es wirt sich ein ider gegen sein underthanen also wissen zu schicken, das ers vor gott almechtigen und E.cf.g. wisse zu vorantworten". Wenige Jahre später machten sie klar, was sie „praktisch" damit eigentlich meinten: nicht etwa die verklausulierte Anerkennung eines bäuerlichen Appellationsrechts, „sondern ein iglicher vom Adel die seinen der pillickeit nach muchte zwingen, wie von alters". Friedensburg, Ständeakten, Bd. 1, S. 687; Bd. 2, S. 349.

109 Die Norm war, daß zwei Drittel der aufzubringenden Landessteuern von den Einwohnern der verarmenden Städte, ein Drittel von den Untertanen der Oberstände geleistet werden mußten. In Ausnahmefällen, aber selbst dann nur nach endlosen Quereleien sowie nach Honorierung ihrer „Gravamina", verpflichteten sich die Rittergutsbesitzer dazu, freiwillig und befristet einen bescheidenen Beitrag zu den direkten Steuern zu liefern wie z. B. 1565 bei der Bewilligung des sogenannten Roßdienstgeldes für $1^1/_2$ Jahre. Die Landessteuern, nämlich Hufenschoss, Biergeld, Giebelsteuer, Viehschatzung und wie sie sonst noch alle hießen, wurden in erster Linie für die Verzinsung und teilweise Tilgung der fürstlichen Schulden verwandt. Dieser Konsolidierungszweck erwies sich, zumal die Schuldenverwaltung von den Herrschaftsständen übernommen wurde, als materiell vorteilhaft für den Rittergutsadel, zumindest für den wohlbegüterten Teil, der als Kreditgeber des Landesherrn eine führende Rolle spielte, über lukrative Pfandobjekte verfügte und in der Eigenschaft als Gläubiger dank der den gewöhnlichen Sterblichen auferlegten Steuern bis zur „Kipper- und Wipperzeit" des Dreißigjährigen Krieges mit einem ernsthaften Investitionsrisiko nicht zu rechnen hatte. Kein Wunder, daß ein ausgezeichnet informierter zeitgenössischer Beobachter und Sozialkritiker bereits 1564 zu der lapidaren Feststellung gelangte: „Sie sind nihe reicher gewesen als itzo." T. Matthias in: Friedensburg, Ständeakten, Bd. 2, S. 304.

110 Ähnlich war ja auch in dieser Beziehung die Lage in England, wo die ländliche Lokalverwaltung von den aus der gutsbesitzenden Gentry rekrutierten Friedensrichtern monopolisiert wurde – Wirtschaftsunternehmern, die im 16. Jahrhundert durch Einhegungen („enclosures") in der Form von „engrossing of farms" landwirtschaftliche Großbetriebe schufen, die im Gegensatz zu Ostelbien mit freien Landarbeitern und Kleinstellenbesitzern (cottagers) bewirtschaftet wurden.

111 Hierzu allgemein J. Petrán, Typologie der Bauernbewegungen in Mitteleuropa unter dem Aspekt des Übergangs vom Feudalismus zum Kapitalismus, in: G. Heitz u. a. (Hg.), Der Bauer im Klassenkampf, Berlin 1975, S. 449–67, und Heitz, Probleme des bäuerlichen Klassenkampfes im Spätfeudalismus, ebd., S. 513–25.

112 ABr, Bd. 3, S. 385.

113 So heißt es 1775 einmal: „Ich NN. schwöre hiermit zu Gott dem Allmächtigen diesen wahren cörperl. Eid mit Mund und Herzen, dass nachdem ich von dem Herrn von Zylow, Erbherrn auf Nieder-Klemzig zu einem Untertanen auf- und angenommen, ich nicht nur demselben seiner Familie, Erben und Nachkommen mit denen Meinigen treu, untertänig und gehorsam sein, mich jederzeit gegen meine Herrschaft und gegen die von meiner Herrschaft gesetzt, willig und gehorsam bezeugen, dieselben lieben und ehren, ihre Befehle gern und ohne die geringste Widerrede ausrichten, die hier im Dorfe gesetzten Hofe-Dienste ohne Widersetzlichkeit tun, und wenn ich dazu bestellt werden, zu gesetzter Zeit erscheine, mit dem was mir vor die Hofe-Dienste zukommt und gegeben wird, zufrieden sein, mich in keine Meuterei weder wider meinen Landesherrn noch wider meine Herrschaft einlassen und erregen, und wenn je solche im Dorfe entstehen, und ich solche erfahren sollte, solche jederzeit meiner Herrschaft ohne Zeit-Verlust mit allen Umständen anzeigen und mich überhaupt so betragen will, als es einem treuen, ehrlichen und redlichen Untertan eignet, gebührt und wohl anstehet, so wahr mir Gott zur Seligkeit verhelfen solle, durch seinen Sohn Jesum Christum. Amen." In: Hinz, Schöppenbücher, S. 147f.

114 Bezeichnend für das Selbstverständnis und die Selbstgefälligkeit der Sieger in diesem dreiwinkeligen Elitekonflikt (Gutsadel, Landesherr, Stadtobrigkeiten) war die hochfahrende Ar-

gumentation, mit der in einem Bericht der preußischen „Oberräte" vom 7. April 1608 (ABr, Bd. 3, S. 450) diese strategisch plazierten Sachwalter der Gutsunternehmerinteressen den Mitbestimmungsanspruch der Städtekurie bei den Auseinandersetzungen über Privilegienverteilung zurückwiesen: „Es were aber ihres Erachtens zu wunschen, dass ein jedtweder Standt sich in terminis hielte und nicht bisweilen zu Nachtheill oder Verhinderung des andern Standes sich in Sachen, die ihn doch nicht principaliter concerniren, mit unzeitigen hefftigen contradictionibus einmischete und damit zu verstehen gebe, wie ers mit den andern meinte, auch die Einbildung schwinden lisse, das, wan ein Standt contradiciret, die andern Stände dahero ihren Aufwachs und Vermehrung ihrer Privilegien zu suchen nicht gemechtigt weren, welches dan ihres Erachtens ein gros absurdum bey menniglichen sein und die andern obern Stände dardurch in eusserste Ungelegenheit und Dienstbarkeitt vom dritten Stande könten gesetzet werden." Zu den wirtschaftspolitischen Auseinandersetzungen und Rangeleien zwischen Gutsadel, Landesherr und den städtischen Herrschaftskörperschaften in Brandenburg siehe den anschaulichen Überblick in Croon, Kurmärkische Landstände, S. 85–104. Ungewöhnlicher Reichtum an relevanten Einzelheiten in Friedensburg, Ständeakten.

115 AB, Handels-, Zoll- u. Akzisepolitik, Bd. 1, S. 4f.; Töppen, Ständetage Preußens, Bd. 1, S. 491f.; Bd. 3, S. 72f.; G. Franz, W. Abel, G. Cascorbi, Der deutsche Landwarenhandel, Hannover 1960, S. 46ff.; L. Dralle, Der Staat des Deutschen Ordens in Preußen nach dem II. Thorner Frieden, Wiesbaden 1975, S. 57, 63.

116 AB, Getreidehandelspolitik, Bd. 2, S. 42, 68; G. Aubin, Zur Geschichte, S. 56ff.

117 Spahn, Pommern, S. 164f.; G. Aubin, S. 63; F. Kaphahn, Die wirtschaftlichen Folgen des Dreißigjährigen Krieges für die Altmark, Gotha 1911, S. 6f.

118 W. Naudé, Die Getreidehandelspolitik u. Kriegsmagazinverwaltung Brandenburg-Preußens bis 1740, AB, Getreidehandelspolitik, Bd. 2, S. 27.

119 Eine Fülle von instruktiven Einzelheiten in Rachel, Großkaufleute, Bd. 1, bes. S. 182ff., 223–26, 245, 335–50. Siehe auch J. Papritz, Das Handelshaus der Loitz zu Stettin, Danzig u. Lüneburg, in: BSt, Bd. 44, 1957, S. 73–94.

120 Die Junker waren nicht nur mit großen oder kleinen Beträgen an den Kapitalemissionen der Ritterschaftskassen beteiligt. Bezeichnenderweise hatten sie auch beträchtliche Summen in die Städtekassen investiert. So schuldete z. B. die Städtekasse für die Altmark und Prignitz 1620 Angehörigen des Adels mehr als 400000 Taler. Die individuellen Gläubiger mit den höchsten Ansprüchen waren Georg v. Schulenburg mit 57800 Tlr., Thomas v. d. Knesebeck mit 40250 Tlr., Philipp v. Quitzow mit 34000 und Joachim v. Alvensleben mit 28525 Tlr. Unter den Gläubigern waren auch Großbauern mit individuellen Ansprüchen bis zu 1000 Tlr., was zeigt, wie weit die Verschlechterung der wirtschaftlichen Lage „der" Bauern davon entfernt war, ein universales Phänomen zu sein; vgl. Kaphahn, Folgen, S. 34f. Daß die großen liquiden Vermögen um 1600 in der Hand von Gutsadligen waren, belegt auch mit aufschlußreichen Beispielen Harnisch, in: JbW 1969, Teil IV, S. 139ff.

121 Rachel, Großkaufleute, Bd. 1, S. 182ff.

122 Vgl. R. Ehrenberg, Das Zeitalter der Fugger, Bd. 2, Jena 1922, S. 154–217; H. Hauser, The European Financial Crisis of 1559, in: JEBH, Bd. 2, 1929, S. 241–55; Ders., Les Origines historiques des problèmes économiques actuels, Paris 1930, S. 91–104; Ders., La crise de 1557–1559 et le bouleversement des fortunes, in: Mélanges offerts à M. A. Lefranc, Paris 1936, S. 307–19; R. Doucet, Le Grand Parti de Lyon au XVIe siècle, in: RH, Bd. 171, 1933, S. 473–513; Bd. 172, 1933, S. 1–41; J. Strieder, Entstehen und Vergehen großer Vermögen im älteren Europa, in: HJbG, Bd. 55, 1935, S. 329ff.

123 Zu dieser Problematik siehe die auf Ostmitteleuropa bezogenen zusammenfassenden Ausführungen von A. Hoffmann, Die Grundherrschaft als Unternehmen, in: ZAA, Bd. 6, 1958, S. 123–31.

124 An deutlicher Sprache haben es angesichts dieser sozioökonomischen Schwergewichtsverlagerung die zurückgedrängten stadtbürgerlichen Elitegruppen bereits seit der Jahrhundert-

mitte wahrlich nicht fehlen lassen. Hierzu eine Kostprobe. So heißt es bereits im Jahre 1559 in einer Eingabe der Gesandten der städtischen Ratskörperschaften an den Kurfürsten Joachim II.: „Sie (die Mitglieder des Gutsadels) haben anhero von iren gutern und statlichen barschaften, wie in konnigreichen und andern landen beschicht und die reverse mitbringen, gar weinich gegeben. was die stende bewilligen, darzu geben sie nichts, sondern ihre unterthanen mussen es tragen. ja, sie haben vast den mehrern teil die besten und nutztragenden guter inne... alles was die armen burgere, hantwerker, leute und einwhoner in den stedten von inen haben und keufen, mussen sie inen aufs allerteueste bezalen und verursachen auch selbst damit die teurung in den stedten. der mehern teil unter ihnen haben nachmals E.chf. g. empter, heuser, closter, guter und nutzungen, davon dieselben iren churfurstlichen stand fuhren und unterhaltung haben solten, widder die revers und zusagen innen, gebrauchen, geniessen und bereichen sich doraus E. chf.g. und gemeiner landschaft zu sonderm beschwer, nachteil und schaden, do inen doch von den steuren die summen, so inen daruber vorschrieben, bezalt, und sitzen also damit ganz frei dohin." Friedensburg, Ständeakten, Bd. 2, S. 175f.

[125] Zu diesem Umbruchsprozeß siehe H. Rosenberg, The Rise of the Junkers in Brandenburg-Prussia, 1410–1653, in: AHR, Bd. 49, 1943/44, S. 236–41, und Ders., Bureaucracy, Aristocracy and Autocracy. The Prussian Experience, 1660–1815, Cambridge, Mass., 1968³, S. 27–56.

Die Pseudodemokratisierung der Rittergutsbesitzerklasse

[1] Im Rahmen dieser Skizze bezeichnet das Landjunkertum einen soziologischen Begriff, nicht etwa ein politisches Schlagwort oder einen romantischen Mythos.

[2] Vgl. H. Rosenberg, The Rise of the Junkers in Brandenburg-Prussia, 1410–1653, in: AHR, Bd. 49, 1943/44, S. 1–22, 228–42; F. L. Carsten, The Origins of Prussia, Oxford 1954, S. 89–178; H. von zur Mühlen, Kolonisation u. Gutsherrschaft in Ostdeutschland, in: Festgabe für H. Aubin, Hamburg 1950, S. 83–95; W. Kuhn, Geschichte der deutschen Ostsiedlung in der Neuzeit, I, Köln 1955, S. 142–59.

[3] R. Michels, Probleme der Sozialphilosophie, Leipzig 1914, S. 150.

[4] Die Reorganisation des Preußischen Staates unter Stein u. Hardenberg, Hg. G. Winter, I, Leipzig 1931, S. 306.

[5] Hans Albert Freiherr von S..., Apologie des Adels, Berlin 1807, S. 21, 45f.

[6] Fr. Naumann, Demokratie u. Kaisertum, Berlin 1900, S. 92f.

[7] A. Thaer, Einleitung zur Kenntnis der englischen Landwirtschaft, I, Hannover 1801², S. 679f.

[8] Vgl. F. Martiny, Die Adelsfrage in Preußen vor 1806, Stuttgart 1938, S. 9–46.

[9] Genauere statistische Angaben für die Hauptprovinzen der preußischen Monarchie in: L. Krug, Geschichte der staatswissenschaftlichen Gesetzgebung im preußischen Staate, I, Berlin 1808, S. 33ff.

[10] So hatte noch Friedrich II. die von unten sich hocharbeitenden Elemente bezeichnet. Vgl. AB, Behördenorganisation, XIV, S. 452.

[11] C. J. Kraus, Vermischte Schriften, Hg. H. von Auerswald, Königsberg 1808, II, S. 41.

[12] Vgl. C. Bornhak, Preußisches Staatsrecht, I, Freiburg i. B. 1880, S. 373ff.; vgl. jetzt auch E. R. Huber, Deutsche Verfassungsgeschichte seit 1789, III, Stuttgart 1963, S. 81–85.

[13] Vgl. K. Fr. Rauer, Hand-Matrikel der in sämtlichen Kreisen des Preußischen Staats auf Kreis- und Landtagen vertretenen Rittergüter, Berlin 1857, S. 451; C. F. W. Dieterici, Handbuch der Statistik des preußischen Staats, Berlin 1861, S. 319f.

[14] J. Conrad, Agrarstatistische Untersuchungen, in: JNS, N. F., 1888, S. 140, 146, 151. Nach der preußischen Statistik begann der Großgrundbesitz bereits bei 600 Morgen (= 133 ha). Im

Jahre 1866, vor den Kriegsannexionen, gab es im preußischen Staate insgesamt 18197 Besitzungen über 600 Morgen. Davon hatten 12150 den Status von Rittergütern. Unter den Bedingungen des 19. und 20. Jahrhunderts waren daher Ritterguts- und Großgrundbesitzerklasse nicht mehr identisch. Vgl. A. Meitzen, Der Boden und die landwirtschaftlichen Verhältnisse des Preußischen Staates, IV, 1869, S. 498f.

[15] J. Conrad, S. 155f.

[16] Vgl. R. W. Tims, Germanizing Prussian Poland, New York 1941, S. 37, 217f.

[17] So wurden bezeichnenderweise noch während des Jahrzehnts 1850–1860 1262988 kleine Grundbesitzungen von der gutsherrlich-bäuerlichen Auseinandersetzung berührt, wobei, gegen Bezahlung natürlich – das preußische Junkertum gab so leicht nichts umsonst her –, 6319352 Spanndiensttage und 23444396 Handdiensttage aufgehoben wurden. Vgl. G. v. Viebahn, Statistik des zollvereinten und nördlichen Deutschlands, II, Berlin 1862, S. 584. Auch die Agrargesetzgebung von 1811 und 1816 schenkte den spannfähigen Bauern nichts, denn sie mußten die Ablösung der auf ihrem Grund und Boden ruhenden Abgaben und Leistungen und die Bestätigung ihrer Eigentumsrechte teuer erkaufen.

[18] Unter den 3074 preußischen Steuerzahlern, die kurz vor dem Ersten Weltkriege ein Vermögen von mehr als 2 Millionen Mark versteuerten, befanden sich 856 Adlige. Von den 747 Steuerzahlern mit mehr als 5 Mill. Vermögen waren 319 adlig; darunter freilich 49 Herzöge und Fürsten und 77 Grafen. Vgl. R. Lewinsohn, Das Geld in der Politik, Berlin 1931, S. 23. Für eine auf Berlin beschränkte Namensliste mit präzisen Vermögens- u. Einkommensangaben vgl. R. Martin, Jahrbuch des Vermögens und Einkommens der Millionäre in Berlin, Berlin 1913.

[19] Vgl. A. von Miaskowski, Das Erbrecht u. die Grundeigenthumsvertheilung im Deutschen Reiche, I, Leipzig 1882, S. 6ff.

[20] Vgl. Th. Frhr. v. d. Goltz, Geschichte der deutschen Landwirtschaft, II, Stuttgart 1903, S. 177; R. Stein, Die Umwandlung der Agrarverfassung Ostpreußens, III, Königsberg 1934, S. 324; M. Weber, Gesammelte Aufsätze zur Sozial- u. Wirtschaftsgeschichte, Tübingen 1924, S. 473–77.

[21] A. Schäffle, Gesammelte Aufsätze, II, Tübingen 1886, S. 41. Vgl. auch R. Meyer, Politische Gründer u. die Corruption in Deutschland, Leipzig 1877, S. 35, 65, 88ff., 96; O. Glagau, Der Börsen- u. Gründungsschwindel in Deutschland, Leipzig 1877, S. 497–519.

[22] Das betont mit aller Schärfe auch ein so ausgezeichneter Sachkenner wie Th. Frhr. v. d. Goltz, Die ländliche Arbeiterklasse u. der preußische Staat, Jena 1893, S. 190ff.

[23] Vgl. M. Weber, Die Verhältnisse der Landarbeiter im ostelbischen Deutschland, Leipzig 1892, S. 19, 775–90.

[24] Worum es dabei für das praktische Leben ging, ist frühzeitig mit wünschenswerter Klarheit ausgesprochen worden: „Man muß jetzt das Gesinde als freie Menschen und nicht als Sklaven, die nur um unsertwillen da sind, behandeln, man muß für ihre Wohnung, Beköstigung, für Pflege in der Krankheit etwas mehr Sorgen tragen, als sonst in den meisten Orten der Fall war; entehrende und harte Bestrafung muß natürlich ganz wegbleiben, und man kann sicher darauf rechnen, mit steter Aufsicht, milder Behandlung, und zuweilen mit einer kleinen Belehrung, unendlich mehr als mit Schlägen auszurichten. Ein Gutsbesitzer, der sich nicht bequemen wollte, die hier vorgeschlagenen Grundsätze zu befolgen, für den ist die Aufhebung des Gesindezwanges ein großes Übel, für den bleibt nichts übrig, als sein Gut zu verkaufen oder zu verpachten." A. Biernacki in: Annalen des Ackerbaues, Hg. A. Thaer, IV, 1808, S. 367.

[25] M. Weber, Aufsätze, S. 474. Hierzu das aufschlußreiche Bekenntnis von E. von Oldenburg-Januschau, Erinnerungen, Leipzig 1936, S. 44: „Auf meinen Gütern gelang es mir, einen seßhaften Arbeiterstand zu schaffen. Im Anfang mußte ich manchem ungehorsamen und aufsässigen Gesellen persönlich entgegentreten und mit der Faust Ordnung und Gehorsam erzwingen. Im Laufe der Jahre wurden die schlechten Arbeiter dadurch abgestoßen und die guten angezogen. Mein Mittel zu diesem Ziel hieß Gerechtigkeit. Als Offizier hatte ich gelernt, was Gerechtigkeit ausmacht [...]. Das Geheimnis zur Lösung der Leutefrage auf dem Lande habe ich immer

darin gesehen, den Arbeitern ein gerechter Vorgesetzter und ein wohlwollender Vertrauensmann in allen Lebenslagen zu sein. [...] Freilich war ich auch niemals nachsichtig, sondern hielt darauf, daß im Betrieb Gehorsam der oberste Grundsatz blieb. Auf diese Weise bildete sich im Laufe der Jahrzehnte auf allen meinen Gütern zwischen meinen Leuten und mir ein Vertrauensverhältnis, dessen Formen manchen nicht aus dem Osten stammenden Deutschen vielleicht eigenartig erscheinen mögen."

[26] Hierzu der Kommentar eines so hervorragenden Sachkenners wie des Landesökonomierats J. G. Koppen: „Nachdem ein junger Mann durch 10- und 15jährige Militärdienstzeit die Überzeugung erlangt hat, es werde ihm schwer werden, bis zum General zu avancieren, faßt er den Entschluß, Landwirt zu werden. Er übernimmt entweder ein Familiengut oder er kauft eins. Das Kapital, welches ihm zu Gebote steht, ist in der Regel geringe. Er versplittert es nun noch auf Einrichtungen des Hauses, des Gartens und durch Ankauf von Wagen- und Reitpferden mit Zubehör. Unser Landwirt hat sich vorher ein Jahr in einer renommierten Wirtschaft aufgehalten, sich mit der landwirtschaftlichen Literatur vertraut gemacht, ist wohl gar eine Zeitlang Mitglied einer landwirtschaftlichen Lehranstalt gewesen. Ist er nun ein befähigter, dabei gut unterrichteter Mann, so wird er mit vielen Hoffnungen an das Werk der Bewirtschaftung seines Gutes gehen. Er wird durch die angedeuteten Vorbereitungen auch so viel gelernt haben, daß er die Fehler erkennt, die in der übernommenen Wirtschaft vorhanden sind. Deren zeigen sich aber so viele, daß er nicht weiß, wo er anfangen soll, um sie abzustellen. Sind neue Gebäude wichtiger, oder ist es die Anschaffung von Vieh? Sind Abgrabungen der Felder oder ist die Anlage von Wiesen vorzuziehen? Zu allen diesen sind erforderlich Geld, Kenntnisse, Zeit. [...] Da er vorwärts strebt, so fängt er vieles an, versäumt das Richtige und ist in Geldverlegenheiten, ehe er sich's versieht. Die gehofften Erträge bleiben aus, ein gewisser Aufwand ist nach der einmal gewohnten Lebensweise notwendig." (Beiträge zur Beantwortung der Frage: sind große oder kleine Landgüter zweckmäßiger für das allgemeine Beste?, Berlin 1847, S. 73f.) Ein halbes Jahrhundert später, im Jahre 1903, stellte Professor Conrad fest, daß noch heutigentags „die angemessene Ausbildung für den Gutsbesitzer im Husarensattel gefunden wird". In diesen Elementen würden „geborene notleidende Landwirte großgezogen, die allerdings nur durch Staatshilfe auf Kosten der übrigen Bevölkerung in den gegenwärtigen Zeiten zu erhalten sind". Vgl. C. Bürger, Die Agrardemagogie in Deutschland, Berlin 1911, S. 6.

[27] J. Stahl, Die Philosophie des Rechts, II, 2, Heidelberg 1856[3], S. 112. Vgl. auch R. Meyer, Adelsstand u. Junkerklasse, in: NDR, 1899, S. 1084ff.; H. Graf Keßler, Walther Rathenau, Berlin 1928, S. 54; K. von Stutterheim, Zwischen den Zeiten, Berlin 1938, S. 45ff.

[28] G. Schmoller, Charakterbilder, München 1913, S. 300.

[29] F. List, Schriften, Reden, Briefe, VII, Berlin 1931, S. 114.

[30] Ebd., S. 110f.

[31] Zitiert in: G. Schilfert, Sieg u. Niederlage des demokratischen Wahlrechts in der deutschen Revolution 1848/49, Berlin 1952, S. 70.

[32] Zitiert in: H. Rosenberg, Die nationalpolitische Publizistik Deutschlands etc., München 1935, II, S. 932.

[33] Die Deutschen Parteiprogramme, Hg. Felix Salomon, I, Leipzig 1924[3], S. 43.

[34] Vgl. G. Hermes, Statistische Studien zur wirtschaftlichen u. gesellschaftlichen Struktur des zollvereinten Deutschlands, in: ASS, Bd. 63, 1930, S. 121ff., 130–35.

[35] Vgl. den nachfolgenden Aufsatz Zur sozialen Funktion der Agrarpolitik sowie das 5. Kapitel meines Buches: Große Depression und Bismarckzeit, Berlin 1967.

[36] Vgl. W. von Brünneck, Die Pfandbriefinstitute der preußischen Landschaften, Berlin 1910, S. 48ff.

[37] Zitiert in: K. Feibelmann, Rudolf Hermann Meyer, Würzburg 1933, S. 13.

[38] C. Rodbertus-Jagetzow, Neue Briefe über Grundrente, Hg. R. Michels u. E. Ackermann, Karlsruhe 1926, S. 7.

[39] Vgl. H. v. Gerlach, Die Geschichte des preußischen Wahlrechts, Berlin 1908, S. 37.

[40] Nach Ansicht des konservativen Landrats des Kreises Kattowitz Ernst Holtz. Vgl. Sch.Jb., Bd. 15, 1891, S. 181.

[41] Vgl. R. Heberle, From Democracy to Nazism, Baton Rouge 1945, S. 26.

[42] Vgl. W. Koch, Volk u. Staatsführung vor dem Weltkriege, Stuttgart 1935, S. 7, 11; H. von Gerlach, Von Rechts nach Links, Zürich 1937, S. 32f.

[43] L. Braun, Memoiren einer Sozialistin, Lehrjahre, München 1909, S. 233. Vgl. auch E. v. Oldenburg-Januschau, S. 61.

[44] Denkwürdigkeiten aus dem Leben Leopold von Gerlachs, II, Berlin 1892, S. 752.

[45] Hierzu die nüchterne Feststellung Gustav Schmollers: „Wer von 100000 Mark bisherigem Einkommen zeitweilig 20000, ja 50000 verloren hat, bedarf darum doch noch keiner Staatsunterstützung, auch wenn er sich als notleidender Bauer verkleidet; selbst wer statt 30000 heute nur 20000 oder 15000, wer statt 10000 nur 7000 und 6000 einnimmt, ist noch kein Mann, dessen Existenz vernichtet ist, der durch Staatsmittel auf Kosten anderer erhalten werden muß." Sch.Jb., Bd. 19, 1895, S. 624. Drastischer der „Junkerverräter" H. von Gerlach, Von Rechts nach Links, S. 36f.: „Alle Konservativen waren davon überzeugt, daß die Pflicht des Staates sei, so viel Zölle und Liebesgaben heranzuschaffen, daß auch die untüchtigsten Besitzer auf schlechtem Boden sich halten konnten. Möglichst viel vom Staat, möglichst wenig an den Staat! war ihre Parole. Bescheiden waren sie nämlich nur im Steuerzahlen. Die Ausgaben für ihre Luxuspferde, für ihre Parks, für Hauslehrer und Gouvernante, für Jagd usw. rechneten sie unter die notwendigen Kosten des Lebensunterhalts." Vgl. auch P. R. Anderson, The Background of Anti-English Feeling in Germany, 1890–1902, Washington D.C. 1939, S. 132–55.

[45a] J. Goebbels, Wetterleuchten. Aufsätze aus der Kampfzeit, II, München 1939, S. 328.

[46] Vgl. hierzu das Urteil von H. Rauschning, Die Revolution des Nihilismus, Zürich 1938[4], S. 181, 184f.

[47] Rein äußerlich spiegelte sich dieser Niedergang auch in der sozialen Zusammensetzung des Reichstags wider. 1871 saßen im Reichstag 103 Gutsbesitzer, 1912 66 und 1930 nur noch 17. Die entsprechenden Mitgliederziffern für die Träger adliger Namen sind 1871: 147 (= 40 % aller Abgeordneten), 1912: 55, 1930: 19. Vgl. K. Demeter in: VWSG, Bd. 39. Jg. 1952, S. 16, 22. Im Preußischen Abgeordnetenhaus von 1913 waren noch 21,89 % der Mitglieder Großgrundbesitzer; in der Preußischen Landesversammlung von 1919 nur 0,74 % und 1925 2,44 %. Vgl. W. Kamm, Abgeordnetenberufe u. Parlament, Karlsruhe 1927, S. 19.

[48] Vgl. Deutsche Agrarpolitik. Veröffentlichungen der Friedrich List Gesellschaft, V, Berlin 1932, S. 409.

[49] Vgl. M. Sering, Deutsche Agrarpolitik, Leipzig 1934, S. 113; C. Bresciani-Turroni, The Economics of Inflation, London 1937, S. 299, 319.

[50] Vgl. F. Beckmann, Die weltwirtschaftlichen Beziehungen der deutschen Landwirtschaft u. ihre wirtschaftliche Lage 1919–1926, Berlin 1926, S. 4f.

[51] Vgl. W. Röpke, German Commercial Policy, London 1934, S. 59; J. B. Holt, German Agricultural Policy 1918–1934, Chapel Hill 1936, S. 101ff.; K. Brandt, The German Fat Plan and its Economic Setting, Stanford 1938, S. 155f., 302.

[52] Auch wenn die Getreidepreise und Gewinnspannen besonders hoch gestanden hatten, klagte man, so im Jahre 1873, „der Landbau ernähre den Bebauer nicht mehr". Vgl. L. Brentano, Alte und neue Feudalität, Leipzig 1924[2], S. 306.

[53] Im Jahre 1917 gab es in Preußen 1369 Fideikommisse mit 2,5 Mill. ha, d.h. 7,3 % der Landesfläche, von denen rund 90 % im Besitz des Adels (darunter viel Briefadel) waren. Die große Mehrheit dieser Fideikommisse entstand erst in der Zeit von 1850 bis zum Weltkrieg. Vgl. M. Weber, Aufsätze, S. 328f., 367; W. Schiff in: ASS, Bd. 54, 1925, S. 109.

[54] Dies ist einschränkend zu bemerken zu dem Kommentar von R. Michels, Umschichtungen in den herrschenden Klassen nach dem Kriege, Stuttgart 1933, S. 108.

[55] H. E. v. Lindeiner-Wildau, in: Volk und Reich der Deutschen, Hg. B. Harms, II, 1929, S. 41.

[56] E. von Kleist, Adel u. Preußentum, in: SdM, Jg. 23, 1925/26, S. 378–81.

[57] Vgl. E. Hamburger, Parteienbewegung u. gesellschaftliche Umschichtung in Deutschland, in: Die Gesellschaft 1925, I, S. 345ff.

[58] E. Topf, Die Grüne Front, Berlin 1933, S. 68.

[59] Vgl. Großgrundbesitz im Umbruch der Zeit, Hg. Dr. von Rohr, Berlin 1935³, S. 29, 62, 147.

Deutsche Agrargeschichte in alter und neuer Sicht

[1] Tatsächlich erschienen sind bisher nur Bd. II: W. Abel, Geschichte der deutschen Landwirtschaft vom frühen Mittelalter bis zum 19. Jahrhundert, Stuttgart 1962, 1967²; Bd. III: F. Lütge, Geschichte der deutschen Agrarverfassung vom frühen Mittelalter bis zum 19. Jahrhundert, 1963, 1967²; Bd. V: H. Haushofer, Die deutsche Landwirtschaft im technischen Zeitalter, 1963.

[2] Bd. I: H. Jankuhn, Vorgeschichte und Frühgeschichte; Bd. IV: G. Franz, Geschichte des deutschen Bauernstandes vom frühen Mittelalter bis zum 19. Jahrhundert.

[3] W. Abel, Die drei Epochen der deutschen Agrargeschichte, Hannover 1962, S. 10. (Abels Geschichte der deutschen Landwirtschaft umspannt die ersten beiden Epochen.) Der Sache nach ganz ähnlich, wenn auch in der Terminologie und Nuancierung abweichend B. H. Slicher van Bath, The Agrarian History of Western Europe A. D. 500–1850, London 1963.

[4] „Im heutigen Sinne" Zusatz der 2. Aufl. In was für einem Sinne überhaupt, so muß man fragen, soll es vor 2000 Jahren ein „deutsches Volk" gegeben haben? – Es sei darauf hingewiesen, daß hier und im folgenden die Seitenzahlen sich auf die 2. Aufl. beziehen.

[5] Diese Bemerkung bedarf gewisser Einschränkungen. In der DDR erschienene Beiträge, die in der 1. Aufl. nahezu unberücksichtigt blieben, sind für die 2. Aufl. in stärkerem Maße herangezogen worden. Die in nichtdeutschen Sprachen veröffentlichte und dem Gesamtumfang nach spärliche Fachliteratur zur Agrargeschichte in deutschen Siedlungsgebieten dagegen ist so gut wie völlig ignoriert und, dem Effekt nach, boykottiert worden.

[6] Hier sind vor allem zu nennen die folgenden Werke: Die Agrarverfassung des frühen Mittelalters im mitteldeutschen Raum vornehmlich der Karolingerzeit, Stuttgart 1966²; Die mitteldeutsche Grundherrschaft. Untersuchungen über die bäuerlichen Verhältnisse (Agrarverfassung) Mitteldeutschlands im 16.–18. Jahrhundert, Stuttgart 1957²; Die Bayerische Grundherrschaft. Untersuchungen über die Agrarverfassung Altbayerns im 16.–18. Jahrhundert, Stuttgart 1949; Studien zur Sozial- und Wirtschaftsgeschichte. Gesammelte Abhandlungen, Stuttgart 1963. Siehe meine Besprechung der beiden zuletzt genannten Bücher in diesem Bande S. 257–259 u. S. 287.

[7] Man vergleiche mit dieser Fehlinterpretation die Ausführungen von F. L. Carsten, The Origins of Prussia, Oxford 1954, S. 149–164 (dt. Ausgabe: Die Entwicklung Preußens, Köln 1968); F. Mager, Geschichte des Bauerntums und der Bodenkultur im Lande Mecklenburg, Berlin 1955, S. 62–108; W. Kuhn, Geschichte der Deutschen Ostsiedlung in der Neuzeit, Bd. I, Köln-Graz 1955, S. 142–168; W. Boelcke, Bauer und Gutsherr in der Oberlausitz, Bautzen 1957, S. 9ff. u. passim; H. Motteck, Wirtschaftsgeschichte Deutschlands, Bd. I, Berlin 1957, S. 333–342; M. Steinmetz, Deutschland von 1476 bis 1648, Berlin 1965, S. 222ff.

[8] Aus durchsichtigen Gründen haben neuerdings, wenn auch erfolglos, agrarhistorisch interessierte Mitglieder des ehemaligen ostdeutschen Adels versucht, den grundlegenden Gegensatz zwischen der östlichen und westlichen Agrarverfassungsstruktur zu verwischen und als eine historische Legende hinzustellen. Siehe hierzu: Zur Ostdeutschen Agrargeschichte. Ostdeutsche Beiträge aus dem Göttinger Arbeitskreis, Bd. 16, Würzburg 1960.

[9] Grundsätzlich hierzu M. Bloch, Pour une histoire comparée des sociétés européennes, in:

RSH, Bd. 46, 1928, S. 15–50, auch in: Ders., Mélanges Historiques, I, Paris 1963, S. 16–40, und W. H. Sewell, Marc Bloch and the Logic of Comparative Historiy, in: HT, Bd. 6, 1967, S. 208–218.

10 R. Mousnier, J. P. Labatut, Y. Durant, Problèmes de stratification sociale. Deux Cahiers de la Noblesse (1649–1651), Paris 1965, S. 25ff.

11 Die Formel „noch voll bestehende" ist übrigens ein Zusatz der 2. Aufl. (vgl. S. 177 der 1. Aufl.). Auch an einigen anderen Stellen der Neuauflage wird ersichtlich, daß Textveränderungen nicht immer Verbesserungen bedeuten.

12 Zum Feudalismus einerseits als ein sowohl juristischer wie politisch-sozialer Begriff und andererseits als ein unter dieser Rubrik bezeichneter realer historischer Sachgegenstand kann zwecks Richtigstellung des Lütgeschen Trugbildes hier im Vorbeigehen nur auf zwei jüngere Studien verwiesen werden: O. Brunner, Feudalismus. Ein Beitrag zur Begriffsgeschichte, Akademie der Wissenschaften und der Literatur, Abhandlungen der Geistes- und Sozialwissenschaftlichen Klasse, Jg. 1958, Nr. 10, u. A. Cobban, The Social Interpretation of the French Revolution, Cambridge 1964, S. 25ff.

13 Zuerst 1943 in dem Aufsatz Über die Auswirkungen der Bauernbefreiung in Deutschland, in: JNS, Bd. 157, S. 353ff., jetzt auch in: Ders., Studien zur Sozial- u. Wirtschaftsgeschichte, Stuttgart 1963, S. 174–222.

14 Origineller und grundlegender ist die in der Fragestellung mehr begrenzte Untersuchung von G. Ipsen, Die preußische Bauernbefreiung als Landesausbau, in: ZAA, Bd. 2, 1954, S. 29–55. Das gleiche gilt von D. S. Landes, Die Industrialisierung in Japan und Europa, in: W. Fischer (Hg.), Wirtschafts- und Sozialgeschichtliche Probleme der frühen Industrialisierung, Berlin 1968, S. 29–117.

15 Die juristische Liquidierung der alten Rechtsstände im Gefolge der Staats- und Gesellschaftsreform von oben bedeutete noch keineswegs, wie Lütge in diesem Zusammenhang postuliert, den Übergang zu „staatsbürgerlicher Gleichheit". Gewiß gewannen egalisierende Bestrebungen an Boden, daneben aber auch die institutionalisierte Neubefestigung rechtlicher Standesprivilegien auf veränderten, sozial verbreiterten Grundlagen. Dieser für das Verständnis der deutschen Geschichte im 19. Jahrhundert so wichtige Tatbestand wird bei der Betrachtung der realen Gesellschaftsverhältnisse von Lütge übersehen bzw. verschwiegen. Vgl. zu diesem Problem neuerdings die von einigen meiner eigenen Arbeiten mitbeeinflußten, jedoch weit über sie hinausführenden fakten- und gedankenreichen Ausführungen von R. Koselleck, Preußen zwischen Reform und Revolution, Stuttgart 1975[2].

16 In diesem Zusammenhang werden auch die für die agrarhistorische Erkenntnis manchmal verhängnisvollen Konsequenzen des – wie früher bemerkt – an politischen Zäsuren orientierten Periodisierungsschemas sichtbar. Indem das 12. und 13. Jahrhundert mit dem Spätmittelalter zusammen als Einheit behandelt werden, werden die vielfach in entgegengesetzten Richtungen sich bewegenden Haupttendenzen der agrarischen „Fortentwicklung" in diesen beiden Epochen verwischt, was abwegige Interpretationen und Fehlurteile im Gefolge hat. Das ist um so erstaunlicher, als Lütge selbst in einem seiner anregendsten Aufsätze (Das 14./15. Jh. in der Sozial- u. Wirtschaftsgeschichte, in: JNS, Bd. 162, 1950, S. 161ff., jetzt auch in: Ders., Studien, S. 281–335) die sozial- und wirtschaftsgeschichtliche Eigenart des 14. und 15. Jahrhunderts herausgearbeitet hat. Man vergleiche mit Lütges Ausführungen über den viel zu statisch gesehenen Wandel des grundherrschaftlichen Systems im 14. und 15. Jahrhundert und seiner unbefriedigenden Begründung in der Geschichte der deutschen Agrarverfassung die glänzende Analyse von W. Abel, Die Wüstungen des ausgehenden Mittelalters, Stuttgart 1955[2] (sowie sein Kapitel über Die spätmittelalterliche Agrardepression in seiner Geschichte der deutschen Landwirtschaft, S. 110–147), und von L. Genicot, Crisis: From the Middle Ages to Modern Times, in: CEHE, Bd. I, Cambridge 1966[2], S. 660–741.

17 Die Klärung des Strukturwandels im Aufbau der Agrargesellschaft gehört demgemäß nicht zu den selbstgesetzten Aufgaben. Jedoch werden die diesbezüglichen Phänomene keineswegs

völlig übersehen. Hierbei fällt auf, daß das im 19. Jahrhundert so wichtige Problem des Klassenkonflikts (innerhalb der „Klassen" und zwischen ihnen) verschleiert wird. Über den Status und die differenzierte Kollektivrolle, d. h. den dynamischen Aspekt des rechtlichen, ökonomischen, gesellschaftlichen und politischen Status, der Großgrundbesitzer und Großlandwirte per se erfährt man so gut wie nichts, wenn auch implizit ihre Bestrebungen und Interessen in Haushofers Darstellung mehrfach mit denen „der" Landwirtschaft identifiziert werden. Die häufiger eingestreuten Hinweise und Anspielungen auf die bäuerlichen Besitzklassen, Produzentengruppen, Einkommensschichten und deren Einstellung beschränken sich meist auf allgemeine Kommentare und blumenreiche Redensarten über „die" Bauern und „das" Bauerntum, die den Eindruck zu erwecken suchen, daß sie, und nicht etwa die unvergleichlich machtvolleren und einflußreicheren Großgrundbesitzer, und unter ihnen vor allem Angehörige der Rittergutsbesitzerklasse, in der agrarsozialen, -wirtschaftlichen, -politischen und -ideologischen Gesamtentwicklung des 19. Jahrhunderts die erste Geige spielten. Auch die Landarbeiterschichten, abgesehen von der Randerscheinung der landwirtschaftlichen Wanderarbeiter, treten nur als ein recht undifferenzierter „Landarbeiterstand" in Erscheinung.

[18] Gerade nach dieser Richtung hin hätte es nahe gelegen und würde es heutigen wissenschaftlichen Fragestellungen und Bedürfnissen entsprochen haben, über die früher unternommenen Versuche einer Synthese nennenswert hinauszukommen. Hier sei erinnert an das für seine Zeit ausgezeichnete Werk von Th. Freiherr von der Goltz, Geschichte der deutschen Landwirtschaft, Bd. 2, Das 19. Jahrhundert, 1903, Neudruck Aalen 1963, sowie an die unhistorisch denkende Darstellung von R. Krzymowski, Geschichte der deutschen Landwirtschaft, 1939, Berlin 1961³, die im wesentlichen nur die Technik des Landbaus behandelt.

[19] S. v. Frauendorfer, Ideengeschichte der Agrarwirtschaft und Agrarpolitik im deutschen Sprachgebiet, Bd. I, Von den Anfängen bis zum Ersten Weltkrieg, München 1957. Der 2., 1958 erschienene Band dieses Werkes, der den Zeitraum vom Ersten Weltkrieg bis zur Gegenwart umspannt, ist von Haushofer verfaßt.

[20] Im Vergleich mit den umfassenden bibliographischen Übersichten, die Lütge und Abel – ihnen haben freilich ihre Institutsmitglieder und Assistenten hilfreich zur Seite gestanden – in den von ihnen verfaßten Bänden geliefert haben, erweisen sich Haushofers Literaturangaben bei näherer Prüfung als relativ dürftig und vor allem als unausgeglichen. Nach Lust und Laune hat er nur herangezogen, was ihm paßt und dort, wo es ihm paßt; man spürt dabei nicht selten den Hauch muffiger Provinzluft. Auch im Text wird der gegenwärtige Forschungsstand nur partienweise sichtbar. In diesem Zusammenhang ist zudem noch darauf aufmerksam zu machen, daß die gesamte nichtdeutsche Literatur zur modernen deutschen Agrargeschichte mit Null gleichgesetzt wird. Und von den zahlreichen deutschen kommunistischen Historikern, die beachtenswerte Beiträge zu diesem Themenbereich geliefert haben, wird lediglich Johannes Nichtweiss genannt.

[21] S. 126, 175, 228. Zum Zeitraum 1848–1871 nennt Haushofer: A. v. Lengerke, Liebig, Rodbertus, H. v. Nathusius, Fraas, Roscher, Karl Marx, Raiffeisen, Gregor Mendel, Riehl; 1871–1914: Bismarck, R. Sack, Kühn, Schorlemer, Caprivi, Schultz-Lupitz, Max Eyth, H. Lanz, Graf Kanitz; 1914–1945: Hindenburg, Kautsky, Sering, Rumker, Wilhelm II., Ruhland, Aereboe, Damaschke, Erwin Baur, Darré. Wo bleibt Hitler, so muß man am Ende dieser bizarren Liste fragen?

[22] Hierzu Haushofers Feststellung S. 14: „Die hier gewählte Periodisierung [„nach den entscheidenden politischen Ereignissen"] deckt sich sowohl für die Periode vom Wiener Kongreß bis 1848 wie für die späteren nicht ganz, aber annähernd mit den langwelligen Konjunkturperioden nach Kondratieff. [...] Kondratieff unterscheidet Perioden fallender und steigender Preise von 1814–1849, 1849–1873, 1873–1896 und 1896–1920."

[23] Soweit Haushofer in seiner Suche nach einem „geschichtlichen Rhythmus" den wirtschaftlichen Kreislaufprozeß des 19. Jahrhunderts ernsthaft mitberücksichtigt, geschieht dies nahezu ausschließlich durch die mehrfach wiederkehrende Überbetonung zyklischer Krisenphasen

(1816–17, 1847, 1866, 1873, 1892–93). Das ist insofern paradox, als Haushofer, ein entschiedener Anti-Marxist, hier de facto den wissenschaftlich antiquierten Gepflogenheiten der marxistisch-leninistischen Wirtschaftskonjunkturtheorie und Konjunkturgeschichtsschreibung folgt.

[24] So z. B. im II. Kapitel Von 1848 bis zur Bismarckschen Reichsgründung, in dem der politische Bezugsrahmen für die hier behandelten agrartechnischen, -wirtschaftlichen und -wissenschaftsgeschichtlichen Phänomene nahezu völlig ignoriert wird.

[25] Das kann hier nicht genauer begründet werden, siehe jedoch S. 208ff. und vergleiche damit etwa in der älteren Literatur die Ausführungen von W. Lotz, Die Ideen der deutschen Handelspolitik, Leipzig 1912, und Die Handelspolitik des Deutschen Reiches unter Caprivi und Fürst Hohenlohe, Leipzig 1901, und unter den jüngeren Arbeiten vor allem die eindringliche Studie von K. Kitzel, Die Herrfurthsche Landgemeindeordnung, Stuttgart 1957, sowie das wichtige Werk von H.-J. Puhle, Agrarische Interessenpolitik und preußischer Konservatismus, Hannover 1966.

[26] Das trifft nicht auf sämtliche Überschriften zu, so z. B. nicht auf den Titel des Unterabschnitts Vom Weideschwein zum veredelten und Edelschwein (S. 95–98).

[27] Agrarkrisen und Agrarkonjunktur in Mitteleuropa vom 13. bis zum 19. Jahrhundert, Berlin 1935, 1966 in radikal umgearbeiteter Fassung neu erschienen unter dem Titel Agrarkrisen und Agrarkonjunktur. Eine Geschichte der Land- und Ernährungswirtschaft Mitteleuropas seit dem hohen Mittelalter. Dies Buch ist, wie mir scheint, Abels Meisterwerk.

[28] S. 12. Die Seitenangaben, auch im folgenden, beziehen sich auf die 2. Aufl.

[29] Hier mag erinnert werden an die Feststellung von W. H. Fritze, Slawomanie oder Germanomanie?, in: JGMO, Bd. 9/10, 1961, S. 303: „Aber deutsch ist nun eben nicht dasselbe wie germanisch und ist auch nicht eine bloße Fortsetzung des Germanischen."

[30] Rückblickend sei ein Wort hinzugefügt über den geographischen Raum, den Haushofer unter dem Namen „deutsch" im Auge hat. Grundsätzlich verbindet er damit eine „gesamtdeutsche" Vorstellung, da unter dem „deutschen Raum" das gesamte deutsche Sprachgebiet in Europa verstanden wird, das aber erst in den abschließenden Betrachtungen über „die Katastrophe der ostdeutschen Landwirtschaft" (S. 271–74) nach dem Zweiten Weltkrieg in Erscheinung tritt. Tatsächlich geht Haushofers Darstellung vor 1945 über die politischen Grenzen des Bismarckschen Reiches nicht hinaus.

[31] Das zeigt sich u. a. deutlich in M. M. Postans bedeutenden Untersuchungen zur mittelalterlichen englischen Agrargeschichte und zur europäischen Handelsgeschichte im Mittelalter sowie in der Synthese von F. P. Braudel und F. Spooner, Prices in Europe from 1450 to 1750, in: CEHE, Bd. 4, Cambridge 1967, S. 374–486.

[32] Und das ist ein Aspekt, der weder von G. Franz (Der Deutsche Bauernkrieg, Darmstadt 1956[4]) noch von A. Waas (Die Bauern im Kampf um Gerechtigkeit 1300–1525, München 1964), aber auch nicht von dem marxistischen Historiker J. Macek (Der Tiroler Bauernkrieg und Michael Gaismair, Berlin 1965) als ein Kernproblem erkannt worden ist.

[33] Die Bedeutung agrarhistorischer Forschung für ein besseres Verständnis übergreifender großer historischer Zusammenhänge und „integraler" geschichtlicher Strukturen ist überzeugend demonstriert worden von O. Brunner, Adeliges Landleben und Europäischer Geist, Salzburg 1949.

[34] Bei dem hier angeführten Beispiel einer für den Wirtschaftsablauf von etwa fünf Jahrhunderten gültigen Regel könnten jedoch Bedenken gegen die von Abel angewandte Berechnungsmethode angemeldet werden. Der Errechnung der Kaufkraft der Löhne liegen, bedingt durch die Quellenlage und den Wissensstand der bisherigen Vorarbeiten, die Preise des Getreides zugrunde, des zweifellos wichtigsten Nahrungsmittels der Zeit, aber natürlich nicht des einzigen Verbrauchsfaktors.

[35] Hierzu ist einschränkend zu bemerken, daß Abel mit den Ergebnissen und verfeinerten Methoden der neuesten demographischen Geschichtsforschung, die namentlich im letztverflossenen Jahrzehnt in den nichtdeutschen Ländern des Westens einen außerordentlichen Auftrieb

gewonnen hat, scheinbar noch nicht vertraut ist. Jedenfalls bezieht er sich bei diesbezüglichen internationalen Vergleichen meist auf veraltete Literatur und gibt manchmal ein Zahlenbild, das überholt ist – so z. B. S. 275 bei den Angaben über die Bevölkerungsentwicklung Frankreichs im 18. Jahrhundert.

[36] Es handelt sich dabei keineswegs um menschenunmögliche Anforderungen. Daß zumindest durch das Medium monographischer Untersuchungen mit universalen Perspektiven derartige Leistungen auch von jüngeren Gelehrten erzielt werden können, die „mit allen Wassern gewaschen sind" und hervorragende theoretische Schulung und kompetente Handhabung quantifizierender Methoden mit historischer Akribie und Sammeleifer in den Archiven zu verbinden wissen, ist bereits mehrfach demonstriert worden. Es seien hier nur zwei Musterbeispiele genannt: Ch. Tilly, The Vendée, Cambridge 1964, u. S. Thernstrom, Poverty and Progress. Social Mobility in a Nineteenth Century City, Cambridge 1968².

[37] Unmöglich kann auf diesen Fragenkreis hier näher eingegangen werden. Vielleicht bietet sich eine Gelegenheit zu detaillierter kritischer Stellungnahme nach dem Erscheinen von G. Franz' Geschichte des Bauernstandes vom frühen Mittelalter bis zum 19. Jahrhundert.

[38] Da es für einen um verbesserte Erkenntniswege bemühten Gelehrten kein Ende für das Zulernen, auch bei relativ vorgerücktem Alter, gibt, so mag es, ohne anmaßend sein zu wollen, gestattet sein, hier einen vornehmlich für Wilhelm Abel bestimmten bibliographischen Hinweis anzufügen, dessen Nutzbarmachung im Dienste seiner eigenen Zielsetzungen sich als befruchtend erweisen könnte: B. Barber, Social Stratification. A Comparative Analysis of Structure and Process, New York 1957; T. Parsons, An Analytical Approach to the Theory of Social Stratification in seinen Essays in Sociological Theory, Glencoe 1958, S. 69–88 (dt. Ausg. Beiträge zur soziologischen Theorie, Neuwied 1964); S. F. Nadel, The Theory of Social Structure, Glencoe 1958; N. Smelser, Theory of Collective Behavior, New York 1963; St. Ossowski, Die Klassenstruktur im sozialen Bewußtsein, Neuwied 1962; T. H. Marshall, Class, Citizenship and Social Development, New York 1964; R. Bendix u. S. Martin Lipset (Hg.), Class, Status and Power. Social Stratification in Comparative Perspective, New York 1966².

[39] Trotz seines Agrarpolitik betitelten Handbuches (Göttingen 1967³); es befaßt sich mit dem 20. Jahrhundert.

Die zoll- und handelspolitischen Auswirkungen der Weltwirtschaftskrise von 1857–1859

[1] Diese Studie behandelt einige Probleme aus meinem im Manuskript abgeschlossenen Buch über die Weltwirtschaftskrise von 1857–1859.

[2] Vgl. C. Frantz, Untersuchungen über das Europäische Gleichgewicht. Berlin 1859. – J. Fröbel, Amerika, Europa u. die politischen Gesichtspunkte der Gegenwart. Berlin 1859.

[3] B. Guttmann, England im Zeitalter der bürgerlichen Reform, Stuttgart 1923, S. 512.

[4] E. Fueter, Weltgeschichte der letzten hundert Jahre, 1815–1920, Zürich 1921, S. 162.

[5] Vgl. W. Sombart, Der moderne Kapitalismus. 2. Bd.: Das europäische Wirtschaftsleben im Zeitalter des Frühkapitalismus vornehmlich im 16., 17. u. 18. Jahrhundert. München 1919³, S. 225 ff.

[6] Vgl. F. Eulenburg, Außenhandel u. Außenhandelspolitik. Die internationalen Wirtschaftsbeziehungen, Grundriß der Socialökonomik, 8. Abt., Tübingen 1929, S. 11 ff. – A. Sartorius v. Waltershausen, Die Weltwirtschaft und die staatlich geordneten Verkehrswirtschaften, Leipzig 1926, S. 205 f. – B. Harms, Vom Wirtschaftskrieg zur Weltwirtschaftskonferenz. Weltwirtschaftliche Gestaltungstendenzen im Spiegel gesammelter Vorträge. Jena 1927, S. 171 ff.

[7] Vgl. zu den Einzelheiten: L. H. Jenks, The Migration of British capital to 1875. New York 1927.

8 Über den Zusammenhang von Krisis und schutzzöllnerischer Reaktion in den 1870er Jahren vgl. W. Lotz, Die Ideen der deutschen Handelspolitik von 1860 bis 1891, in: Die Handelspolitik der wichtigeren Kulturstaaten in den letzten Jahrzehnten, 2. Bd., Schriften des Vereins für Sozialpolitik, Bd. 50, Leipzig 1892, S. 122ff. – W. Gerloff, Die Finanz- und Zollpolitik des Deutschen Reiches nebst ihren Beziehungen zu Landes- und Gemeindefinanzen von der Gründung des Norddeutschen Bundes bis zur Gegenwart, Jena 1913, S. 120ff. – A. von Matlekovits, Die Zollpolitik der Österreichisch-Ungarischen Monarchie u. des Deutschen Reiches seit 1868 u. deren nächste Zukunft, Leipzig 1891, S. 18. – A. Beer, Die österreichische Handelspolitik im neunzehnten Jahrhundert, Wien 1891, S. 452ff. – Freihandelslehre u. Freihandelsbewegung (G. Jahn), HStW, Jena, Bd. 4, 1927[4], S. 369.

9 Vgl. Bremer Handelsblatt, 1859, Nr. 378.

10 Vgl. „Der Kompaß". Frankfurt a. M. 1859, III, S. 102. – W. Lexis, Die französischen Ausfuhrprämien im Zusammenhange mit der Tarifgeschichte und Handelsentwicklung Frankreichs seit der Restauration. Volkswirtschaftliche Studien, Bonn 1870, S. 85f. – J. Kulischer, Allgemeine Wirtschaftsgeschichte des Mittelalters und der Neuzeit. 2. Bd.: Die Neuzeit, München 1929, S. 510.

11 Vgl. R. Mayo-Smith u. E. R. A. Seligman, The commercial Policy of the United States of America, 1860–1890, in: Die Handelspolitik der wichtigeren Kulturstaaten in den letzten Jahrzehnten. 1. Bd., Leipzig 1892, S. 10. – E. Stanwood, American Tariff Controversies in the nineteenth century, Boston 1903, II, S. 108. – F. W. Taussig, The Tariff History in the United States, New York 1923[7], S. 115.

12 Vgl. C. v. Hock, Die Finanzen u. die Finanzgeschichte der Vereinigten Staaten von Amerika, Stuttgart 1867, S. 725ff.

13 Vgl. ebd., S. 730.

14 Vgl. R. Büchner, Die Finanzpolitik u. das Bundessteuersystem der Vereinigten Staaten von Nordamerika von 1789–1926, Jena 1926, S. 28ff.

15 Vgl. C. H. Fuchs, Die Handelspolitik Englands u. seiner Kolonien in den letzten Jahrzehnten, in: Die Handelspolitik der wichtigeren Kulturstaaten in den letzten Jahrzehnten, 4. Bd., Leipzig 1893, S. 196.

16 Vgl. A. A. Fleck, Kanada, Volkswirtschaftliche Grundlagen u. wirtschaftliche Beziehungen, Jena 1912, S. 251.

17 Vgl. K. Přibram, Geschichte der österreichischen Gewerbepolitik von 1740 bis 1860. Aufgrund der Akten. 1. Bd.: 1740 bis 1798, Leipzig 1907, S. 485f. – Ähnlich sind in Preußen nach dem Ausgange des Siebenjährigen Krieges die handelspolitischen Maßregeln der vorangegangenen Jahre für die gedrückte Wirtschaftslage verantwortlich gemacht worden. Vgl. hierzu O. Hintze, in: Die preußische Seidenindustrie im 18. Jahrhundert und ihre Begründung durch Friedrich den Großen, 3. Bd., Berlin 1892, S. 166.

18 Vgl. A. Matlekovits, Die Zollpolitik der Österreichisch-Ungarischen Monarchie von 1850 bis zur Gegenwart, Leipzig 1877, S. 46. – Beer, S. 190ff. – Lotz, S. 34f.

19 Vgl. P. Revoltella, Österreichs Betheiligung am Welthandel, Triest 1864, S. 11f.

20 Vgl. Industrie und Zolltarif in Österreich. Eine Beleuchtung der jüngsten Zollagitation, Wien 1859, S. 18.

21 Denkschrift der am 6. September 1858 in Wien versammelten Eisenindustriellen, Wien 1858, S. 19.

22 Die die Eisenindustrie betreffenden Enqueteerhebungen finden sich in den Verwaltungs-Berichten der k. k. Berghauptmannschaften über Verhältnisse und Ergebnisse des österreichischen Bergbaues im Verwaltungsjahre 1858. Hg. v. k. k. Finanzministerium, Wien 1860. Von den 29 Berghauptmannschaften sprachen sich alle diejenigen, in deren Gebiet Eisen produziert wurde, ausnahmslos dahin aus, daß die Zollbegünstigungen und Einfuhren von fremdem Eisen von großem Nachteil für die österreichische Wirtschaft seien, und daß daher die Regierung der heimischen Eisenindustrie mit ausreichenden Schutzmaßnahmen unter die Arme greifen müsse.

Vgl. hierzu Beiträge zum Verständnis des Freihandels und der Resultate der Zollreform vom Jahre 1853, mit Rücksicht auf die heimischen Interessen, Wien 1860, S. 15ff.

[23] Vgl. Beer, S. 206.

[24] Vgl. A. Wagner, Österreichs Finanzen seit dem Frieden von Villafranca, in: Unsere Zeit. Jahrbuch zum Conversations-Lexikon, Leipzig, Jg. 7, 1863, S. 17.

[25] Vgl. z. B. bei N. Hocker (Die Großindustrie Rheinlands und Westfalens, Ihre Geographie, Geschichte, Produktion und Statistik, Leipzig 1867, S. 309ff.) die detaillierte Wunschliste in der an den preußischen Handelsminister gerichteten Denkschrift des Vorstandes des Vereins für die bergbaulichen Interessen im Oberamtsbezirk Dortmund.

[26] HAr, Berlin 1860, I, S. 77.

[27] Die Eisenzölle, ihre Bedeutung für die preußische Eisenindustrie und ihr Einfluß auf Volkswirtschaft und Nationalreichtum. Redigiert im Büro des Handels- und Gewerbe-Vereins für Rheinland und Westfalen, Düsseldorf 1859, S. 22. Auf dem gleichen Niveau steht die in ihrer Art höchst instruktive Schrift von M. C. Grandjean, Der Zollverein und seine Eisen-Industrie, Köln 1860, die von der These ausgeht, daß eine Ermäßigung des Eisenschutzzolles den „Untergang der Eisenindustrie" bedeuten würde.

[28] HAr. 1860, I., S. 77.

[29] Lotz, S. 24.

[30] Korrespondenz „Aus Rheinpreußen, im Juni" in der Beilage der „Augsburger Allgemeinen Zeitung" vom 25. Juni 1862.

Political and Social Consequences of the Great Depression of 1873–1896 in Central Europe

[1] Based on a paper read at the annual meeting of the American Historical Association on 27 December 1940.

[2] See for instance W. Abel, Agrarkrisen und Agrarkonjunktur in Mitteleuropa, vom 13. bis zum 19. Jahrhundert, Berlin 1935; M. J. Elsas, Umriß einer Geschichte der Preise und Löhne in Deutschland, Leyden 1936, vol. 1; with special regard to the seventeenth and eighteenth centuries, the suggestive study by J. Griziotti Kretschmann, Ricerche sulle fluttuazioni economiche di lunga durata, Giornale degli economisti e rivista di statistica 1933, pp. 461–508.

[3] N. D. Kondratieff, Die langen Wellen der Konjunktur, Archiv für Sozialwissenschaft und Sozialpolitik 1926, pp. 573–609; an abridged English version in the Review of Economic Statistics, XVII, 105–15.

[4] See W. C. Mitchell, Business Cycles. The Problem and its Setting, New York 1927, pp. 226–30; C. R. Wardwell, An Investigation of Economic Data for Major Cycles, Philadelphia 1927; S. S. Kuznets, Secular Movements in Production and Prices, Philadelphia 1930, pp. 259–66; W. Woytinsky, Das Rätsel der langen Wellen, Schmollers Jahrbuch für Gesetzgebung, 1931, pp. 577–618; F. Simiand, Les fluctuations économiques à longue période et la crise mondiale, Paris 1932; J. Lescure, Hausses et baisses des prix de longue durée, Paris 1933; L. H. Dupriez, Einwirkung der langen Wellen auf die Entwicklung der Wirtschaft seit 1800, Weltwirtschaftliches Archiv 1935, pp. 1–12. The only comprehensive attempt made so far to apply systematically the 'long-wave' concept to the writing of economic history from the end of the eighteenth century onwards is by J. Schumpeter, Business Cycles, A Theoretical, Historical, and Statistical Analysis of the Capitalist Process, New York 1939, 2 vols. See my critical comments in the American Historical Review, XLVI, 96–9.

[5] G. D. H. Cole, British Trade and Industry, 1932, pp. 77–99; H. L. Beales, The "Great Depression" in Industry and Trade, Economic History Review, V, 65–75; W. W. Rostow, Investment and the Great Depression 1873–96, ibid., VIII, 136–58.

[6] Clear consciousness of this international parallelism and some notion of the economic unity

of the period under discussion are to be found in contemporary literature. See F. X. v. Neumann-Spallart, Übersichten der Weltwirtschaft, Berlin 1879, II, 20ff.; V, 83–9; F. v. Jurascheck, Übersichten der Weltwirtschaft, Berlin 1896, pp. CXVII ff.; F. C. Huber, Fünfzig Jahre deutschen Wirtschaftslebens, Stuttgart 1906, pp. 34, 78f.; Viscount Goschen, Essays and Addresses on Economic Questions, 1865–1893, 1905, pp. 189–216; D. A. Wells, Recent Economic Changes, New York 1889, pp. Vf., 1–26, 82–113, and passim; H. Denis, La dépression économique et sociale et l'histoire des prix, Brussels 1895, passim.

7 For the statistical details see E. Wagemann, Economic Rhythm; A Theory of Business Cycles, New York 1930, p. 265; R. Wagenführ, Die Industriewirtschaft. Entwicklungstendenzen der deutschen und internationalen Industrieproduktion 1860–1932, Berlin 1933, pp. 13ff.; A. Jacobs and H. Richter, Die Großhandelspreise in Deutschland von 1792 bis 1934, 1935, pp. 45, 74–83; E. Varga (ed.), World Economic Crises 1848–1935, Moscow 1937, vol. I, Comparative Data for the Leading Capitalist Countries, pp. 178f., 200–4, 230–3, 258–61; vol. III, 1939: J. Trachtenberg, Monetary Crises (1821–1938), pp. 695, 703–8, 718f., 724f.

8 Juraschek, op. cit. pp. LXIX, LXXV ff.; H. Stuebel, Staat und Banken im preußischen Anleihewesen von 1871 bis 1913, Berlin 1935, pp. 23, 41ff.

9 See L. Niemann, Soziologie des naturalistischen Romans, Berlin 1934, pp. 13–18, 28–40, 51f., 95f.; E. Kohn-Bramstedt, Aristocracy and the Middle-Classes in Germany, 1830–1900, 1937, pp. 231–42.

10 In the preface to the second edition of Capital, vol. I.

11 F. Engels, in 1886, in the editor's preface to the first English translation of Capital, vol. I. See also 'Zur Jahreswende' (anonymous), Die Neue Zeit, IX, 433–6; A. Bebel, Unsere wirtschaftliche und politische Lage, 2nd ed. Zürich 1893, pp. 13–18; K. Kautsky, Bernstein und das sozialdemokratische Programm, Stuttgart 1899, pp. 136–42.

12 For descriptive annual data see Neumann-Spallart and Juraschek, op. cit. passim; Huber, op. cit. pp. 40–88; W. L. Thorp, Business Annals, New York 1926, pp. 207–12, 223–7.

13 Figures in M. Sering, Deutsche Agrarpolitik auf geschichtlicher und landeskundlicher Grundlage, Leipzig 1934, p. 30.

14 An excellent body of material on the actual economic conditions and development of the handicrafts throughout our period is collected in "Untersuchungen über die Lage des Handwerks in Deutschland mit besonderer Rücksicht auf seine Konkurrenzfähigkeit gegenüber der Großindustrie", Schriften des Vereins für Sozialpolitik, vols. LXII–LXX, Leipzig 1895–7. Vol. LXXI deals with the corresponding problems in Austria. See also vol. LXXXVII on "Hausindustrie und Heimarbeit in Deutschland und Österreich". The political implications, anticipating the long-run consequences, are very revealingly outlined by F. Perrot, Das Handwerk, seine Reorganization und seine Befreiung von der Übermacht des Großkapitales, Leipzig 1876. For Austria see H. Waentig, Gewerbliche Mittelstandspolitik, Leipzig 1898, pp. 94–100, 108, 150ff., 206f.

15 The classical formulation in E. Bernstein, Die Voraussetzungen des Sozialismus und die Aufgabe der Sozialdemokratie, Stuttgart 1899. It is interesting to note that Bernstein turned back to a more 'orthodox' evaluation of the trends of economic development during the depression years which followed the cyclical slump of 1907. See his Der Revisionismus in der Sozialdemokratie, Amsterdam 1909.

16 See H. v. Poschinger, Bismarck und die Parlamentarier, Breslau 1895–6, II, 326ff., III, 19ff.; H. Oncken, Rudolf von Bennigsen, Stuttgart 1910, II, 373ff., 402–12, 417f.; J. Heyderhoff and P. Wentzcke (ed.), Deutscher Liberalismus im Zeitalter Bismarcks. Eine politische Briefsammlung, Bonn 1926, II, 150–2, 212–15, 219, 230–4, 242, 248–53, 268–71, 280, 378f., 383; L. Bergsträsser (ed.), Der politische Katholizismus, Munich 1923, II, 86–94, 121. For Austria see G. Kolmer, Parlament und Verfassung in Österreich (1902–3), II, 270, 279–82, 308, 473; III, 47, 62, 223; R. Charmatz, Deutsch-österreichische Politik. Studien über den Liberalismus und über die auswärtige Politik Österreichs, Leipzig 1907, pp. 45–7.

[17] Rudolph Meyer, Politische Gründer und die Korruption in Deutschland, Leipzig 1877, passim, especially pp. 88ff.; O. Glagau, Der Bankerott des Nationalliberalismus und die 'Reaktion', 8th ed., Berlin 1878, passim.

[18] R. J. Sontag, Germany and England. Background of Conflict, 1848–1894, New York 1938, p. 146.

[19] O. Glagau, Deutsches Handwerk und historisches Bürgertum, Osnabrück 1879, pp. 44ff., 54, 79; W. Frank, Hofprediger Adolf Stoecker und die christlichsoziale Bewegung, Berlin 1928, pp. 75–102, 191, 296, 307–13, 321; K. Wawrzinek, die Entstehung der deutschen Antisemitenparteien, Berlin 1926; F. Salomon (ed.), Die deutschen Parteiprogramme, Leipzig 1924, II, 57–65. For Austria see Kolmer, op. cit. III, 178, 203, 217; IV, 158–66; V, 235–8; Charmatz, op. cit. pp. 90–102; Waentig, op. cit. pp. 136–68; P. Molisch, Geschichte der deutschnationalen Bewegung in Österreich, Jena 1926, pp. 95–7, 118f., 143.

[20] See Bismarck's comments in his Gesammelte Werke, Berlin 1924–8, VIII, 455; XII, 424f.

[21] A statistical summary of the six Reichstag elections between 1877 and 1898 in Statistisches Jahrbuch für das Deutsche Reich, XXII, 161; for Austria see Kolmer, op. cit. III, 12; IV, 4; V, 10, 12.

[22] For the more technical details and a chronological narrative of events the reader is summarily referred to the monographic treatment of central European tariff policies by W. Ashley, J. v. Bazant, A. Beer, W. Gerloff, J. Grunzel, L. Lang, A. v. Matlekovits, A. Peez, and A. Zimmermann. Far superior in quality and more fully aware of the effects of economic fluctuations in these crucial years are W. Lotz, Die Ideen der deutschen Handelspolitik, Leipzig 1892, and the practically forgotten but excellent book by M. Nitzsche, Die handelspolitische Reaktion in Deutschland, Stuttgart 1905. For the parliamentary aspects see J. Ziekursch, Politische Geschichte des neuen deutschen Kaiserreiches, Frankfurt 1927, II, 309–75; H. Oncken, op. cit. II, 297–307, 317–475; L. Maenner, Deutschlands Wirtschaft und Liberalismus in der Krise von 1879, Archiv für Politik und Geschichte, IX, 347–82, 456–88. In regard to Austria see Kolmer, op. cit. vols. II and III, passim, and Charmatz, op. cit. passim. Charmatz's analysis is mainly based on the source material collected by Kolmer.

[23] See Windthorst's Reichstag speech of 1879, proclaiming the Centre as the 'liquidator' of the 'bankruptcy' of 'liberal economy' ('Der Politische Katholizismus', op. cit. II, 116–130).

[24] H. Rosenberg, Die Weltwirtschaftskrisis von 1857–1859, Stuttgart 1934, pp. 202–10; and Die nationalpolitische Publizistik Deutschlands, Munich 1935, II, 559–632.

[25] Emperor Francis Joseph's address to the Reichsrat, 5 November 1873. (Kolmer, op. cit. II, 285).

[26] Ibid.

Details in Kolmer, op. cit. II, 470–509.

Waentig, op. cit. pp. 174f.

[27] Kolmer, op. cit. III, 76; IV, 318.

[28] Bismarck, Die Gesammelten Werke, XI, 405.

[29] H. v. Poschinger (ed.), Aktenstücke zur Wirtschaftspolitik des Fürsten Bismarck, Berlin 1890, I, 186f.; Bismarck, op. cit. XI, 579.

[30] Bismarck, op. cit. VIII, 463.

[31] Bismarck, op. cit. XI, 405, 467, 486.

[32] For the official motivation, see Bismarck, op. cit. XII, 19, 52–7, 67ff., 84, 288ff., 433ff., 618; XIII, 324f.

[33] Bismarck, op. cit. XII, 1–15.

[34] Ibid. p. 438.

[35] Die Große Politik der Europäischen Kabinette 1871–1914, ed. J. Lepsius, A. Mendelssohn-Bartholdy, F. Thimme, Berlin 1922, III, 58.

[36] Ibid. III, 162f., 175, 407; Bismarck, op. cit. XII, 433.

[37] Die Große Politik, IV, 17.
[38] Ibid. III, 52–9, 80f.; IV, 19.
[39] F. Kleinwächter, Die Kartelle, Innsbruck 1883, pp. 126–206; L. Brentano, Über die Ursachen der heutigen Not, Leipzig 1889, pp. 23–8; Über wirtschaftliche Kartelle in Deutschland und im Ausland, Schriften des Vereins für Sozialpolitik, vol. LX, Leipzig 1897; see also K. Bücher, ibid. LXI, 142ff.
[40] Valuable hints in this direction will be found in the monographs of R. Ibbeken, E. Kehr, A. Vagts, W. Hallgarten, R. J. Sontag, and P. R. Anderson.
[41] Die Große Politik, IV, 96f.

Wirtschaftskonjunktur, Gesellschaft und Politik in Mitteleuropa, 1873 bis 1896

[1] Siehe W. C. Mitchell, Business Cycles. The Problem and its Setting, New York 1927, S. 226–230.
[2] N. D. Kondratieff, Die langen Wellen der Konjunktur, in: ASS, Bd. 56, 1926, S. 573–609: eine gekürzte englische Fassung in: RES, Bd. 17, 1935, S. 105–115. Siehe auch G. Garvy, Kondratieff's Theory of Long Cycles, in: A. H. Hansen und R. V. Clemence (Hg.), Readings in Business Cycles and National Income, New York 1953, S. 438–466.
[3] Man denke vor allem an die Arbeiten des „National Bureau of Economic Research" in Washington, D.C., und des „Instituts für Konjunkturforschung" in Berlin.
[4] Zusammenfassend hierzu A. H. Hansen, Business Cycle Theory. Its Development and Present Status, Boston 1927, u. G. von Haberler, Prosperity and Depression. A Theoretical Analysis of Cyclical Movements, Genf 1938.
[5] Siehe A. Spiethoff, Die wirtschaftlichen Wechsellagen, Aufschwung, Krise, Stockung, Bd. I, Tübingen 1955, S. 83f.; C. A. R. Wardwell, An Investigation of Economic Data for Major Cycles, Philadelphia 1927; S. S. Kuznets, Secular Movements in Production and Prices, New York 1930, S. 259–266; W. Woytinsky, Das Rätsel der langen Wellen, in: Sch.Jb., Bd. 55, 1931, S. 577–618; F. Simiand, Les fluctuations économiques à longue période et la crise mondiale, Paris 1932; J. Lescure, Hausses et baisses de prix de longue durée, Paris 1933; L. H. Dupriez, Einwirkung der langen Wellen auf die Entwicklung der Wirtschaft seit 1800, in: WA, Bd. 42, 1935, S. 1–12. Mit dieser Frühliteratur vgl. man etwa jetzt M. Abramowitz, Long Swings in Economic Growth in the United States, National Bureau of Economic Research, 41. Annual Report, New York 1961, S. 27–30, u. 42. Annual Report, 1962, S. 46–48; S. S. Kuznets, Capital in the American Economy. Its Formation and Financing, Princeton 1961, S. 36–54, 423–428; G. Imbert, Des mouvements de longue durée Kondratieff, 3 Bde., Aix-en-Provence 1956.
[6] Unter den mit der Geschichte ökonomischer Fluktuationen von kurzer Dauer sich beschäftigenden Arbeiten sind in bezug auf Methode und Sachgehalt neben dem bekannten dreibändigen Werk E. J. Hamiltons zur spanischen Konjunktur- und Preisgeschichte vom 14. bis zum Ausgang des 18. Jahrhunderts als besonders eindrucksvoll zu nennen die Untersuchungen von B. E. Supple, Commercial Crisis and Change in England 1600–1642. A Study in the Instability of a Mercantile Economy, Cambridge 1959; T. S. Ashton, Economic Fluctuations in England 1700–1800, Oxford 1959; R. C. O. Matthews, A Study in Trade-Cycle History. Economic Fluctuations in Great Britain 1833–1842, Cambridge 1954; E. Labrousse, La crise de l'économie française à la fin de l'Ancien Régime et au début de la Révolution, Paris 1944; Aspects de la crise et de la dépression de l'économie française au milieu du XIXe siècle 1846–1851, hg. v. E. Labrousse, La Roche-sur-Yon 1956. Mein eigener, vor mehr als 30 Jahren unternommener und damals, abgesehen von der wirtschaftlichen Zeitgeschichte, durchaus isolierter Versuch auf die-

sem Arbeitsgebiet (Die Weltwirtschaftskrise von 1857–1859, Stuttgart 1934) ist auch heute noch nicht völlig überholt. Übrigens ist der durch das Zeiterleben bedingte Titel jener Studie irreführend, denn in Wirklichkeit befaßt sie sich mit dem Gang der Weltwirtschaftskonjunktur von 1848–1859.

[7] Hier sind besonders zu nennen W. Abel, Die Wüstungen des ausgehenden Mittelalters, 1943, Stuttgart1955[2]; F. Lütge, Das 14./15. Jahrhundert in der Sozial- u. Wirtschaftsgeschichte, in: JNS, Bd. 162, 1950, S. 161–213; E. Kelter, Das deutsche Wirtschaftsleben im 14. und 15. Jahrhundert im Schatten der Pestepidemien, ebd., Bd. 165, 1953, S. 161–208.

[8] Siehe z. B. den gedankenreichen Aufsatz von L. Génicot, On the Evidence of Growth of Population in the West from the Eleventh to the Thirteenth Century, in: S. L. Thrupp (Hg.), Change in Medieval Society, New York 1964, S. 14–29.

[9] Siehe z. B. W. Abel, Agrarkrisen und Agrarkonjunktur in Mitteleuropa vom 13. bis zum 19. Jahrhundert, Berlin 1935; Ders., Geschichte der deutschen Landwirtschaft, Stuttgart 1962; M. J. Elsas, Umriß einer Geschichte der Preise u. Löhne in Deutschland, Bd. I, Leiden 1936; B. H. Slicher van Bath, The Agrarian History of Western Europe A. D. 500–1850, London 1963. Für das Hoch- und Spätmittelalter die grundlegende Synthese von M. M. Postan und R. S. Lopez, in: CEHE, Bd. II, Cambridge 1952, S. 119–354. Chronologisch daran anschließend: F. Braudel, European Expansion and Capitalism, 1450–1650, in: Chapters in Western Civilization, Bd. I, New York 1961[3], S. 245–288; mit besonderem Bezug auf das 17. und 18. Jahrhundert die Untersuchung von J. Griziotti Kretschmann, Ricerche sulle fluttuazioni economiche di lunga durata, Giornale degli economisti e rivista di statistica, Bd. 73, 1933, S. 461–508.

[10] Der einzige umfassend angelegte und zugleich rigoros durchgeführte wirtschaftswissenschaftliche Versuch, der bisher gemacht wurde, um mit Hilfe der Kondratieffschen „langen Wellen" als zentralem Periodisierungsschema neues Licht auf die ökonomische Entwicklung der westlichen Welt (unter Konzentration auf England, die Vereinigten Staaten und Deutschland) seit den 1780er Jahren fallenzulassen, ist unternommen worden von J. Schumpeter, Business Cycles. A Theoretical, Historical and Statistical Analysis of the Capitalist Process, New York 1939, Bd. 1, S. 220–448. Freilich ging Schumpeter dabei von dem theoretischen Postulat aus, daß die „Kondratieffs" ebenso wie die kürzeren Konjunkturkreisläufe ein dauerhaftes Wesensmerkmal des zyklischen Wachstumsprozesses der kapitalistischen Wirtschaft sind, die sie systematisch und rhythmisch gemäß ihren eigenen immanenten Gesetzen hervorbringt. Indem Schumpeter gleichzeitig das von ihm konstruierte Entwicklungsmodell des komplizierten Systems der gegenseitigen Abhängigkeiten der wirtschaftlichen Veränderungen seiner „Theorie der Innovationen" einpaßte, hat er unglücklicherweise den empirisch-historischen Tatbestand der langen Konjunkturschwingungen dazu degradiert, lediglich als Demonstrationsmaterial für die Begründung seiner Theorie zu dienen. Vgl. hierzu meine kritischen Bemerkungen in: AHR, Bd. 46, 1940, S. 96–99. Viel vorsichtiger, realistischer und überzeugender in der Anwendung auf die Periodisierung und Analyse der englischen Wirtschaftsentwicklung ist W. W. Rostows Gebrauch des Begriffs der langen Welle, von ihm als „Trendperioden" bezeichnet, in seinem Buche: British Economy of the Nineteenth Century, Oxford 1948. Ein erster Versuch, die Problematik der amerikanischen Wirtschaftsgeschichte unter dem Gesichtswinkel der langen Schwingungen der Konjunktur neu aufzurollen, zu periodisieren und zu interpretieren, in: N. S. B. Gras u. H. Larson, Casebook in American Business History, New York 1939, S. 661–743. Insbesondere für die Epochengliederung der Wirtschaftsgeschichte selbst unter dem heute so zentral gewordenen Gesichtswinkel der „Entwicklung" sind, wie mir scheint, die langfristigen Trendperioden der Konjunktur fruchtbarere und der historischen Wirklichkeit näher kommende Ordnungsmodelle als etwa die z. Z. in modernisierter Form wieder so modisch gewordene Theorie der „Wirtschaftsstufen" seligen Angedenkens (K. Marx, B. Hildebrand, G. Schmoller, K. Bücher, W. Sombart). Ohne die davon ausgegangenen großen Antriebe verkleinern zu wollen, ist doch darauf aufmerksam zu machen, daß W. W. Rostows Stufentheorie schematisch konstruierter „Stadien wirtschaftlichen Wachstums" (Göttingen 1960) auf der Fiktion einer chronologischen

Aufeinanderfolge progressiv fortschreitender „Stadien" beruhen, während der von der empirischen Wirklichkeit absorbierte Wirtschaftshistoriker gerade an dem tatsächlichen Nebeneinander und geschichtlichen Fortleben verschiedener Entwicklungsstufen interessiert ist.

[11] G. D. H. Cole, British Trade and Industry, London 1932, S. 77–97; H. L. Beales, The „Great Depression" in Industry and Trade, in: EHR, Bd. 5, 1934, S. 65–75; W. W. Rostow, British Economy, S. 25f., 58–89. In den allerletzten Jahren ist die Diskussion über die „Große Depression" in der britischen Wirtschaft erneut in Fluß gekommen. Siehe A. E. Musson, The Great Depression in Britain, 1873–96: A Reappraisal, in: JEH, Bd. 19, 1959, S. 199–228; T. W. Fletcher, The Great Depression of English Agriculture 1873–1896, in: EHR, 2. Serie, Bd. 13, 1961, S. 417–432; D. J. Coppock, The Causes of the Great Depression, in: Manchester School, Bd. 29, 1961, S. 203–232; A. E. Musson, British Industrial Growth during the ‚Great Depression' (1873–96): Some Comments, in: EHR, 2. Serie, Bd. 15, 1963, S. 529–533. Ebd., Bd. 17, 1964, S. 389–403: D. J. Coppocks „pessimist's view" und A. E. Mussons „balanced view".

[12] Siehe für USA: N. S. B. Gras u. H. Larson, S. 706ff., und die Meßziffern in G. F. Warren und F. A. Pearson, Prices, New York 1933; für Italien (mit instruktiven internationalen Vergleichen) E. Cianci, Dinamica dei prezzi delle merci in Italia dal 1870 al 1929, Annali di Statica, Serie 6, Bd. 20, S. 1–201; Ders., La lunga crisi del 1874–1896 e la crisi odierna, La Reforma Sociale, Rivista critica di economica e di finanza, Bd. 46, 1935, S. 80–90; R. Soldi, La crisi economica in Italia dal 1882 al 1896, Rivista di Politica Economica, Bd. 23, 1933, S. 1002–1016, 1124–1134; A. Gerschenkron, Economic Backwardness in Historical Perspective, Cambridge/USA 1962, S. 72ff., 367ff. Für Frankreich siehe J. Lescure, S. 46ff., 96ff.; R. E. Cameron, Economic Growth and Stagnation in France, 1815–1914, in: JMH, Bd. 30, 1958, S. 1–13; Ch. P. Kindleberger, Economic Growth in France and Britain, 1851–1950, Cambridge/USA 1964, S. 6–13. Für Rußland siehe S. A. Pervushin, Cyclical Fluctuations in Agriculture and Industry in Russia 1869–1926, in: QJE, Bd. 42, 1928, S. 564–592; Ders., Versuch einer Theorie der wirtschaftlichen Konjunkturen, auf die Konjunkturentwicklung der Vorkriegszeit in Rußland angewandt, Vierteljahrshefte zur Konjunkturforschung, Sonderheft 12, Berlin 1929, S. 44–78, insbes. 66ff. Angaben für andere Länder kann ich nicht machen, da ich mit der diesbezüglichen Literatur nicht vertraut bin.

[13] Ein klares Bewußtsein dieses internationalen Parallelismus und eine deutliche Vorstellung von der ökonomischen Schicksalsgemeinschaft in dieser Periode kann man in der zeitgenössischen Literatur finden. Siehe F. X. von Neumann-Spallert, Übersichten der Weltwirtschaft, Bd. 2, 1879, S. 20ff.; Bd. 5, 1883/84, S. 83–89; F. von Juraschek, Übersichten der Weltwirtschaft, 1885–1889, Berlin 1896, S. CXVIIff.; F. C. Huber, Fünfzig Jahre deutschen Wirtschaftslebens, Stuttgart 1906, S. 34, 78f.; Viscount Goschen, Essays and addresses on economic questions, 1865–1893, London 1905, S. 189–216; D. A. Wells, Recent economic changes and their effect on the production and distribution of wealth and the wellbeing of society, New York 1889, S. Vf., 1–26, 82–113 und passim; H. Denis, La dépression économique et sociale et l'histoire des prix, Brüssel 1895, passim.

[14] Für die statistischen Einzelheiten, die die Schlußfolgerungen im Text belegen, siehe E. Wagemann, Economic Rhythm. A Theory of Business Cycles, New York 1930, S. 265; R. Wagenführ, Die Industriewirtschaft. Entwicklungstendenzen der deutschen u. internationalen Industrieproduktion 1860–1932, VzK, Sonderheft 31, Berlin 1933, S. 13f.; A. Jacobs und H. Richter, Die Großhandelspreise in Deutschland von 1792 bis 1934, ebd., Sonderheft 37, Berlin 1935, S. 45, 74–83; E. Varga (Hg.), World Economic Crises, 1848–1935, Bd. I, Moskau 1937, Comparative data for the leading capitalist countries, S. 178f., 200–204, 230–233, 258–261; Bd. III, 1939: J. Trachtenberg, Monetary Crises (1821–1938), S. 695, 703–708, 718f. Diese Publikation beruht auf „bürgerlichen" Statistiken und ist trotz ihres antiquierten konjunkturtheoretischen Rahmens ein wichtiges Quellenwerk; es scheint jedoch in der westlichen Welt völlig unbekannt geblieben zu sein.

[15] Siehe H. W. Graf Fink v. Finckenstein, Die Entwicklung der Landwirtschaft in Preußen u.

Deutschland 1800–1930, Würzburg 1960, S. 328, und T. H. Middleton, The Recent Development of German Agriculture, London 1916, S. 8, 63.

16 R. Wagenführ, S. 7.

17 Ebd., S. 13.

18 Die Ziffern für die Einzeljahre in W. G. Hoffmann u. J. H. Müller, Das Deutsche Volkseinkommen 1851–1957, Tübingen 1959, S. 39f.

19 Für die Einzeljahre siehe StJbDR, Bd. 7, 1886, S. 16, Bd. 17. 1896, S. 10, u. Bd. 22, 1901, S. 13, sowie für die Zeit bis 1885: M. Walker, Germany and the Emigration 1816–1885, Cambridge/USA 1964, S. 175–194.

20 Siehe die langen Zahlenreihen in R. Wagenführ, S. 58ff.; E. Varga, S. 500ff.; A. Spiethoff, Bd. II, Tafeln 20 u. 24, sowie: Die deutsche Volkswirtschaft am Schlusse des 19. Jahrhunderts. Bearbeitet im Kaiserl. Statistischen Amt, Berlin 1900, S. 3, 21.

21 Berechnet aufgrund von Tafel 2 in A. Spiethoff, Bd. II. Siehe auch H. Stuebel, Staat und Banken im preußischen Anleihewesen von 1871–1913, Berlin 1935, S. 22, 43.

22 Berechnet aufgrund der Angaben in W. G. Hoffmann und J. H. Müller, S. 29.

23 Siehe A. Jacobs und H. Richter, S. 78f.

24 Berechnet aufgrund der Zahlenreihen in O. Donner, Die Kursbildung am Aktienmarkt, VzK, Sonderheft 36, Berlin 1934, S. 97. Siehe auch J. Kuczynski, Studien zur Geschichte der zyklischen Überproduktionskrisen in Deutschland 1873 bis 1914, Berlin 1961, S. 16, 54, 80. Eine lange Zahlenreihe für die Jahre 1849–1869 hat mir leider nicht vorgelegen.

25 In diesem Zusammenhang ist auf die bemerkenswerte Korrelation zwischen den langen Schwingungen der Konjunktur einerseits und der scharfen Diskrepanz in der Wachstumsrate der Einkommen der privaten Kapitalgesellschaften und des Fiskus andererseits hinzuweisen. Offensichtlich ist diese Korrelation für den Epochenwandel des Verhältnisses zwischen Wirtschaft, Staat und Gesellschaft im Deutschen Reich von zentraler Bedeutung gewesen. Während des langen Konjunkturabschwungs erfreuten sich die öffentlichen Vermögens- und Unternehmereinkommen einer ununterbrochenen, geradezu stürmischen Expansion im Gegensatz zu dem scharf fluktuierenden und im Gesamtvolumen doch recht bescheiden bleibenden unverteilten Einkommen der Privatgesellschaften. Dagegen war der lange Konjunkturaufschwung von 1896–1913 durch eine in der Richtung mehr gleichförmige und in der Spannungsweite weniger extreme Bewegung der diesbezüglichen Einkommen gekennzeichnet, wobei sich in bezug auf die Wachstumsrate das Verhältnis zwischen Privatwirtschaft und öffentlicher Hand umdrehte. Nach den Berechnungen von W. G. Hoffmann u. J. H. Müller, S. 16, betrugen die unverteilten Einkommen der Kapitalgesellschaften bzw. das öffentliche Erwerbseinkommen pro Jahr:

1871/1875	108	330	1896/1900	373	1091
1876/1880	79	386	1901/1905	370	1193
1881/1885	84	537	1906/1910	562	1340
1886/1890	161	735	1911/1913	688	1656
1891/1895	164	841			

26 Hierzu die aufschlußreiche Untersuchung von H. Struebel.

27 Berechnet aufgrund von E. Varga, S. 501ff.

28 Siehe G. Bry, Wages in Germany 1871–1945, Princeton 1960, S. 329, 361, sowie J. Kuczynski, Die Geschichte der Lage der Arbeiter in Deutschland von 1800 bis in die Gegenwart, Bd. I, Berlin 1949[5], S. 173, 176ff.

29 Siehe W. W. Rostow, British Economy, S. 90ff.; G. Bry, S. 329, 361.

30 W. G. Hoffmann, S. 4.

31 R. Wagenführ, S. 8.

32 Zu diesem Problem die Angaben in: Graf Posadowsky als Finanz-, Sozial- und Handelspolitiker an der Hand seiner Reden, Bd. I, 1882–98, Leipzig 1907, S. 105f.

[33] Für beschreibende jährliche Angaben siehe Neumann-Spallert und Juraschek, passim; Huber, S. 40–88; W. L. Thorp, Business Annals, New York 1926, S. 207–212, 223–227.

[34] A. Spiethoff, Bd. II, Tafel 1.

[35] Sicherlich ist diese Korrelation nicht um die Mitte des 19. Jahrhunderts zum erstenmal ein Problem in der mitteleuropäischen Geschichte geworden. Man denke etwa an die noch recht unerforschten (trotz F. v. Bezold, R. Ehrenberg, J. Strieder, W. Andreas, G. Franz, Freiherr von Pölnitz, W. Kuhn, M. Smirin) Zusammenhänge zwischen der gesellschaftlich so differenzierten säkularen Aufwärtsbewegung der mitteleuropäischen Wirtschaft von den 1470er bis zu den 1550er Jahren und der politischen, sozialen, ideellen und religiösen Dynamik und stark beschleunigten Mobilität im Vorreformations- und Reformationszeitalter. Nicht weniger vielversprechend erscheint m. E. für die Förderung der historischen Erkenntnis – durch Eröffnung einer bisher vernachlässigten Dimension – das Studium des strukturellen und konjunkturellen Wechselwirkungsverhältnisses zwischen dem säkularen Trendzyklus des Wirtschaftsablaufes vom Beginn der 1770er bis zum Ausgang der 1840er Jahre und den politischen und gesellschaftlichen Entwicklungstendenzen sowie den wirtschafts- und sozial-, aber auch den politischen Ideen. Hierbei wäre dem Jahrzehnt von 1806–1817 besonders Beachtung zu schenken. Denn je nach der Auswirkung der internationalen und der internen politischen Ereignisse auf die Wirtschaftsregionen Mitteleuropas innerhalb dieses Zeitraums (verhältnismäßig früh z. B. in der preußischen Rumpfmonarchie, relativ spät im französisch gewordenen Rheinland) bedeutete dieses Jahrzehnt den entscheidenden Umbruch von der langen Prosperität, Preis- und Kreditinflation zur langen Depression und Deflation. Daß beispielsweise gegen Ausgang des 18. Jahrhunderts bei den ostpreußischen Rittergutsbesitzern Adam Smith und Arthur Young unter der intellektuellen Führung von Professor Kraus in Königsberg so populär werden konnten, war ein Prosperitätsphänomen. Ihr gewinnbringendstes Geschäft war damals der Getreideexport nach England, bis ihnen zunächst Napoleon und nach 1815 ihre nunmehr depressionsgeplagten englischen Standesgenossen und agrarkapitalistischen Kollegen, wenn auch meist Rentner und nicht Großproduzenten, mit den Kornzöllen einen Strich durch die Rechnung machten. Man kann daher auch besser verstehen, daß während und nach der preußischen Reformzeit die auf die Agrarpolitik zurückwirkenden Lehren der preußisch-deutschen Agrarromantik mächtig an Boden gewannen; ihr Konjunkturanstieg war ein Depressionsphänomen.

[36] Die Wahlbeteiligung, die bereits 1871, unter dem elektrisierenden Eindruck der Siege über Frankreich und der Errichtung des Deutschen Kaiserreiches, 50,7 % erreicht hatte, eine seit 1848 unerhörte Höhe, stieg 1878 auf 63,1 %. 1884 gaben von insgesamt 9,4 Millionen Wahlberechtigten 5,8 ihre Stimmen ab, 1887 dagegen 7,6 bei einer Gesamtzahl von 9,8 Millionen Wahlberechtigten. Siehe Th. Nipperdey, Die Organisation der deutschen Parteien vor 1918, Düsseldorf 1961, S. 38f., sowie StJbDR, 22. Jg., 1901, S. 161.

[37] Siehe die feinsinnigen Betrachtungen in Th. Nipperdey, S. 87ff. und 393ff.

[38] Siehe Bismarcks Bemerkungen in seinen Gesammelten Werken, Bd. 8, S. 455; Bd. 12, S. 424f.

[39] Eine statistische Zusammenfassung der Ergebnisse der sechs Reichstagswahlen und der Größenschwankungen der Parteifraktionen zwischen 1877 und 1898 in: StJbDR, 22. Jg., 1901, S. 161; für Österreich siehe G. Kolmer, Parlament u. Verfassung in Österreich, Wien 1903ff., Bd. 3, S. 12; Bd. 4, S. 4; Bd. 5, S. 10, 12.

[40] Zu diesem oft in der Literatur behandelten Problem siehe vor allem W. Lotz, Die Ideen der deutschen Handelspolitik, Leipzig 1892, das ziemlich vergessene, aber ausgezeichnete Buch von M. Nitzsche, Die handelspolitische Reaktion in Deutschland, Stuttgart 1905, sowie W. Gerloff, Die Finanz- und Zollpolitik des Deutschen Reiches, Jena 1913. Dazu tritt jetzt noch die teilweise auf interessantem, neuem Material beruhende aufschlußreiche Untersuchung von I. Lambi. Zu den parlamentarischen Aspekten siehe J. Ziekursch, Politische Geschichte des neuen deutschen Kaiserreiches, Frankfurt 1927, Bd. 2, S. 309–375; H. Oncken, R. v. Bennigsen, Stuttgart 1910, Bd. 2, S. 297–307, 317–475; L. Maenner, Deutschlands Wirtschaft u. Liberalismus in der Krise

von 1879, in: APG, Bd. 9, 1927, S. 347–382, 456–488. In Hinsicht auf Österreich siehe Kolmer, Bd. 2 u. 3, passim, u. R. Charmatz, Deutsch-österreichische Politik, Leipzig 1907, passim. Charmatz' Analyse stützt sich hauptsächlich auf das von Kolmer gesammelte Quellenmaterial.

[41] Siehe die statistischen Zahlenreihen für Deutschland, Österreich, England, Frankreich und die Vereinigten Staaten in Neumann-Spallert, Bd. 1, 1878, S. 110f.

[42] M. Sering, Geschichte der preußisch-deutschen Eisenzölle von 1818 bis zur Gegenwart, Leipzig 1882, S. 174–184, 236.

[43] J. Hansen, Gustav von Mevissen. Ein rheinisches Lebensbild. Bd. 2, Abhandlungen, Denkschriften, Reden u. Briefe, Berlin 1906, S. 532.

[44] Das ursprüngliche Programm vom 13. Februar 1876 in H. Schulthess (Hg.), Europäischer Geschichtskalender, 1876, Nördlingen 1877, S. 73.

[45] Neumann-Spallert, Bd. 2, 1879, S. 75; M. Sering, Die landwirtschaftliche Konkurrenz Nordamerikas in Gegenwart u. Zukunft, Leipzig 1887, S. 546, 559.

[46] W. Lotz, Die Handelspolitik des Deutschen Reiches unter Graf Caprivi u. Fürst Hohenlohe 1890–1900, in: SchVfS, Bd. 92, Leipzig 1901, S. 71–96, 137f., 170–175.

[47] Zur Sammlungspolitik siehe die glänzende Analyse von E. Kehr, Schlachtflottenbau u. Parteipolitik, 1894–1901. Versuch eines Querschnitts durch die innenpolitischen sozialen und ideologischen Voraussetzungen des deutschen Imperialismus, Berlin 1930, S. 261–272.

[48] W. Gerloff, S. 138f., 149.

[49] Siehe Windthorsts Reichstagsrede von 1879 aus Anlaß der Debatte über die Franckensteinsche Klausel, die das Zentrum zum „Liquidator" des „Konkurses" der „liberalen Wirtschaft" erklärte, in: Der Politische Katholizismus, hg. v. L. Bergsträsser, München 1923, Bd. 2, S. 116–130.

[50] Siehe H. Rosenberg, Weltwirtschaftskrisis, S. 202–210.

Honoratiorenpolitiker und großdeutsche Sammlungsbestrebungen im Reichsgründungsjahrzehnt

[1] Hierzu jetzt der instruktive, von H. Böhme herausgegebene, als „Zwischenbilanz" gedachte Sammelband Probleme der Reichsgründungszeit 1848–1879, Köln 1968.

[2] Daß sich das hier veröffentlichte Material in Form von Abschriften in meinem Besitz befand, war meinem Gedächtnis völlig entfallen. Es fiel mir vor kurzem beim Kramen in alten Papieren zufällig wieder in die Hände. Ursprünglich hatte es zu einem Kapitel in einem Quellenwerk über Rodbertus-Jagetzow und seinen politischen Freundeskreis zusammengefügt werden sollen, das ich gemeinsam mit dem damaligen Staatsarchivrat Ludwig Dehio geplant hatte. Das auf den Zeitraum von 1858 bis 1871 sich beziehende Material sollte von mir, das übrige von Dehio gesammelt und ediert werden und nach Abschluß des Manuskripts als Sonderband des von der Historischen Reichskommission veröffentlichten „Historisch-politischen Archivs zur Deutschen Geschichte des 19. und 20. Jahrhunderts" erscheinen. Jedoch kam in jenen bewegten Tagen das „Archiv" über das zweite Heft nicht hinaus, womit unser Projekt stillschweigend begraben wurde (vgl. H. Heiber, Walter Frank u. sein Reichsinstitut für Geschichte des neuen Deutschlands, Stuttgart 1966, S. 159f.). Was aus den von Dehio gesammelten Geschichtsquellen geworden ist, entzieht sich meiner Kenntnis. Wie weit meine eigenen diesbezüglichen Bemühungen vor nahezu 40 Jahren gegangen sind, vermag ich heute nicht mehr zu sagen, da mir die nötigen Belege fehlen. Sie sind wahrscheinlich verloren gegangen. Was ich jetzt noch in der Hand habe, beschränkt sich auf die nachfolgend abgedruckten Dokumente. Sie stammen aus den handschriftlichen Nachlässen von Julius Fröbel, Moritz Mohl und Karl Rodbertus. Die Benutzung des Nachlasses Fröbel wurde mir seinerzeit von seinem Besitzer, Herrn Gartenarchitekten Fröbel in Zürich, gestattet. Die Moritz Mohlsche Sammlung, die nur wenig handschriftliches Material enthält, lagerte in der Württembergischen Landesbibliothek in Stuttgart. Die Benut-

zung des Nachlasses von Rodbertus, damals ein Depositum im Geh. Staatsarchiv Berlin-Dahlem und nunmehr im Deutschen Zentralarchiv in Merseburg, verdankte ich Herrn Landrat v. d. Osten-Warnitz.

3 Bd. 1 von Deutscher Liberalismus im Zeitalter Bismarcks, Bonn 1925, Neudruck Osnabrück 1967.

4 Zur begriffsgeschichtlichen Bedeutung des Wortes Partei gemäß dem damaligen Sprachgebrauch, den hinter diesem Namen sich verbergenden politischen Realitäten und deren Wesensmerkmalen vgl. die tief schürfenden Ausführungen von Th. Nipperdey, Die Organisation der deutschen Parteien vor 1918, Düsseldorf 1961, S. 9ff.

5 Nipperdey, Organisation, S. 13f.

6 Abgedruckt in W. Grube, Die Neue Ära u. der Nationalverein, Leipzig 1933, S. 172.

7 In der alles in allem gut fundierten stoffreichen Untersuchung von W. Real, Der Deutsche Reformverein. Großdeutsche Stimmen und Kräfte zwischen Villafranca und Königgrätz, Lübeck 1966, wird gerade der Gründungsprozeß recht kursorisch behandelt.

8 Zusammenfassend hierzu H. Rosenberg, Die Nationalpolitische Publizistik Deutschlands vom Eintritt der Neuen Ära in Preußen bis zum Ausbruch des Deutschen Krieges, München 1935, Bd. 1, S. 126f., 303–306, 308, 414–417, 429ff.

9 In der gemeinsam von Rodbertus, v. Berg und Bucher verfaßten Flugschrift Seid deutsch! Ein Mahnwort, Berlin 1861, abgedruckt in: C. Rodbertus-Jagetzow, Gesammelte kleine Schriften, hg. v. M. Wirth, Berlin 1899, S. 281.

10 Bezeichnend für die in Jahrhunderten denkende historisch-politische Vorstellungswelt von Rodbertus – auch Fröbels Entwicklungsprognosen bewegten sich in dieser Richtung – war die Erwartung, daß die Neugestaltung des europäischen Staatensystems in der ferneren Zukunft auf föderative Organisationsformen hindrängen würde: „Ich sehe *gegenwärtig*, nach den vorhandenen sozialen und politischen Lebensbedingungen keine andere mögliche Form für den deutschen Staat als die Föderativform ... Auch kann ich mir doch vorstellen, dass Monsieur Weltgeist eine vernünftige Absicht mit dem deutschen Föderativstaat verbindet: er will in ihm einen Prototyp für das künftige föderativ konstituierte Europa schaffen; denn, so mangelhaft auch die Föderativform sein mag, sie ist doch für das allgemeine soziale Lebens- und Entwicklungsgesetz, das *zunehmende, extensiv und intensiv zunehmende Lebensgemeinschaft des Menschengeschlechts* heisst, ein vortreffliches Mittel, sich nach jener ersteren räumlichen Seite zur Geltung zu bringen", Rodbertus an Lassalle, 13. Mai 1863, in: G. Mayer (Hg.), Ferdinand Lassalle. Nachgelassene Briefe u. Schriften, 6 Bde., Neudruck Osnabrück 1967, Bd. 6, S. 350f.

11 Für das Gros der Bevölkerung in den Einzelstaaten dürfte die auf Hannover bezogene Feststellung eines österreichischen Diplomaten zutreffen: „Man ist hier weder gross- noch kleindeutsch, sondern hauptsächlich nur partikularistisch und sieht sowohl in den höheren Regierungskreisen wie in den mittleren und niederen Ständen wenig über die Grenzen des Königreichs hinaus." Bericht des Grafen Ingelheim, Hannover, 3. 11. 1861, in: H. v. Srbik (Hg.), Quellen zur deutschen Politik Österreichs 1859–1866, Bd. 1, Oldenburg 1934, S. 802.

12 Lediglich der Professorensohn Rodbertus, Großlandwirt und Mitglied der privilegierten agrarischen Herrenschicht, nahm in dieser Beziehung eine Sonderstellung ein.

13 Nur Lothar Bucher, 1862 Angestellter des Wolffschen Telegraphenbüros in Berlin, lebte damals in gedrückten Verhältnissen.

14 Die einzigen Ausnahmen waren der Universitätsprofessor Alois Brinz und der Kölner Kaplan Philipp v. Berg.

15 Dieser letzte Aspekt wird besonders herausgearbeitet in dem ausgezeichneten Aufsatz von W. Mommsen, Julius Fröbel. Wirrnis u. Weitsicht, in: HZ, Bd. 181, 1956, S. 497–532. Die voluminöse Allgemeine Deutsche Biographie hat Fröbel totgeschwiegen, nicht jedoch H. Rössler und G. Franz, Biographisches Wörterbuch zur deutschen Geschichte, München 1952; obwohl nur ein einbändiges Werk, das den Zeitraum von Tacitus bis Brüning umspannt, widmet es Fröbel doch eine volle halbe Seite.

[16] Zu Fröbels Laufbahn bis 1848, insbesondere seiner politischen und geistigen Entwicklung, vgl. neben seiner aufschlußreichen Autobiographie (Ein Lebenslauf. Aufzeichnungen, Erinnerungen und Bekenntnisse, 2 Bde., Stuttgart 1890–91) E. Feuz, Julius Fröbel. Seine politische Entwicklung bis 1849, Bern 1932.

[17] Zu jenem Zeitpunkt war Fröbel, obwohl 1846 nach Deutschland zurückgekehrt, noch immer Schweizer Bürger. Auf seine Anregung (gemäß der Schilderung im Lebenslauf, I, S. 208) entschied die Frankfurter Nationalversammlung, „dass Personen, welche ein auswärtiges Bürgerrecht erworben, bei ihrer Rückkehr ins Vaterland ohne weiteres befugt seien, wieder in alle Rechte deutscher Bürger einzutreten. Man beantwortete etwas summarisch eine nicht ganz einfache staats- und völkerrechtliche Frage, wohl indem man sich unter Personen in dieser Lage lauter politische Flüchtlinge vorstellte, denen das von einem neuen Geiste belebte Vaterland die Rehabilitation schuldig sei. Zu diesen gehörte ich nicht, aber ich war renaturalisiert."

[18] Leider konnte nicht ermittelt werden, ob und gegebenenfalls wann Fröbel im Verlauf der 1860er Jahre zum drittenmal in seinem Leben in einem deutschen Bundesland Staatsbürger wurde. In seiner Autobiographie, aber auch in der Fachliteratur bleibt diese pikante Situation unerörtert.

[19] Nach außen trat Fröbel zurück und war aus taktischen Gründen darum bemüht, die im Lichte der Öffentlichkeit ausgeübten Führungsfunktionen anderen zu überlassen, insbesondere bayrischen Notabilitäten wie dem Grafen von Hegnenberg-Dux, dem Freiherrn Gustav v. Lerchenfeld und dem Ministerialrat Ludwig Weis.

[20] Sie sind, abgesehen von Fröbels Theorie der Politik, als Ergebnis einer erneuerten Prüfung demokratischer Lehrmeinungen, 2 Bde., Wien 1861–64, wieder abgedruckt in: J. Fröbel, Kleine politische Schriften, 2 Bde., Stuttgart 1866. Die Druckkosten für diese Publikation wurden übrigens von der bayrischen Regierung bezahlt.

[21] H. v. Srbik, Quellen, Bd. 1, S. 333.

[22] Kübeck an den Außenminister Graf Rechberg, 6. 7. 1861, ebd., Bd. 1, S. 740.

[23] Das Fern- und das Nahziel dieser politischen Notabelnaktion wurde von Fröbel bereits im Juni 1861 in der sog. „Kissinger Denkschrift" (abgedruckt in: Fröbel, Lebenslauf, Bd. 2, S. 104–112), die er der Wiener Regierung unterbreitete, formuliert: „Das letzte Ziel der grossdeutschen Bestrebungen kann kein andres als die Wiederherstellung des Deutschen Reiches nach den Bedürfnissen und im Geiste der neuen Zeit sein, und es ist klar, daß dieser Gedanke zu seiner vollen Verwirklichung nur gelangen kann, indem die oberste Reichsgewalt als erbliche Kaiserwürde dem österreichischen Herrscherhause übertragen wird. Dieses Ziel mag näher oder ferner liegen, es muß fest im Auge gehalten werden, wenn die großdeutschen Bestrebungen Sinn behalten sollen, und durch Abschweifungen des Weges, welche durch die Umstände geboten sein mögen, darf man sich in der Hauptrichtung nicht irre machen lassen ... Natürlich muss es eine Aufgabe sein, die öffentliche Meinung Deutschlands auf einen solchen Gang der Dinge vorzubereiten, – und hierzu ist die Organisation einer disziplinierten grossdeutschen Partei und Presse erforderlich. Die ganze Aufgabe zerfällt in vier Teile, nämlich 1. die Bildung eines Kernes von vertrauten Personen, denen das letzte Ziel bekannt ist, und die die weiteren Arbeiten der Parteiorganisation teilen; 2. die Aufstellung eines für die Öffentlichkeit bestimmten Programmes als Fahne, unter der sich das Gros der Partei sammeln kann; 3. die Gewinnung und Disziplinierung der Anhänger; 4. die Leitung durch die Presse und durch persönliche Einwirkung ... Die Organisation und Disziplinierung muß den Männern überlassen werden, welche den ursprünglichen Kern der Partei bilden. Aus ihrer Mitte muss ein Direktorium geschaffen werden, welches durch die Presse, durch Privatkorrespondenz und durch persönliche Einwirkung reisender Mitglieder seine Absichten zu erreichen sucht."

[24] H. v. Srbik, Quellen, Bd. 1, S. 332.

[25] Ebd., Bd. 1, S. 596.

[26] Vgl. Graf J. B. Rechberg an den Grafen A. Rechberg, Wien, 11. 10. 1861, in: H. v. Srbik, Quellen, Bd. 1, S. 789. Vgl. auch den Text von Fröbels „Denkschrift über die Leitung der gross-

deutschen Angelegenheiten", der sog. Kissinger Denkschrift vom Juni 1861, der „Denkschrift über die Leitung der deutschen Bundesreform" vom 27. November 1861 sowie des Entwurfs einer Revision des deutschen Bundes vom 13. Dezember 1861 in: Lebenslauf, Bd. 2, S. 104–12, 142–51, 163–69.

[27] Zu dieser Lebensphase vgl. Fröbels Lebenslauf, Bd. 2, S. 175–261, sowie H. Ritter v. Srbik, Deutsche Einheit. Idee u. Wirklichkeit vom Heiligen Reich bis Königgrätz, Bd. 3, München 1942, S. 414ff.

[28] Fröbel trat 1873, also im Alter von 68 Jahren (!) in den Reichsdienst, de facto als politischer Gnadenbrotempfänger, jedoch erst nachdem er sich einer schriftlichen „Aufnahmeprüfung" hatte unterziehen müssen – das mündliche Examen wurde dem brillanten politischen Schriftsteller großzügigerweise erlassen. Jedenfalls hatte der alte Mann nunmehr zum erstenmal in seinem Leben eine amtlich beglaubigte dauerhafte Existenz.

[29] Fröbel, Lebenslauf, Bd. 2, S. 171.

[30] Unzureichend an Informationsgehalt und antiquiert in der Auffassung, wenn auch noch immer nützlich und anregend ist H. Dietzel, Karl Rodbertus. Darstellung seines Lebens u. seiner Lehre, 2 Bde., Jena 1886–88. Kurzbiographien bzw. dogmengeschichtliche Abrisse in: ADB (Moritz Wirth), Bd. 28, S. 740–63, ESS (Arthur Salz), Bd. 7, S. 414–16, International ESS (Bruno Fritsch), Bd. 13, S. 539–42. Interessanter sind HSW (Siegfried Wendt), Bd. 9, S. 21–25, sowie die Rodbertus-Würdigungen des Nationalökonomen K. Diehl, in: HSt, 1911^3, Bd. 7, S. 141–48, und des Historikers G. Mayer, in: Lassalle, Nachgelassene Briefe, Bd. 6, S. 285–97.

[31] Schriften von Dr. Carl Rodbertus-Jagetzow, Bd. 2, hg. v. M. Wirth, Berlin 1899, S. 37.

[32] Schriften, Bd. 3, hg. v. A. Wagner, Berlin 1899, S. 177.

[33] Brief vom 4. 5. 1863, in: Lassalle, Nachgelassene Briefe, Bd. 6, S. 337; dort auch S. 285–381 der gesamte, höchst aufschlußreiche Briefwechsel mit Rodbertus.

[34] Am 9. 5. 1863 schrieb Rodbertus an Lassalle: „Lassen Sie sich zu keinem politisch-revolutionären Wege fortreissen ... Ich fürchte, Sie täuschen sich in der Signatur der Zeit, wenn Sie glauben, auf dem oben genannten Wege zum Ziele zu kommen. Sie ist dem Cäsarismus günstiger als irgend einer anderen Form. Auch das ist das Werk des Freihandelssystems, das an dem wahnsinnigen Widerspruch laboriert, den Mund für die Freiheit übervoll zu nehmen und doch bei der geringsten Volksbewegung für seine Prozente zu zittern" (Lassalle. Nachgelassene Briefe, Bd. 6, S. 343f.). Und ein halbes Jahr später: „Dass ich nicht glaube, dass Sie die soziale Frage auf gewalttätigem, revolutionärem Wege ihrer Lösung näher bringen werden, wissen Sie ... Macht sich diese Lösung nicht im Frieden, aus allgemeiner Überzeugung, in Konsens mit den übrigen Klassen, so wird sie sich langsam unter der eisernen Hand des Cäsarismus vorbereiten" (ebd., Bd. 6, S. 373). Zu der zwiespältigen Aufnahme cäsaristischer Ideologien und Praktiken in jener Zeit vgl. H. Gollwitzer, Der Cäsarismus Napoleons III. im Widerhall der öffentlichen Meinung Deutschlands, in: HZ, Bd. 173, 1952, S. 23–75.

[35] Konsterniert vermerkte Karl Twesten im Frühjahr 1866 (an Gustav Lipke, 23. 4. 1866, in: J. Heyderhoff, Deutscher Liberalismus, Bd. 1, S. 277): „Wie Bucher befindet sich jetzt auch Rodbertus offen im Bismarckschen Lager; was sich die Leute bei ihrer politischen Freiheit ohne Parlamentarismus denken, weiss ich nicht."

[36] Anhangsweise sei noch bemerkt, daß sich Rodbertus nach 1862 sehr schnell mit dem Bismarckschen Regime befreundete, da er im Verlauf der offenen preußischen Staatskrise die bonapartistischen, d.h. modernen Züge in Bismarcks Regierungsführung erkannte. 1866 stellte sich Rodbertus begeistert auf Bismarcks Seite (vgl. dazu L. Dehio, Die preußische Demokratie und der Krieg von 1866: Aus dem Briefwechsel von Karl Rodbertus mit Franz Ziegler, in: FBPG, Bd. 39, 1927, S. 229–259). Erst in den sog. „Gründerjahren" rückte Rodbertus von Bismarck ab und erwog ernsthaft, sich als sozialdemokratischer Kandidat für den Reichstag aufstellen zu lassen (vgl. H. Dietzel, Rodbertus, Bd. 1, S. 74–83).

[37] In H. Onckens Lassalle. Eine politische Biographie bleibt Bloem unerwähnt. Vgl. jedoch Lassalle, Nachgelassene Briefe, Bd. 2, S. 210ff., Bd. 6, S. 285.

[38] Es sei in diesem Zusammenhang an die vier nationalpolitischen Flugschriften erinnert, die Rodbertus gemeinsam mit v. Berg und Bucher im Jahre 1861 veröffentlichte. Sie sind abgedruckt in: Dr. Carl Rodbertus-Jagetzow, Gesammelte kleine Schriften, hg. v. M. Wirth, Berlin 1899, S. 269–318.

[39] Die unten als Nr. 1 veröffentlichte Denkschrift, deren Verfasser Rodbertus ist, steht in keinem unmittelbaren Gedankenzusammenhang zu den nationalpolitischen Reformbestrebungen, die in unserer Briefsammlung diskutiert werden. Jedoch wird eine indirekte historische Verbindungslinie sichtbar, da der Blick auf eine wichtige Komponente des politischen Meinungsbildungsprozesses z. Zt. der Ausgangssituation von 1859 gelenkt wird: auf die Organisation und Funktion der gouvernementalen Presse. Nebenher fallen hochinteressante Schlaglichter auf den Geist und das Verhalten der preußischen Bürokratie, in deren Innenbetrieb Rodbertus bereits als junger Gerichts- und Regierungsreferendar einen unvergeßbaren Eindruck hatte gewinnen können. Leider konnte nicht festgestellt werden, was der äußere Anlaß für die Abfassung der Denkschrift und für wen sie bestimmt war.

[40] v. Berg gehörte seit 1859 dem preußischen Abgeordnetenhaus an, blieb jedoch ein fraktionsloser Einspänner. Rodbertus lehnte 1862 ein ihm von Politikern der Fortschrittspartei angebotenes Landtagsmandat für Breslau ab (vgl. G. Mayer, Radikalismus, Sozialismus und bürgerliche Demokratie, hg. v. H.-U. Wehler, Frankfurt a. M. 1969, S. 112). Nicht weniger bezeichnend ist Rodbertus' Weigerung 1863, Mitglied von Lassalles „Deutschem Arbeiterverein" zu werden, obwohl er sich mit dessen sozialen Bestrebungen, jedoch nicht mit seiner politischen Agitation identifizierte. Im Gegensatz zu Lassalle war für Rodbertus „die soziale Frage" kein politisches Kampf- und Machtproblem. Vgl. hierzu Offener Brief an das Comité des Deutschen Arbeitervereins zu Leipzig, in: Rodbertus, Gesammelte kleine Schriften, S. 319–336. Hierzu der grimmige Kommentar von Karl Marx, der bis dahin Besseres von Rodbertus erwartet hatte: „Rodbertus scheint mir auch ‚Beses' im Schild zu führen, denn er will die ‚soziale Frage *gänzlich von der Politik* getrennt haben', sicheres Anzeichen von Ministergelüsten. Lumpenpack, all das Gesindel aus Berlin, Mark und Pommern!" (Marx an Engels, 10. 12. 1864, in: Karl Marx/Friedrich Engels, Briefwechsel, Bd. 3, Berlin 1950, S. 255).

[41] J. Redlich, Das Österreichische Staats- und Reichsproblem, Bd. 2, Leipzig 1926, S. 663.

[42] Ein paar interessante politische Briefe von Brinz und Rechbauer aus den Jahren 1862 bis 1879 sind veröffentlicht in: P. Molisch, Briefe zur deutschen Politik in Österreich von 1848 bis 1918, Wien 1934, S. 7–13, 17–19, 21f., 33f., 76f., 220f.

[43] Hierzu gibt es und gab es rühmliche Ausnahmen, so vor allem in den 1920er und 1930er Jahren Heinrich v. Srbik, damals der Hauptvertreter einer zwar staatengeschichtlich orientierten, aber nichtsdestoweniger „gesamtdeutschen" historischen Kulturraumforschung, und gegenwärtig Ernst Rudolf Huber mit seinem monumentalen, freilich auch Anlaß zu entschiedener Kritik bietenden Werk Deutsche Verfassungsgeschichte seit 1789, 4 Bde., Stuttgart 1957–1969. Erst in Hubers 4. Band verengert sich der Horizont, indem nunmehr „Deutschland" mit dem Bismarckschen Reich und die deutsche Nation mit den reichsdeutschen Staatsangehörigen gleichgesetzt werden. – Es sei gestattet, in diesem Zusammenhang noch eine persönliche Bemerkung einzuschieben. Als ich in den 1930er Jahren im Auftrage der Historischen Reichskommission an meiner Nationalpolitischen Publizistik arbeitete, wollte die mich „überwachende", in Wirklichkeit jedoch mir völlig freie Hand lassende Unterkommission – sie bestand, wenn ich mich recht entsinne, aus Friedrich Meinecke, Erich Marcks, Hermann Oncken, Joseph Hansen und Fritz Hartung – ursprünglich von einer Einbeziehung der deutschsprachigen Literatur zum österreichischen Staats- und Reichsproblem nichts wissen. Ich protestierte jedoch gegen diese, mir unzeitgemäß erscheinende Perspektivenverengung, und es gelang mir, den lahmen Widerstand der „alten Herren" rasch zu überwinden.

[44] Redlich, Staats- u. Reichsproblem, Bd. 2, S. 168.

[45] Vgl. G. Kolmer, Parlament u. Verfassung in Österreich, Bd. 1, Wien 1902, S. 67ff., u. G.

Franz, Liberalismus. Die Deutschliberale Bewegung in der Habsburgischen Monarchie, München 1956, S. 227–84.

[46] Biographische Angaben über Brinz fehlen sowohl in der ADB wie in K. v. Wurzbach, Biographisches Lexikon des Kaisertums Österreich, aber auch in Österreichisches Biographisches Lexikon 1815–1950, hg. v. L. Santifaller, Bd. 1, Graz 1957.

[47] Unmöglich können an dieser Stelle diese verworrenen parlamentarischen Strömungen und politischen Organisationsbemühungen zufriedenstellend geklärt werden. J. Redlich deutet in seinem grundlegenden Werk die Partei- und Fraktionsverhältnisse an, geht jedoch leider nicht näher auf sie ein, da er sie in dem nie geschriebenen 3. Bande seines Werkes detailliert darstellen wollte. H. v. Srbik, Deutsche Einheit, beschränkt sich in diesem Bereich auf ganz vage Andeutungen. G. Kolmer, Parlament, liefert interessantes Material, aber es fehlen die Kategorien zu seiner Bewältigung. Und bei G. Franz, Liberalismus, ist die nazistische Ideologie so stark ausgeprägt, daß man sein stoffreiches und zweifellos anregendes Buch mit der Feuerzange anfassen muß. Eine gründliche Untersuchung der österreichischen Verhältnisse in den aufrüttelnden 1860er Jahren durch einen intelligenten, politologisch und soziologisch, aber auch wirtschaftsgeschichtlich geschulten Historiker gehört m. E. zu den dringlichsten und verlockendsten Aufgaben der mitteleuropäischen politischen Partei-, Fraktions-, Vereins- und Verbandsgeschichte im 19. Jahrhundert.

[48] Näheren Einblick in das damals noch recht zwiespältige nationalpolitische Programm der „deutschen Autonomisten" gewähren die bedeutenden, gedankenreichen, glänzend geschriebenen Denkschriften von J. N. Berger, Zur Lösung der österreichischen Verfassungsfrage, Wien 1861, u. v. O. B. Friedmann, Zur Einigung Österreichs, Wien 1862. Vgl. dazu auch Rosenberg, Publizistik, Bd. 1, S. 246–250. Zu Friedmanns Grundgedanken in der deutschen Einigungsfrage gehörte das Ausscheiden der österreichischen Gesamtmonarchie aus dem Deutschen Bund: „Reform des bisherigen bundesrechtlichen Verhältnisses mit Deutschland, Umgestaltung desselben in ein rein *völkerrechtliches Bündnis*, wie es nur zwischen zwei vollständig selbständigen, einheitlichen, in sich abgeschlossenen und fertigen Staaten möglich ist, *diese deutsche Reform* allein ist es, welche Österreich und Deutschland vor der drohenden Gefahr innerer Bürgerkriege und äußerer Verwicklungen bewahren können ... Der großdeutsche Gedanke, soweit er überhaupt einen politischen Wert und eine praktische Bedeutung hat, kann nur auf *diesem* Wege und in *dieser* Form des völkerrechtlichen Bündnisses zwischen der deutschen Union und der österreichischen Union zustandekommen."

[49] Rechbauer an Bartholomäus von Carneri, 3. 11. 1866, in: P. Molisch, Briefe, S. 34.

[50] Trotz weitgehender Gemeinsamkeit der politischen Überzeugungen und Bestrebungen lassen sich Probst, Schott und Mohl nicht unter einen Hut bringen. Unter den liberaldemokratischen Abgeordneten Württembergs war Probst als Katholik eine ungewöhnliche Erscheinung und wurde wegen seiner positiven Haltung in der württembergischen Konkordatsfrage von 1857 als ein „unsicherer Kantonist" angesehen. Nach der Einführung des allgemeinen, gleichen, unmittelbaren und geheimen Wahlrechts in Württemberg im Jahre 1868 wurden Probst und Schott Mitglieder der neugegründeten demokratischen „Volkspartei". Als Reichstagsabgeordneter schloß sich Probst in der Kulturkampfzeit der Zentrumsfraktion an. Moritz Mohl, in vieler Beziehung ein Original, blieb zeitlebens ein „Wilder", obwohl er nahezu ein halbes Jahrhundert hindurch dem württembergischen Landtage angehörte. Auch als Mitglied des Reichstags (1871–1873) war Mohl ein Einspänner, und zwar unter den „Reichsfeinden"; bei Abstimmungen schloß er sich meist der Zentrumspartei an.

[51] Die herablassend abschätzige Beurteilung, die ihm sein Bruder Robert (R. v. Mohl, Lebenserinnerungen, Bd. 1, Stuttgart 1902, S. 38 ff.) hat zuteil werden lassen, eine Charakterisierung, die A. Rapp, Die Württemberger und die nationale Frage 1863–1871, Stuttgart 1910, S. 19 ff., kritiklos übernommen hat, bedarf der Revision. Hier bietet sich ein gutes Thema für eine Doktorarbeit.

[52] Inwieweit das „Abseits" auf Rodbertus zutrifft, bedarf noch genauerer Untersuchung.

Leider konnte nicht ermittelt werden, wie sich in den 50er und 60er Jahren seine Unternehmerrolle in der Landwirtschaft und seine persönlichen, gesellschaftlichen und beruflichen Beziehungen zu den pommerschen Landjunkern gestaltet haben. Ist er etwa von seinen Standesgenossen und Berufskollegen „boykottiert" worden?

[53] Die hier und im folgenden kursiv gesetzten Textstellen sind im Original unterstrichen.

[54] Gemeint ist hier wohl das im Sommer 1848 geschaffene, dem Ministerium des Innern unterstehende Berichtigungsbüro unter der Leitung Hugo v. Hasenkamps.

[55] Die Zentralstelle für Presseangelegenheiten (Literarisches Bureau des Staatsministeriums), die 1851 von Dr. Ryno Quehl eingerichtet wurde. 1858 übernahm Julius v. Jasmund die Leitung.

[56] Die offiziöse „Preußische Zeitung".

[57] Es handelt sich entweder um die Erklärung, die von der ersten Eisenacher Konferenz am 21. Juni oder von der zweiten Eisenacher Versammlung am 14. August 1859 angenommen wurde. An der ersten Tagung nahmen etwa 30 befreundete nationaldemokratische Honoratiorenpolitiker aus Sachsen, Thüringen und Franken teil, zu denen sich als einziger Preuße Schulze-Delitzsch gesellt hatte. Das Ergebnis der Beratungen war eine kollektive politische Willenskundgebung, die unter Berufung auf die aus der „gegenwärtigen politischen Weltlage" und insbesondere aus dem Frieden von Villafranca erwachsenden großen „Gefahren für die Unabhängigkeit unseres deutschen Vaterlandes", die „ihren letzten Grund in der fehlerhaften Gesamtverfassung Deutschlands" hätten, es als notwendig erklärte, „daß der deutsche Bundestag durch eine feste, starke und bleibende Zentralregierung Deutschlands ersetzt und daß eine Deutsche Nationalversammlung einberufen werde. Unter den gegenwärtigen Verhältnissen können die wirksamsten Schritte zur Erreichung dieses Zieles nur von Preußen ausgehen, es ist deshalb dahin zu wirken, daß Preußen die Initiative dazu übernehme" (der volle Text in: L. Parisius, Leopold Freiherr von Hoverbeck, Erster Teil, Berlin 1897, S. 161). Auf der zweiten Eisenacher Tagung, an der neben mitteldeutschen und preußischen einstmaligen Demokraten auch norddeutsche Liberale unter der Führung von Bennigsen teilnahmen, wurde eine ähnliche, wenn auch weniger präzis formulierte Erklärung (abgedruckt in: E. R. Huber [Hg.], Dokumente zur Deutschen Verfassungsgeschichte, Bd. 2, Stuttgart 1964, S. 90f.) angenommen. Sie schloß mit dem Satze: „Von allen deutschen Vaterlandsfreunden, mögen sie der demokratischen oder der konstitutionellen Partei angehören, erwarten wir, daß sie die nationale Unabhängigkeit und Einheit höher stellen, als die Forderungen der Partei, und für die Erreichung einer kräftigen Verfassung Deutschlands in Eintracht und Ausdauer zusammenwirken."

[58] Bezieht sich auf die Gründung des „Deutschen Nationalvereins" auf der Frankfurter Tagung vom 15./16. September 1859.

[59] Zum preußischen Abgeordnetenhaus.

[60] Regierungspräsident in Aachen.

[61] Sie waren ebenso wie Waldeck, Elsner und der Elbinger Oberbürgermeister Philipps, auf die nachstehend Bezug genommen wird, Mitglieder der preußischen Nationalversammlung gewesen, Elsner und Julius v. Kirchmann als Abgeordnete für Breslau.

[62] Preußische Abgeordnete.

[63] v. Berg hatte am 16. 1. 1860 an Rodbertus geschrieben, daß bei der Neuwahl zu Ottwiler, Regierungsbezirk Trier, Rodbertus begründete Aussicht gehabt habe, gewählt zu werden, daß aber dann durch die Aufstellung von Schulze-Delitzsch die „demokratischen" Aussichten vollständig vernichtet worden seien.

[64] Gemeint ist der vormalige Stadtgerichtsrat Heinrich Simon, der ebenso wie der Rechtsanwalt Ludwig Simon und der Zoologe Karl Vogt zu den Führern der Linken in der Frankfurter Nationalversammlung gehört hatte.

[65] Nicht mehr erhalten.

[66] Es handelt sich um die Frage der Teilnahme am 1. deutschen Abgeordnetenkongreß, der am 28. und 29. September in Weimar stattfand. Auf der Frankfurter Pfingstversammlung von

Parlamentariern deutscher Staaten, die ursprünglich einberufen war aus Anlaß des Planes, die „Süddeutsche Zeitung" von München nach Frankfurt zu verlegen und mit der dort erscheinenden „Zeit" zu verschmelzen, wurde eine Kommission unter dem Vorsitz des badischen Politikers und Rechtsgelehrten Johann Kaspar Bluntschli gewählt, die den Auftrag erhielt, an alle gegenwärtigen und ehemaligen Mitglieder deutscher Volksvertretungen, sofern sie „die Einigung und freiheitliche Entwicklung Deutschlands erstreben", eine Einladung zu einer Zusammenkunft in Weimar am 28. und 29. September zu erlassen, „um über wichtige Fragen von gemeinsamen Interesse, welche in Ermangelung eines deutschen Parlaments zur Beratung an die Kammern der Einzelstaaten gelangen, eine Verständigung und ein möglichst gleichartiges Verfahren in den deutschen Kammern zu fördern". Zu Protokoll wurde die Erklärung Bluntschlis genommen, daß die Versammlung die Teilnahme österreichischer Abgeordneter wünsche und daß dieser Wunsch auch von denjenigen Mitgliedern der Versammlung geteilt werde, welche an die Möglichkeit einer Konstituierung des deutschen Bundesstaates mit Einschluß von Österreich nicht glauben (vgl. den Korrespondenzbericht in der Wochenschrift des Nationalvereins, Nr. 111). Demgemäß richtete Bluntschli ein Einladungsschreiben an Brinz und Rechbauer. Vgl. Bluntschlis ausführlichen Bericht über die Entstehung des Abgeordnetentages in den Verhandlungen des Kongresses deutscher Abgeordneter in Weimar, Weimar 1862, S. 1ff., sowie Bluntschli, Denkwürdiges aus meinem Leben, Bd. 3, Nördlingen 1884, S. 39ff.

[67] Vgl. Fußnote 73.

[68] Der Verleger.

[69] Der Gutsbesitzer und Abgeordnete Friedrich Freiherr v. Varnbüler, der 1864 württembergischer Außenminister wurde.

[70] Die aus der Fusion von „Konstitutionellen" und „Demokraten" erwachsene württembergische „Fortschrittspartei".

[71] Fröbel hatte in dieser 1862 veröffentlichten Schrift flammenden Protest eingelegt gegen die nach seiner Auffassung landesverräterischen Bestrebungen auf Auflösung des Deutschen Bundes: „Welche Verfassung daher auch die großdeutsche Partei für Deutschland vertreten mag, diese Partei wird und muß die Geltung des Deutschen Bundes verteidigen, solange bis eine den Bedürfnissen besser entsprechende Zentralgewalt geschaffen sein wird; denn wenn die Partei schon die ganze neuere Geschichte Deutschlands als ein Interregnum betrachtet, so will sie nicht durch eine Steigerung dieses Zustandes das nationale Übel auf die äußerste Spitze getrieben sehen" (S. 44). „Einen Hauptwert aber müssen wir darauf legen und als Bedingung alles Gelingens müssen wir es betrachten, daß das deutsche Parlament durch eine Verfassung, nicht aber die deutsche Verfassung durch ein Parlament eingesetzt werde. Wir halten es als der höchsten Anstrengung aller verständigen Männer Deutschlands würdig zu bewirken, daß im Dasein und der Organisation des Deutschen Bundes kein Bruch eintrete und das die jetzige Bundesverfassung in Geltung und die jetzige Bundesbehörde in Wirksamkeit und voller Achtung bleibe, bis zu dem Augenblicke, wo die neue Bundesverfassung mit der ihr entsprechenden Bundesregierung an ihre Stellen tritt" (S. 52).

[72] Vollständig abgedruckt u. a. in: Allgemeine Zeitung, 31. Juli 1862.

[73] Die geplante Konferenz fand am 7. und 8. September in Rosenheim statt. Das ausgesprochen oligarchische Gremium, das hier zusammenkam und auf eigene Initiative als vorberatendes und vorentscheidendes Gründerkomitee der zu organisierenden großdeutschen „Reformpartei" sich konstituierte, war mit Schmerlings Zustimmung von Fröbel ausgewählt worden, der sich dabei von taktischen Erwägungen leiten ließ. In Abweichung von den in dem obigen Brief gemachten Angaben war der tatsächliche Teilnehmerkreis erheblich kleiner als geplant. Er setzte sich aus einem recht gemischten Publikum zusammen, wobei adlige Notabilitäten mit klingenden Namen und in hochseriösen Stellungen besonders stark vertreten waren. Neben Fröbel selbst gehörten zu den Teilnehmern der Graf v. Hegnenberg-Dux, Präsident der bayrischen Abgeordnetenkammer, der Freiherr Gustav v. Lerchenfeld, parlamantarischer Führer der bayrischen Altliberalen, der Freiherr v. Varnbüler aus Württemberg, der Graf Anton Auersperg, der

einstmalige Weimarer Minister Oskar v. Wydenbrugk, Professor Alois Brinz, der hannoversche Historiker Onno Klopp, Dr. Heinrich Wuttke, Professor der historischen Hilfswissenschaften in Leipzig, ein alter 1848er Radikaldemokrat, der 1862/63 mit der Lassalleschen Arbeiterbewegung in Verbindung zu treten suchte, sowie ein sehr frostig begrüßter uneingeladener Gast, der Baron von Gruben als Vertreter des Hauses Thurn und Taxis. Vgl. Fröbel, Lebenslauf, Bd. 2, S. 197ff., und zum Verlauf und den Ergebnissen der Rosenheimer Komiteesitzungen W. Real, Reformverein, S. 33ff.

[74] Tobias Wildauer, Professor der Philosophie in Innsbruck, ein Führer der deutschliberalen Bewegung in Österreich, weiteren Kreisen zuerst bekannt geworden durch sein Auftreten auf dem Frankfurter Schützenfest Juli 1862. Der als Nationalvereinsredner bekannte Darmstädter Rechtsanwalt A. Metz hatte hier in einem auf ein künftiges freies und einiges Deutschland ausgebrachten Toast die Österreicher, die Schleswig-Holsteiner und die Kurhessen als die „Schmerzenskinder" Deutschlands bezeichnet. In entschiedener Form wies Wildauer diesen Ausdruck zurück, indem er zugleich erklärte, der Kaiser von Österreich habe den Frieden von Villafranca abschließen müssen, weil er nicht willens gewesen sei, auch nur einen Fuß breit deutsche Erde am Rhein preiszugeben.

[75] Gemeint ist wohl der Abgeordnete für Oberbayern Professor J. v. Pözl.

[76] Anwalt und Rechtsberater der Darmstädter Bank.

[77] Gemeint ist die in der „Süddeutschen Zeitung" veröffentlichte, die Beschlüsse der Frankfurter Pfingsversammlung rechtfertigende Erklärung Bluntschlis, in der es an entscheidender Stelle heißt: „Eingeladen sind nur diejenigen Kammermitglieder, welche die Einigung und freiheitliche Entwicklung Deutschlands anstreben; daher prinzipiell ausgeschlossen die, welche zwar im eigenen Lande liberal, aber in deutschen Angelegenheiten bloß partikularistisch gesinnt sind, und ebenso die, welche zwar eine energische Konzentration der deutschen Politik, aber in illiberaler Richtung wollen. Die Versammlung sprach den Wunsch aus, daß auch die Deutschösterreicher sich einfinden möchten, damit das Verhältnis der deutschen Reformbestrebungen zu Deutschösterreich mindestens für die nächste Zukunft die erforderliche Klärung erhalte und durch gründlichen Meinungsaustausch näher bestimmt werde, ob und wieweit die deutschen Österreicher mit den übrigen Deutschen in jenem Streben zusammenwirken können und wollen."

[78] Durch den am 14. August gemeinsam von Österreich, Bayern, Sachsen, Hannover, Württemberg, Hessen-Darmstadt und Nassau am Bundestag gestellten Antrag: „Hohe Bundesversammlung wolle sich durch einen Ausschuß die näheren Vorschläge über die Art der Zusammensetzung und Einberufung einer aus den einzelnen deutschen Ständekammern durch Delegation hervorgehenden Versammlung erstatten lassen, welcher demnächst die laut Bundesbeschlusses vom 6. Februar ds. Js. auszuarbeitenden Gesetzentwürfe über Zivilprozeß und über Obligationenrecht zur Beratung vorzulegen sein werden."

[79] Die Depesche des Grafen Bernstorff an den preußischen Gesandten v. Savigny in Dresden vom 20. Dezember 1861; vgl. Huber, Verfassungsgeschichte, Bd. 3, S. 411.

[80] Die identische Note Österreichs und der Mittelstaaten (Bayern, Württemberg, Hannover, Hessen-Darmstadt, Nassau) an Preußen vom 2. Februar 1862 hatte energischen Protest eingelegt gegen die in der preußischen Antwort niedergelegte Idee eines engeren Bundesstaates innerhalb des weiteren deutschen Staatenbundes.

[81] Die preußische Regierung hatte den Antrag vom 14. August mit der Motivierung abgelehnt, daß seine Verwirklichung lediglich geeignet sei, „von dem Ziele der wahren Reformbestrebungen abzulenken". Solange nicht „eine Umgestaltung des Wesens und der prinzipiellen Grundlage des Bundesverhältnisses" erfolgt und die Bundesverfassung wahrhaft reformiert sei, könne durch ein Vorgehen mit Einzelmaßregeln „jenes tiefe und berechtigte Bedürfnis der Nation nach einer heilsameren einheitlichen Gestaltung ihrer öffentlichen Verhältnisse" keine Befriedigung finden.

[82] Über Verlauf und Inhalt dieser Besprechung vgl. Bluntschli, Denkwürdigkeiten aus mei-

nem Leben, Bd. 3, S. 49ff.; Allgemeine Zeitung, 1862, Nr. 241 (Beilage, Korrespondenz aus Wien vom 28. August), Nr. 248 und Nr. 252. Vgl. auch Brief Nr. 19.

[83] Rechtsanwalt Hugo Fries, Vorstandsmitglied des „Nationalvereins", Vizepräsident des weimarischen Landtags und Präsident des Weimarer Abgeordnetentages. Ob die in Frage stehende Äußerung tatsächlich bei der Wiener Besprechung gefallen ist, ist sehr fraglich. Dem entgegen stehen jedenfalls nicht nur andere Äußerungen von Fries, sondern auch die gemeinsam von Bluntschli und Rechbauer veröffentlichte Erklärung (in: Allgemeine Zeitung, 1. September, Nr. 244): „Über den Satz: ‚Eine deutsche Bundesreform sei nicht mit preußischer Spitze durchzuführen', fand weder eine Debatte noch eine Einigung statt; vielmehr wurde über die Form der zu schaffenden deutschen Zentralgewalt nicht verhandelt, sondern nur das Bedürfnis einer Einigung auch in dieser Beziehung dringend anerkannt; wohl aber wurde die Meinung ausgesprochen und konstatiert: daß das Streben in Deutschland *nicht auf ein Aufgehen in Preußen*, sondern vielmehr auf Gründung einer deutschen nationalen Zentralgewalt im Verhältnis zum Ausland gerichtet sei."

[84] Liegt nicht bei. Der am 15. Oktober in der Tagespresse veröffentlichte Text lautet: „Die Unterzeichneten, von der Überzeugung durchdrungen, daß eine Neugestaltung Deutschlands mit Ausschluß Österreichs unter keiner Bedingung zulässig ist, beabsichtigen, zur Besprechung der deutschen Verfassungsangelegenheit am 28. Oktober d. J. in Frankfurt a. M. eine Versammlung zu veranstalten. Sie laden alle großdeutsch Gesinnten, die diese Überzeugung teilen, zu der bezeichneten Versammlung ein und bitten dieselben, ihre Beteiligung dem Komitee der großdeutschen Versammlung in Frankfurt a. M. anzuzeigen."

[85] Die aus dem „Düsseldorfer Journal" hervorgegangene „Niederrheinische Volkszeitung" erschien ab 1. Januar 1863 unter dem Titel „Rheinische Zeitung" als offizielles Organ des rhein. Zentralwahlkomitees der Fortschrittspartei und des Volkswirtschaftlichen Vereins für Rheinland und Westfalen.

[86] Bismarck war am 24. September zum Ministerpräsidenten ernannt worden.

[87] Im Anschluß an die Weimarer Versammlung hatte Graf Hegnenberg-Dux das die Frankfurter „großdeutsche Versammlung" vorbereitende Komitee zu einer Besprechung nach München eingeladen, an der neben Hegnenberg noch Fröbel, Varnbüler, Wydenbrugk, Lerchenfeld und der Ministerialrat Weis teilnahmen; vgl. Fröbel, Lebenslauf, Bd. 2, S. 220.

[88] „durch das ... bedingt" von Rodbertus unterstrichen und mit Fragezeichen versehen.

[89] „durfte ... sein" von R. unterstrichen und mit Fragezeichen versehen.

[90] Hierzu Zusatz von R.: „Wird sie damit besser geführt?"

[91] Hierzu Zusatz von R.: „Ist von diesem nicht allein Rettung zu erwarten?"

[92] „Fortschrittes" von R. mehrfach unterstrichen und mit Fragezeichen versehen.

[93] Hierzu Zusatz von R.: „Eine Delegiertenversammlung, die die Stellung eines Unterhauses einnimmt, und eine solche ad hoc ist ein großer Unterschied!"

[94] Hierzu Zusatz von R.: „(ad hoc?)".

[95] Hierzu Zusatz von R.: „Der erste Stein zum Hause ist noch nicht das eine Haus!"

[96] Hierzu Zusatz von R.: „(Paßt alles nicht, da nicht ein Volkshaus aus Delegierten, sondern eine Delegiertenversammlung ad hoc vorgeschlagen ist.)"

[97] „Den ... jetzt" von R. unterstrichen und mit Fragezeichen versehen.

[98] Hierzu Zusatz von R.: „(Dies ist richtig, nur sind die Schritte, welche die Regierungen dahin durch den *Bundestag* tun wollen, völlig erfolglos.)"

[99] Die Frankfurter Pfingstversammlung; vgl. Fußnote 64.

[100] Die „Allgemeine Zeitung" ließ im Verlaufe des Junimonats Stimmen aus verschiedenen Lagern zur Frankfurter Pfingstversammlung zu Worte kommen. Die hier in Frage stehende Korrespondenz protestierte dagegen, daß ausschließlich den Kammermitgliedern die Führung in den nationalpolitischen Fragen und Versammlungen zugewiesen würde. Die Ausschließung anderer politischer Elemente von den vaterländischen Angelegenheiten stelle eine „individuelle Anmaßung" dar, die jeder sonstigen Richtung eher als der liberalen zugute komme. Es sei daher

an der Zeit zu betonen, daß die Kammermitglieder „ebensowenig ein Mandat von der Nation zu exklusivem Vorgehen besitzen wie jeder andere".

[101] Ignaz Kuranda, Begründer und Leiter der „Ostdeutschen Post", seit 1861 Mitglied des österr. Reichsrates, gehörte zur „Großösterreichischen Partei".

[102] Vgl. Brief Nr. 8.

[103] Bluntschli hatte aufgrund des auf seine Einladung ergangenen Antwortschreibens von Brinz und Rechbauer den von der Frankfurter Pfingstversammlung eingesetzten Ausschuß auf den 19. August nach Augsburg einberufen. Er wurde von diesem ermächtigt, bei Gelegenheit des Wiener Juristentages nicht in offizieller Eigenschaft, sondern als „Privatperson" mit den deutschösterreichischen Abgeordneten die Verhandlungen fortzusetzen.

[104] Der zur Gruppe der „deutschen Autonomisten" gehörende Rechtsanwalt Karl Wiser, Mitglied des oberösterreichischen Landtags und des Reichsrats.

[105] Die großdeutsche Versammlung vom 26.–28. Oktober mit mehr als 500 Teilnehmern, in der die Gründung des „Deutschen Reformvereins" beschlossen wurde.

[106] Einige Worte fehlen in der mir vorliegenden Briefabschrift.

[107] In einem Schreiben vom 9. 10. zieht Bloem seine Unterschrift zurück und bittet R., sich seinem Beispiele anzuschließen.

[108] Auf der Frankfurter Pfingstversammlung.

[109] Der in Wien erscheinende, von Fröbel mit redigierte „Botschafter".

[110] Berger und Rechbauer hatten im Namen ihrer Parteigenossen einen Brief von Probst, in dem bereits die Vermutung durchschimmerte, daß sich die Österreicher an der Weimarer Versammlung nicht beteiligen würden, dahin beantwortet, daß man jede Stunde bereit sei, sich an einer wo immer stattfindenden Versammlung zu beteiligen, wenn ausschließlich nur die deutsche Verfassungsfrage als Gegenstand der Beratung festgesetzt werde. Vgl. hierzu die Korrespondenz aus Wien vom 21. September in der Allgemeinen Zeitung, 1862, Nr. 266. Einstimmig war am 18. September von einer in Wien zusammengetretenen Konferenz deutschliberaler Reichsrats- und Landtagsabgeordneter beschlossen worden, der Weimarer Versammlung fernzubleiben. Demgemäß beantragten Berger und Rechbauer, die die Einladung nach Weimar mit unterzeichnet hatten, auf telegraphischem Wege die Streichung ihres Namens. Das offizielle, an Bluntschli gerichtete Absageschreiben Bergers und Rechbauers vom 20. September vollständig abgedruckt in: Allgemeine Zeitung, Nr. 267.

[111] Der berühmte, für die wirtschaftspolitische Neuordnung Mitteleuropas entscheidende preußisch-französische Handelsvertrag.

[112] Vgl. hierzu den Wortlaut der Probstschen Rede in: Verhandlungen des Kongresses deutscher Abgeordneter in Weimar, 1862, S. 66ff., sowie die Probstsche Erklärung in: Allgemeine Zeitung, 1862, Nr. 293.

[113] Gemeint ist wohl Ernst Gessler, von 1864–1870 württ. Minister des Innern.

[114] Herausgeber des „Deutschen Volksblatt" in Stuttgart.

[115] Ein Wort unleserlich.

[116] Ein Wort unleserlich.

[117] Gemeint ist die Besprechung angelegentlich des Wiener Juristentages.

[118] Der Rechtsanwalt und linksliberale Abgeordnete August Oesterlen.

[119] Gemeint ist der einstimmig gefaßte Beschluß der 3. Generalversammlung des Nationalvereins am 6. und 7. Oktober 1862 in Koburg: „Dem Rechtsbewußtsein der Nation und ihrem Verlangen nach Macht und Freiheit entspricht nur eines, die Ausführung der Reichsverfassung vom 28. März 1849, samt Grundrechten und Wahlgesetz, wie sie von den legal erwählten Vertretern des Volkes beschlossen sind." Vgl. auch Flugblätter des Deutschen Nationalvereins, Nr. VII: Für die Reichsverfassung vom 28. März 1849, Koburg 1862.

[120] Schmerling hatte hier am 16. Oktober erklärt, daß das Wegbleiben des ungarischen Hofkanzlers Graf Forgach von den Beratungen des Finanzausschusses keinesfalls dahin gedeutet werden dürfe, daß derselbe nicht auf dem Boden der Februarverfassung stände oder sich im Ge-

gensatz zur Politik des Gesamtministeriums befände. Wäre dies tatsächlich der Fall, so bliebe ihm nichts anderes übrig, als seine Entlassung zu nehmen, da der Dualismus, den Österreich im Gefüge seines Staatsorganismus nicht dulden könne und der von berechtigter Autonomie grundverschieden sei, auf keinen Fall im Schoße der Regierung selbst nisten dürfe.

[121] Nicht mehr erhalten.

[122] Eine von Rechbauer am 16. Oktober in Graz veranstaltete vertrauliche Besprechung, an der sich anscheinend nur die der Gruppe der „deutschen Autonomisten" nahestehenden Reichsrats- und Landtagsmitglieder beteiligt haben, hatte zu dem Beschluß geführt, sich an der projektierten Versammlung nicht zu beteiligen.

[123] Die von ca. 200 Abgeordneten besuchte Weimarer Versammlung hatte sich gegen eine Mehrheit von nur 4 Stimmen für eine bundesstaatliche Einigung Deutschlands ausgesprochen, für ein aus freien Volkswahlen hervorgehendes Nationalparlament, für Herstellung einer deutschen Zentralgewalt unter Mitwirkung des Parlaments, für die Aufnahme auch von Deutschösterreich in den Bundesstaat, wenn dieselbe möglich, im entgegengesetzten Falle für eine nationale Fortbildung ohne Österreich, gegen eine Ausdehnung des Bundesstaats auf die bisher nicht zum Deutschen Bunde gehörenden habsburgischen Länder, gegen das Projekt einer Delegiertenversammlung sowie gegen das vorgeschlagene Bundesgericht „als eine der Freiheit höchst gefährliche und durchaus verwerfliche Institution".

[124] Der Rechtsanwalt und linksliberale Abgeordnete August Becher in Stuttgart.

[125] Die Zusammenkunft kam nicht zustande, da Rodbertus sich in letzter Stunde für die Nichtbeteiligung an der Frankfurter Versammlung entschied.

Verzeichnis der Druckorte

1. Bisher unveröffentlicht. Vortrag aus Anlaß der Verleihung des Dr. phil. h. c. durch die Fakultät für Geschichtswissenschaft an der Universität Bielefeld am 2. November 1977.
2. Bisher unveröffentlicht.
3. Zuerst erschienen in: Festgabe für H. Herzfeld, Hg. W. Berges u. C. Hinrichs, Berlin 1958, 459–86; leicht überarbeitete Fassung in: Moderne deutsche Sozialgeschichte, Hg. H.-U. Wehler, Köln 1966 (1976^6), 287–308; auch in: H. Rosenberg, Probleme der deutschen Sozialgeschichte, Frankfurt 1969, 7–49.
4. In: H. Rosenberg, Probleme der deutschen Sozialgeschichte, 51–80.
5. Ebd., 81–147.
6. Weltwirtschaftliches Archiv 38. 1933, 368–83.
7. Economic History Review 13. 1943, 58–73.
8. Moderne Deutsche Sozialgeschichte, Hg. H.-U. Wehler, Köln 1966 (1976^6), 225–53, 504–10.
9. Jahrbuch für Geschichte Mittel- u. Ostdeutschlands 19. 1970, 155–233.
10. American Historical Review 62. 1956, 112f.
11. Ebd., 55. 1950, 894–96.
12. Journal of Economic History 17. 1957, 97–99; American Historical Review 59. 1955, 132f.; Journal of Economic History 20. 1960, 483–85.
13. Jahrbuch für Geschichte Mittel- u. Ostdeutschlands 12. 1963, 297f.; American Historical Review 53. 1948, 815–17; Ebd., 67. 1962, 485f.
14. Historische Zeitschrift 146. 1932, 357–59; Ebd. 150. 1934, 349–51; Journal of Central European Affairs 20. 1960, 320.
15. Journal of Economic History 11. 1951, 289–91; Ebd., 10. 1950, 79–81; American Historical Review 50. 1944, 117f.; Jahrbuch für Geschichte Mittel- u. Ostdeutschlands 11. 1962, 358–61; Ebd., 9./10. 1961, 591–93.
16. American Historical Review 72. 1967, 1005f.; Ebd., 63. 1957, 121f.; Ebd., 46. 1940, 96–99.
17. American Historical Review 65. 1960, 967f.; Journal of Economic History 20. 1960, 102–04; Ebd., 22. 1962, 275f.

Personenregister